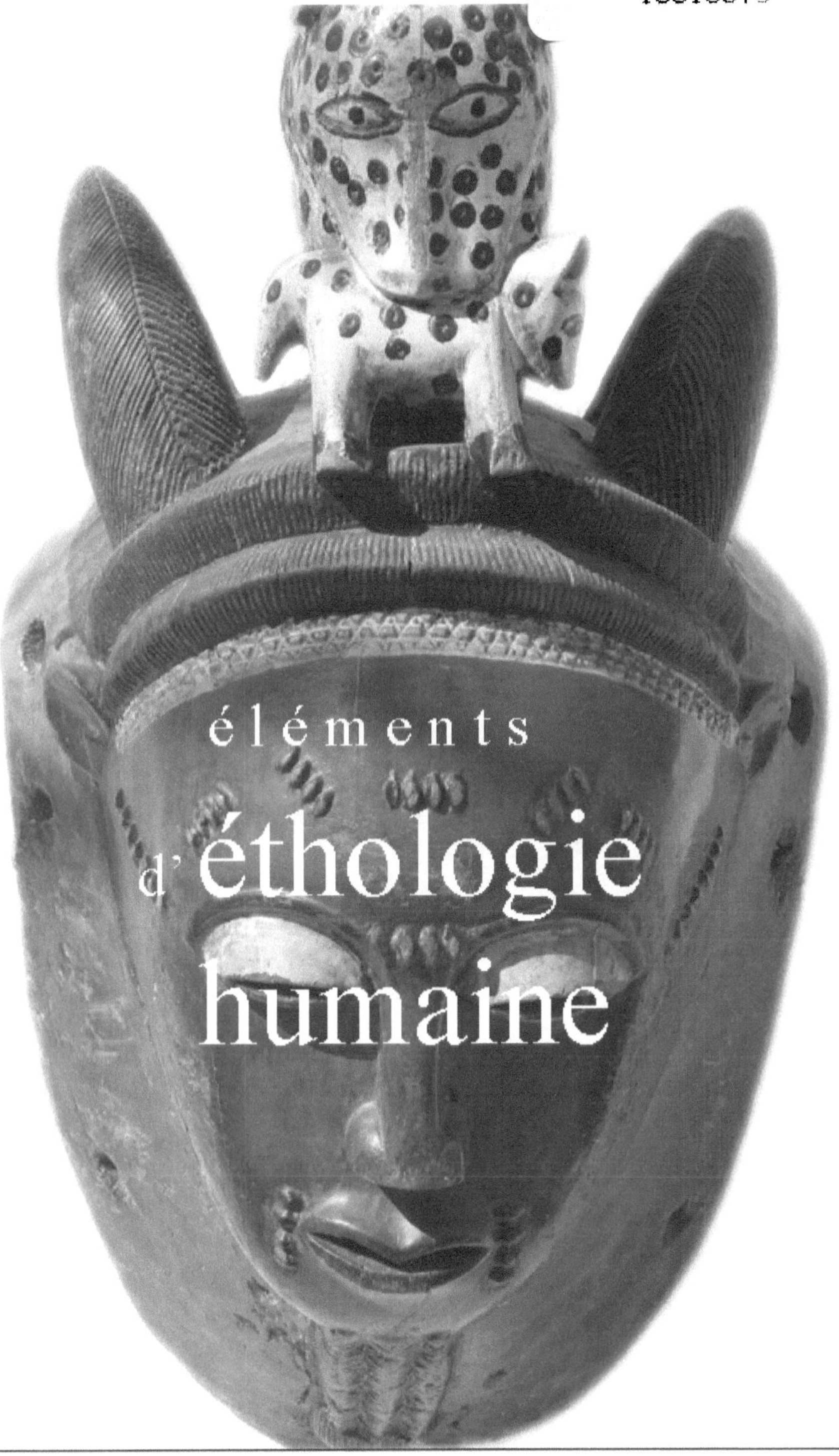

éléments d'éthologie humaine

éléments

d' ÉTHOLOGIE HUMAINE

HSS 111

à Emmanuel
à Nausikáa

1ère PARTIE : DARWIN

2èmePARTIE : L'HOMME

B'reishit

Au commencement

1/ L'ORIGINE

«Im Anfang war die Tat»

« Au commencement était l'action ! »

J. W. Von GOETHE, « Faust I », 1808.

Charles DARWIN publie l' « Origine des Espèces » le 24 novembre 1859, après que le 1er juillet 1858, Charles LYELL et J. D. HOOKER aient présenté à la Royal Society ou « Société Linnéenne de Londres » les documents « Sur la tendance des espèces à former des variétés, et sur la perpétuation des variétés et des espèces par les moyens naturels de la sélection », de Charles DARWIN et Alfred WALLACE ; cette date reste celle de la naissance de la théorie.
L' « Origine des espèces » « est la doctrine de MALTHUS appliquée avec force à l'ensemble du règne végétal et animal » écrit DARWIN.
Conseil lui avait pourtant été donné (W. ELWIN) de s'en tenir aux pigeons.... « livre qui se trouverait vite dans toutes les bibliothèque », tant le sujet était populaire à l'époque (D. BOORSTIN, 1986).
Il est vrai que l'expérience des éleveurs de pigeons occupe une place quasi prépondérante dans l' « Origine » ; C. DARWIN s'adosse à la pratique de cet élevage courant au XIXème siècle pour avancer sa théorie de la sélection, dans son souci de s'appuyer sur un exemple concret et vérifiable pour ébaucher une théorie de l'hérédité ; il faut se souvenir que G. MENDEL à cette époque n'a pas encore croisé ses petits pois, et la génétique n'apparaîtra qu'au siècle suivant.

Il est intéressant de noter que Darwin retient aussi les critères comportementaux dans ses observations des phénotypes, notamment avec les différents pigeons « culbuteurs » dont la descendance peut donner lieu à des comportements aberrants si les croisements ne sont pas pertinents.

L' « Origine » fut accueilli avec une hostilité (lors de la controverse, à la British Academy en 1860, on demanda si HUXLEY est « cousin du singe par sa grand-mère ou bien par son grand-père ? ») jamais démentie depuis, mais connut d'ardents défenseurs comme T. H. HUXLEY, le « chien de garde de Darwin », qui en 1882 demanda et obtint que Charles DARWIN fût inhumé à Westminster.

Par contraste avec l'enthousiasme suscité au Royaume Uni et en Allemagne, en France on l'ignora, tout simplement (à l'exception notable de CHARCOT), et HAECKEL en 1868 déjà peut ainsi écrire : « il n'est pas une contrée scientifiquement cultivée en Europe où la doctrine de Darwin ait eu si peu d'influence » ; ce déni culturel a valu une absence totale d'auteurs évolutionnistes français majeurs au XXème siècle et Pascal PICQ peut écrire en 2001 « dans les pays réformés, là où l'éthologie jouit d'un authentique statut scientifique », puis en 2005 « Le projet d'une anthropologie fondamentale... se heurte à d'énormes difficultés, notamment en France. Il est clair que l'anti-darwinisme superstitieux et caricatural du pays de LAMARCK y est pour beaucoup » (PICQ P., 2005), et on en retrouve aujourd'hui encore des échos qui confinent au ridicule : par exemple cet hebdomadaire de février 2017 qui écrit : « les DARWIN de l'argent sont prêts à tout pour arriver à leurs fins » !
C'est pourtant à CUVIER et non à DARWIN que S. JAY-GOULD (2002), attribue le discrédit dont LAMARCK sera l'objet.
Cependant l'œuvre intégrale en français devrait voir le jour grâce à Patrick TORT (auteur du « Dictionnaire du Darwinisme ») avec une traduction française de l'œuvre de DARWIN, DARWIN botaniste passionné d'orchidées, ou éthologiste peut-être quand il observe son fils bébé (« A Biographical sketch of an infant », 1877), voire son autobiographie.

Cette hostilité s'est aussi manifestée dans plusieurs pays réformés, mais a pris une ampleur particulière aux États-Unis avec le célèbre « procès du singe » (« SCOPES Monkey Trial ») en 1925 au Tennessee où John SCOPES fut condamné pour avoir enseigné la théorie de l'évolution, dont la diffusion était interdite par le « Butler Act » ; ce Butler Act restera en vigueur jusqu'en 1967 dans la « Bible belt », qui incluait 19 états.
Elle se poursuit actuellement (V. MAURUS, 2003, D. LECOURT, 2006), avec par exemple le procès de Dover (Pennsylvanie) sur l'« Intelligent Design »... en 2005 ! Mais aussi en France, en 2007, avec l'« Atlas de la création », finalement interdit à l'enseignement.
Ces résistances à la théorie de DARWIN sont de nature idéologique, consciemment ou non ; elles sont motivées par la « blessure narcissique » pointée par S. FREUD infligée à l'idée que l'homme se fait de lui-même. Elles ne se manifestent pas seulement dans un créationnisme religieux mais aussi dans tout finalisme qui obère parfois aussi la paléoanthropologie.
« La Bible fut longtemps le mythe d'origine admis dans le monde occidental. Les sciences de la préhistoire se sont substituées au récit de la Bible dans l'élucidation de notre genèse, à tel point qu'elles sont devenues notre mythe d'origine » (C. COHEN, 2016).

Une définition de « La Théorie », donnée par Herbert SPENCER (auteur en 1850 d'un « droit d'ignorer l'état », et abusivement convaincu de « darwinisme social », théorie cynique inspirée de MALTHUS), en fait la « survie des plus aptes », ce qui l'apparente à un processus d'élimination, définition erronée, mais qui alimentera un amalgame insidieux mais persistant entre l'économie victorienne et la théorie de DARWIN. Or « DARWIN lui-même était tout sauf un darwiniste social » (F. DE WAAL, 2005). Et de fait SPENCER a bien défendu la « loi du plus fort » dans la société humaine et l'économie, mais en 1851, soit 8 ans avant la parution de « L'Origine » (Robert WRIGHT, 1994).
Elle fut très vite revisitée : le « Néodarwinisme » (1894), qui exclut l'hérédité des caractères acquis, fut notamment l'œuvre de A. WEISMANN.
Les découvertes ultérieures de l'hérédité d'abord puis de la génétique (les travaux de Gregor MENDEL furent redécouverts en 1900), confirmèrent plus qu'elles n'ébranlèrent l'« Origine », et les évolutionnistes approfondirent les dimensions théoriques du texte avec la « Synthèse moderne » :
Plusieurs auteurs, notamment après les célèbres travaux de génétique sur les drosophiles, en vinrent à définir l'évolution comme une modification de la fréquence des gènes dans une population ; la génétique mathématique des populations est dite « synthèse Fischérienne » (1932), du nom de son porte-parole le plus célèbre, R. A. FISHER et son article « The Genetical Theory of Natural Selection », 1930. Il est l'inventeur du modèle mathématique dit « Vague de progression » qui décrit la progression du vivant à partir d'un centre croissant.
J. S. HUXLEY en 1942 propose la « Théorie Synthétique », après T. DOBZHANSKY, avec « Genetics and the Origin of Species » (1937) sur l'origine de la biodiversité en soulignant le rôle joué par la localisation géographique.
La « synthèse néo-darwinienne » (Théodosius DOBZHANSKY, Ernst MAYR, Georges GAYLOR) regroupe les diverses formes des hominines qui peuplent l'Ancien Monde en 1951 en un taxon unique, Homo Erectus, pour des raisons scientifiques d'abord, mais aussi idéologiques, après la guerre, où la notion de races humaines a connu les dérives que l'on sait, pour affirmer avec force l'unité de l'humanité (Claudine COHEN, 2016). 1951 est d'ailleurs la date retenue pour définir le « présent » en archéologie, ce repère temporel est par convention l'année de référence ; BP (Before present) se situant par décompte de cette année butoir.
L. CAVALLI-SFORZA, (1996, 2004), dont il sera question, se réclame de l'enseignement de FISHER.

Plus récemment, la révolution moléculaire avec la découverte en 1953 de la structure de l'ADN par WATSON et CRICK, puis en 1960, JACOB et MONOD, avec la découverte des gènes régulateurs, confirma que le code génétique est identique pour l'essentiel dans tout le monde vivant, depuis les premiers eucaryotes jusqu'aux organismes complexes, animaux et végétaux confondus.
Enfin l'« horloge moléculaire » de ZUCKERCANDL et PAULING confirme la génétique évolutive. Elle permettra la génétique des populations

Cette nouvelle dimension donna lieu à une réinterprétation de l'évolution, et, comme auparavant August WEISMANN avait distingué la pérennité du « germen » de la vanité du « soma » éphémère, qui serait son vecteur, on considéra le gène comme l'unité de l'évolution.
DAWKINS défend cette position dans « le gène égoïste » (« The Selfish gene », 1976).
Les évolutionnistes comme MAYR ou GOULD s'y opposèrent et insistèrent sur la dimension de l'espèce et du phénotype comme seule unité de la sélection, étendue aux « groupes sociaux » ou groupes altruistes, qui procèdent d'un noyau familial.

Ernst MAYR, généticien, fut un exégète de DARWIN, et « What makes Biology unique ? », 2004, son ouvrage ultime, identifie 5 théories dans La Théorie : l'évolution, la descendance (plutôt ascendance) commune, le gradualisme, l'apparition des espèces et la sélection naturelle.
Elle est aussi une théorie de la sélection « naturelle » (la lutte pour la vie), de la sélection sexuelle (la lutte pour la vie de l'espèce), de l'adaptation, de la variation, de la spéciation, de la compétition, de la transformation, de la diversification...
E. MAYR, co-fondateur de la « théorie synthétique de l'évolution », est l'auteur de la révision du concept d'espèce biologique, qu'il définit selon le critère de l'interfécondabilité.
Ce critère appelle d'ailleurs des éclaircissements, car une espèce qui diverge (par exemple les babouins en Hamadryas, Anubis, le pacifique Gelada, Chacma et autres) reste inter-fécondable jusqu'au point où elle engendre des hybrides stériles. C'est le cas des équidés dont l'ancêtre commun a donné naissance au cheval, aux ânes, au zèbre ; Or actuellement si âne et cheval peuvent engendrer, bien qu'ils n'aient pas le même nombre de chromosomes, mulet et bardot sont des descendants stériles. De même, le coyote et le loup peuvent spontanément produire des hybrides (J. J. HUBLIN, 2001).
Appliquée aux hominidés, et à leur descendants, dont la divergence avec les ancêtres des singes se situe entre 5 et 6 millions d'années, âge probable de leur DAC (dernier ancêtre commun), on peut s'interroger sur la diversité des hybrides qui ont pu exister jusqu'à ce que les espèces se séparent totalement; l'écart de divergence du chromosome X avec les autres chromosomes est un «indice d'interfécondité maintenue» entre l'ancêtres du chimpanzé et celui de l'homme, qui «auraient donc vécu une longue période d'hybridation» (É. CRUBÉZY, J. BRAGA, G. LARROUY, 2008).
Cette question a retrouvé tout son intérêt avec la mise en évidence récente de l'hybridation entre l'homme moderne et des descendants de H. Erectus comme Néanderthal ou Denisova.
R. NIELSEN (2015) par exemple attribue l'adaptation des Inuits aux températures froides à leur hérédité denisovienne.

Mais le massorète de l'évolutionnisme, infatigable défenseur encyclopédique de DARWIN (« Ever since Darwin », 1977, soit « Darwin et les grandes énigmes de la vie » recueil de ses chroniques de 20 ans du Natural History Magazine), est certainement S. Jay GOULD, dont la somme testamentaire est l'impressionnante « Structure de la Théorie de l'Évolution » paru en 2002, année de sa mort. Il y offre une perspective complète de l'ensemble de la biologie, où règne l'évolutionnisme.
Sa représentation métaphorique de la théorie est empruntée à l'image d'un corail (dit de Scilla) en forme de trépied inversé (les 3 théories de base), aux efflorescences nombreuses, dont le tronc primordial est le principe de la sélection naturelle. Si des branches de la structure ont pu disparaître, bourgeonner, être modifiées (ou améliorées) au cours de l'histoire récente des sciences, l'ensemble de l'édifice garde sa cohérence.
Sa vision de l'évolutionnisme est très vaste, puisqu'il en perçoit même des éléments chez NIETZSCHE dans sa « généalogie de la morale » ; en effet l'auteur de « Zarathoustra » critique le finalisme des « vieilles oreilles », d'un processus se dirigeant vers un but, « car de tout temps on a pensé que l'évidente finalité d'une chose, son utilité, son organisation et sa forme étaient la raison de son existence : ainsi l'œil serait fait pour voir, la main pour saisir » ; il rejoint là DARWIN qui écrit : « L'évolution d'une chose, d'une tradition, d'un organe n'est donc absolument pas une progression vers un but, et moins encore une progression logique et directe » ;
Elle n'est pas une théorie du « progrès », et on parle du finalisme comme d'une théorie « panglossienne » du nom du philosophe de Candide. L'exemple caricatural le plus cité est celui de

Bernardin de SAINT-PIERRE (« études de la nature », XI), pour qui « les melons sont divisés par côtes et semblent destinés à être mangés en famille ».

Même si les espèces, depuis la première forme de vie, depuis le premier chromosome, ou depuis les trilobites ou la limule, se sont diversifiées et complexifiées, c'est dans le sens d'une adaptation toujours renouvelée (l'anagenèse), à laquelle on confère un orientation finaliste dès lors que dans le domaine biologique, on la qualifie de progrès. Néanmoins la pensée d'une quelconque « supériorité » persiste avec celle, plus actuelle, de « progrès » (c'est-à-dire une « perfection croissante ») contestable au niveau de la très récente espèce humaine. Ainsi dans une conception évolutive, on décrit l'homme dans une perspective linéaire comme ayant acquis progressivement, depuis le DAC, la station debout d'abord ; celle-ci, lui permettant d'élargir son champ visuel, mais aussi de libérer les membres antérieurs devenus préhensiles, autorise alors la création de l'outil par cet élargissement de l'espace visuo-moteur ; la station debout acquise, le trou occipital se déplace vers l'avant et libère la boîte crânienne de contraintes physiques pour permettre le développement conséquent des lobes cérébraux pariétaux et temporaux, condition essentielle à l'apparition du langage. C'est l'hypothèse anthropologique qui prévaut encore il y a peu notamment avec des auteurs comme André LEROI-GOURHAN, ou Andrée TÉTRY (« Place de l'Homme », 1974).
Les conclusions qui s'imposent aux auteurs sont dès lors la supériorité de l'homme, avec l'outil, la capacité symbolique, le langage, l'intelligence.
Or ce point de vue, même s'il est crédible, apparaît finaliste, et contraire à l'évolutionnisme véritable ; un auteur (P. PICK) en fait la métaphore suivante : il convient à dire que toutes les routes aboutissent à ma maison, ce qui est vrai ; mais élude toutes les possibilités d'autres destinations. L'homme n'est pas apparu dans cette progression linéaire et l'espèce Homo, y compris Sapiens, a parcouru d'autres voies et probablement même abouti à quelques impasses, comme le suggèrent Y. COPPENS et P. PICK.
Dans son livre « Anthropologie naïve, anthropologie savante. De l'origine de l'homme, de l'imagination et des idées reçues », Wictor STOCZKOWSKI, du C.N.R.S., remet en cause les idées reçues sur les « progrès » représentés par la bipédie, la libération des mains, l'outil etc. qui auraient abouti à l'hominisation.

S. J. GOULD réhabilite en 1970 l'hypothèse de la néoténie de Louis BOLK 1926 (« Le problème de la genèse humaine », traduit dans la RFP par F. GANTHERET et G. LAPASSADE mars-avril 1961 p.243-279), avancée en 1883 par Julius KOLLMAN avec l'axolotl, ce têtard qui ne prend jamais un phénotype adulte d'amphibien.
L'homme resterait un singe prématuré et inachevé. (Desmond MORRIS, « Le singe nu », 1967). Les faits ne confirment pas l'hypothèse : d'une part la gravidité de la femelle chimpanzé est plus courte (7 mois et demi) que la grossesse humaine ; d'autre part, on sait que nos génomes ne diffèrent que de 1,2%, et l'analyse ADN de nos gènes communs, hérités de notre DAC il y a 5 millions d'années, montre que les singes ont subi 233 mutations génétiques et l'homme seulement 154. Dans une perspective évolutionniste, ils auraient davantage évolué que nous, les mutations étant a priori un avantage adaptatif, sinon elles sont éliminées. Il ne serait pas absurde de penser qu'ils ont longtemps bénéficié d'avantages par rapport aux humains ou pré-humains dans l'écosystème que nous partagions.
La phylogenèse pose aussi, accessoirement, la question d'une néoténie généralisée allant des grands reptiles du secondaire aux mammifères, de moins en moins équipés à la naissance.

S. J. GOULD revisite la théorie gradualiste de DARWIN et l'oriente vers les thèses des « équilibres intermittents ou ponctués » (N. ELDREDGE et S. J. GOULD, 1972) : la macroévolution connait des rythmes évolutifs et des périodes de stase aléatoires.
Très différent de ses célèbres ouvrages de vulgarisation, « La Structure de la Théorie de l'évolution » est un livre austère, très théorique et encyclopédique. C'est la somme théologique actualisée de la religion Darwinienne.
« Pourquoi notre méchanceté devrait-elle être le bagage d'un passé de singe, et notre bonté exclusivement humaine ? Pourquoi ne devrions-nous pas rechercher une continuité avec d'autres animaux pour nos traits admirables aussi ? » (GOULDS. J., 1980).

2/ « L'EXPRESSION DES ÉMOTIONS » 1872

Anne : -"*No beast so fierce but knows some touch of pity.*"
Glou : -"*But I know none, and therefore am no beast.*"

« La bête la plus féroce connaît la pitié.
Je ne la connais pas ; je ne suis donc pas une bête »
Shakespeare, « Richard III », A. I, sc.2.

Bien que la question de l'origine de l'espèce humaine y soit implicite, DARWIN en 1859 l'évite ; il se réserve de la traiter ultérieurement, dans l'ouvrage qu'il y consacre entièrement, « The Descent of Man », 1871, traduit par « La Descendance de l'Homme », puis plus heureusement par « La filiation de l'Homme ». La notion de « sélection sexuelle » y est primordiale.
Le livre est une véritable révolution dont les effets restent d'actualité.
Malgré quelques stéréotypes de l'époque, comme la conviction de la supériorité de la « Civilisation », en contradiction avec le propos même du livre et avec l'ensemble de la pensée de DARWIN qui s'interdit pour les autres espèces de traiter l'évolution dans la dimension d'une espèce globale.

La rédaction du dernier chapitre de « The Descent » toutefois prend une telle ampleur qu'il deviendra un livre à part entière, « L'Expression des émotions chez l'Homme et les animaux »,1872.

C'est la naissance de l'éthologie humaine.

A partir des « Moyens d'expression chez les animaux », DARWIN dégage quelques principes généraux de l'expression des émotions et les examine plus spécialement chez les animaux domestiques, à l'occasion d'observations d'animaux du jardin zoologique, mais aussi de nombreuses espèces sauvages qui lui ont été rapportées ou qu'il a lui-même observées ; il décrit les similitudes de comportement d'espèces diverses sur tous les continents, lorsqu'ils éprouvent des émotions telles que la peur, la colère, l'agressivité, ou le plaisir : émission de sons de natures diverses, changement de morphologie, manifestations comportementales explicites.
Il en dégage quelques hypothèses : ainsi par exemple les comportements antithétiques vont-ils exprimer par des attitudes symétriquement opposées l'agression et la soumission. C'est une idée qui sera ultérieurement reprise par les éthologistes. Il exprime aussi une hypothèse sur l'origine de ces gestes, acquis par « hérédité ».
Il y reprend l'hypothèse, déjà formulée dans « The Descent » que la voix « chez un très grand nombre d'espèces, et chez l'espèce humaine en particulier », est un moyen d'expression essentiel, notamment pour les modulations qu'elle permet, et il perçoit tout particulièrement, dans les parades nuptiales, sa nature sexuelle. Il voit là l'origine chez l'homme de son usage primitif et la cause de son développement : « l'emploi des organes vocaux aurait donc d'abord été associé au prélude de la plus vive jouissance ». Les sons musicaux de même se seraient développés, chez les ancêtres de l'homme, comme moyen de séduction et associés aux émotions les plus vives, l'amour, la rivalité, la victoire. Il pense ainsi, comme J. J. ROUSSEAU, que ceux-ci « ont probablement commencé par émettre des sons musicaux avant d'acquérir la faculté d'articuler le langage ».

Toutefois, s'il est disposé à reconnaître des similitudes dans les mécanismes comportementaux entre l'homme et l'animal, il reste profondément réticent à admettre une quelconque proximité entre les expressions faciales et leur contenu émotionnel ; ainsi écrit-il : « le simple fait que les singes anthropoïdes (en l'occurrence l'Orang outan et le chimpanzé, ndlr) possèdent les mêmes muscle faciaux que nous, rend cette opinion très improbable (à savoir que les muscles de la face sont uniquement des instruments de l'expression, nldr) ; car personne, je présume, ne sera disposé à admettre que les singes ont été pourvus de muscles spéciaux uniquement pour exécuter leurs hideuses grimaces ». Et pourtant, chap. V, il entrevoit une autre possibilité quand il écrit : « on sera forcé de reconnaître que les mouvements des traits et les gestes sont presque aussi expressifs chez ces animaux que chez l'homme », ce qui s'avère plus conforme à l'esprit de sa théorie.

Il souligne ailleurs l'importance de la communication chez les animaux vivant en sociétés : « les singes... comprennent parfaitement les gestes et les signes les uns des autres ».

DARWIN applique ensuite ces principes à l'expression des émotions chez l'homme, s'appuyant sur les travaux de DUCHENNE et ceux de GRATIOLET, neurologues et neurophysiologistes célèbres, explorant tous les registres émotionnels : chagrin, joie, plaisir, colère, dégoût, surprise, crainte, horreur, honte etc...
Il accorde une place particulière au comportement des aliénés, et utilise ses observations sur les enfants pour établir quelques hypothèses ontogénétiques.
Enfin, l'observation de Laura BRIDGMAN, aveugle et sourde de naissance, souvent mentionnée, vient à l'appui de sa thèse du caractère inné de l'expression des émotions.

Il consacre un chapitre entier à la rougeur, ce qui pourrait sembler anecdotique et très Victorien, quand il écrit : « la rougeur est la plus spéciale et la plus humaine des émotions ». Pourtant il n'en est rien, et plusieurs auteurs de l'époque y reconnaissent la manifestation véritable de l'âme humaine ; cette manifestation de honte et de pudeur est considérée comme la frontière entre l'homme et l'animal, mais aussi le propre des civilisés, dont les « sauvages » seraient dépourvus.
DARWIN constate que ce trouble est provoqué par le regard d'autrui et relève donc d'un processus de conscience de soi ; elle est tellement importante que DARWIN, dans le questionnaire (reproduit dans l'introduction) qu'il adresse à ses 36 correspondants en contact avec des peuples primitifs, la place en deuxième position. Cela lui permettra d'en établir l'universalité, en opposition à l'opinion la plus répandue à l'époque.
Il en note aussi l'apparition chez son propre enfant à 2 ans et 3 mois, relevant qu'il s'agit d'une prise de conscience de soi et donc d'un moment crucial du développement ; Il fait l'expérience du miroir sur deux jeunes orangs outans. H. WALLON plus tard saura se souvenir de cette dette à DARWIN.
Mais il va plus loin encore quand il écrit « rougir est lié à la sexualité » ; en mettant le doigt sur cette part d'intériorité qui suggère déjà l'Inconscient, DARWIN annonce FREUD.

Le livre de DARWIN connaîtra des interprétations multiples, parfois opposées ; ainsi M. MEAD, qui, en 1955, en écrira une introduction, accrédite une interprétation culturelle qui sera reprise par les ethnologues (G. BATESON), les linguistes (E. SAPIR), en conférant un sens codé culturellement à l'expression (ou à la perception ?) des émotions. De fait il aura fallu attendre DURKHEIM et MAUSS pour interpréter dans leur dimension symbolique, sociale et culturelle les manifestations publiques et codées de l'émotion que DARWIN attribue à une « hérédité » d'habitudes acquises.
C'est avec l'ethnologie naissante que se résoudra dans les années 20 non leur origine mais leur usage et leur signification sociale.

A l'opposé, K. LORENZ, qui en fera aussi une préface en 1965, s'attache au versant biologique, donc inné, de l'expression des émotions, confortant l'hypothèse phylogénétique.
Cette opposition inné/acquis n'est d'ailleurs pas absente dans le texte même de DARWIN et lui pose de toute évidence problème. Il peine parfois à distinguer les gestes et comportements « innés ou instinctifs » qui sont « l'expression naturelle et primitive », des « signes conventionnels qui ne sont pas innés » (p.63).
C'est le cas notamment des signes de tête d'affirmation et de négation, du haussement des épaules, des larmes des pleureuses dans certaines cultures, des gestes de satisfaction (p.227) « dérivés du plaisir

de manger », du baiser (p.230), des gestes dérivés des sens du goût ou l'odorat ; ainsi l'acte de cracher, geste naturel d'expulsion de la cavité buccale d'une matière ingérée ayant provoqué une sensation désagréable, en vient-il à exprimer, conventionnellement mais universellement, le mépris et le dégoût.
Même si ce débat est aujourd'hui obsolète du fait des progrès scientifiques, notamment génétiques et épigénétiques, il reste que DARWIN a néanmoins introduit, à partir d'observations simples, de rapprochements inédits et quasiment sans développements théoriques, l'idée d'une continuité phylogénétique entre l'homme et l'animal, dans la logique de ses précédents ouvrages. Il n'y a plus de différence fondamentale de nature entre l'homme et les autres espèces, mais une différence de degré. Et si l'expression des émotions relève bien de la nature biologique voire animale de l'humain, selon les mêmes principes de l'habitude, de l'association et de l'hérédité, elle acquière aussi simultanément un statut social et culturel. DARWIN fait converger dès lors des disciplines distinctes et divergentes, dont l'écart persistant traduit encore l'incapacité à accepter toutes les conséquences de l'hypothèse darwinienne.

Ce livre ouvre en outre les pistes de domaines qui seront développés ultérieurement et qui restent d'actualité dans le champ de l'éthologie humaine et plus largement de l'anthropologie :
L'étude des émotions, de leur nature, de leur origine et de leur universalité connaitra un développement important au XXème siècle. DARWIN envisage déjà l'étude des compétences précoces de l'enfant : « sur l'un de mes propres enfants, j'ai observé...le premier signe d'un accès de cris » p.161 et les pleurs sur « un de mes enfants âgé de 77 jours »; « c'est à l'âge de 38 jours seulement que je remarquai pour la première fois un sanglot distinct » p.194 (photos) ; « j'ai soumis mes propres enfants à une observation attentive », p.225 ; il note l'apparition du sourire à l'âge de 45 jours, puis du rire à 113 jours, mais chez un autre à 65 jours, le dégoût à 5 mois.
Il observe l'ontogenèse de la dénégation, celle de l'étonnement ; ainsi que l'émergence des « signes de conscience de sa personnalité » ; « chez un de mes enfants, à l'âge de 2 ans et 3 mois, je reconnus des signes non équivoques de timidité » ;
Il aborde l'attachement : « Les mouvements expressifs...sont les premiers moyens de communication entre la mère et l'enfant » p.392, « nos enfants reconnaissent instinctivement une expression quelconque... » p.385, ou encore étudie le sourire.
Il se pose la question de la spécificité, en se demandant « si les mêmes principes généraux peuvent s'appliquer d'une façon satisfaisante à l'homme et aux animaux » et envisage l'universalité des comportements, voire l'existence d'universaux (Australie, Nouvelle Zélande, Bornéo, Malaisie, Chine, Inde, Ceylan, Afrique, Terre de Feu, Tribus indiennes d'Amérique du Nord, Polynésie, îles Sandwich) « ces mouvements et ces gestes sont les mêmes dans toutes les parties du monde » ; ainsi au sujet du mépris et du dégoût : « Le haussement d'épaules est... un geste naturel à l'espèce humaine ».
Il développe quelques idées d'anthropologie sur les ancêtres de l'homme et d'un DAC (dernier ancêtre commun) « à l'époque où l'homme s'est séparé de l'origine commune du genre homme et des singes anthropoïdes ». Plus précis encore : « Les diverses races humaines descendent d'une seule et même souche, d'un ancêtre primitif » p.387 et « les différentes espèces humaines proviennent par voie d'hérédité, d'une souche unique ».

A vrai dire, certaines idées étaient déjà répandues depuis longtemps, ainsi :
« Tous les hommes ayant une même origine, sont tous également anciens, et la nature les a tous formés sur le même modèle »
a été écrit par ... N. MACHIAVEL (« Une harangue révolutionnaire », histoire de Florence) !

3/ LA DESCENDANCE

« E pur si muove. »

Galileo GALILEI, 1633.

Extrêmement controversé (E. MAYR, 1984), par les tenants de la science traditionnelle vitaliste mais aussi pour des raisons idéologiques sans rapport avec une démarche scientifique, DARWIN a néanmoins eu une abondante descendance.

Toutefois il est intéressant d'élucider les rapports de deux sciences apparues au début du XXème siècle avec DARWIN et sa théorie ; la première définie par S. FREUD, son auteur, comme une théorie, une pratique et une thérapeutique, est la psychanalyse.
La seconde, qui connaît actuellement un développement exponentiel, est l'éthologie animale.

L'éthologie animale doit beaucoup aux Britanniques dans le sillage de DARWIN, mais aussi sinon davantage aux auteurs allemands et néerlandais, héritage probablement de la Naturphilosophie de GOETHE, souvent évoqué dans les textes.

A. LA PSYCHANALYSE

« Ainsi en est-il dans tout le règne animal dont l'homme ne saurait s'exclure »

S. FREUD, lettre à EINSTEIN, 1932.

« L'Expression des émotions » effleure le thème du psychisme, et les termes de conscient, inconscient, inconsciemment, « sans en avoir conscience », voire « le « principe de l'antithèse inconsciente » (sic) se multiplient à la fin de l'ouvrage, quand sont abordés les thèmes de l'amour, la joie, la honte, la crainte, la haine...

En émergent des notions comme la culpabilité, dont il situe l'émergence chez un de ses enfants à 2 ans et 7 mois ; l'importance du « regard d'autrui » et de la perception de son opinion.

Enfin la nature sexuelle de certains affects, honte, culpabilité, rougeur, n'échappe pas à DARWIN qui note « la rougeur sur les joues des plus belles femmes de Tahiti », voire « les habitants de Terre-de-Feu ... rougissent surtout sous le regard des femmes », ce qui l'amène à la question : « pourquoi les sexes différents provoquent si aisément leur mutuelle rougeur ? » et de citer « Roméo et Juliette » dans sa conclusion.

Mais c'est « une petite anecdote » du chapitre VII qui l'amène sans doute au plus près de FREUD : observant le visage muet d'une femme dans son wagon de train, il observe les émotions qu'il manifeste à l'insu de celle-ci et se hasarde même furtivement à une interprétation dynamique de ses pensées.

« L'Expression » est l'œuvre de DARWIN la plus citée par FREUD : à deux reprises dans les « études sur l'hystérie », 1895, une dans « Le mot d'esprit et sa relation à l'Inconscient », 1905, et une autre dans l' «Introduction à la psychanalyse », 1917. C'est donc un livre qui a exercé sur FREUD une influence persistante.

Dans « les études sur l'hystérie », dans « l'introduction à la psychanalyse », et dans « inhibition, symptôme et angoisse » (1926), il reprend les trois principes posés par DARWIN dans « L'expression des émotions » : l'association des habitudes utiles (« condensation » avant l'heure), l'antithèse (« formations réactionnelles »), et la dérivation de l'émotion (le « déplacement »).

FREUD, éthologiste ? Rarement ; évolutionniste, certainement. Il est certain que dans les fondamentaux de son œuvre, sa préoccupation persistante et itérative est l'ontogenèse, très naturellement, mais aussi avec constance la phylogenèse du psychisme humain ; la théorie en outre est de son point de vue une théorie évolutionniste de l'adaptation, consacrée en 1923 avec la deuxième topique et l'instance du Moi, son organe.

Il déclare en1925 « La doctrine de DARWIN ... exerçait sur moi un attrait puissant ». Il le cite explicitement ou implicitement dans quasiment tous ses livres, et certains s'inspirent directement de l'évolutionnisme, notamment dans la perspective phylogénétique, comme « Totem et Tabou » (1913), sur la question des origines, qu'il considérait comme l'un de ses livres les plus importants ; il reprendra l'idée de la « horde primitive » (hypothèse darwinienne avancée dans « the Descent », 1874) en 1921 dans « psychologie des masses et analyse du Moi », et dans son dernier livre achevé, « L'homme Moïse et la religion monothéiste » en 1939.

Il écrit lui-même : « En 1912, j'ai adopté la supposition de Ch. DARWIN selon laquelle la forme originaire de la société humaine était celle d'une horde dominée sans restriction par un mâle fort ». Même si l'hypothèse phylogénétique est hasardeuse, et contestable, elle inaugure intuitivement un lien symbolique qui se crée entre les « hommes des premiers temps » et le meurtre du père ; et avec le

Totem apparaît le père symbolique : le mot, d'origine Ojibwé (Amérique du Nord), désigne le mât représentant l'ancêtre sacré, il signe une filiation imaginaire ; Tabou, d'origine polynésienne, est pris ici dans le sens de l'interdit social.
Pour S. FREUD, l'identification au totem rend tabou, c'est-à-dire sacré, tout ce qui en relève, notamment les femmes.
C. LÉVI-STRAUSS en proposera une autre explication (1962).
Le thème est repris avec l'illustration religieuse de Moïse en 1939, année de sa mort.

FREUD est un contemporain de DARWIN et de l'évolutionnisme, puisqu'il naît en 1856, et il a 26 ans à la mort de celui-ci.
« L'ascendant de DARWIN sur FREUD » (en fait « DARWIN's influence on FREUD, a Tale of Two Sciences »), de Lucille B. RITVO, est paru en 1990. Si elle ne recense « que » 17 références explicites à DARWIN, l'auteur décrit son influence continue dans sa vie et son œuvre, de sa jeunesse, ses débuts chez le Pr CLAUS puis BRÜCKE, MEYNERT, jusqu'à son écrit ultime inachevé, « L'abrégé de psychanalyse », posthume.
Après avoir défini en 1915 les points de vue économique, topique et dynamique, en 1923, FREUD développe le point de vue structurel avec le « Moi », le « çà » et le « surmoi » ; c'est une optique adaptative et le « moi » en est l'organe : « le moi et le ça » (« Das Ich und das Es », 1922) ;
« le noyau du moi contient l'héritage archaïque du psychisme de l'homme ».
D'ailleurs dans sa « Métapsychologie », l'article « L'Inconscient » (« das Unbewusste », 1915) révèle :
« S'il existe chez l'être humain des formations psychiques héritées, quelque chose d'analogue à l'instinct des animaux, c'est là ce qui constitue le noyau de l'*Ics* ».
Or l'Inconscient est le concept essentiel de la psychanalyse, et ce « savoir ignoré » l'oxymore fondateur. En faire l'analogue de l'instinct animal pose clairement le noyau du psychisme comme une obscure instance naturaliste (et éthologique) héritée. Il en est le nifé dont le « moi » est le sima.

FREUD est-il pour autant le biologiste que décrit F.J. SULLOWAY « Freud biologiste de l'esprit » (dédié à E. Mayr), en 1979 ?
FREUD inscrit sa théorie du psychisme dans la perspective dynamique d'une « lutte pour la vie » entre des instances opposées, en dernier lieu la Pulsion de vie et la Pulsion de mort, sur le modèle évolutionniste jamais démenti.
Que FREUD fût évolutionniste, voire biologiste dans certains écrits, cela est indubitable ; ainsi il écrit « l'évolution de l'homme jusqu'à présent ne me paraît pas exiger d'autre explication que celle des animaux » (« Au-delà du principe de plaisir », 1920).
Mais peut-on pour autant rabattre la psychanalyse du côté de l'organique ? Réduire le psychisme à ses composants neurobiologiques ? La question est d'actualité.

« La ψa. aura déposé sa carte de visite auprès des biologistes » comme l'écrit FREUD à FERENCZI le 28 janvier 1917.
La prépondérance de la sexualité et de la libido, les zones érogènes, les pulsions, le « ça », le principe de plaisir, autant de notions qui inscrivent la théorie dans le registre du corps ;
Puis viendra la pulsion de mort (Todestriebe), sorte de dîme à la vie, en 1920 dans « Au-delà du principe de plaisir » (« Jenseits des Lustprinzips ») où il évoque d'ailleurs « la pensée prosaïque de DARWIN ».
Elle naît entre autres de l'observation du comportement de son petit-fils :
« J'ai exploité une occasion qui s'offrait à moi pour élucider le premier jeu que s'est lui-même créé un garçon à l'âge d'un an et demi »
Sa mère l'ayant laissé seul, l'enfant joue avec une bobine, qu'il tient par une ficelle, et la jette puis la ramène à lui, accompagnant ces aller-retours d'un son que FREUD interprète comme « Fort-Da » (« loin-ici ») ; de cette situation quasi-expérimentale du travail de deuil, il déduit la compulsion de répétition, composante essentielle de la pulsion de mort. Cette pulsion muette, silencieuse le plus souvent, mais active, répétitive, non symbolisée, tend à ramener l'être vivant vers le stade inorganique. Elle est l'horizon indépassable du destin inéluctable du corps, une aspiration paradoxale

du vivant qui tendrait fondamentalement à revenir à l'état inerte. C'est une puissante force d'attraction indétectable sinon par ses effets indirects.
Son dépassement, voire son issue, déjà pour l'enfant, réside dans la symbolisation (l'objet perdu est remplacé par un substitut, la bobine), et dans la parole (« Fort-Da »).
La notion sera violemment contestée, par exemple par Jean LAPLANCHE, qui parle de la « soi-disant (sic) pulsion de mort » qu'il combattra « continûment depuis 1967 » (in « Adolescence », 1997) ainsi que « le fourvoiement biologisant de la sexualité chez Freud » (1993).
La pulsion de mort néanmoins, et sa redirection sur l' « objet », parcourent l'œuvre de Mélanie KLEIN, qui écrit son premier article cette même année 1920, et qui, même si elle ne le reprend qu'en 1932, en fera son concept directeur.
Thanatos couronne la primauté du soma mortel, et on y a vu la confirmation de la prépondérance de l'organique sur le psychique ; pour SULLOWAY par exemple, elle est l'aboutissement de la « biologisation progressive subie par certains concepts clefs de la psychanalyse », et « la pulsion de mort elle-même, fait de Freud un psycho-biologiste impénitent ».
La tentation biologisante est bien réelle chez Freud, non seulement dans les textes où elle est affirmée (« l 'Esquisse d'une psychologie *scientifique* », 1896, puis dans « au-delà du principe du plaisir », 1920), mais aussi dans cette conviction que les progrès de la science permettront ultérieurement d'expliquer les phénomènes psychiques en termes physico-chimiques.
« L'homme n'est rien d'autre, ni rien de mieux que les animaux » (FREUD, « l'inquiétante étrangeté » 1917), martèle-t-il.
Et pourtant son œuvre porte à penser que la vie a un sens, que le principal intéressé ignore le plus souvent.
Mais l'Idée, le monde des idées, le symbolique, la pensée, le langage, et ses productions, rêves, lapsus, mots d'esprit, œuvres d'art, littérature, poésie, sont aussi des pôles d'intérêt de FREUD. Nier le symbolique (comme J. BOWLBY le fera), c'est sortir du champ de la psychanalyse.
Même si les productions de la pensée sont animées par les émotions, les processus pulsionnels, les principes de plaisir et de réalité, la libido, par l'irruption du refoulé, ils se traduisent, par la mécanique symbolique humaine, en paroles, en écrits, en graphismes, en rituels, en religion, voire en névrose ou psychose ...
En fait, dans la continuité de DARWIN, FREUD émet une hypothèse théorique sur l'humanisation de l'animal humain, par le truchement de ses concepts :
« en nous plaçant du point de vue biologique, le concept de pulsion nous apparaît comme un concept limite entre le psychique et le somatique, comme le représentant psychique des excitations, issues de l'intérieur du corps et parvenant au psychisme », 1915.

Et la psychanalyse reste aujourd'hui la seule théorie capable d'une représentation complète et cohérente du psychisme, de son ontogenèse à ses dysfonctionnements.
C'est pourquoi l'anthropologie, et l'éthologie humaine, ne peuvent ni l'éluder ni la nier.

La psychanalyse anglo-saxonne, sous l'impulsion d'Anna FREUD surtout, poursuivit dans l'optique freudienne une théorie darwinienne de l'adaptation. Si l'Ics reste primordial, le Moi est l'organe prépondérant qui permet au sujet d'équilibrer les principes contradictoires du plaisir et de la réalité. Elle étend son champ à des disciplines étrangères, la sociologie par exemple, et s'ouvre ainsi à la psychiatrie, avec le mouvement de la psychothérapie institutionnelle dans les années cinquante ; mais aussi l'ethnologie, et son courant culturaliste (Géza ROHEIM, Bronislav MALINOWSKI) ; la petite enfance, le plus souvent reconstituée chez S. FREUD à partir des psychanalyses d'adultes, y est étudiée en elle-même.

En France, des divergences théoriques se font jour qui aboutiront au schisme (« la scission ») de 1953 conduit par Françoise DOLTO.

LACAN confirmera alors une place prépondérante de théoricien, avec l'enseignement des séminaires.

Avant de devenir le structuraliste, influencé par LÉVI-STRAUSS, qui décrètera « l'Inconscient structuré comme un langage », LACAN dans ses premiers textes a volontiers recours à la biologie de la Gestalttheorie notamment.
« Le stade du miroir comme formateur de la fonction du Je », d'abord conçu en 1936, devient un texte essentiel repris en 1949. C'est une démonstration d'illustrations et de concepts éthologiques comme l'Umwelt d'UEXKÜLL ; sont ainsi convoqués dans la conception « révélée dans l'expérience psychanalytique » (!) la maturation de la gonade de la pigeonne (Rémy CHAUVIN ?), voire la transformation physique du criquet pèlerin passant de sa forme ou Gestalt solitaire à son aspect grégaire (« effet de masse » de GRASSÉ, dont l'hostilité au darwinisme a guidé nombre de ses travaux). Il attribue au très darwiniste BALDWIN (réédité en français en 2006) l'expérience du miroir qu'il sait pourtant devoir à DARWIN, puisque H. WALLON, qu'il connaît bien, l'a largement exposée, ainsi que son « histoire naturelle des bébés », dans ses conférences à La Sorbonne en 1929-1930 et 1930-1931 publiées en 1934 puis 1949 ; Il y a développé « L'enfant devant sa propre image spéculaire » qui l'amène à écrire qu'après un stade où il se perçoit morcelé, l'image dans le miroir est « le prélude de l'activité symbolique », puis « n'a plus d'existence pour elle-même » mais « est devenue purement symbolique ».

Mais LACAN au contraire de FREUD, écarte la théorie du fondateur de l'évolutionnisme au profit du strict « cogito » cartésien, et parle de « la barbarie du siècle darwinien » (1948). On comprend mal l' « irrédentisme » de LACAN à l'égard de DARWIN et on conçoit difficilement qu'il puisse taire les observations célèbres de DARWIN, en réponse à TAINE, sur les réactions de l'enfant devant le miroir, qui note qu' « à la 35ᵉ semaine, l'enfant regarde son image dans la glace, chaque fois qu'on l'appelle par son nom », et qui d'ailleurs fera aussi l'expérience du miroir sur un orang outang.
« I may add that when a few days under nine months old he associated his own name with his image in the looking-glass, and when called by name would turn towards the glass even when at from distance from it » (C. DARWIN, 1877).

Pour LACAN cette « expérience » subjective est sensée différencier définitivement l'humain de l'animal ; il la décrit en effet comme « cette Gestalt dont la prégnance doit être considérée comme liée à l'espèce ».
Le chimpanzé ou le singe, sommé 4 fois dans le texte, apparaît comme l'antonyme du petit humain.

On sait aujourd'hui que l'expérience du miroir n'a rien de spécifique, depuis que G. GALLUP en 1970, et sa célèbre expérience de « la tache bleue », a montré que le chimpanzé en est capable ; Derek DENTON, dans son chapitre « miroirs et conscience de soi », rappelle que Koko, la gorille de PATTERSON, se contemple dans un miroir (DENTON D., 1993), que les éléphants, les cétacés, et même les corbeaux ou les pies (2008) se reconnaissent dans le miroir, confirmant la capacité d'insight animal décrite par W. KÖHLER, créateur de la « Gestalt psychology » en 1929, auteur en 1917 d'un texte paru en français en 1927 « L'intelligence des singes supérieurs ».
Quant au criquet pèlerin ou locuste, sa transformation ne doit rien à la vue de ses congénères, bien au contraire (Pr Malcolm BURROWS, Cambridge).
Mais la question de la subjectivité reste entière : « What Do Animals Think they See When They Look in the Mirror? » (WALD Chelsea, 2014).

Néanmoins cette expérience du miroir, au sens phénoménologique, avec le « schéma L », est fondatrice de la pensée de LACAN, comme le schéma optique de la « Traumdeutung » le fut pour FREUD.
Elle sera développée dans le séminaire I, « les écrits techniques de Freud », en détail, et très souvent reprise.
Il évoque par ailleurs l'éthologie, avec Von FRISCH (« fonction et champ de la parole et du langage », 1953), N. TINBERGEN et K. LORENZ, avec la notion de déclencheur assimilé à une Gestalt-signal support de l'imaginaire. Il reprend ce que montre TINBERGEN chez l'épinoche lorsqu'il lui présente

des leurres évoquant le ventre rouge de la femelle fécondable. « Dans le monde animal, tout le cycle du comportement sexuel est dominé par l'imaginaire » (séminaire I).
Quant à la Prägung de LORENZ, (l'empreinte), « phénomène strictement limité au domaine de l'imaginaire », il l'assimile à une « frappe », sorte de trauma primordial refoulé.
Ailleurs (« La chose freudienne » 1955), il évoque « les lois de la réminiscence imaginaire, c'est à dire... l'empreinte (Prägung) instinctuelle,...(qui) donnent signification ».
Il poursuit le développement de l'image spéculaire dans le séminaire II, puis avec le séminaire III (1955-56) où il revient sur les formes captivantes décrites par l'éthologie animale, ainsi transposée à l'humain :
« le psychologique, c'est l'éthologique, l'ensemble des comportements de l'individu, biologiquement parlant, dans ses relations avec son entourage naturel ».
« L'imaginaire est assurément guide de vie pour tout le champ animal. Si l'image joue également un rôle capital dans le champ qui est le nôtre, ce rôle est tout entier repris, repétri, réanimé par l'ordre symbolique »
Malgré ces antagonismes, « Totem et Tabou », œuvre éminemment darwinienne de Freud, est critiquée, elle n'est jamais rejetée car elle fonde, sur un mythe, le père symbolique ; celui-ci est nécessaire à LÉVI-STRAUSS comme élément organisateur des structures sociales ; Ce Nom-du-père est le Totem, qui organise la prescription sociale, symbolique, de l'échange des femmes, dont le Tabou est l'indispensable corrélation, et qui, lui, pose les interdits. Cet organisateur inconscient des sociétés primitives, qui en structure le fonctionnement, devient la pierre de touche de l'inscription du sujet dans la société et le monde symbolique.
Pour LACAN, le Nom-du-Père devient un « organisateur » du sujet, la « Loi », qui l'assigne à une place dévolue dans le langage et le monde social ; sa carence ou forclusion interdit au sujet de se structurer en le rejetant dans un univers sans repère et le renvoie à un monde archaïque antérieur au « stade du miroir », c'est à dire dans une pathologie mentale aliénante, comme le « Horla » de MAUPASSANT.
L'organisation symbolique du psychisme humain devient ultérieurement la question primordiale de la psychanalyse lacanienne, et la dimension éthologique fondatrice de l'« imaginaire » ne sera plus abordée.

B. L'ÉTHOLOGIE ANIMALE

« Seule l'unité d'une succession temporelle de mouvements possède le caractère de comportement ».

F. J. J. BUYTENDIJK, 1958.

Définir le comportement en général est une première difficulté.
C'est la condition nécessaire mais pas suffisante, qui s'avère
« impensable sans les unités de signification qu'une conscience y trouve et voit s'y déployer »
(M. MERLEAU-PONTY, in BUYTENDIJK).

En effet sans avoir l'acuité d'aujourd'hui, après 1945 se pose la question d'un « comportement » des machines, qui, avec les débuts de la cybernétique, en présentent les caractéristiques ; LACAN l'évoque dans le séminaire II 1954-55 avec « les braves petites bêtes de Grey-Walter ».
C'est l'exemple qui illustre le mieux le problème : les « tortues » cybernétiques de Bristol, de W. GREY WALTER (qui était neurophysiologiste) en 1950. Chaque « tortue », animée par une batterie de téléphone, comporte deux récepteurs (l'un sensible à la lumière, cellule photo-électrique, l'autre au toucher) et deux effecteurs (l'un pour la faire avancer, l'autre pour la diriger) ; elles sont attirées par les sources de lumière de faible intensité mais s'éloignent des lumières fortes, et portent elles-mêmes une source lumineuse ; elles évitent les objets sur leur parcours ; elles captent donc l'information pertinente de l'environnement et le traduisent en action motrice, avec une rétroaction dite « feed-back ». C'est un système « à deux neurones », les 2 systèmes de perception et d'action (J. PAILLARD, 1971).
De deux tortues initiales, Elmer et Elsie, GREY WALTER parviendra à 8 engins. Il qualifie leur comportement de « social ».

« Avec un si petit nombre d'éléments, il est possible d'obtenir un comportement déjà très complexe et tout à fait imprévu quand il se trouve placé dans des conditions normalement irrégulières… »

Face à un miroir, la tortue « danse », c'est à dire observe un parcours hésitant d'éloignement-attraction.
S'agit-il d'un « comportement social » ? Voire d'un comportement tout court ?
Si la réponse paraît évidemment négative en 1950, elle l'est beaucoup moins au XXIème siècle, avec ses robots toujours plus perfectionnés ; d'ailleurs l'école de Palo-Alto en utilise les principes de base, y compris dans leurs applications au comportement humain.
La biologie et la psychologie s'inspireront du modèle cybernétique très rapidement.
L'éthologie, en proposant une définition plus empirique du comportement, permet une réponse plus discriminée.

La création du terme « éthologie » est attribuée à Isidore GEOFFROY SAINT-HILAIRE, qui avait pour parrain F. CUVIER ; il date de 1854, année de son « Histoire naturelle générale des règnes organiques ». Le terme est forgé à partir de l' ήθος grecque, dont le sens est plus large que celui de comportement.

L'éthologie animale a connu un tel développement, en raison des facilités techniques offertes par les diverses modalités de prise de vue, de prise de son, et des nombreux outils techniques maintenant disponibles, qu'il est impossible de se faire une idée précise de son état présent ; chaque espèce animale devient en soi un domaine de compétence, et l'impression donnée par les congrès de la S.F.E.C.A. par exemple est celle d'une extrême spécialisation. Ce qui illustre d'ailleurs le fait que l' « animal » n'existe pas, si ce n'est pour permettre à l'homme de se définir. Ce que J. DERRIDA condense en un néologisme, « animot », en 2006.

Mais il existe bien DES animaux, comme le signifie DARWIN dans le titre de son ouvrage. L'éthologie permet de concevoir chaque espèce comme appartenant à un univers propre, complexe, organisé. Aurait-on pu imaginer celui des abeilles, insectes pourtant connus et familiers aux humains depuis la plus haute antiquité, avant Von FRISCH ?

Aussi notre propos se borne-t-il ici à évoquer les pionniers de la discipline et les concepts qu'ils ont apportés. Ces idées directrices ont quelquefois apporté une nouvelle brique au mur du comportement humain, qui reste à définir, mais elles ont surtout changé en profondeur le regard sur les comportements des différentes espèces animales, considérées désormais chacune dans leur singularité. Et débarrassé les multiples représentations humaines imaginaires et délétères, qui polluaient le rapport à l'animal : ainsi du crapaud maléfique du moyen âge (BOCCACE), au loup resté longtemps le prédateur absolu (alors que la louve fut le symbole fondateur de Rome), la baleine biblique, le lion de Gilgamesh ou d'Hercule, l'âne de Buridan, le gorille d'E. A. POE, voire le roman de Renart etc...

Les pionniers de l'éthologie du XXème siècle furent C. O. WHITMAN (« Animal Behaviour », 1898), et certainement Oskar HEINROTH (1871-1945), qui inspirera K. LORENZ ; J. Von UEXKÜLL en 1909 publie « Umwelt und Innenwelt der Tiere » ; Karl Von FRISCH (1886-1983) qui dès 1923 publie « Über die « Sprache » der Bienen » (au sujet du langage des abeilles).
La controverse (TINBERGEN, 1953 ; cf RUWET p. 25) entre Von HESS et Von FRISCH en 1913-1914 atteste de l'intérêt éthologique significatif pour le comportement animal (par opposition au behaviorisme américain, né de PAVLOV, et représenté par SKINNER et WATSON).

Mais c'est le norvégien Thorleif SCHJELDERUP-EBBE (1894-1976) qui, avec sa thèse en 1921, en établira les premiers préceptes par l'observation du « Pecking-order », ou « dominance-hierarchy system » ; son intérêt pour les poules date de ses 6 ans, et dès 10ans il tenait des carnets d'observation détaillant la hiérarchie et l'ordre de préséance (DE WAAL F., 2005).
Puis l'américain W. C. ALLEE, 1930, élargit le concept (l'« effet Allee »).
Ces observations des comportements sociaux écartent définitivement l'idée de l'animal-machine de DESCARTES, confortée par PAVLOV.
Les poules de basse-cour observent en effet une préséance, avec une hiérarchie qui autorise la poule dominante dite α à picorer en premier, à occuper les meilleurs endroits pour pondre, et à s'approprier le perchoir le plus haut, etc....
Cette organisation sociale permet de réduire les comportements antisociaux territoriaux et agressifs ; la hiérarchie s'établit par des comportements répertoriés de dominance et de soumission : le picage, notamment sur la tête de l'insoumise ; des comportements de menace : ailes déployées, cris particuliers, harcèlement.
La dominance peut être complète, c'est le « despotisme » ou « peck right » de ALLEE. Elle est nette et uniforme dans le temps ; la hiérarchie est linéaire : le « despote » α domine tous les autres ; l'individu β domine tous les autres sauf α et ainsi de suite jusqu'à l'individu ω. Il existe des comportements en retour, c'est à dire qu'un dominé γ peut répondre par une agression au dominant, mais ces agressions sont toujours de faible intensité et beaucoup moindres que l'agression d'α.
ALLEE montre aussi l'existence d'une dominance de « prestige » : une poule vieille et affaiblie, parfois plus ou moins aveugle, maintient sa dominance en multipliant les démonstrations de menace ; dans un autre groupe, cette poule serait de rang très faible.
Il existe d'autres types de hiérarchie : hiérarchie polygonale ou circulaire : A domine B qui domine C qui domine A ; cette boucle peut s'insérer dans un niveau de la hiérarchie linéaire, et peut se dérouler brusquement pour se linéariser.

On décrit aussi des hiérarchies doubles : les coqs dominant les poules, un mâle α va dominer les poules a – b – c, mais les mâles β, γ ... aussi,

Ces observations posent d'emblée quelques valeurs cardinales de l'éthologie : société, hiérarchie, interactions, et établissent quelques règles de base de la vie sociale que l'on retrouve dans la plupart des espèces de vertébrés.
On parle de hiérarchie si on peut mettre en évidence une dominance et une subordination ; le subordonné inhibe l'attaque par une posture de subordination ou un rituel de soumission (chez les poules fléchissement des pattes et tête rentrée dans le corps) ; mais ces comportements sont propres à chaque espèce : c'est notamment la présentation au dominant d'une partie vulnérable, comme les souris qui présentent le ventre, les loups la gorge à l'adversaire ; ce peut être l'opposé de la posture de menace (DARWIN): la menace des poissons se fait museau en bas, la soumission museau en haut queue en bas ; ce peut être une présentation pseudo-sexuelle comme la présentation de l'arrière train chez les primates.
Les phénomènes de hiérarchie sont multiples et complexes mais quasi universels (à l'exception notable des manchots) ; les rangs respectifs sont établis à la suite de combats ou de menaces d'un côté et d'actes de soumission de l'autre, et la posture de subordination ou le rituel de soumission inhibe l'attaque du dominant.
Les individus se comportent comme s'ils connaissaient leur rang, et celui des autres.
La hiérarchie n'a toutefois rien d'inéluctable ; ALLEE considère que la première interaction est primordiale ; quand deux poules se rencontrent, elles évaluent leur force ; si elle est évidemment inégale, la plus faible baisse la tête, évite et devient définitivement subordonnée ; si elles sont de même force, elles se battent (en général de quelques coups de bec), et si l'une baisse la tête, même par accident, elle est définitivement subordonnée.
La hiérarchie dépend aussi chez les espèces territoriales de l'endroit : sur son territoire propre, un animal sera dominant mais perd ses prérogatives en s'éloignant.
Deux jeunes singes macaques verront leur statut mutuel changer en proportion de l'éloignement de leur mère. (DE WAAL F., 1982, « Chimpanzee politics »)
Divers facteurs interviennent pour fixer le rang : le poids ou la taille chez quelques espèces ; les cornes ou les bois chez les ruminants : un bovidé écorné perd son rang ; le sexe et l'état œstrien : si les mâles sont le plus souvent dominants, on connaît de nombreuses exceptions (chat, macaques, bonobos) ; chez certaines espèces, les rennes par exemple, la femelle est dominante en hiver, et le mâle en été, en relation directe avec leur état hormonal ;
Enfin les facteurs héréditaires (le rang du ou des parents) et épigénétiques (les expériences précoces comme l'abandon) sont souvent primordiales.
La hiérarchie établie assure la stabilité du groupe, et on observe peu d'agressions, peu de sanctions lors des ruptures de préséance. La hiérarchie est assurée par des postures et des signaux à distance, ritualisés, en dehors de tout danger (M-F. BOUISSOU, 1974). En fait, elle est surtout le fait des subordonnés.
Le changement de hiérarchie est en général fatal au « despote » : cela commence par des menaces de subordonnés vers l'individu α quand il est loin, ou a le dos tourné, et aboutit au combat. Vaincu, le « despote » devient craintif et souvent meurt peu après ; parfois il change d'aspect : ainsi KUMMER montre que le babouin Hamadryas qui perd son statut perd son « manteau » (la fourrure qui lui orne le torse), probablement en raison d'un changement hormonal ; F. DE WAAL montre dans un film comment un chimpanzé de rang inférieur devenu dominant quand on a ôté de l'enclos les trois mâles qui lui sont supérieurs se jette à l'eau et se noie lorsqu'il entend simplement leurs cris se rapprocher (il donne une interprétation différente de la noyade de Dandy dans son livre).
En général, l'animal ω arrive difficilement à manger, il se reproduit rarement et semble voué à la mort ; le stress social se répercute sur sa biologie et on constate que le poids des surrénales est élevé ; s'il fait retomber sur lui toute l'agressivité du groupe, (agressivité directe ou redirigée par un animal de rang supérieur qui a lui-même reçu une agression), ALLEE constate que lorsqu'on le retire, le groupe va moins bien et la tension sociale monte.

Enfin dominance et leadership ne sont pas toujours synonymes (M. CHANCE) ; le leader prend l'initiative du déplacement, de son orientation, de son organisation. On peut résumer ces comportements ainsi : le groupe imite le dominant mais est attentif au leader.
Dominance et hiérarchie peuvent présenter de multiples aspects, qu'il n'est pas possible de développer ici ; elles ne sont ni uniformes, ni stables, ni constantes.
Outre sa fonction de stabilisateur du groupe, le statut fait aussi fonction d'identité : c'est sa place dans la pyramide sociale qui assigne une position, ce qui pourrait se comparer à l'équivalent humain d'un titre ou grade (D. LESTEL, 2001) ; mais ce n'est pas l'unique déterminant identitaire puisque nous verrons que les relations de parenté sont en général connues et jouent aussi un rôle dans la structure sociale.
Chez l'homme, animal social, on retrouvera cette contingence.

En 1934, J. Von UEXKÜLL (1864-1944) avance la notion qui est en général citée en allemand d' « Umwelt » ; on traduit « die Umwelt » par « le monde propre », ou plus joliment comme SARTRE par « entours » ; UEXKÜLL parle ailleurs aussi de « bulles qui nous enferment chacun dans notre monde ». Le terme sera abondamment repris par de nombreux philosophes et par LACAN, cité plus haut.
L'exemple premier donné par l'auteur est le cycle de vie de la tique (ixode), qui n'a ni vue ni audition : lorsque la femelle a été fécondée, guidée par sa sensibilité générale à la lumière, elle grimpe à la pointe d'une branche de buisson pour se laisser tomber sur un mammifère qui passe à sa portée ; la chute est déclenchée par la perception de l'acide butyrique dégagé par le sébum cutané ; là elle perce la peau de l'animal et se gonfle de son sang ; puis elle tombe sur le sol, pond et meurt.
Le monde propre de la tique se limite donc à deux perceptions (acide butyrique, chaleur), et à deux effecteurs simples (agrippement, perforation). Le monde de la perception (Merkwelt) s'ajuste au monde de l'action (Wirkwelt). L'Umwelt de la tique se limite à un monde dont elle est le centre, et où ne sont significatifs que la chaleur et l'acide butyrique, qui déclenchent chacun un réflexe moteur (UEXKÜLL rappelle d'ailleurs utilement, au sujet de l'arc stimulus-réponse, que « Réflexe désigne primitivement le renvoi d'un rayon lumineux par un miroir »). Les autres éléments du milieu n'existent pas pour elle, et sa relation au monde physique est spécifique ; ainsi le temps de la tique lui est-il particulier, puisqu'il a observé à l'institut de Rostock des tiques qui avaient jeûné 18 ans.
A partir de cet exemple, il développe « les espaces vécus », et combat « l'illusion ... en un monde unique dans lequel s'emboîteraient tous les êtres vivants », ainsi que « l'opinion commune qu'il n'existerait qu'un temps et qu'un espace ».
Plus simple encore est le monde de la méduse de haute mer (rhizostome) : elle pompe l'eau de mer enrichie de plancton et la rejette une fois filtrée. Ce mouvement unique non seulement la nourrit, mais simultanément lui permet de se maintenir à la surface de l'eau et de capter l'oxygène. La vie se limite ici à un seul cercle fonctionnel, le même caractère perceptif suscitant indéfiniment le même caractère actif.
Toutefois un même objet peut changer de signification selon les dispositions du moment ; le bernard-l'ermite, s'il n'a pas revêtu de coquille perçoit l'anémone de mer comme un « habitat potentiel » du fait de sa forme cylindrique ; s'il a une coquille, il la met sur lui pour se protéger des seiches ; elle devient une « chose protectrice » ; enfin s'il a subi un jeûne prolongé, il la mange, elle est alors « nourriture ». Sa « signification », comme le dit UEXKÜLL, change.

Symétriquement, un même objet peut être perçu de multiples façons par différentes espèces ; ainsi un chêne pour l'homme renvoie à l'usage possible du bois ; pour le renard, qui construit sa tanière entre les racines, c'est un abri ; pour le cochon ou le sanglier, c'est une source de nourriture ; pour la chouette qui habite les branches, c'est une protection ; pour l'écureuil, c'est un parcours aux nombreux tremplins ; pour les oiseaux qui y font leur nid, c'est le lieu de leur reproduction ; pour les fourmis, il sera un terrain de chasse ; la femelle bostryche (coléoptère) cherchera sa nourriture sous son écorce décollée, y déposera ses œufs, et les larves s'en nourriront ; le pivert y viendra justement pour tenter de les attraper ; l'ichneumon (hyménoptère) creusera le bois à l'aide de sa tarière pour pondre ses œufs dans les larves du bostryche dont elles se nourriront.

En somme cet objet est perçu par chacun de ses commensaux comme un écosystème spécifique, dont il a une perception propre ; les mondes sensoriels, les Umwelten, se superposent indépendamment les uns des autres.

L'Umwelt humaine n'échappe pas à ces généralités, sur le plan physiologique et perceptif qui nous intéresse.

C'est avec l'école « objectiviste », de Konrad LORENZ et Nikolaas TINBERGEN, que l'éthologie animale se systématise. De la notion facile mais paralysante d'instinct utilisée par DARWIN (LORENZ, 1937 et TINBERGEN, 1950) ils formuleront les hypothèses de comportements plus flexibles fondées toutefois sur une dichotomie inné/acquis (un des ouvrages de LORENZ s'intitule « Évolution et modification du comportement. L'inné et l'acquis » 1967).
Le concept fondamental est celui d'un mécanisme que J. VON UEXKÜLL (1934), K. LORENZ (1935) puis G. BAERENDS (1950) ont appelé « das angeborene auslösende Schema », et TINBERGEN (1951) le « innate Releaser Mechanism » désigné par IRM, en français le « mécanisme déclencheur inné » ou MDI. Il s'agit d'une structure génétiquement programmée, innée, constante dans sa fonction pour une même espèce. Pour les éthologistes objectivistes, on peut ainsi dresser le catalogue de ces activités motrices uniformes pour des espèces données, observées dans leur milieu naturel.
L'I.R.M. est mis en œuvre par un « Auslöser », « Releaser » en anglais, soit « déclencheur » ou stimulus-déclencheur, qui détermine un comportement fixe, « Erbkoordintion » ou FAP en anglais (Fixed Action Pattern), comme une clef qui permet d'ouvrir une serrure.

RELEASER ⟶ IRM ⟶ FAP

Dans « La vie sociale des animaux » TINBERGEN décrit en détail cet enchaînement de comportements chez l'épinoche selon ce schéma :

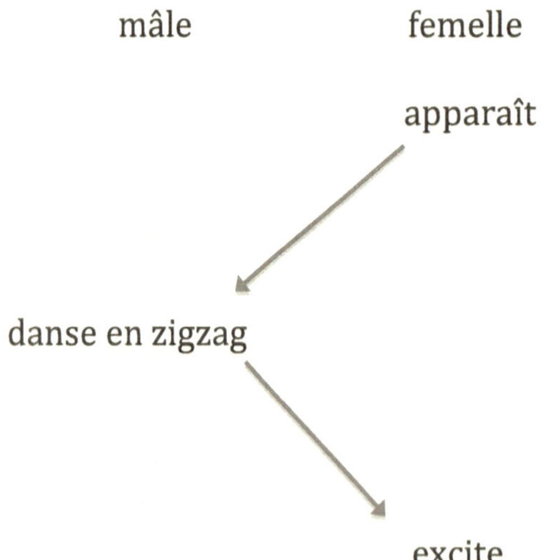

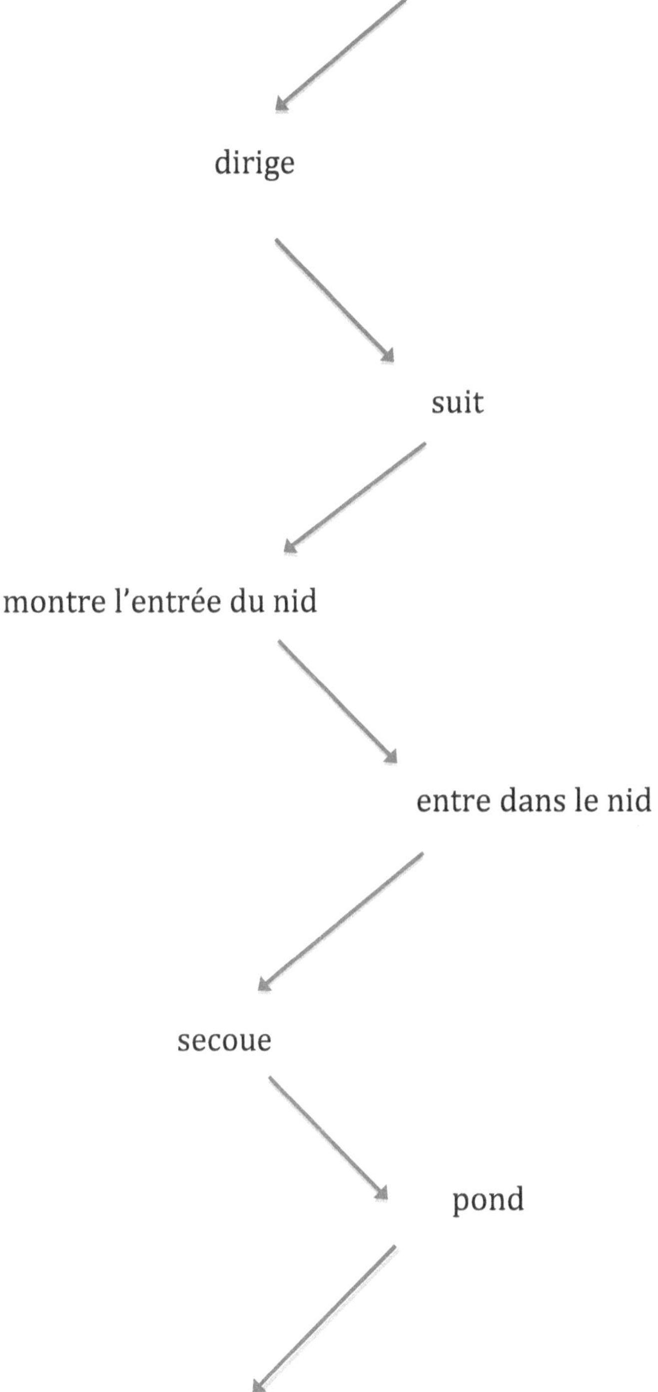
dirige
suit
montre l'entrée du nid
entre dans le nid
secoue
pond

fertilise

Une épinoche mâle construit son nid et délimite son territoire au printemps en même temps qu'elle se pare d'une livrée nuptiale ventre rouge. Ce stimulus « rouge par en-dessous » (ou un leurre grossier de même couleur) déclenche un comportement agressif envers tout mâle pénétrant le territoire (et même, raconte TINBERGEN, 1984, envers la voiture rouge de la poste visible depuis l'aquarium). Au contraire l'apparition d'une femelle présentant un ventre gonflé d'œufs va provoquer le comportement de cour décrit plus haut comme « danse » ; après la réponse favorable de la femelle, le mâle la conduit vers son nid construit au préalable, elle l'y suit, il lui indique l'entrée du nid où elle entre, il la « secoue » ou « tremble », elle pond et il féconde les œufs qui ont été déposés.
Ainsi, les comportements mutuels s'emboîtent, le FAP de l'un étant le déclencheur de l'autre.
L'autre exemple paradigmatique de TINBERGEN est le comportement de becquetage du petit goéland argenté au nid ; l'observation éthologique montre qu'il est provoqué par la présentation du bec de l'adulte ; plus précisément c'est la vue de la tache rouge qui orne la base du bec du parent qui déclenche l'orientation du petit et le becquetage, qui lui-même va provoquer la régurgitation de l'adulte.
Le déclencheur « tache rouge » provoque, par l'intermédiaire du circuit câblé inné ou IRM le FAP orientation et becquetage, stimulus qui lui-même génère le FAP régurgitation.
Les déclencheurs peuvent être de nature extrêmement diverse, acoustique, tactile, olfactif...
Ainsi chez la dinde, c'est l'audition qui détermine les comportements maternels, et si on la rend sourde, elle tue ses petits ; par contre, si on remplace les dindonneaux par des petits chats avec le son artificiel de petits dindons, elle aura un comportement d'élevage (SCHLEIDT, 1960)
Toutefois, ces comportements innés sont loin d'être mécaniques, et par la méthode des leurres les éthologistes montrent que les stimuli, les récepteurs, les FAP et même l'IRM ne sont pas automatiques.

Ainsi le becquetage des jeunes goélands peut être provoqué par un simulacre de forme cylindrique de 9mm de large comportant une tache contrastée, rouge ou bleue de préférence, se déplaçant horizontalement à une vitesse de 80 fois par minute ; le stimulus devient une situation stimulante à paramètres multiples (J. P. HAILMAN, 1967).
Dans « L'étude de l'instinct » TINBERGEN note que si la danse en zigzag peut compter deux ou trois « pas », elle se transforme « si la motivation est plus forte, en une série allant jusqu'à 20 pas ».
D'ailleurs cette danse n'est pas univoque, elle est « la combinaison de deux mouvements incomplets, résultat de l'activation simultanée de l'instinct d'agression et de l'instinct sexuel » ; « chaque zig est le début d'un mouvement de guidage (donc sexuel ndlr), tandis que chaque zag est le début d'une attaque » (TINBERGEN, « la vie sociale »). Ce comportement n'est donc pas strictement câblé mais le résultat ambivalent de motivations contraires.

Le schéma « releaser-IRM-FAP » est donc loin d'être un réflexe amélioré, un arc comportemental fixe, et de nombreuses expériences ont mis en évidence les caractéristiques variables des stimuli, des récepteurs, ou de l'acte effecteur (FAP). De même l'IRM au sein du système nerveux peut être modifié par des influences hormonales ou épigénétiques.
Avec l'épigenèse, l'influence du milieu sur l'individu et sur son développement devient tout aussi essentielle que les programmes supposés du système nerveux ; en fait, cette notion est l'issue de l'alternative fermée « inné/acquis ».
On en comprend immédiatement l'intérêt par un exemple simple : une graine de tournesol, « œuf » qui contient les informations génétiques de l'espèce, se développera différemment si on le plante au soleil ou à l'ombre, en sol sec ou humide, en terrain calcaire ou argileux.
SCHNEIRLA a développé « les théories épigénétistes en adoptant une vue interactionniste du développement de l'individu » (P.P. GRASSÉ, 1956) ; THORPE (1963) adopte un point de vue similaire avec l'exemple des pinsons de l'espèce fringilla coelebs élevés dans l'isolement dès la naissance ; s'ils disposent bien des séquences de chant propres à leur espèce, ils sont incapables

d' organiser la ligne mélodique en un langage porteur d'un message de type « chant territorial » ou « chant nuptial », à défaut de les avoir eux-mêmes entendus. En outre, «il y a une période propice à l'apprentissage du chant » (HINDE), et « sa forme est influencée par l'expérience auditive de l'oiseau bien avant qu'il ait lui-même commencé à chanter ».
Un certain nombre d'expériences neurophysiologiques, qui dépassent le cadre de notre propos (R. HELD et S. S. FREEDMAN, 1963, R. HELD et A. HEIN, 1963, 1967) montrent que l'expérience du monde est une expérience active ; les informations captées passivement ne permettent pas l'assimilation comme les informations collectées activement ; HUBEL et WIESEL (1962, 1970) en montrent par ailleurs les effets sur le développement neuronal. Existe-t-il une « biologie de la conscience », comme le propose G. EDELMAN ? L'idée d'un « darwinisme neuronal » laisse dubitatif.
La notion d'épigenèse, due à C. H. WADDINGTON (1957), devient avec J.P. CHANGEUX (1974, 1983), la base même des processus d'acquisition avec « l'épigenèse interactionnelle », et la stabilisation synaptique sélective.
J. COSNIER (1984) la place au cœur du développement précoce de l'enfant humain lors des interactions précoces.

Aussi le « modèle hydromécanique ou psycho-hydraulique » (RUWET J. C., 1975) de 1950, qui conçoit le cerveau comme un réservoir de programmes, dut-il s'amender et l'éthologie abandonner « L'objectivisme ». Avec l'épigenèse, le capital génétique inné est susceptible de se révéler en fonction de l'environnement et de l'expérience, ou au contraire de s'inhiber ; l'exemple le plus simple est celui des larves d'animaux sociaux, dont le rôle ultérieur et le statut social sera déterminé non par le génome mais par la nourriture qu'elles recevront des ouvrières.
A l'autre extrémité de l'échelle animale, Jared DIAMOND pose une hypothèse assez proche quand il considère que chez l'homme, c'est la céréale de base qui a déterminé le type de civilisation (« le troisième chimpanzé », 1992).
L'écologie agit aussi, par exemple sur la danse des abeilles, que l'on pourrait penser strictement déterminée génétiquement ; selon que la ruche est en milieu forestier (où le soleil est caché) ou en milieu ouvert (Mc FARLAND, dictionnaire d'Oxford) la danse est différente.
Cette notion d'épigenèse prend actuellement d'ailleurs une place quasi prépondérante dans l'étude des lois de l'hérédité.

Néanmoins les bases méthodologiques et le cadre théorique de l'éthologie étaient élaborés, notamment par les articles de TINBERGEN, 1963, et de LORENZ, 1981.
On retrouve ces principes essentiels en éthologie humaine, soit dans les observations mère-enfant et celles de l'Attachement en général, soit dans l'approche des interactions entre pairs chez les enfants d'âge préscolaire.
Un autre aspect est mis en relief par DARWIN, qui explique peut-être davantage encore la résistance à sa théorie et cette difficulté à partager notre monde avec l'animal : c'est la dette insupportable qu'elle suppose de l'homme envers l'animal, dette symbolique mais dette réelle aussi.

4/ L'EMPREINTE

« C'est dans le sein de la mère que se fabriquent les organes qui doivent nous rendre susceptibles de telle ou telle fantaisie, les premiers objets présentés, les premiers discours entendus achèvent de déterminer le ressort ; les goûts se forment et rien au monde ne peut plus les détruire. L'éducation a beau faire, elle ne change rien »

D. SADE, 1791, « Justine ou les malheurs de la vertu ».

Un autre concept éthologique, portant bien connu de toutes les fermières, mais qui a fait couler beaucoup d'encre, est « Die Prägung », « Imprinting » ou « Empreinte ».
K. LORENZ est l'artisan principal de cet avatar de la parentalité ; est-ce un hasard s'il y évoque justement son père à travers HEINROTH ?
La notion d' « Imprinting » arrive initialement dans l'univers scientifique avec James SPALDING (1873), qui conduit ses expériences dans la continuité des idées de DARWIN dont il est un ardent défenseur; il a montré que, chez des poussins rendus temporairement sourds ou aveugles à l'éclosion, l'« instinct de suivre » s'inscrivait parmi les schémas innés de comportement, puisqu'ils suivaient le premier objet mobile qu'ils voyaient et avaient conservé leur sensibilité à l'appel du caquètement. Néanmoins, ces capacités se perdaient après le délai d'une « période critique » ; il compare ces capacités provisoires d'apprentissage à la succion du sein chez l'enfant, qui disparaît si le nouveau-né est nourri à la cuillère plusieurs jours. WHITMAN (1894) lui succède, puis O. HEINROTH, le maître de LORENZ, auteur du terme « Prägung », qui conduit des expériences similaires chez d'autres oiseaux nidifuges (1911). (Les concepts nidicoles/nidifuges, traduits de l'allemand Nesthocker/Nestflüchter, sont toutefois ambigüs et discutables, voir S. J. GOULD, 1977)
Pour LORENZ, l' « empreinte » est l'équivalent de l'induction embryologique de SPEMANN: le greffon adopte les caractéristiques du tissu receveur.
Il reprend de UEXKÜLL les termes « Kumpan » et « Umwelt » dans le titre de l'article, traduits respectivement par « compagnon » et « monde propre » ; il n'existe pas en effet de terme approprié pour décrire cet objet non encore identifié que le petit découvre à l'éclosion dans un monde sans repère (à l'opposé du nidicole qui aurait un schéma inné du « Kumpan », en l'occurrence du parent), et LORENZ doit donc faire appel aux constructions de compagnon-parent (oie cendrée), compagnon-enfant, compagnon-conjoint, compagnon-social (perruche), voire compagnon de vol (choucas), animal-parent ou « camarade » (« Kamerade ») pour signifier que l'autre n'existe qu'en tant qu'il remplit une fonction déterminée, structurante, et non en tant que tout ou personne identifiée dans son « Umwelt » encore très restreint ou les « objets » ne sont pas définis ; l'empreinte transforme la « chose » (« Ding ») en «objet » (« Objekt »). Ainsi peuvent-ils être substitués par des objets de remplacement (« Ersatzobjekte ») tant que leur image n'est pas construite, c'est à dire pendant la période dite « sensible ». Or « le schéma-inné du compagnon-parent est d'autant plus pauvre en signes que l'oiseau quitte l'œuf à un stade plus précoce » ; « l'oiseau parent n'est pas pour son petit un animal déterminé, mais un animal qui se pose sur le bord du nid et s'y conduit d'une manière déterminée ».
De multiples expériences conduites par de nombreux auteurs (notamment le dispositif du bras tournant au-dessus d'une piste circulaire de P. BATESON, 1966) ont défini les caractéristiques de l'empreinte ; celles de LORENZ, à l'aune de l' « objectivisme », méritent pourtant d'être rappelées.
En premier lieu, pour LORENZ, l'acte instinctif (I.R.M.) n'a « aucun rapport avec les comportements acquis ou intelligents, même si, ... l'analogie fonctionnelle va très loin » ; il ne croit pas non plus à une transition génétique entre ces deux types de comportements. Ceci écarte définitivement l'idée que

l'empreinte pourrait être le modèle ou l'ancêtre des comportements appris, ou de l'apprentissage en général, idée qui a largement été répandue.

Elle s'en distingue en effet parce que :

- « Cette imprégnation ne peut avoir lieu que lors d'une brève période critique »
- « Une fois cette période physiologique dépassée, l'animal connaît l'objet de ses réactions sociales instinctives, acquis par empreinte, exactement comme si cette connaissance était innée » ; elle est irréversible, rigide et ne peut être oubliée.
- Ce processus d'acquisition est achevé avant que les réactions comportementales dont il influence l'orientation soient mises en place
- Enfin cette acquisition est « supra-individuelle », et ce sont l'ensemble des caractères généraux de l' « objet » qui sont fixés, non ses caractères individuels. (d'après J. M. VIDAL, 1979)

« tout se passe comme si la totalité du développement intellectuel qui, chez le nidicole s'étale sur toute la longue durée du séjour au nid, était, chez le nidifuge, concentrée dans le petit nombre d'heures que ces oiseaux passent au nid » (LORENZ).

C'est la « période sensible » ou « critique » dont on a déterminé la durée pour nombre d'espèces ; cette imprégnation pendant la période sensible est facilement reproductible en laboratoire ;

On peut ainsi imprégner le poussin qui vient d'éclore sur une lampe électrique mobile, rouge de préférence ; l'imprégnation est encore plus rapide si on la renforce par une émission sonore ; s'il peut déclencher le dispositif expérimental en appuyant sur une pédale, le poussin apprend très vite à provoquer les stimuli de substitution et les déclenche de plus en plus rapidement.

On montre que l' « imprinting » obéit à des facteurs visuels, auditifs, mais aussi tactiles et thermiques, qui peuvent chacun être prévalents selon l'espèce animale.

Dans la nature, le poussin reste en contact visuel et auditif permanent avec la « mère », dans un rayon de 50 à 75 ^{cm} ; sinon il émet des cris d'appel intenses qui « déclenchent » la réponse de gloussement de la mère, et son comportement de recherche actif ; le poussin se dirige (réaction de poursuite de l'objet en mouvement) vers la source d'émission des gloussements et émet des cris de plaisir, (FAP). Les séquences comportementales s'emboîtent donc selon le schéma objectiviste.

A noter que ce comportement dans la nature dénote l' « empreinte » de la poule par le poussin ; son comportement n'est déclenché que par les cris d'appel, et si le poussin est sous une cloche de verre, elle reste indifférente à son comportement de détresse, faute de les entendre.

La capacité d'empreinte débute entre 5 à 8 heures après l'éclosion, est à son acmé entre 13 et 16 heures et décroît pour s'éteindre entre la 21e et la 24e heures (E. H. HESS, 1959). Passé ce délai, elle fait place à des comportements craintifs envers les objets auxquels l'animal n'est pas imprégné.

LORENZ a conduit des expériences d'empreinte essentiellement sur les oies cendrées, les canetons colverts et les choucas. Mais de nombreuses autres espèces ont été explorées par de multiples auteurs.

L'imprégnation a un effet à long terme puisqu'elle détermine la préférence sexuelle de l'animal devenu adulte. C'est devant lui qu'il va développer son comportement de cour nuptiale ou parade, et tenter de s'accoupler. On parle d'« empreinte sexuelle » pour désigner cette préférence déterminée par l'expérience précoce. Les oiseaux élevés à la main seront ainsi souvent imprégnés aux humains (LORENZ). Ce phénomène a été rapporté pour plus de 25 espèces différentes d'oiseaux (D. Mc FARLANE, 1981, dictionnaire d'Oxford).

A noter que l'imprégnation sexuelle est normalement mise en place lors d'une « période sensible » contemporaine du développement du plumage adulte ; elle commence aux alentours de la 4e semaine chez le canard colvert, à la 6e semaine chez le poulet domestique.

L'Empreinte a donné lieu à d'innombrables inférences ; pour certains, c'est un simple processus d'apprentissage (SLUCKIN W., 1972 ; J. M. VIDAL, 1976 ; BATESON P., 1990), ce qui en ferait un phénomène simplement cognitif et évacuerait l'aspect pourtant très émotionnel (voire affectif) de l'expérience primordiale.

Pour d'autres, c'est le mécanisme même qui permet la vie sociale, notamment en instituant le « gabarit », c'est à dire la reconnaissance olfactive de la proximité de parentèle (P. JAISSON, 1995).

Pour K. IMMELMAN (1982), c'est un processus général et il distingue l'empreinte au biotope, au site, à l'hôte, l'empreinte alimentaire, filiale, olfactive, vocale, ou sexuelle.
Pour certains chercheurs sur l'olfaction humaine, l'éventualité d'une reconnaissance du gabarit chez l'homme n'est pas à écarter (B. SCHAAL, 2013).

On appelle « Empreinte » le processus qui permet, dans les espèces où n'existe pas un équipement comportemental inné, l'acquisition rapide (la période sensible) de comportements indispensables à la survie en attendant une croissance suffisante et l'autonomie ; si le dispositif comportemental génétiquement codé n'existe pas encore à la naissance, par contre existe une disposition génétiquement codée à l'empreinte, une capacité particulière de fixation sur l'objet qui est, elle, innée ; c'est une compétence, qui attend les informations adéquates de l'environnement. On peut l'envisager comme une adaptation, ou un processus d'évolution, entre les comportements innés et les processus complexes de l'attachement. Chez les mammifères, elle est poly-sensorielle (visuelle, tactile, acoustique), et l'olfaction y est souvent primordiale (GUYOMARC'H, 1995, pour le flairage de la brebis, LEVY F. et coll., 1992, K. IMMELMAN, 1982, pour la souris, le rat, le cochon d'Inde) ; Après SCOTT J. P. (1963), D. Mc FARLANE évoque l'empreinte chez les chiens : « parmi les chiens, il y a une courte période sensible de trois à dix semaines environ après la naissance ... une courte rencontre au sommet de la période sensible est suffisante pour qu'un chiot établisse une relation sociale durable avec son propriétaire » ; mais s'agissant du lien qui unit ainsi le petit à sa mère, on parle plus volontiers d' « Attachement » pour en décrire la mise en place plus progressive et réciproque.

La théorie d'une « empreinte » innée, non modifiable, a été critiquée, par des éthologistes (J.M. VIDAL,1976 ; K. IMMELMAN « dictionnaire de l'éthologie » 1990) qui montrent que le mécanisme est beaucoup plus souple que la stricte théorie de l'instinct développée par LORENZ, qu'il est susceptible de s'amender, que par exemple des caractères génétiques discrets peuvent se révéler sous certaines influences écologiques; d'autres (Daniel LEHRMAN, 1953) soulignent l'absence de prise en compte des interactions avec l'environnement et de façon générale de la plasticité du vivant. GOTTLIEB G., 1973 et GUYOMARC'H par exemple ont montré qu'on pouvait induire chez le poussin une « empreinte auditive prénatale » (VIDAL J. M., 1976), c'est à dire antérieure à l'éclosion. La Période sensible, « exposure learning » de SLUCKIN, semble donc plus répondre à des capacités biochimiques (CHAPOUTIER G., 1977) qu'à un I.R.M. génétiquement codé.

LORENZ y répond en 1965 (« Évolution et modification du comportement »), et globalement maintient la distinction inné/acquis, insistant sur le fait que les apprentissages éventuels ne s'inscrivent pas sur la cire vierge du biologique mais sur un mécanisme programmé rendant l'apprentissage possible ; c'est l'adaptation qui reste le moteur de l'évolution.
La tendance actuelle, qui construit les entéléchies humaines sur des capacités ébauchées de l'animal, ne le contredit pas.
Quoiqu'il en soit de ce débat aujourd'hui obsolète, l'éthologie, par ses méthodes, ses préceptes, ses ouvertures, a contribué à soulever des questions inexplorées, et ouvert la voie aux notions de pensée, d'émotion, de communication animales. Les préjugés tombent les uns après les autres, on conçoit aujourd'hui la diversité du règne animal et sa richesse ; la différence de nature canonique, instituée depuis ARISTOTE, fait place à une approche comparative qui retrouve et rajeunit l'esquisse de DARWIN.
La diversité des espèces a donné matière à des travaux innombrables, très spécialisés, et il semble impossible aujourd'hui d'envisager une vue d'ensemble de l'éthologie animale telle que Robert HINDE (« Le comportement animal ») ou Klaus IMMELMAN (« dictionnaire de l'éthologie ») ont pu en avoir ou que le « Dictionnaire du comportement animal » de l'université d'Oxford en propose.
La transposition des quelques grands concepts de l'éthologie animale (peck-order, l'« Umwelt », l' « imprinting », les déclencheurs...) à l'homme est hasardeuse mais envisageable, sous certaines réserves.
Enfin, voir le monde comme d'autres espèces peuvent le voir, c'est voir le monde autrement, sans les écrans des outils, de la technologie et du langage ; l'éthologie animale permet de le concevoir.

5/ ÉTHOLOGIE VÉGÉTALE

« *La violence des plantes nous faisait vaciller* »
René CHAR, 1938, Évadné, « Fureur et mystère ».

On ne peut plus écrire, comme H. LABORIT en 1974, « l'absence de système nerveux rend les végétaux entièrement dépendants de la niche écologique qui les environne » ; leur passivité n'est en effet qu'apparente.
L'éthologie végétale, en pleine expansion, trouve ici sa place comme illustration des capacités du vivant, même le plus élémentaire, dans un règne considéré comme inerte, à se coordonner et s'allier, pour s'adapter.
En outre elle atteste d'un regard nouveau des scientifiques sur le monde environnant, qui, comme celui porté sur les animaux, modifie la perception que nous avons de nous-mêmes.

Si le système nerveux, et l'encéphale en particulier, est le système le plus élaboré d'adaptation au milieu, il est indéniable que d'autres options existent dans la nature.

Citons par exemple le stockage et la gestion des réserves d'amidon par des plantes en fonction du nycthémère (A. SCIALDONE et coll., 2013), en l'absence de tout équivalent de système nerveux.
Les orchidées, si chères à DARWIN, ont des stratégies élaborées pour attirer les hyménoptères ou les papillons qui les fécondent : elles peuvent imiter leur aspect, leurs phéromones.
La passiflore se défend de la ponte des papillons dont les larves lui nuisent en imitant sur ses feuilles l'aspect d'œufs déjà pondus...
Le tupaye de Bornéo se nourrit du produit d'une plante qui se nourrit elle-même de ses excréments recueillis dans sa corolle.
Ces synergies entre plantes et insectes (voire chiroptères) relèvent d'une stratégie définie génétiquement au fil de l'évolution.

Mais une éthologie végétale est-elle envisageable ?
Elle suppose l'adaptation par la communication, une flexibilité sans mobilité, une capacité de réagir qui ne soit pas immuable.
Les jardiniers connaissent les affinités ou au contraire des incompatibilités entre plantes.
Mais qu'en est-il en milieu naturel ? Existe-t-il une « Umwelt » végétale ?
Le concept semble incongru voire saugrenu tant le végétal semble associé à l'idée de l'immobilité, tant sa chronaxie, si on s'autorise cette métaphore pour les plantes, semble ralentie.
En fait, si on modifie l'abscisse temporelle, il s'avère qu'à une échelle de temps propre à ce règne, certaines plantes ne s'organisent pas au hasard mais adoptent une stratégie d'occupation des territoires. A une vitesse propre, qui n'est pas celle des animaux, elles luttent, éliminent des concurrents éventuels, s'assurent une suprématie, s'associent à des commensaux, et souvent utilisent les animaux à leur profit, sexuel bien sûr avec la pollinisation, mais aussi stratégique. Il existe des associations hautement spécifiques où une seule espèce animale permet la fécondation d'une fleur particulière, parce que sa trompe correspond exactement à la profondeur de la corolle.

L'exemple le plus connu de « mutualisme » est celui des « mother trees » concernant les pins Douglas étudiés par Suzanne SIMARD (2013) en Colombie britannique ; ces arbres forment des « communautés » qui coopèrent et sont reliés entre eux par leurs racines. Ils développent une canopée qui empêche les jeunes pousses de recevoir la lumière solaire indispensable à leur développement ; les adultes développent donc des racines en direction des jeunes pousses et vont les nourrir en leur apportant les nutriments dont ils ont besoin. Le cas échéant, un mycélium souterrain (mycorrhizal networks) supplée à ces échanges, à la façon des cellules gliales entre les neurones. « Les arbres communiquent-ils ? » (2011).

Cette notion d' « Alliance vitale » (La Recherche N° 411, septembre 2007) est aussi développée à l'INRA, qui a par ailleurs développé la notion de « plantes intelligentes » (« Bioalaune », 2013/08/12) en montrant qu'une plante attaquée « avertit » les plantes saines ; elle serait donc capable d'émettre des signaux et d'en interpréter.

Un autre exemple de mutualisme est fourni par le comportement de Solanum Dulcamara, ou morelle douce-amère, étudié par LORTZING T., STEPPUHN A. et coll., de Berlin ; lorsque des prédateurs l'attaquent, la plante exsude des gouttes d'un nectar qui attire certaines espèces de fourmis qui non seulement jouent le rôle de garde du corps en attaquant les prédateurs (limaces, et coléoptères du genre chrysomèle), mais encore en capturant les larves pour en approvisionner la fourmilière.

De même, l'ancolie californienne Aquilegia Eximia se protège de son prédateur, une chenille de papillon, en invitant des arthropodes protecteurs, une araignée crabe et/ou une espèce de punaise, qu'elle attire en les nourrissant.

Elle secrète un liquide visqueux qui piège les insectes « touristes » et leurs cadavres nourrissent ses « protecteurs ».

Elle attire ses victimes par des signaux chimiques (le « chant des sirènes ») attractifs puis les englue dans ce liquide visqueux, à disposition de ses bienfaiteurs (E. F. LOPRESTI et coll., 2015).

D'autres exemples, de Susan A. DUDLEY (2008, Mc Master university, Ontario) ou Erna BUFFLE, ont permis d'avancer le terme de « plant behaviour » ; elles ont étudié le comportement altruiste des roquettes de mer ; le tabac sauvage (dont on fait aussi des pesticides, les nicotinoïdes tristement célèbres pour leurs effets sur les abeilles) est capable de se modifier en 8 jours pour repousser les chenilles prédatrices ; les Knapweeds, asteracées invasives du Montana et de l'ouest canadien, produisent un herbicide, le catechin, qui éradique ses concurrents ; les 40 000 Ha infestés sont devenus impropres au pâturage. L'implantation dans un territoire nouveau s'accompagne d'une sécrétion par les racines du poison toxique pour les autres espèces qui disparaissent et laissent la place à la colonisation par l'occupant.

Plus surprenant peut-être est le cas d'un plasmode, cellule polycaryocytaire, le myxomycète Physarum polycephalum, qui, bien que formé d'une unique cellule géante, de type amibe, et dépourvue d'un équivalent d'organe neurologique, est capable d'apprendre à ignorer des obstacles (en l'occurrence des dépôts de quinine ou de caféine), mais peut aussi trouver le chemin le plus court dans un labyrinthe pour se nourrir, ou de reconstituer son régime alimentaire normal en proportions respectives à partir de sources de protéines et de sucres mis à disposition (BOISSEAU R., VOGEL D., DUSSUTOUR A., CNRS de Toulouse, 2016).

Le cas le plus étudié semble être celui de l'acacia : on a montré, lors de morts massives d'antilopes d'Afrique du Sud (Koudous), que celles-ci avaient été empoisonnées par le tannin produit en cette occasion par les acacias pour se défendre des prédateurs qui, en mangeant leurs feuilles lors d'une saison très sèche, mettaient en péril leur survie ; en outre les arbres endommagés produisaient un gaz (éthylène) qui signalait le danger aux arbres environnants, qui majoraient alors leur production de tannin. Cette communication chimique, du type de celle qu'on observe chez certains insectes, permet une anticipation du danger (HEIL Martin et coll., université de Pennsylvanie, 2007 et KARBAN R., HEIL M., 2013).

Ces capacités ont été mises en évidence chez les Willow trees (saules), poplars (peupliers), Sugar mapples (érables).

Des articles de M. HEIL, 2013, 2015, montrent par ailleurs que certains acacias nourrissent et abritent des colonies de fourmis qui en contrepartie attaquent les herbivores dangereux, repoussant même les éléphants.

Un acacia d'Amérique centrale pousse même l'hospitalité de ses commensaux jusqu'à les rendre dépendants en inhibant leur capacité enzymatique à scinder le saccharose, et à les empêcher ainsi de se nourrir de miel ou de sève sucrée ; la colonie de fourmis devenue intolérante au saccharose est

condamnée au nectar de son hôte. Cette symbiose forcée décrite par Martin HEIL, 2013, comme un « mutualisme » étaie la capacité d'adaptation insoupçonnée du végétal.
Ces recherches, débutées dans les années 80, tendent à montrer que des arbres et des plantes peuvent sentir, recevoir et interpréter des messages.
Il y aurait donc des « déclencheurs », des FAP (production de tannin par ex.), et des interactions.
Certains (KARBAN R., HEIL M., 2013) parlent maintenant du « langage des plantes ».
Ces observations ne sont pas sans évoquer ce qu'Edgar MORIN appelait l' « Unité du vivant »

6/ MONKEY SEE, MONKEY DO !

« Si notre père céleste a inventé l'homme, c'est parce que le singe l'avait terriblement déçu ... »

Mark TWAIN (1835-1910).

La psychologie comparatiste pose les processus cognitifs humains comme acquis, puis les soumet à des espèces animales ; c'est une démarche dite « descendante ».
L'éthologie a une démarche zoologique « ascendante », elle étudie les comportements dans le règne animal et s'interroge sur leur pertinence phylogénétique (VAUCLAIR J., 1987).
L'une et l'autre considèrent l'homme comme le sommet de l'échelle de l'évolution, et la référence explicite de toute comparaison ; psychologie comparée et éthologie opèrent une synthèse dans l'investigation des processus cognitifs (SNOWDON C. T., 1983).
Les éthologistes ont ainsi poursuivi l'éthologie en milieu naturel, in vivo, par les observations en milieu contrôlé, laboratoire ou zoos, pour une éthologie « expérimentale ».
Le comportement (et le processus mental sous-jacent) est une entité taxinomique, incluse dans le phénotype, conformément à DARWIN et à ses successeurs, et peut donc se prêter, par analogie à l'anatomie comparée, à des rapprochements ou confrontations interspécifiques.
Implicitement, cet anthropomorphisme consacre la prééminence des processus mentaux humains, sans que des critères objectifs aient été posés. Ce point de vue, qui semble aller de soi chez DARWIN ou LORENZ, est relativisé par les observations in situ, de la primatologie par exemple : les problèmes que doivent résoudre les chimpanzés, espèce la plus utilisée en éthologie expérimentale, quand ils sont en forêt ou en savane, n'ont rien de commun depuis fort longtemps avec ceux de notre espèce, la primatologie l'a montré. On peut émettre une réserve sur les résultats des expérimentations et même des observations effectuées en milieu plus ou moins artificiel, quand on a constaté qu'en milieu naturel, les solutions trouvées sont inattendues ou, pourquoi pas, incompréhensibles pour un raisonnement humain.

La Taupe est le seul mammifère dont l' « Umwelt » est un labyrinthe, qu'elle contrôle surtout grâce à son odorat très fin qui subodore tout ce qui se trouve même à 5-6 cm de terre de ses galeries ; elle retrouve un endroit déterminé même après destruction complète des galeries qui y conduisent ; « son espace est un pur espace actif », et elle dispose selon UEXKÜLL d'un schéma spatial.
L'orientation chez l'animal a été l'objet d'études nombreuses (HINDE, Chap. VII) ; IMMELMANN distingue orientation spatiale et orientation temporelle, la première s'effectuant à partir d' « amers » divers (astres le plus souvent, ou repères topographiques, ou sources sensorielles), soit à partir de stimuli émis par l'animal (écholocalisation par exemple) ; si le repère se déplace, il est nécessaire qu'une orientation temporelle interne corrige le mouvement.
Parlant du labyrinthe, HINDE écrit : « l'habitude spatiale s'apprend plus rapidement si les sujets disposent facilement d'indices extérieurs au labyrinthe ».

Les études expérimentales ignorent les aptitudes naturelles à l'orientation, et ce n'est pas la taupe mais le rat qu'on soumet invariablement au test du labyrinthe, une des « boîtes à problèmes » d'E. L. THORNDIKE, 1911, espace réduit artificiellement à la seule horizontalité, sans dimensions spatiales, temporelles ou sensorielles, voire sociale ; il est vrai qu'il ne s'agit plus d'éthologie mais de théorie cognitive et de théorie S-R.
Les animaux, et même les espèces, sont interchangeables, puisqu'on postule une capacité cognitive et non une aptitude comportementale. Ce n'est jamais le rat, le muridé, qui est étudié, mais une capacité ; or, bien que comparatiste, la démarche pour être heuristique devrait d'abord mesurer l'aptitude humaine dans les conditions expérimentales identiques. VAUCLAIR rapporte les travaux de O. SKARD,

1950, qui ne trouve aucune différence entre le rat et l'homme dans la vitesse d'acquisition de la maîtrise d'un labyrinthe complexe.
Que dire alors d'une éventuelle comparaison des capacités d'orientation spatiales entre l'homme et des oiseaux migrateurs ou de simples pigeons ? VAUCLAIR, au sujet de l'intelligence de l'animal, écrit : « à partir du moment où elles sont adaptées à leur niche écologique… toutes les espèces sont intelligentes ». Il préconise de « revenir à la conception darwinienne… (et) … poser la question de la diversification des fonctions cognitives et celle de l'existence éventuelle de niveaux évolutifs de l'intelligence ».

Dans la théorie S-R, l'apprentissage est le fait de stimuli-réponses, d'essais-erreurs, c'est à dire d'une succession d'expériences qui vont permettre à l'animal de s'orienter ; dans le cas de la théorie cognitiviste, l'animal construirait un « schéma mental » lui permettant une représentation ; on suppose alors une restructuration des processus centraux. En fait, les deux mécanismes interviennent, mais « La controverse dure depuis fort longtemps » conclut HINDE (« le comportement animal »).
La psychologie expérimentale reste en général très proche de l'épreuve du labyrinthe, même transposée dans les quatre dimensions.

Les observations célèbres de Wolfgang KÖHLER au début du XXème siècle s'opposent aux théories behavioristes qui réduisaient l'apprentissage au conditionnement ; les chimpanzés du centre de recherche de Tenerife sont capables d'utiliser une perche de bambou pour atteindre une banane hors de portée ; si elle s'avère trop courte, ils emboîtent deux perches ; ils peuvent aussi empiler des caisses pour atteindre une banane en hauteur.
KÖHLER postule une capacité d' « insight » dans la résolution de problèmes, qui leur permet trouver une solution en imaginant les outils adéquats. (KÖHLER W., 1917) ; la découverte de cette capacité d'analyse et de synthèse est l'introduction du concept d'« intelligence animale » et le début d'une concession à l'animal de l'espace mental.
La notion d' « intelligence » animale date du XIXème siècle ; G. ROMANES, ami de DARWIN, l'avait introduite en 1881.
W. KÖHLER fait la synthèse de ses hypothèses avec la « Gestalttheorie », que l'on résume lapidairement par « le Tout est différent de la somme de ses parties ». La perception se structure et devient signifiante en fonction d'un contexte donné. La Gestalt « acide butyrique » de la tique d'UEXKÜLL remplit sa fonction dans un contexte spécifique et contingent.
W. KÖHLER en 1929 va bien au-delà de ses expériences initiales et ambitionne de fonder une psychologie humaine ; réfutant l'analyse statistique, il privilégie l'expérience subjective. Ses schémas célèbres s'apparentent à des illusions d'optique et montrent que la perception est interprétée, parfois sémantiquement ; ainsi quand on propose deux mots dépourvus de signification (« maluma » et « takete ») en regard de deux formes linéaires, l'une courbe et l'autre angulaire, la plupart des personnes répondent sans hésiter (W. KÖHLER, 1964). Or on atteint là une spécificité humaine, qui consiste à donner du sens, volens nolens, à toute perception ; RORSCHACH, en 1921, avec le test diagnostique des taches, ira plus loin encore et systématisera cette propension de l'Umwelt humain au symbolique.
Étudier l' « intelligence animale » suppose une définition claire de l'intelligence humaine ; J. PIAGET en a établi les mécanismes (assimilation, accommodation, mécanismes de l'« adaptation ») et les stades ontogénétiques : le nourrisson arrive assez rapidement, avant le langage, à l' « intelligence pratique » ou sensori-motrice ; elle se construit sur la base des perceptions et des manipulations d'objets ; « saisir une baguette pour attirer un objet éloigné » en est l'exemple (PIAGET J., 1964) (c'est l'exemple même de KÖHLER) parce qu'un moyen, le bâton, et un but, l'objet, sont coordonnés par cet « acte d'intelligence ». Ces schèmes d'action se construisent grâce aux « réactions circulaires » (de J. BALDWIN) effectuées dans le jeu, où l'enfant, répétant ses actes à l'envi, apprend à coordonner ses mouvements dans une « assimilation sensori-motrice » qui préside à l'« intelligence pratique ». Cette première révolution intellectuelle permet d'acquérir les processus fondamentaux de la construction de l'objet (sa permanence) et de l'espace, de la causalité, et du temps. La conception est en fait assez

proche de la Gestaltthéorie, puisque la « permanence de l'objet » suppose de le sortir du contexte informel ou du tableau sensoriel où il a été perçu.
Tout cela pour PIAGET n'est pas encore la pensée proprement dite.
Le stade de l'intelligence intuitive, ou préopératoire, de 2 à 7 ans, est permis par le langage et la représentation verbale, et par la « socialisation ». C'est une « pensée adaptée au monde et au réel », qualifiée d' « intuitive », d'animique et finaliste, qui prête aux choses une intention.
Le stade ultérieur, de 7 à 12 ans, est celui de la « pensée logique », période des opérations concrètes, qui permet la réalisation d'opérations diverses de sériation, classification, réversibilité. C'est celui de la « permanence », successivement de la substance, du poids puis du volume et des opérations logiques.
Puis, « vers 12 ans », la « pensée concrète » se dégage de la réalité pour accéder à l'abstraction. Elle devient « formelle » ou « hypothético-déductive » ; « C'est l'âge métaphysique par excellence ».

Les principales critiques envers KÖHLER (« dictionnaire d'Oxford », art. intelligence) sont justement de n'avoir pas tenu compte des expériences sensori-motrices préalables de ses sujets, l' « insight » ne surgissant pas chez le singe du néant mais d'un répertoire déjà disponible et acquis.
M. GOUSTARD, 1975, en primatologie expérimentale et comparée, propose une synthèse du psychisme des primates, des lémuriens aux hominiens.
Pour lui, l'interprétation de KÖHLER est anthropomorphique et holistique : il interprète la totalité des activités de l'animal en rapport avec la situation expérimentale, alors qu'elles sont le plus souvent immotivées ; ainsi Sultan, le plus célèbre des chimpanzés de KÖHLER, mord le bâton, casse la corde, et n'améliore jamais sa technique « phénomène qui a laissé KÖHLER lui-même perplexe ».
Mais KÖHLER quant à lui, s'opposait à THORNDIKE, précurseur du behaviorisme, où la pensée est un processus biologique invérifiable (WATSON, 1913), la « boîte noire » taboue.

Les études de psychologie cognitive et d'éthologie vont aboutir à envisager un psychisme animal qui viendra remplir le vide de l'instinct disparu.
« La pensée animale » est postulée par GRIFFIN (GRIFFIN Donald R ., 1984) à partir des comportements de communication et les signaux spéciaux dans de multiples espèces, interprétés comme des signes qui « semblent souvent consister en l'échange de pensées et de sentiments » ; on peut sans le trahir résumer sa thèse à l'existence de « templates », c'est à dire de représentations mentales, répondant à un influx sensoriel simple ou complexe : « peut-être existe-t-il dans le cerveau animal une sorte d'image sensorielle des nids, des terriers, des pièges, etc…sans qu'il y ait apprentissage ou expérience individuelle ». Ce « modèle sensoriel » guide l'usage des matériaux voire des outils pour parvenir au but assigné : construction du nid, du barrage, ou des architectures diverses (Von FRISCH).
Les animaux traitent l'information, communiquent, imitent, rêvent (en sommeil paradoxal ils émettent des R.E.M., Rapid Eye Motion) et émettent des potentiels électriques à l'enregistrement EEG.
Toutefois ses conclusions semblent un peu péremptoires quand il écrit par exemple, au sujet des cétacés : « Des animaux… qui ont certainement réfléchi consciemment au modèle à imiter et s'en sont souvenus en détail ».

En conséquence, si des analogies sont observables, et si des résultats aux épreuves d'intelligence sont parfois similaires entre l'enfant et l'animal, celui-ci n'a néanmoins aucun motif ni aucune utilité à développer une intelligence de type humain ; l'intelligence n'est pas une « catégorie », un absolu, c'est une capacité acquise au fil des temps en fonction d'un environnement donné et de structures sociales spécifiques. C'est pourquoi une grande réserve s'impose d'elle-même quant aux multiples expériences de l'éthologie cognitive, où l'« erreur de parallaxe » est constante ; il est très certainement des situations où des animaux, à l'encéphale beaucoup moins développé que le nôtre (si tant est que le rapport de l'intelligence à la capacité de la boîte crânienne soit établi), se débrouillent pourtant beaucoup mieux ; à l'opposé le cerveau volumineux d'Homo Néandertalensis ne lui a pas évité de disparaître.

On doit d'ailleurs relativiser le cerveau comme reflet de l'« intelligence » ou des capacités adaptatives (S. J. GOULD, 1977) ; on a parlé de l'intelligence collective des hyménoptères, pour souligner que l'intelligence totale est supérieure à la somme des capacités individuelles ; les poulpes, dont on connaît les remarquables facultés (ils sont capables d'apprendre à exécuter une tâche en observant un congénère, D. DENTON, 1993), ont une structure neuronale répartie en 9 endroits du corps.

Néanmoins rappeler l'ontogenèse de l'intelligence chez l'homme est une nécessité pour éviter cette comparaison implicite et un certain « égocentrisme de causalité », pour reprendre le terme de PIAGET. Ne dit-on pas d'un animal qu'il a « réussi » ou « échoué » à un test ?
J. VAUCLAIR qualifie D. R. GRIFFIN de « principal responsable » du concept de conscience et des travers anthropomorphiques du cognitivisme. Il souligne les confusions sémantiques entre une représentation de soi dans l'espace (notamment face au miroir) et une « conscience » de soi ; ainsi que l'assimilation de la capacité d'anticiper une situation avec une intention consciente : en effet des abeilles, si on place de la nourriture dans un endroit modifié avec régularité, sauront ensuite anticiper leur exploration vers l'endroit présumé.

Ce sont les singes qui ont été les plus étudiés dans ces recherches comparatives : le chimpanzé de N. L. KOHTS (Moscou) qui la première éleva un chimpanzé, Yoni, (KOHTS N. L., 1928), Robert M. YERKES qui après avoir observé les chimpanzés de la colonie de Mme ABREU à Cuba (R. YERKES,1924), adopta Chim et Panzee (1945), Gua dans la famille KELLOGG (KELLOGG W. N. et L. A., 1933), Viki chez les HAYES en 1951 (HAYES K. V. et C., 1954) dont une photo la montre se lavant le visage en se regardant dans le miroir, Washoe, la femelle chimpanzé des GARDNER (puis de FOUTS), en 1966 au Nevada, à qui on apprit le langage des signes dans les années 60, et qui l'enseignera à son fils adoptif Loulis (GARDNER Allen et Béatrice, 1974) ; Sarah, de David PREMACK, en Pennsylvanie, qui utilisait des symboles plastiques arbitraires (PREMACK David, 1974) ; Lyn MILES (1983) a fait des expériences similaires avec son orang-outang Chantek ; MATSUZAWA, avec le « Aï project » (et son enfant Ayumu) ;PATTERSON et son gorille Koko ; le plus doué fut sans doute le bonobo Kanzi, de Sue SAVAGE-RUMBAUGH, vers 1990, avec un clavier.
Le « Yerkish » est un langage, ainsi nommé en l'honneur de YERKES, fait de lexigrammes et de symboles, utilisé notamment par Duane RUMBAUGH et Sue SAVAGE-RUMBAUGH (D. LESTEL, « paroles de singes »).

Dès l'origine, ces expériences opposèrent les partisans farouches d'un « langage » des singes, conçu comme une communication consciente, réfléchie, choisie, et les adversaires comme TERRACE (TERRACE H. & al., 1979), pour qui il s'agit « d'artefacts inconscients » et dont le chimpanzé, Nim, apprit 125 signes, mais sans pour autant posséder une réelle capacité linguistique, selon son propre avis ; SEBEOK (SEBEOK T. A. ,1977, SEBEOK T. A. and ROSENTHAL R., 1981) assimile les performances des singes à l'effet « Clever Hans », du nom d'un « cheval savant », au début du XXème siècle qui répondait sans erreur à des questions d'arithmétique, jusqu'à ce qu'on s'aperçoive qu'il décodait en fait les mouvements approbateurs inconscients de son dompteur (PIATELLI-PALMARINI, 1974). L'objection majeure demeure en effet que ces « singes savants » témoignent moins d'une capacité à maîtriser le langage humain que d'un apprentissage conditionné banal, même s'il est plus complexe par divers aspects, affectifs et relationnels, que les conditionnements habituels des behavioristes. L'invention des enregistrements vidéos n'est pas étrangère à ces critiques, et elle va par ailleurs considérablement modifier le travail des éthologistes.
Un exemple caricatural met en évidence la place spontanément dévolue à l'animal (et par réciprocité à l'homme) dans ce type d'expériences : pour tester des singes, on a procédé à des épreuves de reconnaissance des visages ; l'expérience ne fut guère probante. En effet, les expérimentateurs faisaient comparer aux animaux des visages humains qui, comme chacun sait, sont les plus faciles à distinguer les uns des autres ; Or Lisa PARR reprit l'expérience avec des visages de chimpanzés : non seulement ils reconnaissaient les similitudes d'un même visage sur différentes images, mais aussi entre des images de la mère et son petit ; les chimpanzés reconnaissent donc les visages dans leur

espèce, et perçoivent les signes de parenté !(PARR L. A., De WAAL F. B. M., 1999). L'évidence de la conclusion peut s'appliquer aux tests de niveau des singes, ou de tout autre animal.

Alors, ces tentatives démontrent-elles l' « intelligence » des singes ? Il faut bien sûr les resituer dans le contexte des années 60-70, et sur ce plan elles ont contribué à modifier l'image de l'animal.
Mais c'est une autre approche, en 1967, qui va suggérer l'existence de « La pensée chez les singes » (DEPUTTE B. L., 1993) : Thomas STRUHSAKER observe que les singes vervets émettent des vocalisations différentes dans diverses situations, notamment face à leurs trois prédateurs essentiels : léopard, aigle et python.
(SEYFARTH R. M., CHENEY D. L., MARLER P., 1980, R. SEYFARTH et D. CHENEY, 1993).
Les singes verts ou Vervets, comme tous les animaux, communiquent, et de diverses façons ; ils ont des cris pour les luttes territoriales, un premier, d'alerte, lorsqu'ils repèrent un groupe rival ; un autre, dit « chutter » lorsqu'ils se menacent ou se battent ; « non seulement ils associent les vocalisations à un individu particulier, mais ils sont également en mesure d'associer les individus en fonction de leur lien de filiation » (VAUCLAIR J., 1990).
Mais il s'agit en l'occurrence de cris d'alarme particuliers, spécifiques du prédateur vu par la « sentinelle » et elle seule ; les singes se ruent dans les arbres lorsqu'un léopard est signalé, ils regardent le ciel ou se réfugient dans les buissons s'il s'agit d'un aigle, se redressent et scrutent l'herbe pour un python. L'intensité du cri, enregistré et analysé, n'est pas en cause, mais bien sa structure sonore. Chacun de ces cris désigne un danger précis.
Il semble même qu'ils aient un cri d'alarme différent selon qu'ils aperçoivent des êtres humains armés ou dépourvus d'armes (LINDEN E. « Les lamentations du perroquet », chap. IX). Ils constituent à ce titre des signaux sémantiques, représentatifs d'un objet et porteurs d'un sens, dont la fonction référentielle provoque chez les auditeurs des stratégies de fuite différentes. De tels comportements d'alerte sont courants : N. TINBERGEN faisait planer une maquette de faucon au-dessus d'un groupe de poules ; les coqs donnaient l'alarme, en présence de poules de leur espèce (mais non d'une autre) ; des écureuils procèdent de même (SHERMAN P.).
Des études récentes montrent que d'autres espèces possèdent une syntaxe rudimentaire, notamment les cercopithèques (B. THIERRY, 2012).
Possèdent-ils pour autant une « théorie de la pensée », c'est à dire une capacité d'attribution d'un état mental à autrui ? Probablement pas.
Cette capacité n'a pu être mise en évidence avec certitude que chez les chimpanzés (PREMACK D., WOODRUFF G., 1978, mais aussi GOODALL J. et la stratégie de Figan).
Toutefois, et cela n'a pas été étudié, il serait intéressant de savoir si, chez les singes verts, ce comportement d'alarme est lié à un privilège hiérarchique. Il est seulement constaté que les congénères accordent peu d'importance aux alertes des jeunes.
Or le fait d'avoir connaissance d'une situation, et de la partager ou non, confère un avantage à l'individu qui la possède, sur le plan de la compétition. D'autres singes, des macaques aux chimpanzés, développent des stratégies de feinte, de dissimulation, lorsqu'ils sont en possession d'informations importantes, par exemple la localisation d'une source de nourriture. Faut-il partager un savoir, une information pertinente ? Et si oui, pour quelle contrepartie ?
C'est une hypothèse phylogénétique à retenir pour le développement du langage chez l'homme.
Alors, « Les animaux sont-ils intelligents ?» (LESTEL D., 2006). Mais que signifie l' « intelligence » ? On tend à distinguer chez l'homme plusieurs types d'intelligences correspondant à des aptitudes diverses ; L'intelligence est-elle un « progrès » dans l'adaptation ?
S'ils le sont, c'est à leur manière, dans l'environnement où ils se sont lentement adaptés, et d'une façon qui peut-être nous échappe.
Mais cette question a-t-elle un sens ? On peut y répondre en paraphrasant BINET : l'intelligence animale est ce que mesurent les tests humains. Et « le fait que l'homme soit considéré comme la référence cognitive » (B. L. DEPUTTE, 1993) biaise les démarches « expérimentales ».
Il faut le saut qualitatif de l'éthologie en milieu naturel pour s'en faire une idée constructive.

7/ PRIMATOLOGIE

« Quand on a beaucoup médité sur l'homme, par métier ou par vocation, il arrive qu'on éprouve de la nostalgie pour les primates »
A. CAMUS, 1956, « La chute ».

En anglais on distingue les singes (monkeys) des grands singes anthropoïdes (apes) ; cette dernière catégorie comprend les chimpanzés et leurs cousins proches les bonobos, les gorilles et les orangs outans ; on y inclut fréquemment les hylobates (gibbons) (C. BERGE, J. P. GASC, 2001), dont le coéfficient d'encéphalisation arrive juste après celui des chimpanzés, devant les gorilles et orangs outans (Mc GREW).
Selon le Pr Anna Isola NEKARIS d'Oxford (spécialiste des lémuriens et notamment du Loris rouge, seul mammifère possédant du venin) les primatologues essentiels sont les Pr Kinji IMANISHI et ITANI, Jane GOODALL, Dian FOSSEY (« gorilles dans la brume »), Richard WRANGHAN, Solly ZUCKERMAN (auteur en 1931 de « the Social Life of Monkeys and Apes »), Alison JOLLY (lémuriens), Pat WRIGHT (lémuriens, élève de JOLLY), Clarence Ray CARPENTER (pionnier des années 30), Carel Van SCHAIK, Karen STRIER.
Hans KUMMER et Shirley STRUM devraient également figurer sur cette liste pour leurs travaux majeurs sur les babouins Hamadryas, Gélada, Chacma et Anubis.

La primatologie, étude des primates dans leur milieu naturel, est créée par les japonais Kinji IMANISHI (1902-1992), avec son élève Jun'ichirō ITANI (1926-2001) de l'université de Kyotō ; L'univers culturel japonais et la conception du rapport à la nature et aux animaux y sont en effet propices. « Japan is a special country in the world from the point of view of primatology », écrit MATSUZAWA (2001)
En 1948, la presqu'île de Koshima est sanctuarisée et consacrée à une colonie de macaques dont ils observent l'évolution naturelle.
En septembre 1953, Shunzo KAWAMURA et Masao KAWAI observent une jeune femelle, F-111, qui lave ses patates douces dans l'eau d'un ruisseau pour les débarrasser de la terre ; en février 1954, 4 singes trempent leurs patates dans l'eau de mer, dont 1 seul adulte, la mère de F-111, devenue Imo (patate en japonais). En 1958, 17 singes ont adopté la pratique ; en 1962, 36 soit 73,4% des 59 membres que compte la colonie. On constate que le comportement se répand selon des lignes de force sociales, ce sont les générations les plus jeunes et les groupes apparentés à travers les lignées maternelles qui le pratiquent, les mâles dominants restant rétifs.
La même femelle invente la séparation du blé et du sable en les jetant dans l'eau, et ils sont 8 en 1959 ; les auteurs avancent la notion d'une « culture animale ».
La primatologie japonaise reste très active et féconde, leurs concepts seront repris (Mc GREW 1992) et elle est associée à la primatologie Britannique dans de nombreuses publications.
W. C. Mc GREW lui a d'ailleurs rendu hommage à l'occasion du 60ème anniversaire de la primatologie japonaise (Mc GREW W. C., MATSUZAWA T., 2008)
Toshisada NISHIDA, de l'université de Kyotō, figure aussi parmi les pionniers de la discipline, en créant en 1965 une station d'étude des chimpanzés, dont il découvrira l'organisation sociale en groupes multifamiliaux, ainsi que l'usage des plantes médicinales ; il a reçu le prix louis LEAKEY, et F. DE WAAL, W. C. Mc GREW lui ont rendu hommage (MITANI J. C., Mc GREW W. C. & WRANGHAM R. W., 2006 ; DE WAAL F., 2011). Enfin actuellement, Tetsuro MATSUZAWA sur la base des travaux précédents, développe les origines primates de la cognition et du comportement humains (2001).

Un autre sanctuaire de macaques a été réalisé par D. S. SADE à Cayo Santiago (Porto-Rico) où 409 macaques tatoués ont été suivis (D.S. SADE, 1967), où sont observés la hiérarchie (des mâles et des femelles), les alliances et les rôles.

L'étude des grands singes anthropoïdes dans leur milieu naturel émerge comme une évidence de la recherche évolutionniste ; leurs similitudes éventuelles et leur proximité avec l'humain seraient susceptibles d'éclairer le pan historique de notre passé évolutif.
Aussi le paléontologue (et primatologue) Louis LEAKEY, connu pour ses travaux dans les gorges d'Olduvai, et co-inventeur de l'Homo Habilis, décide-t-il d'envoyer les « Leakey's angels » étudier les anthropomorphes.
Ce sont Jane GOODALL (chimpanzés), Dian FOSSEY (gorilles) et Biruté GALDIKAS (orangs outans). Ces trois femmes firent un travail pionnier sur les pongidés et anthropoïdes, non seulement en révolutionnant leur image mais aussi en attirant l'attention sur leur situation désespérée. Peut-être n'est-ce pas un hasard si ce sont des femmes qui furent à l'origine de ce changement (P. SICOTTE et C. NISAN, 1998) (J.L. RENCK, V. SERVAIS, 2002). En changeant notre regard sur eux, c'est notre propre image qui se modifie.
Elles modifièrent la perception des premiers primatologues, pour qui le chimpanzé est un animal priapique, comme Solly ZUCKERMAN, 1937, ou NISSEN « Chez les chimpanzés...le comportement sexuel ne connaît pas de règles » (NISSEN H. W., 1931, R. CARPENTER, 1942), et qui, dans les années 30, partirent sur le terrain, les premiers en Afrique, CARPENTER en Amérique puis en Asie où il étudia les Gibbons.
SCHALLER G. B., en1963, s'intéresse le premier au Gorille de montagne, découvert en 1902, mais jamais observé.
En raison d'une perception notoirement différente des sociétés de primates et d'une sensibilité plus intuitive à leurs interactions, elles portèrent un autre regard sur les grands singes.
« Les structures de groupe, au début de la primatologie de terrain, étaient presque exclusivement décrites en termes de hiérarchie, et les observations portaient surtout sur les mâles » (H. KUMMER, 1976).
« On pensait jadis, avant l'observation des singes en pleine nature, que l'autorité s'exerçait par la violence, justement parce qu'on croyait que le chef était le plus robuste. » (Rémy CHAUVIN « L'instinct animal »).
En fait les sociétés de primates sont beaucoup plus complexes (Jane GOODALL & al., 1996).

« Les progrès récents, écrit KUMMER en 1979, sont venus du fait qu'on a préféré, dans l'analyse d'une relation entre deux individus, la notion de qualité de la relation à la notion de fréquence des comportements ».
Ainsi le rôle du mâle dominant est-il relativisé, et le rang hiérarchique n'est pas déterminé génétiquement mais transmis, avec une grande précision, par la mère.
En milieu naturel, l'intelligence, l'émotion, la mémoire (notamment des orangs outans, capables de mémoriser des arbres qui ne donnent des fruits que chaque 5 ans ou davantage), voire l'empathie ou l'affection dont ils témoignent sont troublantes et inattendues au regard des préjugés.
Mais en dehors de ces capacités, ces grands singes n'ont en fait que peu de points communs entre eux, hormis leur génome. Entre la communauté des chimpanzés, le matriarcat des bonobos, le groupe multimâle dominé par un « dos argenté » du gorille de montagne, la solitude de l'orang-outan et la monogamie du gibbon (Mc GREW, 1992), on observe une large gamme de structures sociales.
L'utilisation de l'outil, défini comme « le prolongement de la main » de l'homme, est en fait beaucoup plus répandue qu'on ne le pensait ; mais si elle est assez stéréotypée dans les quelques espèces répertoriée qui en utilisent (divers oiseaux, loutres), chez ces espèces de singes elle apparaît très adaptée ; une des premières observation de Jane GOODALL à Gombe est l'utilisation d'un brin d'herbe comme outil pour attraper des termites, puis peu après, elle constate que les chimpanzés préparaient leurs tiges au préalable ; elle écrit : « Je tenais là le premier exemple observé, noté, consigné, d'un animal sauvage qui, non seulement *utilisait* un objet en guise d'instrument, mais en réalité modifiait cet objet, ce qui représentait donc les débuts élémentaires d'une *fabrication* ».

Cette capacité, déjà observée en captivité, l'était cette fois en milieu naturel, et de façon spontanée, comme chez les macaques japonais.
« Les Pongidés ne sont ni les seuls mammifères, ni les seuls vertébrés qui utilisent des instruments, mais ils sont sans doute ceux qui en utilisent dans les situations les plus diverses, alimentaire, sociale et ludique » (M. GOUSTARD).

Elle observe qu'ils utilisent des bâtons pour attraper les termites, les fourmis ou le miel, voire la moelle des os ; ils en adaptent la longueur ou la forme en fonction de l'usage envisagé ; ils fabriqueraient ainsi 30% de leurs outils (C. et H. BOESCH, 1991); Ces techniques sont diverses et différentes selon les groupes.
Récemment, on a décrit l'utilisation de fines baguettes pour pêcher des algues au fond des rivières (Christophe BOESCH, 2015).
C'est pourquoi on parle de « culture technique » propre à chaque population. En 1999, « Nature » publie un article « Culture chez les chimpanzés » signé de neufs grands noms de la primatologie où sont recensés 65 types de comportements dont la pratique, transmise de parents à enfants, peut être totalement ignorée par la communauté voisine ; CAREL VAN SCHAIK (université de Zürich), étudiant les orangs outans de Sumatra, montre, alors que cette espèce est plutôt solitaire, qu'un groupe s'est constitué dans la région de Suaq et a adopté des habitudes collectives : ils utilisent des brindilles qu'ils dénudent, pour récolter termites, fourmis et miel, ou des bâtons droits effeuillés pour cueillir des noix protégées par des épines ; or en face d'eux, dans une végétation identique, de l'autre côté du fleuve Alas, infranchissable, vit une colonie d'orangs outans solitaires qui n'utilisent aucun outil.
De même, on attribue à la formation du fleuve Congo, tout aussi infranchissable, la séparation en deux espèces différentes, les chimpanzés (Pan troglodytes) au Nord et les bonobos (Pan paniscus) au Sud du fleuve, d'une même espèce primitive.
Les effets épigénétiques sont perceptibles : ces animaux sont devenus sociaux, ils coopèrent et ils transmettent leurs acquis à leur descendance.
Cet avantage évolutif semble confirmer DARWIN de visu.

Les chimpanzés de J. GOODALL utilisent aussi les bâtons en tant qu'armes, et plutôt comme arme de jet (1968) contre leurs prédateurs, avec une efficacité très relative de 10% environ.
Ils savent utiliser des feuilles mâchées comme éponge à eau, dans les endroits inaccessibles à la bouche. Ils les utilisent aussi pour les soins du corps.
Enfin ils choisissent des pierres adéquates pour casser les noix sur une « enclume ». Ces apprentissages se font chez le jeune par imitation et essais/erreurs.

Pour autant sont-ils des « Homo Habilis » de LEAKEY, fabricants d'outils ?
La fabrication des « butchering tools » ou du « chopper » cher à André LEROI-GOURHAN relève en fait d'une technique différente et plus complexe : choix des pierres mais surtout taille par fragmentation, dont témoignent les éclats retrouvés sur les sites paléontologiques.

Jane GOODALL a aussi découvert que le régime alimentaire des chimpanzés était varié, et qu'ils consommaient, outre les fruits et noix, de la viande : ils « mangeaient des jeunes de guibs, de potamochères et de babouins, ainsi que des colobes roux, des singes bleus ou à queue rouge jeunes et adultes » ; d'après DE WAAL, ils consomment 35 espèces différentes de vertébrés.
Sans l'avoir vu elle-même, elle rapporte qu'ils enlèvent des bébés humains pour les manger. DE WAAL évoque le cas d'un chimpanzé qui arracha un enfant sur le dos d'une femme ; on le retrouva dévorant le bébé ; en Ouganda, les bébés humains sont parfois kidnappés dans les maisons (DE WAAL F., 2005). MATSUZAWA en donne un exemple illustré.
Enfin ils peuvent être cannibales lors de raids meurtriers ; ils font en effet la guerre aux autres groupes pour étendre leur territoire et tuent leurs adversaires dans des opérations « commandos », où une vingtaine d'individus, principalement des mâles, silencieux, précautionneux, coordonnés, attaquent en embuscades les groupes plus faibles (S. AMSLER, J. MITANI, 2010). Le groupe observé à Kibale en Ouganda a, en 10 ans, perpétré une vingtaine d'attaques meurtrières et agrandi son

territoire de 22%. Ils ont ainsi accès à davantage d'arbres fruitiers, et par ailleurs accaparent les femelles à leur profit.
« Etre 1974 et 1977, les mâles de Kasakela ont ainsi attaqué et laissé pour morts tous les mâles de la petite communauté de Kahama » (observation de J. GOODALL rapportée par RENCK J.L., SERVAIS V., 2002).
A Kigoma, en 1975, puis en 1977, deux groupes s'affrontent :
« le groupe de travail Kigoma a entendu le bruit d'un combat dramatique. Ils se sont précipités et ont trouvé 5 mâles du groupe nord et le cadavre du groupe le plus élevé dans la hiérarchie du groupe sud. Il n'y avait plus dans le groupe sud qu'un ou deux mâles vivants ... Ces attaques étaient *offensives* et non défensives ... Les animaux attaqués étaient sévèrement blessés et sont probablement morts. En même temps trois jeunes ont été tués, et deux d'entre eux partiellement dévorés. (J. GOODALL et coll., et J. D. BYGOTT, 1972) ».
En dehors de toute interprétation anthropomorphique (et le terme de guerre en est déjà une), ces opérations attestent d'un degré de coopération, d'observation, d'attention observables chez tous les grands prédateurs, mais ici s'y ajoute une finalité à long terme, une compétition entre groupes d'une même espèce, un but qui paraît réfléchi. Le « raid meurtrier », fait de traîtrise, de surprise, d'embuscade, est souvent une attaque nocturne ; les groupes voisins s'attaquent systématiquement, et même les chimpanzés en captivité ne supportent pas l'introduction d'un nouveau venu inconnu (DE WAAL, 2005); Dans les montagnes de Mahale, NISHIDA a observé des « patrouilles frontalières », et des charges violentes contre les mâles étrangers au groupe, qui aboutirent à l'élimination complète d'une communauté voisine en 12 ans (NISHIDA T., HIRAIWA-HASEGAWA M., TAKAHATA Y., 1985) ; ce sont des tueries ciblées, coordonnées, dont la brutalité meurtrière laisse penser qu'ils considèrent le chimpanzé extérieur à leur communauté comme ne faisant pas partie de la même espèce qu'eux.
D. P. WATTS, de Yale, a aussi observé ces agressions (2006) à Ngogo (ou Negombo), parc Kibale en Ouganda ; à la suite de DE WAAL, il pose le problème de la dominance, du pouvoir, de la « politique » chez les primates humains et non humains (2009).
Ce qui fait dire à Richard WRANGHAM, 1999 : « la violence observée chez le chimpanzé a précédé la guerre humaine et lui a ouvert la voie, faisant des humains... les survivants de 5 millions d'années d'attaques meurtrières continues ». En effet, attaquer des congénères signifie soit qu'ils n'ont pas un code comportemental commun (de menace, d'apaisement), soit, plus probablement, qu'ils comprennent parfaitement le comportement alterne (car ils sont capables d'empathie) mais l'ignorent délibérément.

L'apprentissage passe aussi par le jeu, mais celui-ci semble être une activité à part entière : jeux entre jeunes contemporains souvent, jeu avec les mères qui chatouillent leurs petits en les culbutant et en faisant semblant de les mordre (Jane GOODALL, 1967) ; GOODALL note aussi « Il est assez banal que de jeunes chimpanzés et de jeunes babouins jouent ensemble ».
Les comportements sociaux occupent l'essentiel du temps, notamment l' « épouillage » ou « grooming », et ils contribuent à définir la structure de la communauté, c'est à dire sa hiérarchie. Comme chez les babouins, les affrontements entre mâles sont essentiellement constitués de menaces (au contraire des affrontements entre femelles) ; J. GOODALL décrit ainsi un combat, bruyant, démonstratif, voire « artistique », mais si les deux mâles se frappaient occasionnellement, « ils ne s'attaquèrent pourtant ni l'un ni l'autre ». Puis, « vaincu », le dominant s'accroupit à côté du nouveau « chef », qui l'ignore dans un premier temps puis ensuite le gratte (grooming) ; ensuite ils s'épouillent mutuellement une heure durant (la « réconciliation » de F. DE WAAL) et le vaincu reconnaît définitivement le rang de son adversaire. Pour autant, n'est pas dominant qui veut, et ce statut est transmis par... la mère ! C'est la femelle dominante qui engendre le futur rang hiérarchique de son petit, et on peut dire qu'elle lui « transmet ». En outre avec l'attachement précoce, le jeune non seulement reconnaît sa mère, mais lui reste attaché et soumis toute sa vie.

L'observation des primates en milieu naturel a permis de postuler l'existence de capacités cognitives, d'apprentissages, d'anticipation, de stratégies et globalement de facultés parfois inattendues ; ainsi Richard WRANGHAM, en 1977, observe le premier, chez les chimpanzés de Gombe, une

automédication par une plante (Aspilia mossambicensis) contre les vers intestinaux ; en 1989, Michael HUFFMAN (université de Kyotō) constate une automédication par une autre plante (Vernonia amygdalina) aux vertus antiparasitaires.
Des chercheurs chinois ont aussi filmé en 2014, chez des cercopithèques d'Asie, des comportements de coopération entre une femelle âgée et une primipare pour l'aider à accoucher. (WENSHI PAN et coll., 2014).
Avec les progrès de l'éthologie de terrain, les conceptions innéistes et la « machine adaptative aveugle » (D. LESTEL) de LORENZ apparurent obsolètes ; KUMMER et coll., 1990, proposent l'abandon de la « old ethological rule » objectiviste, qui contraint à une stricte neutralité des termes descriptifs ; ils ne s'interdisent pas une connotation anthropomorphique, qui reconnaît non plus des enchaînements de comportements plus ou moins prédéterminés, mais admet un processus mental sous-jacent. L'anthropomorphisme devient même un outil, la « tromperie », la « dissimulation », le « mensonge » sont étudiés en tant que tels par KUMMER, F. DE WAAL, R. BYRNE (RENCK J. L., SERVAIS V., 2002). Cette attitude est initiée par les chercheurs japonais, pour qui la différence Aristotélicienne de nature entre l'homme et l'animal n'existe pas.
L'éthologie va alors étudier des processus mentaux d'analyse, de représentation, de motivation en reconnaissant un psychisme animal.

8/ L'ESPRIT

« La conscience est née il y a 3 millions d'années en Afrique tropicale »
Yves COPPENS, 2006.

L'échec relatif de l'éthologie cognitiviste qui peu ou prou se révèle comportementaliste, et les résultats parfois spectaculaires des observations de comportements animaux spontanés, facilités par une technologie plus performante, amènent à constater que des comportements « humains », ou leurs prérequis, sont présents sous une forme plus ou moins achevée chez certains animaux. C'est l'observation de Sarah, par D. PREMACK et G. WOODRUFF, 1978, qui va amener à postuler une « Théorie de l'esprit » chez les singes. Il s'agit d'une interrogation sur les processus cognitifs observés chez l'animal : dans quelle mesure celui-ci conçoit-il l'altérité ? Peut-il attribuer à son interlocuteur ou son « compagnon », des états mentaux, des intentions, des pensées ?
Ce processus diffère de l'empathie, terme qu'on réserve au partage des émotions.
Bien que les comportements spontanés naturels le laissent penser, il s'agit pour les cognitivistes de mettre en évidence ces capacités de façon expérimentale.
En effet comme le fait remarquer D. LESTEL (1995), les chercheurs-singes, s'ils observent couramment ces comportements, ne peuvent les rapporter que dans des cadres anecdotiques, ni les publier.
Or les tromperies, « mensonges », ruses et pièges divers, ou la coopération, l'aide, le partage, laissent supposer avoir une représentation du comportement et de ses motivations. Inférer des états mentaux à autrui, et agir en conséquence, procède d'une sorte de feed-back mental qui engendre des interactions sociales complexes. Apporter leur démonstration, c'est envisager une filiation phylogénétique des comportements humains considérés comme spécifiques (altruisme, morale, gratitude, justice...).

Au-delà, il s'agit même de cerner les processus de pensée, que les progrès de l' «Intelligence Artificielle» tentent de reproduire; Si les tortues cybernétiques de GREY-WALTER ont formellement un comportement, qu'en est-il des machines modernes depuis qu'Alan TURING a proposé un «modèle de pensée» artificiel? D'autant que les travaux sur l'Intelligence Artificielle ont fait des progrès tels que l'on fait aujourd'hui des robots qui, s'ils ne ressentent pas d'émotions, sont néanmoins capables d'en simuler ; on les dote d'une CNV, communication non verbale, gestuelle phatique qui accompagne la parole, sans laquelle le contact voire l'empathie sont impossibles.
Leurs capacités vont au-delà du possible biologique, à tel point que certains proposent une évolution culturelle qui aurait sa dynamique propre, la « sélection culturelle ». (CAVALLI-SFORZA Luca, 2004).

« Comment comparer deux systèmes cognitifs de deux espèces différentes ? » se demande LESTEL ; effectivement tout laisse à croire que la référence théorique, sur laquelle les observations se fondent, part du principe que l'aptitude cognitive de l'homme (et même de l'homme moderne) est la référence absolue ; or depuis UEXKÜLL, cette assertion se relativise. « Quand un chien court, le chien meut ses jambes ; quand un oursin court, ce sont ses jambes qui le meuvent » ; la notion de sujet animal s'ébauche.

« Le concept de *représentation* est la clé de voûte du projet cognitiviste » écrit VAUCLAIR, 1992. Mais pour l'animal, la représentation est pertinente dans ses domaines naturels propres d'adaptation : orientation spatiale, recherche de nourriture, et surtout cognition sociale que la vie au sein de groupes plus ou moins vastes implique à partir d'un certain stade évolutif. Aussi on ne peut que retrouver ces comportements dont les compétences sont mises en place précocement, dès la naissance ou peu après, et qui aboutissent aux comportements sociaux complexes, et où chacun a une place dévolue. Comportements qui laissent parfois dubitatifs : KUMMER se demande par exemple comment les babouins, qui vivent en zone semi-désertique où la nourriture, rare, les oblige à se disperser pour rechercher le moindre tubercule, se retrouvent-ils à des endroits déterminés, variables, pour boire ou dormir ensemble ?

Certaines stratégies de chasse, celle des hyènes, par exemple, dont la meute force la proie vers un endroit déterminé et adapté, où les attendent des sentinelles à l'affût postées préalablement, paraissent réfléchies ; Comment est choisi le « piège » ? Comment sont répartis les rôles ? Il est évident qu'une anticipation, une organisation, un projet, une représentation spatiale mémorisée, une attribution de rôles sont nécessaires (TEYSSEDRE A., 1993) ; D. LESTEL évoque C. G. LEROY (1762-1781) et le cas des loups « qui pour chasser plus facilement ensemble se sont partagés les rôles, dont l'un est allé attaquer la proie pendant que l'autre s'est chargé de l'attendre à un lieu donné pour la pousser avec des forces fraîches, n'ont pu agir ensemble avec tant de concert sans se communiquer leur projet, et il est impossible qu'ils l'aient fait sans le secours d'un langage articulé ».

Pour R. CHAUVIN (1993), les loups en chasse utilisent des codes symboliques.

On l'a vu chez les chimpanzés en « guerre » : une concertation préalable, des signaux sont nécessaires pour mener ces opérations.

Pour autant, « Les animaux pensent-ils ?» (Collectif, Terrain 34, 2000). Pour Joëlle PROUST (2000), du CNRS (centre de recherche en épistémologie appliquée), soulignant que la pensée supposée de l'animal ne s'appuie que sur «des anecdotes sans valeur», les gestes d'apaisement ou de réconciliation «ont pu être sélectionnés pour leur valeur régulative, indépendamment de la représentation mentale explicite... les humains font eux-mêmes de nombreux gestes sans savoir pourquoi»; Autrement dit, ces comportements n'impliquent pas d'intentionnalité; de même que « la tromperie tactique » ou le mensonge délibéré « de manière à produire chez autrui des croyances fausses » s'expliquent par « apprentissage des comportements efficaces dans une situation donnée ».

... Ils « ne se représentent pas l'information mentale comme mentale, mais comme une information comportementale ». Elle conclut : « Les grands primates se représentent le monde physique d'une manière voisine de celle d'un sujet humain qui n'aurait pas reçu de formation scientifique » (sic) !

La « théorie de l'esprit » s'élabore sur une hiérarchie d'hypothèses d'ordre croissant, selon la « profondeur réflexive » : le premier ordre attribue à A la connaissance d'un état ou d'une représentation mentale à B ; dans le deuxième ordre, B sait que A lui attribue ces états ; dans le troisième, A sait que B lui attribue des pensées. « Les théoriciens de la communication démontrent qu'il faut pouvoir former des attributions de troisième ordre pour pouvoir interpréter une conversation ordinaire ». En conséquence, « les humains ont par leur raison un instrument universel de résolution de problème ; c'est le langage » ; CQFD, l'aporie est bouclée. On justifie un phénomène de langage par... le langage même ! Or c'est effectivement un artifice de grammaire permis par les subordonnées incluses qui autorise ce raisonnement réflexif, purement spéculaire et spéculatif, trompe l'œil en forme de boîte de « vache-qui-rit » : je pense qu'il pense que je pense qu'il pense etc... ad libitum.

Sur le plan comportemental, analysons la séquence transcrite par De WAAL entre le dominant Yeroen et le challenger Nikkie :

Nikkie a perçu le déclin de Yeroen ; il est « passif, usé, vieilli » dirait-il s'il possédait la parole ; c'est une hypothèse de premier ordre. Il lance donc un défi et affronte Yeroen, qui comprend sa revendication de pouvoir ; c'est une hypothèse de deuxième ordre, Nikkie sait que Yeroen sait ce qu'il a en tête. Et Nikkie sait que Yeroen sait qu'il sait (qu'il est « usé »). Or Yeroen lors de l'affrontement dissimule sa crainte, qu'il manifeste lorsqu'il est hors de vue de son adversaire ; il sait donc que cette information émotionnelle permettrait à Nikkie de savoir qu'il en a peur. La dissimulation permet de faire l'hypothèse d'une attribution de pensée complexe, dont l'enjeu est la dominance. Les informations s'imbriquent :

1. « Y est usé »
2. N lui fait savoir qu'il le sait.
3. Y sait que N le sait
4. Y dissimule à N qu'il se sait « usé ».

L'histoire d'ailleurs ne s'arrête pas là : Yeroen se soumet, mais fait alliance avec Luit ; dès lors, Nikkie sait qu'il n'a le pouvoir que dans la mesure où Yeroen (qui se sait trop faible pour le prendre) lui laisse l'exercer.
Pour F. De WAAL (2005), « la plupart de celles-ci (les expériences, ndlr) ont tout simplement testé la théorie de l'esprit humain chez le singe ... les chimpanzés savent que l'autre sait ».

Le langage n'est pas la pierre de touche philosophale qui confère à l'humanité des vertus aussi hypothétiques qu'indémontrables. Il donne l'illusion d'une « Raison » dont PIEPER fait l'Umwelt humaine.
Les primates, dit encore Joëlle PROUST, sont « dépourvus de concepts mentaux, incapables de faire des inférences utilisant les dispositions mentales, et de surcroît libérés de la tâche de construire et de raconter une biographie socialement appréciée » !

J. V. VAUCLAIR avec « L'intelligence de l'animal » préfère parler d'intentionnalité, selon le concept de WOODRUFF et PREMACK, et l'évalue, en reprenant comme DEPUTTE (1993) l'analyse de DENETT (1983), selon une échelle notant la capacité de conscience : le niveau 0 est celui où un individu X en menace un autre Y parce qu'il est excité ; avec une intentionnalité d'ordre 1, X veut que Y parte ; au niveau 2, « X veut que Y croie que X croit qu'il est seul » etc... Ainsi les cris d'alarme du singe vervet ne relève pas de sa seule peur ou excitation devant le prédateur, car il ne crie pas s'il est isolé, en l'absence de congénères ; ce n'est pas non plus une intentionnalité de niveau 1 qui intime aux autres de grimper aux arbres, car il crie même si ses congénères sont déjà dans des arbres ; il s'agit d'une intentionnalité d'ordre 2 « à savoir que le vervet veut que les autres sachent qu'il y a bien un python dans les parages, et pas n'importe quel prédateur ».
VAUCLAIR se réfère au concept d'intelligence de PIAGET, « qui offre un cadre conceptuel à la fois général et précis » ; l'ontogenèse de la pensée, qui chez PIAGET s'adapte et se régule avec le développement de l'enfant, est « en accord avec l'idée darwinienne d'une filiation entre l'homme et l'animal ». Bien sûr, et on ne s'en s'étonnera guère, l'animal échoue dans les processus de pensée symbolique, stade ultime du développement humain.
Il souligne que comparaison n'est pas raison, et l'animal n'a pas les « contraintes maturationnelles » de l'enfant, mais dispose d'une locomotion bien plus précoce et doit rapidement faire preuve de stratégies de recherche, de précaution, de repérage.
Avec les « images mentales chez l'animal » (1990), il évoque la « conscience animale », mais expérimente aussi de façon élaborée leurs « cartes spatiales », et se demande si leur « carte cognitive » ne dérive pas de leur « carte sociale » ; la représentation des congénères est discriminée, une expérience sur les cris enregistrés de vervets montre qu'aux cris d'un petit, les femelles du groupe réagissent en regardant la mère de celui-ci et non la source sonore.
Une conscience de soi peut ainsi être postulée, non seulement en raison de la perception de liens définis entre le sujet et les autres, mais aussi d'une claire perception de la relation des autres entre eux.
Les travaux sur les capacités cognitives animales sont innombrables ; on a évoqué « le Q.I. des animaux » (FAGOT, 1995) ; « les bêtes ont-elles un Ego ? » (GRESSE, 1995) ; « les singes ont-ils de l'humour ? » (FISCHETTI, 1995) ; l'humour animal est par ailleurs développé par LESTEL (2001) ; et la mémoire des éléphants (PFEFFER, 1995).
J. V. VAUCLAIR (1992) évoque le « coefficient d'encéphalisation », K, rapport entre différents facteurs morphologiques et la masse corticale, sur lequel nous reviendrons ; d'autres parlent de QE, qui est le rapport entre la masse cérébrale globale et le néocortex et qui « donne une indication globale mais valide de l'intelligence biologique et de la capacité de traitement de l'information » (J. A. RONDAL, 2000). Ainsi pour F. J. BUYTENDIJK (1958), ce coefficient est un bon indice des capacités de résolution de problèmes, il note que l'index des cébidés (les petits singes capucins) est supérieur à 53, quand celui du chimpanzé est à 49 et celui du macaque à 38.

Lors du congrès « The Mind of the Chimpanzee » au Lincoln Park Zoo de Chicago, en mars 2007, Tetsuro MATSUZAWA, de l'université de Kyotō, connu pour les performances de sa guenon, Aï

(« Amour »...), avec laquelle il travaille depuis 20 ans (« Libération » 1998 ; RONDAL, 2000, pour les travaux d'IKATURA et MATSUZAWA sur Aï), a présenté un chimpanzé qui, face à un écran tactile, mémorise les chiffres de 1 à 9 apparaissant de façon aléatoire pendant moins d'une seconde ; les chiffres disparus de l'écran laissent la place à des carrés blancs ; après quelques essais au hasard, l'animal fait réapparaître les chiffres en ordre croissant. L'expérience est recommencée plusieurs fois avec les chiffres et les carrés à des places différentes, et le chimpanzé ne s'est pratiquement jamais trompé, se rappelant précisément où étaient apparus les chiffres pour les restituer. Or un homme soumis à la même expérience non seulement ne la réussit pas, mais mémorise difficilement plus de deux chiffres. La mémoire immédiate paraît meilleure chez le singe.

« Les chimpanzés sont supérieurs à l'homme dans ce domaine » dit-il. « Les hommes ont perdu la mémoire immédiate et, en échange, ont appris la symbolisation, et le langage » ; « J'appelle cela la théorie de la compensation », ce qu'il développe par ailleurs (MATSUZAWA, 2001). Théorie séduisante : l'homme aurait, ou a perdu des facultés, cognitives ou plus généralement psychiques, préservées chez d'autres espèces, pour développer des aptitudes particulières, notamment la capacité de symboliser. C'est moins un animal supérieur qu'un animal différent.

Il s'avère que les animaux en captivité font preuve de ce qui est appelé une « réserve cognitive », c'est à dire une intelligence inexploitée ; or, comme le souligne Richard WRANGHAM (« Le Monde », 2007.05.04), que devient cet « excédent de capacité cognitive » à l'état naturel ?

9/το ζώον πολιτικόν

« Le premier était de ne recevoir jamais aucune chose pour vraie que je ne la connusse évidemment être telle ... »

René DESCARTES, 1637, « Discours de la méthode ».

La primatologie a bouleversé le regard sur les grands singes anthropoïdes ; l'éthologie cognitiviste a conjuré l'anthropomorphisme.
« Si la conception de l'humain se modifie, l'animal apparaît également sous un éclairage différent », écrit BUYTENDIJK, 1958 ; l'inverse est aussi vrai.
L'animal est désormais approché comme un sujet après une révolution quasi identique à celle de l'anthropologie quelques dizaines d'années plus tôt, passée du « sauvage » à qui on n'avait pu refuser une âme, au sujet modèle du structuralisme de la pensée moderne.
« Depuis les années 60 les primates ont remplacé les « primitifs » comme modèles pour les premiers hominidés dans les scénarios d'évolution humaine » (SICOTTE P., NISAN C., 1998)
On se souvient que des esprits éclairés, comme DARWIN et FREUD, voyaient dans le « primitif » un intermédiaire entre l'animal et l'homme, un adulte au psychisme d'enfant. Il faudra l'anthropologie culturaliste puis l'anthropologie structuraliste de LÉVI-STRAUSS pour faire des Trobriandais, des Bororos et Nambikwaras les paradigmes d'une humanité intacte.
« L'ensemble des problèmes de la psychologie comparée repose sur une connaissance de ce qui est proprement humain chez l'homme » (BUYTENDIJK F. J. J.). C'est une question récurrente ; cette définition « objective » s'avère mouvante, et ses limites s'estompent du côté de l'anthropologie ou du côté de l'éthologie.

Avant 1960, le fossé semble irréductible entre l'homme et l'animal ; BUYTENDIJK pose le problème du « réel » et de « l'apparent » comme paradigme de la différence homme/animal et l'applique à l'amour maternel : « le véritable amour dépend de conditions qui ne sont jamais remplies dans la vie animale » (BUYTENDIJK F.J.J., 1958). Pour lui, il existe donc une différence de nature entre l'amour maternel humain et ce que nous appellerons « attachement mère-petit » chez l'animal.
« Chaque mère est déterminée sensiblement par son enfant. Mais sa sollicitude est un acte. Elle n'est pas comme le comportement maternel animal une « réaction » à des « significations absolues ».
On peut inverser la proposition, c'est chez l'homme que tout est « apparent » car interprété, symbolisé, énoncé, alors que l'animal est dans le « réel », dans une perception sensorielle de son milieu. Il est vrai que « les animaux supérieurs ignorent l'abstraction, parce qu'ils ne possèdent pas l'aptitude au langage » (BUYTENDIJK) ;
Quoi qu'il en soit, c'est pourtant dans l'espèce humaine que les infanticides sont les plus nombreux (Sarah Blaffer HRDY).

Pour Von UEXKÜLL, 1936, l'arbre dont nous avons parlé est un objet différent pour le chasseur, pour le marchand de bois, pour le poète ; pour l'animal, c'est un objet unique déterminé par sa fonction utile spécifique. C'est un monde « objectif ».
L'homme est gouverné par une logique discursive, et « l'objet de la biologie est impensable sans les unités de signification qu'une conscience y trouve et voit s'y déployer » (MERLEAU-PONTY, 1942).
Entre la subjectivité humaine et l'objectivité des choses il y a un hiatus ; l'homme est une « idée historique » (MERLEAU-PONTY), son monde est fait d'objets utiles, techniques, produits d'un savoir,

d'une civilisation. Il est spectateur de ce monde, et « Voir comme voit un homme et être Esprit sont synonymes » (MERLEAU-PONTY, 1945).
Cette mystique de l'humain prête à l'homme une « Umwelt » de Raison (PIEPER J., 1950) ; « Homo Sapiens » est devenu « Homo Sacer » ; c'est la négation de DARWIN.
« L'homme joue ou combat par exemple du mieux qu'il peut pour gagner. Mais en même temps, ses gestes sont partiellement déterminés par des obligations implicites du *fair-play,* de l'attitude courtoise, du respect des règles, obligations auxquelles il se sent intérieurement tenu » (BUYTENDIJK). Celui-ci évoque encore « L'entrée en scène de ce qui est proprement humain : langue, culture, technique, art, science et religion, mais aussi joie et douleur, amour et haine ».
Dans ces dispositions, qui relèvent du procès à charge, la place de l'animal ne peut encore se concevoir comme « à côté » de l'homme mais « en face » de lui. Ces principes ne sont pas exempts d'une potentielle dérive eugéniste, chemin que suivra R. YERKES par exemple.
Les tests qu'on impose sont significatifs d'une projection péremptoire :
Par exemple des triangles de forme et de taille très diverses ont, pour l'animal dressé, la même signification, ce qui semble étonner (HARLOW H. F., 1951) ; lors d'une observation de Viki, par les HAYES, ils la voient écouter une montre avec attention ; or elle colle aussi son oreille sur l'image d'une montre (HAYES K. V. et C., 1954). Elle confond donc la montre réelle avec l'image de la montre ! « Voilà bien la différence entre l'animal supérieur et l'homme » conclut BUYTENDIJK. « Les animaux supérieurs ignorent l'abstraction, parce qu'ils ne possèdent pas l'aptitude à la parole ».
Demander à l'animal de comprendre un monde, le nôtre, où existent des triangles et des montres, formes ou objets sinon abstraits mais certainement non naturels, relève d'une spéculation irréaliste. Qu'en penserait le philosophe de référence, PANGLOSS, si on lui posait la question, en Ouïgour de préférence ?
On constate que l'animal dans ces exemples vient mettre en valeur une nature humaine qui, par essence, serait idéale. L' « Humanité » n'est pas une valeur ajoutée, mais une catégorie qualitative ; BUYTENDIJK l'exprime précisément quand il dit : « L'humain n'apparaît chez les animaux supérieurs que fugitivement, par « *îlots* » dans le comportement ». (BUYTENDIJKF. J. J. op. cité)
Les expériences semblent destinées à mettre en évidence combien l'animal peine à se montrer comparable à l'humain ; elles relèvent de façon systématique d'un anthropocentrisme que seule la primatologie et l'éthologie de terrain parviendront à faire vaciller ; l'animal n'est pas vu comme une altérité mais comme un reflet déformant, comme une image dégradée de l'humain. Une échelle de valeur implicite situe l'homme à un sommet conçu comme un Graal inaccessible, et cela plus de 100 ans après « L'Origine des Espèces ».
« Un homme traverse une artère animée ,...on peut définir le comportement comme étant la corrélation signifiante de perceptions et de mouvements. L'image de la situation impose la réaction appropriée, et cette réaction modifie l'image de la situation... l'homme est orienté « proleptiquement » vers ce qui vient » (du grec prolepsis, prénotion) (BUYTENDIJK F. J. J., 1957) ; or on a observé que les chimpanzés
« sont organisés pour minimiser les risques lorsqu'ils traversent des pistes pouvant présenter certains dangers, par exemple une attaque de prédateurs. Ainsi plus la voie à traverser est large, plus ils attendent longtemps avant de s'y risquer. Enfin les mâles adultes précèdent ou encadrent les femelles et les petits au moment de la traversée ». (HOCKINGS K. J. & al., 2006).

Toute comparaison gardée entre « l'approche plus ou moins menaçante des véhicules... qui déterminent le danger plus ou moins grand » et les risques d'un espace découvert en forêt, il semble que l'espace symbolique et humanisé ne protège pas l'homme davantage du risque.
Autre exemple, la glissade sur le « dangereux verglas », (p. 61) auquel l'homme est capable de prêter plusieurs sens... « le verglas objectif qui lui est « sujet de réflexion » » (et pour cause, ndlr !), au contraire du « faire » animal.
Aussi changer la représentation de l'animal est le passage obligé pour concevoir l'homme autrement, et une éthologie humaine n'est envisageable seulement après qu'une éthologie animale a rendu à l'animal son intégrité.

De nombreuses anecdotes, hors champ scientifique, suggèrent pourtant des capacités d'analyse, de conscience, d'empathie, voire de rouerie chez des animaux de multiples espèces.
E. LINDEN, 1999, 2002, en a recensé d'innombrables dans ses deux livres, auprès de gardiens de zoos, de dresseurs, ou de scientifiques : jeux et humour, commerce et troc, déception ; télépathie ; coopération ; outils et intelligence ; fuites ; compassion et héroïsme ; autant de comportements qui attestent de capacités d'observation, d'analyse.
Les orangs outans sont par exemple champions de l'évasion : ils peuvent crocheter un loquet avec un fil de fer dissimulé à cet effet dans leur bouche ; au zoo d'Arnhem, un groupe de chimpanzés forma une pyramide pour que l'un d'eux parvienne au sommet, et de là il aida les autres à sortir.
Un gorille de 30 ans, élevé en captivité, avait l'habitude de troquer, avec ses gardiens, des aliments qu'il appréciait peu contre du raisin ; puis il dut partager sa captivité avec un congénère femelle ; celle-ci mangea tranquillement l'offrande sans rien donner en retour. « Il ne savait pas que les règles du marchandage qu'il avait apprises des êtres humains ne s'appliquaient pas chez les gorilles » dit son gardien Kyle BURKS ; il fit une violente colère, et la femelle s'avança vers lui, paume en supination (geste d'apaisement et de réconciliation typique de l'espèce), ce qu'Ivan ne sut pas décoder, et il la frappa. « Elle ignorait tout de l'homme, et il ne savait rien du gorille ».
La rencontre avec des gorilles ou des chimpanzés « naïfs », c'est à dire indemnes de tout contact avec l'homme, est pacifique : ils manifestent surprise et étonnement ;
« Ils avaient commencé tout leur tohu-bohu par des cris de menace ou de peur, mais certains semblèrent ensuite émettre ces ululements qu'emploient les chimpanzés pour se saluer ». (chap. 9) ; on pense à l'accueil que firent des humains, les premiers « indiens » Taïnos à Hispanola, quand ils virent pour la première fois les hommes blancs de l'expédition de Christophe COLOMB.
De multiples exemples montrent que l'on sait, de longue date, que les animaux ne se résument pas aux caricatures qu'on en a faites ; pourtant les réticences restent entières pour reconnaître à l'animal son « être ».
Frans De WAAL avec « La politique du chimpanzé » attaque l'édifice du ζώον πολιτικόν, de « l'animal politique », d'ARISTOTE : « Que l'homme soit un animal politique à un plus haut degré qu'une abeille ou tout autre animal, cela est évident », ARISTOTE, in « La Politique ».
On raconte que lorsque Tony BLAIR devint P.M. et emménagea au 10, Downing Street, il prit avec lui deux livres ; L'un d'eux était « Chimanzee politics », paru une dizaine d'années auparavant. Même si l'histoire relève probablement de l'humour anglais, elle témoigne néanmoins de l'impact du livre.
Chercheur au zoo d'Arnhem spécialement aménagé par Anton et Jan van HOOF, F. DE WAAL fait, comme BUYTENDIJK, des « conjectures sur les similitudes entre l'animal et l'homme ».
Comme le note DE WAAL, les conditions du zoo Burgers, à Arnhem, ne sont pas naturelles ; Sur environ un hectare de terrain boisé entouré d'eau, la colonie comptait 23 membres en 1978 et 25 en 1981. Ils dorment dans dix cages, où leur est donnée la nourriture séparément pour éviter le conflit que créerait une distribution unique et collective ; en milieu naturel, ils passent la moitié de leur temps à la rechercher ; Leurs échanges sociaux sont donc accrus d'autant en captivité.
D'autre part, si l'on sait que la colonie d'Arnhem a été constituée en 1966, DE WAAL ne dit rien de l'origine de ces singes et plus encore de leurs éventuels liens de parentés ; Or on sait, et nous y reviendrons ultérieurement, que la parenté est déterminante dans certains aspects de leur vie sociale.
Une « observation naturaliste » nécessite « un environnement qui approche l'environnement naturel»; Or « une part importante de l'environnement naturel est très souvent négligée: il en est ainsi des proies et des prédateurs éventuels aussi bien que des animaux d'autres espèces qui sont des compétiteurs potentiels pour la nourriture, l'eau et les abris », écrit J. VAUCLAIR, 1984.
Ainsi par exemple les chimpanzés du zoo ne mangent pratiquement pas de viande, et n'ont bien sur aucune occasion de chasser ou de conquérir des territoires, comportements observés par J. GOODALL.
Les observations sont conduites selon un cloisonnement observants/observés, qui n'est peut-être pas aussi naturel et évident qu'il le semble ; On connait ce clivage artificiel en psychiatrie entre soignants /soignés, qui sert avant tout à établir une distance et éviter le lien.
Les chimpanzés sont en contact quotidien avec des primates humains, soigneurs, qui leur prodiguent attention et nourriture ; Vétérinaires ; Chercheurs ....Et les visiteurs bien sûr.

De WAAL traite la colonie d'Arnhem comme une terre d'Afrique qui aurait été transplantée aux Pays-Bas. Il ne dit rien des relations du personnel avec les singes, comme si ces relations étaient à sens unique; On sait qu'il n'en est rien, un exemple démonstratif nous en est donné par E. M. LANG, 1961 (cité par I. EIBL-EIBESFELDT, 1967): une femelle gorille du zoo de Bâle, très isolée, essayait par toutes sortes de ruses d'attirer les soigneurs à elle; Ainsi elle montra sa main coincée dans les barreaux à une nouvelle soignante qui entra pour la libérer; Le singe la garda toute la nuit serrée contre elle. Besoin d'affection ? Solitude ? Le psychisme des singes est assez proche du nôtre pour envisager le partage d'affects interspécifiques.
D'autre part les conditions institutionnelles, symboliques, des différents personnels sont occultées : qui dépend de l'administration du zoo ? Qui dépend de l'université ou du laboratoire de recherche ? Quelles sont les relations hiérarchiques entre les humains ? L'éventualité que ces hiérarchies soient perçues par les singes ne peut pas être négligée.
Néanmoins les conditions d'observation réunies au zoo d'Arnhem sont exceptionnelles, et surtout impossibles à réunir en milieu naturel.
DE WAAL décrit en premier lieu l'éthogramme de l'espèce, c'est à dire le répertoire de gestes, mimiques, vocalisations et comportements multiples susceptibles d'apparaître dans les échanges; Les sons par exemple peuvent être selon la situation un cri (screaming), qui sont souvent une «protestation effrayée», des glapissements (yelps), «plainte déçue», aboiements, grognements geignements et «houts»; La mimique faciale est très importante, comme chez l'homme, mais très différente: découvrir les dents est un expression de frayeur, et ce qui peut paraître aux visiteurs un large sourire traduit l'angoisse ou la peur. Le geste le plus courant est tendre la main en supination, c'est à dire paume vers le haut ; Très courant aussi chez les enfants où il a une signification identique, c'est un apaisement, pour quémander, entrer en contact, obtenir un soutien d'un tiers ; Dans les coalitions, « c'est l'instrument politique par excellence ». Cette communication non verbale est riche d'au moins une centaine d'items qu'on regroupe en unités signifiantes : par exemple fuite, évitement, esquive, cri, glapissement, présentation de l'arrière-train, traduisent la « soumission » ; La charge, l'aboiement, l'attaque, la morsure, le piétinement, l'agression ; Se précipiter l'un vers l'autre, s'étreindre, s'embrasser, le toilettage signent traditionnellement la réconciliation, de même que le baiser.
Ces items s'organisent le plus souvent en syntagmes: la menace, comme chez les enfants humains, précède normalement l'agression; Elle commence par de lents mouvements de balancier du haut du corps, puis s'ensuit le hérissement de la fourrure, l'augmentation progressive de la puissance du «hout», qui annoncent l'attaque; Ces préliminaires permettent à l'interlocuteur d'apaiser, par un «salut», un toilettage (grooming), ou une «présentation», voire une «monte» qui évitent l'agression et confirment les protagonistes dans leur statuts respectifs. Le « salut » est une série de grognements haletés courts (pant-grunting), yeux levés vers le dominant, accompagnés de courbettes rapides, ou de profondes révérences (bobbing) ; Mais d'autres attitudes peuvent s'observer : faire une « offrande» (feuille, bâton), tendre la main, baiser le pied, la poitrine ou le cou. Le dominant accepte le « salut » en se grandissant et en hérissant le poil. Il peut même enjamber, ou sauter par-dessus le suppliant, qui se recroqueville d'autant. Les femelles présentent plus généralement leur croupe. Le « salut de soumission » est essentiel à la vie collective, il marque les hiérarchies mutuelles ; Le dominant α est le seul qui ne salue jamais.
Comme la communication humaine non verbale, celle des singes est analogique : la force du cri, la profondeur de la « révérence », la puissance de l'étreinte sont proportionnelles à l'intensité de l'émotion exprimée. De même, la diminution de puissance des « parades » du dominant n'échappe pas à ses concurrents, et le déclin est vite perçu, invitant à un renversement de hiérarchie.
Cet éthogramme permet d'établir un « sociogramme » du groupe, qui permet de représenter l'importance et l'intensité des échanges entre individus au sein du groupe. La vie sociale est en effet très intense, un chimpanzé excité ou effrayé cherchera toujours le contact physique avec les autres, seuls capables de le calmer ou de le réconforter, y compris auprès de son agresseur.
Mais la hiérarchie n'est pas linéaire : à côté de celle des mâles existe une hiérarchie des femelles, plus stable, dont le fonctionnement est sensiblement différent, et dont le rôle dans le choix du chef n'est pas négligeable.

La sexualité des chimpanzés n'est pas aussi naturelle qu'il y semble, chez les adultes ; c'est plus « inhibition, symptôme et angoisse » que les « merry wives » bonobos, car les mâles dominants en règle général ne tolèrent pas les accouplements : « s'ils surprennent un autre mâle en plein accouplement, ils interviennent en attaquant soit le mâle, soit sa partenaire » ; et, comme KUMMER l'a observé chez les babouins, les stratégies amoureuses ne sont pas exemptes de ruse, de dissimulation et le cas échéant de châtiment. Les femelles sont conscientes du risque encouru, et peuvent refuser des invites d'un mâle, mais y consentir ultérieurement le soir à l'insu de tous.

Un jeune mâle, Dandy, après quelques regards ou un bref contact physique avec une femelle adulte, peut avoir un accouplement furtif, dans un endroit dissimulé, tout en surveillant nerveusement l'apparition d'un mâle. Les femelles trahissent parfois leurs accouplements clandestins par un cri spécial, très aigu, au moment le plus intense ; Dès que le mâle α l'entend, il se précipite pour interrompre le rapprochement. « Une jeune femelle, Oor, avait l'habitude de crier particulièrement fort vers la fin de la copulation. Pourtant, quand elle fut devenue adulte, elle criait toujours lors de ses accouplements avec le mâle α mais pratiquement jamais lors de ses autres rendez-vous ». Loin d'une sexualité orgiaque et désordonnée comme on l'a initialement conçue chez les chimpanzés, il existe donc des règles, sans contrainte : Puist est une femelle adulte imposante qui refuse l'accouplement, elle a un gonflement génital mensuel (la « période rose ») qui attire les prétendants qu'elle repousse régulièrement. Il arrive même qu'elle « monte » une autre femelle en œstrus. Mais, précise DE WAAL, « la femelle est libre de choisir si oui ou non elle aura des relations sexuelles », et il n'a jamais observé de viol.

La rivalité sexuelle n'est pas jalousie mais relève du privilège hiérarchique, car « pouvoir et sexualité sont liés ». Il existe « une relation directe entre le rang et la fréquence » des copulations. Toutefois le dominant a aussi parfois intérêt à faire preuve de tolérance.

D'après DE WAAL, les femelles n'ont pas d' « instinct maternel », et c'est Tepel, une femelle importée dans la colonie et qui avait « adopté » Woutel, un nouveau-né dont la mère refusait de s'occuper, qui montra l'exemple aux autres femelles qui « ne possèdent pas automatiquement le savoir-faire parental ». Les jeunes portent un intérêt particulier aux petits, et se rapprochent à cette occasion des aînées : « c'est de cette façon que la technique du pouponnage se transmet ».

L'organisation sociale ne repose pas tout entière sur une hiérarchie dominée par un mâle α, mais celle-ci est la « dominance réelle » ; le pouvoir comporte des attributs, des responsabilités, des privilèges, mais il est aléatoire ; la hiérarchie est dite « flexible » ou « plastique ».

DE WAAL décrit en détail deux prises de pouvoir ; loin d'être un combat avec un vainqueur et un vaincu, c'est un processus progressif, un jeu subtil d'alliances changeantes, sans véritable combat. Les femelles y jouent un rôle prépondérant, préférant, d'après les exemples donnés, soutenir le dominant en place plutôt que d'entrer dans une phase d'instabilité où l'agressivité n'est plus canalisée. L'accession à la première place se fait par un jeu d'alliances qui n'a rien de gratuit et peut-être même être nourri d'arrière-pensées : ainsi le mâle γ aide β à prendre le pouvoir, devenant de fait lui-même β pour mieux devenir α ultérieurement.

La première occurrence de prise de pouvoir dura deux mois et se fit en cinq confrontations. Le conflit est bruyant, démonstratif, mais ne tourne jamais au combat qui, au vu des canines de chimpanzés, serait mortel.

En premier lieu le prétendant cesse de « saluer » le dominant ; il effectue autour de lui un travail de sape, gênant ou empêchant les interactions avec l'autre mâle ou les femelles dominantes ; il s'allie subrepticement avec l'autre mâle adulte. Ce sont les « interventions de séparation » tendant à isoler l'adversaire. Puis ce sont les affrontements, avec les « parades » : le défi s'annonce par des balancements du torse, un hout de plus en plus puissant, puis la charge, qui consiste à passer près de son rival en courant, en frappant le sol et en jetant des branches, des objets de tous côtés, et enfin un rugissement final. Après le « combat », les deux mâles se « réconcilient » en s'épouillant mutuellement. Est-ce du « fair-play » ?

DE WAAL accorde une importance particulière à la réconciliation, qui a fait l'objet d'un article (DE WAAL, 1989) et d'un ouvrage (1992), où il accorde une place croissante, des macaques aux bonobos, à ce comportement ; il en conclut que « le pardon a 5 millions d'années », âge approximatif de notre DAC avec les chimpanzés. Il est pourtant fort probable qu'il soit bien plus ancien, puisque K. LORENZ

décrit « la cérémonie de réconciliation » des hérons cendrés (LORENZ K., 1935). De WAAL lui-même l'évoque chez d'autres primates (macaques), ainsi que chez les hyènes et les dauphins. Ce comportement aurait pour finalité d'évacuer les émotions sociales déstructurantes, comme l'agressivité, la rancune, l'anxiété, la peur.
On s'étonne de constater que les protagonistes ont soin de dissimuler leurs émotions : autant qu'ils le peuvent, ils ne montrent ni peur ni angoisse en face de l'adversaire, mais s'éloignent « paisiblement » et, hors de vue, glapissent, montrent les dents, grimacent, tout signes d'anxiété qu'ils ont soigneusement réprimés jusque-là. La nécessité de « sauver les apparences » est décrite par E. GOFFMAN, 1974, chez l'homme de façon très similaire dans la description sociologique des rites d'interaction.
Les luttes cessent quand le vaincu reconnaît sa défaite en « saluant » son adversaire ; les relations sont alors figées dans le groupe, la soumission s'exprime par le « salut » qui est le seul comportement social non réciproque.

A côté de la dominance réelle existe une dominance formelle, où prévaut le réseau des positions d'influence ; en général les deux niveaux se juxtaposent, mais ce n'est pas le cas général, un des dominants par exemple ne put jamais obtenir le soutien des femelles. Ainsi un dominant Y, après avoir perdu le pouvoir, continuait de jouer de ses relations avec les femelles, ou de s'associer au deuxième mâle de haut rang pour circonvenir le pouvoir de N. Ces intrigues reflètent la dualité de l'organisation sociale.
Les rivalités peuvent se terminer dans le sang : ainsi au zoo d'Arnhem, L, le chimpanzé le plus fort physiquement, qui avait pris le pouvoir, fut tué par les deux autres mâles dominants coalisés contre lui ; il fut trouvé un matin couvert de sang, cruellement mordu en divers endroits, des doigts et des orteils arrachés ; détail curieux mais que l'on retiendra pour significatif, le scrotum comportait deux petits trous par lesquels les testicules avaient non pas été arrachées mais éjectées par compression. La promiscuité nocturne des cages n'explique que partiellement cet « assassinat politique », car Goblin, un chimpanzé du parc naturel de Gombe, en Tanzanie, subit le même sort ; il présentait aussi une blessure au scrotum.
La nature des discordes chez les chimpanzés semble souvent sexuelle (« la politique ... » p. 106, « le singe en nous » p. 60 et 67.), sans qu'il s'agisse pour autant de « jalousie » ; DE WAAL remarque incidemment des érections pendant les luttes (p. 114 « la politique... »), et note « pour les mâles, le pouvoir constitue l'aphrodisiaque par excellence » (« le singe en nous », p. 67).
Un troisième type de dominance, parallèle aux précédents, s'observe : une femelle peut obliger un mâle de rang élevé, à lui céder une place, un objet, et même de la nourriture sans rencontrer de résistance, alors que celui-ci est plus fort physiquement, et qu'elle connaît et reconnaît son statut en le saluant.
Dans le groupe des femelles, on parle d'une « hiérarchie de subordination », qui s'établit sans combat ni menace ; tout se passe comme si l'ancienneté et l'expérience étaient naturellement reconnues. Les femelles, surtout dominantes, ont le pouvoir particulier de « médiation » dans les conflits entre mâles. C'est une capacité singulière et une fonction essentielle, qu'un autre mâle ne peut remplir car il serait suspecté de s'allier à l'adversaire et donc considéré comme un danger, et une jeune femelle, surtout en œstrus, augmenterait les tensions, son initiative étant vue comme une invite sexuelle. Par contre DE WAAL dit n'avoir jamais vu une femelle tentant une médiation entre deux rivales ; les combats entre femelles passent pour être plus vifs (absence de comportements préalables de menace), et la rancune plus durable.
Décrire le sociogramme d'un groupe de chimpanzés est donc complexe : si L est le plus fort physiquement, il est néanmoins subordonné à N, dont la position dépend de l'alliance avec Y, qui ne lui accorde pas sans contrepartie ; Mais pour obtenir la meilleure place, quitte à pousser les mâles, c'est toujours la femelle M qui gagne.
On le voit, la société est affaire d'équilibre, d'alliances, de nuances ; l'exercice du pouvoir est périlleux, tout excès peut renverser les positions, le chef doit faire preuve de tolérance et de fermeté, il doit défendre les plus faibles, partager, apaiser.

N était un chef impopulaire, on le toilettait, le saluait, lui obéissait, mais « il était craint plus que respecté » ; aussi c'était son allié Y qui maintenait la paix et s'attirait le respect général ; en fait les deux pouvoirs, formel et réel, étaient partagés. Manipulations, dissimulation, volonté de puissance, ruse, alliances, coalition, stratégie, privilèges, meurtres, voici le quotidien d'une vie de singe, et cette « Machiavelian intelligence » (BYRNE) fait dire à l'auteur que « les racines de la politique sont plus anciennes que l'humanité ».

DE WAAL revendique une observation subjective, fondée sur le principe que l'homme n'est pas une exception de la nature et que l'on peut élargir la description des comportements à l'animal ; Ainsi il emploie les termes « confiant », « heureux », « fier », « calculateur » ... « qui reflètent mon impression subjective des chimpanzés, c'est de l'anthropomorphisme à l'état pur ».
Toutefois, si cet anthropomorphisme se justifie le plus souvent, il doit clairement être soumis à une évaluation du chercheur, qui doit faire la part de sa subjectivité dans son usage. Prenons l'exemple de la dépression ; le terme désigne en psychiatrie un syndrome qui associe trois critères : inhibition psychomotrice, humeur triste et douleur morale. DE WAAL écrit de Gorilla, une femelle : « chaque fois qu'un de ses propres enfants mourait, elle traversait une sorte de dépression. Des semaines entières, elle se blottissait dans un coin, sans réaction par rapport à ce qui se passait autour d'elle ; Par moment elle se mettait à crier et à gémir sans raison apparente ». On conçoit qu'à la façon des humains, Gorilla souffre, et elle présente les symptômes (désintérêt, isolement, tristesse) que l'on peut assimiler à la dépression humaine du deuil ; Évidemment la douleur morale ne saurait être verbalisée, mais on peut sans risque supposer, si on admet un psychisme des primates, comme GOUSTARD, que des pensées tristes sont à l'origine de cette attitude. L'empathie homme-animal n'est d'ailleurs pas à sens unique, LESTEL donne l'exemple d'un chercheur déprimé par un deuil consolé par son chimpanzé.
Jane GOODALL écrit qu'un chimpanzé de trois ans peut mourir d'avoir perdu sa mère. Est-ce de dépression anaclitique ? Elle ne le précise pas.
Nous retrouvons là les prémices de l'éthologie humaine posés par DARWIN : l'expression des émotions animales s'apparente à celle des émotions humaines, et a la même origine.
Par contre, dans le domaine symbolique, les chercheurs se montrent bien imprudents notamment dans l'attribution des noms aux animaux.
LÉVI-STRAUSS a longuement analysé l'attribution des noms aux animaux domestiques dans son « Anthropologie structurale » : les vaches par exemple auront un qualificatif, comme Blanchette, Noiraude ou, comme la célèbre Marguerite du cinéma, un nom de fleur ; Les chiens ont un panel de noms qui leur est propre : Médor, Rintintin, Bari, Milou etc... de même les chevaux ont leur registre d'état civil. Certains objets même sont humanisés : les épées jadis (Excalibur, Joyeuse, Durandal ...) ; les cloches sont aussi baptisées.
On n'envisage pas d'appeler un animal Michel, Denis ou Serge, ou d'appeler un enfant Médor.
Les catégories de noms propres sont signifiantes et s'opposent entre elles. Elles humanisent l'animal, l'intègrent symboliquement dans le monde humain ; On ne nommera pas un animal qu'on tue ou qu'on mange, comme le lapin en France, alors que les américains imagineraient manger Bugs Bunny. La personnification des animaux est codée.
Or en matière de primatologie, les frontières sont floues : Jane GOODAL a par exemple dans son échantillon Fifi, Flo, Evered, mais aussi un David et un Goliath, ainsi qu'un Mr McGregor, un Humphrey, un Huxley et un... Leakey ! Humour sans doute, mais qui, comme tout mot d'esprit, a sa charge de représentation inconsciente.
DE WAAL compte une Amber, un Jonas, une (chimpanzé) Gorilla, une Krom, qui signifie « tordue » en Néerlandais, un Wouter « nommé d'après le prénom du primatologue suisse Walter ANGST », un « Dandy » et enfin une Mama, vieille femelle dominante.
La personnification anthropomorphique est peut-être neutre pour les singes, elle ne l'est pas pour ceux qui les étudient : les étudiants qui passent dans ce laboratoire par exemple peuvent être influencés dans leur perception par le qualificatif ou le nom attribué à l'animal.
Or quand les primatologues qualifient un singe de sympathique ou d'antipathique, de rusé ou de « tordu », quand ils interpellent un David, Goliath, McGregor ou Leakey, ils sortent de l'objectivité requise pour situer leurs sujets dans les arcanes du monde symbolique spécifiquement humain.

Quand DE WAAL conjecture « que Luit (un mâle) ait joué au Père Noël », il fait preuve d'une naïveté quasi-extatique !
Ultérieurement, il fait un amalgame complet entre sociétés de primates et société humaine, assimilant les insignes symboliques de la hiérarchie, dans l'armée ou l'église par exemple, aux signes et signaux de dominance des singes. En fait « le singe en nous », (F. DE WAAL, 2005), comme l'indique d'ailleurs le titre, plus qu'une description éthologique, propose une éthologie humaine sur la base de ses observations à Arnhem ou à l'institut Yerkes d'Atlanta.
Ainsi rallier THUCYDIDE et sa «guerre du Péloponnèse» à la stratégie d'alliance des primates est abusif ; Plus encore, étendre sa «théorie de la coalition» aux évènements de 2003, qui ont vu la France, l'Allemagne, la Russie et la Chine se liguer contre les États-unis (décidés à faire la guerre d'Irak) au Conseil de sécurité des Nations Unies, est une prosopopée qui relève du pur fantasme, considérant ces nations, concept aussi symbolique qu'historique, comme des primates unis contre un dominant trop puissant. Ce n'est plus de l'anthropomorphisme mais du pithéco-morphisme.
Bertrand RUSSELL notait déjà avec humour, au sujet du différend KÖHLER/THORNDIKE : « Tous les animaux qui ont été observés avec soin... ont tous montré les caractéristiques nationales de l'observateur. Les animaux étudiés par les Américains se précipitaient avec frénésie, avec une incroyable démonstration de bousculade et de dynamisme, et au bout du compte, ils atteignaient le résultat désiré par hasard. Les animaux observés par les Allemands restaient tranquilles et réfléchissaient, puis à la fin élaboraient la solution à partir de leur conscience intérieure ». (in Mc FARLAND D., 1981).

Les étapes entre éthologie animale et humaine, et surtout entre la primatologie et la sociologie, sont nombreuses et ne peuvent être occultées. La lente divergence des deux espèces, qui trouvent dans des racines communes leur similitude, fait l'objet d'une science à part entière, la paléoanthropologie.
Une élaboration moins affective est nécessaire, et c'est dans une démarche ascendante qu'elle se situe.

10/ CULTURE ANIMALE

« La supériorité de l'homme sur la bête est nulle ; car tout est vanité »
l'Ecclésiaste, 3.

C'est l'observation en milieu naturel qui a conduit à la notion de culture, mais une expérience a été tentée par MATSUZAWA sur les chimpanzés en Guinée dans leur milieu, à l'institut dirigé par Yukimaru SUGIYAMA, pour en mettre les mécanismes en évidence. Sur une colline, il dispose des noix et des pierres diverses numérotées. Il observe que des pierres plates, soigneusement choisies, sont utilisées comme enclume, et d'autres, plus contondantes, comme marteau. L'apprentissage se fait entre 3 ans et demi et 5 ans, par imitation. Au-delà, il est trop tard.
Puis il étudie comment sont utilisés les outils, notamment les feuilles de thuya qui servent d'éponge, spécifiquement choisies parmi 60 espèces différentes de feuilles. Ainsi il observe « la transmission sociale de la connaissance : c'est le point clé de l'intelligence des chimpanzés. Ils ont une culture propre au sein d'un groupe : le chimpanzé de Bossou est différent de celui de Gombé en Tanzanie. Comment se construit cette culture ? » (1998).
La notion de « culture », avec celle d'une morale, d'un altruisme, de la justice, du pardon, nous paraissent très naturellement liés à la symbolisation en général, et plus particulièrement à la religion, aux règles qui régissent les sociétés humaines, et à certains codes sociaux spécifiques et notamment à la prohibition de l'inceste.
Mais la capacité symbolique, butoir de l'intelligence animale, n'est-elle pas biologiquement un leurre ?

Les chercheurs japonais de l'Université de Kyotō déjà, dans les années 50, parlaient de « culture animale » au sujet des macaques de Koshima. Non parce que la jeune F-111 avait su laver ses patates ou trier le blé du sable en le jetant dans l'eau, mais parce que ces techniques avaient été transmises au groupe.
Bien que ces comportements apparaissent davantage comme épigénétiques, J.L. GOULD et G. G. GALLUP en 1981 déjà parlent d' «une transmission culturelle du chant des oiseaux» ou encore d'une «variation culturelle considérable», selon les races d'abeilles, des «dialectes» codés de danse, précisant même «le rayon d'action est d'environ 5 mètres chez une abeille égyptienne, 25 pour une abeille italienne et 75 mètres si elle est allemande». C'est une notion très extensive de « culture », la transmission d'un savoir étant ici très hypothétique.
On évoque aussi traditionnellement depuis N. TINBERGEN le cas des mésanges anglaises qui décapsulent les bouteilles de lait, bien que le mécanisme de sa propagation de 1935 à 1947 à partir de deux foyers d'origine reste hypothétique (LESTEL D., 2001 ; THIERRY B., 2005).

La notion de culture a aussi été utilisée pour les cétacés (MANN J., CONNOR R., TYACK P., WHITEHEAD H., 2000) : les orques (NOONAN Michael, 2005), les baleines (Hal WHITEHEAD 2003), D. LESTEL (2001) développe le sujet dans le chapitre « Ethnographie des sociétés de baleines », soulignant que seuls le dauphin, l'orque, le cachalot et la baleine à bosse ont été étudiés.
Beaucoup plus éloignés de nous dans l'arbre phylogénétique, les cétacés présentent néanmoins un indice de céphalisation K (rapport volume cérébral/ poids et surface corporels) supérieur à 0.6, beaucoup plus élevé que les primates à 0.3, l'homme se situant un peu en dessous de 0.9 (VAUCLAIR J., 1992). Leurs sociétés sont complexes, difficiles à étudier, et ce sont surtout leurs chants et vocalisations qui retiennent l'attention. L'outil dans leur cas n'a guère de pertinence, la seule occurrence est celle de certains dauphins, qui savent utiliser l'éponge comme outil de pêche, pour débusquer les poissons cachés et se protéger le rostre.

Les observations évoquées plus haut de Jane GOODALL sur l'usage naturel d'outils fabriqués à Gombe par les chimpanzés, a confirmé la capacité d'une créativité et d'une transmission culturelles. L'étude de « La culture chez les gorilles » n'en est actuellement qu'à ses débuts, mais s'avère féconde surtout par ses différences avec la culture chimpanzée (Shelly MASI, 2015).
Mais c'est « Chimpanzee Material Culture (implication for Human Evolution) », « livre que le primatologue britannique William Mc GREW publia en 1992 (qui) en marque véritablement le point de départ » (LESTEL D., 2006), et qui par ailleurs répond à l'interrogation initiale de LEAKEY.
Il est vrai que le livre, délibérément provocateur et universellement célébré, est aussi surprenant que son auteur qui, à l'inverse de bon nombre d'éthologistes, commença par être connu pour ses travaux en éthologie humaine (1972) avant de se consacrer à la primatologie.
Il évoque des « patterns of culture ? » chez les chimpanzés de 6 régions étudiés par lui-même (1988) à Assirik (Sénégal), par GOODALL (1968) à Gombe (Tanzanie), par NISHIDA et UEHARA (1983) à Kasoje (Tanzanie), par TUTIN (1991) à Lopé (Gabon), par BOESCH et BOESCH (1990) à Tai (Côte d'Ivoire), et par SUGIYAMA et KOMAN (1987) à Bossou en Guinée.
Chaque groupe se comporte différemment envers les palmiers à huile et leur fruit, le groupe de Bossou est le seul qui utilise dans son répertoire traditionnel le « marteau » et l'« enclume »;
Mc GREW conclut que « Si ces mêmes découvertes citées provenaient d'études de sociétés humaines en Afrique, on n'hésiterait pas à les nommer différences culturelles». Il effectue une synthèse des travaux sur les grands singes (gibbons inclus) et cherche non une définition théorique de la culture, mais pragmatiquement une définition opérationnelle, en comparant des paramètres : nourriture, indice de cérébralisation, habitats, organisations sociales, cerveaux, mains et préhension, intelligence (mind), qui fournissent des indications sur les usages d'outils « for understanding the origins of culture ». Les résultats sont disparates, non corrélés à un ou plusieurs indices ; Il conclut que la question est moins « qui » ils sont que « où » ils sont.
Un ancêtre hominidé commun, qui aurait les potentialités de chaque espèce, en aurait phylogénétiquement sélectionné certaines selon des pressions socio-écologiques diverses.
« all great apes are smart enough to use tools but they do so only in useful circumstances »; Tous les grands singes ont la capacité de créer des outils mais ne le font que si nécessaire.
Toutefois des recherches récentes décrivent des comportements où les pierres sont utilisées à d'autres fins, énigmatiques : ce sont des jets de pierres sur des arbres ciblés (targeted trees), dans des trous (gaps), des troncs d'arbres creux, et des tas de pierres entassées (piles of rocks, cairns), dans des endroits particuliers. Les auteurs, qui ont observé ces conduites sur 4 sites différents, en font un comportement rituel, une sorte d'équivalent de l'omphalos antique, au but symbolique (Laura KEHOE, in KÜHL, 2016), qui donne lieu à des spéculations diverses.

Plus tard dans l'évolution, les proto-humains et les proto-chimpanzés inventent les outils dans leurs habitats respectivement plus ou moins ouverts, ce qui correspond d'ailleurs à l'hypothèse de COPPENS sur les circonstances de l'apparition de l'espèce humaine dans le rift.
Les outils des deux espèces, jusqu'à récemment (1,5 millions d'années) restent indistincts. «Homo erectus and Australopithecus robustus were sympatric, and both used (at least) stone and bone tools».
Il reprend les 8 critères de KROEBER (1928) qui conditionnent la reconnaissance d' «actes culturels»: innovation, dissémination, standardisation, durabilité, diffusion, tradition, non-alimentaire, naturel (en absence de toute influence humaine directe ou indirecte).
En dehors des outils et des comportements alimentaires (nut-cracking, leaf-sponging, termite-fishing, ant-dipping), certaines conduites ou certains gestes sont retenus comme éligibles: ils existent dans un groupe et non dans un autre génétiquement identique; Par exemple les bains en source chaude (hot-spring-bathing), les bains en mer (sea-bathing) des macaques japonais (d'ailleurs réservés à la seule lignée « royale », c'est à dire dominante, qui défend jalousement ce privilège) ; ou le «groominghand-clasp», épouillage axillaire face à face, mains alternes jointes bras tendus, qui est totalement absent chez les chimpanzés de Gombe, et très fréquent chez ceux de Mahale, dont le nord du territoire est à 50 kilomètres du sud du territoire de Gombe.

La « danse de la pluie », dont on ignore la signification, a été décrite dans plusieurs populations (Christophe BOESCH, 2015).

Toutefois, même si on reconnaît une valeur culturelle (d'ailleurs contestée : TOMASELLO M., 1990) aux différences de comportements et à l'usage d'outils entre groupes d'une même espèce, peut-on s'autoriser la comparaison entre grands singes et chasseurs-cueilleurs humains actuels et sympatriques (pygmées Mbuti, Bushmen ! Kung San) ou quasi-disparus (aborigènes Tasmaniens), comme le fait l'auteur ?

Ignorant délibérément toute démarche anthropologique, Mc GREW se limite à constater les similitudes dans l'alimentation et les outils des deux échantillons, sans préjuger des mécanismes sous-jacents. Il compare objectivement deux espèces vivant dans des milieux similaires.

Cette hypothèse rejoint celle de LEAKEY (1966), pour qui les outils de pierre de l'homme d'Oldowan sont de simples ustensiles pour casser les noix, les os à moelle, et les coquilles résistantes. Mais Homo Habilis et les hommes actuels (qui partagent tous le même ADN, y compris les « chasseurs-cueilleurs » primitifs) ne sont pas de la même espèce, même dans l'éventualité où Homo Habilis est notre lointain ancêtre.

Mc GREW pousse cette logique à l'extrême, puisque son chapitre 8 s'intitule « Chimpanzee ethnology». Il y recense toutes les formes d'activité des chimpanzés, variables selon l'endroit où elles ont été observées; Il rappelle que la première observation d'usage d'outil date de 1844 (SAVAGE et WYMAN), et distingue les techniques non-nutritionnelles (celles-ci ont fait l'objet d'un chapitre antérieur), en premier lieu les consommations médicinales, d'ailleurs aussi utilisées par les populations humaines locales; Des soins dentaires et extractions, uniquement de dents de lait; L'usage d'armes, bâtons utilisés comme massue ou fléau, pierres jetées sur des babouins ou des humains, voire des lianes comme fouet; Des «bâtons brosse» ont été observés par SUGIYAMA à Campo: une extrémité dure sert à perforer et creuser les termitières, l'autre effilochée, sert de brosse.

L'hygiène personnelle a été observée : des feuilles comme serviettes dans 90% des cas pour ôter des fluides corporels (sperme, fèces, sang et urine) ; Les mâles nettoient leur pénis 10 fois plus souvent que les femelles leur vagin. Le leaf-clipping (découpage de feuilles en produisant un son) et le leaf-grooming sont des attitudes où les feuilles sont utilisées comme ornement, ou dans un contexte sexuel, ou dans d'autres lieux en situation de frustration.

L'auteur compare ces variations régionales et locales à celles observées en ethnologie ou en paléoanthropologie ;

Il s'interroge sur la « nature culturelle » d'un acte (« the cultural nature (!) of an act ») et le statut de l'innovation : est-elle spontanée, a-t-elle été diffusée par contact d'autres individus, est-elle apparue à la suite d'un changement dans l'environnement, ou enfin un agent (humain) est-il intervenu ?

En effet les humains interviennent à divers titres dans la vie animale, même sauvage: « les chimpanzés de Sebitoli adaptent leurs comportements pour utiliser des ressources riches en énergie, mais présentes en dehors de la forêt, entraînant des transmissions de maladies et potentiellement des malformations dues aux produits phytosanitaires » (KRIEF Sabrina, 2015); L'imitation directe de l'homme peut donner des artefacts insolites, comme pour les orangs outans, décrits par RUSSON et GALDIKAS en 1992, capables de siphonner, d'arracher les herbes, de fabriquer des passerelles, de balayer, de se laver les dents, de canoter etc...

L'intervention humaine se traduit aussi par exemple actuellement par l'extension des palmiers à huile, devenus une source de nourriture à laquelle les chimpanzés se sont adaptés, dont ils savent cueillir, ouvrir, casser les fruits selon des techniques variables selon l'endroit. Les chimpanzés s'adaptent à l'homme, parfois l'imitent, mais l'inverse n'est pas à exclure : ainsi actuellement on suit avec intérêt leurs plantes médicinales pour s'en inspirer ; découverte par Richard WRANGHAM en 1977, confirmée par Michael HUFFMANN, puis Eloy RODRIGUEZ et R. WRANGHAM (1993), Cindy ENGEL (2002), l'automédication est étudiée par Sabrina KRIEF, à Kibale, de 1999 à 2003. Elle pratique des analyses de selles et d'urines et analyse les végétaux qu'ils consomment ; un cinquième des 117 espèces ingérées le sont pour leurs vertus médicales (parasites intestinaux, difficultés respiratoires, infections cutanées).

Elle constate ailleurs qu'ils se protègent du paludisme en fabriquant une « préparation » qu'ils ingèrent et qui associe des feuilles de Trichilia rubescens et de la terre riche en kaolinite, qui a un pouvoir adjuvant (KRIEF S., KLEIN N., FRÖHLICH F., 2014, site Naturwissenschaften).

La pharmacopée des chimpanzés, soigneusement choisie et adaptée, comprend des antiparasitaires, des antiulcéreux, des régulateurs du transit, et ils pratiquent aussi la médecine préventive (Sabrina KRIEF, 2014).

Mais c'est aussi le cas des tamarins, des colobes rouges, des lémures noirs, des singes araignées, des singes hurleurs, des orangs outans, des capucins (Sophia DAOUDI, 2016).

Des questions simples suggèrent des processus méconnus, comme la connaissance (acquise, innée ?) des plantes bénéfiques, toxiques ou mortelles ; Aussi Mc GREW conclut-il :

«To paraphrase Louis LEAKEY, we must change our definition either of humanity or of culture, for we can no longer have both »: changer la définition de l'humanité, ou changer celle de la culture?

Il critique la « paléo-myopie » : à Bossou, les chimpanzés cassent les noix de coco avec des pierres comme marteau et enclume, mais à Gombe et Kasoje, ce sont des humains qui utilisent ces mêmes techniques.

Et en Amérique, les petits capucins utilisent des pierres comme marteau et enclume pour casser certaines amandes de palmier dont ils sont friands, après les avoir épluchées et laisser sécher au soleil 8 jours environ ; ce comportement est aussi appris et transmis.

Aussi l'éventualité que des sites systématiquement attribués à l'homme soient le fait de singes ou même d'animaux qui utilisent les pierres de diverses façons n'est-elle pas négligeable. Par ailleurs d'authentiques constructions comme les « nids » construits chaque jour, qui sont des lieux de vie importants où non seulement les chimpanzés dorment, mais aussi naissent, copulent, mangent, s'épouillent, s'alitent (convalescence) et meurent, sont faits de végétation et donc périssables ; Les premiers humains n'ont-ils pas utilisé les mêmes procédés ?

Il accuse les anthropologues de sous-estimer les autres espèces au profit d'une supériorité présumée de l'humain qualifiée d' «anthropocentrisme».

Reconstruire la préhistoire de l'humanité nécessite de tenir compte des données primatologiques et Mc GREW appelle à une coopération plus étroite entre des disciplines qui s'ignorent ; On ne peut qu'adhérer à sa conclusion : nos ancêtres humains ont disparu, mais nos cousin hominoïdes existent et ce serait un préjudice de les ignorer alors qu'ils vont disparaître (« What a pity it would be to extinguish them before they could tell us all that they know »).

Ce pamphlet garde en majeure partie son actualité, et la distinction entre homo habilis et des singes qui fabriquent 30% de leurs outils (BOESCH C., BOESCH-ACHERMANN H., 1991) mérite d'être approfondie sans apriori. Alors que certains affirment la « culture chimpanzée » (WRANGHAM R. W., McGREW W. C., De WAAL F. B. M., HELTNE P. G., 1994), d'autres mettent en doute les capacités à transmettre, imiter et innover des primates (PREMACK D., PREMACK A., 1994). Le problème de la transmission est central : les observations sont rares ; Si l'attention des petits aux activités des adultes est universelle, l'enseignement manifestement intentionnel de femelles à leur petit est décrit par BOESCH à Taï (1991), par MATSUZAWA à Bossou (MATSUZAWA T., 2006) ou par SCHAIK à Sumatra chez des orangs outans. Mais cet enseignement peut avoir d'autres formes : stimulation en mettant l'outil à disposition du petit ; Facilitation ; Enseignement actif avec démonstration ou rectification (JOULIAN, 2000). « Ces observations, écrit-il, témoignent de l'existence d'une réflexion et d'une connaissance sur la technique utilisée ». Cette représentation des tâches à effectuer s'intègre dans la mémoire plus large du groupe ; Cette dimension sociale de la représentation atteste une objectivation des connaissances spécifiques, c'est à dire bel et bien un sens conçu comme tel. Il en conclut :

« ces animaux sauvages sont :

1. capables de conscience réfléchie
2. ils ont des intentions
3. ils font preuve de savoirs spécialisés et collectifs
4. ils ont des traditions. »

La représentation et la signification des comportements ou des outils sont aussi mises en avant dans la définition des cultures ; On sait seulement que les chimpanzés transforment ou adaptent leurs

outils avant de les utiliser, et souvent les réutilisent ; 91% des baguettes sont formatées en prévision et avant usage à Taï (BOESCH, 1990). Puis en 2001 il établit une classification des principaux comportements culturels des chimpanzés à Boussu, Taï, Gombe, Mahale, Kibale, Budongo. La question est aussi taxinomique : comment classer ces objets fabriqués par des animaux ? Patrimoine naturel ou culturel ? L'expression « outils animaux » serait la plus adéquate (JOULIAN F., 2000).
Pourtant l'auteur reste prudent quant à l'usage du mot « culture » et préfère parler de « traditions chimpanzières ».
Peut-être convient-il ici de signaler que l'espèce des chimpanzés (Pan troglodytes), dont on exclut désormais les bonobos (Pan paniscus), est divisée, sur des critères phénotypiques et génétiques, en trois sous-espèces, Pan troglodytes verus en Afrique occidentale, Pan troglodytes troglodytes en Afrique centrale, et Pan troglodytes schweinfurthi en Afrique orientale.

C'est la réticence qui prévaut chez THIERRY Bernard, chercheur en éthologie évolutive ; S'il reconnaît la transmission de « traditions », il considère cependant que « L'évolution culturelle a introduit une rupture entre les êtres humains et les autres animaux » (THIERRY B., 2005). Cette rupture fait de l'homme un être à nul autre comparable.
La « culture » reste associée aux notions d'idées, de connaissance, de valeurs, de normes, en fait de langage.
D. LESTEL (2001), s'appuyant sur les travaux de P.C. REYNOLDS, formule une conclusion plus définitive de la différence de l'utilisation d'outils : « les principes fondamentaux de la technologie humaine : la spécialisation des tâches, la coordination symbolique, la coopération sociale, la complémentarité de rôles, les buts collectifs, le séquençage logique des opérations et l'assemblée cohérente et fonctionnelles de parties qui ont été facturées à part » en font un procédé spécifique de « coopération hétérotechnique »; L'outil humain a un rôle social, il se conçoit dans la coordination et en fonction d'une organisation collective, alors que pour le singe la fabrication en est solitaire. L'outil apparaît indissociable d'une pensée symbolique, et sa fabrication, à partir de parties agencées, pourrait être l'origine du langage.
Seule l'espèce humaine peut donc s'en prévaloir.

Dénaturer la culture, ou plus exactement la naturaliser, revient à minimiser le rôle des activités symboliques et à privilégier la dimension pulsionnelle ; Mais n'est-ce pas là le même scandale que celui introduit par FREUD ?
Or d'un point de vue strictement éthologique, il n'y a pas d'espèce supérieure, il n'y a que des espèces différentes.

11/ SUBJECTIVITÉS.

« He who understands baboons would do more toward metaphysics than Locke »
C. DARWIN, cahier, 1838.

S'il existe une transmission animale de savoirs et de savoir-faire, l'émergence de ces comportements culturels rend les sociétés animales plus complexes qu'on ne l'envisageait. De ce point de vue, l'homme n'est plus le seul « animal de Culture » et « les sociétés humaines ne sont pas des sociétés d'exception » (D. LESTEL, 2001).
Le partage des émotions, ciment des cultures humaines, est un autre facteur de cohésion ; « Il n'y a pas de Culture sans sujet, et la question des cultures animales est d'abord celle du sujet animal ». L'animal est-il un sujet ? Cela implique des qualités particulières : conscience de soi, de l'autre, attribution des émotions, et toutes les autres valeurs à majuscule (Politique, Justice, Art, Éducation, Morale) fondées sur le langage et la capacité symbolique humaine... « sujet » est par ailleurs un mot ambigu, ambivalent selon qu'il est un ensemble transitif et fini ou intransitif, non réflexif, et partie d'un ensemble plus grand que lui.
La subjectivité suppose l'altérité. Ce domaine est-il réservé à la nature humaine ?

L'opposition obsolète d'une culture humaine face à une nature animale s'estompe d'autant plus qu'émerge une culture animale face à une nature humaine dont les animaux peuvent fournir une clé.
La vie sociale, quelle que soit l'espèce, suppose une politique : organisation de la vie en communauté, hiérarchie de pouvoir ; L'originalité de l'animal politique réside dans la distribution des influences et la négociation nécessaire à son accession.
F. DE WAAL a le premier attiré l'attention sur les processus de réconciliation (DE WAAL, 1989). Après un conflit, les chimpanzés se « réconcilient » selon un « protocole » spécifique.
Ce qui fait dire à F. DE WAAL que le pardon a au moins 5 millions d'années, date approximative de la séparation de nos deux espèces.
Mais K. LORENZ (1936) décrit, chez une de ses espèces favorites, le héron bihoreau, le comportement suivant : « Un combat de bec ... commence toujours très sérieusement, mais pour se transformer rapidement en une cérémonie de réconciliation. HEINROTH nous décrit ces clappements de bec comme l'expression de tendresse à son égard d'un héron bihoreau qu'il avait élevé seul ».
Ce qui en ferait un comportement ancien de plusieurs dizaines de millions d'années.
Mais il peut ne s'agir que d'une exaptation de comportements originellement différents chez les oiseaux et les primates, leur conférant un sens d'apparence identique.
Quoi qu'il en soit, cette stratégie comportementale permet de conserver un lien social essentiel dans une vie de communauté. Elle est aussi décrite par DE WAAL chez les macaques et chez les bonobos, où « la cause primordiale de l'accroissement de l'activité sexuelle n'est pas la nourriture en soi mais le conflit ».
Le terme « pardon » a une connotation culturelle essentiellement religieuse, et c'est l'origine qu'on lui attribue habituellement chez l'homme.
Si ni la politique, ni la réconciliation ne sont des comportements strictement culturels, ils traduisent une propension naturelle à la préservation de la communauté, c'est à dire à l'intérêt général, qu'ils soient conscients ou non.

D'autres manifestations tendent à établir cette notion d'altérité primordiale.
Les comportements altruistes ont été les premiers à retenir l'attention ; R. DAWKINS (1981) définit l'altruisme comme « un comportement autodestructeur profitable aux autres » ; Ce n'est en réalité « qu'un acte égoïste bien déguisé » DAWKINS (1976).
L'altruisme a en effet la particularité de ne pas profiter à l'individu, et de s'inscrire en conséquence à l'encontre de la théorie de l'évolution dans sa perspective individuelle ou génétique.

C'est TRIVERS en 1971 puis HAMILTON (1972) qui les premiers en firent l'étude. Le premier et le plus commun des actes altruistes est celui des parents, des mères le plus souvent, pour leur progéniture ; Il peut parfois être quasi-suicidaire quand il s'agit de défendre ses petits des prédateurs. Ce comportement s'étend assez souvent aux proches : on observe aussi des frères ou sœurs nourriciers, y compris chez les oiseaux (le geai de Floride Alphelocoma Coerulescens, le geai mexicain Aphelocoma ultramarina, par exemple) ; Les « tantes » (aunts) ou « marraines » des éléphants, de société matriarcale, sont connues ; Les baleines âgées et ménopausées participent aussi à l'élevage des jeunes (LESTEL, 2001).
On considère ce type d'altruisme comme une extension des conduites d'attachement parents-enfants, le bénéficiaire en est le groupe ou la communauté génétiquement proche, plus que l'individu.
Entre animaux non apparentés, il est en général à double sens, c'est l'« altruisme réciproque » de TRIVERS qui bénéficie aux deux protagonistes.
Enfin l'altruisme unilatéral, dont un seul individu bénéficie est appelé « népotique » (Kl. IMMELMANN, 1982).
La distance qui sépare l'altruisme de la morale est-il infranchissable ?
L'altruisme humain, même s'il peut aussi avoir une motivation génétique selon des cercles de proximité (la famille d'abord, le clan ensuite, l'ethnie, puis la nation enfin), fonde une morale s'il est désintéressé. Ses bases sont alors émotionnelles, symboliques et rationnelles : l'engagement dans une ONG par exemple demande un amour de l'humanité qui dépasse justement les motivations de proximité ; la compassion, l'empathie en sont le ressort.
Cette Einfühlung (« l'Einfühlung allemand(e), qui se traduit par « se sentir dans » », De WAAL, 2005), à consonance freudienne, qui traduit la compréhension subjective d'autrui, est décrite chez l'animal. Ce qui serait la base de notre morale, mue par les émotions et rationalisée ensuite et non « pure raison » (E. KANT).
L'empathie a fait l'objet d'un ouvrage de F. De WAAL (2010).
Il décrit ainsi quelques formes supérieures d'empathie : « les éléphants se servent de leur trompe et de leurs défenses pour soulever des camarades affaiblis ou qui ont fait une chute » ; « les dauphins sauvent leurs congénères en coupant d'un coup de dent les fils de harpon, en les extirpant des chaluts de thoniers dans lesquels ils se sont fait prendre et en soutenant des compagnons malades à proximité de la surface pour les empêcher de se noyer. Ils viennent en aide aux humains de la même façon, comme en ont témoigné récemment quatre nageurs au large de la cote néo-zélandaise, que des dauphins escortèrent en les protégeant d'un requin ».
Ces formes de coopération des dauphins sont connues depuis l'antiquité, comme en atteste une fable d'Ésope.
Des coopérations avec les pêcheurs dans une sorte de domestication libre sont décrites au Brésil, à Myanmar, et en Mauritanie (D. LESTEL, 2001).
La Nature en donne des exemples parfois inexplicables : que penser des baleines à bosse (Humpback Whales) qui prennent la défense des mammifères marins quand ils sont attaqués par les orques ? (Robert L. PITMAN, 2016) ; Ainsi une baleine vint secourir un phoque pris au piège par les orques, et l'a placé sur son ventre pour le maintenir hors de l'eau ; la B.B.C. a filmé un groupe d'orques s'attaquant à un baleineau séparé de sa mère, une baleine grise, selon la technique habituelle de ces prédateurs. Deux baleines à bosse surviennent et s'interposent.
115 cas ont ainsi été documentés, où les baleines à bosse interviennent, quand la chasse a commencé, pour l'interrompre ; Elles le font pour des lions de mer, des poissons-lunes, des phoques, des baleines grises. Ce comportement semble démentir le lien théorique entre l'altruisme et l'attachement, mais aussi la théorie du « gène égoïste » de DAWKINS, sauf à penser qu'il serait un message différé à

l'attention de ces prédateurs susceptibles de s'en prendre à leurs propres veaux. Mais il faut alors envisager des mécanismes mentaux très élaborés.
Les exemples chez les grands singes sont trop nombreux pour être rapportés, citons seulement Kuni, un bonobo, qui prit soin d'un oiseau blessé et tenta de le faire voler (De WAAL, 2005). Le geste d'une gorille femelle sauvant un enfant tombé dans la fosse du zoo de Chicago a fait le tour du monde.
La compassion existe chez le rat où on l'a mise en évidence expérimentalement : il cesse d'appuyer sur le levier de nourriture si cette action envoie une décharge électrique au rat voisin (R. M. CHURCH, 1959) ; la même expérience chez les singes Rhésus donne des résultats encore plus spectaculaires, puisqu'ils cessent complètement de se nourrir, et se laissent quasiment mourir de faim pour éviter d'en faire souffrir d'autres (JULES H. et Coll., 1964).
Les animaux comprennent la détresse d'autrui, même hors de leur propre espèce, et « L'empathie est largement répandue chez les animaux » (De WAAL).
Aussi, « on ne peut qu'être en désaccord avec ceux qui pensent que la culture et la religion fournissent la réponse » et « cette vision d'une morale solidement enracinée dans les émotions permet d'adhérer sans peine aux idées de DARWIN » (id.), même si d'autres mécanismes, liés à la fonction symbolique, entrent inévitablement en jeu chez l'humain.
M. TOMASELLO (2006), toujours sceptique, a tenté de mettre en évidence ces comportements altruistes de façon expérimentale : « un humain adulte ne réussit pas à atteindre son but : ramasser un crayon, empiler des livres, etc..... Les chimpanzés... ne se portent au secours que pour la tâche la plus simple : tendre le crayon tombé à terre. Ils ne semblent pas comprendre les situations plus complexes » (Bernard THIERRY, 2006). Toutefois, ces chimpanzés élevés en laboratoire agissent peut-être par imitation dit-il ; « Reste à savoir si des chimpanzés sauvages sont capables de telles performances ».
On pourra aussi objecter que nulle Einfühlung n'est engagée dans ces situations expérimentales que l'expérimentateur « met en scène » et que le chimpanzé pourrait en toute légitimité ne pas comprendre à quoi il joue...
L'existence de l'empathie amène inévitablement aussi des manifestations négatives : vengeance, jalousie, ressentiment qui semblent motiver des comportements de tromperie, de rétorsion.
F. De WAAL et Sarah BROSNAN (De WAAL, 2005) firent l'expérience du ressentiment chez le capucin (petit singe à queue d'Amérique qui a la particularité de posséder un indice de céphalisation de l'ordre de celui des grands singes, voire supérieur) de la façon suivante : ils apprennent aux singes à donner des jetons pour recevoir des tranches de concombre ; mais s'ils donnaient à l'un d'eux un grain de raisin, plus convoité, au lieu d'une tranche de concombre, les autres s'énervent, jettent jetons et concombre, et refusent de poursuivre les échanges. Cette réaction émotionnelle forte est attribuée à l' « injustice » perçue par les congénères.
Une expérience similaire a été conduite par Sue SAVAGE-RUMBAUGH avec des bonobos : alors qu'elle donnait à sa femelle de prédilection des douceurs, ses congénères s'en aperçurent et manifestèrent bruyamment ; Panbanisha, la femelle, perturbée, refuse alors ses privilèges en désignant les autres et en vocalisant ; les autres s'assirent à côté de sa cage en attendant de bénéficier aussi du jus de fruit.
Une autre expérience (1994) du même auteur, particulièrement élégante, montre des capacités de communication symbolique entre deux chimpanzés, Austin et Sherman. Une friandise est placée dans une boîte au vu de l'un et à l'insu de l'autre ; mais l'ouverture de la boîte n'est possible qu'à l'aide d'un outil à choisir parmi plusieurs situés dans la cage du singe « ignorant », contigüe de la sienne. Il doit donc lui envoyer à l'aide d'un clavier le symbole correspondant pour l'obtenir. A la réception du message, l'outil adéquat est fourni à travers une trappe de communication entre les deux cages, la boîte ouverte et ... la friandise partagée !

S'il est certainement abusif de parler d'un sens de la justice, il semble acquis que le partage soit une notion acquise dans la nature.
Les chimpanzés, comme les capucins d'ailleurs qui capturent des écureuils, partagent leur proie en fonction du degré de coopération qui leur a été apporté.
Ces comportements coopératifs comprennent une certaine forme d'altruisme ; la chasse en coopération est le cas général chez les grands prédateurs : les lions, les hyènes (GUYOMARC'H), les

loups (R. CHAUVIN), et les chiens sauvages (Lycaon pictus) dont la technique de chasse est particulière : le choix de la proie est collectif, un des chiens prend un raccourci pour devancer la proie ; la nourriture est partagée et régurgitée, non seulement pour les jeunes mais aussi pour les adultes restés garder les jeunes vulnérables ; cette forme d'altruisme confine au sacrifice puisque les individus n'agissent pas que pour leur propre compte, mais aussi pour les autres, parfois à leurs dépens (CURIO E., 1976).

Pour F. De WAAL la « coopération mutualiste » n'exige pas de lien de parenté ; elle se fonde sur la réciprocité et le partage ; enfin elle est motivée par l'empathie et l'altruisme. Les chimpanzés dans la nature adoptent des orphelins, ou défendent leurs semblables contre les léopards. L'équité en serait un élément essentiel, « des expériences ont montré que les singes, les chiens et certains oiseaux sociaux rejettent une récompense quand elle est inférieure à celle d'un compagnon qui a effectué la même tâche » (2014). Cette « démarche égalitaire » est la condition d'une morale ; ce souci de la communauté est défini par De WAAL comme « le principe par lequel chaque individu promeut des caractéristiques de sa communauté ou de son groupe, dans la mesure où elles accroissent les bénéfices que cet individu ou sa parentèle retirent d'en être membre » (De WAAL, 1996, cité par LESTEL 2001). Les chimpanzés connaissent l'indignation et pratiquent les « agressions moralisatrices ».

Une telle conception « omni-amicale », qui relève du courant de la « general sympathy » anglaise du XVIIIe siècle, est aussi illusoire chez l'animal que chez l'homme.

Mais bien sûr, l'accès à l'esprit de l'animal est hypothétique, et parler d'anthropomorphisme lorsqu'on évoque une morale animale est tout à fait justifié. L'homme justifie sa morale par la parole, l'animal ne propose que des actes et l'interprétation qu'on peut en faire relève de la subjectivité humaine, qui n'est possible que si le sujet animal est reconnu.

12/ INTER-SUBJECTIVITÉS

« C'est moi qui suis la fin et qui suis le sommet »,
V. HUGO, Contemplations VI.

En 1980, Boris CYRULNIK écrivit « une « Éthologie de la transmission des désirs inconscients : le cas Pupuce ».
Les relations entre deux chiens du même foyer changent à mesure que les relations du couple qui les a adoptés se détériorent et que « se modifie la signification qu'ils prennent dans l'inconscient des humains ».
Le Dr Miriam ROTHSCHILD, dans « l'émergence de la conscience » de D. DENTON, raconte un « mensonge extrêmement subtil » d'une chienne ; jalouse de l'affection que celle-ci portait à une cousine, elle renonce au bout de quelque temps à capter l'affection de sa maîtresse et la prodigue à l'objet de sa jalousie ; mais d'une façon tout à fait ostentatoire, en regardant sa maîtresse en coin pour évaluer l'effet produit. Les deux personnes, ayant compris ce jeu, s'y prêtèrent « rien que pour assister à un comportement aussi fourbe de la part de la chienne ».
Si l'on admet l'interprétation anthropomorphique qui est faite par les auteurs de ces deux exemples, on ne peut que constater, à travers les comportements des animaux, l'expression d'une « Einfühlung », d'affects ressentis, et même une modification de comportement induite. Le chien est objet d'une projection mais loin de la subir, il y réagit. Le comportement n'est pas déterminé, il est activement choisi ; en ce sens, il est « un sujet qui vit dans son monde propre », selon la formule de J. V. UEXKÜHL.
Il s'agit de chiens, espèce domestiquée de longue date, vivant au plus près de l'humain, mais génétiquement et phylogénétiquement éloignée de la nôtre.
Qu'en est-il d'espèces suspendues ou assises sur notre phylum, et d'autres très développées comme les cétacés ?
L' « effet Clever Hans » est l'objection majeure faite aux recherches sur les singes en captivité, notamment par H. TERRACE. Oskar PFUNGST avait mis en évidence l'existence de signaux inconscients entre le cheval et son maître ; aussi pour TERRACE, « les singes ne parlent pas et les résultats positifs obtenus proviennent bien évidemment d'artefacts inconscients » (LESTEL, 1995).
Il est vrai que si des singes apprirent à « parler », et certains même, comme Kanzi, de façon étonnante, d'autres n'y parvinrent jamais, comme Matata, la mère adoptive de Kanzi.
Ce qui soulève des problèmes de fond et de forme : sur le fond, il n'existe pas de consensus sur le langage humain, comme en témoigne par exemple le débat entre Jean PIAGET et Noam CHOMSKY en 1979.
Par ailleurs, si on admet chez l'animal domestique l'existence d'une « double empreinte » sur son espèce et sur l'humain, qu'en est-il d'animaux non domesticables ?
Sur la forme, à défaut d'une connaissance précise de l'acquisition du langage chez l'homme, aucune méthode n'est a priori pertinente pour enseigner à parler à une autre espèce. Existe-t-il une période privilégiée ou « sensible » (RUMBAUGH in LESTEL, 1995) du développement pour apprendre à parler ? Est-il un processus cognitif ou affectif ?
L'objection de TERRACE est aussi une objection méthodologique : la dimension relationnelle n'est pas évaluée et jamais prise en compte, ce qui donne lieu à des aberrations : un singe, Nim, passe ainsi dans les mains de 60 chercheurs au cours d'expériences sur le long terme, sans qu'on s'interroge (sauf quand survient un accident, comme celui de PRIBRAM mordu par Washoe, qui fit un procès à FOUTS).
Mais on décèle un problème plus général chez les primatologues et les chercheurs, dans les noms qu'ils attribuent à leurs objets d'étude ; ce problème a été abordé ci-dessus sous l'angle du champ sémantique auquel il se réfère.

Mais face à la démarche des japonais qui désignent le macaque par l'initiale du sexe et un numéro, les noms ensuite attribués comme Imo (patate) rappelant la performance de la guenon F-111, les noms donnés par les scientifiques aux primates relèvent de la subjectivité du chercheur. Une immatriculation se référant au sexe, F /M ou X/Y, à l'ascendance génétique maternelle, et paternelle si le prélèvement d'ADN est possible, la situation dans la fratrie, et toute autre donnée pertinente, serait tout à fait réalisable ; or l'adoption de nom ou de prénom souvent projectifs semble la règle.
Par exemple, quand TERRACE appelle son chimpanzé Nim Chimpsky, il fait explicitement référence à la linguistique et à Noam CHOMSKY, et on peut presque prévoir sa théorie iconoclaste à venir.

F. De WAAL, comme on l'a vu plus haut, baptise facilement ses pensionnaires soit de qualificatifs néerlandais, soit de divers noms qui engagent sa subjectivité. Sans prendre garde à certains aspects dénotant une identification qui ne permet guère l'objectivité attendue, tout particulièrement dans ce domaine ; « je me suis mis à rêver d'eux » et «je me suis tout naturellement transformé en petite souris dans une colonie de singes » dit-il pour illustrer sa position ; «je le fais inconsciemment » ajoute-t-il.... on ne saurait en douter! (DE WAAL, 2005)
Il n'est ni le premier ni le dernier, et les projections humaines semblent un mal nécessaire de l'éthologie.

Les premières tentatives d'apprivoisement de singes souffrent déjà d'erreurs similaires ; Les KELLOGG en 1933 élèvent simultanément et de façon identique autant que faire se peut leur guenon Gua et leur fils Donald ; Les HAYES gardent Viki 7 ans à leur domicile. Non seulement ils vivent avec leur chimpanzé, mais le nourrissent au biberon, l'emmaillotent, changent ses couches etc. (PREMACK D., PREMACK A., 1983). En 1966, les GARDNER décident d'élever Washoe qui a environ 1 an « comme un enfant et non comme un « animal domestique » ; Il en sera de même en 1972 avec les 4 chimpanzés du second projet.
Les primates, davantage que d'autres animaux, inspirent des sentiments affectueux suffisamment intenses pour que leur rencontre puisse changer la vie : c'est le cas de ces « dames de la jungle », comme Aliette JAMARD qui se voue à sa fondation « Help Congo », ou de « CHANEE », Aurélien BRULÉ, qui consacre sa vie aux Gibbons.
L'assimilation chimpanzé/enfant est délibérée dans les cas cités, elle est parfois aussi inconsciente et prend souvent une dimension affective incongrue ; Le singe devient l'enfant du chercheur, et celui-ci un parent exigeant parfois franchement pathogène. Et on observe de part et d'autre des symptômes méconnus d'une pathologie de l'attachement. « Les rapports que primatologues et psychologues établissent entre les bébés humains et les singes sont en effet toujours problématiques, et souvent fantasmatiques » (LESTEL, 1995). Les GARDNER demandent à Washoe par exemple de faire son lit avant de se coucher, ce qu'elle enseignera d'elle-même à Loulis (J. A. RONDAL, 2000).
« Francine PATTERSON se définit sans complexe comme chercheuse et mère vis-à-vis de Koko », (PATTERSON et LINDEN, 1981, in LESTEL) ; Elle est non seulement une mère, mais en outre une « mère abusive » avec son gorille, selon LINDEN.
PREMACK, bien que très critique voire moqueur à l'égard des autres chercheurs, fera pourtant comme eux, couches, biberons, berceaux (avec toit pour les empêcher de s'évader) et se définira même comme « mère courroucée ». TERRACE au sujet de Nim parlera de « bébé non désiré », se dit « père de substitution » et trouvera parmi ses étudiantes une « mère de substitution » en la personne de Carol STEWART. Il parlera même d'une réaction Œdipienne de Nim à cette situation d'enfant d'un curieux ménage, et l'on conviendra qu'il existe bien un problème de cécité ; Mais quand il suggère une psychanalyse, c'est pour Nim ! TERRACE en effet réfute ces évidences et se veut neutre affectivement, même si l'entourage l'appelle « papa de Nim ».
Le chercheur adopte, explicitement ou non, un rôle parental dans sa relation à l'animal, mais en contrepartie, il subit à son insu une transformation : il devient, selon l'expression à double sens de LESTEL, « chercheur-singe ».
Il s'agit probablement d'une identification assez courante qu'on retrouve dans les endroits dédiés aux animaux, les clubs canins par exemple, où j'ai pu constater que l'agressivité entre humains prend une

forme particulière que je qualifie de « canine », c'est à dire brutale, pauvre en menaces préalables, qu'elle soit verbale ou parfois physique.
Ailleurs aussi, le style de communication entre humains semble s'imprégner de la psychologie de l'animal de référence, par prédisposition ou mimétisme. D'ailleurs si l'homme exerce une influence sur l'animal qu'il domestique, pourquoi n'envisager qu'une relation à sens unique ? L'interaction laisse supposer une action en retour, à l'insu de la conscience humaine qui se fie uniquement au langage.

Cette attitude, loin de disparaître chez les scientifiques, trouve des arguments présentés comme « objectifs ».
La relation qu'ils revendiquent est exclusive, particulière et privilégiée avec leur animal, à tel point qu'ils sont les seuls à réellement comprendre et pouvoir interpréter leurs « dires »; «les singes et les chercheurs-singes font partie d'une même communauté».
F. PATTERSON peut ainsi traduire des propos de son gorille comme des mensonges, de l'humour, de la philosophie et même lui faire tenir des sentences sur la mort.
Les exemples qu'elle en donne sont pourtant loin d'être limpides ; D. LESTEL cite cette conversation de 1984 :
Question : - « Qu'est-ce qu'une insulte ? »
Koko : - « Penser le diable sale ».
Question : - « Qu'est-ce qui est fou ? »
Koko : - « Une surprise trouble ».
On peut prêter tous les sens possibles à ce qui ressemble furieusement au jeu des « cadavres exquis ».
Enfermés dans une relation affective exclusive et hermétique avec leur animal, les chercheurs sont aussi un espace de projection du psychisme des primates, et selon Eugen LINDEN,
« L'influence des singes sur les chercheurs est dévastatrice. Les primates ont brisé des mariages, détruit des amitiés et corrompu le jugement en inspirant une loyauté et un dégoût excessifs ».

Cette observation très pertinente du journaliste n'est pas sans évoquer des mécanismes inconscients avec lequel la psychiatrie nous a familiarisés.

On ne peut pas évoquer la filiation entre chercheurs et singes sans évoquer la filiation des chercheurs entre eux, sur laquelle LESTEL attire à juste titre l'attention. Même les GARDNER, très indépendants du milieu institutionnel, ont formé Roger FOUTS, initié Duane RUMBAUGH au début des années 70, et influencé Francine PATTERSON à l'occasion d'une conférence. E. S. SAVAGE-RUMBAUGH (qui travaillera sur le bonobo Kanzi) et Lyn MILES (qui travaillera avec l'orang-outang Chantek) sont des élèves de FOUTS. Chaque famille symbolique a son animal totémique, sa méthodologie, ses conclusions, qui tiennent lieu de lien de parenté.
Que le grand singe, que ce soit un chimpanzé, un gorille, un orang-outang ou un bonobo, espèces notoirement différentes, semble presque accessoire. C'est un faire-valoir que la médiatisation exalte ; La « mise en scène » de leurs recherches peut prendre des allures de fan-club, comme les « Friends of Washoe » qui publient un bulletin trimestriel, un courrier des lecteurs, et vend des T-shirts, polos, badges, etc. Le premier gala de la fondation accueille Jane GOODALL, le gouverneur de l'état, et autres personnalités.
Francine PATTERSON n'est pas en reste avec son bulletin « Gorilla », et le « journal of the Gorilla Foundation ».
Face-book, Tweeter, et le crowdfounding n'existaient pas encore !
Les conflits « scientifiques » entre ces familles sont à la hauteur des enjeux. D. LESTEL décrit un milieu où les affrontements remplacent les échanges, où la distance avec la théorie personnelle et avec son animal de prédilection semble abolie. L'ambiance y est passionnelle, et souvent sans respect d'une déontologie scientifique minimale. Aucun consensus, même moindre, n'est possible entre des chercheurs qui semblent pourtant occuper un champ relativement restreint d'étude, chacun blâmant la méthodologie de l'autre ; « les GARDNER critiquent celle des HAYES. TERRACE critique celle des GARDNER. PATTERSON critique celle de TERRACE, etc. »

La mauvaise foi conduit à des stratégies quasi-pathologiques, entre le clivage de PREMACK, qui poursuit ses recherches sur les capacités linguistiques tout en critiquant ceux qui prétendent apprendre un langage aux singes, ou celle de FOUTS ou PATTERSON, dont LINDEN dénonce la « mentalité bunker », imperméables aux critiques, tellement persuadés de la validité de leurs travaux et des capacités hors du commun de leur primate, qu'eux seuls comprennent.
Le débat en arrive à perdre toute éthique, pour dégénérer en querelles de personnes ; lors d'un colloque, FOUTS insistera lourdement sur le célibat de TERRACE : « comment, dira-t-il, un homme qui vit seul et qui n'a jamais élevé d'enfants peut-il avoir un jugement correct sur les capacités cognitives des chimpanzés ? ».
Ce climat délétère a pour effet de polluer l'ambiance du milieu et de discréditer l'ensemble des recherches expérimentales sur les singes.
Est-elle l'effet de cette « intelligence machiavélienne » que BYRNE et WHITEN (1988) attribuent à la stratégie sociale des chimpanzés ?
L'expérience psychiatrique montre que le sujet de la controverse, en l'occurrence le singe, n'est pas étranger au conflit qu'il génère.
La projection scissionnelle, terme technique issu de la théorie psychanalytique de Mélanie KLEIN et utilisé dans sa pratique de psychiatrie d'adultes par H. ROSENFELDT, a été importé en France par P. C. RACAMIER. Un groupe de soignants, notamment en réunion, se divise sur la représentation d'un patient, reflétant par-là la dissociation du patient lui-même ; Les uns en ont une perception positive, et le décrivent comme coopérant, agréable, sympathique, les autres au contraire en parlent comme d'un individu agressif, replié, malveillant. Or la représentation clivée du patient n'est que le reflet de son clivage interne, projeté dans l'inconscient collectif du corps soignant.
Un exemple plus parlant est fourni par F. De WAAL dans « La politique du chimpanzé »:

« la lutte pour la dominance entre les mâles de la colonie a créé non seulement une tension parmi les femelles, mais aussi chez les observateurs humains. Au moment de la rapide accession au pouvoir de Nikkie, de sérieuses difficultés surgirent entre l'animalier et moi-même. L'animalier croyait fermement que Nikkie était trop jeune et irresponsable pour devenir leader..... Mon contre-argument était que nous n'avions pas à craindre la dictature absolue d'un jeune blanc-bec arriviste ».

La divergence des points de vue subjectifs sur Nikkie par les deux protagonistes qui le connaissent le mieux est caractéristique pour qui a une pratique de ces productions de l'Inconscient. On ne s'en étonnera pas après avoir constaté à quel point les singes suscitent affects et projections.
Et on observe que les chercheurs-singes eux-mêmes, sans exception, abandonnant le recul et l'objectivité qu'on serait en droit d'attendre, s'engagent dans des conflits inédits dans la communauté scientifique, se prenant à partie de façon personnelle, avec des propos à la limite des insultes.
Quelques exemples de ce processus illustrent le livre de LESTEL, mais ils sont cliniquement d'interprétation difficile car les opinions contradictoires s'expriment dans l'espace public, par l'intermédiaire d'articles, ou d'avis publiés ici ou là, comme la controverse dite « la guerre des gorilles », où s'implique PATTERSON.
Néanmoins l'hypothèse que les singes eux-mêmes suscitent ces processus inconscients est vraisemblable.
Les particuliers qui ont possédé un grand singe décrivent aussi cet effet délétère, comme Annie BUTOR dans son livre.

L'hypothèse non objectivable d'un effet occulte, sous-terrain, des mécanismes propres à la psychose, fait-elle du singe l'équivalent d'un sujet psychotique ? Absolument pas, et ce serait d'ailleurs absurde, bien que l'idée ait été émise d'une analogie entre autisme et pensée simienne (SCHIEFELBUSCH R., 1979). Mais il existe néanmoins un point commun entre l'un et l'autre, c'est la carence symbolique commune qui autorise ces mécanismes en inhibant la mise en place des processus psychiques humains normaux plus élaborés. Il n'existe pas de communication langagière entre les primates que nous sommes et les autres, mais il existe une communauté d'affects, de communication non-verbale, d'émotions que nous partageons à corps défendant.

Le refus humain de l'envisager, pour privilégier les canaux de la cognition et de l'intellect, conduit à leur méconnaissance ; aucun des auteurs cités ne semble envisager le travail d'introspection auquel la psychiatrie nous a habitués, nécessaire à la compréhension de son interlocuteur. Or les expériences de De WAAL conduiront au meurtre de deux des quatre mâles du groupe ; pour la mort de Dandy, il livre d'ailleurs deux versions très différentes dans le film (on y parle de suicide dû à la peur lors de la réintroduction des mâles dominants) et dans son livre quand il l'évoque ultérieurement (où il parle d'accident).
Dans la pratique psychiatrique, quand le langage ou le dialogue articulé ne sont pas possibles, on préconise, selon les auteurs cités ci-dessus, de s'interroger sur son propre vécu, son ressenti par rapport au patient : pourquoi ai-je des idées tristes, ou de la colère, ou de la peur face à cet homme que je soigne ? Loin de se protéger des projections, il faut les éprouver pour ébaucher une communication.
L'intelligence de l'homme n'est pas un bouclier contre d'éventuelles influences psychiques animales, et, comme LINDEN l'a envisagé, les singes peuvent avoir une ascendance délétère, voire dévastatrice sur leur « maître ».

Le meilleur exemple m'en a été donné par un auteur qui est loin de la primatologie, de l'éthologie, et de toute zoologie mais dont l'expérience et la bonne foi ne peuvent pas être mises en doute. Le cas est d'autant plus intéressant qu'il permet d'approfondir la psychologie des protagonistes et de mieux cerner la relation homme-chimpanzé ; le plus étonnant est que cet auteur « naïf » en primatologie décrit des attitudes, erreurs, affects absolument identiques à ceux des « scientifiques » ci-dessus.
Il s'agit du livre d'Annie BUTOR, « Comment voulez-vous que j'oublie... Madeleine et Léo FERRÉ 1950-1973 », paru en 2013.
Annie a 5 ans quand sa mère Madeleine, divorcée, épouse Léo FERRÉ ; Elle a un père biologique, qui la sauvera du naufrage où le couple va se perdre en adoptant une jeune guenon de quelques mois appelée Gloria, que Léo rebaptise Pépée et à qui il a d'ailleurs consacré une chanson.
Il rencontre Madeleine en 1950, et très vite leur relation s'apparente à un « étayage » de l'artiste par celle qui est déjà mère.
Dans le récit, l'auteur-compositeur apparaît assez profondément clivé, entre côté face, un idéal poétique libertaire, anarchiste, révolutionnaire, un amour et une générosité envers l'humanité étendus à tout être vivant, et, côté pile, une réalité de procédurier (il s'initie même au Droit), de hargne, d'avarice paradoxale, de rancune et de haine des humains réels. « Il pouvait être fastueux ou sordide, sa bonté était intermittente, son cœur sélectif, sa mauvaise foi colossale », dit-elle ; «il a fait de sa haine son fonds de commerce ».
Son rapport particulier au symbolique et au langage sera cependant l'atout qui en fera un poète reconnu et adulé, dont les trouvailles et néologismes seront la richesse.
Il forme avec Madeleine un couple fusionnel, de type ARAGON-TRIOLET ou DALI-GALA, qui inclut Annie, tout au moins jusqu'à ce que sa mère soit mise en demeure de choisir entre Pépée et elle ; C'est Pépée qui gagnera.
Bien que la guenon soit en majeure partie responsable du désastre, elle jouera surtout un rôle de révélateur, ou de « catalyseur » pour reprendre un mot de LESTEL.
Lorsque son propriétaire leur donne le bébé, il les met en garde : « j'ai divorcé trois fois à cause de mes chimpanzés, dit-il, faites attention ! Encore plus qu'un autre animal, il faut qu'un chimpanzé sache qui est le maître sinon vous allez au désastre ».
Il va néanmoins se passer ce qu'on a déjà décrit plus haut, et comme pour toutes les adoptions de chimpanzés déjà mentionnées, Pépée deviendra l'enfant du couple qui n'en avait pas conçu. Madeleine «se mit à pouponner, à biberonner. Nous étions émus, troublés ».
« J'avais tout bonnement accouché d'un chimpanzé » écrit la mère de l'auteure ; Ailleurs le couple déclare : « vous connaissez notre fille, «la vraie »; ils obligent Annie à l'appeler «seu-soeur» ; «lorsque Pépée toussait, ils appelaient la médecin, pas le vétérinaire».
Pépée devient le personnage central de leur vie, et « pour leur plaire, il fallait admirer Pépée ».
« Pépée est notre seconde fille. Non pas une erreur de jeunesse, peut-être une erreur d'aiguillage ».

Comme les chercheurs cités, eux seuls savent, eux seuls « comprennent » leur animal, qu'il est d'ailleurs interdit de définir comme tel ni même comme singe.
Ils « pensaient réussir là où tout le monde avait échoué : faire parler un chimpanzé ». Leurs amis s'éloignent, ils s'isolent pour se consacrer à leur passion.
Quand Jean RICHARD, artiste qui avait aussi une ménagerie, tente de les informer, la scission éclate, et la conversation dégénère au point qu'ils faillirent en venir aux mains.

On retrouve ici tous les éléments de ce que les chercheurs-singes ne disent pas, l'identification (par l'homme) de l'animal à un humain, la passion exclusive qu'il déclenche, la cécité devant une réalité inavouable. Ce n'est pas le propre des chimpanzés, on décrit de nombreuses relations passionnelles à des animaux, qui sont parfois préférés aux enfants ou petits-enfants ; On sait qu'il existe des cimetières pour chiens. Ce ne sont pas les animaux qui sont à incriminer.
Mais ici, l' «observation clinique» est riche parce qu'authentique, vécue sans se justifier par des arguments scientifiques. Madeleine a ce mot très juste que jamais un chercheur n'utiliserait : «je suis chimpanzifiée à bloc » écrit-elle. Une « pithécanthropie », comme existait une lycanthropie ?
Comme le dit ironiquement Thomas SEBEOK en 1974 : « j'ai été très frappé par la manière dont Washoe a réussi le « dressage » des GARDNER et celle dont Sarah a réussi celui des PREMACK ».
L'inimitié, le clivage intellectuel, entre les GARDNER et les PREMACK était d'ailleurs notoire.
Le constat est édifiant : au lieu d'humaniser les singes, ce sont les parents adoptifs qui se « chimpanzifient ».
L'histoire des FERRÉ ne s'arrête malheureusement pas là, et se révèle particulièrement édifiante.
« Pépée avait sa chambre, ses jouets, elle déjeunait avec nous, conduisait la voiture sur les genoux de Léo ».
L'idéalisation justifie l'aveuglement, et Léo affirme : « Un chimpanzé, c'est presque nous, l'innocence en plus ».
La proximité génétique, morphologique, et indubitablement psychologique en fait un animal troublant : « émotions, empathie, étonnement, joie, sourires, nous les partagions avec Pépée. Nous approchions cette frontière floue qui nous sépare d'un animal ».
Au fur et à mesure qu'elle grandit, la guenon devient incontrôlable.
Une employée de maison, embauchée pour la guenon, s'enfuit rapidement face aux attaques, puis Denise, à leur service depuis 11 ans, couverte de morsures, est renvoyée, chassée même, avec le plus grand mépris de l'anarchiste trahi.
« Pépée était une remarquable comédienne. Sournoise et manipulatrice, elle savait faire semblant, s'adapter quand besoin était. Elle avait parfaitement la conscience du bien et du mal, calculait, faisait la différence entre les animaux - qu'elle semblait mépriser si ce n'est pour leur jouer de sales tours - et nous les humains ». Elle s'attaque aux chats qu'elle tue, aux chiens qu'elle martyrise.
« Un jour, Pépée... se laissa chuter violemment sur ma tête. Je tombai sous le choc, presque évanouie, elle me mordit, je poussai un cri, et devant ma mère interrogative qui se retourna, Pépée prit immédiatement un air des plus innocent et se mit à m'embrasser avec une tendre mimique là où elle m'avait mordue : « tu t'es fait mal, elle te console, c'est ta seu-sœur » ... et Pépée me remordit ».
Ses colères sont effrayantes, ses vengeances terribles, elle inspire la terreur. La maison devient un enfer où portes et meubles sont détruits, rien n'est épargné.
Un soir M. le préfet et son épouse viennent dîner ;
« lui nœud papillon, montre en or massif, elle somptueuse robe de lamé sous le manteau de fourrure, collier, boucles d'oreilles et bracelet assortis.
Pépée fit une entrée fracassante et en un tour de paluche, ils étaient tous les deux quasiment à poil. Elle faucha tranquillement une petite tranche de gigot et s'en alla avec sous le bras, dans une main manteau de fourrure, collier, bracelet et soutien-gorge, dans l'autre montre et nœud papillon ».
A un jeune couple qui s'aventure sur son territoire avec un landau, « elle prit le bébé sous le bras, grimpa sur le toit »... Ce sont les pompiers qui récupèrent le bébé miraculeusement épargné.
Bien sûr, Pépée ne « parle » pas, mais « quand elle voulait communiquer, c'est tout simplement parce qu'elle avait envie de dire quelque chose ou de poser une question. Elle se faisait parfaitement

comprendre par des mimiques souvent attendrissantes en poussant des cris choisis parmi une gamme très diversifiée que j'appris à identifier.
Je me mis à parler chimpanzé ».
Aucun chercheur n'énonce cette évidence : la parole est affaire d'hommes, les chimpanzés ont leur langage, qu'on peut parfaitement comprendre (et non l'inverse) si nécessaire.
La famille ne survivra pas à cette tempête ; Annie se réfugie chez son père ; Pépée meurt, le couple se sépare.
Pépée en est-elle responsable ? Elle s'est conduite en chimpanzé dans un environnement humain délité. Elle avait la possibilité de prendre le pouvoir chez ces quasi-congénères, elle l'a fait, et comme elle l'aurait fait en milieu naturel dans des circonstances similaires, avec cette même « Machiavellian Intelligence » (Richard BYRNE) commune à nos deux espèces. Quant au drame qu'elle génère, elle n'en est que le révélateur, non l'instigateur. Les mécanismes psychiques en cause, projections, idéalisations, scissions, méritent d'être soulignés car ils sont le prix à payer de la communication avec une espèce qui nous est proche, trop proche : notre parenté génétique et biologique est sous-estimée, niée depuis qu'elle a été révélée par DARWIN, on la redécouvre sporadiquement à l'occasion d'expériences cognitivistes ou ... d'épidémies virales ; elle est plus un obstacle qu'une occurrence, et les autres grands singes, ou d'autres espèces comme les cétacés, ou peut-être le cheval, si cher au GULLIVER de Jonathan SWIFT, mériteraient sans doute plus d'attention. Les thérapeutes d'animaux, comme les « murmureurs » de chevaux, par exemple, mettent probablement en œuvre ce mécanisme inconscient d'introjection pour ressentir, comprendre et résoudre la souffrance de l'animal.
Le chimpanzé apparaît surtout comme un miroir ; il ne renvoie que ce qu'on y projette.
Pépée est certainement le cas le plus authentique de la relation homme-chimpanzé qui soit rapporté ; il est le révélateur du négatif humain, et de la nécessité d'une éthologie comparée et approfondie entre les deux espèces.

Σκιας όναρ άνθρωπος
L'homme, rêve de l'ombre

Pindare, Pythiques VIII, 95-96.

« L'homme fut sûrement le vœu le plus fou des ténèbres »,

René CHAR « La parole en archipel », 1952-1960.

13/ BASES

« Avance mon ombre
Pareille à ma légende
D'homme-singe »

Léon-Gontran Damas, « Pigments », 1937.

L'éthologie humaine est un paradoxe sinon un oxymore : comment définir un comportement « naturel » dans une espèce dont la « nature » est culturelle ? Pourtant tous les comportements humains ne sont pas symboliques, et même lorsqu'ils le sont, ils ont acquis ce caractère sur la base d'un signifié biologique. Il n'y a pas d'alternative scientifique à l'Évolutionnisme, et quelle que soit la valeur qu'on attribue aux comportements humains, à la pensée, aux sentiments, leur origine biologique et animale doit être explorée. Même si la Nature avait fait un saut qualitatif (le passage de 24 à 22 chromosomes par exemple), une hypothèse devrait être émise sur son principe.

Après DARWIN qui en est l'initiateur comme nous l'avons dit plus haut, plusieurs perspectives ont été adoptées pour élucider la nature du comportement humain ; on a transposé les résultats de l'éthologie animale à l'homme, démarche « zoomorphiste » qui a éclairé certains aspects de l'ontogenèse, mais qui pèche par une généralisation excessive et ne permet pas de mettre en évidence des invariants humains tels qu'on puisse cerner des comportements fondamentaux ; tous les hommes parlent, mais des langues qui diffèrent tellement qu'il s'avère impossible de généraliser une structure commune ; tous les hommes ressentent des émotions, mais pour des raisons et dans des circonstances sans un consensus universel et commun.

Phénotype et génotype, communs à l'espèce humaine, ne permettent une définition que face à l'altérité animale. La majorité des travaux sur l'animal en tirent des conclusions explicites ou implicites sur l'humain : behaviourisme, Gestalttheorie, éthologie animale.

K. LORENZ (1950, 1963, 1973), par exemple, se propose de mettre en évidence « la présence dans le comportement humain de structures spécifiques, invariantes chez l'individu et qui marquent toutes les sociétés humaines » ; fidèle à sa théorie animale, il cherche « la présence chez l'homme de types d'action et de réactions innées caractéristiques de l'espèce ». « Très nombreuses sont les qualités de l'individu ... qui sont dévolues à l'individu par innéité, par héritage et par transmission non traditionnelle, en raison de son appartenance à l'espèce et non en raison de son appartenance à une société déterminée qui est le résultat du hasard ».

Certains comportements animaux, détournés de leur finalité initiale, acquièrent un sens dans l'interaction spécifique : les attitudes de soumission sont l'exemple le plus illustré de LORENZ. Pour lui, nombre de comportements sont provoqué par des « déclencheurs » qui activent les mécanismes innés (I.R.M.) ou automatismes endogènes ; par exemple, le schéma de déclenchement de soins aux petits enfants est activé par les caractères physiques propres à l'enfant ; il évoque l'existence de « leurres », comme les poupées ou certaines espèces d'animaux adoptés par substitution. Comme DARWIN, il relève que certaines configurations faciales sont interprétées comme signe de dédain (tête relevée, narines relativement hautes par rapport à l'œil), même si c'est un animal comme le chameau ou le lama qui ont naturellement ces attitudes, en vertu d'une programmation innée chez l'homme à percevoir le mouvement de recul de la tête, sa bascule en arrière, narines pincées, pour « symboliser » le mépris ou l'aversion; certaines situations seraient propres à déclencher des réactions émotionnelles (la jeune fille en danger, l'enfant abandonné), en fonction de mécanismes de déclenchement innés, de façon tellement automatique que romans et films en abusent depuis toujours.

Il postule en conséquence l'existence chez l'homme de « mécanismes de déclenchement, qui éveillent chez l'homme des impressions de valeurs esthétiques ou éthiques » ; ces schémas déclencheurs seraient amoindris par ce qu'il nomme le « phénomène authentique de domestication », propre aux espèces caractérisées par la néoténie ou fœtalisation, et qui fait que « d'un point de vue phylogénétique et ontogénétique l'homme est l'être inachevé » ; c'est « l'être du manque ». La vie en société implique un code moral qui empêche la satisfaction des tendances innées, et génère une souffrance, « ce que Sigmund FREUD appelle « l'inconfort dans la culture » » dit-il, faisant référence au « Malaise dans la civilisation » (S. FREUD, 1929).

Pour LORENZ (1973), qui est aussi psychiatre, l'éthologie humaine permet « une auto-analyse de l'homme civilisé fondée sur des connaissances biologiques ». La guerre (il restera plusieurs années prisonnier des russes) sera pour lui une expérience subjective décisive, qui oriente ses travaux ultérieurs vers l'humain.

L'agressivité prend une place prépondérante, elle serait un programme naturel inné, inhibé par la vie sociale, donnant lieu en général à des comportements de substitution ou à une redirection conforme au code moral.

L'agression est le cœur de la problématique éthologique, K. LORENZ lui consacre un ouvrage (1963), I. EIBL-EIBESFELDT aussi (1970) ; elle n'est pas essentiellement liée à la prédation, mais à un rôle au sein même de l'espèce et à la hiérarchie interne (l'agresseur est un dominant, un dominé ne peut pas attaquer), et rejoint un concept central et tout aussi contesté de la psychanalyse, celui de pulsion de mort, que LORENZ évoque pour le réfuter (« L'agression », p. 258).

Les mécanismes de l'agression, et ceux de son inhibition, répondent dans toutes les espèces aux critères de l'I.R.M. définis par LORENZ : déclencheurs spécifiques, inhibitions ritualisées par des comportements-signaux lisibles, leurres spontanés (changements de forme, de couleur) ou expérimentaux reproductibles, universalité dans toutes les espèces y compris l'humaine.

LORENZ identifie les quatre « grands instincts », faim, amour, fuite et agression, qui forment un « grand parlement » et s'équilibrent : agression et fuite, ou peur et colère, ressentis simultanément, créent un conflit pulsionnel qui se manifeste dans la mimique et le comportement.

Ainsi chez les canidés, il représente dans un tableau à double entrée de 9 cases l'expression de cette ambivalence. Selon que la babine est plus ou moins retroussée ou plus ou moins tirée en arrière, que la gueule est plus ou moins ouverte, les oreilles plus ou moins rabattues, on peut dire que « tel chien a tant de mm de peur et tant de mm de colère ».

Ce tableau sera largement repris ultérieurement par de nombreux auteurs, notamment I. EIBL-EIBESFELDT et R. HINDE.

L'envers de l'agression, le geste d'apaisement, est le « négatif » du signal déclencheur, qui inhibe son I.R.M.

Ce même processus instinctif serait à l'œuvre chez l'homme ; l'agressivité y est aussi inhibée par la morale rationnelle, ou dérivée, comme chez l'animal, dans les conduites pathologiques lorsqu'elle ne trouve pas d'issue normale.

Si l'existence de leurres paraît indiscutable chez l'humain (on pense notamment aux publicités à thématique sexuelle sans rapport avec l'objet commercial), la poupée évoquée par LORENZ est d'un ordre très différent des leurres que TINBERGEN a pu mettre en évidence ; loin d'être le déclencheur réel qu'il décrit, il s'agit d'un objet qui rentre dans le cadre d'un jeu symbolique dès le plus jeune âge, et qui est le support d'une construction mentale consciente (objet d'identification pour R. SPITZ, 1957) ; elle peut même tenir lieu d' « objet transitionnel », dans un rapport structurant tel que décrit par WINNICOT.

I. EIBL-EIBESFELDT, épigone de K. LORENZ, dont il reprend les thèses, postule contre l'agression une instance morale programmée, une éthique naturelle, et évoque « la racine biologique des normes morales ».

Il dirige l'institut d'éthologie à Seewiesen en 1975 et fonde l'éthologie humaine proprement dite en étudiant, à l'aide de divers stratagèmes quelquefois, comme la caméra à filmer à 90°, les comportements « universels » sur la base de la théorie objectiviste.

Son ouvrage, « Éthologie, biologie du comportement », est une vaste synthèse des bases biologiques et éthologiques des comportements, y compris chez l'homme auquel il consacre exclusivement sa dernière partie, « l'éthologie de l'humain », relevant les analogies et homologies avec les comportements animaux naturels, sur la base des principes définis par LORENZ.

Il collecte des attitudes dont il cherche à mettre en évidence l'universalité de leurs déclencheurs et de leurs motivations. Chez les nourrissons, et dans les échantillons d'enfants nés aveugles et sourds, il constate effectivement l'existence de comportements innés qui ne peuvent avoir été appris. Mais la comparaison d'individus de cultures différentes s'avère quasi-stérile ; On rencontre les mêmes gestes en Tanzanie, à Bali, au Japon, à Samoa, en Papouasie ou chez les peuples de l'Orénoque, en France, au Pérou, chez les Boshimans ! Kung (cette population est aussi citée par DE VORE et Mc GREW) ou ! KO etc.

Mais s'il existe bien des gestes universels comme sourire, rire, tirer la langue, incliner la tête, relever les sourcils et parfois « une grande conformité dans les plus petits détails du comportement de flirt des femmes de Samoa, Papouasie, France, Japon, Afrique (Turkana, Nilotohamites) et des indiennes de l'Amérique du Sud (Waika-Orénoque) », rien ne permet de conclure à un comportement inné, ni d'établir un éthogramme universel.

Il écrit pourtant (1974) : « je suis fasciné par l'uniformité de l'homme en ce qui concerne ses schémas de comportement social. Ainsi les indiens Waika, les aborigènes d'Australie, les Boschimans, les Papous et les Européens, lorsqu'ils se trouvent dans la situation de rencontre amicale, utilisent les mêmes schémas eu égard aux salutations à distance ... les gens sourient puis inclinent la tête ; et au moment où ils relèvent la tête pour exécuter ce mouvement, ils relèvent rapidement les sourcils qui restent dans cette position environ un sixième de seconde. C'est ce que j'appelle le « déclic du sourcil » (« eyebrow flash »). Je n'ai trouvé aucune culture où ce schéma n'apparaisse pas ... les Japonais le considèrent comme indécent et tendent à ne pas l'utiliser ».

On menace, on agresse, on flirte, on joue dans toutes les cultures, mais chacune a ses codes implicites ou explicites.

Par ailleurs des préjugés ethnologiques entachent l'objectivité requise du chercheur qui écrit: « nous avons choisi des cultures qui peuvent être considérées comme des modèles des différents stades de l'évolution culturelle comme sont: les chasseurs et récolteurs paléolithiques (Boshimans du kalahari, Aborigènes australiens) les chasseurs avec début d'agriculture (Yanomami = Waika), les planteurs néolithiques (Eipo, Biami, et autres populations de Nouvelle Guinée), les pasteurs guerriers (Himba de l'Afrique du sud-ouest, Nilotohamites), et les agriculteurs (Bali) ».

Cette échelle de valeur culturelle n'a aucun fondement ethnologique, et n'a guère de pertinence dans une recherche concernant les comportements, où des coutumes comportementales très particulières, comme il en décrit d'ailleurs parfaitement pour le flirt en Autriche, lui échappent évidemment.

Le relèvement des sourcils (eyebrow-flash), son gimmick, est l'exemple d'un des « universaux » dont il tente de montrer l'existence planétaire ; cette mimique apparaîtrait universellement à l'accueil d'un visiteur, et serait en conséquence codée génétiquement.

Cette description du « salut des yeux » avait déconcerté, raconte R. HINDE, les membres d'un congrès auxquels elle avait été présentée quand ils s'aperçurent qu'ils utilisaient inconsciemment ce geste instinctif.

Cependant au Moyen-Orient et en Grèce, elle exprime la négation (comme l'avait noté DARWIN) et acquiert un sens totalement différent du geste « inné et spontané » d'accueil.

L'interprétation d'un geste seul paraît tout à fait abusive car comme pour le mot ou le phonème, il ne peut s'interpréter, mais s'inscrit dans des coordonnées paradigmatiques et syntagmatiques comportementales sur lesquelles nous reviendrons avec les travaux plus récents.

« C'est à l'agression que nous devons notre rapide développement intellectuel », écrit-il, les guerres établissant un processus de concurrence et de sélection qui perdure depuis l'origine de l'humanité ; elle est aussi la base de notre capacité de coopération, et à l'intérieur du groupe c'est le comportement agressif qui « conduit à l'établissement de l'ordre hiérarchique ». Ainsi l'animal social est-il d'abord un animal soumis, et « l'obéissance est une valeur éthique, de même que l'altruisme...Quand les deux entrent en conflit, l'obéissance est souvent la plus forte, ce qui est apparemment basé sur des dispositions qui nous sont innées ». Le conformisme est la règle, et ceux qui résistent à l'assimilation, à la cohésion émotionnelle du groupe, déclenchent l'agression.
Cette recherche d'universaux dans diverses cultures sur tous les continents, si elle pèche par son déficit ethnologique, fait néanmoins apparaître, à défaut de formes comparables, des constantes sur le fond.
L'agressivité s'institutionnalise dans des armées qui, toutes apparences confondues, font appel à des items fondamentalement similaires ; LORENZ décrit chez les poissons les « couleurs de guerre » qui déclenchent la « rage de défense territoriale » et annoncent « une volonté farouche de combattre » ; chez les humains les peintures de guerre existent aussi, et font partie des ornements de guerrier, ainsi que les décorations, les étendards et les « couleurs ». Plus près de nous, il aura fallu l'invention de la mitrailleuse et août 1914 pour que disparaisse le rouge garance au profit du « bleu horizon », c'est à dire une rationalisation de l'uniforme conformément à son but, aux dépens de l'image. Les artifices pour élargir les épaules semblent quasi universels, que ce soient les plumes des Waikas ou les épaulettes de costumes d'apparat ; Bien entendu la dimension symbolique est largement prépondérante dans les atours guerriers, mais ils sont universellement identifiables.
DE LANNOY et FEYEREISEN (1987), dans « L'éthologie humaine », développent ce thème : « l'uniforme militaire a depuis longtemps acquis une fonction qui dépasse celle de protéger le corps. En augmentant la surface du corps, le bonnet des grenadiers, les épaulettes des officiers servent probablement à l'imposition ». Ce n'est cependant pas cette « éthologie culturelle » qui frappe l'attention, mais bien davantage les convergences comportementales, plus lisibles : la hiérarchie, le grade, quels qu'en soient les attributs, imposent ce que les éthologistes identifient comme des gestes d'apaisement ou de soumission, mouvements ritualisés qui « déclenchent » l'inhibition de l'agression. Dans un tel cadre, ce geste se doit d'être clair et sans ambigüité : c'est une « étiquette » imposée qui permet d'identifier immédiatement les statuts respectifs des congénères. Le statut hiérarchique peut même primer sur l'antagonisme guerrier, avec le respect dû à un officier ennemi.
Ce sont le salut paume visible, la posture corporelle raidie, la présentation des armes, la marche au pas, en rang, voire exceptionnellement la salve d'honneur. LORENZ (1950) évoque comme « déclencheurs d'inhibition » aussi « la flexion du genou, l'inclinaison de la tête, toutes les cérémonies du présenter des armes, le geste par lequel on dépose le casque ». Ces ritualisations ont en commun de montrer une capacité offensive potentielle mais détournée, et à son apogée c'est le défilé militaire.
Un langage spécifique fait partie des attributs : l'emploi de l'impératif bien sûr, pour le supérieur « garde à vous !», « rompez !», « présentez arme ! » « serrez les rangs! » etc... ; pour le subordonné, le silence imposé, la nomination systématique du grade de l'interlocuteur, la soumission ritualisée : « à vos ordres ».
L'exemple militaire n'est peut-être pas le plus commun ni le plus courant, mais face à l'agression, la ritualisation est systématique et une hiérarchie s'installe. En est-elle la réponse éthologique ? L'interaction semble suggérer l'agression, et des mécanismes s'imposent pour la désamorcer.
I. EIBL-EIBESFELDT décrit les « rituels de contact » amicaux et sociaux, qui sont « universels et inchangés » et permettent d'établir le contact, renforcer les liens et de résoudre les conflits ; ils se déroulent en trois phases, chacune d'elles étant spécifique :
-phase d'approche : salut avec comportements de parade et d'apaisement ;
-puis phase d'interaction intense où, par un dialogue verbal et non verbal, accord, sympathie et affection sont exprimés : échange de nouvelles sur la santé réciproque, évocation de moments antérieurs, qui peut aller jusqu'à la tristesse partagée au souvenir des membres décédés ; puis les problèmes pratiques sont discutés ;
-enfin la séquence prend fin avec l'adieu formel, échange de cadeaux ou simplement de vœux.

Il s'agit là des rituels de liaison chez les Indiens Waika, que l'auteur considère comme un modèle de base de différents niveaux d'interaction transposables, dans leur diversité culturelle, à divers types de rencontre, des plus banales et communes aux plus complexes comme les contacts internationaux. Il est vrai que ces ritualisations, très formelles, se rencontrent dans des circonstances très diverses, comme l'agression ritualisée des jeux : sans aller au « morituri te salutant » de l'arène antique, les combats de boxe, de judo, les matches sportifs, commencent par un salut, tour de piste ou autre, des menaces rituelles, et se terminent par des salutations ou des adieux formels. On peut concevoir des bases biologiques, innées, de ces conduites universelles, mais s'agissant de manifestations culturelles toutefois, se pose la question du sens. Ainsi des éléments religieux, des croyances ou superstitions peuvent présider à l'interaction : tabou du contact visuel œil à œil, interdiction de se serrer la main, évitement des contacts physiques ou au contraire leur valorisation, échanges de nourriture, de boissons, voire de drogues diverses...
La multiplicité des aspects culturels, manifestations de l'interférence symbolique, peut faire écran sans changer la nature de l'enjeu éthologique véritable. « Beaucoup d'activités culturelles ont donc une base biologique encore mal explorée ».
Ces interactions peuvent être virtuelles et se limiter au langage ; I. EIBL-EIBESFELDT aborde le sujet : « si les enfants expriment leurs stratégies de base d'interactions sociales sous la forme d'activité motrice, les interactions des adultes se font par l'intermédiaire des mots. Mais en agissant ainsi, ils obéissent aux mêmes règles que celles qui gouvernent les interactions non verbales » ; le langage, en grande partie formel et rituel dans ces échanges, n'en modifie pas réellement la nature ; il est simplement une autre modalité d'un même comportement.
« De tels dialogues jouent aussi un rôle important dans notre vie quotidienne. Le contenu informatif est souvent très banal (« il fait beau aujourd'hui » ; « oui il fait très beau », etc.) mais la communication sociale est très importante : nous exprimons notre volonté de causer ensemble ». La *conversation* est la forme primitive humaine du lien. « Les types de comportement acquis et même les actions verbales, ont, en partie, remplacé les types de comportement innés ; Ils deviennent alors des *équivalents fonctionnels* ».
Or si ces « actions verbales », ou ces comportements sociaux sont fonctionnels, quel est leur finalité ? Pourquoi les manifestations d'apaisement, l'inhibition de l'agression tiennent-elles une place aussi prépondérante ? Quel en est l'enjeu ? On connaît la réponse chez l'animal : il s'agit de déterminer une hiérarchie.
Quelques indices laissent penser que l'homme obéit à des motifs similaires, selon des formes codées : ainsi on salue les « maîtres » de maison, souvent avec une offrande, comme pour les apaiser en pénétrant leur territoire, quelle que soit la culture.
Derrière le moindre guichet est installé un potentat qui ne manquera pas de vous rappeler son territoire, son espace proxémique (E. T. HALL, 1966), la distance optimale, en somme son pouvoir, si vous ne respectez pas le protocole.
Et s'il s'agit là de conduites concernant la sociologie davantage que l'éthologie, celle-ci est présente pour rappeler que c'est une base biologique qui préside à ces comportements.
« L'éthologie a toujours mis en garde sur le danger de tirer des conclusions relatives au comportement des animaux à partir de celui de l'homme ; la réciproque est bien sûr, tout aussi vraie » (DELANNOY et FEYEREISEN). La démarche ascendante, qui conduit à partir des observations animales à conclure chez l'homme à l'existence de mécanismes programmés, doit être nuancée, même si elle est globalement féconde ; elle a parfois conduit à des excès, comme le rappellent ces mêmes auteurs : par exemple l'existence de « barrières instinctives », comme celles observées chez les chimpanzés, obéissant à un automatisme destiné à protéger de la contagion (avantage sélectif important) ne justifie pas qu'« il arrive que la vue de tel ou tel malade puisse susciter en nous du dégoût, idée avancée par LORENZ en 1943 et reprise par BISCHOF-KOHLER en 1985 » ; ou EIBL-EIBESFELDT en 1984 qui « considère que la loi devrait particulièrement protéger les personnes mineures des rapports homosexuels, celles-ci se trouvant à une période d'imprégnation de leur sexualité », et ... donne des conseils au législateur.
N.TINBERGEN a proposé une méthodologie éthologique stricte en quatre points que nous avons exposée; Or lui-même, lorsqu'il observe (1971,1983) des enfants autistes, se méprend sur leurs

conduites qu'il réduit à des troubles du contact et de l'interaction, comme s'il s'agissait d'enfants timides ou particulièrement inhibés; Sans doute existe-t-il un I.R.M. de l'interaction sociale, et une capacité spécifique, neurologique, à la reconnaissance des visages, mais dans l'autisme c'est l'ensemble de la construction du réel qui est affecté. Cette erreur réductionniste chez l'auteur probablement par ailleurs le plus prudent dans ses considérations théoriques et méthodologiques, le plus soucieux dans ses observations, trahit une carence essentielle à l'éthologie quand elle étudie l'Umwelt humaine. Celle-ci se construit, se modifie, voire s'altère, selon des modalités propres à cette espèce « sans spécificité ».

Ces exemples montrent les limites d'une extension théorique de l'éthologie animale à l'humain, « les Modèles animaux du comportement humain», comme l'écrit R. CHAUVIN en 1972, sans prendre en compte ou sans évaluer exactement son monde interne.

14/ LA RÉVISION DÉCHIRANTE

« Ce que Pierre pense de Paul en dit plus sur Pierre que sur Paul »
Baruch SPINOZA, 1677, « Éthique », II, 17 scolie.

Dans le contexte particulier de l'après-guerre, des convergences apparaissent entre des disciplines diverses, et une volonté de synthèse s'esquisse entre psychologie, physiologie, cybernétique, éthologie, psychanalyse avec par exemple le colloque de Genève de 1953 à 1956 qui réunit des représentants d'horizons divers tels que K. LORENZ, R. HINDE, J. HUXLEY, J. PIAGET, M. MEAD, W. GREY WALTER, L. VON BERTALANFFY, E. H. ERIKSON, J. BOWLBY, R. ZAZZO.
Mais c'est dès 1945 que René SPITZ, confronté au problème des carences affectives des orphelins, chez qui il décrit le « syndrome d'hospitalisme », va effectuer le rapprochement entre éthologie et psychanalyse. Psychiatre, né à Vienne dans l'empire austro-hongrois, il émigre aux États-Unis en 1938. Psychanalyste de premier plan, formé par S. FREUD, il endosse une filiation Darwinienne en incluant l'éthologie et la phylogenèse dans ses œuvres.
La première synthèse de ses travaux, « Le Non et le Oui », est sous-titrée « La genèse de la communication humaine ». Inspiré par les travaux de K. LORENZ avec qui il entretient des relations personnelles (J. COSNIER, 1984), par les expériences de H. PRECHTL (1950) sur les jeunes chats, mais surtout par N. TINBERGEN, il reprend la notion d'I.R.M. et les concepts éthologiques pour décrire les schèmes précoces et innés de recherche, d'orientation, ou de succion ; le « réflexe d'orientation orale » est un comportement de « fouissement » (de l'anglais « to root », qui signifie littéralement « fouiller avec le groin »). Celui-ci s'accompagne de mouvements d'agrippement (grasping) liés à la fonction labyrinthique. Dans une perspective phylogénétique, R. SPITZ insiste sur la parenté de ces schèmes avec ceux qu'on observe chez de nombreuses espèces « nidicoles », comme le chat, ou « nidifuges », comme le veau qui quant à lui presse la mamelle en la cognant de la tête.
Puis vers la troisième ou quatrième semaine, l'enfant en tétant fixe le visage de sa mère sans discontinuer.
« L'apparition du comportement de fouissement immédiatement après la naissance, l'histoire de son développement dans le fœtus, et ses antécédents dans la phylogenèse montrent qu'il s'agit là d'un mécanisme inné de déclenchement au sens défini par les éthologues » (1957).

Outre les concepts, R. SPITZ adopte aussi la méthodologie éthologique, avec l'utilisation des leurres (1965) : il présente au bébé son visage de face qui déclenche une réaction de sourire ; par contre son visage de profil (où un seul œil est visible) est sans effet ; il constate qu'un simple masque, plus ou moins caricaturé, pourvu qu'il propose la configuration yeux-nez-bouche, a le même effet : réponse par le sourire à 3 mois, exploration à 7-8 mois, terreur à 14 mois. Cette Gestalt est donc un « déclencheur » à 3 mois du « F.A.P. » sourire, inné et génétiquement programmé dans le patrimoine de l'espèce.
Ce sourire est lui-même le déclencheur d'un I.R.M. qui induit la F.A.P. « réaction enjouée » de l'adulte dans les conditions naturelles d'interaction.
Dans ce même ordre d'idée, R. AHRENS en 1954 expérimente des masques grossiers comme leurres, puis E. TRONICK en 1970 (puis TRONICK & al., 1978) montrera avec son expérience aisément

reproductible de la « still face » que le visage inexpressif de l'adulte déclenche en quelques minutes une réponse de détournement d'abord puis d'inquiétude chez l'enfant. Rappelons que C. DARWIN, dans l'article sur l'enfant de 1877, fait une expérience similaire.

Ailleurs, R. SPITZ fait référence à l'imprinting de K. LORENZ en évoquant une « période critique » pour « le développement et l'intégration des modes perceptifs et … entre les divers sens » (1965) ; à l'occasion du cas Monica, un bébé né avec une atrésie de l'œsophage, nourri par sonde gastrique et donc sans oralité, il observe que les « schèmes phylogénétiquement préformés » ne se sont pas mis en place et peuvent rester latents pendant une certaine durée correspondant aux « stades critiques » avant de s'éteindre.

Pour R. SPITZ, cette configuration initiale (visage de face-sourire) permet la mise en place du « premier organisateur » de la vie psychique du nourrisson, avec l'installation de cette boucle rétroactive mère-enfant sur la base de l'oralité.

R. SPITZ reste un psychanalyste « orthodoxe », et les concepts éthologiques qu'il utilise viennent appuyer la théorie Freudienne anaclitique de la pulsion et de l'érogénéité orale. Pour lui, ces éléments participent à l'appropriation de la réalité et à la construction progressive du « Moi » et du monde conçu comme une « Umwelt » spécifique.

Il décrit (R. SPITZ, 1965) le « dialogue » mère-enfant comme un phénomène de réciprocité, succession du cycle action-réaction-action, « qui permet au bébé de transformer des stimuli sans signification en signaux significatifs » ; il insiste sur le fait que le nouveau-né n'a aucune image du monde, et « ne peut reconnaître comme signal aucun stimulus » ; « tout stimulus devra d'abord être transformé en expérience significative avant de pouvoir devenir un signal »

A partir de « prototypes de noyaux du Moi » primitifs liés à l'oralité et aux satisfactions et frustrations qu'elle procure, un « Moi rudimentaire » va s'élaborer vers le troisième mois avec la réponse par le sourire qui marque le début des relations sociales et la naissance des interactions actives.

Le « deuxième organisateur » est « l'angoisse du 8e mois », quand l'enfant discrimine les visages connus des inconnus ; le troisième, le « non » verbalisé, issu du mouvement initial de refus du sein, est l'intégration du refus, de l'interdit, et l' « identification à l'agresseur » pour reprendre le terme d'Anna FREUD.

« L'acquisition du « Non » est le signe d'un nouveau niveau d'autonomie, de conscience d'« autrui » et de conscience de Soi … elle amorce un développement considérable du Moi, dans le cadre duquel la domination du principe de réalité sur le principe de plaisir s'établit de plus en plus » (1957).

Cette capacité de refus et début de la maîtrise de l'objet marque l'entrée dans ce que S. FREUD a appelé le « stade anal ».

R. SPITZ est un auteur essentiel, moins par l'utilisation qu'il fait des concepts éthologiques fondamentaux dont on a vu qu'ils ont été ultérieurement contestés en éthologie animale, ni par la méthodologie éthologique sur laquelle il s'appuye pour les étayer, même s'il est un pionnier en la matière ; mais plutôt par la démonstration, sur les bases expérimentales dont il dispose à l'époque, que la naissance de l'émotion et de la symbolisation s'effectue aux premiers stades de la vie à partir d'éléments neurophysiologiques et comportementaux observables et d'interactions, qu'il filme et qu'il analyse, dans une perspective non seulement ontogénétique mais aussi phylogénétique.

La psychanalyse des enfants existe déjà à l'époque, elle se partage en Grande Bretagne entre deux mouvements hostiles et opposés, entre les deux autrichiennes d'origine que sont Mélanie KLEIN et Anna FREUD. La première conçoit la psychanalyse comme un « traité des passions », où l'amour et la haine primordiaux sont prépondérants ; la seconde propose davantage une théorie du « Moi » et de l'adaptation. C'est ce courant qu'adopte R. SPITZ, en collant toutefois au plus près de la réalité qu'il observe « scientifiquement ». L'émergence des relations et des interactions, la naissance de la pensée, puis du langage avec le non et le oui, prennent racine dans une sorte d'exaptation de facultés préexistantes qui au fil de l'évolution vont être investies de fonctions nouvelles auxquelles elles n'étaient pas primitivement destinées.

A la différence des éthologistes animaliers qui font de l'éthologie humaine en extrapolant leurs observations scientifiques sur les animaux, lui tire ses conclusions de l'observation des comportements humains, surtout de la dyade mère-enfant, ou de sa carence.
En ce sens, il peut être qualifié de premier éthologiste humain, quoiqu'il se définisse en premier lieu comme psychanalyste.

John BOWLBY, psychiatre à la Tavistock Clinic, que R. SPITZ cite d'ailleurs largement dans ses deux ouvrages, fait en 1951 un constat similaire dans son rapport à l'OMS ; très proche de R. HINDE (VAN DER HORST, 2007), mais aussi de N. TINBERGEN et de K. LORENZ, il part des données cliniques sur l'abandonnisme et la relation mère-enfant qu'il étudie dans une approche éthologique revendiquée pour aboutir au concept d'« Attachement », qu'il développe dans ses trois ouvrages de 1969, 1973 et 1980.
Mais c'est surtout H. F. HARLOW (d'ailleurs aussi cité par R. SPITZ, 1965, pour ses expériences sur la séparation chez les macaques Rhésus) qui aura une influence déterminante sur l'élaboration de sa théorie de l'Attachement.
L'éthologie animale à cette époque amène des interrogations essentielles en psychanalyse, dont le XXIe congrès à Copenhague en 1959 se fait l'écho (R.F.P., 1961). Son intitulé est « Colloque sur psychanalyse et éthologie ».
Le chairman, C. W. TIDD, évoque « la façon dont les conceptions éthologiques peuvent s'appliquer à l'étude du comportement humain ». Le concept d'instinct tel que K. LORENZ et N. TINBERGEN l'ont formulé est déjà amendé, notamment par les travaux de THORPE (1956) et de R. HINDE (1954), qui font une place à l'apprentissage et à l'épigenèse dans le potentiel instinctif de telle sorte qu'un rapprochement avec les notions freudiennes de Pulsion et de Moi, « organe de l'adaptation », est envisagé.
John BOWLBY fait une communication intitulée « L'éthologie et l'évolution des relations objectales » ; il est alors influencé par son « ami Robert HINDE », mais cite pour la première fois celui qui déterminera ses positions ultérieures, H. F. HARLOW et ses travaux sur le petit singe Rhésus. Comme R. SPITZ, il étudie « L'évolution des relations objectales », c'est à dire la formation des liens sociaux privilégiés, comme ceux des parents aux petits et des petits aux parents, les liens sexuels, et les conduites pathologiques en rapport avec eux. Ses références à l'éthologie sont nombreuses, tout en soulignant qu' « il n'est jamais permis de conclure d'une espèce à l'autre ».
A cette époque encore, il nuance sa position : « Il peut donc se faire qu'aucune des idées issues de l'étude des espèces inférieures ne lui soit applicable (à l'homme) », mais déjà suggère que le lien mère-enfant est primaire, et non secondaire à la nutrition, sans toutefois l'écarter totalement. Il avance que la relation primordiale est infra-symbolique, après en avoir constaté la confirmation, notamment dans le laboratoire de primatologie de H. F. HARLOW, à Yale.
Sans abandonner encore « le symbolisme », J. BOWLBY avance que « Pendant notre passé phylogénétique, qui n'est pas si lointain, le comportement mère-enfant aussi bien que le reproductif ont probablement vu s'interposer des processus infra-symboliques ».
Déjà les conclusions de ses travaux à l'OMS sur la carence des soins maternels avaient suscité des critiques et « il n'est pas exclu que ces travaux, ces polémiques et ces publications critiques aient conduit J. B. à sa révision » (S. LEBOVICI, 1989). Il en arrive à sa « déchirante révision » selon laquelle « l'attachement psychologique est d'une nature foncièrement différente de la dépendance de satisfaction de besoins physiologiques » ; il renonce donc à « l'étayage » et à la relation anaclitique propre à l'orthodoxie freudienne. En rejetant la « milk-fed theory », comme H. F. HARLOW qualifie la relation mère-enfant qui fonde l'affectivité sur la relation au nourrissage, J. BOWLBY rejette l'oralité comme pulsion originelle, et réduit la relation objectale à l'empreinte, éthologique, processus programmé inné et biologique. Avec la « jonction mémorable » entre psychologie et éthologie, en 1958, née de la convergence de l'article de H. F. HARLOW et celui de J. BOWLBY, cette même année, l'attachement devient un processus infra-symbolique et « toute la métapsychologie de FREUD a disparu », selon R. ZAZZO, et l'Inconscient, la pulsion, la libido n'ont plus de raison d'être.
Le déplacement de la psychanalyse à l'éthologie marque celui d'un système à base 1 vers un système à base 2 ; l'homme seul, avec ses mécanismes intrapsychiques obéissant à un modèle systémique sur le

principe de la loi de CARNOT (énergies, forces internes), est délaissé pour celui de l'homme social, communicant, selon un schéma cybernétique de L. VON BERTALANFFY. A une psychologie de la monade, la « one-body-psychology », s'oppose une psychologie de l' « animal social », de l'interaction. Pour R. SPITZ, le bébé est essentiellement (mais pas seulement) une cavité, un orifice, que le sein satisfait et obture, pour le combler ou à défaut le frustrer ; pour J. BOWLBY, il est la partie d'un tout formé par la dyade unie et « attachée ».
Ces conclusions sont incompatibles avec celles de R. SPITZ, bien qu'issues des mêmes prémices éthologiques, et celui-ci, qui en est président, écarte J. BOWLBY de l'Association Psychanalytique Internationale.

15/ L'ATTACHEMENT ÉTHOLOGIQUE

« Si vous croyez que l'amour est facile c'est que vous êtes bêtes. Si vous croyez que l'amour est naturel c'est que vous êtes aveugles »
Toni MORRISON, 1997, « Paradis ».

L'Attachement est la théorie de l'ontogenèse des relations objectales développée par J. BOWLBY dans ses trois ouvrages de 1969, 1973 et 1980 pour l'édition anglaise, publiés par le « Tavistock Institute », c'est à dire dans un cadre qui s'inscrit dans la mouvance psychanalytique dont il reste proche, notamment du courant Kleinien.
A la suite de son travail sur les enfants délinquants, qui a donné lieu à son rapport à l'OMS en 1951, il exprime sa déception à l'égard de la théorie psychanalytique qui ne propose pas selon lui d'hypothèse permettant de comprendre les effets des carences affectives précoces.
Dans sa « Note sur le contexte historique de la théorie de l'Attachement » (R. ZAZZO, 1974), il rappelle comment il s'est inspiré de l'éthologie, qui lui semble fournir une base concrète à l'élucidation de sa recherche. Il prend connaissance des idées de K. LORENZ en 1951, et les approfondit avec l'aide de J. HUXLEY ; dès 1953, dans un congrès de psychiatrie à Oxford, il introduit ces notions, ainsi que les travaux de GREY WALTER, dans la sphère du psychisme humain ; puis il participe au colloque de Genève en 1953, fait la connaissance de K. LORENZ et de L. VON BERTALLANFY, et en 1954 rencontre R. HINDE à Cambridge, avec qui il se lie d'amitié.
Mais c'est la rencontre avec H. H. F. HARLOW qui va donner lieu à « l'étonnante convergence » ou « jonction mémorable » : en 1958, les deux chercheurs publient indépendamment l'un, « The Nature of Love » (sur les primates), l'autre « The nature of the child's tie to his mother ».
Une des nombreuses expériences de HARLOW sur le macaque Rhésus est paradigmatique : un petit élevé dans l'isolement cherchera dans la détresse, systématiquement, du réconfort auprès d'un mannequin recouvert de fourrure (voir aussi M. GOUSTARD, 1975, « Chez le Rhésus, l'agrippement joue un rôle fondamental dans l'attachement ») et non auprès d'un autre qui lui dispense du lait : « le réconfort du contact en tant que variable primaire innée » est donc prépondérant et invalide la « milk-fed-theory », c'est à dire l'étayage pulsionnel qui fonde le stade oral de FREUD.
Celui-ci a pourtant écrit en 1921 :
« Ce grégarisme est biologiquement une analogie et en quelque sorte un prolongement de la multicellularité et, au sens de la théorie de la libido, une autre manifestation du penchant procédant de la libido, qu'ont tous les êtres vivants de même espèce, à se réunir dans des unités de plus en plus englobantes. L'individu se sent incomplet quand il est seul. L'angoisse du petit enfant serait déjà une manifestation de cet instinct grégaire .... L'instinct grégaire serait quelque chose de primaire, de non décomposable plus avant ».

Mais H. HARLOW n'a de cesse de dénoncer les « tendances nymphomaniaques » de la théorie psychanalytique.

Si l'agrippement (grasping) est important dans l'attachement du macaque et du babouin, il n'est pas certain que cela soit le cas chez les grands singes où on observe plutôt un portage par la mère (holding) ; chez les mammifères en général, l'agrippement n'est tout simplement pas possible ; et que dire des mammifères marins, où l'attachement à la mère et la relation aux congénères semble pourtant tout à fait fondamentale ? Aussi l'agrippement, considéré comme une des 5 composantes primordiales de l'attachement, est une généralisation excessive, motivée par des positions irrationnelles.
« Il n'est jamais permis de conclure d'une espèce à l'autre » déclare pourtant J. BOWLBY, au congrès de Copenhague.

La théorie de J. BOWLBY est très clairement darwinienne, non seulement parce qu'il y fait souvent référence, mais surtout parce qu'il adosse son travail à une perspective phylogénétique.
Partant de l' « Empreinte » de K. LORENZ, il élargit le spectre du lien qui unit le petit à sa mère à toutes les espèces placentaires ; la distinction Empreinte/Attachement est d'ailleurs difficile à établir, malgré l'abondante littérature consacrée au sujet ; ainsi certains auteurs parlent de « l'empreinte de l'attachement » (B. CYRULNIK, 1980, 1989), ou tout simplement d'empreinte humaine (I. EIBL-EIBESFELDT, p. 600) ; J. DE LANNOY et P. FEYEREISEN (1987) écrivent :
« Chez l'être humain, l'imprégnation est évoquée en vue de rendre compte de la relation mère-enfant, de la constitution des rôles sexuels, et de la formation de certains traits de personnalité ».

H. HESSE en 1957 parle de l'Imprinting comme d'un attachement ; H. MONTAGNER (1988) y consacre un chapitre « De l'empreinte à l'attachement », et en 1999 « « l'imprinting, l'attachement, le lien » ; j'ai moi-même publié en 1995 « Éthologie, psychanalyse : l'empreinte ? ». L'empreinte et l'attachement ont-ils une relation d'analogie (la même fonction est remplie par des organes identiques ayant une origine différente, comme la similitude des pattes avant de la taupe et de la courtilière) ou une relation d'homologie (les membres antérieurs des mammifères et les nageoires des mammifères marins) ?
Ou faut-il « situer l'empreinte dans le cadre plus large de l'attachement », comme le propose J. M. VIDAL (1976) ?

Néanmoins, il semble que l'empreinte, ou plus précisément la « période sensible », soit liée, dans toutes les espèces, à des phénomènes biochimiques précis, la synthèse de molécules spécifiques et surtout un pic de synthèse d'acétyl-choline-estérase, enzyme fondamental dans l'activité synaptique cérébrale (G. CHAPOUTIER, 1977 ; P. BATESON, 1979).

Concernant l'attachement, on a plus récemment mis en avant l'ocytocine, « hormone de l'attachement ». On connaît de longue date le rôle de ce médiateur neuroendocrinien dans la physiologie de la mise bas et de l'accouchement, mais l'hormone interviendrait aussi pour renforcer le lien mère-enfant après la naissance, et jouerait même un rôle dans les relations amoureuses de l'adulte, en les fortifiant dans l'expérience mutuelle du plaisir (Kerstin UVNÄS MOBERG, 2006).

Avant d'avancer le concept d'Attachement, J. BOWLBY détaille longuement la notion de « L'empreinte » de K. LORENZ, soulignant avec R. HINDE qu'oiseaux et mammifères se sont séparés dès l'époque des premiers reptiles, c'est à dire avant tout comportement d'attachement,
« il s'ensuit que chaque branche supérieure du royaume animal a développé son comportement d'attachement indépendamment de l'autre. Quoique les formes de comportement qui en résultent puissent paraître remarquablement semblables, cette similitude n'est due qu'à une évolution convergente, et cela peut donc cacher des processus sous-jacents entièrement différents » (1969).
Il note la convergence du concept avec la théorie proposée par DARWIN dans « L'origine des espèces », et le confronte aux idées de S. FREUD (1905, 1915, 1920) pour conclure
« Le concept de *Trieb*, si malheureusement traduit par « instinct » (pulsion), est donc inutile ; et bien entendu le point de vue économique aussi ». (1969)

Pourtant, le comportement d'attachement s'inscrit dans la construction de la « relation d'objet » psychanalytique, mais va chercher ses origines bien plus loin que celle-ci ; ainsi il décrit l'attachement chez les macaques Rhésus (R. HINDE, H. HARLOW), chez les babouins (I. DE VORE), chez les chimpanzés (J. GOODALL), chez les gorilles (G. SCHALLER).
Selon D. Mc FARLAND (1981), concernant les ovins :
« On sait qu'un agneau suivra la personne qui l'a élevé au biberon. Même après que l'agneau a été sevré et qu'il a rejoint le troupeau, il viendra vers son ancien gardien et essaiera de rester près de lui. Ainsi, l'empreinte possède à la fois des aspects à court terme et à long terme : le jeune agneau suit son gardien et une fois adulte lui montre un certain attachement ».
Ici, l'allaitement semble donc jouer un rôle déterminant, même si d'autres facteurs entrent en jeu comme l'odeur.

M. GOUSTARD le décrit chez les Tarsiers, les Lémuriens, les Simiens.
J. GOODALL décrit des comportements d'attachement très nets chez les chimpanzés en milieu naturel : au sujet de Flo (la mère) et Fifi (la fille) elle dit « si elle se trouve séparée d'elle par accident, elle est d'habitude très bouleversée ». La perte de la mère peut être surmontée, si l'orphelin est adopté par une demi-sœur (voire frère) plus âgée ; mais si la perte est précoce, jusqu'à l'âge de deux ans environ, la dépendance est telle que l'enfant ne survit pas, malgré le soin d'un parent.
Comme R. SPITZ, comme J. BOWLBY, J. GOODALL s'interroge : « Pourquoi un chimpanzé de trois ans devient-il si déprimé lorsqu'il perd sa mère ? » ; anthropomorphisme ? Ou identité de mécanisme ?

D. LESTEL, 2001, se reportant aux observations de J. GOODALL, décrit l'attachement :
« ... les relations étroites qui lient la mère et son petit. Le comportement de ce dernier est modelé par les signaux que sa mère lui adresse, et auxquels il apprend graduellement à répondre. Ces signaux atteignent une certaine complexité en recourant à une véritable multi-modalité des moyens employés. Gestuels, ils peuvent également être auditifs et posturaux ... Le regard de sa mère constitue également un élément important ».
On considère que chez les chimpanzés, le sevrage est tardif (5ans), et les petits restent en compagnie de la mère jusqu'à 7 ou 8 ans, âge où les premiers signes de maturité sexuelle apparaissent ; mais l'état adulte n'est atteint qu'entre 12 et 16 ans. L'espérance de vie en captivité est de 40 à 50 ans (J. A. RONDAL, 2000).

L'attachement des animaux domestiqués obéit au principe de la « double empreinte », en fait un attachement interspécifique qui leur permet, après l'attachement à la mère, de s'attacher à l'homme, processus sensiblement différent de l'empreinte des oies cendrées décrit par K. LORENZ ; le chien par exemple développe l'attachement à sa mère aux alentours du douzième jour, explore son environnement puis normalement se « détache » à l'initiative de la mère au profit d'une affection plus large envers le groupe ; lors de l'adoption par des humains, il s'attachera naturellement selon le même processus (C. BEATA, 2012).

J. BOWLBY décrit 5 schèmes de comportement (équivalents à des « organisateurs ») qui contribuent à sa mise en place, dans une dynamique de feed-back et de feed-forward cybernétique : la succion, l'agrippement, le « suivre », les pleurs, le sourire. Ces comportements et la réponse qu'ils induisent chez la mère sont programmés génétiquement, sur le modèle éthologique des I.R.M., et s'observent entre 2 et 6 mois ; ce sont des signaux spécifiques dirigés vers une ou plusieurs personnes, qui déclenchent les F.A.P. de l'adulte de type sourires, caresses, bercements, nutrition, berceuses ou réponses vocales.
Ce lien primaire n'est pas encore l'attachement proprement dit ; la dimension de cette relation ainsi que les compétences précoces du bébé à l'établissement d'une relation seront largement explorées. L'olfaction par exemple s'avère avoir un rôle inédit, explorée par A. Mc FARLANE (1975), H. MONTAGNER (1974), B. SCHAAL (1985, 2013), SCHAAL B. et PORTER (1990) chez l'humain.

D. Mc FARLAND décrit le phénomène chez les caprins :

« Peu de temps après qu'elle a mis bas, une mère chèvre est sensible à l'odeur de son petit pendant environ une heure. Durant cette période, un contact de 5 minutes avec le petit est suffisant pour qu'elle l'accepte comme sien. Si ce contact n'a pas eu lieu, le petit sera rejeté et ne sera pas autorisé à téter. »

H. MONTAGNER, en 1974, écrit « communication non verbale et discrimination olfactive chez les jeunes enfants : approche éthologique », puis en 1988, H. MONTAGNER et coll. montrent que dès l'âge de trois jours, les nouveaux nés humains distinguent et préfèrent l'odeur de leur mère de celle d'une autre femme ayant un bébé de même âge.
Tous les sens participent au lien (HERBINET E., BUSNEL M. C., 1988), (TREMBLAY et coll., 1985) ; T. BRAZELTON et B. CRAMER dans l'ouvrage « Les premiers liens » décrivent « L'attachement parents-bébé », avec la dimension supplémentaire du désir d'enfant et du vécu de la grossesse ; Terry BRAZELTON est par ailleurs l'auteur qui, en 1973, a mis au point une échelle d'évaluation des compétences du bébé nouvellement établies, la BNBAS, qui comptabilise 27 items comportementaux (T. B. BRAZELTON, 1989).
On a évoqué le « dialogue » mère-enfant décrit par R. SPITZ (1965).
Mais c'est certainement l' « Accordage affectif» (affect attunement) de D. N. STERN (1983, 1985, 1989) qui décrit le mieux ce que peut être cette relation polymodale (ou « cross-modale ») :
« Un garçon de neuf mois est assis en face de sa mère. Il a un hochet dans la main et le secoue de haut en bas avec une marque d'intérêt et un amusement moyen. Comme la mère l'observe, elle commence à hocher la tête de haut en bas, en suivant de près le rythme des mouvements du bras de son fils »
il commente :
« L'accordage affectif est, alors, l'exécution de comportements qui expriment la propriété émotionnelle d'un état affectif partagé sans imiter le comportement expressif exact de l'état interne ».
Il introduit aussi la notion d' « interaction fantasmatique réciproque », que S. LEBOVICI avait par ailleurs anticipée.

L'attachement proprement dit, c'est à dire la recherche de la proximité physique, rassurante, avec la « figure » d'attachement, est établi à partir de 6 mois et croît jusqu'à 2-3 ans en général pour diminuer progressivement ensuite, à mesure que s'affirme l'autonomie affective. Le « détachement » est donc son aboutissement logique et normalement inéluctable.
J.L. RENCK et V. SERVAIS parlent de « l'attachement comme système biologique », c'est à dire qui repose sur des mécanismes sûrs, codés, et qui « replace l'espèce humaine dans son environnement évolutif ».

Sur ces bases, J. BOWLBY va établir une clinique éthologique, essentiellement liée à la séparation mère-enfant précoce : ce sont « angoisse et colère », « tristesse et dépression », et toutes les détresses pouvant résulter du « trauma » qu'elles représentent.
Il reprend les travaux de M. AINSWORTH qui met en place une étude expérimentale de l'Attachement, en l'étudiant dans d'autres latitudes (1954,1963), et en créant la procédure appelée la « strange situation » en 1960 sur 56 enfants. Il s'agit d'un protocole en 7 épisodes où la mère s'absente 3 mn et laisse l'enfant seul dans une pièce ; puis un(e) étranger(e) entre (3 mn) ; la mère revient ; l'inconnu part. Selon la réaction de l'enfant, M. AINSWORTH distingue 5 catégories d'enfants, P, Q, R, S, T : ceux qui ont établi un attachement sécurisant et qui vont rétablir l'interaction avec la mère ; les enfants « résistants », ambivalents, qui simultanément recherchent le contact, mais manifestent rejet voire colère à son encontre ; les enfants « évitants », qui ignorent la mère quand elle revient ; les enfants présentant un comportement incohérent avec de grandes variations ; les enfants passifs. Ces résultats sont corrélés au comportement de la mère envers l'enfant selon des échelles graduées.
Mary MAIN en 1982 approfondira la corrélation entre la qualité de l'attachement et les propos tenus par la famille, analysés selon un protocole standardisé, l'AAI (Adult Attachment Interview).
Ces travaux, très succinctement exposés ici, ont été largement repris et approfondis depuis (PIERREHUMBERT B., 1992).

Ils ont le mérite de poser les bases objectives d'une clinique éthologique fondée sur l'analyse de la qualité de l'interaction, et du lien.
Fidèle à sa théorie phylogénétique, J. BOWLBY consacre un chapitre aux effets de la séparation chez les autres primates, dont il constate la similitude des réactions avec les jeunes enfants (Tome II).
Ces mêmes attitudes décrites et quantifiées par M. AINSWORTH existent chez les Rhésus (JOSLYN, 1971, cité par M. GOUSTARD), chez les chimpanzés (J. GOODALL, 1968).
A la lumière de l'Attachement, J. BOWLBY explore ainsi les registres de la pathologie psychique (peurs, phobies, angoisses, sans oublier la « sur-dépendance », qui serait le résultat d'un possible rejet inconscient).
Très démonstrative est la réinterprétation du « cas Hans », présenté par S. FREUD dans « Les cinq psychanalyses » comme l' «Analyse de la phobie d'un garçon de cinq ans ». Loin de l'angoisse suscitée par le complexe de castration, J. BOWLBY y perçoit la peur de l'abandon et de la réalisation de la menace souvent proférée par la mère ; les chevaux sont bien un symbole, mais celui du départ de l'objet d'amour, et la crainte exprimée par l'enfant de quitter la maison correspond à la peur que la mère ne parte en son absence. Cette hypothèse réfute selon J. BOWLBY les désirs œdipiens et le fantasme de punition de HANS.

Outre ses développements cliniques, la théorie de l'Attachement servira de base à l'étude du comportement des enfants au-delà de l'âge de l'attachement :
H. MONTAGNER en 1988 développe la théorie éthologique de J. BOWLBY pour élaborer ses observations des communications entre pairs des enfants à la crèche et à l'école maternelle ; il écrit : « C'est de la qualité de cet attachement initial que dépendrait essentiellement le développement des systèmes émotionnels et relationnels de l'enfant ».
L'Attachement, en situant l'origine des pathologies, voire de la personnalité, dans la qualité de l'interaction et du lien, tend à prendre ses distances avec l'orthodoxie psychanalytique pour l'installer ici dans une perspective strictement éthologique.

Il convient cependant de nuancer ces propos.
Ainsi l'observation suivante peut-elle s'envisager comme celle du détachement :
E., 35 mois, fils unique, est en vacances pour 10 jours chez ses grands-parents ; c'est la première séparation réelle de ses parents, elle se passe sans difficulté. Bien que sa mère téléphone chaque jour, ou que ses parents le joignent aussi par l'intermédiaire d'un média visuel, il ne manifeste aucune réaction particulière témoignant d'un regret ou d'une souffrance liée à la séparation, ce qui semble d'ailleurs chagriner sa mère.
Le 31/12/2015, ses parents sont contactés et apparaissent à l'écran. Sa mère s'adresse à lui en termes affectueux ; il lui répond « non, pas maman » et demande son père, avec qui il parle ; puis il lui est proposé de parler à sa mère. Nouveau refus très vif. Celle-ci peine à retenir ses larmes. Puis il éteint l'écran sans même lui dire au revoir ou lui témoigner un signe d'affection.
Qu'il s'agisse d'une stratégie affective ne fait aucun doute, douce vengeance pour cet abandon temporaire ; en témoigne le fait que lors de ses réveils nocturnes, notamment lors de cauchemars habituels à cet âge, c'est sa mère qu'il appelle.

Pour être complet, il faut mentionner aussi un épisode qui témoigne d'une autre dimension :
Un mois plus tôt, chez lui, il se réveille la nuit et appelle ; sa mère dort et ne l'entend pas, c'est donc le père, fait inhabituel, qui se réveille.
Mais au lieu de se rendre dans la chambre de l'enfant, il pense plus judicieux de réveiller sa femme pour qu'elle se rende au chevet de l'enfant ; celle-ci manifeste son désagrément d'être ainsi interrompue dans son sommeil, une dispute s'ensuit. Finalement, le père va près de l'enfant qui immédiatement, oubliant le motif de son réveil, lui reproche de « crier sur maman » (sic).
Cet événement dénote une perception du couple parental et un positionnement qu'il conviendrait d'interpréter dans un cadre plus large que la théorie de l'attachement, qui connaît ici ses limites.

16/ L'ATTACHEMENT PSYCHOLOGIQUE

« *L'enfant reconnaît sa mère à son sourire* »,
VIRGILE, 39 AC, « Bucoliques ».

R. ZAZZO est un psychologue célèbre, notamment pour ses travaux sur les jumeaux, d'où vient peut-être le nom « Zeithos » donné à son « colloque imaginaire » sur l'Attachement. Il connaît depuis les rencontres de Genève tous les chercheurs qui de près ou de loin ont inspiré la théorie : psychologues, cybernéticiens, éthologistes, psychanalystes ; c'est donc sous cette forme qu'il introduit en France en 1974 cette « nouvelle théorie sur les origines de l'affectivité ».
La psychanalyse à cette époque s'est détachée de S. FREUD, de son biologisme, de son évolutionnisme, elle abhorre son darwinisme, et n'en retient que la fonction du langage à travers « Die Traumdeutung » (« L'interprétation des rêves »), « Der Witz » (« le mot d'esprit et ses rapports avec l'Inconscient »), et la « Psychopathologie de la vie quotidienne ».
Avec J. LACAN le corps, la matière s'effacent, et le « référent » de F. DE SAUSSURE a disparu au profit des seuls signifiant et signifié.
Aussi surgit l'interrogation : « comment concevoir la relation entre le biologique et le psychique ? » (R. ZAZZO, 1973) ; « je me demande si nos amis psychanalystes ne maintiennent pas, nolens volens, une dualité insurmontable entre la matière et l'esprit, entre le corps et l'âme » (id).
Le « colloque » de R. ZAZZO s'apparente, dans ses prémices déjà, à une machine de guerre anti-psychanalytique.
« Sa dimension d'emblée polémique diminuait l'incitation à faire l'effort suffisant pour découvrir dans le texte l'œuvre de BOWLBY et de ses élèves » (GUEDENEY N. et A., 2002). Il desservira plus qu'il n'enrichira l'Attachement.
H. H. HARLOW y décrit les « affectivités spécifiques », qu'il classe en 5 systèmes, semble-t-il essentiellement pour éviter la charge de libido liée aux affects car, précise-t-il « le mot amour semble inacceptable pour décrire ces liens personnels ... chez les animaux supérieurs ». Il qualifie de « nymphomaniaque » l'interprétation de la relation orale à la mère, et considère que le système affectif qu'il décrit chez le Rhésus « est en contradiction directe avec la priorité accordée par FREUD à la sexualité ».
Comment qualifie-t-il alors la gratification, le plaisir, l'émotion ou plus généralement le contenu mental qui motive l'agrippement ?
R. ZAZZO va plus loin encore et parle de « pulvériser la mythologie de l'Inconscient » ; selon sa lecture de J. BOWLBY, « il n'est plus question d'inconscient, ni de pulsion, ni de libido. Toute la métapsychologie de FREUD a disparu ».
Plus loin, il évoque « Le château de cartes de FREUD et ses prophéties », et pose la question : « Que reste-t-il de l'édifice ? ... on observe dans son œuvre une dérive qui le conduit ... à un véritable mythe biologique ».
La violence même des propos laisse peu de place à un véritable débat, d'autant que par définition les mammifères se nourrissent à la mamelle, et, si l'on veut s'en tenir à une perspective réductrice, ont nécessairement ce contact muqueuse/derme ; pourquoi le contact cutané, peau à peau, serait-il, lui, affectivement neutre ? Ce n'est d'ailleurs manifestement pas le cas si l'on en juge par la satisfaction

dont les comportements (y compris de singes) témoignent. Bien sûr, c'est la charge émotionnelle, libidinale, en d'autres termes la jouissance, postulée par FREUD, qui scandalise. Et pour ce faire, on cache ce sein qu'on ne saurait voir.
D. ANZIEU, théoricien du « Moi-peau », est membre du « colloque » ; dans son intervention « La Peau : du plaisir à la pensée », il confirme que « La peau joue un rôle au moins égal » à la succion. S'il agrée l'apport de H. HARLOW et J. BOWLBY, en confirmant l'importance des contacts cutanés, il souligne toutefois le plaisir mutuel éprouvé en ces occasions, plaisir qu'il considère sexualisé ; la peau de la mère est « un stimulus provoquant non seulement l'attachement mais aussi un émoi érotique chez l'enfant ». Aussi il ne voit pas « en quoi la notion psychanalytique très générale de libido se trouverait mise par là même en cause, comme le soutient ZAZZO ».

Le point de vue de J. BOWLBY, clinicien, psychanalyste, est nécessairement plus nuancé ; il cherche à corroborer des faits observés à un modèle théorique. D'abord formé à l'école de S. FREUD puis de M. KLEIN, il sera ensuite influencé par les éthologistes, les cybernéticiens, et J. PIAGET, qui ont en commun d'envisager un aspect épigénétique de la relation mère-enfant, c'est à dire un modèle action-réaction dyadique. Or « la théorie de la pulsion (drive) ne rend pas aisément compte d'une telle séquence de comportement », et concernant la dimension relationnelle, « il est beaucoup plus facile d'en rendre compte à partir d'une théorie impliquant le contrôle qu'à partir de la théorie des pulsions ».
Il ne part pas d'un a priori mais d'un problème heuristique, et veut élaborer un modèle cohérent tant sur le plan de son expérience que sur celui de la phylogenèse, qu'il ne perd jamais de vue.
La conclusion qu'il apporte au « colloque » est illustrée par un cas clinique, et il espère qu'il sera possible de prolonger la théorie « en utilisant de semblables outils conceptuels, embrassant tous les phénomènes couverts par les théories traditionnelles qui postulent un inconscient dynamique, un fonctionnement de l'ego et du super-ego et des processus de défense », mais « en attendant de pouvoir mener cette tâche à bien, il serait prématuré de tirer des conclusions ».

Malgré la référence que J. DE AJURIAGUERRA en fait dans son « manuel de psychiatrie de l'enfant » (1974), il faudra attendre 1983, et l'autorité incontestée de S. LEBOVICI (qui a participé au « colloque »), pour surmonter le rejet qu'inspire en France l'Attachement. Dans « Le nourrisson, la mère et le psychanalyste », il consacre sa deuxième partie aux comportements d'attachement chez l'homme, après avoir brièvement rappelé l'apport de l'éthologie animale.
Loin de rejeter l'Attachement, S. LEBOVICI lui confère un contenu psychique d'ordre psychanalytique avec la notion d' « interaction fantasmatique » qui leste l'interaction mère-enfant :
« il existe des interactions fantasmatiques, ce qu'on peut écrire autrement : l'étude des interactions comportementales justifie l'essai pour comprendre le rôle de la vie fantasmatique dans la conduite humaine »

Dans l'ensemble du règne animal où existe ce type d'interaction mère-enfant, un contenu mental est perceptible, que ce soit l'inquiétude du petit chimpanzé qui a perdu de vue sa mère (« Qui aurait pensé qu'un chimpanzé de trois ans pouvait mourir s'il perdait sa mère ? », J. GOODALL, 1970), la dépression de la mère dont le petit est mort (J. GOODALL), l'angoisse de la lionne quand la mort du mâle protecteur expose ses petits, qu'elle tente de cacher, à l'infanticide inévitable perpétré par les nouveaux dominants, l'affolement de la baleine quand la meute des orques se met en chasse pour dévorer son baleineau. Un même affect relie toutes ses mères à leur petit qui motive leur comportement et leurs émotions.
L'origine de l'attachement pour J. BOWLBY serait la protection contre les prédateurs, qui n'aurait plus lieu d'être dans notre monde humain. Néanmoins l' « instinct maternel » s'observe dans la grande majorité des espèces, et si chez l'humain son contenu est fantasmatique, on ne saurait préjuger de son contenu par ailleurs.

Les psychanalystes se sont par ailleurs beaucoup intéressés à l'interaction réelle, Anna FREUD, mais surtout D. W. WINNICOTT, pour qui la mère « contient », et à qui S. LEBOVICI fait une place particulière. Si les formulations divergent selon les écoles, tous s'accordent à penser que la relation affective et inconsciente est primordiale. Pour les uns, l' « objet interne » existe d'emblée, ce qui revient à le définir comme inné, pour les autres il se construit à partir des fantasmes de satisfaction/frustration, il est donc acquis. En d'autres termes, on retrouve le débat éthologique, entre une programmation de type IRM, et un apprentissage lié à l'expérience du petit. On a vu qu'en fait, en général, l'expérience est considérée comme un « révélateur » de programmes prédéfinis. Un facteur génétique, lié à la production de sérotonine, par ailleurs retrouvé chez les singes Rhésus, pourrait prédisposer aux troubles de l'attachement (GUEDENEY A., LE MEUR H., 2005).

S. LEBOVICI, après une revue exhaustive de la théorie de J. BOWLBY, introduit la notion d' « interaction affective », en soulignant que les modalités de communication entre les partenaires permettent avant tout de
« communiquer l'affect, l'état émotionnel de chacun, beaucoup plus que des représentations ou des pensées ».
Les nourrissons expriment leurs affects, ils pleurent, crient, sourient, s'agitent, vocalisent, vagissent, et l'adulte apaise, chatouille, joue, berce, sourit, gronde etc ... ce « bain d'affects » est celui où s'épanouit l'interaction et constitue les échanges précoces. D. N. STERN (1985) a mis en évidence cet unisson qui unit la mère à l'enfant qu'il nomme "accordage".
Chacun développe ainsi une représentation colorée d'émotions où naît la conscience réciproque, et se voit dans le regard de l'autre.
« La valeur fantasmatique des interactions peut être ainsi repérée au travers de certains comportements de la mère et du bébé ».
L'« interaction fantasmatique », de S. LEBOVICI (1983, et S. LEBOVICI, M. LAMOUR, 1989), est un oxymore qui est proposé comme modèle théorique : à l'interaction, éthologique, est associé le concept de fantasme, psychanalytique.
Entre l'enfant fantasmatique, image mentale, et l'interaction mère-nourrisson, observée et enregistrée (S. STOLERU et coll., 1985), s'insinuent les désirs inconscients qui vont faire des protagonistes de l'échange, à leur insu, les acteurs de la répétition du fantasme maternel ; l'attachement devient un scénario inconscient mis en place par la mère, qui reproduit sa propre relation à sa mère, même si elle s'en défend.

« Le concept d'interactions fantasmatiques charge de sens l'interaction comportementale » (M. LAMOUR, S. LEBOVICI, 1989) ; elles débutent avant même la naissance, et S. LEBOVICI introduit, sur la base d'une identification projective, un contenu psychique inconscient et fondamental dans la théorie de BOWLBY. Celle-ci garde néanmoins pour lui toute sa pertinence, et il se fera l'artisan de sa promotion.
En 1989, le volumineux manuel clinique de « Psychopathologie du bébé », de S. LEBOVICI et F. WEIL-HALPERN, fait une place à la théorie de l'attachement, article rédigé par J. BOWLBY lui-même, et à l'éthologie humaine avec « Les systèmes d'interaction dans les groupes de jeunes enfants », de H. MONTAGNER et coll.
Il crée en 1989, avec Antoine GUEDENEY, la revue « DEVENIR », atypique, qui ouvre ses portes sans dogmatisme à toutes les expériences et toutes les théories du développement de l'enfant en priorisant la clinique.
Un numéro spécial, auquel j'ai d'ailleurs participé (GODARD D., 1992), y est consacré à J. BOWLBY, deux ans après sa mort.

L'Attachement connaît aujourd'hui un développement pratique avec la « réparation » du lien mère-enfant quand il est altéré, quand les parents connaissent des difficultés avec leur bébé, dans des lieux de soin dédiés, selon des protocoles issus des observations de BOWLBY. Il existe une sémiologie des troubles de l'attachement et une psychopathologie adulte où « le rôle du système d'attachement est vu comme un modèle de vulnérabilité et de résilience » (GUEDENEY A., 2002).

N. et A. GUEDENEY et coll., en 2002, font une synthèse où l'étude transculturelle, par exemple, rapporte outre les études en Afrique de M. AINSWORTH, des travaux dans des cultures aussi diverses celles des Dogons au Mali, des Efé en Zambie, dans les kibboutz en Israël, en Chine, en Allemagne, au Japon, qui confirment l'universalité de la théorie (MIOCQUE D.).

L'extension au-delà de son domaine initial, avec la transmission intergénérationnelle ou l'attachement adulte (MILJKOVITCH R., 2001), propose l'Attachement comme modèle théorique généralisable (GOLSE B., 1998, 1999).

Ces praticiens, s'ils donnent la priorité à la clinique, n'oublient pas l'éthologie animale (GUEDENEY A., 2002, rappelle « à bien des égards ... Charles DARWIN a été le premier théoricien de l'attachement »), et l'universalité du lien, qui dépasse le cadre de notre espèce.

J. GOODALL observe chez les chimpanzés des attachements étonnants, sinon pathologiques : « qui aurait imaginé qu'un mâle de dix-huit ans ayant atteint la maturité sociale passerait encore beaucoup de temps dans la compagnie de sa vieille mère ? »

On a par ailleurs donné à la mère un rôle prépondérant ; bien souvent pourtant, les figures d'attachement sont multiples ; il était courant, dans les familles nombreuses autrefois, que la sœur aînée fût investie davantage que la mère, surtout pour les enfants tardifs ; dans les cultures méditerranéennes, la grand-mère a souvent un rôle majeur. Enfin dans les ethnies où la vie sociale est très structurée, les tâches sont partagées selon les compétences de chacun et les enfants sont pris en charge de façon collective. On peut aussi se poser aujourd'hui la question : la figure d'attachement primordiale doit-elle être féminine ?

J'ai vu un seul cas, il y a longtemps, en pédiatrie, d'un enfant à l'histoire singulière, qui appelait « papa » quand tous les autres pleuraient « maman » à l'occasion de la séparation d'une hospitalisation.

Chez de nombreux mammifères, la mère, surtout si elle est primipare, est aidée par ses aînées. Un parent biologique peut même se substituer à elle, comme nous l'avons évoqué plus haut. On connaît aussi chez les primates les « voleuses de berceau » (cradle raiding), qui enlèvent l'enfant à leur mère, vols d'enfant fréquents chez les singes arboricoles, les macaques et les babouins.

Cependant, la mère biologique semble malgré tout rester identifiée comme telle ; le premier travail de R. SPITZ comparait des enfants de mères emprisonnées, qui ne les voyaient qu'aux heures d'allaitement, à des enfants pris en charge par des nurses professionnelles ; les premiers se développaient mieux que les seconds, malgré le temps beaucoup plus bref passé auprès de la figure d'attachement. Les observations sur les enfants de kibboutz confirment cette reconnaissance de la mère biologique (B. BETTELHEIM, 1969, LEBOVICI, 1970, VERRET E., 1971, SAGI et coll. 1985, se sont penchés sur le développement des enfants de kibboutz).

Le père enfin, souvent évoqué, me semble jouer un rôle important mais d'une autre nature que la mère ; H. HARLOW, en 1963, identifiait un « caregiving » paternel et maternel différencié.

Le rôle du père est très lié à cette question ; est-il un objet d'attachement au même titre que la figure maternelle ? Est-il le soutien à la figure d'attachement primordiale (en sécurisant, ou au contraire, parfois, en déstabilisant la mère) ? Fait-il l'objet d'un attachement différent, relevant d'un M.I.O. spécifique ? « Quelle place pour le père dans la théorie de l'attachement ? » interroge J. LE CAMUS (1999).

« chez les humains, même si les pères sont capables de soins sensibles, comme chez les primates, ils semblent moins impliqués que les mères avec leurs enfants » (RABOUAM C, MORALES-HUET M., in GUEDENEY N. et A., 2002) ;

« La situation étrange a permis de montrer, au travers de nombreuses études comparant le type d'attachement au père et à la mère, l'absence de corrélation entre les deux modalités d'attachement » (RABOUAM C., id.)

C'est aussi une observation que j'ai faite personnellement : très précocement, avant 2 ans, dès l'âge d'une autonomie motrice confirmée, l'enfant montre des conduites et des attentes particulières et discriminées vis-à-vis du père ; ainsi il lui apporte des outils s'il bricole, il prend une éponge pour

laver la voiture comme lui (film du 26.04.2015) etc ... mais lorsqu'il est grognon ou malade, c'est sur sa mère qu'il se réfugie.
Pour J. BOWLBY, le « monotropisme » de la dyade de base fait du père une figure d'attachement secondaire face à la symbiose mère-bébé ; mais l'éthologie peine ici à fournir une réponse, il n'existe pas d'équivalent « naturel » du père, et on peut d'ailleurs s'interroger sur le moment de l'apparition dans l'espèce de cette notion : n'est-elle pas avant tout symbolique ?
Dans les espèces, nombreuses, où le mâle prend soin avec la femelle de l'œuf ou des petits, les rôles ne semblent pas discriminés.

La relation au père a été largement explorée selon les protocoles de M. AINSWORTH et de M. MAIN, avec des résultats contradictoires.
Le père n'est pas qu'un supplétif du « maternage », et plutôt que d'explorer les parents, on pourrait accorder du crédit à la capacité de l'enfant à discriminer très précocement les rôles respectifs.
R. MILKOVITCH (2001) réintroduit la notion d'un père rival, paradoxalement d'autant plus qu'il est « sécure », alors qu'un père plus fragile serait moins intimidant.
Ainsi, « La théorie de l'attachement a rejoint de nouveau la psychanalyse » (MILJKOVITCH R., 2001), en donnant un sens à des comportements d'adulte dont l'origine est enfouie dans un passé infantile oublié.

Toutefois la symbolisation, faculté inhérente au psychisme humain, et la parole, confèrent à l'attachement humain, et à la pathologie humaine, à partir d'un âge précoce, des aspects que la théorie de J. BOWLBY, et ses extensions au-delà de la petite enfance, ne peuvent justifier sans faire appel aux notions de fantasme et de représentation mentale.
L'Attachement n'est pas la négation de l'Inconscient, il est lourd d'émotions, de désir (ne serait-ce que de désir d'enfant), de plaisir, d'angoisses, de fantasmes. Il est inévitablement sémantisé pour s'exprimer dans le riche registre symbolique dont l'homme dispose.

Ainsi, bien qu'il constitue ce « quelque chose d'analogue à l'instinct des animaux, ... le noyau de l'Ics » (FREUD S., 1915), il acquiert une dimension symbolique que FREUD a identifiée et que, dès 1900, il appelle le complexe d'Œdipe. Celui-ci consacre le détachement, la séparation, l'autonomie. C'est un « organisateur », qui ne se limite pas au scénario antique et contesté qui le désigne, mais structure les affects et le monde symbolique en établissant des sentiments durables.
C'est pour quoi, peut-être, malgré l'évidence de l'attachement, « rares sont les psychanalystes français qui acceptent de prendre en compte ce que les descriptions de John BOWLBY ont de plus incontestable » (S. LEBOVICI, 1989).

L' « interaction fantasmatique » est un abandon de la perspective éthologique ; on perd de vue que l'attachement est un phénomène naturel présent chez tous les mammifères, mais aussi que la famille « nucléaire » n'est qu'un modèle parmi d'autres de structure sociale.
Le fantasme en outre n'a pas qu'un caractère individuel : il est aussi social et la représentation qu'on se fait de l'enfant, et de la femme génitrice, est culturelle. Traditions et tabous entourent la dyade mère-enfant, comme la « présentation » au terme de 40 jours chez les juifs et les chrétiens par exemple.
M. AINSWORTH, après avoir travaillé en Ouganda, formule des comparaisons qui permettent d'établir une généralisation de l'attachement et de le resituer dans une perspective évolutionniste. Sa « strange situation » détermine des types d'attachement, mais son protocole expérimental de séparation va au-delà : il suscite un travail de deuil, expérimental, qu'on peut rapprocher du jeu de la bobine de S. FREUD. Elle enregistre les réponses comportementales, FREUD avait noté les réponses symboliques ; au-delà des divergences méthodologiques et théoriques, c'est le même problème qui est soulevé : la séparation, l'absence, la perte, et d'une certaine façon la mort.
Dans l'attachement, BOWLBY inclut le « peer affectional system » par lequel nous allons faire un détour avant de développer largement l'attachement parents/enfant qui a donné lieu à une abondante

littérature ; la vie sociale entre pairs a mérité toute l'attention des éthologistes, et a donc justifié de nombreux travaux.

17/ LES PAIRS

« Primus inter Pares »

J. P. CODOL, « L'effet P.I.P. », 1975.

En 1935, K. LORENZ reprend à UEXKÜLL le terme de « Kumpan », compagnon, et distingue plusieurs types de relations sociales, dont « Le schéma inné du compagnon » ; ailleurs il parle du « schéma inné du compagnon-social », le « camarade (« Kamerade ») ; il exprime ainsi que « le congénère n'est considéré comme unité que dans une seule sphère de fonction », qui répond à un I.R.M. spécifique, ces relations variant selon les différentes espèces d'oiseaux.
K. IMMELMAN (1982) confirme que le terme désigne un partenaire social dans un seul cycle fonctionnel.
H. HARLOW (1958, 1965), chez les macaques, décrit aussi 5 systèmes affectifs qui diffèrent selon le partenaire à qui ils s'adressent. L'affection maternelle est la première, l'affection du jeune pour sa mère s'y imbrique, enfin le système d'affection entre pairs (peer affectional system) ou système d'affection entre camarades de jeu vient ensuite. La quatrième affectivité est le système d'affection hétérosexuel ; le cinquième est le système d'affection paternel, qu'il reprend de SUOMI S., et qui désigne les liens sociaux que les enfants singes ont avec les mâles protecteurs, presque aussi forts que les liens avec les femelles adultes, qui leur manifestent pourtant davantage d'affection.
L' « affection entre pairs » semble jouer un rôle essentiel qui permet l'émancipation du petit et la séparation de la mère, qui de son côté devient progressivement rejetante, à partir du troisième mois. Des petits, séparés de leur mère, et placés avec des pairs, voient « les effets de la séparation rapidement et complètement annulés » (H. HARLOW, 1965). Le stade « camarades de jeu » est le stade ludique par excellence ;
« le jeu, chez le singe, est plus qu'un simple amusement et sert, à la longue, à exprimer la domination et à différencier les rôles sexuels » (H. HARLOW id.).
Les jeunes expérimentent la « bousculade », la menace, testent l'agressivité.
Dans la nature, ces amitiés prennent quelquefois une tournure inattendue ;
J. GOODALL raconte :
« Je vis mes deux héroïnes courir l'une vers l'autre et, pendant un moment, leurs faces se tinrent toute proches ; chacune avait passé un bras autour de l'autre. Tout de suite elles se mirent à jouer, à lutter, à échanger des caresses. Goblina fit le tour de Gilka et, par derrière, sembla chatouiller les côtes de la jeune femelle chimpanzé. Gilka se cambra et repoussa les mains de Goblina, un grand sourire sur les lèvres ».
Or si Gilka est une femelle chimpanzé, Goblina est une femelle babouin. « Cette amitié étrange dura six mois environ », favorisée de part et d'autre, selon l'auteure, par un sevrage un peu brutal.
Toutefois, « il est assez banal que de jeunes chimpanzés et de jeunes babouins jouent ensemble ».
On sait qu'il en va tout autrement entre singes adultes.

I. EIBL-EIBESFELDT constate la quasi-universalité du jeu, et son rôle dans l'ontogenèse des comportements ; il en donne des exemples chez de nombreux mammifères (rat, écureuil, putois, lion,

gorille, lycaon, babouin, blaireau, fouine, macaque, chimpanzé etc.), chez les oiseaux et même certains poissons.
« Le jeu est une forme d'apprentissage », qui favorise l'exploration de l'environnement, la manipulation d'objets, et surtout expérimente les comportements sociaux.
« Il fait l'expérience des éléments de son environnement et acquiert ainsi la connaissance de leurs caractéristiques. Il amasse les connaissances acquises en jouant avec ses congénères et apprend ainsi à connaître l'étendue de ses propres capacités de mouvement ».
L'acquisition de comportements qui deviendront ultérieurement utiles, dans un domaine parfois étranger, est courante :

« Par exemple, les putois apprennent par le jeu l'orientation de la morsure du cou qui sera nécessaire à l'immobilisation de leur futur partenaire sexuel ».
Les jeux sociaux sont souvent des jeux de combat simulé, de poursuite et de fuite ; des mouvements de capture d'une proie fictive, tels que rattraper, renverser, secouer, s'approcher furtivement, peuvent s'observer.
« Dans ces combats ludiques, les animaux ne se menacent jamais ». Les jeux de combat (adultes compris) diffèrent nettement des combats réels par l'inhibition des morsures, par l'absence de menace et le prompt changement de rôle et sa répétition : l'agresseur devient l'agressé et réciproquement.
Cette aptitude au jeu recèle d'ailleurs une connaissance des rôles réciproques et une forme d'altérité ; en outre, ces jeux créent souvent des liens quasi « amicaux » entre les protagonistes.
Les jeux avec les objets ont leur importance, ils conditionnent la capacité à en faire plus tard des outils ; ainsi des pinsons jouent avec une brindille à extirper des vers qu'ils ont eux-mêmes placés ; W. KÖHLER a montré que c'est en jouant que le chimpanzé découvre l'emboîtement des bâtons, dont il comprend immédiatement l'intérêt et l'application. Les objets peuvent aussi être des proies de remplacement (la pelote de laine du chat, la guenille que le chien secoue) ; ces comportements semblent naturels, ainsi
« les lions de mer des îles Galapagos plongent à la chasse de cailloux qu'ils jettent en l'air et rattrapent ».

Bien sûr, I. EIBL-EIBESFELDT rapproche ces conduites des jeux de l'humain, qu'il observe chez les Boschimans ! KO, chez les Waikas, les Yanomanis et bien d'autres, en notant la spécificité des jeux de chaque sexe (comme chez la plupart des primates).
Cette universalité l'amène à postuler des « prédispositions spécifiques innées » et des bases biologiques à ces comportements.

Les jeux entre enfants humains, ou le jeu chez l'enfant, ont été beaucoup étudiés par les psychologues, dont R. ZAZZO.
Déjà en 1932, PARTNER M. A. décrivait le « jeu social entre enfants d'âge préscolaire », et utilise le terme de leadership ; SWAN C., 1938, étudie les différences d'expression faciale entre enfants de cette même tranche d'âge ; WATERS J. et coll., 1957, publient une étude sur leurs comportements affectifs (affectional) et agressifs (in H. F. WRIGHT, 1966).

L'approche éthologique débute dans la période 1968-1972.
Pour H. MONTAGNER (1980),
« C'est probablement E. C. GRANT (1969), N.G. BLURTON JONES (1967, 1971, 1972), et W. C. Mc GREW (1970,1972) qui ont été les pionniers de cette éthologie humaine » ;
Ils font l'inventaire des « unités de comportement », ou éthogramme ; W. C. Mc GREW fait ainsi un « catalogue comportemental des expressions faciales » (in « L'observation », 1984).
Ils font l'étude des systèmes de communication des jeunes enfants entre eux, et identifient les comportements d'appel et de sollicitation, comportements de coopération, comportements agonistiques, comportements de fuite, etc...

W. C. Mc GREW décrit le « glossaire des comportements d'enfant de 4 ans à la nursery-school », N. G. BLURTON JONES les « critères pour décrire les expressions faciales des enfants » ; E. C. GRANT décrit huit types différents de sourire.

Ils classent selon ces principes les comportements sociaux d'enfants de 3 à 6 ans entre eux en activité spontanée.

W. C. Mc GREW décrit les items agonistiques : « montrer les dents », « froncer les sourcils », « écarquiller les yeux », « faire la lippe » (après avoir perdu une bataille), des items de surprise « cligner des yeux », qui « indique peur et/ou incertitude par rapport à une situation », des items de retrait, des items de contact comme le sourire « en réponse à des stimulations agréables » ou « au début d'une interaction ».

Cet éthogramme s'apparente à celui de I. EIBL-EIBESFELDT chez les adultes, mais présente la particularité d'être référé à leur origine phylogénétique : pour chaque item, il évoque le contexte ou la fonction chez les primates non humains : « cligner des yeux » est ainsi un signal de menace chez les singes où les paupières forment un contraste coloré par rapport au reste de la face ; « hausser les sourcils », élément du comportement de salut dans l'approche d'un autre enfant, et qui permet d' « attirer l'attention des autres sur soi », a une fonction homologue chez les primates. « Serrer les dents » est « potentiellement agonistique : chez le perdant dans une lutte », « geste d'apaisement, indiquant une intention amicale », mais chez le singe exprime des « situations agonistiques et de stress ; est exprimé par les individus subordonnés ».

Ces analyses comparatives s'inscrivent dans le droit fil de la démarche de DARWIN, en insistant sur leur fonction sociale dans une perspective évolutionniste.

Comme on l'a vu plus haut, W. Mc GREW va conserver cette attitude ultérieurement en primatologie, en maintenant des parallèles avec les humains pour établir des convergences et fonder un « culturalisme » comparatiste primates/humains.

Comme les jeunes primates, les jeux des enfants sont l'expérience active du sens de l'interaction ; ainsi se rouler l'un sur l'autre (rough and tumble play) que décrit BLURTON JONES est un item agressif, comme la « bousculade » décrite plus haut, mais inhibé par des items d'apaisement, sourire bouche ouverte, rire, qui le font percevoir comme un jeu, comme chez les primates, alors que leur absence le verrait évoluer vers l'agression véritable.

18/ CLINIQUE DE L'ATTACHEMENT

« Quand nous avons dépassé un certain âge, l'âme de l'enfant que nous fûmes et l'âme des morts dont nous sommes sortis viennent nous jeter à poignées leurs richesses et leurs mauvais sorts »

M. PROUST, « La prisonnière II ».

R. SPITZ, puis J. BOWLBY, développent leur théorie à partir de l'observation des carences relationnelles et leurs répercussions : hospitalisme, marasme, et angoisse, perte, deuil sont la base de leur élaboration de la relation objectale pour l'un et de l'Attachement pour l'autre.
La pathologie et sa clinique sont donc une source essentielle de l'éthologie humaine.
M. AINSWORTH, puis M. MAIN développent une clinique fondée sur des protocoles expérimentaux, et décrivent des enfants à l'attachement secure, insecure ou anxieux-évitant, à l'attachement « défiant », à l'attachement anxieux-ambivalent, voire désorganisé-désorienté… autant de descriptions cliniques qui renvoient à des émotions, soit positives (safety), soit négatives, soit le plus souvent ambigües, liées à l'objet d'attachement.
A l'aide de leurs protocoles, elles tentent de mesurer et d'objectiver l'attachement et ses aléas.
« On pourrait ainsi dire que la proximité est un indice externe spatial qui renvoie à l'état intérieur de sécurité, qui est, lui, un état émotionnel subjectif interne. C'est la double notion de proximité et de sécurité qui définit l'objectif externe et interne du système d'attachement » (N. GUEDENEY, 2002).
J. BOWLBY déjà avait introduit les M.I.O (modèles internes opérants, ou Working Internal Models) pour donner un statut aux processus mentaux de l'attachement, assez proches des I.R.M. des éthologistes.
A côté du profil comportemental objectiviste entre pairs tel que H. MONTAGNER le décrit, on observe ici un profil au vécu émotionnel subjectif ; ces deux types de profils ne sont pas contradictoires, une corrélation pourrait probablement être établie entre l'attachement secure et le profil comportemental de leader par exemple.
« Dès l'âge de 20 mois, les enfants sécures se sont avérés plus sociables que les autres enfants. Il en fut de même plus tard : vers 4 ou 5 ans, ils avaient beaucoup d'amis et une bonne estime d'eux-mêmes. Les enfants évitants, eux, étaient souvent agressifs et exclus par les autres. Lorsqu'ils étaient blessés ou contrariés, ils avaient tendance à s'isoler. Ils recherchaient beaucoup la proximité des instituteurs, mais ceux-ci se fâchaient facilement contre eux. Les enfants ambivalents se montraient plus peureux et anxieux ... Par ailleurs, ils devenaient facilement les victimes des bourreaux de leur âge » (MILJKOVITCH R., 2001).
Par ailleurs, lorsque l'enfant est confronté à une figure d'attachement frustrante ou menaçante, il adopte une stratégie défensive d'évitement en limitant ses engagements affectifs.
« MAIN et WESTON (1982) citent l'exemple des enfants maltraités : ils se montrent souvent évitants vis-à-vis de leurs camarades et de leurs figures d'attachement, même quand ceux-ci sont bien disposés à leur égard » ; ces enfants maltraités « malgré leur attitude de retrait général attaquaient parfois les

personnes de leur entourage de manière soudaine et imprévisible. KOBAK et SCEERY (1988) ont également relevé chez les enfants évitants un déplacement sur des camarades de la colère ressentie à l'égard des parents » (id.). L'attachement, comme on pouvait s'y attendre, a donc des répercussions inévitables sur les relations de l'enfant à ses pairs et sur son profil comportemental.

En 1985, M. MAIN et coll. proposent une évaluation standardisée des représentations d'attachement chez les enfants d'âge scolaire et conçoivent un entretien standardisé pour adultes afin d'évaluer chez l'adulte ses représentations de l'attachement et cerner la structure des M.I.O. ; c'est l'A.A.I. (Adult Attachment Interview).

Ces tentatives, bien que laissant une large place à la capacité de sémiotisation et à la projection affective (les enfants doivent construire une histoire à partir d'une trame standard qui leur est proposée), veulent objectiver le vécu de l'attachement, ses répercussions sur les capacités relationnelles, affectives et cognitives, et permettre la prédictibilité du développement à partir du lien primordial. La classification des mères s'avère recouper celle des enfants, évaluée selon la « Strange Situation ». Les personnes « sécures-autonomes », « détachées », « préoccupées » ou « désorganisées-désorientées » sont les quatre « styles d'attachement adulte », qui sont répercutés sur les enfants ; M. MAIN pose alors l'hypothèse d' « une transmission intergénérationnelle des modalités d'attachement ». Toutefois le caractère mécanique et un peu fatidique de la théorie est atténué : par exemple,

« si une personne a traversé des épreuves douloureuses lors de son enfance, tel le rejet ou les mauvais traitements de la part de ses parents, mais qu'elle réussit malgré tout à relater son passé d'une manière cohérente [pendant le test], elle est considérée comme sécure » (R. MILJKOVITCH, 2001).

Une capacité de résilience est donc envisageable, soit qu'elle ait appris à vivre avec le sentiment d'insécurité infantile, soit qu'elle l'ait surmonté sans recourir à des défenses psychiques dommageables.

Mais chez l'enfant, cette capacité semble liée à sa structure initiale précoce : les enfants sécures, confrontés à des évènements douloureux, sauront y faire face ; les enfants évitants ou désorganisés, dans des situations similaires, sont démunis et réagiront par des stratégies diverses, de la fuite (dans un univers magique par exemple) au blocage relationnel et psychique.

L'anxiété, l'insécurité, la colère, et plus généralement la psychopathologie sont mises en corrélation avec la difficulté d'acquisition des compétences précoces, dont la mise en place est permise par un comportement sécurisant de l'adulte, fondé sur des représentations cohérentes.

C'est dans la relation d'attachement que se construit la capacité ultérieure à gérer ses émotions.

Découlant de ces descriptions, une clinique est avancée, qui intègre les pathologies de l'attachement : pionnières en France, M. DAVID, G. APPEL, J. AUBRY, élèves de J. BOWLBY, dénoncent avec lui (dans son rapport à l'O.M.S.), les effets térébrants de l'absence de lien dans les institutions ; il ne s'agit pas, comme on le pensait, d'une absence de stimulations sensorielles, mais bien d'une carence affective dont seule la théorie de l'attachement rend compte. M. DAVID développera ultérieurement sa théorie pour l'appliquer au placement familial (1989).

Les troubles de l'attachement ont été évoqués dans des pathologies diverses, allant des dysharmonies du développement, des troubles du langage, du retard de croissance jusqu'au tableau terrifiant du Kwashiorkor, qui allie aux effets physiques graves de la malnutrition et des carences alimentaires un retrait dépressif profond.

Depuis plus de 20 ans, des « unités de traitement des troubles de la relation précoce parents/enfants » ont été créées ; elles proposent des consultations, des soins à domicile, et même des hospitalisations, dans le cadre des soins des troubles relationnels précoces père-mère/bébé.

Les classifications diagnostiques des D.S.M. successifs ont inclus divers tableaux des troubles de l'attachement avec « l'absence d'attachement », les « distorsions de la base de sécurité », et les troubles nés de la « rupture de la relation d'attachement » (in « troubles de l'attachement chez le jeune enfant », A. GUEDENEY, 2002, et « attachement et psychopathologie durant l'enfance », R. MILJKOVITCH, 2002).

Le lien entre les psychopathologies adultes et les relations d'attachement précoces est envisagé (I. DUQUESNOY, N. GUEDENEY, 2002), mais bien difficile à établir, les relations précoces ne pouvant être

que reconstruites avec une fiabilité aléatoire à partir des questionnaires d'adultes. Et la théorie de l'attachement, fondée sur l'observation directe de l'enfant, est difficilement transposable, beaucoup d'autres facteurs liés aux particularités des développements personnels jouant un rôle prépondérant. En fait, les cas où l'on dispose d'une étude longitudinale exhaustive, décrivant l'enfance du sujet au jour le jour puis le devenir adulte, existent mais sont exceptionnels ; en effet l'enfance de certains rois de France nous est connue avec précision, et décrite avec minutie.
Les relations de LOUIS XIII à sa mère, Marie de Médicis, étaient exécrables et Tallemant des Réaux dit que « durant la régence, elle ne l'embrassa pas une fois » ; élevé au fouet et aux fessées par ses gouvernantes, il n'en devint pas moins le roi que l'on sait.
Le futur Louis XIV, dit « Dieudonné » car né d'une union stérile durant 23 ans, ne trouva guère davantage auprès d'Anne d'Autriche, mais bénéficia semble-t-il de l'attachement authentique d'une de ses nourrices. On connaît la suite de l'histoire du « Grand Roi ».
Mais on peut plus simplement se référer à DARWIN, encore une fois précurseur, qui, dès 1838, écrit une « Histoire naturelle des bébés », et après la naissance de William, son premier enfant, tient un registre détaillé, et au début quotidien, de son développement mental et comportemental pendant les trois premières années de sa vie.

La théorie de l'attachement, liée à ses méthodes objectivistes : l'observation directe, les situations expérimentales (la Strange Situation), les questionnaires standards (l'A.A.I.), est amenée pour explorer la pathologie adulte à développer des méthodes d'investigation multiples, pour examiner les styles d'attachement adulte, en postulant une continuité du système d'attachement au cours de la vie ; les méthodes d'exploration, qui se veulent objectives, ont proliféré : la C.C.R.,« Capacité de conscience réflexive », (Reflexive Self Capacity), évaluée par la « reflexive Self Scale », 1991, cerne l'aptitude à l'empathie avec l'enfant ; le C.R.I « Current Relationship Interview », en 1993, explore les relations amoureuses ; le « Peer Attachment Interview », 1991, a pour objet les relations sociales ; le Ca-Mir de PIERREHUMBERT, 1996, évalue les stratégies d'attachement ; les échelles différentielles Editig, 1999, puis complétées par Edicode, sont des modalités de codage des vécus relationnels.
L'intérêt de ces processus formels, plus proches de la sociologie que de la psychologie, réside dans la construction de modèles de référence permettant une approche clinique globale de la gestion des émotions.
Les réactions au stress, et le récit qui en est fait, étudiées chez des soldats à leur retour de la guerre du golfe, diffèrent selon le style d'attachement : les hommes sécures recherchent le soutien des autres, alors que les soldats insecures, évitants ou ambivalents, moins confiants, voire distants, sont plus exposés à l'anxiété, et ultérieurement à la dépression et à la dépréciation (R. MILJKOVITCH, 2001).

Les M.I.O. apparaissent comme le concept central pour valider une pathologie de l'attachement, et la question de la pluralité ou de l'unicité des M.I.O. se pose immédiatement ; en d'autres termes, un modèle d'attachement (l'attachement primordial à la mère) est-il unique et définitif, reproduit toute la vie et même transmis de génération en génération, ou bien plusieurs types d'attachement sont-ils simultanément possibles ?
De nouveaux M.I.O. peuvent-ils se mettre en place et générer d'autres styles d'attachement selon l'expérience ?
L'attachement dysharmonique d'une mère peut-il être compensé, voire corrigé par le père, une grand-mère, une nourrice ? Et dans ce cas est-ce le M.I.O. primordial qui est modifié, ou bien l'enfant génère-t-il des M.I.O. secondaires « thérapeutiques » ?
Plus simplement, au modèle relationnel initial précoce fourni par la mère, d'autres modèles peuvent-ils s'ajouter ou se substituer ?
J. COSNIER (1984) posait la même question en d'autres termes, en parlant de « L'épigenèse interactionnelle », qui attribue un rôle essentiel à l'environnement et aux expériences propres dans la construction des capacités interactives du sujet.
Ces mécanismes subjectifs internes évoluent aussi rapidement que la croissance de l'enfant et sa capacité de résilience, aussi leur exploration et leur objectivation dépasse le cadre théorique de

l'attachement, et les cliniciens, pour les formaliser, ont donc privilégié les « interactions fantasmatiques ». Avec elles, l'attachement retourne dans le giron de la psychanalyse :
« En somme, les psychanalystes allaient introduire le fonctionnement mental de la mère et de son bébé dans la genèse de ses interactions qui méritent aussi d'être décrites comme fantasmatiques » (M. LAMOUR, S. LEBOVICI, 1989).
S'il était nécessaire d'envisager la dyade mère-enfant dans la genèse du psychisme humain, celui-ci ne peut toutefois chez l'homme se concevoir sans la dimension essentielle du symbolisme ; confronté à ce dilemme, FREUD a introduit le terme, assez malheureux mais consacré par l'usage, de complexe d'Œdipe pour trianguler cette relation primordiale avec l'introduction du père symbolique, dans un schéma qui permet la structuration des émotions primordiales et la création d'une instance, appelée « Surmoi » dans sa troisième topique, qui génère l'angoisse et la culpabilité dans l'ombre du désir. L'éthologie ne peut pas faire l'économie de cette hypothèse largement argumentée en psychanalyse et souvent illustrée dans la clinique ; nous en reparlerons donc plus loin.

19/ CLINIQUE ÉTHOLOGIQUE

« La maladie, c'est tout ce qui nous lie : habitudes, idéologies, idéaux, principes, biens de ce monde, phobies, dieux, cultes, religions – Tout ce que vous voudrez.
Bien gagner sa vie, ce peut être une maladie, tout comme vivoter »
H. MILLER, 1941, « Le colosse de Maroussi ».

C. DARWIN déjà illustre l' « Expression des émotions » d'exemples d'insensés aux émotions excessives et inappropriées. Il attire surtout l'attention sur la continuité des comportements associés à l'émotion de l'animal à l'homme.
Comme nous l'avons vu avec l'attachement, et les pathologies liées à sa carence, la clinique éthologique conserve, avec le modèle animal, cette perspective évolutionniste ; ses grands axes théoriques en sont l'interaction et l'émotion.
La clinique traditionnelle observe le malade comme une entité, et ses troubles se comprennent comme une réaction pathologique dont en dernier recours il est responsable. Ce modèle a montré sa pertinence mais aussi ses limites, que souligne J. BOWLBY.
L'observation éthologique va se centrer sur les perturbations de ou des interactions, par exemple en étudiant, à la suite de Gregory BATESON, les « désordres familiaux » (J. C. BENOIT, 1995), avec une approche qui se revendique de l'éthologie. Cette théorie systémique de la communication a permis le développement des thérapies familiales et systémiques.
Replacer l'homme dans son environnement évolutif (son « environnement d'adaptétude évolutionniste », dirait J. BOWLBY) permet un recul nécessaire : dans la pratique clinique, où l'on constate en effet que les pathologies comportementales évoluent et se modifient au fil du temps social, mais aussi dans une approche théorique qui envisage une conception évolutionniste et phylogénétique des troubles.

En premier lieu, un modèle animal des pathologies humaines est-il concevable ?
Il suppose des perturbations du système cognitif et/ou affectif d'un animal considéré comme sujet.
J. COSNIER en 1966 publie « les névroses expérimentales. De la psychologie animale à la pathologie humaine », qui reprend les expérimentations ayant pour base le conditionnement Pavlovien.
B. RIMÉ en 2005 les rappellent au sujet de la « névrose traumatique » et du « stress post-traumatique » ; très brièvement, il s'agit des célèbres expériences d'Y. PAVLOV, de J. B. WATSON, au début du XXe siècle, et de beaucoup d'autres ensuite, qui consistent à placer un animal (rat, chat, chien, le choix de l'espèce n'est pas pertinent) dans un dispositif de contrainte où des réactions naturelles comme la fuite ne sont pas possibles. On conditionne l'animal à appuyer sur une pédale, un bouton ou pourquoi pas un clavier, pour obtenir une satisfaction, en général de la nourriture.
Puis de façon imprévisible, on substitue à la « récompense » un stimulus négatif, jet d'eau, d'air comprimé, décharge électrique...
L'animal en est perturbé durablement. On a créé une « névrose expérimentale », dont « les manifestations semblent donc résulter de situations imprévisibles ou de situations incontrôlables ».

Cette vision spécifiquement behaviouriste des manifestations de peur et d'angoisse s'apparente plus à un réflexe artificiel qu'à une pathologie, et postule une hypothèse discutable de la pathologie humaine qu'il s'agit de valider.
En termes éthologiques, on empêche le « FAP » normal de s'exprimer pour obliger l'animal à une réaction émotionnelle ; bien évidemment, l'expérience témoin qui consisterait à valider ce protocole par l'expérimentation humaine n'est pas possible, quoique WATSON (1920) et d'autres aient tenté de créer par ces méthodes des phobies chez de jeunes enfants (le cas Albert).
Placer un humain en situation de captivité et de contrainte, en cage, en cellule, en stalag, et le soumettre à des situations identiques a néanmoins pu se faire, dans des circonstances particulières, mais est une torture et à ce titre moralement répréhensible et interdit. Néanmoins ces pratiques ont eu lieu, les guerres, celle d'Irak récemment, en a témoigné, et on a pu les voir diffusées dans les médias ; il apparaît qu'elles provoquent aussi chez l'homme peur, angoisses, et perturbations durables de la personnalité...

Ces méthodes en fait ne nous apprennent rien sur les troubles spontanés du comportement animal (ou humain), elles ne sont d'ailleurs aucunement faites pour ça.
Si ceux-ci nous intéressent pourtant, c'est avant tout par l'éclairage phylogénétique qu'ils peuvent apporter, personne ne songeant par ailleurs à nier le caractère symbolique acquis chez l'homme de ces manifestations. Les symptômes y sont symbolisés, déplacés, condensés ; néanmoins ils affectent les interactions et l'expression des émotions, et fondamentalement concernent l'éthologie.
Existent-ils des phobies, des compulsions, des dépressions chez l'animal en milieu naturel ? Et peut-on les comparer à ce qu'on observe chez l'homme ? Henri EY, le célèbre psychiatre, avait, en 1964, avancé le concept de « psychiatrie animale ». Et un article anglais, publié par la BBC le 9 septembre 2015, sous la plume de Sherya DASGUPTA « Many animals can become mentally ill », citant de nombreux auteurs, tend à le confirmer.

Les perturbations des animaux domestiques ou domestiqués, le plus souvent modifiés dans leur phénotype et leur génotype, font aujourd'hui l'objet de pathologies particulières (liées à leur domestication ou à leur maître) et de soins spécialisés, relevant d'une science propre.

Les éthologistes qui travaillent en milieu naturel, et notamment les primatologues, tendent à décrire les animaux qu'ils observent en les qualifiant de qualités singulières, et en leur attribuant une « personnalité » ; intelligent, rusé, brutal, sociable, bienveillant, sont des mots rencontrés pour décrire les particularités de chacun de leur sujet, dont nous avons déjà vu qu'ils leur attribuent aussi des noms propres. La description d'une subjectivité s'arrête là, et aucun comportement n'est qualifié de pathologique.
F. DE WAAL, au sujet du « suicide » de Dandy, qui attire l'attention sur d'éventuels effets pathogènes de la hiérarchie sociale, s'est ultérieurement rétracté ; en outre, il ne s'agissait pas de milieu naturel, quoique le zoo d'Arnhem tende à en reproduire les conditions ; et les circonstances en étaient expérimentales. Il reste donc tout aussi conjectural que la « dépression » et le « suicide » d'un des dauphins de la série « Flipper ».

La question d'une pathologie comportementale peut en fait se poser avec deux systèmes biologiques développés par l'éthologie : l'attachement et la dominance.
J. PRICE, en 1967, suggère que la perte du rang hiérarchique, notamment du dominant à la suite d'un combat perdu, donne lieu à une « sous-routine de capitulation », accompagnées d'une dépression de l'humeur ; il s'agit là de ce qu'en pathologie humaine on qualifie de « deuil », le sujet ayant en l'occurrence préféré perdre son rang pour conserver la vie. Cette « stratégie de soumission » serait « involontaire » car adaptative, et présente de multiples avantages, pour l'individu et le groupe : elle lui permet de rester dans la vie collective, c'est-à-dire de survivre, et de participer à la vie sociale ; elle le protège de blessures ultérieures ; elle préserve l'harmonie sociale, voire rend le groupe plus compétitif.

Ici, l'humeur dépressive serait donc adaptative sous l'angle de la théorie de l'évolution. (RENCK et SERVAIS, 2002).
KUMMER a décrit, chez le babouin hamadryas, l'effet de la perte de rang : le comportement du mâle devient périphérique par rapport au groupe, il n'a plus accès aux femelles, s'occupe volontiers des petits, et il montre des signes de soumission. Une transformation physiologique, hormonale, probablement cortico-surrénalienne, se constate avec la disparition du « manteau » propre à l'espèce et signe de la position hiérarchique.

L'humeur dépressive peut-elle devenir pathologique ?
Si certains animaux se laissent mourir d'inanition, comme c'est le cas des espèces qui ne supportent pas la captivité (ou la captivité qui ne respecte pas une certaine distance critique spécifique), ou celui des monogames qui perdent leur compagnon, parler d'un désir de mort semble peu concevable ; ils sont simplement inadéquats à ce nouvel environnement ou à cette nouvelle situation auxquels ils ne peuvent s'adapter.
K. LORENZ, 1969, décrit le comportement d'une oie cendrée qui a perdu son partenaire : « cette oie esseulée ne se défend même plus contre les attaques des congénères ; elle s'enfuit devant les plus jeunes et les plus faibles, et, comme son état « s'ébruite » bientôt dans la colonie elle tombe immédiatement au rang le plus bas de la hiérarchie... Elle développe aussi une tendance à la panique qui augmente sa « disposition aux accidents »... la face de l'oie cendrée... exprime une profonde affliction ».

Néanmoins si on associe cette notion d'humeur dépressive avec celle des neurotransmetteurs, bien connue et établie chez l'homme, rendus responsables des dépressions, alors l'objection théorique s'estompe au profit d'une perspective évolutionniste.
P. BUSTANY (2012) souligne la similitude des mécanismes cérébraux chez l'animal et l'homme : les opioïdes endogènes, endorphines ou dynorphines, bloquent la douleur en cas de stress et suscitent « l'effet central kappa » qui, s'il se prolonge en cas de stress chronique, aboutit à « la dépression et au désespoir aréactif face à la menace » ;
« leur rôle fondamental [des dynorphines] a été démontré par de nombreuses manipulations pharmacologiques : mesures d'expression locale des récepteurs kappa, imagerie et tests psychométriques divers chez l'animal comme chez l'homme » (Id.).
De même l'adaptation génomique, par une action facilitatrice ou inhibitrice de l'expression de l'ADN par méthylation, permet une transmission des caractères acquis dans des situations exceptionnelles ; « on parle alors de modifications épigénétiques, ou acquises, du méthylome de telle ou telle région cérébrale que l'on cartographie maintenant chez l'animal ou l'homme » (Id.). Ce concept, ancien, puisqu'il s'apparente à celui d'« épi-mutation » dû à Barbara Mc CLINTOCK, prix Nobel de physiologie et médecine en 1983, est une idée établie, mais dont l'extension aux domaines des comportements et des réactions aux traumas reste à prouver.
Les « paramutations » chez les végétaux sont connues, l'INRA a montré sur une variété d'Arabidopsis les conséquences d'une mutation épigénétique induite par le milieu sur deux générations. La transmission d'un caractère acquis est donc aujourd'hui un fait reconnu.
Par ailleurs, chez l'animal, Minoo RASSOULZAGEN (INSERM de Nice-Sophia Antipolis) a montré que des variations épigénétiques du phénotype de la souris sont ensuite transmises héréditairement. L'influence de l'environnement se transmettrait ainsi sur plusieurs générations.
Ces paramutations affectent aussi le métabolisme : des souris sous-alimentées donneront naissance à des souris qui, si on les nourrit normalement, seront obèses sur deux générations.
Chez l'humain, on a montré que la famine des parents (en l'occurrence celle de 1944 en Hollande) donnait naissance à des enfants qui présentent statistiquement davantage de diabète ou d'obésité que les autres.
Même si certains comportements s'inscrivent dans le phénotype, il reste à prouver que la transmission de certains d'entre eux, acquis, puisse s'effectuer sur ce mode. Mais l'hypothèse peut désormais s'envisager.

Des cas de « dépression » animale ont déjà été mentionnés plus haut ; observés par J. GOODALL, ils sont en relation avec l'attachement (chez le chimpanzé) du petit à sa mère ou de la mère à son petit. Elle observe des cas de mort d'enfants de 3 ans, c'est-à-dire sevrés, après le décès de la mère, bien que normalement pris en charge par le groupe pour ce qui est des fonctions vitales ; d'un autre côté, elle relate des comportements pathologiques de mères qui ne peuvent se résoudre à abandonner le cadavre de leur enfant, et qu'elles continuent donc de porter de longs jours après leur décès malgré l'altération rapide du corps et sa décomposition dans le climat tropical. T. MATSUZAWA (1992) rapporte le cas d'une mère chimpanzée qui porte le cadavre momifié de son petit de plus de 2 ans pendant 27 jours. Dora BIRO et coll., 2010, relate les cas de mères chimpanzées portant leurs enfants morts ; l'une en 2003 à Bossou porta deux de ses enfants, l'un de 1,2 ans, l'autre de 2,6 ans pendant respectivement 68 et 19 jours.
Plus étonnant encore est la description de « veillées funèbres » filmées chez des chimpanzés autour du corps d'un animal de 9 ans (Edwin Van LEEUWEN et coll., 2016), où le groupe se réunit autour du corps, l'inspecte, avec des comportements inhabituellement calmes. James R. ANDERSON (2016) parle même de « Pan thanatology », quand il décrit les comportements filmés en 2008, avec l'agonisant d'abord puis, après sa mort, l'inspection du corps, la recherche de signes de vie (testing for signs of life), puis un toilettage (cleaning the corpse), et plus tard évitement de l'endroit du décès.
On peut certes parler d'interprétation abusive, puisque le contenu symbolique des pensées de l'animal n'existe pas ou nous reste étranger, mais la similitude des comportements et des mécanismes neurobiologiques penche en faveur d'une continuité phylogénétique de l'animal à l'homme y compris dans ces états de souffrance morale.

C. BÉATA (2012), vétérinaire, souligne, « si les processus pathologiques sont communs à toutes les espèces (sensibilisation, généralisation, etc.), si les états pathologiques peuvent aussi être regroupés sous des vocables communs (états phobiques, anxieux, dépressifs, etc.) l'expression clinique sera, elle, conditionnée par le répertoire comportemental de l'espèce ».
Pour lui, une possibilité de résilience est possible, voire nécessaire, chez les espèces soumises à la domestication.

Sans disposer à l'époque de ces informations, A. DEMARET écrivit en 1979 son ouvrage « éthologie et psychiatrie » fondé sur l'idée d'une continuité de l'animal à l'homme, y compris dans l'expression de certaines pathologies, ce qui l'amène à envisager une base archaïque, déterminée par le passé lointain de l'espèce, à la racine de certaines manifestations psychiatriques. Sans mésestimer l'aspect symbolique des manifestations diverses de l'hystérie, des phobies ou des psychoses, il s'attache à mettre en valeur leurs bases phylogénétiques en établissant des parallèles avec certains comportements animaux, de ruse, de fuite, de territorialité, de dominance/soumission.
Mais le hiatus entre ces conduites naturelles du règne animal et les distorsions pathologiques que l'homme emprunte à son propre univers social est immense. Qu'un héritage animal puisse sous-tendre les systèmes de défense comportementaux, on peut l'envisager ; par exemple, le grand TURENNE, selon TALLEYRAND, se trouvait mal à la simple vue d'une araignée ; héritage phylogénétique lointain ? Peur irraisonnée d'un danger insignifiant chez un homme accoutumé à en affronter d'immenses ? Déplacement et condensation symboliques d'une angoisse elle aussi archaïque ? Difficile de faire la part réelle de chaque composante.
« ÖHMAN et ses collègues ont en effet montré que des photographies d'araignées ou de serpents possèdent un seuil de détection plus bas que des photographies anodines ... araignées et serpents sont en fait reconnus avant même que nous en ayons pris conscience, et à ce moment la réaction physiologique qui nous prépare à réagir est déjà amorcée » (J.L. RENCK et V. SERVAIS, 2002).

Dans son livre sous-titré « valeur de survie et phylogenèse des maladies mentales », DEMARET s'intéresse aux lointaines racines de la pathologie mentale. « (il) utilise la clinique psychiatrique pour la replacer dans un contexte où elle a possédé une fonction adaptative » écrit B. CYRULNIK (Encycl. Méd. Chir.). Peurs et phobies ont ainsi une valeur de survie qui aurait persisté de façon parfois anachronique : l'enfant a spontanément peur du noir, des insectes, d'animaux, y compris de ceux qu'il ne verra jamais comme le loup, mais ne craint pas les voitures contre lesquelles on le met sans cesse en garde ; cet héritage phylogénétique, auquel d'ailleurs FREUD adhérait, pose néanmoins le problème irrésolu de son inscription et de sa transmission au fil des générations. Les pistes proposées, comme celle de l'attachement de BOWLBY, ou celle des fantasmes archaïques développée par FREUD et ses successeurs, peinent à expliquer une mémoire de l'espèce qui s'inscrirait génétiquement, selon un processus d'acquisition transmissible, dans les gènes des structures cérébrales du cerveau primitif responsable des émotions. Toutefois, comme on l'a vu, l'hypothèse n'est pas à exclure sans examen et les théories actuelles sur l'épigenèse offrent de nouvelles pistes à explorer.

L'artisan de la clinique éthologique est en France Boris CYRULNIK ; en 1984, il dirige un numéro de la revue « Psychologie médicale » qui s'intitule « Éthologie clinique » : M. RUFO, J. COSNIER, B. SCHAAL, A. JOUANJEAN-L'ANTOËNE, entre autres y proposent des textes.
J'y avais pour ma part fait le compte-rendu de recherches éthologiques conduites dans des établissements spécialisés pour enfants diversement handicapés avec un article intitulé « pour une éthologie clinique » (D. GODARD, 1984).
B. CYRULNIK y envisage une « Éthologie des objets d'attachement ».
Cet intérêt se confirme ultérieurement avec, par exemple, « Éthologie humaine et clinique », 1987, paru dans l'encyclopédie médico-chirurgicale ; il s'agit d'une synthèse exhaustive des travaux d'éthologie humaine, de l'étho-psychiatrie, et de l' « éthologie de la parole », sujet délicat puisque, comme il le rappelle, on a longtemps considéré que « l'éthologie s'arrête à la parole ».
Son intérêt pour la question se confirme à l'occasion de publications diverses, par exemple « Éthologie de l'angoisse », 1989, où il fait un « survol phylogénétique » de l'angoisse et de la peur, se référant à l'angoisse suscitée par la séparation de l'objet d'empreinte chez l'animal pour avancer une observation éthologique de l'angoisse de séparation chez l'enfant.

C'est sur la base de cet arrière-plan théorique, et d'autres développements comme « Les nourritures affectives » qu'il va donc avancer en 1999 la notion de « Résilience ».

20/ LA RÉSILIENCE

« *Was mich nicht umbringt, macht mich stärker* »,

Ce qui ne me tue pas me rend plus fort

F. NIETZSCHE, « Le crépuscule des idoles », 1888.

Comme la sublimation freudienne est une métaphore chimique, le stress de H. SELYE (1936) est emprunté à la physique où le terme désigne « les contraintes ou charges qu'on applique à des corps en vue d'en examiner les déformations ». Dans un premier temps, le stress désigne la réaction neurophysiologique au trauma : excrétion cortico-surrénalienne d'adrénaline, de corticostéroïdes, préparation de l'organisme à la fuite ou au combat. C'est une adaptation à une situation de danger potentiel.
Puis H. SELYE en 1956 a étendu sa conception avec « le stress de la vie », où il généralise la notion aux effets psychophysiologiques des contraintes physiques, environnementales, émotionnelles, psychiques. Mais le terrain gagné dans l'extension est perdu sur le plan de la rigueur conceptuelle.

La notion de résilience, qui apparaît un peu comme l'antonyme du stress, a subi le même sort. Le terme provient de la physique des solides et « il désigne l'aptitude d'un matériau à résister aux chocs et à reprendre une forme convenable » (B. CYRULNIK, 2012), ou
« désignait à l'origine la propriété d'un corps de reprendre sa forme initiale après avoir subi un choc » (S. TISSERON, 2007). Ce même auteur dénonce « Un Merveilleux Malheur » de B. CYRULNIK (1999) comme un « abus du pouvoir des oxymores » ; c'est oublier un peu vite que l'oxymoron en psychanalyse ne se limite pas à la « neutralité bienveillante » comme il le dit, mais qu'il est un trope essentiel des concepts de la théorie du psychisme : qu'est-ce donc que l'Inconscient, sinon un « savoir ignoré » ?

Quand la plupart des théoriciens du psychisme, oubliant l'exemple de FREUD, s'abstiennent d'illustrer de cas cliniques leur pratique et se cantonnent à des développements purement théoriques, B. CYRULNIK s'aventure et s'implique en proposant de très nombreux exemples cliniques de résiliences... dont le sien.

La notion, née en 1999, où il en parle comme d' « une suture, une couture, un raccommodage entre les deux parties déchirées de la personnalité », est développée en 2001 (« Les Vilains Petits Canards ») ; c'est très clairement un processus éthologique sous-tendu par la possibilité d'une « période sensible »: « les premières années constituent une période sensible » (op. cité), et d'une « empreinte » : « le principe de l'imprégnation du triangle reste longtemps possible » (Id.).

Cette imprégnation, dite tutorielle (« les tuteurs de résilience »), peut survenir après un attachement contrarié et atteste de la possibilité de la reprise du processus d'attachement interrompu, ce que B. CYRULNIK qualifie de « tricotage ».
Les références à DARWIN et à l'évolutionnisme sont nombreuses ainsi que d'abondantes comparaisons animales.
Le concept est hétérodoxe parce qu'il s'appuie sur les notions physiologiques du câblage génétiquement programmé de l'« attachement », de l' « empreinte », de la « période sensible ».
C'est l'attitude en général et la parole, en particulier de l'entourage, qui va permettre de reconstruire l'imaginaire brisé et permettre la résilience ; c'est une restauration, un « recovering » de la capacité d'interaction, fondement de l'éthologie, qui va permettre la représentation mentale de l'indicible et sa verbalisation, et non un processus de mentalisation individuel.
C'est un retour de la théorie du trauma (abandonné par FREUD après « les études sur l'hystérie » au profit du fantasme), non du trauma individuel mais plutôt d'une impasse collective face à lui : ce qui est destructeur, c'est l'incapacité du milieu d'en permettre un récit, de lui donner du sens.
Le trauma, irruption d'un réel destructeur, nécessite la reconstruction ou la reprise d'un processus d'élaboration là où il a été interrompu. Mais il ne s'agit pas de « prendre sur soi » et d'affronter seul ses démons ; « parler de résilience en termes d'individu constitue une erreur fondamentale » (id.).

Quand S. TISSERON (2003) fait le procès idéologique de la Résilience, il omet totalement de la resituer dans ce contexte théorique, l'associe au perpétuel procès de DARWIN, et en parle comme d'un « clivage ... capable d'ensommeiller ... le monstre tapi au creux de personnalités meurtries » (sic) ! Le mot relève de la « novlangue » du roman d'horreur et de science-fiction d'ORWELL, et il évoque une parenté avec l'idéologie nazie et les évènements du 11/9.
Le même qui, en 2007, attribue le génie de PICASSO ... à la résilience du traumatisme de sa naissance (où il aurait été laissé pour mort) !

On peut discuter les exemples proposés par CYRULNIK, toutes ces personnalités célèbres, comme la chanteuse BARBARA dont l'histoire incestueuse tragique, révélée par ses mémoires, est avancée comme un modèle. Une carrière réussie est-elle une vie épanouie ?
« La gloire est le deuil éclatant du bonheur » (Germaine de STAËL).
C'est à nouveau vers l'Attachement que nous devons nous tourner pour évaluer la valeur des critères avancés.

Un exemple illustre, bien qu'ancien, vient à l'esprit : celui de René DESCARTES (1596-1650). Sa pensée est amplement développée dans son œuvre publiée, et sa vie nous est connue, grâce essentiellement au livre d'Adrien BAILLET (1693), son contemporain.
« Il n'y a aucune de nos actions extérieures qui puisse assurer ceux qui les examinent que notre corps n'est pas seulement une machine qui se remue de soi-même, mais qu'il y a aussi en lui une âme qui a des pensées, excepté les paroles ou autres signes faits à propos des sujets qui se présentent, sans se rapporter à aucune passion » (Lettre au marquis de Newcastle, 23/11/1646).
Ce qui frappe dans les prémisses de sa philosophie, cette interrogation primordiale sur la perception d' « objets » dont il se demande s'ils sont ou non « animés », comme son « animal-machine », et s'il peut s'autoriser à leur attribuer une pensée et une âme, évoque immédiatement ce que la psychiatrie traditionnelle appelait un « syndrome d'étrangeté », signe d'une sémiologie de la dépersonnalisation.
Les « Méditations Métaphysiques » (1647), notamment la seconde et la troisième, « De la nature de l'esprit humain. Priorité de sa connaissance sur celle du corps », et celle du Dieu trompeur (« Il y a je ne sais quel trompeur, souverainement puissant, souverainement rusé, qui de toute son adresse me trompe toujours » et « un trompeur très puissant et, s'il est permis de le dire, méchant, s'est délibérément ... joué de moi ? »), si on les rapporte non à une philosophie mais à l'expression de l'homme-DESCARTES, font écho à ce doute qui lui fait dire : « Qu'est-ce donc qui sera vrai ? Une seule chose peut-être : il n'y a rien de certain » ; son doute Socratique prend une ampleur telle que ses sens mêmes le trompent.

« Écartant ... tout ce qui admet ne serait-ce que le plus petit doute, tout comme si j'en avais découvert l'entière fausseté » ; par deux fois il proclame : « Ego sum, ego existo », je suis, j'existe, moi. Plus loin : « Qu'est-ce donc, jusqu'à maintenant, que j'ai cru être ? » ;
« Je cherche ce que je suis, moi » ; « Mais je vois ce que c'est : mon esprit se plaît à s'égarer »
et bien sûr, ces machines qui trompent les sens que corrige la raison : « si je ne venais par hasard de regarder par la fenêtre des hommes qui passent dans la rue, et là ,aussi, ... je dis que je vois les hommes mêmes. Or que vois-je sinon des chapeaux et des vêtements, sous lesquels pourraient se cacher des automates ? »,
ou ailleurs
« Que vois-je de cette fenêtre, sinon des chapeaux et des manteaux, qui peuvent couvrir des spectres ou des hommes feints qui ne se remuent que par ressorts ? »
avec cette remarque dont la lucidité est d'une étonnante modernité :
« je reste pris pourtant dans le piège des mots, et suis presque trompé par le langage courant. »

Ce que A. DAMASIO a appelé « L'erreur de DESCARTES », son dualisme, n'est qu'une des traductions de ce qui n'est jamais devenu une pathologie, mais une philosophie.
« Je pense donc je suis » peut se lire comme une interrogation dont le terme transitif ultime est occulté, sauf à croire à « la valeur absolue du cogito cartésien » (SARTRE).

Le livre de Sophie JAMA, « La nuit de songes de René Descartes » (datée du « dixième de novembre mille six cent dix-neuf ») rappelle comment se scelle chez le philosophe, dans une épiphanie de trois rêves d'une même nuit, le destin d'une vie où les limites et les frontières ont un rôle prépondérant. Des spectres ou fantômes, une explosion, un vent terrible, un dictionnaire et un recueil de poésie latine, avec ces deux citations d'AUSONE, « est et non » (est-il ou non), et « Quod vitae sectabor iter ? » (quel chemin suivrai-je dans la vie) y jouent un rôle, ainsi qu'un melon, qui lui est offert, et tient une place particulière, d'interprétation problématique ; il convient peut-être de se souvenir que cet homme, familier du latin et du grec, joue avec le mot « μέλλων», le futur.

Le philosophe resta convaincu, à tort, que sa naissance avait provoqué la mort de sa mère : il « s'est contenté de nous dire qu'elle mourut peu de jours après qu'elle l'eut mis au monde » (A. BAILLET) alors qu'elle mourut en fait un an plus tard, d'un « mal de poumon » dit BAILLET, mais en fait lors d'un accouchement.
Il resta, toute sa vie, attaché à une nourrice qui nous reste inconnue, sinon par le fait que sa comptabilité atteste qu'il lui versa sa vie entière une pension.
D'autres mystères entourent l'homme : qu'en est-il de sa fille, dont la mort lui causa un tel chagrin, dont la naissance n'est mentionnée nulle part, pas plus que l'identité de la mère qui la conçut ?
« Cette année parut fatale à notre philosophe par la perte qu'il fit ... des deux personnes les plus chères qu'il eût au monde, sa fille Francine, et son père ...
Francine était morte dès le 7 septembre à Amersfort âgée seulement de 5 ans. Il la reconnut publiquement pour sa fille, quoique nous n'en connaissions point la mère, et que nous n'ayons aucune preuve de son mariage.
Il la pleura avec une tendresse qui lui fit éprouver que la vraie philosophie n'étouffe point le naturel » (A. BAILLET).
S'agissant de René, il écrit :
« Les soins du père purent bien garantir l'enfant des inconvénients que l'on devait craindre de la privation de la mère » ; « Mais parmi ses premières disgrâces, il reçut un avantage dont il s'est souvenu toute sa vie ; c'est celui d'avoir été confié à une nourrice qui n'oublia rien de ce que ses devoirs pouvaient exiger d'elle » (A. BAILLET).
C'est très probablement ce tuteur de résilience qui lui permit de construire la personnalité notoire reconnue depuis plus de quatre siècles, et qui fit de ce qui aurait pu devenir un problème d'identité pathologique une philosophie de l'être.

Mais un autre facteur semble avoir eu un rôle considérable : dans « Les passions de l'âme » (la Pathétique Cartésienne), on est surpris de lire (art. 82) que le paradigme de l'amour véritable, absolu, incomparable, indépassable est celui du père :
« L 'amour qu'un bon père a pour ses enfants est si pur, qu'il ne désire rien avoir d'eux, et ne veut point les posséder autrement qu'il fait, ni être joint à eux plus étroitement qu'il est déjà : mais les considérant comme d'autres soi-même, il recherche leur bien comme le sien propre, ou même avec plus de soin, parce que, se représentant que lui et eux font un tout dont il n'est pas la meilleure partie, il préfère souvent leurs intérêts aux siens, et ne craint pas de se perdre pour les sauver ».
Or ce « Tractatus » date de 1649, c'est à dire de la fin de sa vie.

Tout aussi riches d'un vocabulaire exceptionnel, donc susceptibles de disposer de l'outil langage permettant de réparer un déficit primordial, les exemples de Marcel PROUST et d'ARAGON trahissent au contraire un clivage de la personnalité persistant malgré des œuvres immortelles.

Le premier, narrateur délicat, dentellière de la langue, parvient à exprimer l'indicible évoqué par l'odeur des aubépines, l'apparition d'un clocher dans la brume au détour d'un trajet en coche, l'évocation du passé en marchant sur des dalles disjointes, le petit mur jaune de VERMEER, outre la célèbre madeleine ; c'est aussi un éthologiste hors pair de la société mondaine d'avant 1914.
On connaît son attachement anxieux et exclusif à sa mère, et son impossible séparation vespérale quotidienne.
Pourtant ce dandy mondain, esthète cultivé, s'adonnait à une débauche sordide qu'il ne put surmonter (G. D. PAINTER, 1959) : sa volupté se satisfaisait de son sadisme, de ses perversions cruelles, qui s'exerçaient surtout à l'égard d'animaux avec une préférence marquée pour les rats qu'il se faisait livrer des abattoirs de La Villette. La profanation des photos d'êtres chers était aussi un de ses plaisirs ; d'ailleurs il évoque un tel personnage dans « La Recherche », avec « Jupien » dans un célèbre épisode de « Sodome et Gomorrhe ».
On ne peut manquer d'évoquer ici « l'homme aux rats » de S. FREUD (1909), un des cinq cas cliniques décrits par FREUD et regroupés dans « Cinq psychanalyses » (1954). Les mêmes symptômes, profanation d'êtres chers, et choix du rat comme objet libidinal se retrouvent ; cependant chez le patient Ernst LANZER, il ne s'agit que de fantasmes, et donc de névrose, présentée comme telle par FREUD, alors que M. PROUST vit ses perversions activement. Le registre pathologique n'est pas le même, et l'un choisira la psychanalyse, l'autre la littérature.

ARAGON mena aussi une double vie qu'il fut incapable d'assumer ; sa bisexualité, soigneusement cachée, s'affiche après la mort d'Elsa TRIOLET, où il n'hésite plus à se travestir.
On raconte que ce génie du verbe, né dans des circonstances dont la honte fut peut-être son drame, trompé par son entourage sur ses origines et son identité, n'aurait jamais prononcé le mot que tous les enfants du monde disent en premier, « maman ».

« Le mot n'a pas franchi mes lèvres
Le mot n'a pas touché mon cœur
...
Jamais je ne l'ai dit qu'en songe
Ce lourd secret pèse entre nous
Et tu me vouais au mensonge
A tes genoux »

Mythe invérifiable, légende incertaine, qui témoigne cependant d'un déficit d'attachement primordial compliqué d'incertitudes identitaires.
Car rien n'est certain au sujet de Louis ANDRIEUX, pas même son lieu de naissance ; son enfance est bercée de mensonges, de secrets, de hontes. Il en fera le « mentir vrai ».

Le philosophe, l'écrivain, le poète ont en commun le génie de la langue. Ils connurent la gloire, et restent dans leur domaine respectif des immortels.
Leur capacité langagière, exceptionnelle, leur a permis de verbaliser leur clivage, mais sans pour autant le surmonter ; sont-ils des « résilients » ?

« La définition de la résilience est très simple : c'est un processus biologique, psychoaffectif, social et culturel qui permet un nouveau développement après un traumatisme psychique » (B. CYRULNIK, 2012).
La dilution du concept dans une multitude de champs sémantiques altère sa crédibilité. L'éthologie devient accessoire, sinon occultée.
Bien sûr la résilience est un phénomène psychologique, et on ne peut qu'être d'accord avec C. De TYCHEY et J. LIGHEZZOLLO-ALNOT (2012) quand ils envisagent de circonscrire la résilience « aux épreuves impliquant une confrontation avec le "réel de la mort" » ou « avec une menace directe de mort pour le sujet » surmontées par un « travail d'élaboration mentale ... passant par une rencontre avec un tuteur de résilience » ; et pourquoi pas « une théorie psychanalytique de la Résilience » (S. TISSERON, 2007) ?
Que la neurobiologie soit impliquée, on l'a vu avec P. BUSTANY, est indiscutable ; et la génétique, avec J. KAUFMAN (2004) et surtout de A. CASPI (2002) avec ses travaux sur la monoamine-oxydase A.
Mais on tend alors à un processus individuel, déterminé, peu différent des « ego-psychologies » ; tous les humains traversent plus ou moins bien les traumas que sont la naissance, l'angoisse du 8e mois, le sevrage, l'éducation sphinctérienne, la castration etc... (en dehors de certains psychotiques dont la biographie est étonnamment inerte).
Une patiente en thérapie, qui avait de bonnes raisons de demander des comptes à sa mère, s'est vue répondre : « tu n'avais qu'à être résiliente », propos accompagnés du livre idoine.

La définition initiale, éthologique, qui implique les interactions « tutorielles », avec l'épigenèse, les émotions, l'attachement, la phylogenèse, est perdue de vue.

L'autre écueil est la « Résilience collective », qui conduit à la sociologie, et permet des slogans comme SN assurance qui se propose d' « aider les entreprise à devenir plus résilientes ».

Le 13/04/2016, Alain DUHAMEL signe un article dans « Libération » : « La résilience de François HOLLANDE », où il explique que malgré tous les indicateurs négatif, le président reste confiant dans son avenir personnel, et le qualifie de « résilient ».
Ou encore, le 25/04/2016, l'épitaphe, dans « Libération » : « Martin Gray. Mort d'un résilient », où le concept prend une tournure identitaire.
Le risque est grand, comme le pointe S. TISSERON, d'en faire un concept utilitaire voire discriminatif et sécuritaire.
Ainsi un auteur dans le journal « Le Monde » propose d' «enseigner la résilience à la Grèce », doux euphémisme pour signifier « accepter l'austérité ».

C'est pourquoi B. CYRULNIK est amené à fixer des « Limites de la résilience » (2012), et à tenter d'en circonscrire l'usage ; mais la définir comme « la reprise d'un nouveau développement après un traumatisme » n'est pas suffisant. Il faut lui rendre sa place dans les capacités d'adaptation de l'espèce, dans une théorie de l'évolution.
La résilience n'est pas conçue comme un retour à la « normale », mais comme une opportunité qui élargit le champ du potentiel ; c'est une capacité éthologique qui propose de l'inédit.

21/ ASPECTS DE CLINIQUE COMPORTEMENTALE

« Ce monde me devient hostile
Je n'ose prendre qu'aux traverses.
Nul malheur ne me décourage ;
Tout mon mal, je l'oublie, je triche,
Mais le malheur est dans la honte
Qui est connue publiquement
Et Dieu qui a raison de tout,
Pour pénitence ne la compte :
Ce serait trop que deux enfers ! »

« Les Congés », Jean BODEL (1165-1210)

Certaines situations génèrent des attitudes collectives en contradiction avec la logique du sens commun et même avec les allégations morales.
Il est facile d'observer qu'une personne qui a subi des revers de fortune, a été frappée par le malheur, un veuvage, ou est tombée en disgrâce, (ou a tout simplement pris sa retraite) après un moment d'empathie et de compassion générale, se retrouve isolée, mise à l'écart, évitée.
Quelques exemples illustreront ce propos : la maladie physique, en l'occurrence le « cancer ». On aurait aussi pu évoquer la maladie mentale, chronique, et les défenses institutionnelles qui pour M. FOUCAULT dans « La folie à l'âge classique » peuvent s'assimiler à celles que la lèpre avait inspiré ; ou encore le S.I.D.A. dont l'épidémie avait à son début provoqué des comportements sociaux et institutionnels aberrants.
Les comportements collectifs irrationnels qu'ils génèrent relèvent de l'éthologie car ils ont une base émotionnelle, souvent inconsciente ; ils concernent les interactions, qui se modifient avec le changement de statut de l'intéressé ; et enfin sont observables dans le règne animal en situation naturelle.

Le cancer, ou plutôt les attitudes sociales face au cancer, ont fait l'objet en avril 2014 d'enquêtes conduites par le journal « Le Monde », sous la plume d'Élise GODEAU ; elle a produit plusieurs articles « le retour au travail après un cancer », « cancer au travail : tu ne vas pas être rentable » et « Le retour au travail après un cancer reste problématique », le 17/04/2014 ; « Le retour à l'emploi après un

cancer reste difficile » d'Aude MALARET le 24/04/2014 ; « vie professionnelle, sexualité ... Quelle vie deux ans après un cancer » de François BÉGUIN le 10/06/2014, « S'assurer après un cancer : un parcours humiliant et absurde », le 24/03/2015, « Après la maladie, des années sous le signe du cancer » d'Éric FAVEREAU dans « Libération » du 10/06/2014 ; « Le malade comme déchet social », de Ruwen OGIEN, Libération du 07/03/2016 ; et le livre de Sylvia TALBET « les patientes », qui décrit « l'expérience » du cancer et la partition entre les malades et « les autres ».
Malgré les lois en vigueur, le parcours reste difficile, et le législateur a voté récemment un « droit à l'oubli » significatif des difficultés rencontrées.
Les cas cliniques que l'on peut rencontrer sont assez semblables : dans un premier temps, l'annonce ou la rumeur de la maladie valent à l'intéressé une sollicitude bienveillante, des lettres de soutien, de nombreux coups de téléphone d'encouragement, sa direction ou ses patrons prennent de ses nouvelles etc.
Compassion et empathie sont au rendez-vous.
Mais quand il tente de reprendre une vie active, on lui ôte ses fonctions, il n'a plus de bureau ni de téléphone, il n'a plus son rôle dans l'entreprise ; ses amis même l'ignorent, ne l'appellent plus, ne répondent pas à ses invitations, il n'a plus sa place parmi les vivants.
Puis les institutions s'en mêlent : la banque d'abord qui coupe les avantages comme l'autorisation de découvert, les emprunts sont impossibles, inenvisageables ; les assurances se montrent extrêmement réticentes à respecter leurs engagements, le recours à la justice s'avère nécessaire pour percevoir ses indemnités. Il faut prendre un avocat et saisir la justice. Les portes du monde social se referment sur lui.
Devenu vulnérable, le malade devient la proie de tout ce que la société compte de prédateurs, individuels ou institutionnels.
Sur le plan affectif, il n'est pas rare qu'il fasse l'objet d'une agressivité parfois violente et étonnante (« tu nous fait chier avec ton cancer »)... Au minimum, la maladie fait le vide autour du cancéreux, c'est un constat de tous les patients.
Le plus douloureux restant l'altération des relations « captives », c'est à dire de personnes avec qui il est obligé de rester en contact, soit par des liens familiaux, soit par des liens circonstanciels ; les « amis » s'éloignent ou pire se transforment en philistins malveillants et hostiles, voire injurieux.
Le cancer avec les fantasmes associés qu'il suscite, davantage qu'une autre maladie, agit comme un « analyseur » (ou révélateur) de l'isolat social dans lequel l'individu évolue.
Le phénomène n'est pas nouveau : On raconte que SOPHOCLE écrivit « Œdipe à Colone » à 92 ans pour prouver qu'il était sain d'esprit devant des juges auxquels ses enfants s'étaient adressés pour le déposséder de ses biens pour carence mentale ; ce fut d'ailleurs la dernière tragédie grecque ...

On peut à nouveau évoquer la perte du statut social, comme nous l'avons déjà fait chez les singes dominants ; ce n'est apparemment pas le cancer en soi qui affecte les relations, mais le changement de statut, d'individu sain en individu condamné.
Ce n'est pas un individu malade, qui peut avoir une place, et être alors reconnu en tant que tel. C'est davantage un condamné ; pour quel délit ?
Ce qui relève de la clinique éthologique semble être l'incapacité de modifier les interactions envers un individu qu'on a connu sain et qui soudain ne l'est plus. Comment se comporter face à celui avec qui on a eu des relations qui soudain se trouvent modifiées par l'ombre fatale ?
Le cancer est une mort sociale, en premier lieu ; c'est aussi une sorte de disparition physique, puisqu'il arrive non seulement que certains se détournent lorsqu'ils le rencontrent, ce qui est banal et manifeste une gêne, mais pire encore ne le voient réellement pas car dans leur esprit il n'existe plus.
Cette mise à mort sociale n'est pas sans évoquer aussi le phénomène de « la mort Vaudou », décrit par W. CANNON : le sorcier adresse une malédiction à sa victime, saine, et celle-ci dépérit et meurt rapidement ; l'émotion suscitée dans un premier temps est interprétée comme une première manifestation du pouvoir mortifère, mais le plus important est le changement d'attitude de la communauté qui considère la victime comme un paria, dont les symptômes vont rapidement s'aggraver, qui cesse de prendre soin d'elle-même, et meurt rapidement. L'exclusion sociale est ici l'effet du pouvoir chamanique, mais c'est elle en fait qui tue et qui scelle son destin.

B. RIMÉ, dépassant les simples observations individuelles qui restent anecdotiques, a parfaitement décrit la situation (2005) :
« Certaines expériences émotionnelles peuvent d'emblée éveiller chez la cible des émotions négatives intenses qui suffiront à contrebalancer l'intérêt et entraîner le refus de l'écoute. L'étude des victimes (accidents, catastrophes, violences humaines etc.) de même que l'étude des personnes frappées de maladies graves ont montré les résistances qui se manifestent chez les autres gens lorsque ces victimes ou ces patients se risquent à parler de leurs souffrances. Dans une thèse consacrée à cette question, Gwénola HERBETTE (2002) a passé en revue les nombreuses données qui établissent la propension spontanée de l'entourage des personnes souffrantes à éviter ou à limiter les échanges verbaux sur le thème de leur souffrance. Dans ses propres travaux, les tout-venants estimaient le partage social d'émotions très bénéfique quand il émanait d'une personne souffrant d'une maladie bénigne comme la mononucléose.
Mais leur attitude s'inversait complètement quand il s'agissait du partage social d'émotions par une personne atteint d'une maladie grave comme le cancer. Dans ce cas, on préfère penser que la communication se ferait au détriment du ou de la patiente.
...
Depuis longtemps, des auteurs éminents (par exemple CANNON, 1943 ; FRANK, 1957) ont explicité les raisons pour lesquelles les personnes confrontées à la souffrance, qu'il s'agisse de victimes ou de malades, ont particulièrement besoin d'un resserrement de leurs liens socio-affectifs et d'une meilleure intégration sociale. » Paradoxalement, c'est donc l'inverse qui prévaut généralement. « Ces personnes se heurtent fréquemment au refus de l'écoute. Elles se trouvent ainsi engagées d'une manière insidieuse et fatale dans la voie de l'exclusion sociale ».

Pourquoi conclure à une problématique éthologique ?
Parce qu'il s'agit de réactions collectives spontanées, « naturelles », entre personnes qui ne se sont pas concertées, face à un problème, la mort ou son équivalent, à l'égard duquel ils sont démunis affectivement, où les émotions se trouvent engagées et qui vont modifier leurs interactions en conséquence.
Le problème du changement de statut hiérarchique n'est pas à exclure non plus, il est loin d'être secondaire.
Et aussi surtout parce qu'il s'observe chez les animaux ...
Non seulement le changement de statut s'accompagne de modifications physiologiques, mais une étude américaine dirigée par G. GILCHRIST au Kenya sur les babouins de 1982 à 2009 montre que les mâles dominants sont en meilleure santé que les autres.

J. GOODALL raconte avoir observé dans la forêt de Gombe, chez les chimpanzés, des comportements étonnamment proches. Elle consacre un chapitre à la mort ; la communauté fut en effet frappée par une épidémie de poliomyélite.
« Un des côtés les plus dramatiques fut la réaction des autres chimpanzés vis à vis du vieux mâle foudroyé. J'acquis tout de suite la conviction qu'ils étaient effrayés par l'étrangeté de son état. Nous avions constaté la même chose lorsque apparurent au camp pour la première fois quelques autres victimes de la poliomyélite. Quand Pepe, par exemple, se traîna sur la pente pour monter au centre de ravitaillement, puis s'accroupit sur son séant avec son bras inutile qui pendait, inerte, derrière lui, les chimpanzés qui se trouvaient déjà au camp le regardèrent avec ahurissement puis, avec de larges grimaces d'effroi, s'empressèrent de s'embrasser et se caresser mutuellement pour se rassurer, tout en contemplant le malheureux infirme. Pepe ne se doutait absolument pas que c'était lui la cause de leur frayeur ; aussi arbora-t-il une grimace d'effroi encore plus sinistre en se retournant pour essayer de découvrir ce qui épouvantait tellement ses compagnons. Finalement, ceux-ci se calmèrent mais, bien qu'ils ne le quittassent pas des yeux, aucun ne s'approcha de lui ».
Un autre, très atteint, déclenche des comportements encore plus agressifs : « les mâles adultes s'approchèrent tour à tour, le pelage hérissé, et après l'avoir bien regardé commencèrent à charger autour de lui. Goliath alla même jusqu'à attaquer le vieux mâle malade qui, incapable de fuir ou de se

défendre d'aucune manière, ne put que se tapir au sol, la face fendue par une hideuse grimace de terreur ; Goliath lui sauta sur le dos et le frappa » ... puis « un autre mâle adulte s'élança sur Mac Gregor (le malade), tous poils dehors et fouettant le sol d'une grosse branche ».
« un groupe de huit chimpanzés s'était formé et ils se grattaient mutuellement dans un arbre à une soixantaine de mètres du nid de Mc Gregor. Le mâle malade les observait en émettant de petits grognements... le vieux Mc Gregor avait été radicalement privé de cet important contact social depuis sa maladie ». ... Il se hisse donc sur la branche et « poussant un grognement de plaisir, il avança une main vers eux pour les saluer mais, avant même qu'il les eût touchés, ils bondirent un peu plus loin et, sans le moindre regard dans sa direction, ils recommencèrent à se gratter ».
Par contre un jeune mâle adulte, Humphrey, qui avait été le protégé de Mc Gregor, « s'éloigna rarement de plus de quelques centaines de mètres du vieux mâle » ; quand Goliath, un dominant, l'attaque, « Humphrey qui à notre connaissance avait toujours eu peur de lui, bondit dans l'arbre et chargea en direction du mâle qui était de loin son supérieur ; pendant quelques instants il l'attaqua ».
« Humphrey finit par renoncer à rallier le groupe, et il se fabriqua un nid tout près de celui de Mc Gregor ».
« Friend in need is friend indeed » disent les Anglais. Le vieux Mc Gregor avait en l'occurrence un véritable « ami ».

Le cancéreux aujourd'hui n'a pas le statut du pestiféré ou du lépreux d'antan ; mais si on y voyait à l'époque la main de Dieu, et que l'on agissait en conséquence, actuellement le malade est responsable et coupable de son état. D'ailleurs il partage souvent ce point de vue, et donne un sens subjectif à sa maladie ; ainsi un leucémique disait : « C'est à cause du mauvais sang que je me suis fait que j'ai cette maladie ». Ou cette femme frappée d'un cancer juste à l'endroit où elle portait l'étoile jaune (S. TALBET). Thanatos se manifeste, et on lui attribue systématiquement un sens.
Mais c'est avant tout le regard social, éthologique, qui révèle ici une dimension souvent tue.

Les pathologies mentales ou comportementales, sur la base d'autres ressorts collectifs, induisent aussi des réactions collectives, et renvoient l'image d'une angoisse qui, pour être différente de celle des maladies organiques, n'en sont pas moins tout aussi térébrantes.

J'ai étudié (1991) l'incapacité d'enfants multi-handicapés à instaurer une interaction avec d'autres enfants, malgré le désir qu'ils pouvaient en avoir, faute des structures comportementales adéquates ; le contact pouvait même devenir, pour les enfants handicapés, une stimulation excessive qui, dans un cas , provoquait des spasmes ou stéréotypies motrices qui empêchaient l'interaction ; mais le plus souvent ces enfants montraient un évitement (détournement du regard, du visage ou du corps entier) ou une soumission excessive (fuite) lors des contacts en face à face avec les autres enfants moins handicapés.

L'observation d'un cas diagnostiqué « autiste » montrait des troubles des conduites tout à fait différents ; toute stimulation sensorielle pouvait avoir un effet déclencheur inattendu sans aucune prévisibilité, l'enfant semblant en règle générale totalement indifférent à l'environnement, en dehors de brefs et rares regards circulaires véritables « coups de périscope ».

Cette brève observation, très pauvre sur le plan éthologique, a néanmoins posé le problème en négatif de la nature des interactions ; aussi demande-t-il un développement particulier.

22/ « ÊTRES D'EXCLUSION OU D'EXCEPTION ? »

« 'Ανεπαισθήτως μ έκλεισαν άπό τόν κόσμον 'έξω »

Sournoisement, ils m'ont muré hors de ce monde

K. CAVAFIS (1863-1933)

L'autisme a aujourd'hui une définition beaucoup plus précise que celle de Léo KANNER, qui a repris le terme créé par E. BLEULER, d'après une étymologie grecque, en 1911, dans sa description de la schizophrénie. Frances TUSTIN, la psychanalyste qui l'a approfondi, en parle comme du « trou noir de la psyché ».
On parle plutôt aujourd'hui de « spectre autistique » ou TSA (« Troubles du Spectre Autistique ») selon le dernier DSM, qui englobe des pathologies où les symptômes associés font la particularité de chaque diagnostic.

Si Kl. IMMELMANN parle d'« autisme animal », il semble plutôt désigner un syndrome d'isolement, expérimental, caractérisé par un refus du contact, des mouvements compulsifs et des insuffisances sensorielles, qui l'apparente davantage à l'hospitalisme qu'à une forme de TSA. Il est la conséquence d'un déficit d'empreinte lié à l'isolement, l'animal « s'imprégnant » sur une partie de son propre corps.

E. A. TINBERGEN et N. TINBERGEN, en 1972, ont tenté une approche éthologique du problème ; ils décrivent une peur excessive du contact même souriant, et en font une simple pathologie de l'interaction ; or le problème est manifestement bien plus profond, et devrait plutôt être recherché, d'après les anamnèses, dans un déficit des capacités primordiales d'attachement. Plus que d'une interaction altérée, il semble plutôt s'agir d'une impossibilité primitive d'établir du lien social.
Les déficits des capacités de communication des TSA posent le problème de l'interaction humaine, sa nature, ses fonctions, ses origines ; G. DAHAN (in J. COSNIER, 1977), montrait que la disparition des « régulateurs phatiques » (mouvements d'approbation, d'écoute, hochements de tête, etc.) dans la communication quotidienne la plus banale perturbait rapidement le locuteur, et l'immobilité , face impassible, l'interrompt ; ces gestes pourtant insignifiants, inconscients, semblent n'avoir aucune fonction et s'avèrent néanmoins indispensables à la poursuite d'une communication.
Dans les TSA, cette absence de communication non verbale rend les échanges étranges et discordants, même si la parole est normale. La socialisation est problématique, et la stigmatisation peut porter préjudice en matière d'emploi, d'assurances etc.

Le Dr B. FORGEOT D'ARC, en 2014, dans sa conférence sous-titrée « êtres d'exclusion ou d'exception ? », décrit ce que jusqu'en 2013 on appelait le syndrome d'ASPERGER, du nom de Hans ASPERGER qui le premier a décrit en 1944 cette forme particulière d'autisme, exhumée par Lorna WING en 1981.

Le sujet présente à côté des déficits spécifiques des TSA une intelligence normale, parfois exceptionnelle, ainsi qu'un langage remarquable voire recherché. On a ainsi suspecté des génies, de MOZART à WITTGENSTEIN, en passant par Bobby FISHER, d'en être atteints.

Les troubles concernent surtout l'absence de réciprocité dans la « conversation » ; la carence d'émotions visibles, la disparition apparente de l'expression corporelle des affects, déséquilibrent les échanges et leur confèrent un caractère étrange. Le contact visuel est difficile, l'empathie émotionnelle est absente et le langage corporel pauvre (mimiques, postures, gestes, mouvements de mains) ; ces sujets paraissent ne pas posséder de compétences sociales : ils ne perçoivent pas les indices de l'interaction et ne savent pas « ajuster » leur comportement de communication. Ces difficultés de compréhension sociale les rendent inadaptés dès qu'ils sortent de la routine des contacts connus et clairement balisés.

Ils paraissent ne pas disposer de la « théorie de l'esprit » dont il a été question plus haut, c'est à dire du processus d'attribution de pensées, de croyance, d'état mental, d'intentions et d'émotions à l'autre ; cette carence de feed-back mental empêche d'inférer des états mentaux à autrui et entache la notion d'altérité qui permet les interactions sociales complexes.

La notion de « neurones miroirs » découverts par Giacomo RIZZOLATTI en 1990 a connu un certain retentissement, ils s'activent aussi bien lorsqu'on agit que lorsqu'on regarde quelqu'un d'autre agir ; on en a fait la base des comportements d'imitation, d'altruisme et d'empathie. Ils permettent de ressentir l'émotion exprimée d'un tiers. Ils seraient le support cérébral des conduites sociales essentielles, partagées, collectives ; et leur carence a été envisagée comme une origine possible des TSA. Hypothèse qui, à l'heure actuelle, n'a pas fait ses preuves.

Il existe par ailleurs des aspects particuliers non sociaux, comme les comportements stéréotypés (balancements, battements de mains par exemple), des jeux ou des actes répétitifs, ainsi que des conduites ritualisées « immuables ». Les troubles sensoriels peuvent être une hypersensibilité aux sons, au toucher, associés à une hyposensibilité à la douleur.

Face à ces handicaps dont il est conscient, le sujet développe une stratégie extrêmement élaborée pour s'adapter au monde social : il « apprend » intellectuellement les indices de l'interaction, de l'émotion, et « sait » les décoder et y répondre ; en réalité il adopte une stratégie d'imitation, et parvient à se conduire « comme si », pour reprendre le terme de WINNICOTT. En fait ils doivent, pour communiquer, faire du digital (les phonèmes, les mots) quand on fait spontanément de l'analogique (les émotions) ; nous y reviendrons plus en détail.

Il paraît stupéfiant d'entendre des gens, brillants intellectuellement, parfois surdiplômés, expliquer qu'ils ne peuvent concevoir le contenu mental des êtres réels, alors qu'ils sont capables de les expliquer dans la littérature ou la poésie.

« J'ai mis en place une base de données intellectuelles sur chaque comportement « normal » que j'ai pu croiser et je l'enrichis dès que j'observe une situation nouvelle », dit Manon TOULEMONT, auteure du livre « Symphonia ouverture », « Je sais qu'il faut être souriant quand on rencontre quelqu'un pour la première fois, même s'il n'y a aucune raison » (journal « Le Monde », 27/12/2012).

Ils se retrouvent dans la position d'un éthologiste, comme Jane GOODALL, qui apprend la communication d'une autre espèce sans la partager naturellement.

Ils nous apprennent en tout cas que la communication humaine n'est pas l'évidente sociabilité qu'elle paraît être, mais qu'elle se construit sur la base de compétences, notamment éthologiques, dont il conviendrait d'approfondir l'origine. Ils nous apprennent aussi qu'elle partage une part non négligeable et méconnue, non symbolique, avec la communication animale.

Le rapprochement autisme et éthologie a donné lieu à une littérature assez importante, la conjecture la plus prometteuse, avancée par B. CYRULNIK notamment, étant celle d'un déficit d'attachement, voire d'empreinte, pour des raisons non identifiées.
J. COSNIER (1979) rappelle les expériences d'élevage en isolement et le déficit d'empreinte chez différentes espèces animales, mais surtout des singes (Macaques mulatta), chez qui le « primate deprivation syndrome » (W. A. MASON, 1968) provoque un « syndrome de BOWLBY » (Protest, Despair, Detachment), expérience d'ailleurs dites de « Kaspar HAUSER » ; il fait le rapprochement avec les symptômes d'enfants autistes et de certains psychotiques adultes, qui présentent balancement et dandinement du corps, balancement et cognement de la tête, postures étranges, suçage des doigts, cognement sur les yeux, auto-morsures, et mouvements complexes des mains.

L'approche éthologique de l'autisme plus ou moins prononcé reste envisagée (J. PEDERSEN, 1989) ; les enregistrements montrent que les enfants autistes se tiennent plus près de l'examinateur, ont plus de contacts physiques avec lui, mais échangent beaucoup moins de regards que les enfants témoins. Les réponses visuelles à la parole sont très réduites.
Que les autistes évitent le contact visuel est connu de longue date ; mais l'abondance de contacts physiques, qui n'est pas un comportement social adéquat, semble être une façon archaïque de réduire l'anxiété.
Il y a quelques années, un pédopsychiatre, peut-être M. RUFO, proposait un « contact dos à dos », qui semblait moins anxiogène sinon rassurant pour ces enfants.

J'ai moi-même (D. GODARD, 1991) tenté une approche éthologique des stéréotypies chez les enfants handicapés (non autistes) ; leur déterminisme n'est pas seulement interne, elles sont une réponse, inappropriée, à certaines stimulations de l'environnement, et notamment à la « surcharge » (overload) en informations sociales, sensorielles ou cognitives. Elles peuvent d'ailleurs parfois aussi s'observer chez les enfants en crèche.

L'éthologie propose une hypothèse très ouverte, empreinte et attachement ayant pour base à la fois des mécanismes génétiques, neurophysiologiques, épigénétiques et psychologiques.

Par ailleurs, le récit des difficultés sociales secondaires, induites, chez les personnes différentes, marquées d'une façon ou d'une autre, ajoute le rejet au handicap. Nulle compassion, aucune empathie ne vient tempérer l'exil des êtres stigmatisés. Cette attitude vient compliquer le tableau clinique initial de troubles surajoutés à type de craintes sociales, fuite, peur du rejet et est un obstacle supplémentaire à l'intégration.

C'est dire qu'un « éthologiquement correct » est nécessaire à l'intégration sociale spontanée, dans une société humaine qui tolère difficilement le handicap.

23/ LES BASES DE L'ÉVITEMENT DE L'INCESTE

« Der Mensch leidet unter dem gewaltsamen Bruch seiner Tierischen Vergangheit »

L'homme, malade de lui-même : conséquence d'un divorce violent avec le passé animal

F. NIETZSCHE, 1887, « Généalogie de la morale ».

L'inceste est très clairement un problème dont l'éthologie ne peut faire l'économie puisqu'il représente le passage de la nature à la culture, soit de l'animalité à l'humanité. Il est le tabou (le mot est d'origine polynésienne) absolu.
« La prohibition de l'inceste est à la fois, au seuil de la culture, dans la culture et en un sens, la culture elle-même » (C. LÉVI-STRAUSS, 1949)
L'idée n'est pas nouvelle, BOUGAINVILLE a décrit « La nouvelle Cythère » à Otaïti (Tahiti), et Denis DIDEROT, dans le « Supplément au Voyage de BOUGAINVILLE », le « naturalise » et oppose les lois de la nature qui autorisent l'inceste, formulées par OROU à celles de la civilisation, énoncées par l'Aumônier ; « je t'accorde que peut-être l'inceste ne blesse en rien la nature mais ne suffit-il pas qu'il menace la constitution publique ? »

Pourtant, contrairement à l'idée reçue, les éthologistes ont montré que dans bien des espèces animales existe une inhibition des relations consanguines.
« Dès le début de l'éthologie objectiviste, ..., la question de l'évitement de l'inceste a été soulevée » (J. D. DE LANNOY, P. FEYEREISEN, 1992).
En fait, l'opposition de l'animal incestueux à l'homme dépositaire d'une morale vertueuse n'est absolument plus soutenable. Mais il s'avère nécessaire de formuler ce tabou, non parce qu'il correspond à une loi naturelle à notre espèce, mais, comme le dit DIDEROT, parce qu'il fonde l'ordre symbolique.

Toutefois, même les lois de la Nature ne sont pas généralisables et comportent donc des exceptions ; ainsi certaines espèces sont endogames : le cichlidé émeraude, étudié par Timo THÜNKEN (2015), de l'université de Bonn, préfère trois fois sur quatre s'accoupler avec un frère (ou une sœur) qu'avec un partenaire non consanguin ; la frégate du Pacifique, un oiseau de Hawaï, agit de même.

D'après une étude menée par des chercheurs de Cambridge, Aylwyn SCALLY, Javier PRADO-MARTINEZ et coll. (2015), les gorilles des montagnes d'Afrique centrale, dont ils analysent le génome, présentent un fort taux de consanguinité.
« Des taux comparables de consanguinité ont contribué à l'extinction de l'homme de Néandertal mais rendu plus forts les gorilles des montagnes », concluent-ils.

On relève que les animaux domestiques, qui sont sélectionnés pour fournir des races aux caractéristiques spéciales, sont donc amenés à se reproduire de façon consanguine pour améliorer les caractères recherchés par l'homme. Or si « depuis la fin du paléolithique, l'homme utilise des procédés de reproduction endogamiques qui ont amenés les espèces cultivées ou domestiques vers un degré croissant de perfection » (C. LÉVI-STRAUSS, 1948), comment arrive-t-il à des conclusions opposées le concernant ?

On avance volontiers actuellement des arguments génétiques pour justifier la prohibition de l'endogamie ; outre que ce motif ne peut être plus ancien que la génétique elle-même, il ne concorde guère avec la théorie de l'évolution même.
En effet, si des gènes récessifs vont trouver à s'exprimer dans les unions consanguines, il apparaît que les homozygotes non viables vont disparaître de l'isolat et le caractère pathologique redouté va se tarir à brève échéance.
Ainsi en Islande, on pourrait s'attendre, au vu de la faible densité de population, et de l'isolement de l'île, à une consanguinité élevée ; or la diversité génétique y est comparable, sinon supérieure à celle de pays européens (É. CRUBÉZY, J. BRAGA, G. LARROUY, 2008).

Un argument fort plaide en faveur du caractère naturel de l'inhibition, c'est l'évitement de l'inceste constaté chez l'animal par les éthologistes (N. BISCHOF, 2011) ; effet probable, bien que peu envisagé, du phénomène d'empreinte ou d'attachement, qui fixe à la fois lors de la maturité sexuelle la recherche d'un congénère similaire à l'objet d'attachement, mais différent de lui (« l'empreinte supra-individuelle »). Les sociétés humaines ne procèdent pas autrement.

I. EIBL-EIBESFELDT (1984) écrit :
« Chez quelques Vertébrés, on peut observer de fortes inhibitions contre la formation du couple entre les parents et les jeunes, aussi bien qu'entre frères et sœurs. Ceci est le cas, par exemple, pour l'oie cendrée. Chez le macaque japonais, il semble exister un « tabou de l'inceste » (sic) entre mère et fils, et J. Van LAWICK-GOODALL (1968) a rapporté deux cas d'observations où une femelle ayant sa tumescence sexuelle, copula avec tous les mâles du groupe à l'exception de ses deux grands fils ... L'inhibition de l'accouplement semble être apparue quand les membres d'un groupe familial sont restés ensemble pendant une longue période et elle a probablement un rôle préventif vis-à-vis d'une consanguinité trop étroite ... Ce principe existe même chez certaines plantes qui possèdent souvent des mécanismes complexes pour éviter l'autofertilisation ».
Il donne par ailleurs l'exemple des putois, des hamsters, des écureuils, où apparaît une hostilité envers le jeune qui est repoussé et chassé avec des cris de menace, des morsures, quand il devient mature.
De nombreux auteurs montrent que l'inhibition de l'inceste est en fait la règle chez les animaux, comme l'avait d'ailleurs déjà envisagé ARISTOTE dans son bestiaire ; CYRULNIK (1980) en fait une conséquence de l'attachement, et le montre par l'exemple d'une expérience où un petit mâle est élevé par une mère adoptive ; à la puberté, s'il s'interdit toute sexualité avec sa mère adoptive, il copule ... sans complexe !... avec sa mère biologique. En 1994 (« De l'inceste », F. HERITIER et coll.), il reprend cet argument et décrit « un ensemble de forces biologiques, émotives, comportementales et socio-écologiques qui inhiberaient les comportements sexuels entre proches », fondées sur l'empreinte.
Ces observations ont été multipliées chez les singes essentiellement : citons GOUSTARD (1975), VIDAL J. M. (1979), qui parle « d'incompatibilité entre le rôle filial et le rôle sexuel » ; B. DEPUTTE (1987) ; pour R. CHAUVIN (1974) « ce tabou de l'inceste est dû au fait que la mère est l'animal dominant pour le jeune singe ».

Mais c'est avec sa fraîcheur habituelle que J. GOODALL étaye la théorie de l'attachement comme moteur de l'inhibition, chez les chimpanzés en tout cas : « les mâles adolescents, même lorsqu'ils avaient dix ou douze ans, continuaient à manifester du respect pour leurs vieilles mamans ».
Elle remarque en passant que frères et sœurs s'évitent pendant l'œstrus et ne s'accouplent pas.
Enfin, l'autre face de l'attachement est le détachement, et nous avons vu qu'il est souvent difficile pour le jeune qui s'y refuse.
Mais chez les chimpanzés aussi, la séparation est parfois difficile et « Qui aurait supposé qu'à cinq ans un enfant pouvait encore téter sa mère et dormir, la nuit, avec elle ? Qui aurait imaginé qu'un mâle de dix-huit ans ayant atteint la maturité sociale passerait encore beaucoup de temps dans la compagnie de sa vieille mère ? ».
F. DE WAAL (1982, 2005) donne aussi des exemples d'évitement chez les bonobos et les chimpanzés : pour éviter les croisements entre proches, « chez les singes la solution inventée par la nature est la migration des femelles » ; la seule femelle de même souche que le mâle dans le groupe bonobo n'est donc que sa propre mère « or, on ne s'en étonnera pas, c'est la seule combinaison sexuelle qui soit absente dans la société bonobo » (2005).
Chez les chimpanzés, les femelles en œstrus partent dans un autre groupe, y copulent, et le plus souvent retournent ensuite dans leur propre groupe (T. NISHIDA et K. KAWANAKA, 1972) ; par contre chez les babouins et les Rhésus, c'est le jeune mâle qui migre (J. ITANI, 1985).

La notion d'évitement ou d'inhibition de l'inceste suggère un comportement volontaire ou plus ou moins délibéré. Bien que cela corresponde aux observations rapportées, on peut difficilement créditer les espèces citées d'une attitude aussi culturelle puisqu'elle supposerait une connaissance des liens de parenté.
Outre l'attachement qui crée avec les soins parentaux des inhibitions refoulant les comportements proscrits, d'autres mécanismes, selon les espèces, entrent en jeu : la monogamie, le « gabarit », la notion de paternité.

La monogamie existe dans de nombreuses espèces, poissons, oiseaux, mammifères ; chez les primates, les gibbons passent pour être monogames, et C. LÉVI-STRAUSS y fait d'ailleurs allusion en 1949 quand il parle des « hylobates du Siam ».

Le « gabarit » est une notion qui établit l' « altruisme » et l'évitement de l'inceste, et fut un argument fort de la sociobiologie. C'est la capacité de percevoir les liens génétiques de parenté, évidente chez les insectes sociaux, et démontrée en 1979 par L. GREENBERG, chez une abeille sociale nord-américaine.
La reconnaissance de l'identité génétique est vitale pour éviter les invasions intruses dans les colonies, elle est aussi avérée chez certains mammifères et très probablement générale (P. JAISSON, 1995) ; les mécanismes peuvent en être visuels, comme chez la poule ou la caille, mais ils sont le plus souvent chimiques et olfactifs.
P. HEPPER a montré que face à quatre congénères inconnus présentés à un jeune rat, dont l'un est son frère, l'autre son demi-frère, l'autre son cousin germain et le quatrième un non-apparenté, il indique un degré de préférence de choix social corrélé au lien de parenté ; par contre il montre une préférence inverse pour le choix du partenaire sexuel. Cette compétence n'existe que dans les espèces ayant développé des liens de parentalité (qu'il s'agisse d'insectes, d'oiseaux ou de mammifères), et s'apparente à une « empreinte ». Ce phénomène de reconnaissance, lié à des molécules proches du système immunitaire, le « CMH », permet les comportements de coopération et d'altruisme envers les apparentés, et d'évitement de l'inceste.
Si en laboratoire on fait précocement adopter un petit par des parents porteurs d'un CMH différent, à l'âge adulte il évitera sexuellement les porteurs de la molécule d'adoption, au détriment de ses proches génétiques.

Chez l'homme, ce système d'histocompatibilité est le système HLA, unique et propre à chacun, et présent sur toutes les cellules d'un individu ; on ignore si l'homme peut reconnaître ces molécules par l'odorat, bien qu'il soit imprégné, pendant la grossesse même, de celles de sa mère.

D'après certains travaux (J. Mc FARLANE, H. MONTAGNER, B. SCHAAL et d'autres), un nouveau-né reconnaît l'odeur de sa mère.
Un chien peut discriminer ces odeurs corporelles déterminées par le système HLA, sauf dans le cas de jumeaux homozygotes (P. HEPPER, 1988). Ce qui autorise à penser qu'il pourrait percevoir les degrés de parenté entre humains.

Le troisième élément à prendre en considération, moins dans l'inhibition de l'inceste que dans les structures de parenté chez les animaux, est la notion de paternité.
Celle-ci est souvent considérée comme propre à l'humain, qui seul aurait une connaissance des modalités de la procréation. La reconnaissance du père serait la base même de la culture et de l'organisation sociale humaine.
Toutefois, comme le souligne M. GODELIER, 1989,
« dans de très nombreuses sociétés, la notion de père ne renvoie pas à un seul individu mais à une classe d'individus, tous les frères du père d'un enfant étant considérés également comme les pères de cet enfant » ;
Ailleurs, dans les sociétés matrilinéaires, décrites entre autres notamment par B. MALINOWSKI, le père n'est pas considéré comme le géniteur de l'enfant, qui appartient au clan maternel, et c'est le frère de la mère qui exercera la fonction paternelle.
En ce qui concerne le père biologique, son identification semble en fait plus générale et naturelle que ces assertions ne le laissent penser.
Quels qu'ils soient, les animaux ont un savoir sur la procréation, comme le prouve a fortiori l'infanticide ; E. HUCHARD et D. LUKAS ont répertorié 119 espèces qui pratiquent le meurtre infantile ; encore se sont-ils limités aux mammifères terrestres, alors que grenouilles, goélands, corneilles, et même dauphins pourraient allonger la liste.
Yukimaru SUGUYAMA l'avait déjà observé chez les langurs d'Inde, singes apparentés aux colobes, en 1977. On avait à l'époque qualifié ces comportements de « pathologiques », c'est à dire d'exceptionnels (F. DE WAAL, 2005) ; Sarah HRDY devait le confirmer chez cette même espèce. K. IMMELMANN à l'article « infanticide » cite de nombreuses sources.
Le phénomène est connu chez les grands carnivores et les rongeurs ; les primates, babouins, gorilles et chimpanzés (mais non les bonobos) sont concernés.
Les mâles dominants exterminent les petits des concurrents évincés, et c'est la plus importante cause de mortalité dans la plupart de ces espèces. En 15 ans de recherche, en s'appuyant sur leurs analyses génétiques, il s'avère que jamais un mâle ne se trompe et ne s'en prend à sa propre progéniture. Cette stratégie a permis, au fil de l'évolution, de maximiser la transmission de ses propres gènes et d'assurer la prééminence de sa propre descendance. Ce qui semble donner raison à R. DAWKINS et au « gène égoïste », puisque cette sélection s'effectue aux dépens du groupe et de l'espèce et demeure préjudiciable à la communauté.
Or ce comportement suppose une certaine connaissance de l'hérédité, de la reproduction, et de la paternité.

Néanmoins, des « comportements paternels » existent, en dehors des monogames, comme les Gibbons, où il est habituel. On l'observe chez les gorilles qui s'occupent des enfants de leur « harem ». D'ailleurs même si, chez les chimpanzés, le jeune mâle n'a pas de « père » auquel s'attacher, il doit quitter sa mère pour rechercher la compagnie des mâles adultes (J. GOODALL, 1970) ; les rôles semblent d'ailleurs discriminés, le jeune a certaines activités de prédilection comme le jeu avec les mâles, mais revient à sa mère après une agression ou une frustration.
Chez les poissons, il n'est pas rare que le mâle monte la garde auprès du frai (F. DE WAAL, 2005) ; « il est courant chez les cichlidés que le mâle participe aux tâches parentales ».
Selon M. GOUSTARD, le comportement paternel est fréquent chez de nombreuses espèces de primates : « Les mâles, dans plusieurs espèces d'Hapalidés, de Cébidés prennent soin du jeune, le transportent, mastiquent la nourriture avant de la leur régurgiter » ; chez d'autres (Mangabey, Magot, Macaque japonais) ils portent les jeunes, effectuent leur toilette sociale ; « souvent les mâles adultes

présentent un comportement paternel plus marqué et persistant pour les jeunes (ITANI, 1958 ; KAWAI, 1967) les moins vigoureux ».
Shirley STRUM décrit chez les babouins de savane les comportements paternels suivants : ils les épouillent, transportent, protègent, et les séparent en cas de bagarre ; et donnent la préférence à leur propre descendance.
Ces attitudes varient en fait d'un groupe à l'autre, et dépend des « traditions sociales », c'est à dire de la culture du groupe.

Aussi l'opposition tranchée entre animaux à l'excitation sexuelle incontrôlable et l'humain maître de ses pulsions ne peut-elle être affirmée aussi catégoriquement que le faisait F. J. J. BUYTENDIJK (1958), qui écrit même :
« aucun être humain « normal » ne s'éprend de son frère ou de sa sœur ».

24/ LES INCESTES HUMAINS

« *Mais j'aime trop pour que je die*
Qui j'ose aimer »
A. de MUSSET, 1836, Chanson de Fortunio, « Le chandelier ».

Bien qu'on ne parle souvent que de l'Inceste, il en existe en fait plusieurs types, qui ne sont pas tous l'objet d'une prohibition aussi rigoureuse dans toutes les sociétés. Aux diverses combinaisons possibles entre membres d'une famille, F. HERITIER (qui a succédé à C. LÉVI-STRAUSS à la chaire d'anthropologie au collège de France), ajoute un « inceste du deuxième type », inceste par procuration, indirect, celui par exemple de deux sœurs unies à un même homme. Il faut aussi mentionner la prohibition touchant les parentés spirituelles (parrain ou marraine et son filleul par exemple).
Mais le terme est l'objet d'un malentendu entre anthropologues et cliniciens. La prohibition pour l'ethnologue est une prohibition de l'endogamie fondée sur un ordre totémique, qui explique par exemple le tabou frappant aussi bien les vestales de l'antiquité que celles des croyances diverses (« Tabu », de F.W. MURNAU, 1931).
Inceste et prohibition sont de deux registres différents : le premier est d'ordre sexuel, la seconde d'ordre juridique ; les motivations économiques ne sont pas non plus à écarter, soit dans le cas des mariages consanguins pour préserver un patrimoine, soit dans le cas contraire pour former ou conclure des stratégies d'alliance.

L'inceste frère-sœur fait certainement l'objet de tabous moindres (en dehors des abus d'un aîné sur un cadet, qui est d'un autre ordre) : des mythologies universelles, aussi diverses que celle des Incas, pour qui l'Inca est né de l'union de MANCO CAPAC et de sa sœur MAMA OCLLO, rejoint celle des Grecs, pour qui HÉRA est l'épouse de ZEUS, bien que sa sœur, celle des Allemands puisque SIEGFRIED est issu des jumeaux SIEGMUND et SIEGLINDE.
La licence poétique permet au Cantique des Cantiques dans les Livres poétiques de la Bible de dire « ma sœur, ma fiancée ... », ou à BAUDELAIRE d'écrire « Mon enfant, ma sœur,.. » (« L'invitation au voyage »). Cet aspect mythique ou poétique révèle l'aspect occulté et nié de l'amour adelphique incestueux : celui d'un amour idéal, divin, absolu.
La mythologie évoque de multiples formes d'inceste : Myrrha (OVIDE, Métamorphoses, L. X) est amoureuse de son père, et en concevra par la ruse un enfant.
« La peau d'âne » de C. PERRAULT illustre l'amour d'un père pour sa fille.

C. LÉVI-STRAUSS (1949) évoque dans plusieurs sociétés les mariages prescrits entre consanguins, notamment entre frère et sœur ; en Égypte, ce mariage était la règle : la génétique a ainsi montré que les parents de TOUTANKHAMON (fils d'AMÉNOPHIS IV aussi appelé AKHÉNATON), étaient frère et sœur ; et loin d'être une coutume ancienne réservée aux pharaons et à la classe régnante (le Philadelphe), qui a été maintenue par les PTOLÉMÉE, et pour qui elle conservait le sens d'un interdit bravé seulement par les équivalents des dieux, il semblerait que ce fût une pratique répandue chez les petits fonctionnaires et artisans. La prohibition frappe dans la majorité de ces cas la sœur cadette, mais le mariage avec la sœur aînée est prescrit dans nombre de sociétés, comme les Samoa, ou le Japon ancien.
Pourquoi la sœur aînée ? Parce que le mariage avec une cadette relève probablement de l'abus, le frère aîné devenant un équivalent paternel.
L'exemple le plus significatif est probablement celui du Xvetodas de la Perse mazdéenne (Clarisse HERRENSCHMIDT, C.N.R.S.) dont la forme accomplie s'effectue par toutes les modalités d'inceste possibles : le père procrée avec sa fille, qui elle-même procrée ensuite avec son fils, et les enfants de cette union auront une descendance philadelphe. Le fait est d'ailleurs mentionné par Montesquieu et les Guèbres ("Lettres persanes" LXVII), qui en attribuent la coutume à Cambyse.
Ces exemples relativisent la notion d'inceste, puisque ces mariages consanguins relèvent de la définition que nous en avons. En fait il apparaît que la notion est indissociable de celle d'une Loi, écrite ou coutumière, qui interdit.

S. FREUD, et toute la psychanalyse ultérieurement, ont accordé à l'inceste sa place prépondérante de tabou universel ; or on omet de remarquer que FREUD, dans sa théorie du trauma, encore liée à sa pratique de l'hypnose et antérieure à la fondation de la psychanalyse en 1900, se focalise essentiellement sur l'abus de la fille par le père, ou un oncle, frère aîné ou tout équivalent du père, avouant même qu'il a parfois travesti la réalité de ce qu'il avait entendu en remplaçant le père par un parent.
Avec la naissance de la psychanalyse, que l'on s'accorde à dater de la publication de « Die Traumdeutung », 1900, c'est un autre inceste qui s'impose, celui de la mère et du fils. En le nommant « complexe d'Œdipe » il va le figer dans un statut de paradigme universel et ériger SOPHOCLE en démiurge. Le tragique grec avait probablement chez lui une place particulière, et son identification au héros de la trilogie se trahit, à son insu, dans des remarques fortuites comme celle qu'il fit à C. G. JUNG en 1909 lors du voyage en Amérique : « ils ne savent pas que nous leur apportons la peste », ce qui ne manque pas d'évoquer le sort d'Œdipe-roi à Thèbes.
Le cycle Œdipien de SOPHOCLE inclut aussi la tragédie d'Antigone, fille née de l'inceste d'Œdipe qui reste l'héroïne universelle, absolue, qui ne cède pas devant Créon. Or son martyre, au sens grec de témoin, traduit l'instauration d'une Loi morale ... issue de l'inceste.

Le tabou de l'inceste se redouble dans le mythe de celui du parricide.
D. DIDEROT déjà avait écrit dans « Le neveu de RAMEAU » :
« Si le petit sauvage était abandonné à lui-même, qu'il conservât toute son imbécillité et qu'il réunît au peu de raison de l'enfant au berceau la violence des passions de l'homme de trente ans, il tordrait le cou à son père et coucherait avec sa mère ».
En fait, et cette citation ne fait que le souligner,
« La psychanalyse découvre un phénomène universel, non point dans la répulsion vis-à-vis des relations incestueuses, mais au contraire dans leur poursuite » (C. LÉVI-STRAUSS, 1949).
Psychanalyse et ethnologie s'accordent sur un point : le désir incestueux est la base, au niveau individuel comme au niveau social, de l'érection des prohibitions qui l'interdisent.
Or, dans la réalité, clinique ou juridique, c'est une forme d'inceste exceptionnelle.
Soit elle est légendaire, comme celle de la redoutable SÉMIRAMIS, qui passait pour entretenir des relations avec son fils ; soit elle est anecdotique, comme J. J. ROUSSEAU qui couche avec « maman », la femme qui l'a adopté (« Les confessions »).

Soit elle est tragique, comme l'histoire vraie de Souha BECHARA, qui a inspiré le film canadien, justement multi-primé, « Incendies » (2010) : une libanaise chrétienne cherche en vain pendant des années son fils qui lui a été enlevé encore bébé et, capturée par une milice adverse, est torturée et violée par un bourreau qui se révèle à un détail anatomique être le fils perdu ; il en naît deux enfants jumeaux.
Comme Œdipe, on y relève une séparation précoce, c'est à dire un déficit d'attachement, et bien sûr la méconnaissance de la filiation, qui, conjugués, permettent l'inceste.
Les annales juridiques racontent la triste histoire des mères d'enfants déficients qui passent à l'acte incestueux avec leur fils handicapé.
Or ce type d'inceste (ou plutôt ce désir fantasmatique inconscient), le tabou de référence, qui fonde en psychanalyse la Loi fondamentale, puni de la castration, ce désir inavouable qui va générer ces Érinyes psychiques qu'on nomme « Surmoi », reste exceptionnel et se rencontre aussi peu dans la clinique que dans les tribunaux.
Toutefois, il n'est pas sans poser bien des problèmes, de morale, de Droit, de société ; les journaux, pour ne citer que cette quinzaine de septembre 2016, illustrent le problème :
un fait divers avéré, dans l'Oklahoma, raconte le mariage de Patricia SPANN avec son fils d'abord en 2008, puis après leur séparation 15 mois plus tard, elle épouse sa fille de 25 ans (elle en a 43) après que la loi ait légalisé le mariage de même sexe en 2014. Elle explique avoir perdu la garde de ses enfants, qui ont été élevés par un grand-parent (l'« Independent » 13/09/2016).
Le New York Daily News du 08/09/2016 rapporte aussi le mariage d'une mère, Melissa KITCHENS, de 44 ans, avec son fils Shaun de 25, en Caroline du Nord ; ce dernier a publié sur son profil facebook le portrait de son « épouse », ainsi que de leur fils, ce qui a permis leur inculpation ; ils risquent, outre 70 500$ d'amende, jusqu'à 3 ans de prison.
Les uns comme les autres affirment ignorer que l'inceste fût interdit ! ... Et d'ailleurs, en tentant de chercher confirmation de ces faits divers, on s'aperçoit que chaque état américain n'applique pas des peines similaires pour ce délit.
L'évidence du tabou, dans notre espèce qui dispose pourtant du langage, est plus floue qu'on ne pourrait le penser, et le législateur lui-même peine à définir ces relations entre adultes consentants comme un crime (felony) ou un délit (offence).

Par contre, et le clinicien en rencontre très probablement davantage que le juge, l'inceste père-fille, ou équivalent du père/enfant, est une effrayante évidence.
En Amérique du Nord, en 1986, on estimait que 3 à 9% des filles étaient abusées sexuellement par un membre adulte de la famille, dont 1% par le père (J. BIGRAS, 1986). 92% des victimes sont des filles, 97% des « offenders » sont des adultes masculins.
M. XANTHAKOU, ethnologue, en 1994 (in F. HÉRITIER), citant les chiffres de l'Institut grec de la santé de l'enfant, rapporte qu'une fille sur vingt-cinq (soit 4%) et un garçon sur trente-cinq sont victimes d'inceste avec viol.

Pour l'éthologiste, l'attachement sexuel (ou l'empreinte sexuelle, supra-individuelle) se substitue normalement, nous l'avons vu, à l'attachement parental (ou empreinte réciproque parent/enfant) ; dans la nature, chez la plupart des animaux, ces deux types de lien sont biologiquement inconciliables, ce qui amène les jeunes à ces stratégies d'évitement qui ont été décrites.
L'inceste humain est la négation de ces comportements programmés, ce qui amène quelques questions ; en premier lieu, notre espèce est peut-être la seule où l'enfant demeure dans la famille après sa maturité sexuelle, et la fille, objet d'attachement filial, y devient une femme.
Mais cela est loin d'expliquer la majorité des abus qui ont lieu sur des enfants, aussi incapables de se défendre que de comprendre. Le tabou de l'inceste, sensé fonder la culture, semble inhibé, et, avec lui, l'attachement « dénaturé »; on ne peut qu'évoquer ici la notion très controversée de « domestication », avancée par K. LORENZ en 1950, pour qui la nature humaine est altérée par la vie sociale :
« Les comportements les plus récents, subtilement spécialisés, ceux qui intéressent avant tout la communauté familiale, les soins et la défense de la progéniture, et plus généralement toutes les réactions sociales tendent à s'atténuer ».

S'il a raison, le « progrès » de l'espèce n'est pas au rendez-vous de la modernité, même si l'exogamie élargie se généralise.

Pour le clinicien qui est amené à traiter ces problèmes, souvent bien des années après les faits, la situation est beaucoup plus délicate à aborder que celle d'une victime et d'un agresseur, comme sur le plan juridique ... où là non plus d'ailleurs rien n'est évident (D. VRIGNAUD, 1994, in F. HÉRITIER) : un enfant se plaint, mais n'accuse pas, ou rarement. De plus, la divulgation du crime et la condamnation d'un ou des deux parents, va amener l'éclatement de la famille, le placement des enfants, leur séparation, la rupture des liens d'attachement fraternels, donc une « altération majeure du continuum vital » qui se surajoute voire dépasse l'angoisse ou les symptômes engendrés par la situation incestueuse.
D'ailleurs l'inceste n'existe pas dans le code pénal français, et seule une note de synthèse du sénat en fait mention en mai 2015 : « En France, l'inceste, c'est-à-dire le rapport sexuel entre deux personnes qui sont parentes à un degré où le mariage est interdit, ne constitue pas une infraction spécifique. Si la relation est librement consentie et concerne deux personnes qui ont dépassé l'âge de la majorité sexuelle, fixé à 15 ans dans notre pays, elle ne tombe pas sous le coup du code pénal » (www.senat.fr/lc/lc 102/lc 1020.html).
Par contre l'abus sexuel d'un mineur est aggravé lorsque l'agresseur est « un ascendant ou toute autre personne ayant sur la victime une autorité de droit ou de fait » ; on remarquera que le mot « inceste » n'apparaît pas.

Le Pr Julien BIGRAS (1932-1989) a poursuivi ses recherches de clinicien pendant 25 ans (J. BIGRAS, 1989) au Canada et en Amérique de Nord, où ces questions ont été approfondies, tant sur le plan psychiatrique que sur celui du Droit.
Or ce qu'il décrit est aussi surprenant qu'inattendu, voire dérangeant. Il distingue les effets à court et à long terme de l'inceste (1987).
En premier lieu il décrit un père faible et défaillant, non seulement dans sa fonction paternelle, mais parce que c'est un individu frustré, impulsif et violent qui impose « sa » loi ; Il rejoint ici le constat de D. VRIGNAUD pour qui cet homme n'est ni père, ni époux, ni compagnon, mais un « maître ».
Cependant, ces impressions ne sont que rapportées, en effet jamais les agresseurs ne se conçoivent comme malades, et ne se soignent, ni même ne se présentent à une consultation.
La victime se soumet aux sévices et garde le silence sur cette liaison qui dure le plus souvent assez longtemps. Il y a peu de symptômes apparents chez elle ; par contre, et c'est là le plus bouleversant, « si la liaison est interrompue, par accident la plupart du temps, la fille ou l'adolescente manifestera de graves signes de décompensation, des états dépressifs graves, des tentatives de suicide, des fugues, des actings out sexuels, et parfois même des fuites dans les réseaux de la prostitution et de la drogue ».
Cette attitude paraît tout à fait paradoxale et complexe ; l'auteur, psychanalyste de premier plan, ne propose aucune explication, la prise en charge s'avérant particulièrement difficile avec les intrications, souvent contradictoires, des multiples acteurs sociaux.
« chez ces (douze) jeunes filles, on peut d'emblée parler d'un véritable choc traumatique causé non pas par l'inceste lui-même, mais par son interruption ».
Si la souffrance est tue le temps que dure la relation, elle s'exprime bruyamment lors de sa rupture.
« Chez plusieurs d'entre elles, c'est le jour même du départ du père qu'elles ont décompensé ».
On sait les émotions suscitées par l'abus : honte voire abjection, culpabilité, peur ; mais aussi vraisemblablement amour ou tout au moins attachement :
« ... Il se formait alors un couple d'une remarquable intensité entre le père et la fille » ... « ces jeunes filles se sont fixées, collées soudées à leur père le jour même où ce dernier les a violées pour la première fois ».
« Même si l'adolescente se montrait agressive ... elle avait besoin de son père comme d'une drogue ».
Bien entendu, ces comportements ou plutôt ces positions affectives resurgissaient dans le transfert thérapeutique : provocations, violences, allégations d'abus... Ce qui ne pouvait sembler à ces patientes que la seule motivation possible à leur manifester de l'intérêt.

L'éthologie est-elle en mesure de proposer une piste qui puisse éclairer ces contradictions ?
L'attachement (et sa carence) semble au cœur du problème, puisque d'après plusieurs auteurs, le fait d'avoir été élevés ensemble inhibe le désir sexuel ultérieur : ils notent que les enfants des kibboutzim ne se marient que rarement entre eux ; CYRULNIK (1980) rapporte les exemples de M. MEAD chez les Arapesh, et de A. WOLF pour qui la proximité pendant l'adolescence crée une aversion sexuelle ; de B. BETTELHEIM enfin, qui observe que les enfants élevés par des metaplets dans un même kibboutz ont une fréquence de mariage ou de relations sexuelles très faibles (3 pour mille). En 1994, CYRULNIK (in F. HÉRITIER) relève une fréquence identique de 3 mariages pour 1301 enfants recueillis après la guerre et élevés ensemble par une association catholique varoise.
I. EIBL-EIBESFELDT, citant J. SHEPHER (1971), propose des chiffres identiques de 13 mariages sur 2769 cas étudiés, et encore ceux-ci se sont produits entre kibboutznik qui avaient été longuement séparés avant l'âge de 6 ans. Or aucun lien de parenté biologique, aucune consanguinité ne vient interdire ces unions. L'inhibition relève donc d'un autre ordre. Elle semble plus « naturelle » que « culturelle », puisque rien sur le plan sociétal ne les empêche.

J. BIGRAS souligne que les mères ont souvent été rejetantes dès la petite enfance à l'égard de leur fille, et s'en sentent coupables. L'intensité des troubles lui semble liée à celle de la carence maternelle. La réussite de la prise en charge dépend souvent, en parallèle, du succès de celle de la mère.

En fait plutôt que de l'inceste, il s'agit d'une problématique systémique, avec une situation incestueuse, au sein d'une famille, que ses membres connaissent tacitement ou explicitement. Il se redouble toujours d'un « inceste du deuxième type ». Et la confusion des rôles respectifs est une constante. Souvent d'ailleurs la victime prend le rôle d'une mère envers ses frères et sœurs.
La famille humaine, avec l'introduction du géniteur dans la position de père, normalement le protecteur, révèle une face cachée : la présence de ce prédateur virtuel ne va pas sans danger. Ce risque est normalement inhibé par l'attachement ; ces pères immatures et violents, violeurs, semblent eux-mêmes incapables d'un tel lien, et incapables d'en parler à quiconque. Non parce qu'ils se sentent coupables, mais justement parce que rien ne leur semble justifier de verbaliser leurs actes.

Au centre de ce déficit d'attachement, ou d'un attachement insecure, la victime oscille entre violence et abandon. Elle vit l'inceste à la fois comme une intrusion, une effraction, mais simultanément comme un lien affectif, une empreinte sexuelle puissante. Et ces deux affects sont incompatibles.

Toutefois, on ne saurait réduire les troubles à une pathologie post-traumatique, car s'il existe un conflit affectif, l'inceste pose aussi celui d'un conflit symbolique : quelle est la place de cette fille qui devient l' «épouse » du père ? Mère, femme, fille ?
On comprend encore mieux ce brouillage de l'ordre symbolique lorsqu'un enfant naît de l'inceste ; il est fils ou fille d'un père qui est aussi son grand-père ; il est fils ou fille d'une femme dont il est aussi le frère ou la sœur par le père.
De même les enfants nés d'amours delphiques sont-ils fils ou fille d'un oncle qui est aussi leur père, et d'une mère qui est leur tante puisqu'elle est sœur du père ; il est en même temps neveu/nièce et fils/fille de ses parents avunculaires.
Où est sa place et quelle est son identité ?

Aussi les effets à long terme des incestes demeurés tus et jamais dénoncés, que l'on rencontre en consultation de psychiatrie ou de psychologie, sont-ils des troubles profonds de l'identité, du type dépersonnalisation, clivage ; fréquemment aussi selon J. BIGRAS on constate des dysfonctionnement physiques génito-sexuels, qui inscrivent un souvenir de l'acte dans le soma : frigidité, stérilité, hémorragies, psoriasis pelvien, ou diverses phobies de bruit, d'odeurs, qui, inconsciemment, évoquent la relation incestueuse.

Comme une majorité de psychiatres, j'ai été consulté par des patients adultes qui avaient été abusés sexuellement ; la plupart avaient vécu avec ce souvenir enfoui et refoulé, qui resurgissait à l'occasion d'un problème avec leur propre enfant.

Une jeune femme, brillante, avait été violée par son père à partir de l'âge de cinq ans, à la mort de la mère en couches, et avait supporté cette situation jusqu'à ce que ses frères et sœurs fussent hors de danger.

Le souvenir qui la faisait frémir était non l'acte lui-même, mais le bruit des savates la nuit, dans le couloir conduisant à sa chambre.

Puis elle s'était enfuie, à l'étranger, et à chaque fois elle avait noué des relations qui, quand elles devenaient sérieuses affectivement, c'est à dire lorsqu'un attachement se faisait jour, la faisaient fuir à nouveau ; la France était ainsi le septième pays et la septième langue qu'elle pratiquait. Elle semblait avoir trouvé un équilibre dans une relation homosexuelle stable. Une capacité d'attachement, fragile, semble donc préservée malgré le trauma.

B. CYRULNIK évoque, nous l'avons dit, Monique SERF, Barbara, comme modèle de résilience après un viol incestueux ; elle s'est tardivement exprimée explicitement sur son vécu ; et ce sont sans doute ses textes poétiques, ses chansons, qui en parlent le mieux, sans pour autant semble-t-il qu'elle en fût apaisée : « les amours les plus belles sont les amours incestueuses », chante-t-elle (« Amours incestueuses »).

Les mots peuvent sans doute conjurer un fantasme, mais quid d'un fait, réel, traumatique ?

Peut-on un jour sortir de la ténébreuse obscurité d'une telle malédiction ?

25/ TABOU, TOTEM ET MANITOU.

« *L'enfer même a donc ses lois ?* »

GOETHE, « Faust », 1808, trad. G. de Nerval.

L'inceste de l'ethnologue n'est pas celui du psychiatre, nous l'avons dit ; et la prohibition qu'il postule porte sur un interdit qui a plus à voir avec le totémisme qu'avec la psychopathologie. Il traite donc davantage du désordre symbolique, qu'aucune société ne supporte. Chaque sujet a une place dans l'ordre social, et celui-ci se trouve compromis dans sa logique par l'inceste et ses conséquences.
L'Histoire n'est pas avare des incestes réels ; on dit qu'Agrippine serait née de la liaison de l'empereur Auguste avec sa fille Julie ; et l'histoire de France exhale « un certain air d'inceste » pour reprendre l'expression délicate du Cardinal de RETZ.
Ainsi Charles V en 1350 épousa Jeanne de Bourbon avec qui il était triplement consanguin, tous deux descendants entre autres de Saint-Louis. Pour autant, rien ne permet d'attribuer objectivement la folie de leur fils Charles VI à cette union incestueuse.
L'église (le pape Grégoire V) déclara incestueuse les unions entre cousins jusqu'au 7e degré.
Mais le tabou va bien au-delà, car le mariage consacrant les époux les unit « dans une même chair » ; aussi les relations par alliance, sans consanguinité réelle, sont-elles aussi déclarées incestueuses.
En effet, un beau-frère et une belle sœur n'ont pas le droit de se marier dans l'église orthodoxe ; et ce tabou n'a été levé en France qu'en 1975 (D. VRIGNAUD). Or il s'agit là d'un inceste purement symbolique.

Depuis FREUD, le tabou de l'inceste est le corrélat de la vénération du Totem ; ce dernier mot, d'origine très différente, provient de la langue Ojibwé d'Amérique du Nord, dont la culture est centrée sur le concept Algonkin de Manitou, qui désigne la force vitale universelle.
Il représente l'ancêtre mythique, père originaire symbolique. Les tabous sont relatifs au totem et fondent l'organisation symbolique de la société, et donc les interdits sexuels considérés incestueux.
Pourquoi, quelle nécessité logique a pu amener le clinicien FREUD à poser le tabou et son corollaire, le totem ? On remarque que, malgré son caractère extravagant, le postulat de la horde primitive de FREUD (1913) n'est pas remis en cause. Il se maintient et se confirme plus tard avec le « Moïse » de 1939, totem qui nous est culturellement plus proche.
Pour FREUD, la relation au totem est une identification ; un membre d'une tribu « aigle » aura donc une relation particulière à cet animal, sacré, tabou qui n'est violé que rituellement dans un « repas totémique ».

C. LÉVI-STRAUSS dans un petit livre de 1962 développe sa théorie Saussurienne du totémisme : l'identification au totem n'est pas l'organisateur de l'ordre social, ce sont les relations symboliques des totems entre eux qui le fonde.
Non seulement l'endogamie est proscrite, mais l'exogamie est prescrite, et les deux sont strictement délimitées.

Une ethnie de trois tribus, les « aigles », les « boas », et les « castors », entretiennent entre eux des relations déterminées par les totems respectifs et les hommes « aigles » sont aux hommes « boas » ce que les hommes « boas » sont aux hommes « castors », ce qu'eux-mêmes sont aux hommes « aigles ».
Chaque totem a ainsi ses attributs, ses mythes, ses fonctions respectives dans l'ethnie et ses oppositions caractéristiques aux autres.
Pour C. LÉVI-STRAUSS, il s'agit de dégager les lois générales de la « matrice » cérébrale qui décode et dissout le réel pour le « retotaliser » (1961). Il la représente avec l' «opérateur totémique », structure géométrique qui permet l'analyse des composantes du système culturel (Conception parfois contestée par des spiritualistes comme R. GIRARD, 1979, qui la trouvent réductrice).
Ainsi les Aigles A s'occuperont de et honoreront tout ce qui est aérien, arcs, flèches, oiseaux, ciel etc. ... les Boas B de tout ce qui est terrien ou tellurien, et les Castors C tout ce qui concerne l'eau et le milieu aquatique.
Les hommes ne peuvent pas épouser leurs sœurs totémiques, et doivent donc prendre femme ailleurs ; mais pas n'importe où : les C reçoivent les femmes de B ; les B les reçoivent de A, et A de C ; l'échange des femmes s'effectue ainsi selon des mariages prescrits : hommes C-femmes B ; hommes B-femmes A ; hommes A-femmes C, les autres formules étant taboues, c'est à dire incestueuses.
Si l'organisation est patrilinéaire, L'homme A aura une fille A qui aura une fille B qui aura une fille C qui épousera un homme A, son cousin totémique du côté du père.
Ces structures de parenté, dites élémentaires, ici très succinctement schématisées (et mutilées), déterminent la vie sexuelle sur la base d'une loi de prescriptions/proscriptions qui font dire à C. LÉVI-STRAUSS que c'est la prohibition de l'inceste qui fonde la culture et la société. Mais si ses conclusions sont les mêmes que celles de FREUD, le raisonnement et la place de la prohibition de l'inceste sont très différents. Il souligne que si la relation biologique est la même avec tous les cousins, parallèles (issus du frère du père) et croisés (issus de la sœur du père), l'inceste n'existe qu'avec un des deux types de cousins.
On peut néanmoins supposer, comme FREUD, que cette Loi est intériorisée, l'identification au père symbolique, l'ancêtre totémique en l'occurrence, permettant au sujet de se situer et d'exister dans une place déterminée par sa culture. Le Nom-du-Père lacanien est complémentaire du Non-du-Père freudien.
On conçoit à partir de cet exposé plus que succinct et ce regard très éloigné, ce que l'inceste a d'intolérable socialement ; il viole aussi la Loi totémique, l'organisation symbolique, et en cela « menace la constitution publique ».

L'ethnologie, mais les autres sciences humaines aussi, fondent la notion de culture sur la prohibition de l'inceste.
« La prohibition de l'inceste... constitue la démarche fondamentale ... en laquelle s'accomplit le passage de la Nature à la Culture » formulation épiphanique qui fait surgir la culture d'une vanité ;
« C'est en apparence l'opposition entre le comportement humain et le comportement animal qui fournit la plus frappante illustration de l'antinomie de la culture et de la nature »
Il y aurait donc solution de continuité, rupture irréductible entre les deux conceptions. Nous avons établi que C. LÉVI-STRAUSS reconnaît un « ordre » dans l'organisation sexuelle des sociétés animales, mais que ce n'est pas cet évitement de l'inceste qui fonde la culture.
C'est la « prohibition » qui la génère, et non l'inhibition ou l'évitement qui existent chez certains animaux.
Prohiber, c'est interdire, c'est poser une loi sociale. Ce terme réfère à un interdit, une raison, une conscience, et non, nous l'avons vu, à un principe naturel et universel.

Dire que l'interdit social, érigé en règle, en loi, est l'origine même de l'organisation sociale semble une aporie : c'est la loi qui fonde la loi !
Par contre, si on remplace prohibition par inhibition, naturelle, on peut alors considérer que l'ethnologie animale existe, puisque cet évitement amène les adultes pubères, mâles ou femelles selon les espèces, à quitter leur groupe social pour en rejoindre un autre, et amène à un échange et une mixité sexuelle. La distinction qu'il convient d'établir, ici comme ailleurs, entre ces espèces et la nôtre, est la symbolisation du lien et donc de l'inceste plus que sa prohibition.

En fait, les éthologistes ont montré que l'ordre social existe bel et bien dans l'ordre naturel, puisqu'on y observe non seulement une hiérarchie, voire plusieurs au sein d'un groupe, mais aussi un ordre sexuel établi qui organise chaque société, ou plutôt chaque espèce animale selon des lignes de force déterminées.
Ces organisations ne sont pas déterminées de façon absolue et rigides comme on pourrait s'y attendre ; H. KUMMER montre que, chez les babouins d'Afrique orientale, hamadryas et anubis, organisés de façon « patriarcale », le mâle dominant ayant un « harem », des différences existent entre les groupes dans la façon de traiter les femelles ; et si l'une d'elles change de groupe, elle adapte son comportement conformément à son espèce d'accueil, mais reprendra son comportement antérieur si elle retourne dans son groupe d'origine.
Par ailleurs si la dominance des femelles est stable et se transmet à sa descendance, celle du mâle est temporaire.
Dans l'ensemble, ces primatologues, que ce soit S. STRUM ou H. KUMMER, décrivent des sociétés organisées, paisibles (moins agressives que celles des chimpanzés par exemple), et surtout structurées de façon stable, sans avoir recours à des repères symboliques (qui toutefois ne sont pas totalement absents selon KUMMER). Notons d'ailleurs que le babouin hamadryas était le babouin sacré de l'Égypte antique et présidait ... aux scribes, en tant que dieu de l'écriture.

C'est donc plus vraisemblablement la culture, l'ordre symbolique, qui érige l'inhibition (naturelle) en prohibition (culturelle).
Et c'est l'organisation symbolique, à partir du totem, Père ancestral symbolique, qui organise l'endogamie et l'exogamie, axe primordial autour duquel se mettent en place les structures qui déterminent l'architecture sociale.

C'est le mythe qui fonde la Loi, qu'il s'agisse des tables de Moïse ou des prescriptions du Totem ; seul Dieu, le principe symbolique par excellence, clef de voûte de l'édifice conceptuel, quel que soit son nom, a autorité pour prescrire, proscrire, autoriser, interdire, et finalement soumettre l'homme à Sa Loi.
Les princes de tout temps se sont réclamés de Ses Principes Suprêmes, et aujourd'hui encore une grande majorité d'état l'invoquent dans leur constitution, quand ils ne se définissent pas comme des états religieux. D'ailleurs à la lumière des évènements de ce siècle, on peut légitimement se poser la question de la virtualité d'une société sans religion : les peuples tiennent à leur « opium », et ce n'est pas un « Être Suprême » quelconque qui peut en tenir lieu.
Les religions sont un pur système symbolique, cohérent, avec leurs liturgies, leurs rituels, leurs langues parfois (syriaque, copte, ge'ez, grec byzantin, arabe classique ...) qui permet de donner sens aux mystères de l'impensable : la naissance, et l'accueil dans le monde des humains ; la mort, l'éternité ; l'initiation de la puberté et l'entrée dans le monde adulte, toutes choses naturelles du monde animal qui doivent être métabolisées par le symbolisme. La croix chrétienne n'est-elle pas un poteau totémique ?
Quelle ethnie, quel peuple, quelle civilisation, n'a pas sa religion et sa cosmogonie ?
Ce qui fonctionne pour les religions est aussi présent dans d'autres dogmes.
Et notre monde moderne ne manque pas de « pères totémiques », qui sont la référence et dont la parole jupitérienne est indépassable : les invocations à ARISTOTE, AUGUSTIN, PÉTRARQUE, MARX, TROSKI, De GAULLE, LACAN, MAO, GANDHI, DARWIN et autres pères fondateurs, ont en commun d'être les autorités dogmatiques de chapelles inconditionnelles qui considèrent leur parole comme un

absolu. Ils ont été et demeurent le symbole essentiel qui rassemble une « coalition » autour d'énoncés primordiaux.

Bien qu'universelles, les croyances religieuses ne sont ni naturelles ni programmées génétiquement. C'est probablement là que réside la scandale Darwinien : en faisant de l'homme un primate cousin des singes, il a établi à son corps défendant un soupçon de scepticisme dans le sacré de l'espèce.
Et pourtant, « je n'avais pas l'intention d'écrire irréligieusement » écrit-il en 1860 (Correspondance).

26/ CULTURES

« La Culture ne sauve rien ni personne, elle ne justifie pas.
Mais c'est un produit de l'homme, il s'y projette, s'y reconnaît ; seul ce miroir critique lui offre son image »

J. P. SARTRE, 1963, « les mots ».

La Culture « Prométhéenne » du « Protagoras » est un problème central qui intéresse les champs divers des sciences humaines, de la philosophie, et va bien au-delà puisque les notions de peuples, de nations, et plus généralement d'humanité, lui sont liées.
Or l'éthologie en conteste le fondement.

L'incursion, sommaire, en territoire ethnologique, nous a amenés au paradoxe des cultures : les uns, éthologistes, et surtout primatologues, nous l'avons vu, la conçoivent comme une évolution linéaire de l'animal à l'homme. VON FRISCH montre que l'architecture animale, des insectes aux oiseaux et aux mammifères, peut être extrêmement complexe, posséder des critères esthétiques indiscutables, et varier selon les différents milieux pour une même espèce.
Les primatologues, KAWAI, IMANISHI et ITANI les premiers, chez les macaques, ont assis la notion de culture animale avec l'usage d'outils, comme nous l'avons évoqué.
Pour ces auteurs, et surtout Mc GREW dont c'est l'hypothèse primordiale, il s'agit de mettre en évidence l'existence d'un embryon de la culture humaine qui serait déjà présente à l'état d'ébauche chez les mammifères essentiellement. Son « Chimpanzee Material Culture » de 1992 est une date essentielle car elle marque le changement radical de regard sur l'animal ; la rupture est totale avec le modèle behaviouriste et cognitiviste, on ne recherche plus de capacités intellectuelles ou langagières (toujours rapportées aux compétences supérieures de l'homme), mais on parle de « chimpanzee ethnology ».
Une incompatibilité apparaît entre évolutionnistes, pour qui l'homme relève de la nature et pour qui tout a des origines animales, et des culturalistes d'ascendance cartésienne, pour lesquels par essence l'homme s'en écarte par sa pensée et sa capacité de symbolisation. Le malentendu semble irréductible.

Seul FREUD semble tenter de jeter un pont, à son époque, en « naturalisant » l'esprit humain quand il montre que les forces qui le gouvernent ne sont ni la conscience ni la raison. Et lorsqu'il constate que ces « pulsions » (Triebe), notamment sexuelles, sont symbolisées, il est amené à proposer un concept qui en rende compte, ce sera le « complexe d'Œdipe ».

Où se situe l'éthologie humaine ? Est-elle en mesure d'assumer cette contradiction ?

Tout dépend bien entendu de la définition que l'on adopte de la culture.
Au XVIIIe siècle, avec l'Encyclopédie, la culture est quasiment identifiée à la civilisation ; elle serait donc apparue avec l'agriculture, la domestication, et l'organisation sociale imposée par ce nouveau mode de vie ; celle-ci amène la formation des premières villes de Mésopotamie, Uruk, Mari... ,et l'écriture dont la fonction première est commerciale (« Syrie, mémoire et civilisation », IMA) avant d'être sacrée.

Au XIXe, avec l'anthropologie, elle devient « l'ensemble des habitudes acquises par l'homme en société », c'est à dire les compétences techniques, symboliques, sociales développées par les sociétés humaines, et elles sont classées selon une échelle « évolutive » de valeurs occidentales.
Edward TYLOR (1832-1917) écrit par exemple dans « Primitive Culture » : « La culture ou la civilisation ... est cet ensemble complexe qui comprend les connaissances, les croyances, l'art, le droit, la morale et toutes aptitudes et habitudes qu'acquiert l'homme en tant que membre d'une société »
La critique de la société de l'époque se développe déjà sur la base des observations ethnologiques débutantes, et F. ENGELS propose un modèle de société communautaire dans « L'origine de la famille de la propriété privée et de l'état » en s'inspirant de L. H. MORGAN.
K. MARX et F. ENGELS adoptent même un temps un paradigme naturaliste Darwinien dans l'élaboration de leur idéologie : « les sciences de la nature deviendront la base des sciences humaines », écrit K. MARX ; puis ils s'en écarteront à partir de 1875 (B. NACCACHE, 1980).

Pour les éthologistes, l'homme n'est qu'un cas particulier pour des espèces sympatriques et c'est un processus historique d'évolution qui a amené la complexification d'un fait déjà présent dans le règne animal. DEVORE et LEE (« Man the Hunter », 1968) avaient comparé les Bushmen du Kalahari et les ! Kung avec les babouins d'Afrique orientale, dont l'écologie est très proche (D. LESTEL, 2001).
Reprenant les arguments antérieurs, notamment de ces auteurs, Mc GREW définit la culture comme le mode d'adaptation des humains à leur niche écologique, rappelant que les paléoanthropologues sont confrontés à un continuum d'ustensiles de complexité croissante, donc à un phénomène évolutif et que la dichotomie homme-animal est simpliste. Quand les outils deviennent-ils humains ? Comment différencier les artefacts des hominidés de ceux des pongidés ?
Il y consacre un chapitre, et s'insurge contre les confusions introduites par les néologismes de « pré-culture » (KAWAMURA, 1972), de « sub-culture » ou de « proto-culture » (MENZEL & al., 1972), mais aussi contre les définitions ad hominem, sur-mesure, humaines, de la culture par l'anthropologie et l'anthropocentrisme en général.
Il compare ainsi un groupe de chimpanzés avec les pygmées (Mbata au Cameroun et Bambote au Zaïre) et les San (! Kung San), chasseurs-cueilleurs (foragers) d'Afrique tropicale, qui ont en commun de vivre sous des climats comparables ; il précise néanmoins qu'il est abusif de considérer ces chasseurs-cueilleurs comme « gelés dans le temps » ou « fossiles vivants », ni même comme une « fenêtre sur le passé », c'est à dire vestiges des hominidés primitifs du pliocène.
Les Tasmaniens, parce qu'ils ne connaissaient ni la poterie, ni le métal, ni les armes de type arc et flèches, lui semblent pouvoir être comparés aux chimpanzés de Tanzanie, isolés de leur espèce par le lac Tanganyika, qui sont les usagers d'outils parmi les mieux connus.
Ces aborigènes, qui peuplèrent la Tasmanie à une époque de glaciation où celle-ci était encore rattachée à l'Australie (Maxime DEREX, 2014), puis perdirent tout contact avec l'apparition du détroit de Bass, sont souvent cités ; toutefois leur disparition date de 1860, c'est à dire une date où l'anthropologie, si on l'attribue à MORGAN, n'était pas née en tant que science. Que penser de ces témoignages et comparaisons ?
Ces Tasmaniens, qui n'utilisaient d'après ces observations de l'époque, que des pierres ou des bâtons non modifiés pour chasser leurs proies (opossums, kangourous, wallabies, wombats), connaissaient le feu ; vivant en groupes de 70-85 individus, on leur connaissait neuf groupes linguistiques. Ils sont ainsi identifiés comme l'expression la plus élémentaire de la culture humaine.

Comparés aux chimpanzés de Tanzanie, il apparaît une similitude de technologie dans l'usage des outils et dans les recherches d'aliments. « Il existe de nombreux parallèles entre les deux équipements », écrit-il ; les ratios entre outils fabriqués (artefacts) et outils naturels (naturefacts) sont les mêmes.

Il compare par ailleurs les comportements des groupes sympatriques, en l'occurrence les ! Kung San, chasseurs de savane (open-country), et les pygmées Mbuti, qui vivent en forêt, à leurs homologues chimpanzés avec qui ils sont en compétition directe puisque leurs alimentations sont similaires dans leurs écosystèmes respectifs. Tous ignorent curieusement les céréales sauvages par exemple, et ne consomment pas les reptiles.

Il existe une connaissance des plantes comestibles et des plantes toxiques ; des plantes médicinales, utilisées comme telles, aux vertus antibiotiques, antifongiques, ou antivirales, sont utilisées comme traitements de façon adaptée et discriminée, comme le font par ailleurs les populations humaines locales ; des cas d'extraction dentaire ont été observés, ainsi que des habitudes d'hygiène, chez les chimpanzés.

Si 59% des brèves conversations (15 mn en moyenne) des San concernent l'approvisionnement, la disponibilité ou la redistribution de nourriture, les chimpanzés passent la moitié de leur temps en comportements alimentaires (WRANGHAM, 1977).

L'habitat du chimpanzé, son « nid », fait de végétaux, n'est pas qu'un endroit de repos ; c'est un espace investi où différents évènements se produisent, tels que naissance, copulation, alimentation, grooming (« épouillage »), convalescence et mort.

Mc GREW en conclut que le fossé n'est pas si large entre l'humain en conditions « naturelles » et le chimpanzé, et de même qu'on ne peut parler de l'homme en général ni comparer les Pygmées aux Inuits, il n'existe pas « un » chimpanzé mais des groupes aux cultures différentes. Aussi est-il amené à envisager une « ethnologie chimpanzée ».

« Pour paraphraser Louis LEAKEY, nous devons changer notre définition soit de l'humanité, soit de la culture, car nous ne pouvons maintenir les deux plus longtemps ».

Si les grands singes ne peuvent être assimilés à l'ancêtre humain qui a laissé ses traces à Olduvai ou Turkana, il faut néanmoins lui reconnaître un statut de sujet capable d'innover, de créer, de s'adapter, c'est à dire d'élaborer une culture identifiable.

Le danger pointe alors d'une hiérarchie, d'un système classificatoire de valeurs, qui d'une culture animale aboutirait selon une évolution devenue « progrès » à une culture supérieure.

Le pas est franchi par I. EIBL-EIBESFELDT (1984), dans un passage déjà cité, qui est révélateur de la pensée qui guide sa théorie :

La recherche d' « universaux » du comportement n'est pourtant pas plus fondée génétiquement dans ces peuples (Boshimans, Waikas, Himbas ...) qu'en Autriche.

L'idée cependant fait son chemin puisque L. CAVALLI-SFORZA (2004) décrit un processus évolutif de sélection des cultures qui serait semblable à celui de la biologie.

Sans nier l'existence de stades technologiques, plus ou moins avancés selon les sociétés, l'idée d'une hiérarchie des cultures et des hommes qui l'habitent conduit à une notion de races humaines qui n'existent pas. Dans toute culture, aussi primitive puisse-t-elle paraître, un objet ne peut être seulement une chose (Ding), il est aussi un objet symbolique ; c'est le cas des objets matériels, de la nourriture, des actes ritualisés de la vie quotidienne, tout simplement parce que sur toute la planète les hommes sont faits à l'identique, leurs capacités cérébrales sont les mêmes et leur fonctionnement mental et intellectuel comparable, et ce probablement depuis qu'Homo Sapiens est devenu Homo Sapiens.

C. LÉVI-STRAUSS avance l'idée, dans « La pensée sauvage » (1961), qu'il faut une somme considérable de connaissances pour survivre dans un milieu tel que la forêt amazonienne : chaque plante, chaque animal doit être identifié, les dangers de multiples situations repérés, le biotope, son écologie parfaitement connus. Se nourrir demande de connaître, de savoir pister, de piéger le gibier ... Tout cela se transmet au travers d'une vaste culture faite d'apprentissages, de traditions, de mythes, de rituels, dont la connaissance est vitale.

Dans les civilisations modernes, fières d'elles-mêmes, l'individu se repose sur l'intelligence collective pour vivre dans une société dont les ressorts le plus souvent lui échappent. L'accumulation de connaissances collectives est l'idéal d'une civilisation que ne partage pas nécessairement les autres. Et le pouvoir individuel de nuisance y est devenu considérable.
Ces progrès technologiques s'accompagnent en réalité d'une régression du niveau culturel moyen, puisqu'un savoir polyvalent devient inutile.
« les individus appartenant à des cultures différentes non seulement parlent des langues différentes mais habitent des mondes sensoriels différents », disait E. T. HALL en 1966.

C. LÉVI-STRAUSS a été influencé par Franz BOAS (1858-1942), père du « relativisme », pour qui aucune culture n'est supérieure à une autre, chacune est originale, avec sa ou ses langues, son art, ses croyances, et appartient à une « aire culturelle », comparable aux aires linguistiques.
Évaluer une culture, ou des degrés de culture, demanderait des critères objectifs indépendants de tout préjugé culturel ; or la subjectivité en matière de valeurs est la règle ; les Inuits, par exemple, se considèrent comme « les hommes », le reste de l'humanité étant des « œufs de poux » ...
Cette relativité vaut probablement aussi dans une évaluation de « cultures animales ».
Quant à une évolution biologique liée au « progrès », rien ne semble acquis de façon pérenne, et les « primitifs » au sens où l'entendaient DARWIN ou FREUD bénéficient des mêmes capacités et du même potentiel que tout Homo Sapiens : Les Mrabi de Thaïlande et les Tasaday des Philippines passent pour plus primitifs encore que les Tasmaniens ; et pourtant
« Tout Mrabi ou Tasaday a la capacité de s'intégrer rapidement dans le monde moderne » (D. LESTEL, 2001).

Derek DENTON, physiologiste, rapportant ses entretiens avec John ECCLES, écrit (1993): « on sait que si l'on prend le peuple le plus primitif de la planète et qu'on élève ses bébés au sein de notre propre société, ils s'en tirent tout à fait bien, comme GADUSEK l'a prouvé plus d'une fois »
Or une telle formulation était encore tout à fait inconcevable il y a cent ans encore, même pour des esprits éclairés ; malgré les hommes des Lumières, qui accordait à l'homme primitif un intérêt philosophique, le XIXe siècle déniait aux « primitifs » le statut d'homme à part entière, les considérant comme des esprits simples, infantiles, sauvages, et même quand DARWIN « civilise » un Fuégien, qu'il fait venir au Royaume Uni, c'est avec désespoir qu'il le voit retourner à sa condition première et quitter ses vêtements civilisés pour préférer rejoindre les siens.
A l'exposition universelle de Paris en 1936, les canaques étaient exposés au même titre que les animaux en cage.

Aussi l'idée d'une ethnologie animale reste-t-elle bien mal assurée.
Ce n'est certainement pas un hasard si l'idée germe en Asie, en premier lieu bien évidemment car on peut y observer des singes, y compris dans l'archipel du Japon. Mais il semble aussi que la culture accorde à l'animal un statut qui permette de le concevoir comme sujet, sans la barrière religieuse, philosophique, intellectuelle qui le sépare définitivement de notre espèce dans les civilisations du « Livre ».
Que l'idée nous parvienne par l'intermédiaire des écrits Britanniques qui n'ont pas laissé plus que les autres Européens derrière eux une réputation de grande mansuétude dans les pays exotiques colonisés, tient certainement à l'influence de DARWIN et de ses adeptes, influence dont le manque se fait ailleurs cruellement sentir.
Pour les américaines, le singe relève presque du statut de pet-animal ; on raconte que les chimpanzés de Yerkes regardent la TV, et avaient (1995-1998) un présentateur préféré, GRIFFIN (communication du Pr NEKARIS).
En France, la réticence à concevoir le problème avec objectivité est encore palpable ; seuls des travaux très récents, de Sabrina KRIEF sur les chimpanzés (2007), ou de Shelly MASI (2015), sur les gorilles, abordent le problème de front.
On préfère des concepts plus ambigus de « culture technique » (C. BOESCH, 1991), de « traditions chimpanzières » (F. JOULIAN, 2000).

Il faut l'analyse déconstructiviste d'un J. DERRIDA (2006) pour démontrer à quel point René DESCARTES a pu influencer la pensée et la perception de l'animal chez les grands penseurs, KANT, LÉVINAS, HEIDEGGER, LACAN « qui répute d'ailleurs DESCARTES indépassable » dans ses « Propos sur la causalité psychique », (1946) ; le singe n'est au mieux qu'une machine biologique animée. Parlant de DESCARTES, KANT et LÉVINAS, il écrit « L'animot se trouve par eux dénié, forclos, sacrifié, humilié, et d'abord au plus près d'eux, en eux-mêmes ».
Cette position est idéologique, et apparaît une constante historique, même s'agissant d'hommes : les espagnols en Amérique du Sud déniaient le statut d'humains aux amérindiens, les colons américains faisaient de même avec ceux d'Amérique du Nord, les colons européens avec les Africains, les Turcs avec les Arméniens, les nazis avec les Juifs, etc ...
Peut-on s'autoriser ce rapprochement entre ces ségrégations ?
Il confirme seulement que la perception de l'autre, homme ou animal, tient à cette part obscure de soi qui doit rester tue. C'est probablement la levée (partielle) de cette part occultée que FREUD célébrait quand il parlait de « la deuxième révolution », la Darwinienne.
« En définitive, plus que vivre dans une culture, on vit selon des cultures. La culture est un mode d'être au monde et à l'égard des autres une modalité » (F. JOULIAN, 2000).

Pourquoi ce détour probablement contestable de jugements hâtifs ?
Parce qu'il apparaît que le concept de culture animale, et surtout quand il s'agit de singe, est avant tout lié à la tradition culturelle ... humaine !
Le singe est d'abord une idée culturelle !
Celle-ci apparaît comme un obstacle qui empêche d'évaluer objectivement les données matérielles collectées, alors que la distance culturelle du singe à l'homme est presque quantifiable ; mais s'agissant d'espèces encore plus proches comme les hominidés, Néanderthal en particulier, le Béotien semble confronter à une accumulation de clichés et de projections encore plus accentuées, contradictoires et amphigouriques.
"Les natures sont dans la Culture" Philippe DESCOLLA (2002), anthropologue, P^r au Collège de France.
« L'anthropomorphisme est une difficulté pour comprendre » écrit LESTEL (2001). On peut lui superposer cette difficulté énoncée par FREUD dans l'interprétation psychanalytique : le transfert est une résistance, une force qui s'oppose à l'élucidation (S. FREUD, 1913).

27/ LE SYMBOLISME ANIMAL ?

« Dans le comportement animal, les signes restent toujours des signaux et ne deviennent jamais des symboles »
M. MERLEAU-PONTY, « La structure du comportement », 1942.

Comme le souligne D. LESTEL, ramasser une pierre est un geste trivial ; mais s'il s'avère que cette pierre a été utilisée au paléolithique par des hominidés, comme aurait pu le faire un chimpanzé, elle devient un outil et acquiert un statut symbolique : elle doit éventuellement être déclarée à la douane, elle sera évaluée, datée, chargée d'histoire, exposée ; elle n'est plus une pierre mais un témoin, un symbole, parce qu'elle a acquis quelque chose d'essentiel pour l'esprit humain : du sens.
Ainsi quand Sonia HARMAND, du CNRS, s'interroge sur des pierres de 3,3 millions d'années découvertes au Kenya, se pose-t-elle une question : s'agit-il des plus anciens outils humains jamais découverts, qui relèvent donc de l'archéologie, de pierres taillées par des australopithèques, ou bien la main de l'homme n'y est-elle pour rien ?
« Ces pierres semblent bien avoir été taillées intentionnellement », déclare un spécialiste ...
Dès lors elles s'inscrivent dans la culture humaine, elles deviennent des œuvres, créées par l'esprit humain avant d'exister.

Mais qu'en est-il de la pierre que le manchot, monogame, offre à la femelle de son choix ?
Ce n'est pas une gratification, comme l'aliment offert dans beaucoup d'espèces, ni un ornement, comme ces oiseaux qui décorent leur nid pour attirer la femelle ; cette pierre a pourtant une signification, sexuelle ; c'est un signe arbitraire, puisque sa finalité est sans rapport avec l'objet. Et il est chargé de signification.
Est-il symbolique ?

La communication animale est codée : selon les espèces, on aura des sons ou des chants qui expriment la territorialité, la menace, l'appel sexuel etc. En outre le contexte est signifiant : l'identité de l'individu émetteur, son rang hiérarchique sont décodés et pris en compte.
Mais il s'agit de signaux programmés, plus ou moins déterminés génétiquement, qui traduisent une disposition comportementale assujettie à une situation.

L'existence d'une fonction symbolique chez les animaux s'observe cependant, soit en situation naturelle, soit en situation expérimentale.

Elle est illustrée par des exemples classiques ; le plus connu est celui des singes vervets : en 1967, Thomas STRUHSAKER avait observé qu'ils émettaient des vocalisations différentes selon que le prédateur qui les approchait était un aigle, un léopard, ou un serpent python et les qualifiait respectivement d' «appel », d' « aboiement », ou de « jacasserie ». Robert SEYFARTH et Dorothy CHENEY ont observé puis testé ces signaux sémantiques (1980, 1993). Ils montrent en diffusant des cris enregistrés que ce sont bien des signaux désignant un prédateur particulier et non des cris d'alarme sans spécificité. Et à l'audition des cris enregistrés, les singes ont un comportement adapté au prédateur supposé : grimper aux arbres, se dissimuler dans les buissons ou scruter les herbes alentour. Ils constituent des signaux sémantiques, susceptibles de désigner un objet non perçu par l'auditeur qui a la capacité de le décoder et d'agir en conséquence. Le signifiant « cri léopard » renvoie au signifié léopard (représentation mentale), qui discrimine le référent léopard, l'animal réel, des pythons ou des aigles.
Mais c'est certainement au niveau des « cartes sociales » que les représentations sont les plus fines ; J. VAUCLAIR (1990) montre que, si on diffuse l'enregistrement des cris d'un jeune, les autres femelles se tournent vers la mère du jeune ; des femelles macaques discriminent des diapositives où une mère et son petit sont appariés de celles où la femelle et le jeune n'ont aucune filiation.
De telles observations tendent à montrer que non seulement la perception d'une relation existe, mais aussi qu'elle est mentalisée, représentée.
Les signaux échangés par les animaux sont liés à leur fonction : les signaux d'alarme (pas seulement sonores d'ailleurs, mais aussi olfactifs, visuels) sont discrets, ceux de menace envers un autre groupe, puissants, par exemple.
L'aspect sémantique, arbitraire, en fait partie :
« Ainsi, lorsque les chimpanzés veulent annoncer qu'ils ont découvert de la nourriture et qu'ils sont prêts à la partager, leur appel est un son grave, une sorte de grognement dont les caractéristiques n'offrent aucune ressemblance avec le type d'aliment découvert » (Peter MARLER, 1979) ; nous verrons que ce type de communication est peut-être une source de notre langage, non parce qu'il est sémantisé mais parce que le « locuteur », en l'occurrence le chimpanzé, signifie par la même occasion qu'il a une information essentielle pour le groupe, qu'il la partage, et à ce titre peut revendiquer un certain pouvoir si sa compétence se confirme ; ce qui est un mode de fonctionnement banal des espèces sociales.
Ch. S. PEIRCE distingue trois catégories de signes : l'icône, l'indice et le symbole ; « Il n'y a pas une seule de ces catégories que je ne rencontre dans le monde animal », écrivait T. A. SEBEOK en 1974.

En 1991, Christophe BOESCH observe que les chimpanzés de TaÏ « tambourinent » c'est à dire frappent un tronc d'arbre, pendant une dizaine de minutes, en poussant des cris particuliers appelés « pant-hoot » ; ils transmettent ainsi une information sur une direction à prendre, et le groupe change de direction à l'audition de ces tambourinages ; la vocalisation semble avoir pour but de permettre l'identification de l'émetteur. Les informations ainsi transmises sont de trois ordres : en tambourinant sur un arbre puis un autre, il indique une direction ; mais en tambourinant deux fois sur un même arbre en deux minutes, il propose une période de repos ; enfin en combinant les deux, il propose de changer de direction et de s'arrêter. Mais ces communications ne sont pas à proprement parler symboliques, il s'agit plutôt d'un code, fixe, très référencé.

Plus troublant est le constat de S. SAVAGE-RUMBAUGH au Zaïre qui observe les bonobos sauvages ; les groupes éparpillés dans la journée se retrouvent le soir, et elle pense qu'ils utilisent pour cela une communication symbolique : ils ne se servent que de deux ou trois végétaux déterminés qu'ils transforment intentionnellement ; 35 de ces signaux à support végétal confirment une piste suivie, 61 signalent un obstacle à éviter, et 11 des localisations d'activité (repos, repas etc.).
Cette « écriture » d'ailleurs leur nuit car elles permettent aux pisteurs qui savent les interpréter de les localiser. (D. LESTEL, 2001).

La capacité symbolique fait aussi l'objet d'expériences artificielles ; ainsi F. BUYTENDIJK, dont la psychologie comparée est très anthropocentrique, fait état de l'expérience suivante, à Yerkes :

On enseigne à des singes à utiliser des jetons pour obtenir de la nourriture en les introduisant dans la fente d'un appareil ; puis les chimpanzés doivent « travailler » (Arbeitsapparat) pour obtenir les jetons ; s'il fallait 10 jetons ou plus pour obtenir la nourriture convoitée, ils travaillaient en proportion ... Ils distinguèrent en outre les jetons valables des faux jetons qui leur étaient proposés. L'intérêt de l'expérience réside non dans le conditionnement, tel qu'il se pratiquait à l'époque où la conception dominante de la pensée animale était sur le mode S-R, mais dans l'utilisation des jetons « symboliques » qui étaient proposés comme récompense ; bien que sans valeur intrinsèque, ils représentaient un équivalent nourriture ou gratification.

L'auteur précise : « les tickets acquéraient donc une valeur, mais non pas en eux-mêmes. Ils n'étaient pas ce qu'est pour l'homme l'argent : une valeur en soi. Les tickets sont pour le chimpanzé un moyen subordonné à une fin ».

Et de conclure : « nous n'avons aucune raison de leur attribuer la compréhension de rapports symboliques » ; soit ! Mais nous n'avons guère plus de raison de leur dénier.

D'ailleurs J. PIAGET (1968) évoquant les expériences similaires de WOLFE ou celles de KÖHLER, écrit « Des systèmes plus ou moins complexes de représentation peuvent se constituer, qui impliquent quelque chose de supérieur à l'« indice » perceptif : des « signifiants » déjà différenciés du « signifié » auquel ils se rapportent, soit qu'il s'agisse « d'objets symboliques », comme dans le cas des jetons, soit qu'il s'agisse de « représentations », comme dit KÖHLER ».

Il est bien difficile d'imaginer une pensée symbolique chez l'animal si on la corrèle uniquement, comme BUYTENDIJK, au langage humain articulé. Rien ne permet en effet de l'appréhender, mais si le symbolique a acquis une telle importance chez l'homme au point que l'on peut considérer que c'est son Umwelt, c'est à dire l'écran à travers lequel à partir d'une certaine maturité il se représente la réalité, il faut nécessairement envisager chez certains animaux, ancêtres ou cousins, un embryon de représentation symbolique.

Où le chercher ?

La hiérarchie, la dominance et le pouvoir nous semblent occuper une place centrale dans le règne animal.

S'il existe des symboles, ce seront en priorité des attributs de pouvoir.

Les chimpanzés ont tous des blessures, à la face, aux membres ; les doigts manquants sont fréquents ; elles sont le résultat de combats sanglants, souvent internes au groupe.

Or deux primatologues, Frans DE WAAL au zoo d'Arnhem, et Jane GOODALL dans la réserve de Gombe, rapportent de façon anecdotique, séparément, un fait déjà évoqué, qui trouve ici sa place et qui attire l'attention : c'est la castration de l'adversaire vaincu lors d'un combat.

F. DE WAAL, relatant la mort de Luit, précise même qu'on lui a expulsé les testicules par deux petits trous percés dans le scrotum, acte qui semble donc délibéré. La scène n'ayant pas été filmée, le moment précis de la mutilation nous reste inconnu.

Or les organes sexuels n'ont a priori rien à voir avec les combats, bien qu'on décrive des érections à l'occasion des affrontements. Même si l'hypothèse peut paraître saugrenue, l'éventualité d'une symbolisation du corps, et ici du corps de l'ennemi, peut s'envisager comme une sémiotisation primitive d'un organe associé au pouvoir. M. GOUSTARD évoque ainsi un « symbolisme phallique » chez l'homme, c'est à dire une fonction symbolique, lorsqu'il compare certains comportements simiens et humains pourtant similaires.

Si elles ne sont pas accidentelles, l'explication de ces mutilations reste en souffrance ; mais la psychanalyse simiesque qui pourrait en rendre compte reste à inventer ...

Quoi qu'il en soit, la question de l'apparition de la symbolisation chez les primates, et probablement chez d'autres espèces, reste à résoudre ; elle ne peut pas être évitée.

Quand, comment, pourquoi est-elle apparue ?

28/ UN SYMBOLISME SANS SAPIENS ?

« La seule invention de l'homme, son tombeau »
P. ÉLUARD, « La vie immédiate », 1932.

Si la langue suppose la symbolisation, en fait l'inverse n'est pas vrai. Et pourtant, une confusion semble régulièrement établie entre l'une et l'autre ; symbolisation et langage apparaissent tellement liés que le plus souvent elle paraît en être l'effet.
En fait le concept reste difficile à cerner en dehors du langage humain.
Néanmoins l'idée d'une faculté de symbolisation indépendante de la langue est une hypothèse nécessaire, son émergence étant difficilement envisageable ex nihilo ; d'autre part elle peut être une condition, comme le souligne BENVENISTE, de l'apparition de la langue.

L'usage naturel d'outils, dont on a vu qu'il est fréquent chez de nombreuses espèces, peut le premier traduire une représentation mentale d'une action programmée ; le « marteau » et l' « enclume » du chimpanzé, mais aussi l'« éponge », et surtout les multiples bâtons effilochés, taillés, épluchés, décrits par Mc GREW, et donc préparés sinon fabriqués, traduisent des actes intentionnels dont la solution a été élaborée. Toutefois, ces outils restent adhérents à une situation donnée, ponctuelle et circonstancielle ; ce ne sont pas ces « prolongements de la main » spécifiques selon André LEROI-GOURHAN.
Homo Habilis, Homo Ergaster, Homo Faber, autant de termes qui traduisent pourtant la place prépondérante accordée à l'outil dans l'identification du genre Homo.
Les plus anciens outils, dont le « chopper », datent de plus de deux millions d'années : ce sont des instruments de découpe en pierre ; on en retrouve dans plusieurs sites africains et on les regroupe sous le nom d' "Oldowayen"; H. Ergaster crée (entre autres) les « bifaces », travaillés des deux côtés, qui sont de véritables lames ; on les date de l' « Acheuléen », soit de -1,6 à -0,3 millions d'années. « Ce sont les premiers outils taillés d'après des critères d'efficacité » (A. BERTHELET, J. CHAVAILLON, P. PICQ, 2001). Cependant, en mai 2015, au Kenya, Sonia HARMAND a exhumé des outils de 3,3 millions d'années.

Lee Rogers BERGER en septembre 2015 exhume 14 squelettes des grottes de Rising Star, en Afrique du sud ; cet « Homo Naledi » serait, selon lui, le genre humain le plus ancien, intermédiaire entre l'Australopithèque et Homo (Lee R. BERGER, 2015). La découverte, ou son identification, est très contestée, du fait surtout du faible volume crânien des spécimens (500 cm^3 environ), alors que les mains et les pieds sont incontestablement humains (Chris STRINGER, 2015). Pour L. BERGER, ces restes osseux rassemblés l'ont été par un rite funéraire (K. WONG, 2016). Une grande réserve s'impose toutefois vis à vis de cette découverte dont la datation n'a pas pu à ce jour être réalisée (H. MORIN, « Le Monde », 2015).

En Asie, les Denisoviens auraient disparu avec l'arrivée de l'homme moderne, il y a 40 000 ans ; pourtant l'homme de Maludong (Yunnan) ou Homme de la grotte du cerf rouge, présente une morphologie d'H. Erectus, hybridée (Chris STRINGER) de caractères modernes. Bien que daté du pléistocène, il a survécu à l'arrivée de Sapiens pendant 30 000 ans, puisque la dernière datation lui donne entre 14 500 et 11 000 ans. Dans ces grottes se trouvent des restes d'animaux, des os, des dents, des traces de feu ; Les os humains sont modifiés : travaillés, sculptés, peints, brûlés. Des crânes ont été taillés en coupes à boire. Il s'agit manifestement d'une espèce humaine singulière (CURNOE Darren, JI Xueping et coll., 2015), qui remet en cause « l'origine africaine ». Et qui, elle aussi, savait fabriquer et utiliser des outils.

Les pointes de flèches, racloirs, lames, burins sont fabriqués à partir d'éclats d'un « nucleus » ; plus complexes, ils sont dits « moustériens » période qui s'étend de -200 000 à -40 000 ans et qui voit arriver en Eurasie à côté des Néanderthaliens les premiers « Homo Sapiens ».
Si la fabrication de ces outils de plus en plus complexes dénote un savoir-faire, une anticipation, une représentation anticipatrice, et témoigne de mœurs sociales et de travaux collectifs élaborés, on hésite à leur accorder un statut symbolique. Ils restent en effet, faute de preuves contraires, contingents, univoques et pragmatiques.
Alors, « L'outil a-t-il forgé l'homme ? » (Ian TATTERSALL, Museum d'histoire naturelle de New-York, 2014). On peut considérer que la question reste d'actualité : Dans quelle mesure l'homme est-il le résultat de la technologie ?
L'outil accompagne Homo dans son parcours, il lui confère une capacité d'adaptation complémentaire, c'est un produit élaboré, imaginé, conçu ; néanmoins la préhistoire ne permet pas d'affirmer son statut symbolique.
Que l'on compare la massue Tlingit (Alaska) de C. LÉVI-STRAUSS, destinée à assommer le poisson, fabriquée par des hommes dits « primitifs », et un outil acheuléen, une différence apparaît immédiatement : elle s'inscrit dans un monde symbolique dont témoignent les sculptures, les signes qui l'ornent ; des décorations vont signer l'inscription de l'outil dans une ethnie, dans une mythologie, pour lui conférer un supplément d'âme qui lui permettra de tuer la proie sans provoquer la colère du dieu qui l'a créée. La charge symbolique de l'outil devient alors évidente.
Elle est même traditionnelle : quand Ajax et Ulysse se disputent les armes d'Achille, si le premier évoque leur poids très lourd, le second déclare, faisant allusion a à leurs décorations artistiques et pieuses, « il veut s'approprier des armes qui n'ont pas de sens pour lui » (OVIDE, « Les Métamorphoses », XIII).
Mais les signes, preuves tangibles de la pensée symbolique, sont-ils le propre de l'homme ?
Bien que très régulièrement remis en cause, de nombreux témoignages attestent d'une expression symbolique chez les Néanderthaliens et leurs homologues eurasiens : décorations, sépultures, art pariétal rudimentaire.
Il appartient aux spécialistes, dont les avis sont très divergents, de rendre aux uns, Néanderthaliens, et aux autres, « Sapiens », ce qui leur appartient. Quoi qu'il en soit, ces manifestations symboliques ont existé avant l'apparition probable du langage, si on restreint le sens de ce terme à la langue articulée et structurée grammaticalement.

Dès la découverte de la Chapelle-aux-saints, en 1908, naît une controverse entre les frères BOUYSSONIE qui ont découvert la fosse, et qui voient « non un lieu d'habitation mais un tombeau où se sont donnés d'assez nombreux repas funéraires » et le Pr BOULE, qui valide son hypothèse d'un être frustre et primitif, incapable de sépulture (A. HUREL, 2012).

C'est à Atapuerca que Trino TORRES et Emiliano AGUIRRE exhument en 1978 des squelettes fossiles vieux de 300 000 à 420 000 ans, les plus anciens du continent. Dans la mesure où les corps ont été préservés des charognards, qu'il n'existe pas d'ossements d'animaux à proximité, et qu'un biface qui pourrait être une offrande est retrouvé sur le site, l'éventualité d'une inhumation et d'un rite funéraire est envisageable ; J. L. ARSUAGA et coll. en font le séquençage génétique en 2013 et identifient les restes comme appartenant à des pré-néanderthaliens (H. Heidelbergensis), ancêtres des Donisoviens (dont les traces ont été identifiées par ailleurs dans l'Altaï), et des Néanderthaliens.
« A Sima-de-los-Huesos en Espagne, une fosse interprétée comme sépulture a livré les restes de plusieurs dizaines de cadavres de 500 000 ans, accompagnés d'objets clairement choisis pour leurs qualités esthétiques » (Y. COPPENS, 2006).
L'existence possible d'une inhumation et d'un rite funéraire fait envisager la possibilité d'un symbolisme lié à la mort dès cette période, antérieure non seulement à l'apparition du genre Homo Sapiens Sapiens, mais aussi à celle de Homo Sapiens Néanderthalensis. Mais il est clair qu'aucune preuve formelle ne peut être avancée.

En 1909, Louis CAPITAN et Denis PEYRONY mettent à jour la nécropole de la Ferrassie, en Dordogne ; y reposent 8 squelettes de Néanderthaliens, datant de 60 à 75 000 ans. La disposition des corps, enterrés tête contre tête, et la présence de bifaces, de racloirs, de pointes, de lissoirs en os et de couteaux moustériens ainsi que de gravures sur des blocs, évoquent une inhumation intentionnelle proche d'un lieu de vie. Là encore, bien que d'autres hypothèses puissent s'envisager, une certaine symbolique liée à la mort, ou plutôt à l'idée de la mort, est suggérée.

Les tombes de Skühl (les plus anciennes sépultures connues, 115 000 ans) et Qafzeh en Israël, et de Qena en Égypte, découvertes par Dorothy GARROD, de Cambridge, en 1929, datant de 100 000 ans ou plus, sont celles d'hommes (H. Sapiens Sapiens) (bien que A. LEROI-GOURHAN en fasse un « Néanderthalien à caractères néantropiens », p.173).

Mais c'est probablement le site de Shanidar, au Kurdistan Irakien, qui apporte les éléments les plus décisifs. Exploré par Ralph SOLECKI de la Columbia University de 1950 à 1961, il présente plusieurs niveaux d'intérêt inégal, datés de 60 à 44 000ans.
C'est Arlette LEROI-GOURHAN (1968, 2000) qui en donne l'interprétation la plus exhaustive. Les neuf squelettes de néanderthaliens, de la couche D, numérotés de I à IX attestent de rites funéraires ; Shanidar IV notamment, inhumé en position fléchie sur le côté gauche, repose sur une couche de différentes fleurs, qu'on a pu identifier, et connues pour leurs vertus médicinales, à l'intérieur d'une enceinte de pierres.

On peut donc penser, comme Yves COPPENS (2006) :
« à partir de 100 000 ans, l'Europe, le Proche et le Moyen-Orient offrent de véritables sépultures individuelles, très soignées, pour certains de leurs morts, dans lesquelles le cadavre, Homo Sapiens ou Homo Néanderthalensis, est accompagné de signes multiples de rituels ayant accompagné son inhumation, dépôt de fleurs, de nourriture, d'objets de valeur selon un certain ordre. Il est ainsi évident, au travers de cet exemple, que la pensée symbolique se fait plus compliquée, plus raffinée, au fil des années ».

Les sépultures et l'inhumation ne sont pas les seuls témoins d'une symbolisation antérieure à l'homme « moderne ».

Il est bien connu que l'homme de Néanderthal avait un cerveau plus volumineux que sapiens, en poids absolu ou relatif (indice K de céphalisation) : 1500 cm^3 pour 1750 (« Aux origines de l'humanité », P. PICQ et coll., 2001), ou 1450 pour 1600 cm^3 (Rémi PIN, 2011) et 1350-1400cm^3 /1500-1700 cm^3 pour RONDAL ; LEROI-GOURHAN reconnaît mais minimise l'écart (« évolution cérébrale des Néanthropes », 1964).

Mais cela ne prouve nullement une capacité intellectuelle supérieure, bien que l'on ait souvent recours à cet argument dans les comparaisons homme-animal.
Toutefois force est de constater que la forme du crâne, la taille des cavités orbitaires, l'hypertrophie supposée du lobe occipital, voire un nombre inférieur de circonvolutions cérébrales d'après moulage endocrânien, sont autant d'arguments contestables utilisés à charge pour dévaluer l'hypothèse d'une intelligence comparable à celle de Sapiens (Ralph HOLLOWAY, 2015).
Néanmoins, on peut considérer que le support matériel de capacités d'association, bases du symbolisme, existait déjà avec une masse aussi développée de matière cérébrale blanche et grise, y compris cortico-frontale. Pour certains, il n'y a aucune raison de penser que Néanderthal était moins intelligent que les humains modernes (Wil ROEBROEKS, université de Leiden, Dr Paola VILLA, université du Colorado, 2014, in Plos one ; Dr Alistair PIKE, université de Bristol)
« Ce sont les derniers Paléanthropiens qui font assister à l'ouverture d'un monde neuf, celui de la pensée symbolique.
Le crâne du Mont Circé, quelques inhumations, un peu d'ocre, quelques pierres curieuses constituent la mince auréole d'immatérialité qui flotte autour des hommes de Néanderthal », écrivait André LEROI-GOURHAN en 1964.
Il ajoute ailleurs, ce qui souligne l'illusion d'un « progrès » d'essence technologique, que si les charrues du premier millénaire sont bien désuètes aujourd'hui, les pensées de PLATON ou CONFUCIUS n'ont pourtant guère vieilli, soulignant ainsi que le développement de la pensée ne se mesure pas à l'aune de la technique.

Ce qui a changé, et de façon quasi exponentielle, c'est le regard porté sur ces hominidés, par ailleurs divisés d'après les nombreux sites aujourd'hui répertoriés, en une population occidentale, une population méditerranéenne, et une population orientale, les restes de Denisova étant classés comme un autre genre. Le plus ancien ancêtre commun, le DAC de tous les néanderthaliens, a vécu il y a 250 000 ans (DEGIOANNI Anna, CONDEMI Silvana, 2012).
La génétique enfin a permis d'établir la carte génétique des ADN nucléaire et mitochondrial (VOISIN J. L., 2012), ainsi que la date probable de l'hybridation entre les deux genres, entre 52 000 et 58 000 ans (A. SEGUIN-ORLADO et coll., 2014 ; FU Q., 2014) ; Svante PÄÄBO, généticien à l'institut Max Planck, Leipzig, situe plutôt ces échanges géniques au Moyen-Orient, avant l'arrivée de Sapiens en Europe, il y a 80 000 ans.
J. L. VOISIN pose d'ailleurs une question énigmatique : « Comment expliquer que l'ADN mitochondrial, à l'inverse de l'ADN nucléaire, ne montre aucune trace d'échange génique entre les Néandertaliens et l'homme moderne ? ».
On sait en effet que l'ADN mitochondrial n'est transmis que par le cytoplasme ovulaire des femmes, issu de la méïose, le géniteur n'apportant avec son spermatozoïde que de l'ADN nucléaire. Pour Bryan SYKES (2001), d'Oxford, 7 femmes seulement sont à l'origine de toute l'humanité Sapiens ; or l'absence de traces d'ADN mitochondrial néandertalien chez l'homme moderne suggère qu'aucune transmission ne se serait effectuée par les femmes néandertaliennes, seuls les mâles auraient donc participé à l'hybridation, ce qui paraît surprenant dans un mélange de deux populations.
Néanmoins on a montré que les Bushmen (ou Khoisan), qui auraient longtemps été la population dominante de la planète, ont conservé un patrimoine génétique intact, notamment les Ju/'hoansi (le Khoisan est une langue à clics difficile à orthographier), alors qu'on retrouve ailleurs leurs gènes plus ou moins disséminés (Stephan SCHUSTER, 2014) ; l'explication proposée est une tradition persistante d'endogamie des hommes, les femmes pouvant choisir un homme en dehors du groupe ethnique (Webb MILLER, 2010).
Une stricte endogamie des femmes est donc envisageable, alliée à une fécondité faible, hypothèse qui a d'ailleurs été envisagée pour expliquer l'extinction de Néanderthal.

Une autre hypothèse très probable est une incompatibilité du chromosome Y humain avec l'organisme des femmes Néandertaliennes, qui aurait généré des embryons non viables ;
Ou celle d'un autre gène incompatible : ainsi, L. CAVALLI-SFORZA, 1996, qui a beaucoup travaillé sur les Basques (qui seraient la plus ancienne population humaine d'Europe), explique la persistance de

cet isolat démographique (et linguistique) par l'existence chez les Basques d'un facteur Rhésus négatif. Celui-ci, on le sait, ne permettait (jusque dans les années 70) aux femmes qui concevaient avec un géniteur Rh+, de n'avoir qu'un enfant, puisqu'elles développent des anticorps contre leur fœtus qui est Rh+ (ce gène étant dominant, quand Rh- est récessif). Lors des grossesses suivantes, elles se comportent immunologiquement comme vis-à-vis d'un corps étranger et rejettent l'embryon ; ainsi ces femmes ne peuvent avoir de descendance hybride avec un homme Rh+, alors que celles qui épousent un homme Rh-, donc endogames, peuvent avoir des grossesses multiples.

« Les Européens et les Asiatiques actuels partagent de 1 à 4 pour cent de leur génome avec celui des Néandertaliens ; Les deux lignées se sont donc croisées ... Certains sites attestent qu'ils avaient des pensées métaphysiques (ils enterraient leurs morts). Ils ont produit une culture matérielle symbolique : pigments, coquillages perforés, serres et plumes à usage ornemental ... » (Marylène PATOU-MATHIS, CNRS, 2012).
D'autres sites ont montré des signes manifestes de culture, comme les serres d'aigles et le collier en os de Krapina (Croatie), vieux de 130 000 ans (D. RADOVČIĆ et coll., 2015). Le site d'Abric Romani (Espagne) montre des aires différenciées de couchage, de cuisine, de débitage.

Pourtant, c'est avec beaucoup de réticence qu'on leur prête aujourd'hui une possible production symbolique, un « emprunt » à Sapiens, une influence à sens unique.

Et pourtant, le plus ancien dessin retrouvé, un tracé sur un coquillage fait à Java, date de 500 000 ans, et serait l'œuvre de l'« homme de Java », un H. Erectus; les techniques modernes semblent en mesure d'exclure un tracé accidentel d'origine naturelle, ou même un faux (F. D'ERRICO, 2014, CNRS Bordeaux ; J. C. A. JOORDENS, université de Leiden, 2014). Ce zig-zag à peine visible sur une coquille de bivalve peut difficilement passer pour une œuvre d'art, mais, tracé d'une main sûre, sans lever la pointe, il témoigne d'une habileté manuelle certaine, et surtout d'une intention humaine : celle de laisser une trace, un témoignage.
Cet artefact très ancien reste unique ; mais les créations attribuées à Néanderthal sont beaucoup plus nombreuses.

Les dessins des grottes du Castillo ont 41 000 ans, selon le Dr Alistair PIKE (2012), de Bristol ; ce sont des ombres de mains gauches, pochoirs sur lesquelles a été projetée (spray) par la bouche de l'ocre diluée, ou bien de simples disques d'ocre tracés sur les parois.
Des pochoirs identiques, de 40 000 ans, ont aussi été découverts dans les grottes de l'île de Célèbes, en Indonésie (Maxime AUBERT, Adam BRUMM, 2014).
Des marques intentionnelles, huit lignes gravées dans la paroi rocheuse de la grotte de Gorham, à Gibraltar, ont été découvertes par Joaquin RODRIGUEZ-VIDAL, de l'université de Huelva.
Ces traits qui auraient au moins 39 000 ans, « ne sont pas des marques laissées par inadvertance, par exemple en travaillant la peau ou en découpant la viande. Les traits ont été repassés avec soin, l'individu a été minutieux et a veillé à ne pas déraper », dit F. D'ERRICO qui cosigne la publication (2015) ; et l'auteur de l'interview de conclure : « Les Néandertaliens auraient-ils alors copié les hommes modernes ? ».
Et pourquoi pas l'inverse, déclare A. PIKE ? En effet dit cet auteur, H. Sapiens était « récemment » arrivé sur ce continent, venant d'Afrique (sans croisement génétique avec Néanderthal comme les Eurasiens, ni avec le Denisovien comme les aborigènes d'Australie, les Inuits, et les mélanésiens) et où aucun art pariétal de cette même époque n'a été constaté. H. Sapiens n'apportait pas une tradition artistique, et le fait que les grandes fresques ultérieures soient son œuvre peut faire illusion rétroactivement. Il est pourtant pertinent de se demander comment sont réellement apparus ces artefacts, sans préjuger de leur développement ultérieur.

D'autres indices de traditions symboliques sont maintenant attribués à Néanderthal ; « la découverte d'outils en os pour le travail des peaux montre que les néandertaliens étaient bien plus avancés sur le

plan technique qu'on ne l'a supposé. Et des indices de la décoration des corps avec de la peinture, des bijoux et des plumes attestent de la présence de traditions symboliques » (Kate WONG, 2014).
Il s'avère que s'il se nourrissait de mammouths, l'homme de Néanderthal en faisait un usage beaucoup plus large que la nourriture, selon les découvertes du site de Molodova (Ukraine) ; les os, dont certains sont peints, couverts de stries, en étaient utilisés pour différents usages ; des constructions circulaires d'os de mammouths accumulés servaient probablement à délimiter des aires, peut-être construites (DEMAY L., PÉAN S., PATOU-MATHIS M., 2011).
Or ces savoir-faire sont antérieurs à l'arrivée de Sapiens en Europe, évaluée à 44 000-41 500ans ; les deux espèces auraient cohabité en Eurasie de 2600 à 5400 ans, selon Thomas HIGHAM, d'Oxford.

Plus récemment, on a découvert à Bruniquel, dans le sud-ouest de la France, une grotte, à 300 mètres de profondeur (dans les grottes la température est constante et de 20° supérieure au froid régnant à l'extérieur), investie il y a 176 500 ans (datation uranium-thorium) dans laquelle un cercle de 30 m² de stalagmites délimite une zone où du feu a été fait et de l'os retrouvé. Cette découverte bouleverse les dates et atteste de compétences insoupçonnées chez l'homme de Néanderthal (J. JAUBERT, S. VERHEYDEN, D. GENTY, « Nature », mai 2016).
Ailleurs, en Catalogne cette fois, dans la fouille de l'abri Romani, les chercheurs décrivent des zones de repos et des zones de vie avec des reliefs alimentaires, voire des cuvettes creusées dans la pierre où, à l'aide de pierres chauffées, l'eau était maintenue chaude en permanence (Maria Gema CHACÓN, Institut Catalan de Paléoanthropologie, 2015). Il savait aussi aller extraire du dioxyde de Manganèse pour allumer son feu (Marie SORESSI, 2016).
Ces découvertes bouleversent les idées antérieures sur Néanderthal, et attestent d'une organisation sociale complexe et technologiquement beaucoup plus avancée que les hypothèses antérieures ne le laissaient envisager. Si elles se confirment, elles relèguent définitivement les stéréotypes qui ont prévalu depuis la découverte de l'espèce.

Le site du Belvédère, à Maastricht, semble indiquer que les Pré-néanderthaliens déjà s'ornaient le corps d'ocre et d'hématite il y a 200 à 250 000 ans (F. D'ERRICO, 2012).
En Vénétie, on a mis à jour des traces de l'emploi de plumes et une coquille d'escargot de mer teinte en rouge.
En Espagne (Los Aviones, Anton) des coupelles pour contenir ou mélanger des pigments rouges, jaunes ou noirs, et des coquillages percés datant de 50 000 ans ont été exhumés.
Les marques de découpe d'os de pattes d'aigle semblent montrer qu'une valeur particulière était attribuée aux serres, non comestibles, et donc ornementales sinon symboliques, sur des sites datés de 90 à 40 000 ans.
Des dessins de phoques, dans une grotte près de Malaga, datés de 43 000 ans, ont été aussi identifiés par José Luis SANCHIDRIAN (université de Cordoue, 2012).
Mais c'est peut-être en Ardèche, à Maras, que Bruce HARDY, du Kenion College dans l'Ohio, a trouvé les indices les plus étonnants, dans ce site occupé il y a 90 000 ans, de traces d'activités diverses et jusque-là insoupçonnées. L'examen microscopique d'outils montre des restes de fibres végétales torsadées, pour en faire des liens qui ont pu permettre la confection de filets, de pièges, de paniers ; des traces de bois suggèrent des outils plus complexes que les épieux ou les sagaies traditionnels ; les indigènes consommaient aussi du petit gibier et du poisson.
Leurs silex, sans avoir les qualités esthétiques des hommes modernes, étaient d'une efficacité redoutable, et surtout beaucoup plus faciles à fabriquer pour des artisans habiles qui savaient très précisément exploiter un nucléus.
Les armes qualifiées de rudimentaires, notamment les épieux à pointe de silex, qui ne permettent qu'une chasse rapprochée des gros gibiers, s'avèrent, selon les reproductions faites aux États-Unis, plus efficaces pour tuer qu'une lance qui perd beaucoup de son efficacité avec le jet et ne pénètre pas suffisamment la proie.
Enfin la fabrication d'une colle forte à partir de l'écorce de bouleau s'est transmise de générations en générations pendant des siècles ; elle se faisait selon une recette complexe, à l'étouffé dans un récipient fermé pour que l'écorce ne s'enflamme pas, selon une température de 340 à 400°, et une

cuisson d'une demie heure. C'est donc une technologie élaborée, complexe, qui suppose un savoir étendu sur les propriétés de l'arbre et les transformations du matériau ; loin du « bricolage » de C. LÉVI-STRAUSS, il s'agit d'une invention véritable.

Comme celles de l'animal, les capacités de ces hominines sont contestées malgré les convergences de plus en plus nombreuses d'indices depuis un siècle. Francisco D'ERRICO (2012) l'illustre ainsi :
« La grotte du Renne a joué un rôle essentiel dans le débat sur les capacités cognitives des Néandertaliens. Fouillé dans les années 1950 et 1960 par le préhistorien français André LEROI-GOURHAN (1911-1986), ce site recèle plusieurs couches archéologiques, attribuées à la culture châtelperronienne, contenant des restes humains néandertaliens et des objets symboliques tels que des parures, des outils en os décorés et de grandes quantités de colorant rouges et noirs portant des traces d'utilisation.
Des études ont contesté les résultats de la fouille et proposé que cette association soit due à l'intrusion des objets symboliques à partir des couches supérieures du Proto-Aurignacien, attribuées à l'homme moderne, ou des restes humains néandertaliens à partir des couches du Moustérien sous-jacentes. En d'autres termes, l'association Néandertal/objets symboliques serait un accident archéologique.
Pourtant, une nouvelle étude à laquelle j'ai contribué au sein d'une équipe internationale ... démontre la justesse des observations de LEROI-GOURHAN ... Les conclusions sont sans ambigüité : les objets symboliques découverts dans les couches châtelperroniennes de la grotte du Renne sont bien l'œuvre des Néandertaliens ».
C'est une opinion semble-t-il actuellement partagée (N. TEYSSANDIER, CNRS Toulouse, 2016).

En un siècle, l'image de Néanderthal passe de celle d'une brute trapue, velue et difforme à un individu roux de teint pâle (Silvana CONDEMI, CNRS d'Aix-Marseille, 2007), doué de culture. « Un certain racisme », comme le dit P. PICQ (2007), prévaut dans les différentes représentations.

Apparu il y a 450 000 ans, et disparu (ou absorbé) depuis 30 000 ans, l'homme de Néanderthal ne nous a laissé que 1,5 à 2,1% d'ADN, dont l'interprétation ne semble guère plus facile que les artefacts. Le « Neandertal genome project », conduit conjointement par l'Université de Californie, l'Académie des sciences de Pékin et l'Institut Max Planck de Leipzig a permis le séquençage du génome de Néanderthal (R. E. GREEN et coll., 2010). Les gènes ainsi identifiés ont été retrouvés dans le génome humain, répartis dans les chromosomes de façon aléatoire. Toutefois, si on rassemblait artificiellement tous les gènes néanderthaliens disséminés dans notre espèce chez un même individu, cette addition représenterait 30% du génome. Les quelques 2% transmis à l'homme moderne, répartis en divers endroits du matériel chromosomique, sont des caractères adaptatifs comme la peau claire et les cheveux raides ; d'autres comme le métabolisme des lipides, qui présentait des avantages en période glaciaire, avec l'hypercholestérolémie, ont actuellement plus d'inconvénients que d'avantages, et seraient cause de certains types d'obésité.

Il semble que des hybrides aient existé, selon la découverte en 2002 d'un crâne dans la grotte de Pestera Cu Oase (Roumanie) présentant des morphologies mélangées ; selon une communication de Qiaomei FU, dans « Nature » de juin 2015, il s'agirait d'un descendant direct d'un métissage survenu quelques générations plus tôt. Des hybridations tardives, pendant la coexistence des deux espèces, semblent donc bien avoir eu lieu.

La disparition de Néanderthal a aussi été associée aux catastrophes climatiques, avec les pics glaciaires comme le « Maximum glaciaire » en 35 000 BP ou les fameux évènements de HEINRICH, et les catastrophes tectoniques, comme l'éruption des monts Albains, qui a duré des siècles (on parle de 5000 ans), mais surtout à l'éruption monumentale des champs Phlégréens, au large du site actuel de la ville de Naples, en 39 000 BP; les cendres auraient recouvert toute l'Europe centrale et orientale, et une partie de l'Asie, empêchant toute végétation pendant des dizaines d'années et responsables de la disparition totale de la flore et de la faune recouvertes de cendres pendant un siècle. On retrouve actuellement encore les strates des cendres volcaniques de l'époque jusqu'en Sibérie.

La glaciation a des effets multiples : la calotte glaciaire descend sur l'Europe continentale, et des os de mammouths laineux ont été retrouvé dans l'actuel Val-de-Marne ; mais surtout la captation de l'eau par les glaces provoque l'aridité dans les latitudes équatoriales, modifiant la faune et donc affectant les ressources vitales de ses habitants humains, qui devront émigrer.
Toutefois Néanderthal aurait survécu, quelques siècles, aux franges de ces catastrophes, notamment en Espagne et à Gibraltar, mais en nombre trop restreint pour prospérer.
Pourtant, c'est « Cro-Magnon qui remporte l'épreuve du froid » (J. J. HUBLIN, 2011).

Néanderthal n'a donc pas disparu sans laisser de traces.
Mais l'horloge moléculaire n'a sans doute pas fini de remonter le temps, et les investigations récentes remettent en cause le schéma d'une disparition due à la suprématie de l'homme moderne.

29/ ONTOGENÉSE DU SYMBOLISME

« Nous naissons tous fous. Quelques-uns le demeurent »
S. BECKETT, 1952, « En attendant Godot ».

Le terme symbole apparaît à l'origine dans « Le banquet » de PLATON, il associe le préfixe syn- « ensemble» et le verbe -bolein « jeter » ; il évoque l'idée d'associer deux termes qui sont ainsi liés, et désigne en premier lieu non un mot ou un signe mais un objet, la tessère, pièce d'argile qu'on brisait pour donner chacun des deux morceaux à deux personnes (qui pouvaient les transmettre à leurs descendants par exemple), dans l'idée de pouvoir ultérieurement les réunir grâce à ce signe de reconnaissance.
Curieusement, l'antonyme étymologique du symbole est le diabole, le diable, qui évoque en vertu du préfixe dia- une séparation, une fragmentation. Le « diabolon » était ainsi un calomniateur, un zoïle. Le mot désigne donc une capacité à délier, désunir, morceler ; c'est une figure possible de la « pulsion de mort », Éros étant symbolique au sens étymologique.
C'est avant cette époque de l'apogée grecque que PYTHAGORE part de Samos pour aller étudier la magie des Chaldéens ; il en revient avec les nombres, dont il établit une symbolique, qui persiste d'ailleurs sous diverses formes de nos jours, comme la numérologie.
Très simplement, si un et un font deux en sciences exactes, une monade et une autre monade ne font pas nécessairement une dyade.

Il en tire aussi son théorème qui sera la base de la géométrie Euclidienne, et permettra aux Grecs de calculer entre autres la circonférence du globe terrestre, et de fonder la Science.
C'est presque historiquement qu'une pensée magique donne naissance à une pensée rationnelle, selon un processus séculaire d'assimilation- accommodation.

C'est aussi un paradigme de la bivalence de la symbolisation qui domine le psychisme chez l'homme ; puissance sans limite, qui lui permet de comprendre et représenter l'univers, de l'infiniment grand à l'infiniment petit ; mais infirmité, écran, qui revêt toute réalité d'un sens humain. C'est une évidence dans les phobies ou les rituels, qui ne sont pas tous pathologiques, mais qui ont en commun d'avoir perdu leur sens ; Benoît SCHAAL (2013) en donne un exemple dans les émotions suscitées par une odeur :
« une même substance odorante, par exemple l'acide butyrique, présentée tantôt comme correspondant à une odeur de parmesan, tantôt à une odeur de vomi, suscite des réponses affectives

différentes chez les sujets » ; c'est l'interprétation de la perception, et non la perception en soi, qui détermine l'émotion et le comportement.
On pourrait multiplier les exemples, individuels ou culturels, ou une signification, même erronée, prévaut sur la perception et même le bon sens.

Aussi la naissance de la pensée symbolique chez l'enfant est-elle une question primordiale.
Les sciences de l'homme abordent la question sous des angles divers.

S. FREUD le premier établit un statut particulier du symbole dans l'approche rigoureuse qu'il en fait dès la « Traumdeutung » (« L'interprétation des rêves », ou « L'interprétation du rêve »), en 1900.
Dans son chapitre VI, « Le travail du rêve », après avoir établi le travail de « condensation » puis celui de « déplacement », il approfondit la symbolisation et les différentes symboliques du rêve.
Mais la symbolisation n'est-il pas justement cela, une condensation et un déplacement ?
« Le symbole ne saurait condenser sans déplacer », dit J. PIAGET (1968).
π (pi), d'ailleurs davantage signe mathématique que symbole au sens propre, illustre le déplacement du registre des chiffres sur celui des lettres, par un signe qui condense le rapport du rayon à la circonférence du cercle, d'une valeur arithmétique.
Par ailleurs, FREUD a établi trois chapitres plus tôt que « le rêve est un accomplissement de désir ».
Dès lors, pourquoi l'esprit emprunte-t-il le cryptage symbolique pour le représenter ? Pour échapper à ce qui reste de conscience et de jugement, répond-il. Il sert la censure.
Mais cette langue du sommeil reste le plus souvent inconnue du rêveur lui-même, qui par contre en gardera souvent les traces émotionnelles. Ce qui est perdu dans cette « voie royale d'accès à l'Inconscient », c'est le sens (conscient). Toutefois ces chemins mènent très souvent, souligne-t-il, au « rêve d'Œdipe ».

Ce mécanisme est-il le fonctionnement spontané du cerveau débarrassé des contraintes et des alertes de l'éveil ?
En fait, « cette symbolique n'est pas spéciale au rêve, on la retrouve dans toute l'imagerie inconsciente, dans toutes les représentations collectives, populaires notamment : dans le folklore, les mythes, les légendes, les dictons, les proverbes, les jeux de mots courants ».
On la retrouve bien évidemment dans les pathologies mentales, névroses (le cheval pour le petit Hans par exemple) et psychoses ; FREUD rappelle à cette occasion les travaux de E. BLEULER, qui le premier en a saisi l'importance et a identifié « le groupe des schizophrénies » et l'autisme dans son sens premier.
« Le rapport symbolique paraît être un reste et une marque d'identité ancienne ».
Néanmoins, à ce stade de son élaboration théorique, il tend presque à se limiter à une traduction des symboles, comme s'il s'agissait d'une langue primitive dénuée de grammaire ; le chapeau, l'escalier, la dent, l'œil, le train etc. paraissent quasiment univoques.
En 1917, « « on finit par avoir l'impression que nous avons affaire ici à un mode d'expression ancien, mais englouti, dont divers éléments se sont conservés dans divers domaines, l'un seulement ici, l'autre seulement là-bas, un troisième peut-être, moyennant de légères variations de forme, dans plusieurs domaines ».
Il écrit plus tard (1922): « La langue de la symbolique ... ne connaît pas de grammaire, c'est l'extrême d'une langue à l'infinitif, même l'actif et le passif sont présentés par la même image », ou encore (1937) « il s'agit de relations de pensée entre des représentations qui s'étaient constituées pendant le développement historique de la langue et qui doivent maintenant être répétées chaque fois que s'effectue un développement individuel de la langue » (« Moïse et le monothéisme »), et dans « L'abrégé de psychanalyse » (1938), son ouvrage ultime, il précise « ce langage symbolique ... tire vraisemblablement son origine de phases antérieures de l'évolution du langage ».
C. G. JUNG a développé cette conception avec la notion d'un symbolisme collectif et originel de l'humanité. Expression des « archétypes », il constituerait une « paléopsyche », Inconscient collectif inné de toute l'humanité.

Toutefois, cette « langue » polysémique n'est pas commune, et si certains symboles sont universels, d'autres relèvent d'une culture, et d'autres n'ont de sens possible que pour l'individu qui les a produits, comme bien souvent dans l'errance symbolique des schizophrènes.
Il y aurait ainsi une symbolique universelle, indépendante des langues et des cultures, comprise par tout humain, d'origine phylogénétique, qui se retrouve dans tous les mythes et contes ; c'est un matériel à disposition, notamment pour le rêve, inscrit dans le psychisme, en quelque sorte des universaux de la pensée : « le rêveur dispose des symboles dès le début de sa vie » (ajout de 1919) ; c'est notamment le cas des représentations sexuelles concernant les organes masculin ou féminin, le coït, l'oralité, que l'on retrouve jusque dans les mythes, les arts les plus anciens et qui nous restent ainsi immédiatement accessibles.

Mais existe aussi une symbolique culturelle, liée à une civilisation, à une langue, une époque, une histoire ; les deux ne sont pas nécessairement contradictoires : le rêve de guillotine, rapporté par FREUD, par exemple, où le symbole est marqué historiquement, vient illustrer et symboliser une symbolique archaïque de castration. Les religions sont riches de symboles divers qui malgré leurs différences cultuelles ou liturgiques renvoient aux mêmes contenus.
Les civilisations anciennes accordaient aux symboles une place essentielle, en cherchant à percer à jour leurs mystères ; les Égyptiens nous ont ainsi légué avec le zodiaque leur perception magique de l'univers ; la pythie grecque interprétait les signes ; les haruspices, les augures, la divination avaient un rôle essentiel dans la prise de décision de l'ensemble des civilisations, et c'est la lecture des symboles, leur interprétation qui en fixait le sens. Aujourd'hui encore, à côté de l'objectivité affichée, on continue de voir fleurir zodiaques, tarots, runes dont les configurations aléatoires seraient le reflet de l'ordre cosmique.

Enfin la symbolique individuelle, liée à l'histoire du sujet, est la plus difficile à élucider ; les phobies diverses, les rituels de la névrose, et les délires, notamment des schizophrènes, en sont peut-être les meilleurs exemples, souvent énigmatiques, impénétrables, même si de grandes lignes générales peuvent s'en dégager, comme l'a montré Victor TAUSK avec l'interprétation de la « machine à influencer ».

La place initialement accordée au symbolisme par FREUD (critiquée par certains, voire désavouée par BOWLBY en 1958) est fondamentale. Il le compare souvent aux hiéroglyphes, à une écriture pictographique qu'il convient de déchiffrer, c'est à dire de traduire en mots. Ainsi, une certaine contradiction se fait jour entre le symbolique, archaïque, et la parole, qui le traduit, et qui est pourtant fondée sur un processus symbolique, le mot se substituant au symbole comme à la chose qu'il désigne.
L'appropriation individuelle du symbolique et de ses lois semble être une nécessité pour que se mette en place sa généralisation linguistique.
Aussi convient-il d'approfondir le processus même de la genèse de la symbolisation chez l'enfant. Il en va là comme de l'ensemble des capacités sensitives, motrices, intellectuelles, qui, même si elles sont programmées génétiquement, font leur apparition au cours d'un processus de maturation, que certains comme J. PIAGET décrivent par stades, d'autres comme H. WALLON par cycles.

C'est en 1920 que S. FREUD aborde le sujet avec l'épisode « éthologique » déjà évoqué du jeu de la bobine ou « Fort-Da » (« loin-là »). La bobine, sans qu'on puisse l'affirmer catégoriquement, symbolise probablement la mère qui disparaît, puis revient ultérieurement ; pour l'enfant, ce dont il s'agit avant tout, c'est de mettre en place une représentation de la disparition et de sa maîtrise, dans un jeu que caractérise son inlassable répétition. L'évidence d'un processus symbolique tient selon FREUD aux phonèmes qui accompagnent le jeu, o-o-o-o quand l'objet s'éloigne et a-a-a-a quand il le ramène à l'aide de la ficelle qui lui en assure le contrôle. Pour lui, ce sont l'ébauche ou les équivalents des mots allemands « Fort » et « Da ».
A noter que l'enfant, dit-il, joue à ce même jeu de disparition-réapparition avec sa propre image dans le miroir, considérée ici comme un objet maîtrisé et non comme le sujet lui-même.

Le jeu est le moment essentiel où s'effectue la sublimation d'un affect pénible en une émotion positive ; c'est aussi le moment privilégié de la construction des représentations ; les éthologistes accordent une place essentielle au jeu entre pairs chez l'animal, toutes espèces confondues, et lui confèrent un rôle essentiel dans la mise en place des séquences de fuite, d'agression, de poursuite, de bagarres, qui cesseront d'être des simulations avec la maturité.
Les psycho-généticiens font de même en observant les dispositions à jouer très précoces chez le petit humain.

J. LACAN a accordé précocement une place essentielle au jeu de la bobine, et plus généralement au symbolique qui sera le pivot de sa topique R-S-I (Réel, Symbolique, Imaginaire) sur le modèle saussurien « référent – signifiant – signifié ».
Reprenant le fort-da, il dit : « Dans cette opposition phonématique (o-o-o/a-a-a), l'enfant transcende, porte sur un plan symbolique, le phénomène de la présence et de l'absence » (05/05/1954).
L'introduction de la langue, système symbolique ici constitué de l'opposition des deux phonèmes, introduit l'enfant dans le monde du langage et dans l'ordre auquel il se soumet, qui lui préexiste et lui est donc antérieur et extérieur ; ce jeu est l'issue, à la jonction de l'imaginaire et du symbolique, où se situe « ce qu'on appelle instinct de mort, qui est constituant de la position fondamentale du sujet humain ».
Il revient sur le fort-da le 25/02/1957, en soulignant que ce jeu symbolique n'est que substitut, et non satisfaction ; c'est sur cette base que s'élabore le psychisme humain : à la place de la chose ou du signifié va surgir le symbole, c'est à dire une compensation illusoire. Mais c'est aussi une ouverture et une alternative à la relation close de la mère à l'enfant.
« La symbolisation préoccupe le monde », commence-t-il le 05/02/1958. Il rappelle les difficultés à l'articuler depuis l'article princeps de JONES en 1911 et souligne « les difficultés qui se présentent depuis toujours à propos du sens à donner dans l'analyse, non seulement au mot de symbolisme, mais à l'idée que l'on se fait du processus de symbolisation ».
WINNICOTT avait repris et popularisé la formule de FREUD (1925) « le sein naît de l'absence du sein » (in S. LEBOVICI, 2002) pour signifier que la satisfaction du besoin est en premier lieu hallucinatoire, et que le manque (ou l'absence) crée la représentation psychique de l'objet.

Ainsi, et LACAN le rappelle, une certaine conception notamment Kleinienne de la psychanalyse veut que dès le plus jeune âge, à ce stade dit « schizo-paranoïde », le petit humain évolue dans un monde de représentations mentales internes, qu'il projette sur les objets qui lui donnent satisfaction ou au contraire le frustrent, la réalité devenant ainsi un espace rempli de « bons » ou « mauvais » objets, préludes à un « Œdipe » précoce. Dans cette optique, le monde réel n'est que le reflet du monde interne projeté. Dès lors, la symbolisation, ou ce qui la précède, la représentation, serait constitutive du psychisme humain et la réalité devient une construction mentale quasi illusoire.
C'est ce que BOWLBY (de formation pourtant kleinienne) refuse, en opposant à cette toute-puissance du symbolisme la réalité de l'attachement « animal ». Pour lui, l'objet réel « sein » répond à un besoin programmé et le comportement de l'enfant marque son aptitude à s'adapter, à s'intriquer dans le désir de sa mère.

LACAN dans « Les formations de l'Inconscient » fait appel à l'observation éthologique, puisque les animaux rêvent ; ils s'autorisent donc des satisfactions psychiques substitutives, illusoires, comme l'humain. Mais, dit-il « pour l'animal, l'instinct vient à son secours », c'est à dire, selon la conception de l'instinct alors en vigueur, une sorte d'automatisme, qui lui éviterait d'avoir à construire son monde propre et de trouver ses repères. L'éthologie animale a largement montré qu'il n'en est rien, que cet « animal » lui-même est un fantasme, et qu'il y aurait lieu ici de parler d' « animot », selon le néologisme de DERRIDA.
En fait, pour LACAN, la contradiction n'est qu'apparente, et il relègue ces constructions dans l'Imaginaire, que l'homme partage avec l'animal (par exemple dans les pièges du leurre) alors que le petit humain seul entre dans un monde qui lui préexiste, celui du Symbolique (qui pour lui signifie langage humain). L'opposition entre la frustration et la satisfaction, entre le mauvais et le bon objet,

s'avère en fait une sorte de prélude à l'opposition symbolique des phonèmes qui fondent la langue. Le sein, selon qu'il « donne » ou « refuse », introduit à la dialectique primordiale d'une première symbolisation : non pas celle du oui/non de SPITZ, de l'enfant qui accepte ou refuse, en se détournant, de se nourrir, ni du fort/da de Freud, mais à celle que lui oppose la mère dont il repère le désir face auquel il lui faut se situer.
« En fait ... le petit enfant n'est pas du tout auto-érotique. Il s'intéresse normalement, comme tout petit animal, et comme c'est somme toute un petit animal plus spécialement intelligent que les autres, il s'intéresse à toutes sortes d'autres choses dans la réalité ». Comme tout être vivant, il est aussi « instinctivement captivé » par bien des aspects de la réalité. Et notamment par le reflet de son image dans le miroir, qui serait un repère « préformé instinctuellement » !
Le processus de symbolisation ainsi décrit est moins l'émergence d'une capacité essentielle que l'avènement principiel à un monde symbolique dont la boussole est orientée par l'affect le plus puissant qui soit, le désir de la mère. Dans une logique tout à fait saussurienne, ces deux signifiants représentés par la frustration/satisfaction, bon sein/mauvais sein, +/-, vont structurer ce qui sera l'essentiel du psychisme humain, sa matrice, sans pour autant d'ailleurs empêcher la construction de la réalité, sauf exception.

Ce primat du linguistique, aussi séduisant soit-il, est un postulat contestable et contesté ; il est en premier lieu invérifiable sur le plan de l'ontogenèse, et relève davantage de l'adhésion à un dogme qu'à une expérience clinique.
Sur le plan de la phylogenèse, il est insoutenable, et aucune hypothèse n'est d'ailleurs proposée par les tenants de la théorie.

Aussi les héritiers de BOWLBY, dans les traces de S. LEBOVICI, procédant de l'observation directe théorisée par Esther BICK, envisagent-ils d'autres pistes pour décrire la genèse du symbolique.
B. GOLSE privilégie le corps et l'interaction dans l'émergence des représentations, et envisage « l'approche des processus généraux de sémiotisation et de sémantisation dans l'espèce humaine » (1995) (C'était d'ailleurs l'hypothèse soutenue par H. WALLON dans « Conscience et individualisation du corps propre » (1930) où l'expérience du miroir est essentielle).
En effet les compétences précoces du bébé décrites depuis quelques années, et ses systèmes interactifs, que nous avons déjà évoqués, ont été largement documentés par des pédiatres (T. B. BRAZELTON), des psychiatres (B. CRAMER), des éthologistes (H. MONTAGNER), des psychanalystes (D. STERN) qui ont depuis plus d'un demi-siècle, objectivé, par des observations et expérimentations, l'importance des « premiers liens », antérieurs même à l'accouchement.
En accord avec une nouvelle approche linguistique, B. GOLSE rappelle « le double ancrage corporel et interactif des processus précoces de symbolisation ».

Avec FREUD, il affirme « la pensée ne tombe pas du ciel, de manière éthérée et transcendante, elle s'organise avant tout dans les sensations – au niveau du corps – et ce sont ces sensations qui vont devoir progressivement accéder au statut de perceptions (étape évidemment cruciale de la mentalisation ou psychisation) », idée ancienne de la scolastique que reprend DESCARTES « il n'y a rien dans l'entendement qui n'ait premièrement été dans le sens », ou encore plus récemment H. WALLON, « De l'acte à la pensée » (1970).
La représentation mentale naît de la communication corporelle, de l'activité motrice, du jeu interactif ; mais rien n'est spécifique dans ce processus : dès lors qu'un lien entre des parents et leur(s) enfant(s) existe, il passe par une communication dont les canaux et les systèmes interactifs sont multiples, et cela au-delà même des seuls mammifères.
L' « attachement », avec la construction des MIO (Internal Working Model), est un modèle qui suffit à expliquer la formation des représentations par l'intériorisation des interactions (R. MILJKOVITCH, in GUEDENEY, 2002) : « le modèle de soi correspondrait à une image de soi comme étant plus ou moins digne d'être aimé, alors que le modèle d'autrui renverrait à sa perception des autres comme étant plus ou moins attentifs et sensibles à ses besoins ».

Mais tenter de dépasser les spéculations qui restent théoriques pour objectiver par l'observation du comportement l'émergence du symbolique reste, avant le langage, conjectural.
L'accès à la pensée symbolique du petit humain est décrit selon les auteurs comme un processus passif ou actif.
Dans le premier cas, c'est l'absence, selon la modalité que nous avons déjà évoquée, qui le permet ; mais si FREUD le date dans son observation chez un enfant d'un an et demi, c'est à dire contemporain des premières compétences linguistiques, d'autres auteurs l'évoque dès la construction de l' « objet total » avec la « phase dépressive » (H. SEGAL, citée par S. LEBOVICI, 1983), c'est à dire dès lors que l'enfant vers 8 mois perçoit sa mère comme une personne à part entière, qui peut donc manquer.
Pour René SPITZ, c'est le refus qui indique l'accession à un degré d'abstraction qui permet une séparation active ; ce « non », d'ailleurs lié à l'oralité, est l'opération mentale fondatrice du sujet, il est antérieur à la capacité linguistique dont il est le socle.
Selon BOWLBY (1980), c'est la qualité de la relation à la mère qui détermine les capacités de se la représenter et d'endurer son absence. Pour en déterminer le moment, il s'est tourné vers les travaux de J. PIAGET sur la permanence de l'objet.

On peut s'interroger ici, compte-tenu de l'importance que peuvent avoir les structures de parenté dans l'élaboration du psychisme, sur l'apparition et la représentation que peut s'en faire l'enfant ; la question n'est jamais posée malgré l'importance reconnue et fondamentale qu'on prête à cette notion dans diverses théories anthropologiques ou psychanalytiques.
J'ai procédé à l'observation élémentaire suivante :
A 30 mois (été 2015), Emmanuel répond à sa grand-mère qui lui dit
- « Lucie, c'est ma fille »
- « Non, c'est ma maman » (avec une nuance de colère).
6 mois plus tard, à 3 ans, il admet spontanément que Lucie, sa mère, est simultanément la fille de sa grand-mère. Il est aussi capable de formuler qu'Anne, sa tante, est aussi une fille de sa grand-mère, donc sœur de sa mère.
Bien entendu on ne peut tirer aucune conclusion d'un tel épisode unique mais, à titre indicatif, il nous semble aller au-delà de la capacité d' « inclusion » intellectuelle décrite par J. PIAGET, puisqu'il apparaît que l'enfant se situe dès lors consciemment dans une filiation et jette les bases d'une identité assumée.

30/ LA FORMATION DU SYMBOLE

« Ne serait-il pas plus naturel de supposer qu'alors les enfants s'imaginent que ce qu'ils cessent de voir a cessé d'exister, d'autant plus que leur joie paraît mêlée d'admiration, lorsque les objets qu'ils ont perdu de vue viennent à reparaître ? Les nourrices les aident à acquérir la notion des êtres absents, en les exerçant à un petit jeu qui consiste à se couvrir et à se montrer subitement le visage. »
D. DIDEROT, 1749, « Lettre sur les aveugles à l'usage de ceux qui voient ».

Jean PIAGET a systématisé l'étude de la formation du symbole avec son ouvrage de 1968. Avec son contradicteur, Henri WALLON, ils développent au fil des ouvrages un dialogue scientifique qui forme la base de la psychologie moderne, fondée sur l'observation et dégagée de la philosophie.
« L'acquisition du langage est elle-même subordonnée à l'exercice d'une fonction symbolique, qui s'affirme dans le développement de l'imitation et du jeu autant que dans celui des actes verbaux » ; à l'appui de sa thèse, J. PIAGET propose un matériel d'observation abondant, qui, à la manière de DARWIN, ancre son propos dans des faits minutieusement décrits.
L'intelligence dite « sensori-motrice » est la première étape du développement psychique, elle anime les premières « réactions circulaires » (concept qu'il reprend de J. M. BALDWIN, que l'école de Genève a réhabilité), et la symbolisation s'ébauche précocement dès que le geste se répète pour devenir jeu. D'abord découvertes fortuites, les « réactions circulaires » sont ensuite répétées dans le seul but de procurer du plaisir ; PIAGET parle même de ritualisation.
« Cette « ritualisation » prépare la formation des jeux symboliques : il suffirait, pour que le rituel ludique se transforme en symbole, que l'enfant ... ait conscience de la fiction, c'est à dire « fasse semblant » de dormir ».
Avec les schèmes sensori-moteurs, c'est donc le corps propre qui permet les premières possibilités symboliques avec le jeu et l'imitation, matrice du « schème symbolique », qui deviendra le « jeu symbolique » quand l'enfant saura « faire semblant » (vers 1 an), de dormir, de manger de se laver etc ... (observations 64, 65, 74).

Puis, détaché de son contexte, le jeu prend une autre dimension ; du simple plaisir fonctionnel, il devient capacité d'évoquer une conduite en l'absence de son objectif habituel :
« Le sujet fera dormir, manger ou marcher fictivement d'autres objets que lui-même et commencera ainsi à transformer symboliquement les objets les uns dans les autres » ; une boîte, un morceau de pain peuvent ainsi devenir une petite voiture.
C'est une autre dimension qui se met en place à ce stade, qui permet par le jeu « d'assimiler le monde extérieur au moi ».
L'utilisation de substituts symboliques intégrés au jeu amène à ce stade à un quasi-équivalent du « Fort-Da » vers 18 mois :
« L'imitation différée du modèle nouveau a lieu après sa disparition et le jeu symbolique représente une situation sans rapport direct avec l'objet qui lui sert de prétexte, cet objet présent servant simplement à évoquer la choses absente » ... « il se trouve, en effet, qu'au niveau où apparaissent ces premiers symboles ludiques l'enfant devient capable de commencer à apprendre à parler, de telle sorte que les premiers « signes » semblent être contemporains de ces symboles ».
Les débuts de l'image et du symbole émergent dans l'imitation différée, dans les jeux d'imitation (à 1 an), et non du fait de la seule vie sociale, affirme-t-il à l'encontre de H. WALLON.
Par contre le signe, arbitraire, supposera un rapport social avec l'adhésion à une convention commune.
Pour PIAGET, la fonction symbolique semble donc être une maturation endogène, et il accorde peu d'importance aux interactions et à l'épigenèse. Le symbole apparaît davantage comme un moyen d'intégrer l'affectivité, de la mentaliser, que comme une issue à ce que la psychanalyse considère comme essentiel : le lien affectif.
Il envisage divers types de symboles :
-le jeu est égocentrique (« autotélique »), assimilation presque pure (au contraire de l'accommodation/adaptation de l'intelligence), c'est une transposition symbolique sans la limitation imposée par la réalité et uniquement soumise à l'activité propre, et donc loin du signe, social
-puis il devient représentation, qui permet l'assimilation de son vécu, ou de celui d'autrui par imitation
-ensuite il devra respecter des règles de jeu et de conduite, imposées par la socialisation, et alors converger avec le signe conceptuel.
« Exercice, symbole et règle, tels semblent être ainsi les trois étages successifs qui caractérisent les grandes classes de jeux, du point de vue de leur structure mentale ».
Cette distinction dans l'ontogenèse présente un intérêt particulier pour expliquer les fonctions diverses du symbole, que nous avons déjà soulignées par ailleurs : symboles personnels, propres, sans limites ; ou symboles sociaux partagés, communs, signes à vocation de communication.
Le jeu symbolique est, pour lui aussi, structuré comme le langage, avec un objet arbitraire, dit symbolisant ou « signifiant », et un objet absent représenté, le symbolisé ou « signifié ».

Pour PIAGET, reprenant des observations de KÖHLER, ce jeu symbolique s'observe aussi chez le chimpanzé qui, lorsqu'il prend une de ses jambes entre ses mains, la traite « comme quelque chose d'étranger, comme un véritable objet, peut-être comme une poupée, en la berçant de côté et d'autre dans ses mains, en la caressant etc. »
Par contre, lorsqu'un chat court après une pelote de laine, rien ne permet de supposer qu'il la considère comme une souris ; cela resterait donc un jeu autotélique sensori-moteur, qui n'atteint pas le stade de la représentation, bien qu'il obéisse aussi aux critères de la « réaction circulaire ».

Les différents stades de ce développement ne s'excluent pas mutuellement et ne disparaissent pas avec le langage, ils se superposent, se subordonnent, plutôt, chacun permettant l'apparition du suivant qui l'englobera : le jeu symbolique reste sensori-moteur, mais s'enrichit de la capacité nouvelle de représentation, dans un mouvement d'appropriation progressif de la réalité.
Les jeux symboliques persistent et gardent une fonction spécifique ; ainsi le jeu de la poupée permet-il à l'enfant de revivre symboliquement sa propre existence, de rejouer les conflits quotidiens, de réaliser des désirs inassouvis ; la construction symbolique a ainsi des fonctions multiples, elle est

l'expression de la vie affective de l'enfant et de son entourage, de sa représentation ; on serait tenter de parler ici d'une projection des affects, et d'ailleurs les psychanalystes utilisent ce moyen dans leur pratique, comme le signale PIAGET ; la célèbre poupée-fleur de F. DOLTO nous le rappelle. Mais ce n'est pas là pour lui l'aspect primordial ; c'est la « conquête assimilatrice » qui prévaut, dans la construction du développement avant tout intellectuel et cognitif.
A cette période dite « pré-opératoire », qui dure jusqu'à 6 ans environ, où prédomine l'illusion subjective, succédera la période des opérations concrètes puis à l'adolescence celle des opérations formelles.

Remontant à la source du symbolisme, nous avons abouti à l'imitation, qui semble le primum movens des fonctions supérieures ultérieures ; elle joue le rôle de symbolisant, dit-il, et c'est « la dissociation entre le signifiant et le signifié qui est précisément constitutive du symbolisme ».
PIAGET en donne des exemples très précoces dans ses observations, dès le premier mois de vie, qu'il qualifie aussi de « contagion » : il émet un son, l'enfant tente de le reproduire.

Il n'est pas le premier à le constater, et R. ZAZZO (1957) avait observé à sa grande stupéfaction en 1945 sur son fils de 25 jours les capacités insoupçonnées à l'imiter lorsqu'il lui tire la langue ; il demanda à I. LÉZINE, puis O. BRUNET de reproduire l'expérience de protrusion de la langue, avec le même résultat « stupéfiant ».
En effet cette imitation active est bien différente des réponses vocales, du sourire, et autres comportements connus rassemblés sous le terme de « mimétisme émotionnel ». L'identification lui paraît impossible, et il conclut que si nous surestimons l'enfant qui parle parce que nous lui attribuons les modes de pensée qui sont les nôtres, nous sous-estimons les possibilités du tout jeune enfant.
En fait les capacités de communication actives du nouveau-né, sa perception poly-sensorielle de l'environnement, vont être découvertes et explorées largement quelques années plus tard, et en ce qui concerne la reproduction des mimiques diverses par A. MELTZOFF et M. MOORE en 1977 notamment, qui en dressent un catalogue.
L'imitation est donc un processus actif, qui se dégage progressivement de son modèle pour s'intérioriser : le geste signifiant d'imitation va dans un second temps être produit en l'absence de ce qu'il reproduit, le signifié, et le symboliser.
Mais le processus n'est pas de même nature : imiter est un comportement objectivable ; symboliser, c'est identifier d'abord, puis s'identifier, processus mental subjectif que l'observateur repère et suppose, mais qui en dehors du langage reste hypothétique.
PIAGET articule le développement de l'imitation dans la réaction circulaire avec la maturation neurologique et la mise en place des espaces sensori-moteurs : voix/ouïe, vue/préhension, qui élargissent les champs de la perception et de la réponse motrice en les coordonnant.
« L'assimilation élémentaire consiste à coordonner entre eux les univers hétérogènes dont l'un est visuel, les autres tactiles, kinesthésiques, etc. »

L'enfant construit le cadre spatial dans lequel il évolue ; la contrainte spatiale (la gravité) est la plus fondamentale.
Elle a influencé la morphologie des espèces qui ont adopté des solutions diverses pour y répondre (vessies natatoires des poissons, pattes porteuses des vertébrés terrestres, système alaire des oiseaux, etc.).
La motricité va de pair avec les sensibilités qui la guident : l'organisation est sensori-motrice, et non motrice et/ou sensorielle.
Le positionnement antigravitaire est le référentiel de base, et les unités fonctionnelles qui s'y greffent associent un organe de saisie d'information avec un organe effecteur ; la vue par exemple, qui assure les fonctions de repérage et de « palpation visuelle », est couplée aux nerfs moteurs oculaires, puis ces espaces visuels s'articulent avec la préhension qui s'ajuste progressivement selon des modalités ouvertes (feed forward) ou fermée (feed back) (J. PAILLARD, 1971).

La maturation neurobiologique est donc plus complexe que le modèle envisagé par PIAGET à l'époque, et l'assimilation s'effectue selon des modalités dont la mise en place neuro-anatomique est progressive et étagée.
Le corps situé et le corps identifié (J. PAILLARD, 1980) constituent un schéma corporel dont la psychophysiologie obéit à des processus de traitement intégrés des informations, où les divers sous-espaces vont devoir se coordonner entre eux et s'organiser en fonction d'un référent objectif.
L'unification en un tout qui formera le moi (image de soi, et non « ego » psychanalytique) est une construction fondée sur l'expérience dont la réaction circulaire est le prototype.

Mais à ces bases corporelles on objectera qu'il manque l'essentiel, le matériau sans lequel aucune construction n'est possible, à savoir l'affectivité.
« La pensée symbolique est donc la seule prise de conscience possible de l'assimilation propre aux schèmes affectifs », écrit-il.

PIAGET construit son modèle cognitiviste sans l'insérer dans l'interaction ou le bain émotionnel ambiant de l'enfant.
Il connaît bien la psychanalyse, l'a pratiquée, et a même rencontré FREUD en 1922. S'il en admet les grandes lignes, il reste réticent quant au symbolisme « inconscient » (chap. VII). On peut exprimer sa pensée, sans la trahir, en disant qu'il refuse le statut de l'Inconscient pour en faire un simple inconscient, ou non-conscient.
Ce problème persiste encore aujourd'hui dans le cognitivisme, déjà évoqué plus haut, qui en vient dans certaines pratiques à apparaître comme un substitut ou une alternative à la psychanalyse.
L'École de Genève en a d'ailleurs pris la mesure, par exemple avec Thérèse GOUIN-DÉCARIE qui publie cette même année 1968 « Intelligence et affectivité chez le jeune enfant ».

On peut illustrer le problème de la façon suivante : au stade des opérations concrètes, l'enfant sait résoudre une opération simple ; « si Marc a 7 billes et que tu en gagnes 6 combien lui en reste-t-il ? »
Mais si l'on pose ce même problème de soustraction d'une façon qui interfère avec une problématique affective inconsciente, par exemple :
« Le loup est entré dans la maison des 7 chevreaux, il en a mangé 6, combien en reste-t-il ? »
on a de forte chance de constater un blocage de l'opération intellectuelle censée acquise.
On peut penser que l'échec scolaire relève davantage de cette problématique symbolique, liée au contenu ou au contenant de l'éducation. On perçoit là les limites du cognitivisme.

Toutefois si le symbolisme a connu dans notre espèce le développement que l'on sait, au point même qu'il devient, d'une certaine façon, un handicap, c'est qu'il présente un avantage sélectif.

Pour illustrer ce rôle vis à vis des affects, de l'angoisse, et sa source corporelle, l'observation suivante, suffisamment banale pour être facilement constatée, servira d'illustration :
Emmanuel est un enfant apaisant, au comportement structuré ; il a 30 mois quand ses parents décident de profiter des vacances d'été pour lui ôter ses couches et lui proposer le pot.
Sa mère lui présente le pot en lui expliquant ce qu'on attend de lui.
L'après-midi même, il demande à faire ses besoins, et on l'installe donc ; tout se passe bien et il exonère normalement ses matières fécales, puis se lève. Or à la vue du contenu du pot, il marque un étonnement teinté d'une angoisse manifeste.
Le lendemain, la scène se reproduit à l'identique, à cela près que l'enfant cherche à se voir en train de remplir son pot ; il s'assoit donc à moitié en dehors du pot tout en essayant de s'observer en train de déféquer. Bien sûr, les matières tombent en dehors du vase, sur le carrelage, et sans qu'il lui en soit fait reproche, il en est très contrarié.
Les jours suivants, il refuse le pot.
Quelques jours plus tard, il est de retour chez lui, et je n'ai donc pas assisté de visu à la suite.
Quoiqu'il en soit, il demande la semaine suivante à faire ses besoins, mais comme les grandes personnes, c'est à dire dans les WC.

Installé sur le siège, il entend ses matières tomber dans l'eau du siphon et s'exclame « comme les cailloux dans la mer ». C'est une allusion à son jeu préféré sur la plage, qui consistait à jeter des pierres dans l'eau et à se réjouir du « plouf » qu'elles y faisaient.
Dès lors le problème est réglé, et la propreté acquise définitivement.
Que s'est-il passé pour que s'évanouisse l'angoisse de l'évacuation fécale, qui apparaît dans un premier temps comme un phénomène étrange, inconnu, angoissant ?
Une substitution symbolique s'est opérée, entre un phénomène corporel inconnu, et un jeu familier, motif de plaisir, qui a occulté l'angoisse. La représentation métaphorique a opéré et permis d'assimiler le comportement nouveau à une activité ludique.
La symbolisation a permis la prise de conscience et l'assimilation, non seulement sur un plan cognitif, mais aussi sur celui du vécu corporel subjectif, et des affects qu'il suscite.

On notera toutefois ici une certaine discordance entre cette acquisition du contrôle sphinctérien et l'apparition dans le langage du scatologique et de l'analité, c'est-à-dire du stade « caca-boudin » (en l'occurrence « poo-poo » ou « prout-prout » selon ses propres mots, qui ne surviendra presqu'un an plus tard à 40 mois) ; par exemple le 29/06/2016, il refuse de parler à son père au téléphone et ajoute « poo-poo », qui qualifie son refus d'une coloration scatologique.
L'écart d'un an entre la symbolisation de l'acte et l'apparition dans le langage de termes qui y font référence suggère une différence fonctionnelle entre la symbolisation et le langage.

« Le comportement symbolique est la condition de toute création et de toute nouveauté dans les fins de la conduite » énonce MERLEAU-PONTY.
La capacité de symbolisation est effectivement une formidable puissance qui permet de comprendre l'univers, mais aussi simultanément une infirmité, un écran qui anthropomorphise toute altérité et un miroir où l'homme se contemple.

31/ ÉTHOLOGIE ET COMMUNICATION

« La parole est un luxe sans lequel la vie est possible »
ARISTOTE (in P. QUIGNARD, « le nom sur le bout de la langue »)

Un coup de pied à une pierre transmet de l'énergie ; un coup de pied à un chien transmet de l'information. C'est une interaction.
Dans « La communication animale » (1993), Anne TEYSSÈDRE, reconnaissant les difficultés à définir la ou les communications, adopte cette définition : c'est « la transmission effective d'un signal entre un animal émetteur (ou plusieurs) et un destinataire (ou plusieurs) » ; les signaux, quelle que soit leur nature (extrêmement diverse : visuels, sonores, olfactifs, tactiles, mais encore communication antennaire, vibrations telluriques, en passant par les champs électriques de certains poissons), remplissent quelques fonctions biologiques essentielles : accouplement, protection des jeunes, alarme du groupe, hiérarchie.
Les signaux sont codés pour une espèce donnée, le code et sa lecture étant génétiquement programmés ; toutefois existent, comme les espèces symbiotiques avec leurs commensaux, des communications interspécifiques, parfois inattendues : des signes indicateurs, déjà connus chez les grands singes et les corvidés, ont été observés par Redouan BSHARY et coll., de l'université de Neuchâtel, en 2013, chez des poissons comme les mérous ou les loches ; ses auxiliaires de chasse sont des murènes ou des pieuvres qui décodent le signal comportemental « dressé à la verticale tête en bas » et pratiquent un mutualisme surprenant en chassant de leur repère les proies inaccessibles au gros poisson.
L'entraide entre espèces n'est pas exceptionnelle, dans bien des cas elle permet même la survie, par des alertes communes contre les prédateurs. Insectes, oiseaux, poissons, mammifères et même différents primates peuvent vivre ensemble, dans une relation de complémentarité, qui nécessite une capacité de décodage des signaux alternes non spécifiques
L'éthologie, définie avant tout comme l'étude des interactions, est une recherche sur la communication et les langages.
Le langage, au sens large (animal ou humain) n'est pas la communication, il en est le canal ou le moyen.
Comment appeler autrement cette information transmise par l'abeille à ses congénères et mise en évidence par Von FRISCH ?

La « danse », orientée selon l'axe de la lumière polarisée, est le signifiant ; le signifié, décodé par l'essaim, est « nourriture », ou « glucose » ; le référent est la source réelle, le champ de fleurs ainsi désigné.
Pourtant ce langage diffère du langage humain car le lien signifiant-signifié-référent est fixe, non aléatoire, alors que l'enfant va rapidement sinon d'emblée, par le jeu d'abord, dégager le signifiant de ses contraintes, pour parvenir au symbole.

Chez l'homme, avant la parole, et même au début de son utilisation, existent des modalités de communication diverses.
H. MONTAGNER, qui a posé les bases de l'éthologie humaine, a intitulé son ouvrage « L'enfant et la communication », et décrit « comment des gestes, des attitudes, des vocalisations deviennent des messages ».

Les théories de la communication ont atteint aujourd'hui une telle complexité qu'il est impossible d'en rendre compte ; la communication, pour des raisons et des motifs qu'il conviendrait peut-être d'élucider, est devenue une science à part entière, a partir de fondamentaux scientifiques.
Les éthologistes (mais aussi les psychiatres) ont été amenés naturellement à approfondir ses modalités.

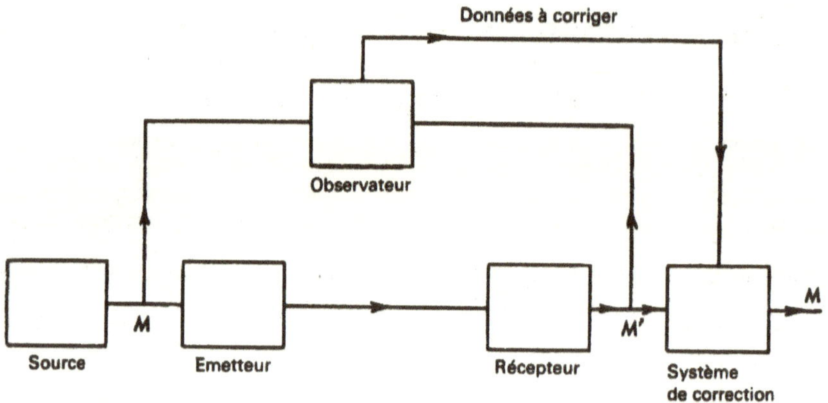

Fig. 8 – *Schéma d'un système de correction.*

Jacques COSNIER a consacré son œuvre et son enseignement à la « communicologie » et à l'éthologie des communications, ainsi qu'à ses incidences psychiatriques (1981).
L'éthologie est communication, mais celle-ci déborde largement aujourd'hui le cadre des interactions humaines, quand des machines peuvent communiquer entre elles.

La base scientifique de la théorie de la communication est la « théorie mathématique de la communication », de Warren WEAVER et Claude E. SHANON, parue en 1949, qui développe un modèle de communication et surtout une théorie mathématique de l'information. Ce dernier, ingénieur chez Bell, cherche d'abord à modéliser une technique pour en améliorer les performances ;

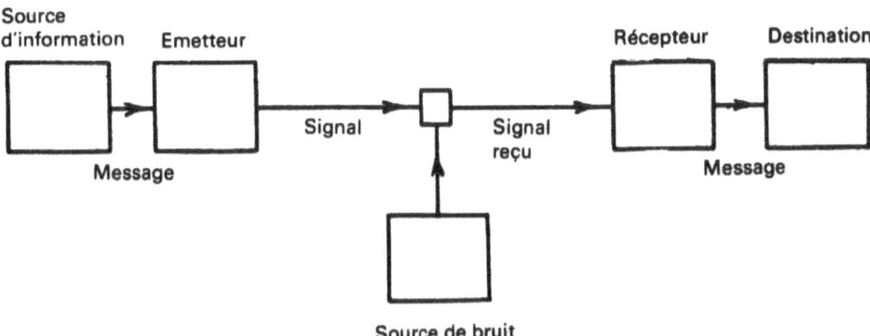

La « source » d'information envoie un « message » à l' « émetteur » ; ce message est transmis selon un code.
Le message, par l'intermédiaire du « canal », aboutit au « récepteur », qui le décode pour le « destinataire ».
Le « bruit » est tout ce qui altère le message au niveau de la transmission, du canal.
Pour être lu, le récepteur doit disposer du code utilisé par l'émetteur.

Ce modèle sera perfectionné selon le schéma suivant, qui introduit un « observateur » et une « correction ».
Ce système, qui est d'abord une théorie de l'information, formalise les problèmes techniques de la communication. L'information est mesurée non à la source, mais à la réception : c'est ce qui est reçu par le destinataire qui est comptabilisé. Une lettre qui n'arrive jamais en raison d'un « bruit » quelconque (par exemple la pluie a effacé l'adresse) laisse le destinataire dans l'ignorance du message. Un mail rédigé dans une langue ou un alphabet inconnu ne transmet (presque) rien.
L'unité d'information est la binary digit, ou bit ; aujourd'hui on sait digitaliser en système binaire beaucoup plus d'éléments ; une image par exemple se décompose en pixels, qui sont les unités de base analytique digitale de l'univers visuel.
Les bits sont comptabilisés de façon binaire, on/off ou 0 et 1. La progression des éventualités d'une information est donc un système de base 2, et sa progression est la puissance de 2 du nombre des unités, et inversement le nombre des unités est le logarithme du nombre des éventualités.
Par exemple, il faut 5 bits pour trouver une carte au hasard parmi 32, en comptant de cette façon : elle est rouge/noire 0/1 : 1 bit ; elle est ensuite selon le cas, ♥/♦ ; 0/1 : 2e bit ; elle est honneur/chiffre 0/1 : 3e bit ; 7- 8/9-10, 0/1, 4e bit ; 7/8, 0/1, 5e bit.
Il faut donc 5 bits soit 2^5 pour mesurer la quantité d'information ou entropie. 00101 sera le 8 ♥. 11001 sera le roi de ♠, si l'on a choisi 0/1 pour ♣/♠.
La valeur d'une information est inversement proportionnelle à sa probabilité (à son « entropie »), une certitude connue ayant une valeur nulle.
Si ce système s'applique facilement à la communication téléphonique ou technologique, son usage devient moins évident lorsqu'il s'agit de la communication biologique.
En effet, un contrôle sous forme d'action en retour est indispensable.
A la même époque (1950), N. WIENER invente, sur des bases très proches, la cybernétique (étymologiquement « action de pilotage »), définie comme « science de la commande et de la transmission des messages chez les hommes et chez les machines », qui propose les notions de rétrocontrôle ou feed-back.

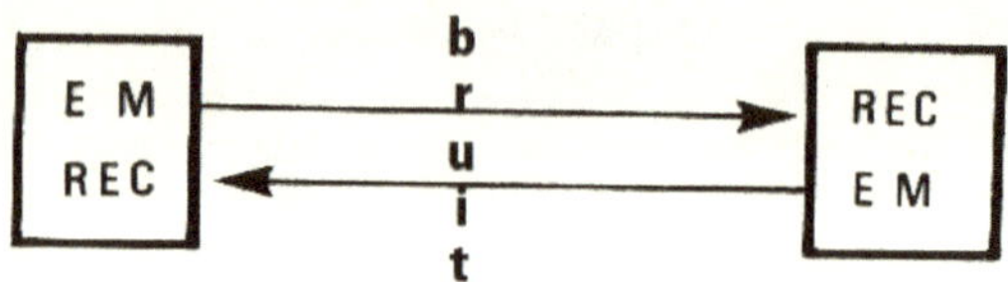

EM-REC sont les émetteurs et simultanément récepteurs du message puisqu'un retour du message est pris en compte ; pour être complet, ce schéma devrait inclure une boucle de rétroaction interne à chacun des émetteurs-récepteurs, chaque émetteur étant en mesure de corriger lui-même son émission pour s'adapter, en fonction de la situation, du récepteur, du canal etc.

Un exemple biologique pourrait illustrer le propos ;
Le fonctionnement de l'un des axes hormonaux, hypothalamo-hypophysaire, qui obéit au schéma suivant :

l'hypothalamus, émetteur, adresse à l'hypophyse un message par le canal de la TRH ; la glande, récepteur du message, émet le sien à destination de la glande thyroïde qui va sécréter les hormones thyroïdiennes, qui stimulent le métabolisme et la synthèse protéique de tous les tissus du corps, et qui exerce aussi un feed-back sur la sécrétion de TRH et de TSH.

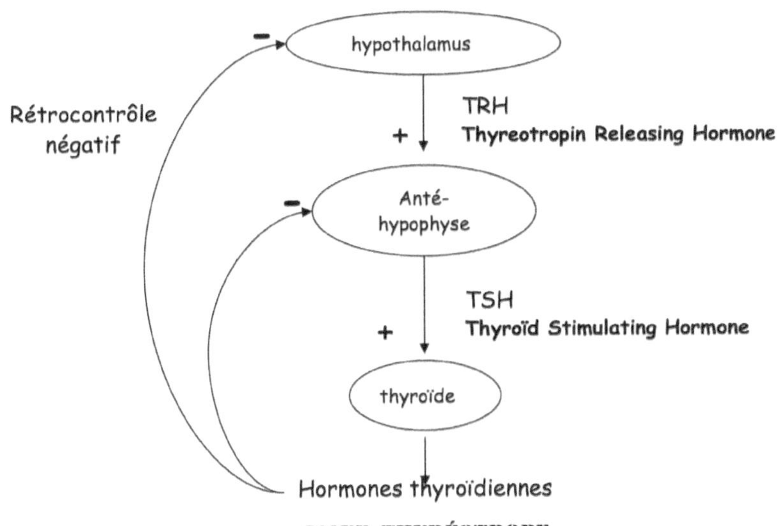

L'AXE THYRÉOTROPE

Ce type de communication est général dans les fonctions de l'organisme, et si l'équilibre (ou homéostasie) est perturbé, il présentera des signes de pathologie dont il conviendra de repérer le site pathogène : émetteur, récepteur ou canal déficient ?

Le modèle fonctionne aussi en éthologie ; ainsi la danse de l'épinoche, observée par Niko TINBERGEN (1971), décrite plus haut, peut-elle s'interpréter sur ce modèle : le mâle se pare d'une livrée nuptiale rouge, dont la source est un « I.R.M. » central, et qui sera le message codé pour le congénère ; celui-ci reçoit le signal et le décode, selon un « mécanisme déclencheur inné ».
Si le protagoniste est un autre mâle, c'est un pattern d'agression qui s'exprime ; si c'est une femelle au ventre gonflé d'œufs, c'est une parade nuptiale, la « danse ».
Toutefois le modèle ici n'apparaît pas aussi pertinent comme le montre la méthode des leurres, où l'« observateur » modifie les caractéristiques du stimulus déclencheur qui joue le rôle de message émis : la position du leurre plus ou moins verticale, sa coloration plus ou moins accentuée, enfin les motivations hormonales, sont susceptibles de modifier le signal et le message ainsi que sa traduction comportementale.
Le système vivant est plus sensible au « bruit », et les codages et décodages, loin d'être fixes, obéissent à des lois qui les situent sur une échelle d'intensité variable : le ventre gonflé de la femelle n'est déclencheur qu'à partir d'un certain seuil ; la « danse en zigzag » du mâle sera plus ou moins intense selon le stimulus, la motivation sexuelle, voire l'environnement.

Avec le comportement, et l'interaction, le système purement digital ne suffit plus car une dimension analogique s'y insère, dès ce niveau élémentaire. C'est la limite de la théorie appliquée au vivant.
En effet le digital et l'analogique sont deux dimensions différentes, l'une est « discrète », c'est à dire composée d'unités identifiables et quantifiables, l'autre est continue, et s'inscrit dans une échelle à deux dimensions au moins (intensité, durée, moment etc.).
La danse de l'épinoche est analogique parce que son intensité est proportionnelle aux facteurs qui la motivent.

En fait, C. SHANNON, dans le chapitre « le canal discret avec bruit », envisage ces possibilités et en propose des évaluations, notamment dans ce dessin, qui n'est pas sans présenter des analogies avec la représentation de la danse nuptiale de l'épinoche

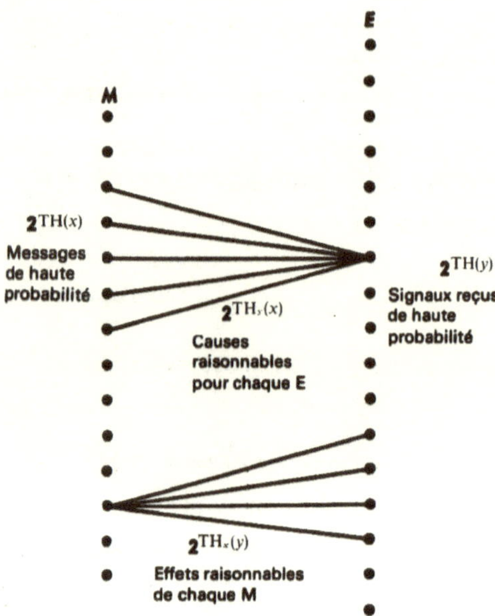

Fig. 10 – *Représentation schématique des relations entre sorties et entrées d'un canal.*

Chez l'homme, la communication accumule les paradoxes :

-elle emprunte tous les canaux sensoriels, on la dit « multicanale » ;

-Elle est analogique et digitale, opposition qui s'inscrit (schématiquement) dans le biologique, avec d'une part le « système nerveux central », qui obéit aux impulsions électriques sur le mode du tout ou rien ou on/off, et d'autre part le « système nerveux autonome » ou végétatif, qui gère notamment les émotions et la perception intéroceptive, et dont les réactions sont proportionnelles aux taux de neuromédiateurs impliqués.

La langue est fondée sur un système « discret » de phonèmes, c'est un système digital ; l'expression comportementale des émotions ou des affects est analogique.

-Elle est verbale, symbolique et conventionnelle, et non verbale, aléatoire et déterminée biologiquement.

-Elle est codée et naturelle : d'un côté régie par des règles de tenue comportementale, vestimentaire, hygiénique, voire de « rites d'interaction » (E. GOFFMAN, 1974) et de l'autre obéissant à des messages subliminaux olfactifs, tactiles et autres, échappant à la volonté et à son contrôle.

-Elle est consciente et inconsciente, une marge plus ou moins large demeurant entre ce qui est pensé et ce qui est effectivement exprimé, entre le signifié et le signifiant.

La communication digitale est la dernière à s'installer au cours de l'ontogenèse, l'acquisition de la parole se réalisant progressivement pour être effective vers 3 ans ; mais bien entendu, l'enfant émet et reçoit de l'information, plus ou moins codée/décodée dès sa naissance et même avant elle.
Le langage humain obéit à des lois qui sont celles de l'intelligence au sens piagétien du terme (logique, non-contradiction, inclusion, etc.) et se développe sur les axes syntagmatique (la phrase : sujet – verbe – complément) et paradigmatique (choix lexical) ; c'est l'objet de la linguistique.

Si l'étude des lois générales et des caractères universels des langues humaines relève de « compétences », qui selon N. CHOMSKY seraient innées, c'est à dire génétiquement câblées, celle des cas particuliers et des différences interindividuelles, c'est à dire de la parole, relève de la « performance ».
La communication langagière humaine a encore d'autres contraintes : elle est « systémique », et obéit à la « Théorie générale des systèmes » de L. Von BERTALANFFY ; il existe différents niveaux de systèmes, du plus simple, la famille, au plus large, l'aire culturelle linguistique ; à l'intérieur d'un système donné, existent des codes, des rétroactions, une certaine homéostasie.
Les psychiatres ont été amenés à définir une logique de la communication (P. WATZLAWIDK, J. HELMICK-BEAVIN, D. JACKSON, 1967) dans ce cadre.
Pour échapper au déterminisme individuel des troubles mentaux, proposé par la psychologie et la psychanalyse, ils situent l'origine des perturbations non chez l'individu mais dans un système plus large de communication, qui sera la famille pour les uns puis, plus largement chez d'autres, notamment les « antipsychiatres », la société, ou une culture donnée, pour les ethnopsychiatres.

C'est Gregory BATESON le premier qui jette les bases de cette théorie ; fils du Darwinien actif W. BATESON, époux de Margaret MEAD, G. BATESON fonde l' « école de Palo-Alto » dans les années 50.
Zoologiste de formation (il se rendra aux îles Galapagos et aux îles Vierges), il se consacre ensuite à l'ethnologie, et au terme de quatre ans d'observation des Iatmul de nouvelle Guinée, il publie un livre sur la cérémonie des rituels « Naven ».
Sa participation aux conférences Macy, dont il organise la cession de 1946, avec M. MEAD, est déterminante, puisqu'y passeront (entre autres) N. WIENER, inventeur de la cybernétique, J. Von NEUMANN, mathématicien auteur de la théorie des jeux et des automates, M. ERICKSON, psychiatre, K. LEWIN, psycho-sociologue, C. SCHNEIRLA, éthologiste, W. KÖHLER, psychologue, R. JAKOBSON, linguiste qui détermine les fonctions du langage, C. SHANNON, le mathématicien. Sont abordés des sujets aussi divers que les ordinateurs digitaux, les réseaux neuronaux, les fonctionnements analogique/digital, la perception des formes (Gestalt), les théories de l'information ; ces conférences furent une synthèse des théories de la communication et simultanément une grande entreprise de communication interdisciplinaire.
On retrouve tous ces sujets, qui deviendront essentiel dans la seconde moitié du XXe siècle et au-delà (on dit qu'internet y fut inventé), dans les écrits de G. BATESON.
C'est à l'hôpital des vétérans de Palo-Alto qu'il met en pratique ses connaissances, dans l'étude de l'alcoolisme et des alcooliques d'abord ; puis il les étend à ce qui sera l'essentiel de son œuvre, sa théorie de la communication dans la schizophrénie, avec la notion primordiale de « double-bind » « double-lien » ou « double contrainte », qui sera reprise par des psychanalystes comme P. C. RACAMIER (« Les paradoxes des schizophrènes », 1978).
Sa démarche recouvre donc un vaste panorama qui commence avec la communication animale pour s'étendre au culturalisme ethnologique puis à la pathologie mentale, fort des appoints abstraits mentionnés plus haut.
D. LESTEL dans « Gregory BATESON sur la communication animale » (in LESTEL, 2001), rappelle que BATESON a été un des premiers à aborder les degrés de complexité de la communication animale, en pointant la « méta-communication », dans le jeu par exemple où un message comportemental implicite indique que « ceci est un jeu », et non un combat réel. Le message d'une morsure ludique n'est pas le même que celui d'une morsure réelle, même si les deux sont identiques ; l'attitude fictive traduit une capacité à communiquer sur plusieurs niveaux. Il en va de même pour la menace, la

parade ou la tromperie. Ces comportements sont surtout le signe, clairement perçu par l'alterne, de la conscience qu'a l'animal de son statut hiérarchique dans l'interaction ; « la communication porte sur les règles et les aléas de la relation ».

Pour BATESON, les animaux utilisent des métaphores, notamment lorsque des adultes imitent un comportement infantile pour séduire ou apaiser un congénère ; il donne l'exemple d'un loup dominant qui, surprenant un rival qui abuse de ses prérogatives sexuelles, lui abaisse quatre fois la tête au lieu de l'agresser, pour lui signifier « je suis le maître, ne fais pas l'enfant ». Pour lui, la spécificité du langage humain est justement la capacité à pouvoir s'extraire de la dimension intersubjective avec la communication digitale.

Or dans l'interaction humaine, la méta-communication peut justement démentir l'explicite du message énoncé. Le contenu et l'information sur le contenu peuvent être contradictoires : c'est ainsi que le jeu, en l'absence des signaux adéquats rappelant la nature ludique de l'interaction, va susciter la perplexité.

L'école de Palo-Alto va développer l'analyse des communications pathologiques dans un cadre systémique, mais aussi les applications thérapeutiques de toutes les situations de communication paradoxale.

Le principe en est qu'un « système » donné (couple, famille, institution) tend à la stabilité (l'homéostasie de D. JACKSON).

« On peut décrire l'interaction humaine comme un système de communication, régi par les propriétés des systèmes généraux : la variable temps, les relations système-sous-système, la totalité, la rétroaction et l'équifinalité ... l'élaboration de règles familiales en particulier, conduisent à définir la famille comme un système régi par des règles et à y voir l'exemple d'un tel système ».

P. WATZLAWICK, J. HELMICK-BEAVIN et D. JACKSON, qui se définissent comme les élèves de BATESON, développent la théorie d' « une logique de la communication » et en exposent les principes. Les individus, quel que soit le cadre, sont considérés comme des « boîtes noires » (par opposition au principe du fonctionnement psychique individuel, « monadique », des psychologies diverses qui situent la maladie chez le sujet) dont ils ne prennent en considération que l'input et l'output, soit les entrées et sorties d'informations dans le système défini. Une situation de double contrainte est une situation où l'autre émet deux genres de messages dont l'un contredit l'autre.

WATZLAWICK donne de nombreux exemples de paradoxes et de situations de double contrainte ; P.C. RACAMIER l'illustrait par cette histoire de Dan GREENBURG, où une mère offre à son fils deux cravates, une rouge et une verte ; il met la rouge, elle s'exclame, contrite : « tu n'aimes donc pas la verte ? » ; il part mettre la verte et lorsqu'il se présente : « tu n'aimes pas la rouge ? » ; rapporté à la schizophrénie, les alternatives sont alors : il met les deux cravates simultanément, métaphore du délire paranoïde ; ou il n'en met aucune, position qui représente la fuite dans la paralysie catatonique, le négativisme ou le mutisme autistique.

En fait ces situations sont extrêmement fréquentes dans la communication humaine, l'exemple type en est l'injonction impossible : « soyez spontané ! », ou « ne sois pas si docile ! ». Ces énoncés caractérisent ce que les auteurs appellent la « position intenable », où il faut désobéir pour obéir.

L'antique énoncé « je suis menteur » contient en fait deux niveaux de messages : le contenu et le message implicite au sujet du contenu. De même la sentence de E. LABICHE « un égoïste est quelqu'un qui ne pense pas à moi ».

La communication paradoxale est très répandue et pas forcément pathogène : ce peut être « ceci n'est pas un conte » de DIDEROT, ou « Je me suis souvent dit : je n'écrirai point les mémoires de ma vie », première phrase et prétérition des « mémoires » de CHATEAUBRIAND, « ceci n'est pas une pipe » du peintre MAGRITTE, qui situe la contradiction entre l'analogique pictural et l'énoncé verbal, ou l'injonction cruelle « Ris donc, Paillasse ! ».

Sa forme est proche de la figure de style de l'oxymore : deux éléments contraires et incompatibles sont juxtaposés pour faire surgir de la contradiction des deux assertions logiques une gêne, un malaise, parfois un rire.

Le caractère pathogène n'apparaît que dans le cadre de relations fortes (dépendance matérielle, lien familial, conjugal, amour, relation professionnelle contraignante, supérieur/inférieur dans l'institution, gardien/prisonnier, bourreau/victime etc.), situations sans issue possible.
C'est aussi la base de la « situation insoutenable » mise en œuvre dans les expériences de S. MILGRAM, psycho-sociologue, dont il sera question ultérieurement.

PAVLOV entraîne un chien, en situation de contrainte, à discriminer un cercle d'une ellipse, l'un procurant gratification et plaisir, l'autre douleur ; puis on élargit progressivement l'ellipse, pour se rapprocher de la forme circulaire ; l'animal présente les signes comportementaux et physiologiques d'une angoisse intense devant ce cercle-non-circulaire. PAVLOV disait avoir créé une « névrose expérimentale ».
On peut se demander si l'animal, en situation expérimentale, n'est pas le plus souvent exposé à des situations de double contrainte ; c'est en réalité la base d'une réticence envers la « psychologie expérimentale » car les sujets d'expérience sont systématiquement placés dans une situation sans issue.
Des recherches sur « ce que les animaux ressentent » (Arte, 2016.02.11) sont présentées pour évaluer les capacités d'empathie, de compassion, de coopération entre animaux (indifféremment, des rats, des corbeaux, des loups, des singes capucins, des chiens, des éléphants); or ces animaux sont confinés dans une cage, un enclos, un laboratoire. Il n'y a donc pas de fuite possible ni issue, c'est la première contrainte ; ensuite l'expérimentateur est un humain avec lequel ils sont en situation de dépendance, au minimum vécu comme un dominant, donc en position contrainte de soumission. Enfin on les oblige à réaliser une tâche qui, dans leur « Umwelt », est absurde : coopérer pour se procurer de la nourriture et la partager. Quand ce n'est pas « reconnaître les émotions sur un visage humain ». Tâches auxquelles ils sont encore contraints. Dans le cadre d'une relation forte, le message contradictoire est limpide : « trouve la solution que je t'impose ».
C'est le « sois spontané » de WATZLAWICK.
Et c'est avec stupéfaction que les chercheurs « découvrent » (par résonnance magnétique fonctionnelle cérébrale) que le cerveau des mammifères présente des similarités avec celui de l'espèce humaine.
Chez l'homme, on conçoit aisément que le langage va démultiplier les possibilités de double-lien.

La communication humaine, quant à elle, se subdivise en trois domaines, que WATZLAWICK reprend de la théorie des signes de MORRIS : la « syntaxe » qui a pour objet le codage, le canal, la capacité, le bruit, la redondance de la communication ; ce sont ses propriétés formelles.
La « sémantique », qui concerne le sens et qui suppose une convention entre l'émetteur et le récepteur sur la signification des signes.
La « pragmatique » enfin, qui est l'aspect comportemental de l'échange et qui définit l'interaction au sens propre.

Pour être pathogène, l'impasse logique obéit à certains critères qui définissent la « double contrainte ». La « communication pathologique » dans cette perspective où, dans un système défini, on n'observe que ce qui est objectivement énoncé, sans préjuger du sens subjectif ou d'une élaboration psychique (l'intérieur de la « boîte noire »), obéit à certains critères de distorsion de la communication.

En premier, il est impossible (dans le cadre) de ne pas communiquer ; par exemple, deux personnes côte à côte dans un avion, l'un désirant lier conversation, l'autre non. Il n'est pas possible d'une part de changer de place, et d'autre part de ne pas communiquer, quitte, en refusant de parler, de communiquer qu'on refuse de communiquer (le non-comportement n'existe pas). Mais cette attitude même pose problème : la gêne d'une promiscuité hostile prolongée ; le manquement au savoir-vivre ; voire l'aveu implicite d'un handicap, d'une incapacité, d'une difficulté psychologique à nouer une interaction banale.

Nouer une conversation contre son gré est d'autre part signe de faiblesse. Mais l'accepter imposera à un certain moment de mettre des limites, face à un interlocuteur trop curieux ou indiscret. Le dilemme va donc induire une position défensive, soit très formelle, soit plus ou moins incohérente, mensongère, ou absurde. Enfin une dernière possibilité est de feindre le sommeil, la surdité, l'ivresse, l'ignorance de la langue, « symptôme-refuge » qui signifie « je souhaiterais communiquer mais j'en suis empêché, on ne peut m'en vouloir ».

En second, la relation est structurée en niveaux de communication : le « contenu » (l'information) est inclus dans une relation (formelle, symbolique, comme la relation médecin-malade, ou informelle, éthologique, non verbale) qui le détermine : « vous avez l'heure ? » n'a pas le même sens selon que la question est posée à un quidam dans la rue, ou par le patron à son employé qui est en retard.
En réalité, le pattern relationnel est indépendant du contenu, celui-ci est secondaire même s'il est nécessaire à l'expression du modèle d'interaction. On peut changer les chiffres d'une opération, l'important est de savoir s'il s'agit d'une addition, soustraction ou multiplication...
Pour un ordinateur les données sont le contenu ; les instructions sont le traitement voulu de l'information c'est à dire une méta-communication.
Il est facile de jouer sur l'intrication de ces niveaux : dans une scène du film « le goût du saké » de Yasugirô OZU, un ami délivre une information sur sa fille qui dévaste le père (qui n'en laisse rien paraître et continue de sourire), puis ajoute « je plaisantais », méta-communication qui annule l'information (mais non l'émotion).

En troisième lieu, la ponctuation des échanges va qualifier l'interaction. Entamer la séquence d'échange, l'interrompre pour la réorienter quand elle diverge du but, garder le contrôle de la conversation, la clore après l'avoir résumée, commencer par demander son nom à celui qui formule une réclamation avant de l'agresser...

Quatrièmement, la communication est simultanément digitale et analogique, comme nous l'avons vu ; cette dernière (posture, gestuelle, mimique, ton et inflexions de la voix etc.) est non verbale et implicite, facile à nier, sujette à erreur d'interprétation, et peut contredire le discours digital énoncé verbalement. Le cadeau des cravates mentionné plus haut est analogique, signe d'affection qui cadre la communication paradoxale ultérieure.
Elle peut aussi être paradoxale :
« J'embrasse mon rival mais c'est pour l'étouffer » (RACINE, « Britannicus »)

Cinquièmement, toute interaction est soit symétrique, soit complémentaire. Autorité et soumission sont complémentaires (parent-enfant, médecin-malade, professeur-élève), la différence est maximisée ; la surenchère vantarde, la course aux armements, sont symétriques : ce sont des comportements miroir qui minimisent la différence mais génèrent des conflits sans fin, cas de figure le plus fréquent des pathologies de couples qui bien souvent ont oublié la cause alléguée de leur dispute ou de leur conflit.

La « double contrainte » (« double bind ») qui engendre la maladie mentale a des caractéristiques spécifiques :
1. Les protagonistes ont des relations fortes, vitales sur le plan physique et/ou psychologique ; cela semble évident lorsqu'il s'agit d'un enfant, mais ce peut l'être tout autant pour un ou les parents qui ont une attente forte, irréaliste, mais essentielle à l'égard d'un enfant.
2. Le message émis dans le cadre défini pose une affirmation, ou une injonction, et simultanément communique une information incompatible avec la première affirmation ; c'est « ne sois pas si docile ! » déjà évoqué, qui qualifie une personnalité tout en la disqualifiant.
3. il est impossible de sortir du cadre, ni par la méta-communication, ni par la fuite.

Ce type de fonctionnement peut être le fait d'une famille, comme l'ont montré des psychiatres comme R. D. LAING et A. ESTERSON « l'équilibre mental, la folie et la famille », D. COOPER « mort de la famille », « psychiatrie et antipsychiatrie», au Royaume uni ; M. MANNONI, en France, « Le psychiatre , son fou et la psychanalyse » ; ou le cinéaste Ken LOACH avec le film « family life » ; mais le cadre a été élargi à l'institution psychiatrique (qui reproduit la double contrainte familiale) (« Asiles » de E. GOFFMAN) ou à la société tout entière, avec F. BASAGLIA, « l'institution en négation », en Italie.

Si ce modèle théorique a été beaucoup tempéré en psychiatrie malgré sa pertinence, on constate qu'en fait il est très répandu dans la vie courante.
J. COSNIER (1981) énumère les « mécanismes paradoxants » : « d'autres procédés s'ajoutent à l'injonction paradoxale : la disqualification, la mystification, le déni, le rejet, l'imperméabilité, la réponse à côté, l'anonymisation, ou impersonnalisation ... De tels mécanismes sont finalement nombreux et répandus, leurs effets ne deviennent pathogènes que lorsqu'ils créent un système permanent de paradoxalité ».
On aura reconnu dans ce type de fonctionnement celui de la plupart des administrations ou des grandes entreprises dont le fonctionnement est perçu comme kafkaïen par l'individu qui s'y adresse. Il est aussi politique, « votez utile ! », qui sous-entend que votre vote pourrait ne pas l'être, en est le moindre exemple.
Qu'on songe simplement aux difficultés à prouver son identité (symbolique).

Ce peut être une stratégie, et les consultations psychiatriques sont pleines de cinquantenaires à qui on dit « fais ton travail », mais à qui on a enlevé la secrétaire, le téléphone voire le bureau.
WATZLAWICK en donne cet exemple :
« l'accusé à qui on demande :
- « avez-vous cessé de battre votre femme ? Répondez par oui ou non »,
et qu'on menace d'être condamné pour outrages à magistrats s'il tente de rejeter cette alternative comme dénuée de sens, étant donné qu'il n'a jamais battu sa femme ».
Il ne s'agit pas seulement d'un exercice de style : faut-il avouer un délit (voire un crime) qu'on n'a pas commis, et bénéficier d'une peine allégée, ou nier et risquer une lourde peine pouvant aller jusqu'à la mort ? La découverte de l'ADN a montré que les prisons américaines comptaient nombre d'innocents ayant avoué des crimes dont ils n'étaient pas l'auteur, piégés dans le dilemme.

Quiconque a pratiqué une institution est familier de ces paradoxes apparents et sait qu'il vaut mieux se conformer à l'implicite plutôt qu'à l'énoncé du discours. « Ne tenez pas compte de ce signal » est sous-entendu dans le signal.

En voici un exemple (journal « Le Monde » du 19/02/2016) : « Affaire UBS : le policier viré parce qu'il en savait trop ». Un policier chargé de la lutte contre la fraude fiscale a découvert en 2009 le processus frauduleux de la banque suisse, et en a informé sa hiérarchie, bien avant donc que H. FALCIANI ne fît éclater le scandale. Non seulement la DCRI n'a pas saisi la justice, mais l'enquêteur est limogé ...
Le policier, qui a obéi au message explicite de l'institution « lutter contre la fraude fiscale », n'a manifestement pas entendu l'information implicite « ne pas lutter contre la fraude fiscale » qui est en fait le véritable message.

Le législateur même ne se prive pas de mettre en pratique de subtiles doubles contraintes ; en 1998, une loi, dite « loi GUIGOU », pose une obligation de soins aux pervers sexuels qui, au lieu d'aller en prison, sont « condamnés » à consulter un psychiatre, qui n'a aucune information sur le dossier judiciaire et ne sait pas même s'il existe. Celui-ci ne peut pas refuser de recevoir ces consultants, sous peine de poursuite ; or ces patients ne sont pas des malades psychiatriques, même si l'absence d'empathie et de compassion qui les caractérise relève d'une carence psychologique. En tout cas eux ne se considèrent jamais comme malades, et donc n'ont aucune demande de soin ou d'aide, ce que nous avons évoqué plus haut avec l'inceste.
Imagine-t-on un marquis Donatien de SADE consulter un psychiatre ?

Dans cette situation, c'est le psychiatre qui se trouve en situation de double lien : il est contraint de « soigner » un individu, qui n'est pas malade et qui, non seulement ne demande pas de soin, mais le refuse.
Ainsi, le praticien, qui a vocation de soigner les souffrances psychiques de ceux qui le souhaitent, reçoit l'injonction « tu dois soigner en priorité des non-malades qui ne le désirent pas, sous peine de sanction », quand il sait en outre que la souffrance est du côté de la victime du consultant.
Il faut se souvenir que quatre ans plus tard, ces « patients » furent en droit de consulter leur dossier, qui est une pièce administrative sous l'autorité du directeur et non du médecin, cette nouvelle loi majorant encore la double contrainte.

L'institution psychiatrique est en général un formidable lieu de situations de paradoxe et une abondante littérature, de l'antipsychiatrie à l'analyse institutionnelle, en fait état.

Elle n'est pas la seule ; le site Médiapart, au sujet de la réforme de l'examen de permis de conduire, rapporte le 10/05/2016 :
« Le paradoxe n'est pas évident du premier coup d'œil mais on sait qu'un paradoxe est encore plus redoutable quand il ne peut être lu et donc invisible ... Sur la photo d'une route on entoure une série de 5 « indices » et on demande à un candidat qui est lui-même jeune conducteur et qui, par conséquent, pour répondre correctement a besoin de lire ces indices, si « un jeune conducteur est capable de lire tous ces indices en même temps ? ». La réponse attendue est non ».

M. MANNONI le disait déjà en 1973 : « le problème est aussi, encore, social et administratif. Les obstacles que rencontre une école expérimentale sont largement les obstacles de la résistance bureaucratique et la pesanteur des structures économiques », avec une stratégie qui s'interdit le « non » et lui préfère de beaucoup la double contrainte.

La communication humaine, par sa diversité, notamment sur le plan digital, permet l'usage de mécanismes complexes (qui peuvent générer la folie) dont il ne faut pas perdre de vue la finalité essentielle : l'exercice d'un pouvoir, soit l'extension de la relation de dominance décrite par l'éthologie.

Le versant analogique, plus ancien dans l'ontogenèse comme dans la phylogenèse, et qui est engagé dans les interactions physiques, se prête beaucoup moins à ces stratégies.

La théorie de WEAVER et SHANNON a eu un impact considérable sur et une large diffusion dans les domaines divers des sciences de la vie ; elle a inspiré l'école de Palo-Alto (G. BATESON, P. WATZLAWICK), mais a fourni un modèle en linguistique puisque c'est sur elle que R. JAKOBSON a fondé les bases de la linguistique moderne ainsi que les prémices du structuralisme, que son disciple, C. LÉVI-STRAUSS, rencontré en 1942, importera en France et appliquera à l'ethnologie. Psychanalyse, linguistique, philosophie et sciences humaines s'en trouveront bouleversées.

32/ LA CNV.

« *Der Mensch kann mit dem Mund soviel lügen wie er will; mit dem Gesicht, das er macht, sagt er stets die Wahrheit* »

La bouche peut mentir, mais sa grimace alors dit cependant la vérité.

F. NIETZSCHE, 1886, « Par-delà le Bien et le Mal ».

La CNV pose un premier problème, celui de son existence ; alors qu'il est doté de l'instrument considéré comme parfait par beaucoup, la langue, pourquoi persistent chez l'homme des communications diverses (CNV, mais aussi émotions, réactions neuro-végétatives, neuroendocriniennes etc ... déjà évoquées) qui demeurent irrationnelles ?

Au pied du mur du langage humain, les éthologistes se sont intéressés à la Communication Non Verbale. Elle s'inscrit dans une communication globale dont elle n'est qu'un des aspects.

Elle est antérieure à notre espèce, sur le plan de la phylogenèse, et chez l'homme antérieure au langage, au plan de l'ontogenèse. Il n'y a pas de symétrie CNV/Communication verbale et Communication digitale/communication analogique : certaines CNV sont digitales, comme le langage des muets, des moines trappistes (qui ont fait vœux de silence), des napolitains, des amérindiens, et toute la gestualité conventionnelle, avec un vocabulaire et une grammaire ; ce sont des langues de gestes.
Certains sons paralinguistiques, produits par la langue, les lèvres (sans expiration pulmonaire) sont aussi des phonèmes : ce sont les « clics » des 8 millions de locuteurs Khoïsans (Jul'hoan, Xhosa, !Kung et autres) qui comptent ainsi jusqu'à 50 phonèmes de ce type sur 140.

La communication analogique, non codée, involontaire et surtout émotionnelle, n'est pas conventionnelle et peut même empêcher la communication consciente : une émotion intense, une situation bouleversante, peuvent générer rougeur, bégaiement, tremblement, sueurs, voire incontinence, et tous signes neuro-végétatifs relevant de la communication analogique puisqu'ils sont décodés par l'interlocuteur, tout en gênant voire empêchant la communication verbale.

J. COSNIER en avait réuni les principales contributions dans un condensé « La communication non verbale (Textes de base) » en 1984.
D'innombrables publications « La communication non verbale », « Les communications non verbales », voire « La bible de la communication non verbale » sont parues depuis, récemment.
Le sujet revient dans l'actualité avec la « synergologie », marque déposée depuis 2010, de Philippe TURCHET (1996), qui se propose lui aussi de décrypter le langage corporel « pour comprendre son interlocuteur à travers sa gestuelle ». Et qui pose un « langage universel du corps » (2009) selon un alphabet des gestes.
Cette approche fait polémique, bien que décoder le lexique analogique soit une des préoccupations de l'éthologie humaine depuis DARWIN, et tentée par I. EIBL-EIBESFELDT. On ne saurait pourtant élaborer un dictionnaire fixe et définitif du message non verbal.
On concevra sa complexité à travers un exemple : Michael ARGYLE, d'Oxford, a spécifiquement étudié la communication par le regard, ses mécanismes, sa part d'inné, ses variations culturelles, depuis les années 1970. Mark COOK en a souligné l'importance avec « regard et regard réciproque dans les interactions sociales », 1977.
Or en ne considérant que cet aspect oculaire (considéré comme essentiel, depuis l'antiquité) de la communication des émotions, on constate qu'il met en jeu cinq nerfs crâniens : le III, moteur oculaire commun, le IV dit « pathétique », 2 branches du V (le trijumeau), le V_1 l'ophtalmique et le V_2 avec sa branche orbitaire, et leurs diverses autres branches, enfin le VII ou facial qui comporte une branche lacrymale. La vue quant à elle est le fait du nerf optique, le II, qui initie des réflexes de balayage (ou « palpation ») du regard par exemple.
La physiologie de ce seul aspect de la communication est donc très complexe si on doit étudier la fonction de tous les muscles en jeu, orbitaires, palpébraux, iridiens (l'iris et la dilatation de la pupille sont un indice fiable des émotions, E. H. HESS, 1965), voire des glandes, notamment lacrymales. Coder chacune des composantes du seul regard est déjà un travail colossal ; or, le regard lui-même s'articule avec d'autres composantes comportementales : le regard en coin n'est pas perçu de la même façon si la tête va dans le même sens que le regard ou dans le sens inverse. S. FREY et coll., en 1983, ont modifié l'image de la Joconde dans ces deux sens, l'effet est probant.

Par ailleurs, le regard a certainement une dimension particulière dans l'interaction : connotation agressive ou sexuelle dans les interactions ; difficulté du face à face dans certaines pathologies comme l'autisme ; en éthologie animale, prévention contre le regard de face avec diverses espèces, les grands singes et notamment les gorilles ; enfin une mythologie et différentes superstitions attribuent au regard un pouvoir particulier : de l'oujdat égyptien au « mauvais œil » méditerranéen jusqu'à la mythologie de la Gorgone, tout concourt à prêter au regard un pouvoir excessif.

On conçoit qu'un décodage rigoureux de la communication analogique est quasiment impossible. Néanmoins cette attention portée à la CNV, ne serait-ce que par l'intérêt qu'elle suscite, met en lumière une dimension jusque-là occultée et pourtant essentielle de la communication.

Toutefois, comme il a été énoncé au sujet des enfants dont c'est d'abord le seul mode de communication, puis plus tard le mode privilégié, la dimension éthologique est l'interaction ; les transcriptions nécessaires de la communication analogique en termes digitaux qu'un éthologiste est amené à faire ne visent pas à élucider cette dimension mais à établir la nature de la totalité des échanges d'informations entre deux interlocuteurs ou davantage.
Un exemple, parmi les innombrables lectures qui nous en sont proposées (y compris dans des fictions télévisées, inspirées par P. EKMAN), sera plus explicite.
Sur quelques sites, rubrique « chercher un emploi », on lit « entretien d'embauche : les gestes qui tuent » ; ainsi, une poignée de main un peu molle n'est pas convaincante ; poser ses effets sur la table du recruteur est invasif, ce qui rappelle la notion de proxémie de E. T. HALL (en ... 1966 !), qui soulignait d'ailleurs que cette notion est très codée culturellement ; réajuster sa cravate, jouer avec son stylo ou son téléphone, regarder ailleurs ou se frotter le nez, sont autant de signes qui peuvent nuire au candidat.
Ces gestes entrent dans la catégorie des « réorientations » décrites par les éthologistes, animaliers ou humains. Ils expriment un conflit interne lié à une interaction incertaine, quelle que soit l'espèce. Chez l'homme, s'ajoute une dimension culturelle, que DARWIN soulignait déjà au sujet du hochement de tête au Moyen-Orient, qui se substitue à notre « giration » de la tête pour dire « non ». Pointer du doigt est proscrit en Afrique ; regarder dans les yeux est impertinent sinon grossier ailleurs (la soumission s'exprime en baissant le regard), pour nous c'est signe de franchise ... sans parler des « codes gestuels de la séduction », très aléatoires, quand le refus d'un contact est une offense autour de la Méditerranée, alors qu'au Nord, on s'excuse lorsqu'on touche quelqu'un.
Or ces gestes, s'ils « tuent », c'est un interlocuteur, qui semble selon ces auteurs être abstrait, puisqu'il est indifférent qu'il soit un homme ou une femme, jeune ou vieux, blanc ou noir, agressif ou apaisant, etc.
En face de l'émetteur comportemental, l'identité du « récepteur » n'est pas indifférente si on prend en compte l'interaction et non la seule « gestuelle » de l'impétrant, dans une optique éthologique.

J. COSNIER distingue plusieurs types de « mimogestualité » selon que le geste est « communicatif » ou non. Mais en réalité les GNC (gestes non communicatifs, ou GEC, extra communicatifs), s'ils ne font pas partie de l'énoncé manifeste, voulu, sont toutefois signifiants.
Il rappelle que E. SAPIR en 1927 avait écrit « nous réagissons aux gestes comme d'après un code, ... connu de personne mais compris par tous ».
Diverses classifications ont été proposées (D. EFRON, 1941, P. EKMAN et W. V. FRIESEN, 1960, G. F. MAHL, 1956).

Dans les « gestes communicatifs », il distingue
-les « quasi-linguistiques » (« Emblems »), gestes conventionnels qui ont valeur de parole ; ce sont les gestes de salutation, (insignifiants, mais dont l'absence peut rapidement générer l'agressivité), gestes pour manger, boire, pour signifier l'approbation ou le refus, etc.
Le contexte est évidemment essentiel : une poignée de main est banale, la portée symbolique de la « poignée de main de Montoire » est restée dans l'histoire.

Une catégorie comporte une valeur expressive pour manifester joie, satisfaction, ou injures (toujours plus nombreuses que les gestes bienveillants) ; ils peuvent être connotés culturellement : des gestes sont le propre des hommes, d'autres appartiennent aux femmes ; il existe des gestes pour exprimer la fatigue, pour se plaindre, et certains sont même lourds de sens (gestes de « malédiction »).
-les « syllinguistiques », qui sont liés à l'émission verbale :

* les phonogènes, mouvements des lèvres, de la face, de la tête, des yeux, qui accompagnent la parole ; ils aident la compréhension et peuvent même être compris (lecture labiale des sourds) ;

* les coverbaux, qui accompagnent l'énoncé verbal :

-Les paraverbaux qui scandent la parole (gestes des mains, mouvements d'orateur), prosodiques, qui ponctuent l'énoncé ;
-Les illustratifs sont redondants avec la parole qu'ils accompagnent (« tournez à droite » s'exprime avec le membre supérieur ; ou « haut comme ça !» avec le geste idoine ; « là-bas », avec la main) et miment parfois (mouvement de nager, marcher, filmer). On range dans cette catégorie les « déictiques », qui pointent quelque chose, du doigt, de la tête (« voici ! »).
-Les expressifs, qui connotent le discours de mimiques et postures (exprimant une émotion, un affect qu'on évoque).
Contrairement à ce qu'on pourrait penser, un bon orateur bouge d'autant plus qu'il veut apparaître convaincant.

*les synchronisateurs, qui assurent la pragmatique de la communication, mouvements régulateurs, ou mouvements phatiques. Ce sont des signes d'approbation tels le hochement de tête, les mimiques d'approbation, des sons (mmmh ! Ah ? pfff...) ou des mots non contextuels (oui oui oui !) ...
Des expériences montrent qu'en l'absence de ces régulateurs phatiques, tels que mouvements de tête, regards, et face à une attitude immobile et sans expression de l'auditeur, le locuteur rapidement s'interroge, justifie puis répète son propos, et s'arrête, perturbé, anxieux de l'absence de retour visible (G. DAHAN, 1977).

Les GEC, non (délibérément) communicatifs, sont ceux qui intéressent la « synergologie » :
- Ce sont des mouvements autocentrés, grattements, tiraillements, réajustement vestimentaire, etc.
Ils peuvent être pathologiques (onychophagie qui consiste à se ronger les ongles, trichotillomanie qui est la compulsion à s'arracher les cheveux) et relever de l'auto-agression.
Chez les enfants la succion du pouce, qui peut se prolonger bien après l'âge de la parole, s'observe en situation normale après une agression, portée ou reçue.
- Ce sont les mouvements dits « de confort » : changements de posture, croiser ou décroiser les jambes, mettre les mains dans les poches etc.
- Enfin ce sont les mouvements ludiques, comme manipuler un objet, faire des gribouillis, sucer quelque chose, etc.
On observe que ces gestes ne se produisent pas au hasard mais interviennent selon la syntaxe, l'intonation, la ponctuation de l'énoncé, comme synchronisateurs.

En fait la CNV est beaucoup plus vaste, puisqu'il faut lui rajouter les signes sociologiques (tenue vestimentaire par exemple), l'aspect physique (âge, sexe, hygiène apparente, coiffure, taille poids, etc.), l'odeur (voire les phéromones), et toutes les « dimensions cachées » (E. HALL) prises en compte plus ou moins consciemment.
Le langage lui-même porte un message subliminal, selon l'accent, le débit plus ou moins rapide voire saccadé, l'affectation, la syntaxe et la grammaire utilisées, l'usage de certains mots connotés socialement, etc. Ces indicateurs sont beaucoup plus pertinents selon les espaces culturels, les anglais accordent davantage d'importance à la façon de s'exprimer qu'à la tenue vestimentaire, par exemple.

Roland BARTHES raconte ce dialogue (émission TV de Pierre DUMAYET, 1975, document INA) :
Sa boulangère lui dit
- « Il fait beau aujourd'hui ... Il fait un peu chaud. »
- « Oui, la lumière est belle », répond-il.

Là il y a rupture de la communication, court-circuit ; car au lieu d'une phrase « oui, c'est un temps de saison », ou encore « ça risque de ne pas durer », il a introduit une structure hiérarchique d'un autre niveau, une qualification esthétisante qui déprécie le discours de la boulangère, et elle-même probablement par la même occasion. BARTHES, lui, conclut à une division sociale des langages, selon des niveaux occultes mais clairement éprouvés. La communication est rompue. Il ne s'agit pas ici d'un paradoxe mais d'une méta-communication qui introduit une dissymétrie dans l'échange verbal.
Un peu comme une personne peu familière à qui on dit : « comment ça va ? », et qui au lieu de répondre « bien, merci » vous parle de ses multiples problèmes de santé plus ou moins insignifiants.

La CNV pose deux problèmes qui ne trouvent pas de solution fiable depuis qu'ils sont posés : sa lecture ou transcription, et sa mesure.

On s'aperçoit progressivement que « La » Communication, telle que nous l'avons initialement présentée, comme un système global d'échange d'informations entre un organisme, son environnement et surtout ses congénères, recouvre en fait des communications multiples, organisées selon des modes divers voire contradictoires, et qui s'emboîtent les unes dans les autres, à la façon des systèmes sensori-moteurs décrits par J. PAILLARD.

L'hypothèse d'un mode primordial de communication, archaïque, mais pérenne, avec lesquels les modes ultérieurs vont s'organiser, mais qui les englobera toujours, comme des poupées gigognes, est à envisager. Elle est essentielle pour comprendre l'émergence et la place du langage humain, ainsi que certaines pathologies, mentales ou non, comme notamment certaines maladies de cet organe ectodermique qu'est la peau.
Il faut pour cela remonter aux sources éthologiques mêmes de la CNV, c'est à dire à l'attachement et à ses prémices, la relation mère (ou adulte nourricier)/enfant.

R. SPITZ le premier qui, utilisant les concepts freudiens, mais s'appuyant sur un protocole éthologique, puisqu'il filme et enregistre ses observations, met en évidence les premiers moments et les modalités primordiales de l'insertion du nourrisson au début de la vie dans le monde. Ce premier stade n'est pas encore communication proprement dite, même s'il est perçu comme tel par le récepteur (l'adulte).
Dans le monde du nouveau-né, la discrimination entre un monde extérieur et le corps propre n'existe pas ; c'est ainsi qu'on voit les enfants jouer avec leurs propres pieds ou mains, jusqu'à un âge assez avancé, comme si c'étaient des objets.
Pour R. SPITZ, deux organes seulement colorent la perception du monde extérieur de qualités positives ou négatives, ce sont le « museau », c'est à dire la région orale qui va des lèvres au pharynx, et l'oreille interne, organe de la perception de la pesanteur et de la position dans l'espace. A partir d'un certain niveau d'excitation, les stimuli vont être ressentis, sur ces bases neurophysiologiques seulement. C'est un système analogique, où l'intensité de la sensation est proportionnelle à l'intensité de la perception, mais c'est aussi un système on/off où deux « significations » seulement sont possibles : plaisir et déplaisir. Ils ont une expression comportementale : gazouillis, sourire, excitation joyeuse pour l'un, pleurs, cris, douleur apparente pour l'autre qui sont des expressions physiologiques et non des messages de détresse, car l'autre n'est pas encore perçu comme tel. Qu'ils soient perçus et interprétés par l'entourage comme une CNV est heureux, puisqu'il va ainsi soulager le nourrisson.
Les perceptions initiales passent par les systèmes proprio et interoceptif (comme la sensation de faim), qui gèrent les perceptions internes de l'organisme, et qui provoquent les manifestations comportementales quand les stimuli dépassent les seuils critiques. Le système neurovégétatif serait en conséquence la base fondamentale des premières manifestations de communication vers le monde environnant, et le restera.
« Même si l'organisation cénesthésique a été réduite au silence dans la conscience de l'homme occidental, elle n'en continue pas moins de fonctionner sous couvert » (R. SPITZ).
« Sentir » ou « ressentir », à ce stade, est purement viscéral, relève du système nerveux autonome (dit sympathique), « et se manifeste sous forme de manifestations émotionnelles ». Ce n'est pas une

véritable perception sensorielle ; celle-ci, qui existe, n'est pas encore intégrée neurologiquement.
La perception cénesthésique seule est source des émotions primaires, car « le système cénesthésique règne en maître sur l'univers du nourrisson » ; il le restera, même si ultérieurement la perception diacritique, sensorielle, est privilégiée.
Ces émotions primaires sont susceptibles de ressurgir, chez l'adulte, sous forme d'explosions anarchiques, corporelles (maladies psychosomatiques malignes, obésité pathologique, pathologies du tractus digestif) ou psychiques.
Il faut par ailleurs concevoir que si la naissance marque la séparation physique de la mère et de l'enfant, celle-ci n'est pas pour autant achevée par cette « mise au monde », et c'est très progressivement que cette dyade va finir par constituer deux unités distinctes, selon le processus que nous avons décrit d'attachement/détachement. Dans les premiers temps, le nourrisson est complètement dépendant de l'adulte, la réciproque étant aussi vraie : c'est lui qui va pendant quelque temps gouverner la vie (et le sommeil) des parents.
Cet aspect fusionnel persiste dans le cycle action-réaction-action du « dialogue », dont on sait aujourd'hui qu'il est beaucoup plus riche et intense que ne le soupçonnait R. SPITZ ; l'odeur de la mère par exemple, a un effet apaisant sur l'enfant dès les premiers jours (B. SCHAAL, 1990).
C'est à la fin de la première semaine qu'apparaît un comportement actif, et entre 2 et 6 semaines la discrimination se fait jour entre un déplaisir interne, proprioceptif, et un stimulus externe apaisant.
Très vite, la Gestalt « visage » va devenir prépondérante, parce que « le visage est associé aussi bien à la suppression du déplaisir qu'à l'expérience du plaisir ». C'est en effet le stimulus le plus souvent offert à l'enfant pendant les premiers mois, que ce soit pour le soulever, le laver, le langer, et bien sûr pendant la tétée.
Mais c'est l'expérience des échanges affectifs qui est prépondérante à ce stade. C'est elle qui fera émerger des limbes de l'environnement confus un tempo et une première structuration des comportements dirigés, ébauches de la communication proprement dite.
L' « accordage » de D. STERN, déjà évoqué, est une communication plurimodale, à la fois sensorielle et affective. Quand la mère commente sur un mode sensoriel différent un comportement, par exemple en illustrant d'un « oooOOOh » un effort musculaire du bébé, il perçoit que l'autre est conscient de sa subjectivité et la valide. Cette syntonie émotive est plus une communion qu'une communication, et les échanges ultérieurs, verbaux, ne sauraient la rendre intégralement, consommant la « séparation ».
Une communication « totale » impliquerait la « fusion de tous les sens » chère aux poètes, dont les aperçus pourraient être les sensations extatiques de l'exaltation, ou de l'acte sexuel, mais aussi l'effrayant syncrétisme d'états hallucinatoires pathologiques indicibles.
Les synchronies (ou les dyschronies) persistent dans le langage, les GEC et autres paraverbaux témoignent de la persistance de cette communication plurimodale non verbale ainsi que de l'existence d'une structure temporelle comportementale endogène.

Vers 3 à 5 mois, le nourrisson prend le contrôle de l'initiative des contacts visuels et sociaux. Le « bébé agi » devient « bébé actif » (M. PINOL-DOURIEZ, 1984). La capacité d'imitation réciproque, puis les imitations différées, sont le prélude au jeu et à la sémiotisation. Le geste décontextualisé devient représentation, prélude au « détachement » qui se concrétise et se généralise avec le langage. La synchronisation, la construction des interactions multimodales, l'émission de signaux, tout atteste d'une compétence précoce à communiquer, qui va prendre la dimension de sémiotisation avec la représentation des objets absents.
Ce sont là les bases comportementales et gestuelles nécessaires à l'apparition du langage, qui n'apparaît qu'en fin de parcours, lorsque tous ces éléments sont présents pour l'organisation de la chaîne verbale finale.

Évaluer la CNV ne se limite donc pas à interpréter la gestualité ; il faudrait aussi pouvoir estimer l'émotivité et les réactions cénesthésiques.
La réaction électrodermale ou réflexe cutané galvanique est une méthode connue depuis plus d'un siècle, elle reflète l'activité du système nerveux autonome, végétatif, et est un indicateur fiable des indices physiologiques de l'émotion par la mesure du pH cutané. Décriée depuis qu'elle a été associée

au « détecteur de mensonges », elle demeure pourtant un des seuls témoins objectivables de nos réactions archaïques. Mais son usage, avec la technologie qu'elle demande, n'est pas envisageable.
H. MONTAGNER a utilisé une autre méthode, les prélèvements d'urine, dans lesquels il a effectué les dosages de divers métabolites, et a retenu ceux des 17 hydroxy et 17 céto-stéroïdes qui témoignent davantage du stress qui stimule les glandes cortico-surrénaliennes.
C'est une méthodologie lourde, qui ne peut se pratiquer qu'en milieu adéquat.
Il est artificiel de séparer les diverses communications (verbale, gestuelle, végétative, neuroendocrinienne) dans la mesure où le corps répond dans sa globalité à son environnement, notamment social, et nous avons souligné que ces réponses sont encastrées les unes dans les autres.

Décoder la mimogestualité, pour la transcrire en mots ou en signes, est le premier problème que l'on rencontre lorsqu'on entreprend une démarche éthologique.
J. VAUCLAIR souligne dans « L'observation en éthologie » (1984) que l'observateur peut analyser son « objet » selon diverses dimensions, empirique ou fonctionnelle ; par exemple, devant un pigeon qui s'envole devant soi, la description empirique décrit la contraction rapide et alternée des muscles des ailes et l'ascension rapide ; la description fonctionnelle s'attache au but, c'est la « description par la conséquence » de R. HINDE, qui dira que le pigeon a fui en s'envolant.

L'éthogramme, première étape de la description éthologique, ne prend son sens que si ces deux dimensions sont associées.
Quand W. C. Mc GREW établit un « catalogue comportemental des expressions faciales », il définit des unités de comportement : « montrer les dents », « cligner des yeux », « hausser les sourcils », « fermer les yeux », « serrer les dents », « froncer les sourcils », « ouvrir la bouche », « rapprocher les sourcils », « froncer le nez », « rougir », « sourire », etc. et il les interprète : « agonistique », « surprise », « salut », « invitation au jeu », « colère », « défensif » ; enfin il en indique la fonction : peur ou incertitude, fuite, apaisement, menace, embarras.
On reconnaît les niveaux de la CNV : gestuel, émotionnel et végétatif.
De nombreuses recherches ont tenté de décomposer en unités fines les matériels comportementaux.
R. L. BIRDWHISTEL en 1952 et 1960 déjà proposait une « introduction to kinesics » et définissait des « unités kinésiques » ;
Mais la simple séquence d'une mère et son fils dans le bus, qui dit « Shut up, will you ? » est accompagnée d'une suite syntagmatique d'icônes conventionnelles, la « ligne kinétique », qui dénote les mouvements des sourcils, du front, des lèvres, du regard circulaire, d'un « sourire forcé », d'un mouvement de tête, etc. extrêmement complexe. Il compte ainsi 56 unités élémentaires pour le seul visage, et plus d'une centaine pour les activités corporelles ... Et sans prendre en considération les paralinguistiques (intonation, timbre, scansion, intensité sonore) ni les « parakinésiques » (amplitude des gestes, durée, vitesse, force).
Cet alphabet se révèle extrêmement lourd, quand le langage verbal avec une trentaine de phonèmes permet un nombre illimité d'expressions.
D'autres tentatives se heurtent au même écueil ; H. S. CONDON, en 1976, tente une analyse encore plus fine et utilise des films à la vitesse de 30 à ou 48 images seconde (au lieu de 24, normalement), ce qui permet un décodage au 48e de seconde. Une simple interpellation, « Sam », est l'objet d'une microanalyse de ces 0,46 seconde (11 images) ; à chaque phonème correspondent des mouvements de la bouche, des yeux, de la tête, des membres, etc.
« le problème majeur pour celui qui travaille sur le comportement humain et la communication est de déterminer ce que peut être une unité ou un segment de ce comportement » ; effectivement, et ces observations minutieuses permettent de mettre en évidence les auto-synchronies fines entre l'expression verbale et corporelle, qui semblent universelles, ainsi que des synchronies interactionnelles entre le locuteur et l'auditeur ; le langage à travers ces travaux n'apparaît pas seulement comme une expression vocale, mais bien comme une implication de tout le corps, y compris dans ses unités les plus élémentaires.
« La parole et l'action constituent une unité fondamentale », et elle implique de multiples dimensions intégralement organisées.

Toutefois, si ces travaux permettent de prendre la mesure du langage humain dans sa totalité, son aspect fonctionnel, qui intéresse l'éthologie, s'éloigne d'autant.
S. FREY et coll. en 1983 arrivent à une conclusion identique, avec une technologie encore plus poussée sur « la manière dont les comportements verbaux et non verbaux se combinent dans une perspective de communication totale ».
La question de l'adéquation de la dimension de l' « objet » observé demeure la même que celle définie par DARWIN, rappelée par J. GOULD, au sujet de la théorie de l'évolution. Au lieu de gène/chromosome/individu/groupe/espèce, on a ici muscle/mimique/comportement/interaction/groupe/société/espèce.
La tentative d'exploration et d'interprétation de la CNV n'en finit pas d'interroger les chercheurs ; en 1983, R. BRUYER tente une approche neuropsychologique du visage et de l'expression faciale ; en 1994, l'université d'Adélaïde (I. PILOWSKY, M. KATSIKITIS) a mis au point un algorithme d'analyse des expressions faciales, computerisé, dont le principe réside à mesurer les distances horizontales ou verticales d'un visage par rapport à des points de référence.
Paul EKMAN et W. V. FRIESEN en 1976 étudient « La mesure des mouvements faciaux » et mettent au point la méthode du FACS (Facial Action Coding System) dont l'objectif est d'enregistrer non seulement les signaux émotionnels, mais aussi les marqueurs conversationnels et même les éventuels déficits moteurs liés à des lésions cérébrales. Sur une base anatomique très pointue (ils évoquent les travaux de B. DUCHENNE, 1862, de stimulation électrique des muscles faciaux et peauciers) ils déterminent des « unités d'action » (Action Unit, AU ou UA) qu'ils valident par un procédé de notation où des « juges » doivent évaluer leur perception des éléments moteurs représentés. Si l'accord était parfait, le coefficient obtenu serait de 1 ; il est de 0,83, c'est à dire hautement significatif. Ce système, relativement exhaustif, validé par l'expérimentation, permet aux auteurs de concevoir une échelle de perception fiable de l'expression des émotions, qu'ils publient dans un manuel en 1978.
P. EKMAN poursuivra ces recherches sur la cohérence de l'expression des émotions qui l'amènent à des conclusions telles que son livre « Je sais que vous mentez », traduit en français en 2010, se veut « l'art de détecter les menteurs et les manipulateurs ».
Il fait appel à une procédure lourde, à partir de l'action des muscles de la face.
Ainsi le mouvement des sourcils est analysé selon trois UA élémentaires selon qu'il implique la partie médiane du muscle frontal, ses parties latérales, ou le muscle sourcilier, l'abaisseur de la glabelle et/ou l'abaisseur du sourcil ; ces trois unités d'action forment les éléments de base de quatre combinaisons possibles ...
La mesure de l'expression faciale s'avère en pratique extrêmement complexe à mettre en œuvre. S'y ajoute le « risque BROKAW » qui porte spécifiquement sur les stratégies de langage : « certains individus, quand ils mentent, fournissent des réponses indirectes compliquées et donnent plus d'informations qu'il ne leur est demandé ».
La psychologie n'est pas en reste, c'est « l'erreur d'Othello », qui interprète les propos de Desdémone non en fonction de la situation mais en fonction de sa conviction.
Ce type d'analyse de la CNV a le mérite d'objectiver les mécanismes fins du fonctionnement de la communication, mais ne peut guère être employé, et encore avec des réserves, que dans des cas précis et bien souvent, pour les exemples donnés par P. EKMAN, dans l'après-coup.

L'établissement de l'éthogramme, tel qu'il a été réalisé par BLURTON-JONES, Mc GREW, H. MONTAGNER, ne peut globalement pas utiliser ces méthodes, pour des raisons pratiques évidentes : les enfants se déplacent, tournent le dos, et surtout se manifestent comme nous l'avons souligné dans les axes paradigmatiques et syntagmatiques : une menace associe simultanément cri-bouche ouverte-dents découvertes-yeux écarquillés-bras levé-paume ouverte-buste penché en avant, et l'enchaînement déplacement rapide-intensité accentuée du geste-cri amplifié-fermeture du poing, qui peut évoluer vers l'agression, l'apaisement, le détournement etc. C'est un processus dynamique.
Aussi l'éthologie des enfants à la crèche ou à l'école maternelle, à une époque où le magnétoscope n'existait pas encore, se faisait sur la base plus approximative des appréciations de l'observateur classées selon les rubriques : apaisement, menace, agression active, agression subie, isolement, permettant d'établir un profil comportemental selon la fréquence des différentes occurrences.

Plus loin (p. 277), en annexe, la grille de lecture que nous avons définie et que nous avons d'ailleurs continué d'utiliser pour analyser les enregistrements.

Et p. 278, 279, 280, exemples d'expression de la CNV chez des personnages politiques.

33/ LES ÉMOTIONS : BASES NEUROPHYSIOLOGIQUES

« Ni vu ni connu
Je suis le parfum
Vivant et défunt
Dans le vent venu ! »

Paul VALÉRY, 1922, « Charmes ».

Une phénoménologie de l'émotion a été tentée par J. P. SARTRE (1938) ; mais si la pensée ou la conscience se justifient par le « cogito », le statut des affects est d'un autre ressort. Il écrit

pourtant : « la signification de notre comportement conscient est entièrement extérieure à ce comportement lui-même, ou, si l'on préfère, le signifié est entièrement coupé du signifiant », le signifié équivalent à l'émotion ressentie, le signifiant à l'émotion exprimée.
Le problème rejoint celui que nous avons exposé de l'incompatibilité analogique/digital : chaque émotion a un gradient d'intensité qui va de l'imperceptible au paroxysme. La colère peut se limiter au mouvement d'humeur ressenti quand j'arrive, pressé, à la poste et que la file d'attente me contraint à une demie heure de patience, à la colère effective ressentie face à une insulte (la colère d'Achille), et au-delà à la fureur de la course d'Amok ou à l'anthologique et meurtrière « folie d'Héraclès » décrite par EURIPIDE.
Elle est universellement signifiée par des gestes brusques et désordonnés, des vociférations, invectives, déambulations, et peut se transformer en fureur, engendrer les menaces, l'agression, la férocité, les coups, la destruction ou au contraire en dédain, mépris ou terreur (DARWIN).
Découper en mots, exprimer en signifiants le signifié des émotions, traduire en langage digital ce qui relève de nuances analogiques non discontinues, est une des difficultés majeures de la description des émotions, dont la perception se fait néanmoins spontanément : une mère, selon l'intensité des réactions de son enfant, prend la mesure de son état subjectif.

Une première difficulté consiste à définir les émotions ; pour certains scientifiques, la réaction de la paramécie qui se rétracte quand on verse une goutte de vinaigre dans son récipient manifeste une réaction qui serait une ébauche d'émotion. Il s'agit toutefois d'une extension abusive des mécanismes cérébraux, communs aux mammifères et commandés par des circuits neuro-anatomiques spécialisés.

Néanmoins, si l'émotion a un versant psychique, elle provoque des manifestations physiques involontaires multiples qui l'ont parfois fait ranger dans le registre de la perturbation.
DESCARTES, dans « Les passions de l'âme », parle de « l'émotion qui est dans le sang ».
Les signes de l'émotion intéressent la sphère végétative et somatique.
Troubles moteurs avec des tremblements incontrôlables, défaillances musculaires pouvant aller jusqu'à l'incapacité motrice (paralysé de peur) voire perte totale de toute motricité avec perte de connaissance ; mydriase, piloérection, tachycardie, vasoconstriction, altération de la respiration (tachypnée), sialorrhée ou sécheresse de la bouche, larmes, rougeur ou pâleur excessive, sueurs, spasmes de l'œsophage, de l'estomac, des intestins, voire incontinence, toutes manifestations chaotiques de l'organisme; les manifestations végétatives sont pour l'essentiel dues à la sécrétion d'adrénaline, qui agit sur le système orthosympathique. En fait il s'agit plus d'un déséquilibre du système autonome, dans le sens para ou orthosympathique (P. BUSER, 1980).
H. WALLON distingue les réactions de type « ictus », caractérisées par la défaillance totale, notamment du tonus musculaire, et qui provoque inertie, obnubilation, prostration, et le « raptus », réaction inverse, excessive dans ses manifestations, que ce soit la fuite ou la lutte, excitation automatique qui exclut la participation volontaire du sujet.

Paul BROCA avait identifié sur les faces internes des hémisphères cérébraux le grand lobe rhinencéphalique, limité par la grande scissure limbique. Comme son nom l'indique, il paraissait dévolu à l'olfaction ; d'ailleurs chez le chien le rhinencéphale est particulièrement développé.
Ce lobe entoure le paléocortex, qui lui-même délimite en dedans l'archéocortex ou circonvolution intra-limbique, ces deux structures étant caractérisées par une organisation cellulaire interne plus simple que le néocortex qui compte huit épaisseurs cellulaires.
En 1937, James PAPEZ fait du lobe limbique, en grande partie réinvesti chez l'homme par le néocortex, le substratum des émotions avec le circuit médial qui part d'une structure nerveuse appelée corps mamillaire, se relaie dans le thalamus pour aboutir au gyrus cingulaire, aires cérébrales 23 et 24 dans la partie supérieure du lobe rhinencéphalique.
Paul Ivan YAKOVLEV complétera cette description en 1948 avec le circuit limbique latéral qui, partant du noyau amygdalien, se relaie dans l'hypothalamus, qui gouverne les fonctions vitales de l'organisme, puis dans le thalamus où aboutissent aussi toutes les voies sensitives et sensorielles, et enfin se projette dans le lobe orbitaire préfrontal.

En dehors du lobe rhinencéphalique, le gyrus orbitaire (face inférieure du lobe frontal), le pôle antérieur (aires 11 et 12) du lobe temporal ou hippocampe, et l'insula sont aussi des formations corticales du système limbique.

La physiologie et la neuro-anatomie des émotions permettent d'écarter les diverses thèses qui ont prévalu sur leur nature : sous corticale pour les uns, périphériques pour d'autres, jusqu'au tournant du milieu du XXe siècle.
Mais ces avancées ont aussi eu leurs revers d'illusions.

Ces découvertes (ainsi que celles de C. F. JACOBSEN et de J. F. FULTON sur les animaux) auront des conséquences funestes, puisque Egas MONIZ s'en prévaudra pour réaliser des leucotomies ou lobotomies chez les malades mentaux, ce qui lui vaudra en 1949 le prix Nobel le plus contesté de son histoire.
En 1955, Paul D. Mac LEAN, père du « cerveau tri-unique », étend le concept de système limbique et lui adjoint de nouvelles structures cérébrales et de nouvelles connexions, pour en faire le « cerveau mammalien » (P. Mc LEAN, 1974, in « L'unité de l'homme »).
A.R. DAMASIO (1994), avec le « cas Elliot », montre qu'une tumeur frontale (méningiome antérieur de la ligne frontale, dite faux du cerveau) peut altérer définitivement le vécu émotionnel : son malade, parfaitement intelligent, « était en mesure de connaître, non de ressentir » ; il ne montre aucune trace d'émotion, et A. DAMASIO écrit même « J'éprouvais plus de peine en écoutant les récits d'Elliot que lui-même ne paraissait en ressentir ».

Le système limbique continue chez l'homme de gérer l'olfaction, qui à bien des égards a un statut sensoriel particulier et des accès privilégiés aux centres de l'émotion et de la mémoire (B. SCHAAL et coll., 2013, ou R. SALESSE, de l'INRA, 2012). On parle ainsi des « émotions olfactives » (G. COPPIN et coll., 2015), émotions et odorat ayant des aires cérébrales communes, de telle sorte que si « les odeurs ne réveillent pas mieux les souvenirs que les autres sens, elles éveillent beaucoup mieux les émotions associées à ces souvenirs ».
En effet la perception (consciente) s'effectue directement par une protubérance cérébrale, le bulbe olfactif, qui repose sur la « lame criblée » de l'os ethmoïde et dont les cellules dites de SCHUTZE, ont des dendrites qui perçoivent les signaux chimiques pour les transmettre aux cellules mitrales qui gagnent les centres primaires où elles s'articulent, pour rejoindre selon divers faisceaux les centres corticaux secondaires de l'aire 37 ; aujourd'hui on n'accorde qu'une fonction interprétative à cette aire, le noyau amygdalien étant la véritable zone de perception.
Quoi qu'il en soit, ces voies sensitives restent exceptionnelles, car, au contraire des circuits sensoriels qui ont trois relais (et donc filtres), elles ne comptent que deux neurones entre la perception et la réception.
L. BUCK et R. AXEL, prix Nobel 2004, ont identifié le fonctionnement génétique de l'odorat, qui s'avère avoir la plus grande famille de gènes connus, c'est à dire la plus grande zone connue de neurones cérébraux. C'est un sens dont l'importance est largement sous-estimée, d'autant plus qu'y est associé la perception des « odeurs inodores » que sont les phéromones ; on connaît leur rôle capital dans bon nombre d'espèces animales, où elles gouvernent le fonctionnement des gonades, synchronisent les cycles ovariens, provoquent les avortements dans des conditions particulières de stress, mais interviennent aussi dans l'agression, la soumission, la prise ou le refus alimentaire.
Chez l'homme leur rôle reste difficile à cerner, elles agiraient sur le système limbique pour des fonctions dont nous n'avons pas conscience.
Certaines cultures sanctionnent toute odeur : ainsi les industriels parfumeurs se désolent-ils de ne pouvoir vendre de parfums au Japon, où les habitudes culturelles s'y opposent ; émettre une odeur en public, dans les transports par exemple, est considéré comme une intrusion dans la sphère proxémique d'autrui, et la société valorise l'absence d'odeurs quelles qu'elles soient (J. M. BOUISSOU, 2014). Ce qui paradoxalement est une façon antinomique de leur conférer une importance essentielle.

Ainsi le système olfactif dessine une « carte des odeurs », et dispose d'un décryptage cérébral qui l'associe aux émotions et souvenirs mis en mémoire. On conçoit mieux cet effet puissant de l'olfaction sur les émotions quand on sait combien ces deux systèmes neuronaux sont proches.

Les voies nerveuses qui associent ces centres sont nombreuses ; le faisceau basal d'Hedinger ou Medial Forbrain Bendel, traverse l'hypothalamus, centre essentiel de la vie neurovégétative, en émettant de nombreuses branches efférentes, responsables de diverses réactions comportementales involontaires ; elles descendent dans le tronc cérébral pour gagner les noyaux des nerfs crâniens dont elles participent en formant le faisceau de Gudden, et aboutissent à la moelle épinière et aux centre ortho et para sympathiques.
Le système limbique contrôle ainsi l'hypothalamus (et notamment la sécrétion d'ACTH, et donc les surrénales) et le tronc cérébral, structures qui gèrent les comportements fondamentaux comme la prise de nourriture et la satiété, l'agressivité et la fuite, les comportements sexuels, que ce soit chez les vertébrés inférieurs, les vertébrés supérieurs (mammifères), et l'homme.
Non seulement le système limbique joue un rôle essentiel dans ces « comportements à motivation », mais il comprend aussi les structures essentielles de stockage de l'information, avec les corps mamillaires et l'hippocampe (partie antérieure du lobe temporal) notamment.
LEVINE et coll. en 1956 puis DENENBERG en 1960, montraient chez l'animal en laboratoire que de jeunes souris ou de jeunes rats, caressés par l'expérimentateur (et donc probablement « imprégnés », ce qu'ils n'évoquent pas), ont non seulement un comportement ultérieur plus adapté sur les plans de l'émotion et de la discrimination, mais que leur physiologie même en est modifiée, avec des sécrétions plus faibles et régulières d'hormones surrénaliennes lorsqu'ils se trouvent en milieu étranger (donc potentiellement stressant) par rapport aux sujets témoins de même origine génétique. Ils démontraient ainsi l'influence de l'environnement et l'importance de l'épigenèse dans le développement des ces structures responsables des émotions et des comportements.
Ces travaux servirent de base à H. MONTAGNER pour ses recherches sur les enfants et les corrélations entre la physiologie et le comportement.

On a aussi cherché à localiser des aires cérébrales propres à chaque émotion, ou à des comportements spécifiques, et les travaux de J. M. R. DELGADO (1972) restent la référence en la matière : par des stimulations électriques télécommandées d'implants cérébraux, il excite les aires cérébrales spécifiques chez divers animaux : chats, singes, voire taureaux. Il accroît ou inhibe ainsi l'agressivité, modifie les comportements maternels ou sexuels, induit des mouvements, des perceptions. Il modifie l'organisation éthologique : « le chef tyrannique d'une bande de singes cède le pas à ses subordonnés pour peu que quelques impulsions électriques viennent exciter une zone particulière de son cerveau ».
Un film montre un taureau très agressif, qui charge, brusquement inhibé par une stimulation électrique, et se transforme soudainement en un animal inoffensif.
Aujourd'hui l'I.R.M. (Imagerie par Résonance Magnétique) fonctionnelle permet de visualiser en temps réel l'activation des zones cérébrales stimulées lors des divers comportements ou émotions.
S. BERTHOZ (2015, in D. SANDER) propose une représentation spatiale avec « à chaque émotion son « centre » cérébral ? » pour la réfuter et montrer que le traitement des émotions fait intervenir des circuits de traitement élaborés.
A. G. HUTH et coll. (U. C. Berkeley) établissent une « carte sémantique » et un « dictionnaire » du cerveau (Brain dictionary) à partir de données d'IRM fonctionnelle, soulignant d'ailleurs que les mots renvoient à des significations multiples, et si les aires cérébrales décodent le langage, le processus sémantique est beaucoup plus complexe. Prudents, les auteurs concluent « la première loi en neurosciences est : le cerveau est compliqué ».
Plus généralement, les neurosciences cognitives apportent avec la technologie moderne une représentation du fonctionnement mental et des activités cognitives ; toutefois cette naturalisation de l'esprit est lourde d'implicites et d'illusions, et certains scientifiques de haut niveau mettent en garde contre les projets de type « B.R.A.I.N. » ou « Human Brain project » et sur « cette illusion [qui] repose sur de fausses évidences » (E. CLÉMENT, F. GUILLAUME, G. TIBERGHIEN, B. VIVICORSI, 2013, 2014).

Par ailleurs les progrès des neurosciences et de l'imagerie fonctionnelle, et notamment de la stimulation cérébrale profonde, font envisager un retour de la psychochirurgie, ce qui ne va pas sans poser de graves problèmes éthiques (« Le retour discuté de la psychochirurgie », M. LÉVÊQUE, Le Monde, 25/08/2014).

Le système limbique fonctionne grâce à des neurotransmetteurs largement identifiés, dont aucun n'est spécifique ; la dopamine et les voies dopaminergiques, dont les corps cellulaires sont situés dans le mésencéphale, projette ses axones dans tout le système limbique et exerce un rôle inhibiteur sur de multiples structures ; la sérotonine issue de la région bulbo-protubérantielle a des effets différents, parfois opposés selon les structures limbiques ; la noradrénaline, en provenance de la substance réticulée pour l'essentiel, se projette aussi sur l'hippocampe, l'amygdale, le cortex, et a un rôle inhibiteur.
L'acétylcholine (et l'acétylcholinestérase), dont on a vu l'importance dans les phénomènes précoces d'empreinte, augmente l'activité hippocampique.
Enfin les récepteurs des divers peptides, notamment opioïdes, sont nombreux dans le système limbique, ainsi que les neuropeptides.
Identifier des structures cérébrales dédiées, comme on le pensait au temps de BROCA, est donc illusoire ; le cerveau fonctionne en réseau, plus encore peut-être dans le registre des émotions et des comportements que pour le reste de ses activités ; et si le cortex reçoit les influences de ces formations profondes, il est susceptible en retour d'y exercer son pouvoir, dans certaines limites.
Certaines pathologies affectent particulièrement le système limbique, comme le syndrome de KORSAKOFF, essentiellement dû à l'alcoolisme, où les corps mamillaires s'avèrent spécialement lésés ; cette maladie se caractérise par des troubles de mémoire, une affabulation et des fausses reconnaissances caractéristiques, une désorientation, et un émoussement émotionnel.

Ces considérations neuro-anatomiques et neurophysiologiques ont amené un certain nombre d'auteurs à penser que l'olfaction pouvait avoir un rôle prépondérant dans le développement précoce de l'enfant et du nourrisson, et surtout dans sa vie émotionnelle.
Nous avons évoqué les liens étroits qui unissent émotions et olfaction dans l'architecture cérébrale.
L'olfaction est indubitablement sensorielle, avec des récepteurs spécifiques, des centres cérébraux qui interprètent la perception, et une discrimination fine des fragrances, odeurs et parfums ; pourtant, sa structure et son fonctionnement l'apparentent à ceux de l'émotion, et elle apparaît comme un intermédiaire phylogénétique et ontogénétique entre les deux.
Ces considérations ont retenu l'attention des éthologistes.
Chez de nombreux mammifères, l'empreinte post-natale immédiate a pour base l'olfaction car elle est avec la sensibilité cutanée la première à apparaître.
Nous avons déjà évoqué le cas de la brebis (GUYOMARC'H), et de la chèvre (J.M. VIDAL, 1979), qui 30 à 40 minutes après la mise-bas, n'acceptent son agneau ou son chevreau que sur ses caractéristiques olfactives.
Des expériences ont été menées, dès les années 70, sur le lapereau, le rat, la lapine, les faons etc.
Cette influence est réciproque : l'odeur est nécessaire à la mère pour identifier son petit, mais le petit est guidé par l'odeur pour trouver les mamelles d'abord, puis sa mère ensuite.
On a fait l'expérience d'imprégner des faons séparés à la naissance de leur mère avec l'odeur d'une autre espèce, c'est cette espèce qu'ils choisiront ultérieurement.
Avec le développement des autres sensorialités, d'autres mécanismes vont se mettre en place ensuite pour aboutir aux conduites plus complexes d'attachement.
Même certains oiseaux, comme les pétrels de l'Antarctique, ont une olfaction hors du commun, grâce à un organe situé au-dessus du bec ; ils ont presque un tiers de leur encéphale dédié à cette sensorialité, qui leur permet de reconnaître d'une année sur l'autre leur congénère (ils sont monogames), de retrouver l'endroit où ils nichent, d'identifier les zones de mer riches en nourriture, et enfin de reconnaître leur parenté et éviter l'endogamie.

H. MONTAGNER (1974) a conduit des recherches sur la reconnaissance olfactive de tricot ou tissus portés par la mère chez de jeunes enfants en crèche ; une grande majorité reconnaît aisément l'odeur de la mère.
Il concluait :
« Ces résultats préliminaires tendent à montrer que les odeurs spécifiques jouent peut-être un rôle plus important qu'on ne le croit généralement dans le développement affectif et social de l'enfant. Il est permis de penser que le fonctionnement des structures limbiques, qui jouent un rôle important dans les comportements affectifs et sociaux, peut être fortement modulé par des odeurs spécifiques, comme chez les mammifères au rhinencéphale développé ».
Reprenant les expériences primordiales de Mc FARLANE (1975), B. SCHAAL (1985) suggère que le lien mère-enfant pourrait s'établir précocement (dès le 3e jour) sur des compétences olfactives non seulement du nouveau-né, mais aussi du fait d'une discrimination accrue des odeurs par la mère durant cette période.
Il écrit « la compétence olfactive peut donc constituer, chez l'espèce humaine comme chez la plupart des mammifères, un des moyens primordiaux qui permettent à l'enfant de faire l'apprentissage des caractères de la personne qui prend soin de lui ».
L'olfaction serait une base discrète de l'établissement de l'attachement, qui persiste après la période néo-natale, puisqu'on la retrouve entre deux et cinq ans et même bien au-delà.
Le même auteur (1990) émet l'hypothèse que dans la période de lactation, l'aréole du sein émettrait des substances spécifiques, grâce à un certain nombre de glandes exocrines, sébacées, corpuscules de Montgomery etc. très actives qui en font une structure odorigène particulière. Différents protocoles expérimentaux mettent en évidence la reconnaissance de l'odeur de la mère par l'enfant, mais aussi de l'enfant par sa mère. La reconnaissance olfactive serait même influencée par l'expérience fœtale, l'enfant pouvant reconnaître des odeurs d'aliments ingérés par la mère pendant sa grossesse.
Mais cela a aussi été montré pour d'autres sensorialités, notamment par J. FEIJOO dans les années 70 pour l'audition.
« En raison de l'accès direct des voies olfactives au système limbique, l'information olfactive serait traitée globalement, en termes hédoniques, et serait mémorisée de façon d'autant plus rapide et durable qu'elle se trouve associée à une situation émotionnelle particulière ».
L'olfaction apparaît ainsi comme un facteur puissant et occulte des interactions sociales précoces.
Elle est aussi chez l'adulte la sensorialité de l'intime, connotée sexuellement ; et jouerait un rôle éthologique insoupçonné dans de nombreux comportements comme la peur, mais aussi la dominance.
« La potentialité informative des odeurs corporelles est démontrée par nombre d'études de laboratoire montrant des capacités de discrimination, et parfois de reconnaissance, de l'individualité, du sexe, de la parenté génétique, de l'âge, du statut reproducteur (période fertile féminine), de l'état de santé, du régime alimentaire, de l'état émotionnel ou encore de la charge parasitaire » (B. SCHAAL, C. FERDENZI, O. WATHELET, 2013).
Ces auteurs ont détaillé « odeurs et émotions » dans un ouvrage collectif et font une synthèse qui détaille tous les aspects de cette dimension cachée, dont on perçoit l'importance aussi essentielle qu'ignorée dans les réponses émotionnelles et les comportements éthologiques.
L'olfaction serait à l'émotion ce que la vision est à la cognition, écrivent-ils ...
La sémantique rejoint ces conclusions en assimilant le « sentir » ou le « ressentir » de l'olfaction à l'émotion.
Et on peut voir de nombreuses publicités de désinfectants, de produits ménagers, de déodorants, où ces propos sont illustrés de façon caricaturale.
L'olfaction perd de son importance dans le développement de l'homme et d'autres espèces, et les autres sens vont s'y substituer dans la récolte d'informations, notamment sociales ; J. J. ROEDER (1985) établit un parallèle entre cette constatation d'ordre ontogénétique et la phylogenèse.
L'évolution des modalités de communication est liée au degré d'organisation des sociétés animales au fil du temps, et les communications visuelles et sonores se développent au détriment des communications olfactives qui perdent leur prépondérance selon un vecteur orienté des espèces solitaires aux espèces grégaires.

La communication devient instantanée et non plus différée, comme elle l'est dans le marquage par l'urine ou par des glandes spécifiques ; enfin elles permettent de traduire l'état émotionnel et le degré de motivation de façon plus efficace, et non simplement de fournir une signature olfactive de l'identité.

La phylogenèse aurait favorisé les signaux sensoriels de perception rapide ou instantanée, dans la vie en société, pour décoder plus rapidement les informations émotionnelles, notamment agonistiques, pour lesquelles l'olfaction serait moins pertinente et donc moins performante.

34/ LES ÉMOTIONS : EXPRESSION, PERCEPTION.

« Les hommes s'en vont admirer les cimes des montagnes, l'immensité de l'océan, les révolutions des astres et ils se détournent d'eux-mêmes »

SAINT AUGUSTIN, cité par PÉTRARQUE sur le Mont Ventoux (1336).

Michael CHANCE écrivait en 1974 « une dimension absente en biologie : le comportement » pour déplorer « l'absence d'un cadre de pensée susceptible d'englober à la fois le comportement de l'homme et celui des autres mammifères ». A juste raison, il souligne la cécité de la Science incapable de définir pour l'homme ce qu'elle fait pour les autres espèces, et il tente d'y remédier (1988).

L'intuition de DARWIN est d'autant plus remarquable, en premier lieu parce qu'il ébauche une première taxonomie des émotions ; ensuite parce qu'il avance l'hypothèse phylogénétique de la continuité homme/animal sur le plan des comportements. Et ses deux postulats vont se vérifier. Si une ébauche de description et de comparaison des comportements humains et animaux peut se faire, c'est bien sur le plan des émotions.

Les travaux sur l'émotion, et notamment ceux de Paul EKMAN, portent sur la perception des émotions exprimées.
Celles-ci sont assimilées à l'émotion même ; pourtant, l'homme (et l'animal dans certaines circonstances de feinte) peut simuler des émotions sans les ressentir.
D'ailleurs P. EKMAN le souligne : « la capacité de mentir sur ses pensées ou sur ses émotions est étroitement liée au développement, chez l'homme, du langage parlé » (2002).

L'expression des émotions met essentiellement en jeu des muscles, elle est motrice ; un homme inexpressif, souffrant par exemple d'une paralysie faciale, syndrome assez fréquent, n'est pas en mesure de manifester les mimiques des émotions qu'il ressent néanmoins, psychologiquement et physiologiquement.

Nous avons évoqué les FACS (Facial action Coding System) et les AU (Action Unit) mis en place par P. EKMAN et W. FRIESEN comme éléments de base de leur protocole de recherche sur les émotions, qu'ils inscrivent d'ailleurs dans la droite ligne des intuitions de DARWIN (CHEVALIER S.,1973).
Ils reprennent les six émotions de base décrites par H. SCHLOSBERG en 1954 : peur, joie, surprise, colère, tristesse, dégoût.
Ces six émotions primaires constituent le socle des affects et seraient présentes chez le bébé de 6 mois (R. SOUSSIGNAN, 2009).
Et ils analysent la perception de l'expression de ces émotions sur tous les continents, dans une démarche similaire à celle que fera I. EIBL-EIBESFELDT pour la CNV.
Plus de 13 cultures « industrielles » ont été comparées entre elles, ainsi que deux cultures « primitives » (sans écriture) ; l'expression des émotions chez les aveugles est aussi prise en compte.
Les auteurs en concluent que les combinaisons faciales musculaires de l'expression des émotions sont universelles.
Il s'agit en effet de montrer que l'expression des émotions et leur perception dépasse les particularités culturelles, et qu'elles sont un langage universel de l'espèce dont il convient d'établir la grammaire ; l'objection culturelle n'est pas nouvelle, elle avait déjà été formulée à l'encontre de DARWIN, qui d'ailleurs la reconnaissait.
De nombreux arguments plaident en faveur d'une « grammaire universelle » des émotions : la neuro-anatomie, la neurophysiologie, la musculature faciale, tous les éléments objectivables sont communs à l'ensemble des individus de l'espèce.
L'anthropologie culturaliste (O. KLINEBERG, 1938, le premier ; mais « l'anthropologie des émotions » naît en 1986, avec C. LUTZ et G. M. WHITE) y oppose les singularités propres à chaque culture, où des gestes, des mimiques, des attitudes peuvent avoir un sens tout à fait opposé ; d'ailleurs les ethnologues parlent d'émotions qui n'existent que dans certaines cultures, dont le signifiant est parfois intraduisible.
Tim LOMAS, psychologue à l'université d'East-London, a répertorié ces mots intraduisibles, décrivant des émotions ou sentiments propres à chaque culture, dans son « positive lexicography Project » (2016). Ce dictionnaire en ligne, accessible, compte aujourd'hui plus de 400 expressions dans 62 langues.

P. EKMAN donne lui aussi cet exemple « Au États-Unis, on accepte sans s'étonner que les parents de la mariée se mettent à pleurer. Mais pas ceux du marié ... Pourquoi ? ».
Selon lui, si les objets de l'émotion varient effectivement avec la culture, les socles des possibles est limité, et universel.
Il a recours à deux méthodes expérimentales pour évaluer de façon rigoureuse les perceptions des affects :
La « méthode des composantes », où l'on enregistre des expressions dans une situation donnée chez des individus de cultures différentes, et on mesure les mouvements musculaires de la face pour les comparer entre eux, et la « méthode des jugements », où on présente à des individus de cultures diverses des photographies d'expressions faciales qu'ils doivent identifier (P. EKMAN, E. R. SORENSON, W. V. FRIESEN, 1969).
Si les expressions dépendent bien de la culture dans laquelle vivent les sujets enregistrés, des universaux néanmoins se dégagent de la concordance des jugements.
Ainsi en Nouvelle Guinée, il présente à 199 adultes des photographies et des histoires qu'ils doivent associer à des émotions :
« un de vos amis vient d'arriver, vous êtes heureux »,
« un de vos enfants vient de mourir »,
« vous êtes en colère et prêt à vous battre »,
« vous venez de voir un cochon mort depuis longtemps ».
Les faciès enregistrés dans chaque occasion sont présentés à des Américains et sont identifiés sans difficulté.
Une expérience semblable est menée entre Japonais et Américains ; la corrélation est faible entre les deux cultures où l'une tend à exprimer bruyamment son vécu quand l'autre le masque. Mais il s'agit là d'un code culturel, non d'un vécu intime. D'ailleurs, sans chercher si loin, savoir cacher ses affects et rester discret dans l'expression de la plupart d'entre eux relève d'un code social au sein même d'une culture donnée, où l'on se dit « trahi » par l'émotion.
En réalité, le problème réside moins dans le décryptage des émotions que dans celui de leur sens, dans un système culturel donné. On ne peut opposer une « nature » humaine, innée, même si elle existe, ce que pourrait probablement montrer dans ce domaine l'imagerie cérébrale ou la neurophysiologie, et une « culture » en dehors de laquelle un individu ne saurait exister ; P. EKMAN conclut sans ambiguïté « il existe dans l'espèce humaine des expressions faciales universelles des émotions » (1980) et ailleurs « les émotions et les expressions qui les rendent manifestes ont été inscrites en nous par l'évolution, et non par la culture. Ce qui nous est donné par l'environnement social, c'est essentiellement le contrôle des expressions, nos attitudes face aux émotions » (« Le langage naturel des émotions », in « La culture », 2002).
D'ailleurs les dessins stylisés composés à partir de sourcils représentés par deux traits, d'yeux par des fentes, et de bouches par un trait, les « émoticônes », sont utilisés universellement sur internet pour imager une émotion.
« On peut concevoir que les conditions de déclenchement des émotions, c'est à dire les évènements qui activent le programme, sont largement déterminés par les apprentissages sociaux et culturellement variables, mais que par contre les mouvements musculaires faciaux associés à une émotion particulière sont régis par le programme, tant que des règles d'expression ne créent pas d'interférence, et ils sont universels » (P. EKMAN, 1980).

Les expériences d'EKMAN sont toutefois contestées : ces expressions faciales n'ont en effet rien de naturel, elles sont posées et exagérées, alors que dans la vie courante elles sont fugaces et discrètes, parfois ambigües ; l'identification d'émotions spontanées n'est en réalité reconnue que par 24% des étudiants américains (R. SOUSSIGNAN, 2015).

D'autres chercheurs, comme Aleix MARTINEZ, de l'Université de l'Ohio, reprenant la méthodologie d'EKMAN, comptabilisent 21 émotions reconnaissables objectivement par ordinateur, estimant que les 6 émotions de base équivalent à « peindre un portrait avec les seules couleurs primaires » (S. DU,

Y. TAO, A. M. MARTINEZ, 2014 ; S. DU, A.M. MARTINEZ, 2015). Ils décrivent ainsi le « dégoût heureux » (Happily disgusted), ou encore la « colère triste » (sadly angry).

On rejoint là les constations faites par les éthologistes : K. LORENZ en 1950 souligne la spécificité de la réaction émotionnelle, et il existe « une relation en forme de loi entre la force des excitations et l'intensité des réactions », que l'on peut établir avec précision.
L'intensité d'une réaction « déclenchée » (émotionnelle et comportementale) est déterminée par le « potentiel quantitatif de la situation excitatrice externe » d'une part, et l'état de préparation de l'organisme d'autre part. Il étend ses conclusions à l'homme et déclare : « les réactions de l'homme face à des mouvements d'expression déterminés de ses semblables sont amplement produits par des mécanismes de déclenchement innés ».

Il décrit en 1963 dans « L'agression » les nuances émotionnelles du chien avec l'illustration ci-dessous :
En situation naturelle, les émotions suivent un gradient, ici en abscisse la colère (de gauche à droite, l'agressivité) et en ordonnées la peur (de haut en bas). Le chien « d) » est face à un rival de même force, qu'il ne craint pas ; le comportement prévisible est qu'après une confrontation prolongée, ils se sépareront sans se battre.
Le chien « g) » n'a pas peur, par contre il est en colère, une bagarre violente est probable. Pour le chien « i) », rage et terreur sont intenses ; il s'agit soit d'un chien acculé devant un ennemi craint, ou d'une chienne qui défend sa portée à l'approche d'un ennemi.
Pour K. LORENZ, cette évaluation des émotions selon ses composantes faciales (yeux, oreilles, babines, dents) se prête à une « analyse des motivations » assez fines, et « on pourrait mesurer que tel ou tel chien a tant de millimètres de peur et tant de millimètres de colère ». Une telle analyse permet la prédiction fiable du comportement qui va suivre.
Les postures changent en fonction des forces absolues et relatives des tendances en jeu.
Les mimiques des singes, notamment des chimpanzés, ont été particulièrement étudiées (K. IMMELMAN, 1982, article « mimiques »).
Même si là encore, on décrit des expressions faciales « posées », comme le fait EKMAN, la primatologie a montré que c'est avant tout dans les rapports de dominance qu'elles jouent un rôle primordial ; la mimique permet de prévoir le comportement social interactif : soumission, peur, menace etc.
Jane GOODALL en donne un exemple démonstratif :
« Alors que Leakey se délectait d'un tas de bananes fort important, nous vîmes Pepe qui se dirigeait très prudemment vers lui. Il était clair que Pepe s'attendait à un geste l'avertissant d'avoir à observer ses distances, car chaque fois que le gros mâle effectuait un mouvement brusque, Pepe sursautait. Petit à petit cependant il se rapprocha, et s'assit à deux mètres de Leakey ; la peur était inscrite sur sa face. Il allongca un bras timide vers une banane, mais sa crainte de Leakey lui fit retirer sa main et il émit de petits cris très énervés. De nouveau il avança une main, mais de nouveau la prudence l'emporta sur la gourmandise : il la recula en criant plus fort. Alors Leakey se pencha vers Pepe, et, pour le rassurer, le toucha sur la bouche puis sur l'aine. Mais Pepe continua à pousser de petits cris de frayeur; il fallut que Leakey s'inclinât encore une fois vers lui et lui caressât à plusieurs reprises le crâne et le visage. Pepe se calma enfin, ramassa quelques bananes et alla les manger à une distance confortable du grand mâle ».

R. HINDE dans le tableau ci-joint reprend le gradient agressivité/crainte chez le chat, dans son expression faciale et comportementale ou posturale, soulignant de même l'ambivalence de l'expression de l'émotion, qui est bien souvent ambiguë surtout dans les rapports et interactions des comportements à motivation, qui se jouent à l'intérieur même du groupe, du clan ou de la horde.

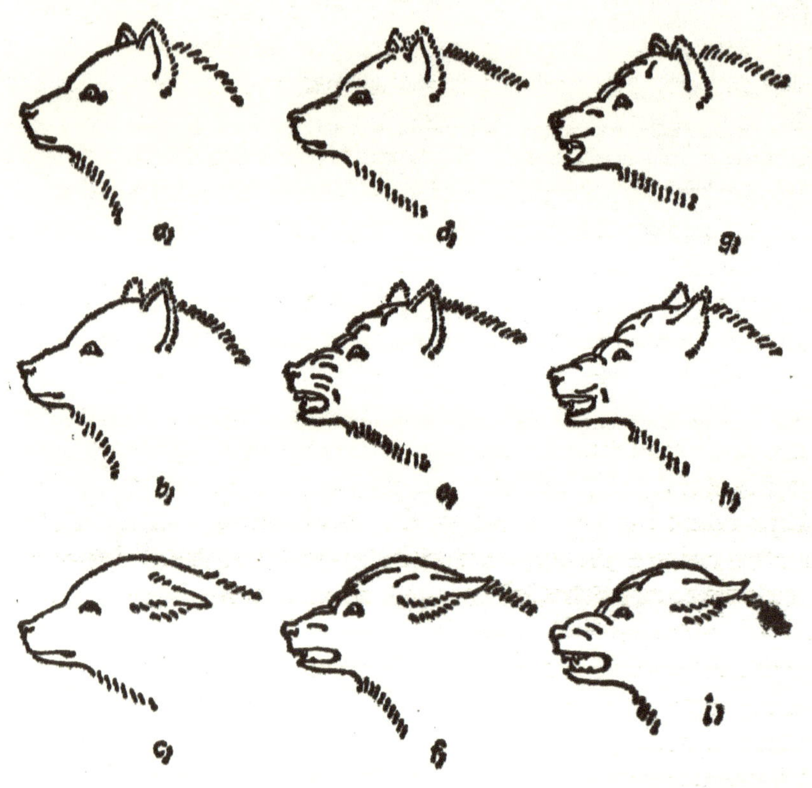
a)
d)
g)
b)
e)
h)
c)
f)
i)

Fig. 16.10. — *Expressions de menace et de crainte chez le Chat Dans chaque section, la crainte va en s'accroissant de haut en bas et l'agressitivé de gauche à droite*
(Par Leyhausen, 1956)

En dehors des rapports sociaux, internes à l'espèce, les émotions peuvent aussi jouer un rôle important dans l'équilibre naturel des différents acteurs d'un même site.
On a pu parler d'une « écologie de la peur », qui est déterminante dans le maintien des équilibres naturels.
Ainsi le tigre du Bengale, dont le nombre en 2016 a cessé de diminuer pour la première fois depuis longtemps, même s'il est redouté, à juste titre, par les Bengali, « protège » la forêt et la mangrove de la

surexploitation et de la destruction par l'homme et par les herbivores. Et c'est avant tout la peur qui limite les comportements destructeurs.
L'exemple le plus probant (« Pour la Science », W. RIPPLE, 15 septembre 2004) reste sans doute la réintroduction du loup dans le parc de Yellowstone en 1995, et la peur qu'il inspire aux grands herbivores ; s'il a joué un rôle en tant que prédateur, en diminuant de moitié le nombre de wapitis, il a amélioré leur patrimoine génétique.
Il a surtout eu un impact imprévu sur le comportement de ces espèces qui contribuaient à détruire l'environnement. Et non seulement la flore et la faune ont été considérablement modifiées, mais la rivière elle-même a changé.
La peur a écarté les grands herbivores des zones à risque, permettant aux jeunes pousses de trembles, de peupliers et de feuillus divers de croître à nouveau ; les arbres ont permis la réapparition des oiseaux ; diverses espèces comme les petits rongeurs, les mammifères aquatiques (castors), de petits prédateurs sont réapparus ; ainsi que les pygargues, les renards roux, les coyotes, qui se nourrissent de carcasses.
Et la végétation, en asséchant les pourtours humides, a reconfiguré la rivière dans son cours initial.
C'est aussi l'idée du PPP (protocole Prédateurs-proies) dans le parc du Mercantour (2010).

Dans un registre différent, puisqu'il s'agit de modifier une attitude culturelle, et plus inattendu encore, est le constat de R. PRINGLE, dans « Science », qui appelle à protéger les termites plutôt que de s'en prémunir, en modifiant notre perception émotionnelle négative de ces insectes, qui jouent pourtant un rôle essentiel dans le recul de la désertification, fertilisent les sols, et sont une riche source de protéines pour de nombreuses espèces.
Yacouba SAWADOGO, « l'homme qui a fait reculer le désert », au Burkina Faso, en attirant les termites, qui creusent des galeries, a permis de retenir l'eau tellement précieuse, en faisant des trous où il déposait de l'humus dont le mycélium était attractif pour les insectes ; l'eau piégée a restauré la flore et la faune, permis les cultures et résolu la famine endémique aux bordures du Sahel, au « pays des hommes intègres ».

Chez l'homme, le rôle social des émotions est plus complexe, il fait appel à l'histoire, à la sociologie, à la psychologie, comme B. RIMÉ en a fait l'étude avec « Le partage social des émotions », déjà évoqué.

En effet, pour l'homme plus encore probablement que dans toute autre espèce, l'équivoque est la règle dans l'expression de l'émotion, dans des interactions où se dévoiler peut-être imprudent.
Et bien entendu, même s'ils ne sont pas envisagés par les auteurs cités, la perception des rapports de dominance peut y jouer un rôle essentiel.
La palette affective est donc vaste, filtrée par les processus cognitifs, modelée par les composantes culturelles, et malgré l'abondance des travaux sur le sujet, les conclusions se ramènent bien souvent à envisager des émotions selon une « valence », « positive » ou « négative », ou encore des émotions « primaires » et des émotions « secondaires », plus tardives et moins déterminées que les émotions de base.

La dimension strictement éthologique de l'émotion n'est que brièvement envisagée par quelques auteurs.
B. CYRULNIK (1989,1991) rappelle les travaux de H. HESS sur l'empreinte, et souligne « comment l'impression des émotions peut se faire dans un organisme en voie de développement ». Il s'agit donc d'une « épigenèse de l'émotion », qui suggère que les programmes câblés, innés, sont modelés par l'expérience précoce et se fixent sur un « objet » chez les poussins, les canetons etc. (notion que B. RIMÉ évoque lui aussi par ailleurs).
Il évoque aussi les travaux de Mary AINSWORTH sur les nouveaux nés, qui montrent que l'attitude de la mère avec son bébé a des répercussions ultérieures observable ; il en conclut que « un événement peut avoir été imprégné à l'avance au cours de l'épigenèse de l'enfant, et s'exprimer longtemps plus tard » ; « l'expression des émotions est inséparable de l'épigenèse ».

La capacité à gérer ses émotions semble, pour d'autres auteurs, conditionnée aux modalités de l'attachement ; R. MILJKOVITCH (2001) écrit : « les différences d'attachement à un an peuvent se refléter dans les récits des mêmes enfants, cinq ans plus tard. Les enfants classés sécures évoquent souvent des crises dans leurs histoires dont le déroulement est néanmoins heureux. ... Par contre les enfants évitants se trouvent démunis devant les situations difficiles et semblent incapables d'y faire face ».
GUEDENEY N. et A. (2002), dans le chapitre qu'ils consacrent à l'émotion, soulignent l'importance de la « base de sécurité » qui détermine l' « état émotionnel subjectif interne » et la « capacité à répondre » (responsiveness). Ils rappellent l'importance accordée par BOWLBY aux expériences précoces notamment dans les réactions d'angoisse, de colère ou de tristesse.
L'attachement propose essentiellement l'interaction précoce comme cadre des réactions émotionnelles futures, avec la mise en place des MIO (modèles internes opérants) qui vont structurer les réponses comportementales ultérieures.
Représentation et symbolisation y occupent une place secondaire, alors que d'autres théories tendent à subordonner les émotions au primat du symbolique qui, chez l'homme, devient précocement prépondérant.

35/ DES ÉMOTIONS AUX SENTIMENTS

« Dans les Écritures, il est écrit : « Au commencement était le verbe. » Non ! Au commencement était l'émotion. Le Verbe est venu ensuite pour remplacer l'émotion ».

L. F. CÉLINE, 1957.

P. EKMAN, suivant la voie tracée par DARWIN, inscrit les émotions dans la théorie de l'Évolution, comme une persistance phylogénétique chez l'homme de l'expression animale.
Dans la colère, la bouche ouverte canines découvertes « comme pour déchirer et mordre » est un vestige phylogénétique « comme le font actuellement les gorilles et les orangs », et ontogénétique, avec « les dispositions qu'ont les enfants à mordre lorsqu'ils sont en colère », dit l'auteur de « L'Origine des espèces ».
Les émotions restent une réponse primaire, non contrôlée, de l'organisme dans son ensemble, à des stimulations ou des évènements imprévus ou contingents. Toutefois on ne saurait les réduire à une modalité archaïque d'expression qui serait avantageusement remplacée par un système symbolique, comme le langage.
Il faut aussi resituer l'émotion dans l'ontogenèse et lui reconnaître le statut privilégié d'une modalité relationnelle primordiale, antérieure au langage, et absolument vitale pour la survie ; car c'est par l'émotion que le nouveau-né et le bébé entrent en contact avec leur environnement, se manifestent et communiquent. C'est la modalité initiale de l'expression, et elle gardera ultérieurement ce statut d'antériorité. Aussi les auteurs qui se sont penchés sur le premier âge lui reconnaissent un rôle prépondérant : R. SPITZ, J. BOWLBY, et surtout H. WALLON.
En effet celui-ci consacre son enseignement à la Sorbonne en 1929-1930 et 1930-1931 au développement précoce de l'enfant (H. WALLON, 1931,1949) ; une grande partie est consacrée au comportement émotionnel. Certains des propos sont aujourd'hui obsolètes, qu'il s'agisse des mécanismes des émotions ou de « l'inaptitude du nourrisson à l'activité de relation » dont on a vu plus haut qu'elle a été longtemps largement sous-évaluée.
Pourtant il reste le pionnier en psychologie d'une ontogenèse qui accorde à l'émotion une place essentielle, puisqu'il décrit un « stade émotionnel » précoce du 3e mois à 1 an environ, qui est la base de la vie sociale. Né des composantes organiques, les sources initiales du plaisir et du déplaisir sont les sensations proprioceptives (cinétiques) et interoceptives (liées au tube digestif).
« Chez l'enfant s'affrontent et s'impliquent mutuellement des facteurs d'origine biologique et sociale. En même temps qu'à chaque étape se réalise entre des possibilités actuelles et les conditions de vie correspondantes un équilibre stable, des changements tendent à s'opérer, dont la cause est étrangère à cet exact rapport fonctionnel. Cette cause est organique » (1941).
Ce stade va permettre l'issue hors du « syncrétisme » où il n'existe pas de perception du moi et du non-moi. L'enfant ne fait qu'un avec son milieu, il est en symbiose avec lui. Il a besoin des manifestations de tendresse affectives et y répond, il partage ses émotions avec l'entourage, ce que BOWLBY inscrit dans les débuts de l'attachement et conçoit comme une « compétence sociale ».
Par ses positions organicistes, innéistes, où l'évolution physiologique est prépondérante, mais aussi par la place accordée à l'environnement et au social, H. WALLON est très proche de l'éthologie ; au contraire de PIAGET qui conçoit le développement en stades prédéterminés, il l'envisage comme des cycles où, du fait des modifications progressives de l'organisme, une perpétuelle adaptation est nécessaire pour permettre au sujet d'évoluer.
A l'assimilation et accommodation, WALLON préfère les modèles de l'anabolisme et du catabolisme.

R. SPITZ (1965) fait des observations similaires. Lui aussi décrit un moment de « non-différenciation » où le nouveau-né ne fait pas la différence entre son corps propre et l'extérieur et ne ressent pas l'environnement comme séparé de lui-même ; en lui-même il n'est pas davantage différencié, et

« seules quelques régions privilégiées semblent être organisées en unités fonctionnelles », c'est le stade non-objectal du narcissisme primaire. Les perceptions passent par les systèmes proprio et interoceptifs, qui gouvernent les sensations de plaisir/déplaisir. C'est le « dialogue » entre la mère et l'enfant qui va permettre la construction d'une image de soi et du monde, cette « relation objectale » étant le tuteur structurant.

Les organes de « réception » (et non de perception) organisent la transition entre intérieur et extérieur, c'est essentiellement le « museau » (comme chez les animaux); cette perception cénesthésique (viscérale, labyrinthique), qui est à ce stade la seule à être fonctionnelle, est la source des émotions primaires.

Chez l'adulte, elle est occultée sans pour autant disparaître, au profit des perceptions diacritiques (sensorielles et musculaires), mais se manifeste néanmoins dans certains cas comme les pathologies psychosomatiques ou les explosions d'émotions primaires :

« l'organisation cénesthésique continue de fonctionner jusqu'à la mort ; elle reste la puissante source de toute vie même si notre civilisation occidentale a mis une sourdine à ses manifestations. En cas d'urgence, sous tension, ces forces archaïques se libèrent avec une violence terrifiante car elles ne sont pas rationnellement contrôlées par la conscience. Nous devons alors faire face à des explosions plus ou moins anarchiques d'émotions primaires. »

Le « syncrétisme » est ce stade où la perception est encore une expérience totale (synesthésique), avant que les modes perceptifs ne se distinguent les uns des autres. Les sensations sont généralisées, extensives, non localisées, et ne se différencient pas des sensations cénesthésiques internes. Le « bon » et le « mauvais » objet, comme les pulsions qui les accompagnent, ne sont d'ailleurs pas plus distingués. L'allaitement n'est pas, dans ce cadre théorique, qu'une ingestion de nourriture ; il est aussi apaisement des tensions, et source de satisfaction. C'est en ce sens que la libido (qui, pour FREUD, est une simple « fiction théorique ») est « orale ». La cavité orale est, à ce stade, la seule perception intégrée, dans une expérience source de plaisir ou déplaisir, mais aussi d'activité ou passivité ; la main, le labyrinthe ou la peau, permettent des perceptions jugées secondaires, voire « éclipsées. »

Ce point a été contesté par les éthologistes, comme nous l'avons vu, pour qui le rôle de l'oralité, comme source exclusive de satisfaction, est discutable, BOWLBY considérant comme équivalents les 5 schèmes comportementaux programmés : téter, s'agripper, suivre, pleurer, sourire.

Les manifestations émotives sont une modalité de décharge nécessaire pour éliminer les tensions nées des stimuli que l'enfant ne peut gérer : cris, gesticulations, pleurs, rougeur, etc. qui attirent l'attention de l'entourage ; mais ces cris, à ce stade, ne s'adressent pas à une personne en particulier, ils manifestent seulement le déséquilibre interne. Ce n'est que progressivement, quand l'interlocuteur sera identifié, qu'ils prendront une valeur de communication. Affect et perception ne font qu'un. Ce n'est qu'ultérieurement que cette perception purement émotionnelle va se différencier pour devenir discriminatoire, « diacritique » dit SPITZ.

A ce stade des « relations objectales », la satisfaction des besoins sera liée à l'apparition de la personne qui y répond, et les pulsions « s'étayent » sur le plaisir. R. SPITZ nomme « attachement anaclitique » cette étape, référence à FREUD, mais aussi à BOWLBY souvent cité. D'ailleurs, comme lui, SPITZ rapporte les troubles de l'enfant à la qualité de la relation dans la dyade.

C'est à ce stade précoce qu'apparaissent les précurseurs symboliques, qui vont devenir patents avec le premier geste sémantique, le secouement de tête négatif pour signifier le refus.

La conception de SPITZ, et plus généralement de la psychanalyse, est centrée sur l'activité mentale, voire fantasmatique du nourrisson.

H. WALLON (1941) met en exergue la physiologie, les réflexes, les stimuli davantage que les contenus psychiques des émotions, qui d'ailleurs sont ici conçues comme émanant des noyaux sous-corticaux ; elles sont un aspect végétatif, organique, et restent liées à certaines situations ; la peur par exemple est due à une stimulation labyrinthique brutale. Elles sont une façon de réagir globale et archaïque, conditionnée par les circonstances.

Mais elles sont aussi une modalité très primitive de communication : c'est le premier mode concret et pragmatique de contact. Fondu dans l'ambiance affective, par contagion mimétique, l'enfant demeure indistinct de son entourage.
Sur ce pouvoir expressif se fondent les premiers mimétismes et les premières coopérations. Ainsi le social s'amalgame à l'organique par cette « empathie » émotionnelle.
Les facteurs d'origine biologique et sociale sont en confrontation mutuelle, et à chaque étape un équilibre doit s'établir entre les possibilités de l'enfant et son milieu ; ce rapport fonctionnel se modifie essentiellement pour des raisons organiques.
« Chaque enfant est un chantier », qui accomplit le génotype de l'espèce. Son développement s'accomplit selon un plan prédéterminé, qui s'inscrit dans l'histoire de l'espèce ; cet innéisme est aussi revendiqué pour la psychogenèse, développement ultime dont les bases sont organiques ; le langage en est un bon exemple : les centres cérébraux spécialisés sont une condition nécessaire, mais c'est le milieu qui va en permettre l'acquisition.
Le sourire qui, au premier stade (affectif ou émotionnel) du développement, est conçu comme réponse à une stimulation cutanée, devient manifestation d'un état général de contentement. C'est le sourire de béatitude, capté par la relation à la mère. C'est une période de fusion avec le milieu, où les automatismes émotionnels permettent l'unisson avec l'entourage, et provoquent des réactions réciproques. Leur fondement est biologique.
Puis, dans un deuxième stade, il devient réaction à des impressions sensorielles externes, à un objet distant. Ce n'est encore qu'une réponse physiologique, réflexe, sans contenu psychique, où les champs sensori-moteurs se coordonnent.
Enfin il est réaction à un contentement exprimé par un visage ou une voix lointains. La signification du sourire est alors affective, mais fondée sur une manifestation physiologique ; les émotions sont l'extériorisation de l'affectivité, elles créent une forme primitive de communion, de « grégarité ». En instaurant les relations, elles sont un instrument de sociabilité.
Au stade projectif, c'est l'action motrice volontaire et délibérée sur la réalité externe qui permet les formations mentales ; ce n'est encore qu'une « figuration motrice », qui précède les représentations. Pour H. WALLON, c'est le geste qui préside à la naissance du symbolique, qui va « De l'acte à la pensée ».
« Ce sont les aptitudes de l'espèce qui sont en jeu, en particulier celles qui font de l'homme un être essentiellement social » (1942).

Enfin avec les représentations mentales, l'émotion se dégage des circonstances, et la mimique devient convention et langage.
C'est vers 3 ans que cesse la confusion de personnes (par exemple, il arrête de se compter parmi ses frères et sœurs), et l'enfant s'affirme comme individu à travers plusieurs conflits où se distinguent soi et autrui.

WALLON distingue l'intelligence pratique, qui est celle des situations, aptitude à saisir des rapports géométriques, à organiser la perception et l'action (commune à l'homme et à l'animal), et l'intelligence discursive, qui manie les représentations et les symboles, purement humaine. Cette aptitude est la fonction symbolique, elle est nécessaire à l'acquisition du langage.
Celui-ci se fonde sur une capacité à organiser l'espace et le temps, à sérier et ordonner. Elle procède du geste, dans l'imitation différée d'abord (vers 15 mois), qui suppose une intériorisation, puis dans la représentation, qui permet la commutation. La fonction symbolique est un pouvoir de « substitution », qui remplace le contenu des pensées, des images, par les phonèmes (« les rapports de signifiant à signifié »). Elle est « le pouvoir de trouver à un objet sa représentation et à sa représentation un signe ».
Il oppose par ailleurs deux modes de pensée, les catégories intellectuelles et les catégories affectives, mystiques, prélogiques, « primitives ».
Il évoque ainsi un « dédoublement » de la réalité par la fonction symbolique : la représentation, psychique, se détache de la perception pour en former une image mentale indépendante.

La représentation des émotions obéit à ce schéma ; mais il n'y a pas une fonction symbolique d'un côté, agissant pour son propre compte sans tenir compte de la réalité (organique, sociale, émotionnelle), et un vécu affectif de l'autre avec ses manifestations neuro-végétatives.
« Les réactions sans lesquelles il n'y a pas d'émotions s'effacent » (1949).
Le symbolique et l'affectif peuvent être liés, comme signifiant et signifié, chez l'humain. Or cette liaison des deux domaines psychiques, cette corrélation du signifié émotionnel à un signifiant qui le représente et le structure se nomme sentiment.
« L'idéation, en l'emportant sur l'émotivité, éveille chaque fois qu'elle se produit des résonances affectives : il s'agit alors de sentiments » (1949).

Une observation éthologique peut illustrer le propos :
J'enregistre Emmanuel, 34 mois, avec un petit magnétophone Sony IC-UX533, dans le cadre strict de ses interactions avec moi, sur une durée de 8 jours. Il dispose d'un vocabulaire riche, mais ne structure pas encore ses phrases grammaticalement.
Le matériel ne peut guère être exploité, l'échantillon trop bref se prête difficilement à une quantification.
Toutefois, il apparaît, surtout le soir, une disproportion importante entre un vocabulaire utilitaire et des mots sans rapport avec une réalité tangible ; les mots « chasseur » (entendu dans un dvd où il est associé à une situation de crainte, puisque le chasseur tue la mère du héros Babar), le mot « loup » (surtout rencontré dans les livres d'images, mais probablement aussi dans des histoires angoissantes), mais surtout le mot « sorcière » (à ma connaissance non lié à un contexte d'angoisse, mais néanmoins représentant un être aux pouvoirs dangereux) envahissent le champ sémantique pour désigner ce qui peuple certains endroits où règne l'obscurité, comme les placards, les dressings.
Ces peurs se prêtent d'ailleurs à un jeu, la « chasse aux sorcières », consistant à s'enfermer dans le noir, où l'excitation et la peur sont à leur comble, associées à un plaisir évident, probablement du fait de ma proximité.
Au coucher du soir, il refuse aussi l'obscurité totale par peur des « sorcières ».
Les émotions telles que la peur, l'angoisse, propres à cet âge, se trouvent, à ce stade où la fonction symbolique est acquise, représentées mentalement par des contenus désignés par des mots connus mais sans rapport avec une réalité perceptible.
La peur de l'obscurité, qui ne semble pas conçue comme telle, se trouve désignée par des représentations verbalisées qui se substituent à la cause réelle. Et d'ailleurs que signifie « réalité » quand l'émotion, et pas seulement chez les enfants, est plus facilement déclenchée par une fiction que par la réalité : s'il réagit à « ogre », « sorcière » ou « loup », il reste quasi indifférent à « alerte », « danger » ou « poison ».
Le propos n'est pas ici d'approfondir la nature de ces peurs ni des fantasmes éventuels auxquels elles donnent naissance, ceci est suffisamment rapporté dans la littérature pédopsychiatrique.
Il s'agit seulement de souligner que l'émotion, le signifié, à ce stade, ne reste pas libre dans le champ mental mais se lie dans la conscience à des signifiants plus ou moins arbitraires.

C'est un mécanisme de ce type qui crée les sentiments : il n'est pas réaction à un stimulus, comme l'émotion, ou pure idéation, comme le symbole, mais liaison, arrimage d'un vécu subjectif à un support symbolique, une représentation, un signifiant, avec lequel il se trouve plus ou moins définitivement lié.
Le langage rend compte de ces différences car l'émotion est subie, passive, intransitive et s'exprime verbalement avec un auxiliaire : j'ai peur, j'ai honte, je suis en colère, j'éprouve de la joie ou de la tristesse.
Par contre j'aime ou je hais ; le sentiment suppose un sujet, y compris grammatical, et un objet ; il est transitif.
La distinction n'est en fait ni aussi simple, ni aussi schématique ; l'exemple du mépris pourra l'illustrer : il peut être transitif, se rapporter à un objet, et c'est un sentiment proche de la haine. Mais il garde aussi le caractère d'une émotion semblable au dégoût.
Sentiment et émotion, loin de s'exclure, restent liés, c'est par la position du sujet qu'ils diffèrent.

Les émotions ne sont pas fondamentalement associées à des mots, elles en sont même nécessairement disjointes, car les unes et les autres relèvent de deux systèmes disjoints.
En fait, il existe beaucoup plus d'émotions qu'on ne peut en nommer dans une langue donnée ...
Le système émotionnel a sa propre capacité d'expression (mimique, gestuelle, neurovégétative) avec des degrés et des niveaux divers, analogiques, et une synchronie des expressions qui n'existe pas dans le système linéaire et diachronique du langage. Celui-ci n'est que plaqué sur elles sans parvenir à les exprimer, à l'exception peut-être du transitivisme empathique des arts.
Il en va tout autrement des sentiments, dont la littérature se fait l'écho d'une verbalisation sans fin.

Peut-on envisager des sentiments chez certains animaux ?
En principe, non, malgré les affirmations de K. LORENZ (1968, 1969) qui décrit l'amour, et même le « coup de foudre » des choucas ; toutefois l'existence d'une probable pensée symbolique chez certains animaux peut permettre de l'envisager.
Ainsi F. BUYTENDIJK (1958) rapporte que Viki, dans la famille HAYES, était capable de comportements d'imitation différée, et en donne l'exemple suivant :
« Viki s'emparait d'un rouge à lèvres, se plaçait sur le lavabo, regardait dans le miroir et frottait le bâton non pas sur un endroit arbitraire mais sur sa bouche. Puis elle pressait ses lèvres l'une contre l'autre et étalait la couleur régulièrement avec le doigt, exactement comme elle l'avait vu faire. »
Un tel comportement ne surprend guère de la part d'un chimpanzé, bien que le détail suggère, au-delà de l'imitation, une possible identification à sa propriétaire. Cette guenon avait toujours été dans un environnement humain.
Or, dans la nature, quelle symbolisation primordiale joue un rôle essentiel dans les espèces sociales ? On peut conjecturer que c'est celle du chef, du dominant, du maître, qui change en tant qu'individu, mais qui demeure en tant que fonction.
A. SURRALÉS (2002), du Collège de France, anthropologue au CNRS, écrit : les émotions « sont liées à des situations sociales, politiques et culturelles, dont elles ne peuvent être dissociées. Elles sont inscrites notamment dans l'exercice du pouvoir ».
Ce qui correspond chez l'homme à un signifiant fondamental : le Totem, le Père symbolique, la Loi. Et l'observation éthologique confirme que bien des émotions s'organisent en fonction des relations dominant/dominé.
Quoi qu'il en soit, pour qu'existe chez certains animaux une notion de sentiment, cela suppose l'existence d'un animal sujet, conscient d'une identité individuelle propre, distincte de celles des congénères, sans pour autant disposer du langage, du moins dans l'acception que nous donnons généralement et spécifiquement à ce terme.
La question mérite d'être posée, nous le verrons ultérieurement.
Alors que les émotions sont universelles et innées, nerveusement « câblées », le sentiment est une construction, une élaboration signifiante ; il suppose une représentation de l' «objet », des liens mutuels, et des émotions qui s'y attachent.
Avec les sentiments la charge émotionnelle acquiert un sens dans un contexte symbolique ; ils se déclinent à partir des fondamentaux que sont l'amour et la haine.
Les émotions tendent à s'articuler sur la base du fonctionnement plaisir/déplaisir et obéissent à la loi de CANNON sur l'homéostasie.
Concrètement, l'émotion tire du côté du versant animal, et le sentiment du versant humain.

S. LEBOVICI note, reprenant R. N. EMDE (1980), que « les comportements maternels [qui] conduisent à un apprentissage social d'émotions de plus en plus complexes. La séquence serait la suivante : les charges émotionnelles — l'expression affective — les sentiments enfin, où sont inclus les souvenirs affectifs de l'apprentissage de la communication, de l'amour, de la tendresse, de la haine et de l'amitié. »

S'il se construit sur la base des mécanismes d'empreinte et d'attachement, les sentiments se nuancent selon l'ontogenèse.

Chez l'enfant, ce changement est sensible et perceptible ; les parents ressentent cette modification, qui passe d'un attachement en général indéfectible à des comportements d'indépendance, de protestation, d'opposition qui traduisent le passage du lien primordial à une relation de nature différente, plus complexe, à partir de 3 ans environ, et qui va exploser à la puberté ; l'affection n'est plus inconditionnelle, l'« attachement » fait place à une relation plus symétrique. Elle demande aux parents de modifier leur attitude, une revendication se fait jour, il faut savoir y répondre autrement que par la persistance de ce lien inconditionnel qui a prévalu avec l'« attachement ». Et si le « détachement » est sa continuité naturelle, il n'est pas synonyme, dans notre espèce et quelques autres, d'indépendance.

De l'attachement à l'amour, il y a un pas, celui de la représentation symbolique qui permet d'aimer (ou de haïr) un absent, en dehors des mécanismes comportementaux que nous avons décrit pour l'attachement. Le lien y est devenu abstrait, symbolique, qui rend le « détachement » possible.
Le sentiment apparaît en fait très lié à la notion de représentation, ou plus simplement à l'absence de l'objet d'attachement ; sa disparition, parfois durable, n'altère pas le lien antérieur ni l'émotion qui lui est associée. Et les substitutions deviennent possibles, par la voie de la symbolisation, entre l'objet primordial et un objet de remplacement dès que la maturation le permet.

Un exemple en est fourni par un article récent du journal « Le Monde » du 24/01/2016.
Roschdy ZEM, acteur et réalisateur, s'y raconte. Sa mère, avec ses trois enfants, quitte le Maroc pour rejoindre son mari en France. Roschdy est le premier à y naître.
Sa mère est décrite comme une femme déterminée, pour qui la réussite de ses enfants est essentielle.
« De mes 18 mois à mes 5-6 ans, pour me sortir du bidonville, j'ai été placé dans une famille belge catholique ».
Cette séparation n'a rien d'un abandon, il ne semble pas y avoir de vécu douloureux : « cela m'a marqué, pas traumatisé » dit-il. L'amour est une certitude : « J'étais le chouchou. Si j'avais voulu devenir astronaute, elle m'aurait encouragé ». Plus loin, « l'amour de ma mère, ça a été salvateur. Un équilibre ».
Pour passer de l'attachement à l'amour, il faut concevoir chez cette femme une représentation idéalisée de La Mère. Dépasser le lien, accepter l'absence, se sentir coupable (« pour ma mère, il en est resté une culpabilité, même si elle n'y était pour rien »), cela signifie adopter des valeurs, consentir un sacrifice, au nom d'un idéal symbolique, l'épanouissement de l'enfant.
DESCARTES avec l'amour du père dit qu' « il ne craint pas de se perdre pour les sauver (ses enfants)» ; on retrouve ici cette même définition.
Plus couramment, l'amour de l'enfant peut revêtir des formes quotidiennes nécessitant de surmonter de possibles appréhensions : se refuser à des comportements habituels d'attachement (embrassements, baisers) à cause d'une maladie contagieuse, panser une plaie douloureuse, mettre des gouttes oculaires et autres désagréments infligés à un enfant qui n'en comprend pas le sens ; voire soigner son enfant diabétique, malade, handicapé sont des conduites qui nécessitent une abnégation que seule une idéalisation du rôle et du statut peut permettre.
Mais on a aussi observé que des chimpanzés peuvent en être capables avec leur petit.

Cet arrimage entre l'émotion et le signifiant semble naturel ; ce n'est pas le cas, et c'est un acquis précaire ; on appelle « dissociation » en psychiatrie le déficit de cette liaison, et elle s'observe essentiellement dans les schizophrénies où les manifestations de la CNV ou des émotions ne sont pas cohérentes avec le discours.
On sait la force de l' « attachement » propre à ces pathologies où la séparation ou détachement est souvent impossible ; ce qui suggère déjà qu'il existe un au-delà de l'attachement auxquels ces malades n'ont pas accès. Toutefois on ne saurait généraliser et en conclure que le passage de l'attachement à l'amour leur est impossible, car il existe probablement autant de formes cliniques de schizophrénies que de schizophrènes.

Le socle émotionnel s'organise autour de la colonne vertébrale du symbolique. Il en va de même pour les émotions négatives : elles se structurent avec l'interdit, le non, mais avant lui avec la frustration qui le précède, précocement infligée par la mère.

Amour et haine se mettent en place et charpentent la personnalité, organisant les émotions selon des lignes de force tectoniques.

S. FREUD, dès la naissance de la psychanalyse, a nommé « complexe d'Œdipe » cette construction inconsciente, selon des références subjectives personnelles. Il aurait pu aussi bien évoquer tout autre héros, grec ou autre, dont le destin est écrit et qui n'est que le jouet de puissances supérieures, qui puisse rendre compte de la complexité affective du psychisme, où les émotions, aussi violentes soient-elles, sont subordonnées à l'architecture des sentiments.

D'ailleurs la notion de transfert est l'illustration expérimentale, en clinique, que le déplacement du personnage symbolique intime sur le thérapeute déplace avec lui les sentiments et le cortège des émotions qui l'accompagne.

« La théorie psychanalytique définit un sort différent aux affects et aux représentations. Ces dernières peuvent être refoulées, tandis que l'affect, qui représente une quantité d'énergie, se déplace. Ainsi peut-il affecter une représentation à laquelle il n'est pas originellement lié » (S. LEBOVICI, 1983).

S'il existe une spécificité humaine, c'est probablement dans ce domaine qu'elle s'exerce, avec les restrictions éventuelles que pourrait révéler une capacité symbolique animale supérieure à ce que l'on en sait actuellement.

On objectera que la parole seule permet cette relation du signifié émotionnel au signifiant symbolique ; toutefois celle-ci est aussi bien souvent un leurre qui masque les fondamentaux éthologiques qui gouvernent l'humain, comme les autres espèces.

Le crédit donné au langage pourrait n'être qu'une autre forme de cette autocélébration narcissique de l'homme pour lui-même.

36/ ÉMOTIONS : RÔLE ET EFFETS.

« On voit partout chez vous l'ithos et le pathos »,
MOLIÈRE, « Les femmes savantes », A. III, SC. 3.

L'émotion exprimée et l'émotion perçue sont en fait deux réalités distinctes.
D'ailleurs le « paradoxe du comédien » fait que celui-ci est d'autant meilleur qu'il ne ressent pas ce qu'il exprime, mais le fait ressentir.
Transmettre des émotions à des publics de cultures diverses reste cependant une performance exceptionnelle dont seuls quelques génies, comme Charlie CHAPLIN, sont capables.

Le « syncrétisme émotionnel » ne disparaît pas complètement avec l'âge ; la danse par exemple, pratiquée collectivement par une communauté à l'occasion d'une fête, tend à y aboutir. Manifestation culturelle bien sûr, mais ce partage d'une musique, de rythmes, de gestes et de contacts physiques, crée l'unisson des émotions partagées dans un attachement dilué.
L'usage d'un culte avec ses rites, connus de tous, d'un idiome linguistique, de cuisines spécifiques, efface les particularismes au profit d'un code culturel commun dont l'efficacité se mesure à l'émotion qu'il crée. Ce sont les interactions horizontales, entre pairs, qui créent la symbiose, au contraire des relations verticales d'une foule anonyme dont le lien partagé est l'identification au leader (S. FREUD, 1921).

Mais le partage des émotions va bien au-delà ; j'ai déjà cité Yasujirô OZU et « Le goût du saké » ; d'autres films, comme « printemps tardif », « Le voyage à Tokyo », etc. sont tout aussi bouleversants, alors que les codes de l'expression des émotions dans ce lointain pays d'extrême Orient, dans des œuvres pour la plupart datant de plus de 60 ans, nous paraissent insolites. D'ailleurs en 2005 a été exhumé un film oublié de 1942, « Il était un père », salué par la critique comme un chef-d'œuvre bouleversant.
C'est en outre un cinéma austère, sans effets de caméra de type travelling, gros plans, zooms, et autres mouvements ; il filme en longs plans fixes, la caméra à hauteur d'homme, et seuls ses derniers films sont en couleur. Des spécialistes cinéphiles pourraient peut-être expliquer le caractère émouvant de ces œuvres dont la thématique est relativement récurrente : l'amour et l'abnégation d'un père, d'une mère, des parents, pour leur(s) enfant(s). Or « voyage à Tokyo » (1953) est néanmoins classé 5e dans le top 10 des meilleurs films de tous les temps par un panel de critiques internationaux (« Le Monde », 16 novembre 2016).

Il m'a aussi été donné d'assister à des représentations de diverses pièces datant de plus de 2500 ans. A Épidaure, dans le théâtre antique, situé en pleine nature comme dans l'antiquité, sont donnés les spectacles des Tragiques Grecs.
Ce site, près du temple d'Esculape, comprend les ruines de ce qui fut le premier hôpital psychiatrique : les thermes (romaines), la célèbre fosse aux serpents, et bien d'autres vestiges permettent d'imaginer la cure telle qu'elle se pratiquait, avec l'équivalent du psychodrame, l'interprétation des rêves, l'isolement ; le théâtre attenant participait du traitement en représentant des conflits mythiques, tragiques, dont les héros et leur inéluctable destin ont été maintes fois repris. La pièce permettait la « catharsis », c'est à dire l'explosion émotionnelle des affects refoulés, et faisait partie du soin.
Or ces récits vénérables ont gardé, plus de 25 siècles plus tard, tout leur pouvoir hypnotique, puisque les spectateurs, loin de rester indifférents aux actes d'Oreste en l'occurrence, se levaient, criaient leur parti-pris, qui en faveur du père et de la vengeance, qui en faveur de Clytemnestre, génitrice et mère du héros, tout comme le faisaient probablement les spectateurs du siècle de PÉRICLÈS.

A cette même époque toutefois, PLATON voulait bannir les poètes de la cité idéale, car leurs œuvres nuisent à la connaissance ; bien plus tard, Blaise PASCAL les condamnera aussi sévèrement en écrivant : « Poète et non honnête homme » (Pensées 38), comme il condamne toute « distraction ».

Pascal LUDWIG, philosophe à Paris-Sorbonne, évoque « les émotions fictionnelles », suscitées par l'art en général ; et s'interroge sur les mécanismes qui conduisent le spectateur à ressentir des émotions alors qu'il sait qu'il s'agit non de situations réelles mais de simples créations imaginaires. Il évoque essentiellement un passage de « La Recherche » de Marcel PROUST, dans « à l'ombre des jeunes filles en fleur », où le Narrateur, qu'il assimile un peu légèrement à « Marcel », assiste à « Phèdre », avec la Berma, qu'il admire, dans le rôle. Mais il se trouve peu à peu tellement absorbé et ému par le personnage de Phèdre qu'il en oublie de prêter attention au jeu de l'actrice.
« Je l'écoutais ... raconte Marcel [sic], comme si Phèdre elle-même avait dit en ce moment les choses que j'entendais, sans que le talent de la Berma semblât leur avoir rien ajouté ».
S'agit-il d'une incohérence passagère, d'une flambée de l'imagination, d'une régression ? Pourquoi le destin de Phèdre l'émeut-il à ce point alors qu'il sait avoir devant lui une actrice ?
« C'est bien le destin de Phèdre qui l'émeut », dit l'auteur.
Certes ; « C'est Vénus tout entière à sa proie attachée » lui fait dire RACINE.
Mais c'est sur l'histoire elle-même qu'il convient de se pencher ; Phèdre est torturée par l'amour incestueux qu'elle porte à son beau-fils, fils de Thésée, Hippolyte, et se trouve mortellement blessée par la consomption amoureuse que provoque cet amour tabou.
Or, il y a sans doute bien là de quoi émouvoir « Marcel » plus que « le narrateur », lui dont la relation à sa mère fut aussi excessive qu'inconditionnelle, qui lui écrit même : « J'aime mieux avoir des crises [d'asthme] et te plaire que te déplaire et ne pas en avoir ».
C'est de sentiment qu'il s'agit, mais de sentiment inconscient, et non des moindres. C'est là que se situe le ressort de l'émotion, et non dans le spectacle.

Le mécanisme des œuvres artistiques est de l'ordre de la représentation, quel que soit l'art. Il observe un code, s'insère dans une culture, obéit à des conventions : le destin de Mme Butterffly ne fait pas pleurer tout le monde.

Si l'émotion est au rendez-vous, c'est qu'une part du soi identitaire, symbolique, y est impliquée.

Alexandre SURRALÉS s'interroge : « Peut-on étudier les émotions des autres ? » ; pour cet anthropologue, c'est affaire de société.
« Les émotions n'ont pas d'autre réalité que la manière dont elles sont conçues, nommées, identifiées et commentées, à l'intérieur d'une culture ».

Relativiser les émotions semble en fait indispensable, et la délimitation stricte entre « raison » et « émotion » est probablement inopérante ; nous l'avons constaté chez l'enfant, évoqué dans les fictions et l'art ; reste un domaine où elles ont gardé toute leur pertinence, et qui intéresse l'éthologie au premier chef, c'est celui des relations sociales et plus particulièrement des rapports de pouvoir, où elles restent liées à la réalité perçue, et pas seulement chez l'humain.

On objectera que l'empathie ou la compassion sont des valeurs universelles qui modèrent ces dispositions.
Outre que ces comportements s'observent dans bien des espèces (et F. DE WAAL donne même plusieurs exemples de compassion entre espèces différentes), ils ne semblent pas être chez l'homme un frein efficace à la volonté de puissance, en dehors de quelques cas exemplaires d'abnégation. Et il semble plus difficile de les objectiver selon un protocole expérimental que de les contester, à l'exemple de S. MILGRAM (1974) et de ses expériences souvent reprises sur la soumission à l'autorité.

Bernard RIMÉ dans « Le partage social des émotions » (2005) évoque ce qui serait, selon lui, une spécificité humaine de la dimension émotionnelle, qui « suscite l'expression verbale et le partage social ». Son ouvrage psychosociologique fait largement appel à l'éthologie.
En articulant les émotions avec le système cognitif, il précise utilement les rôles des émotions ; cela est évident de longue date, par exemple quand PAVLOV (1927) montrait que la peur pouvait conditionner un réflexe de fuite et sauver la proie du prédateur en « déclenchant » la crainte.

Mais des engagements cognitifs vers un but vont se développer, du côté de l'individu, en moments émotionnels successifs qui accompagnent l'action : devant un obstacle, le premier temps est celui de la revigoration et du renforcement positif de l'engagement ; puis l'agressivité apparaît devant l'incapacité à résoudre le problème ; et, si la solution reste hors de portée, le désengagement se fait jour avec le découragement ; enfin avec l'échec, c'est une gamme qui va de la déception à la tristesse, qui peut aboutir à une pathologie dépressive, qui marque le retrait objectif et subjectif ; enfin le plus souvent, une phase de récupération s'enclenche ensuite.
L'intérêt de cette description en phases, par rapport au constat habituel des émotions, est d'en faire apparaître les ressorts humains qui lient l'action et son vécu.

D'autres exemples, comme la joie intense du triomphe, montrent les dimensions multiples des effets de son expression, du côté du milieu. La réussite, l'exploit, suscitent d'abord « des expressions faciales et corporelles typiques de la colère ou de l'agressivité », d'autant plus intenses que l'effort a été important. Puis les gestes d'expansion, bras levés, jambes dressées, sauts, bonds, course, qui sont liés à l'expérience subjective d'expansion du moi.
« Elles signalent au sujet et à son entourage que la tâche est close et qu'un terme doit être mis à la préoccupation qui a mobilisé les ressources cognitives ».
En outre, c'est un message à destination sociale qui est émis : sourires, cris, rires, exaltation, interpellations vocales sonores, contacts corporels, embrassements, éveillent l'empathie et encouragent à un soutien actif ultérieur ; ce sont aussi des comportements d' « attachement » (contacts corporels, embrassements, appels etc.) qui visent à consolider les liens. En associant la collectivité à ses émotions, il en assure la cohésion ; il apparaît qu'un membre du groupe dont les spectateurs sont les témoins actifs et auquel ils peuvent s'identifier, a réussi un exploit, ce qui renforce la solidité et la confiance en soi de la communauté.
Ces mécanismes sont bien évidemment largement amplifiés et favorisé de nos jours par les médias qui sont de formidables boîtes de résonnance émotionnelles.

Mais au-delà de ces réactions psychosociologiques, Bernard RIMÉ décrit « un besoin parfois insatiable d'être écoutés, de parler et de reparler de cet évènement ».
On sait d'expérience, et l'auteur en parle ailleurs, que ce n'est pas le cas des traumas les plus douloureux : les poilus de 1916, les rescapés des camps de concentration, par exemple, sont restés muets sur leur calvaire. En clinique, on sait combien les traumas sexuels sont difficiles à verbaliser.
En réalité toutes les émotions ne sont pas également exprimées, et la honte est bien souvent tue.
Néanmoins, cette nécessité de parler est une conséquence « typique » de l'émotion, c'est une facette de l'expérience émotionnelle.
« Les conversations les plus communes sont émaillées du récit des épisodes émotionnels qui la rythment ».
Il parle même d'une « coercition à la parole » ; ce qui fait de l'émotion une source de la conversation, avant l'échange cognitif (qui a d'ailleurs souvent une facette émotive), mais peut-être même source de la parole, comme nous le verrons avec J.L. DESSALLE. Il existe une relation étroite entre l'émotion et la communication sociale langagière.
Plusieurs expériences de type sociologique (questionnaires, interrogatoire d'échantillons, soumission à des spectacles de scènes plus ou moins émouvantes) montrent un rapport de proportion entre l'intensité de l'émotion ressentie et la « quantité » de verbalisation, les variations selon l'âge, les cultures ou le sexe étant relativement faibles, en dehors du fait que les hommes sélectionnent davantage leur exutoire.

Ce besoin de parler et reparler (sinon d'être écouté) des personnes ayant vécu une expérience émotionnelle intense, bien qu'il semble naturel, pose question.

B. RIMÉ le formule ainsi :

« Pourquoi les gens veulent-ils exprimer et traduire en paroles leurs émotions ? Pourquoi veulent-ils les partager avec les autres individus ? Qu'est-ce qui les conduit à chercher à introduire de cette manière leur expérience personnelle dans le champ social ? »

Ce qui amène aussi à s'interroger sur le langage : alors que l'animal (oiseau, mammifère) traduit ses émotions en comportements, quelle peut être la fonction spécifique du langage humain dans leur expression ?

C'est une faculté qui se met progressivement en place entre 3 et 5 ans ; c'est dire que les émotions sont éprouvées avant d'être verbalisées et symbolisées, et que le recours au langage est un substitut d'un éprouvé plus fondamental. Or, comme lorsque l'émotion est trop lourde et que la parole cède, le contact physique et non verbal s'y substitue ; ce sont des manifestations d'attachement qui apparaissent :

« Chez les mammifères supérieurs, le contact physique avec une figure d'attachement constitue un instrument primaire d'apaisement et de régulation de l'activité émotionnelle au jeune âge. Chez l'être humain, de toute évidence, cette fonction régulatrice du contact corporel se perpétue au-delà des phases précoces du développement ... en cas d'émotion intense les adultes y font appel ».

D'ailleurs se dessine en creux le changement de configuration de l'attachement, car plus l'âge avance de l'adolescence à l'âge adulte, plus le partenaire de l'échange émotionnel s'éloigne des parents et de la famille pour prioriser compagne ou compagnon de vie, identifiés comme « substituts des figures primaires d'attachement ». Ce mouvement est d'ailleurs encore plus marqué chez les hommes que chez les femmes, leur premier partage social s'adressant presque exclusivement à leur compagne.

La symbolisation et le langage servent-ils à mettre à distance, à exprimer au sens littéral, l'émotion ? Celle-ci serait responsable de données ou d'évènements incompatibles avec les schèmes cognitifs habituels qui doivent donc être reconsidérés. La verbalisation est-elle alors une recherche de sens à ce qui en apparaît dépourvu ?

Son effet premier sur l'auditeur est autre : c'est l'empathie, la contagion émotionnelle, l'identification. Dans les expériences artificielles où un participant est soumis à une épreuve émotionnelle (film bref), c'est aussi un échange d'informations où 90% du temps de la conversation est dévolu à l'orateur, et 10% à l'auditeur, qui se contente de demander des précisions, ou des clarifications.

Si chez les animaux le contact social, comme le grooming (épouillage) des singes, sert à resserrer les liens sociaux et éviter les conflits en même temps qu'ils renseignent sur le statut social, qu'en est-il des « conversations » humaines ?

En règle générale, elles suscitent l'affection, intensifient les liens affectifs et l'intégration sociale. Elles permettent aussi une certaine efficacité adaptative en permettant de faire face à une situation comparable, et dans cette perspective c'est probablement l'aspect cognitif, jamais absent, qui devient prépondérant.

Prenons un exemple simple : dans le cadre d'un club de jeu de cartes, A suspecte X de tricher ; il est d'abord choqué par cette entorse à l'éthique du jeu ; il va en parler à son partenaire B, qui lui-même le dira à C etc. Mais en même temps que l'émotion suscitée par le comportement de X, c'est une information qui est transmise avec le soupçon : les autres joueurs, informés, vont donc partager avec l'émotion le soupçon porté sur X et prêter davantage attention à son comportement.

En outre, la transmission de l'information observe une progression logarithmique : si la source transmet l'information à un premier cercle de 5 personnes dans l'heure, 18 seront informées dans un deuxième temps et 30 dans le troisième, la vitesse de propagation étant proportionnelle à son impact émotionnel.

Par ailleurs, l'identité ou la « surface sociale » de celui qui a vécu et qui rapporte l'épisode émotionnel est importante.

Dans notre exemple, les auditeurs se poseront la question : A est-il crédible ? A-t-il des raisons personnelles de disqualifier X ? Quelle est sa place hiérarchique et sa fonction au sein du club ? Son information en recoupe-t-elle une autre où X aurait aussi fait preuve de fraude, ici ou ailleurs ?
La capacité d'acteur social de A peut en sortir grandie, ou au contraire affaiblie ; l'enjeu est de l'ordre du « prestige » relatif au sein du groupe social. Chacun existe en proportion de l'attention qu'il reçoit, et les bénéfices personnels retirés de la propagation en alimentent la dynamique. Celui qui initie le processus de partage se verra prêter une attention qui, si elle se confirme ultérieurement, lui confère une position privilégiée.
La circulation de l'émotion (et de l'information comme nous le verrons) s'organise en un réseau subtil qui pour être efficace doit être constamment mis à jour. C'est un système de représentation de soi, des autres et des relations de soi aux autres qui structure les rapports et sur lequel on s'appuie autant pour se définir que pour donner du sens aux rapports sociaux.
C'est « la fonction de mise à jour identitaire que remplit le partage social des émotions », et pour ceux qui en sont partie prenante, « c'est la carte du monde dans lequel ils vivent et opèrent quotidiennement qu'ils tiennent à jour ».

Si le partage des émotions initie une dynamique sociale d'attachement, les émotions négatives par contre peuvent la mettre en danger ; on ne sera pas étonné qu'elles subissent un traitement différent des précédentes.
En effet, quand elles suscitent angoisse et effroi, elles ont l'effet inverse, et James PENNEBAKER, psychologue à l'université d'Austin, raconte qu'après un grave tremblement de terre, et un premier moment d'empathie générale, on a vu se multiplier les T-shirts « Merci de ne pas partager avec moi votre expérience du tremblement de terre » (1993).
Les victimes, les malades graves, les perdants, se voient refuser toute écoute, et globalement rejeter dans la voie de l'exclusion sociale. Leur intégration est compromise du seul fait qu'ils nuisent à l'unité et à l'image que le groupe, petit ou vaste, se fait de lui-même.
Les vétérans américains du Viêt-Nam sont un exemple bien documenté ; on conçoit que les raisons en soient diverses et complexes : refus de la défaite, atteinte au prestige, doute sur le rôle moral de la superpuissance, et globalement remise en cause d'un ensemble de croyances collectives, voire de valeurs.
Quoi qu'il en soit, sur le plan éthologique, on peut envisager que les interactions au quotidien aient pu être entachées d'un malaise et d'affects négatifs, plus ou moins conscients, qui ont pu amener beaucoup d'entre eux à se retirer de la vie sociale.
B. RIMÉ rappelle la théorie implicite du « monde juste » partagée par le sens commun, selon laquelle on reçoit ce qu'on mérite et inversement, ce qui permet de dénigrer la victime à peu de frais. C'est un outil puissant de défense psychologique, qui ne laisse guère de place à l'altruisme et qui prévaut parfois même dans des institutions officielles : cela a longtemps été le cas pour divers crimes comme le viol, la pédophilie, les crimes passionnels.
La théorie du monde juste est un mode de pensée où tout est comme cela se doit, où la vie quotidienne est un petit univers rassurant où tout va bien, et d'ailleurs lorsqu'on se croise, on se demande : « ça va bien ? », question à laquelle on ne peut répondre qu'affirmativement.
La rencontre, voire l'interaction, avec quelqu'un qui justement ne va pas bien est dérangeante, c'est quelqu'un qui n'est pas dans cette bulle rassurante. Aussi plutôt que traiter ce problème dans le groupe, comme le font les sociétés isolées (par la géographie ou par le temps), on préfère déléguer le soutien à des professionnels qui déchargent ainsi le groupe de l'effort d'empathie ou d'assistance, dont on a par ailleurs souvent perdu la compétence.
De ce fait, la honte et la culpabilité restent un secret du côté de la « victime ».
« Alors que le partage social de l'émotion présuppose un mouvement de révélation de soi, la honte et la culpabilité sont au contraire associées à une tendance à la dissimulation de soi ».
Primo LÉVI (1988) s'est longuement interrogé sur ce paradoxe. Il avance que ces émotions négatives surviennent lors de situations où l'ego est perçu comme dépourvu de valeur, où le sujet n'a pas été à la hauteur de ses normes. Elles engendrent le secret dont la révélation pourrait constituer une menace pour l'intégration.

Si honte et culpabilité sont les signaux de cette situation, le langage en est l'instrument. On sait combien les secrets, qui sont d'abord un déficit voulu d'information (et non d'émotion), sont lourds de conséquence, parfois sur plusieurs générations.

Or, contrairement à l'idée largement reçue, l'expression d'émotions tues n'a pas la fonction curative qu'on lui prête ; cette idée se fonde sur le modèle du « réservoir », où les affects, assimilés à une énergie contenue, en s'exprimant dans des manifestations démonstratives, seraient vidés de leur contenu néfaste et pathogène.

En réalité, la récupération émotionnelle est tout à fait indépendante du partage social.

L'auteur le rappelle, S. FREUD a adhéré à cette théorie avant de l'abandonner, au profit de la stricte parole. Pourtant on continue de cautionner cette représentation et même de la généraliser avec la multiplication des débriefings psychologiques, depuis les années 80, qui sont censés prévenir les effets post-traumatiques de l'événement accidentel. Or les études menées sur le sujet débouchent en grande majorité sur des conclusions négatives ; ces interventions ne modifient pas l'impact émotionnel du trauma. Elles créent toutefois un vif sentiment d'action bénéfique, sans agir cependant sur le fond, ou du moins sur ce pour quoi elles existent. Parler de ses émotions ne les modifie pas, pas plus que leurs effets délétères éventuels. Mais cela est un besoin incoercible, une demande à laquelle il semble difficile de se soustraire, même si elle n'est pas fondée.

En réalité, c'est d'abord le rôle symbolique de l'intervenant et l'induction d'échanges qui donne aux victimes la sensation que leur souffrance est reconnue socialement et validée. En outre, cette situation est une source d'informations, d'explications, pour des personnes par ailleurs en situation de passivité.

Il semble, par contre, selon James PENNEBAKER, que le travail d'écriture apporte des bénéfices plus tangibles sur le stress. Sans « évacuer » ses effets, il apporte une « élaboration cognitive », que l'on peut qualifier de symbolisation.

Mettre en place une association, un lien, entre l'émotion, analogique, et sa représentation, symbolique et digitale, c'est ébaucher ce que nous avons appelé sentiment ; après le trauma, une recomposition du soi est indispensable. Elle ne peut se faire dans l'urgence, mais dans un processus de prise de distance et d'élaboration. C'est un aspect théorique du travail de résilience déjà évoqué, où la restauration d'un lien d'attachement avec un tuteur de résilience est fondamentale.

La démarche de « débriefing » semble plutôt relever du modèle médical de la prophylaxie : on soigne la source du mal pour en prévenir les effets néfastes, comme on donne des antibiotiques pour éviter l'infection.

L'accident émotionnel va se médicaliser sous l'influence de divers facteurs : d'abord la notion de stress, due à H. SELYE, en 1936, où des réactions de l'organisme, excessives, pouvant à terme engendrer des maladies « psychosomatiques », sont provoquées par des traumas psychologiques répétés ou chroniques.

Ensuite la guerre du Viêt-Nam et ses conséquences ont donné naissance au « syndrome de stress post-traumatique », décrit par M. HOROWITZ (1976), et à son introduction dans le registre officiel des maladies psychiatriques que représente le DSM, Manuel statistique et diagnostique de l'association américaine de psychiatrie, en 1980.

Or on ne peut pas traiter l'émotion par l'émotion chez l'homme.

Même si elle est intense et déborde les capacités d'intégration, comme le suspectait P. JANET au XIXe siècle, même si elle a une dimension physique évidente et des supports neurophysiologiques connus.

S. FREUD, après la première guerre mondiale et l'observation des « névroses traumatiques », a conçu en 1920 la nécessité du concept d'une « Pulsion de mort » œuvrant silencieusement dans le psychisme, au-delà du principe de plaisir, mais aussi au-delà des capacités de symbolisation.

B. RIMÉ suggère un autre paradigme, qu'il fonde sur l'expérimentation animale : le problème est généré dans la sphère cognitive, et l'expression émotionnelle, aussi spectaculaire soit-elle, n'est que l'écho d'une incohérence dans la compréhension et la représentation de l'accident, et pour l'homme de sa signification.

Chez l'animal, les « névroses expérimentales » que nous avons évoquées avec le paradoxe, trouvent ici leur démonstration.

Les expériences de PAVLOV ont été précisées par SELIGMAN (1975) : un animal (chien) reçoit des stimuli désagréables qu'il peut interrompre au moyen d'un levier. Tant que la situation reste prévisible, et répond à la représentation que l'habitude lui a permis de s'en faire, le stress est supporté ; par contre, les troubles apparaissent quand ces stimuli deviennent aléatoires et la réponse inopérante.

Chez l'homme c'est aussi un blocage du fonctionnement cognitif qui s'avère pathogène.

C'est moins la nature ou l'intensité du trauma qui importe que l'incapacité de le représenter, de le comprendre ; sa nocivité tient à ce qu'il remet en cause les représentations de soi et du monde sur lesquelles fonctionne la carte mentale.

Celle-ci en fait s'établit sur la base de postulats implicites, tels que la cohérence du monde (postulat du monde juste), la capacité de contrôle jusqu'à la croyance aux pouvoirs magiques, le destin favorable avec un optimisme irréaliste dont participe l'illusion d'invulnérabilité (ça n'arrive qu'aux autres) et la surestimation de soi qui fait qu'on oublie ses échecs pour n'évoquer que ses succès.

Ces théories intimes, subjectives voire inconscientes, sont des illusions qui permettent un déni de la réalité au profit d'une sorte de « psychose optimiste ».

L'homme ne vit pas dans le réel mais, de gré ou de force, dans un monde symbolique construit précocement et dont il est finalement prisonnier. Pour s'adapter, l'homme émet des hypothèses, les teste, et construit des représentations de la réalité (magiques, mythiques ou scientifiques) dans et par lesquelles il évolue.

« Mais en cas d'expérience négative extrême, le voile symbolique ainsi tissé se déchire ». Et « le monde organisé, ordonné, cohérent, sensé », qui le protège et le tient à l'abri du chaos, se révèle une vanité dans tous les sens du terme.

Dans cette optique, qui rejoint la perspective freudienne, « seuls des moyens symboliques peuvent endiguer des menaces symboliques ».

« Chez l'être humain, si elle veut être efficace, l'intervention psychologique après événement émotionnel extrême devra viser autant le registre symbolique que le registre associatif de la personne traitée », c'est à dire réparer le niveau subjectif individuel, celui du sens, mais aussi le niveau social et la restauration des relations d'attachement.

L'organisation de l'Umwelt est nécessaire à l'adaptation à la réalité, et pour survivre tout animal doit construire sa carte cognitive : reconnaître les prédateurs et les dangers, savoir trouver la nourriture, l'eau, et surtout s'intégrer dans la société dont il fait partie en respectant le code comportemental qui lui permettra de bénéficier de l'avantage de la vie collective.

« Chez l'être humain, les capacités associatives partagées avec l'animal s'accompagnent de capacités symboliques qu'il possède en propre ».

Ce « bouclier symbolique » est un univers virtuel, variable selon les cultures, où l'émergence de l'émotion est le symptôme d'une faille ;

L'expérience positive, comme son contraire, suppose une lutte, une victoire, un dépassement, et un remaniement pour retrouver une syntonie entre individu et milieu.

Réussir un examen, le permis de conduire par exemple, c'est une modification de soi, mais aussi de soi dans un environnement qui devient différent, qui offre de nouvelles perspectives. C'est l'obligation d'un réaménagement symbolique.

L'émotion génère un travail cognitif, ainsi qu'une quête de sens ; c'est pourquoi cette « intrusion émotionnelle » est déterminante dans la motivation au partage social, et la parole a ici un rôle prépondérant.

L'impact phénoménal des effets visibles de l'émotion n'est pas essentiel, c'est son impact cognitif, symbolique, social qui s'avère déterminant. L'émotion se partage, dans une dynamique socio-affective dont la parole est le support, soit dans son aspect de conversation, soit dans son aspect de narration.

Ce partage social produit les bénéfices personnels et interpersonnels d'une dynamique socio-affective.

C'est un effet comparable à ceux des rituels sociaux sur une échelle plus vaste. Et la dimension de l'attachement, avec ses composantes émotionnelles, cognitive et sociale, est l'arrière-plan de ces conduites adaptatives.

Un exemple pourra illustrer le propos ; c'est l'expérience de la puberté. Bien que délicat à évoquer en raison de sa polysémie culturelle, il a l'avantage d'être universel, puisque chacun en a fait l'expérience. Elle se révèle à la première éjaculation ou pollution chez le garçon, aux premières menstrues chez la fille, qui signent la sortie du monde de l'enfance pour l'entrée dans le monde adulte.
C'est d'abord une expérience physiologique, et nous partageons ce niveau avec l'animal : changement du morphotype induit par les modifications hormonales.

Dans bien des sociétés, primitives ou traditionnelles, la puberté et ses émotions sont prises en charge collectivement : c'est souvent la fin d'une certaine liberté comme l'accès à la maison commune des adolescent(e)s, voire l'interdiction de se montrer en public. La fin de l'enfance implique des restrictions, et exige des renoncements.
C'est l'âge des rites initiatiques, souvent douloureux, avec la remise des attributs du clan, de la lignée, le marquage du corps, l'intégration au monde adulte des chasseurs, guerriers, producteurs.
Chez les femmes, c'est souvent d'abord une mise à l'écart, qui peut prendre des allures d'ostracisme pendant la durée des menstruations auxquelles l'idée d'impureté est souvent associée.
Les pratiques se fondent sur des mythes ou des croyances, voire des convictions, dont la fonction est cognitivo-symbolique.
L'émotion individuelle est diluée par le partage et le rituel ; on substitue à une émotion subjective une manifestation collective.
Sous des formes diverses, c'est une transmission de savoir.

Les sociétés industrielles, malgré leur souci affiché de l'individu, ont renoncé globalement au partage social collectif et ritualisé, pour un échange restreint. Le besoin pourtant en est perçu, on y remédie avec des solutions comme les cours d'éducation sexuelle, qui ne situent le problème que sur le niveau de la cognition et du savoir. La dimension affective, avec ses fantasmes, ses préjugés, ses craintes, faute d'être traitée collectivement, reste à charge du sujet, sans être verbalisée, et il fait avec comme il peut.

Or il s'agit surtout d'une expérience subjective, très chargée émotionnellement, qui peut aller de la fierté à l'effroi et qui peut susciter des réactions affectives extrêmes.

Une des pathologies mentales des plus difficiles et des plus redoutables, l'anorexie mentale, l'illustre : l'aménorrhée est un symptôme cardinal, peut-être primordial, qui traduit bien souvent le refus ou plutôt le déni de la maturation sexuelle. Dans sa forme canonique, elle apparaît à la puberté, et ses divers symptômes expriment le refus du changement du corps en général (ne plus manger signifie pour la malade ne plus grandir, et non mourir), et de l'apparition de ses composantes sexuelles, ainsi que le refus des émotions et sentiments qui l'accompagnent. La malade est étrangement indifférente à ce qui se passe en elle, que ce soit dans son corps ou dans son psychisme.
Bien évidemment dans ce cas, la puberté est un drame. Drame inconscient pour le sujet, drame tragique pour l'entourage. La sanction en est bien souvent la mort, qui est préférée aux émotions redoutées, sans qu'on puisse dire qu'il s'agit d'un choix.
Dans cette « maladie scandaleuse », selon E. KESTEMBERG et coll., « si les anorectiques se laissent aller à une émotion, ... le premier temps de la résistance massive au transfert est dépassé » (« La faim et le corps », 1972) ; c'est dire combien le blocage de l'émotion peut être térébrant et son expression nécessaire.
Cet exemple peut aider à saisir l'articulation entre le somatique, qui conformément à H. WALLON est l'élément primordial, l'émotionnel qui est massivement dénié et l'éclosion du sentiment refusée, et le symbolique qui reste en l'occurrence forclos. L'irruption de la puberté, inéluctable, doit s'intégrer dans un processus de construction de sens qui doit être partagé.

Toute existence est une suite d'évènements inattendus, de la naissance à la mort, mais chaque individu arrive dans un univers constitué et partagé par le groupe social qui s'efforce de lui donner du sens, et de mettre à jour sa carte cognitive commune.
Les émotions, nécessaires, peuvent être structurantes : celles qui accompagnent l'éclosion et l'expression de la sexualité en sont un exemple.

Il y en a d'autres :
La dépression est une réaction normale après un deuil ; il y a un temps pour la tristesse, il doit être respecté.
Le réconfort social peut être une aide, mais ne résout pas la faille émotionnelle ; « traiter » médicalement le « travail de deuil » par des médicaments c'est le plus souvent empêcher qu'il se fasse.

L'évolution actuelle semble privilégier l'image et l'émotion aux dépens du sens.
B. RIMÉ écrit :
« Au cours des dernières décennies, la société occidentale a été marquée par la montée de l'attitude de compassion. L'intérêt pour les victimes, la propension des médias à offrir le témoignage de personnes touchées par le destin, l'accent nouveau sur les thèmes du pardon, du repentir et de la réparation dans l'univers sociopolitique, l'intolérance de la souffrance infligée aux animaux sont, parmi de nombreux autres, quelques marqueurs de cette évolution... Le traitement cognitif de l'expérience émotionnelle et notamment la quête de sens reçoivent actuellement moins de considération dans les situations de partage social ».
Cette valorisation de l'émotion, qui amène à poser l'empathie comme une valeur morale, si elle suscite des effets positifs de partage social avec l'impression d'un soutien, d'un réconfort, d'une affection partagée, et une dynamique temporaire de valorisation, n'a par contre que peu d'effets à long terme sur la résolution des causes de l'émotion ; elle risque même de provoquer l'effet opposé.
Le traitement cognitif permettra lui d'enclencher une assimilation symbolique et une représentation mentale, mais suppose un recadrage plus ou moins bien accepté.
Il ne s'agit pas d'opposer l'esprit de finesse à l'esprit de géométrie.
Mais de situer la place de l'émotion.
On peut considérer qu'elle est le symptôme d'une faille dans l'univers symbolique personnel, qu'elle joue un rôle de « starter » du psychisme en signalant une lacune qui trouve sa solution chez l'homme non seulement par une réponse comportementale mais aussi et surtout grâce à son système cognitif et sa capacité symbolique propre.

En mémoire du Pr Heinrich VEITH (1940-2009)

Linguiste,
Doyen de la faculté de Mayence

dont le savoir encyclopédique a été essentiel à cette rédaction.

« You taught me language; and my profit on't
Is, I know how to curse. The red plague rid you
For learning me your language! »

« Vous m'avez appris à parler, et tout le profit que j'en ai tiré, c'est de savoir maudire : que la peste rouge vous emporte pour m'avoir enseigné votre langage ! »

W. SHAKESPEARE, « La tempête » A. 1, sc. 2.

Un adage veut que l'éthologie s'arrête là où commence le langage, avec une sorte de crainte du sacrilège.
Pourtant, loin de modifier ou de modérer les comportements, le langage humain tend plutôt à les amplifier.
L'homme n'est pas capable d'écholocation, de vision des ultra-violets, d'audition des basses et hautes fréquences, son odorat est atrophié, il ne voit pas la nuit, et dans l'ensemble dispose de peu d'atouts dans la lutte pour la vie, c'est peut-être la raison pour laquelle l'évolution a sélectionné les capacités mentales au fil du temps pour aboutir à cette inadéquation, ce produit non d'un progrès mais d'une évolution, que nous sommes.
Plus que son langage, la caractéristique singulière de notre espèce est son aptitude, voire cette contrainte (parfois pathologique), à symboliser.
L'univers humain apparaît ainsi doublement articulé entre des représentations, des symboles, dans lesquels il évolue, qui semblent, comme le monde des idées, se développer selon leur logique interne, et une réalité (la naissance, la mort, le sexe, la faim, le pouvoir) à laquelle on tente désespérément de se soustraire.
Les religions, qui sont peut-être plus anciennes que les langues, si l'on en croit des vestiges antérieurs à notre espèce moderne, sont certainement le meilleur exemple de cette inadaptation essentielle.
Aussi l'éthologiste, plus qu'au langage, s'intéresse à l'homme parlant, émetteur biologique d'un message à ses congénères, avec lesquels il entretient des rapports de hiérarchie, de sexe, de territoire, d'attachement, d'émotions, qui présentent tous cette double face symbolique et réelle.

C'est avec les émotions qu'est né ce constat.
Elles initient le partage social, dont les modalités chez l'homme sont multiples, mais où le langage a néanmoins une place prépondérante, sous la forme des conversations ou des narrations.

L'étude du langage est l'objet de la linguistique, dont les domaines sont multiples de la phonologie à la sémantique, et ses développements psycholinguistique et sociolinguistique.
Elle est devenue au XXe siècle le socle des sciences humaines, reléguant le behaviorisme puis le culturalisme pour imposer le structuralisme, centre de gravité de la pensée anthropologique au sens large, plus préoccupé des opérateurs du psychisme que de son contenu.

Mais le langage des linguistes est un objet abstrait, immatériel, désincarné. Il est considéré comme une fin, alors qu'il n'est qu'un moyen.
Les langues ont une vie : elles évoluent avec les sociétés, les cultures, les mœurs, l'Histoire ; elles naissent, s'adaptent, s'enrichissent, puis meurent et disparaissent.
Le rapport à la langue est singulier, affectif. Elle est même sacralisée, et le Verbe s'apparente au Logos.
Les Grecs considéraient qu'ils jouissaient de la seule langue humaine, puisque ces « barbares » qui ne la parlaient pas émettaient des « borborygmes », ce qui correspond au « baragouin » français.
DESCARTES n'affirmait-il pas que la seule indication qu'un corps possède un esprit humain est son aptitude à utiliser le langage ?

Quelle peut être la place de l'éthologie dans cette configuration consacrée, où la pragmatique n'a été qu'ébauchée ?
C'est Noam CHOMSKY lui-même, dans ses conférences de Berkeley, en 1967, qui en indique les pistes :
« Ce qui me paraît important dans l'éthologie, c'est sa tentative d'explorer les propriétés innées qui déterminent comment la connaissance est acquise et le caractère de cette connaissance ... Comment la pensée humaine a-t-elle acquis la structure innée que nous sommes amenés à lui attribuer ? »

37/ LANGAGES ANIMAUX

« *Souriante comme avant*
Qu'il y ait langage. »
Y. BONNEFOY, 2001, « les planches courbes »,

La fonction symbolique donne à la parade, à la peur, à la menace, à la soumission, l'illusion d'une maîtrise et d'une distance qui les rendrait différentes du reste du règne animal.
La question devient : pourquoi l'homme parle (au quotidien) ? Pour dire quoi ? Quand ?
L'usage qu'il fait de la parole est-il si différent des messages que s'adressent les autres espèces sociales ?
Le langage humain est-il si fondamentalement différent des langages animaux ?
Sans dénier les autres fonctions du langage humain (bien que les fonctions symboliques ou poétiques aient aussi des ressorts et des motivations sociales, sexuelles, biologiques), une perception éthologique se focalisera d'abord sur les fonctions de signal social du langage.

La sanctuarisation de la capacité langagière, désincarnée, idéalisée, a occulté ce qui est devenu une évidence avec l'éthologie animale : des animaux parlent, ou au moins se parlent, échangent, communiquent, et globalement ont des langages.

B. CYRULNIK, reprenant le célèbre aphorisme de WITTGENSTEIN, « si un lion pouvait parler, nous ne pourrions pas le comprendre », commente :
« Il se trouve que très récemment, dans le parc de Karakoroum, des éthologues indiens viennent de découvrir une bande de lions sachant parler. Les chercheurs ont enregistré leurs rugissements, leurs grognements, leurs soupirs leurs moindres émissions sonores qu'on croyait dépourvues de signification.
Les ordinateurs ont analysé les structures séquentielles, décomposé l'histogramme des fréquences, tracé les courbes mélodiques et dessiné le rythme des silences entre deux rugissements. Ces données, une fois dépouillées, ont permis de découvrir le code des sonorités léonines et même une sorte de double articulation où le signe rugi renvoie à quelque chose qui n'est pas lui » (1993).

On objectera immédiatement que les langages animaux existent, mais se limitent aux fonctions expressive (émission) et conative (réception); l'énoncé est un code, fixe, et le signifiant, sonore ou autre, ne renvoie qu'à une seule signification, ou signifié, immuable (Peter MARLER, 1979 ; J. C. GUYOMARC'H, 1995).
Il conviendrait, au vu de certaines recherches récentes, de probablement nuancer ces assertions.
Probablement par anthropomorphisme, nous ne recherchons le langage que dans les espèces les plus proches et avons limité l'exploration des compétences linguistiques aux grands singes, en tentant d'ailleurs surtout de leur imposer le nôtre.

Néanmoins, si les singes n'ont pas pu, quoi qu'on en dise, apprendre à parler, quelques leçons peuvent en être tirées, et notamment autour du cas particulier de Kanzi, le Mozart des chimpanzés linguistes, observé par Sue SAVAGE-RUMBAUGH (1986) ;
« sa compréhension fabuleuse de l'anglais parlé a fait de lui une célébrité » (F. DE WAAL, 2005) ; non seulement Kanzi émet en effet des vocalisations jamais entendues chez les bonobos (D. LESTEL, 1995), mais il passe pour construire des phrases à l'aide de son clavier, y compris interrogatives.
Ses performances hors du commun sont largement exposées dans le site « Planète GaÏa », rubrique « langage des Chimpanzés ».
Or il se trouve que Kanzi, au contraire de ses congénères, n'a jamais subi d'expériences d'apprentissage ; alors que sa mère, Matata, tentait sans y parvenir d'apprendre à utiliser un clavier, le petit Kanzi, bébé, était présent et vaquait à ses jeux ; quelques années plus tard on découvre que non

seulement Kanzi a intégré le programme d'apprentissage, mais qu'il y excelle comme aucun autre : il peut réclamer de la nourriture, des jouets et recourt spontanément aux symboles graphiques. Mais surtout, et c'est ce qui le différencie de ses congénères, les productions textuelles de Kanzi sont à 90% spontanées et non imitées (S. SAVAGE-RUMBAUGH, R. LEWIN, 1994).
Son histoire vaut d'être reprise, non seulement à cause des dons exceptionnels et de ses aptitudes sans pareil à la langue, mais à cause de la façon dont il les a acquis.

Il n'a pas subi le langage, mais y a été exposé.
Pour RUMBAUGH, c'est l'exposition lors d'une « période sensible » qui a permis cet exploit (RUMBAUGH, SAVAGE-RUMBAUGH, 1994). Cette notion n'est pas sans évoquer une « empreinte », qui serait ici d'ordre cognitif plus qu'affectif. La notion d'une empreinte au langage est d'ailleurs explicitement formulée par B. CYRULNIK, 2012, qui écrit « lorsqu'un enfant est isolé au cours de la période sensible du langage, entre le 20e et le 30e mois, quand le déterminant chrono-biologique de la synthèse de l'acétylcholine est à son pic maximal ... Cette aptitude biologique ne sert à rien ... car la période sensible sera passée ».
J. VAUCLAIR, qui a aussi observé Kanzi, modère l'enthousiasme des primatologues en écrivant (1995) : « les chimpanzés, à la différence des enfants, utilisent le système qu'on leur a appris essentiellement dans un contexte visant à atteindre des buts immédiats, et non, comme c'est très vite le cas chez l'enfant, dans une intention de communiquer pour communiquer ».
Et à son sujet, J. A. RONDAL écrit « on peut admettre que Kanzi a effectivement appris et inventé, en partie, quelques règles élémentaires visant à l'organisation séquentielle de ses énoncés combinatoires et se rapportant à l'expression de la relation entre des actions concrètes et des agents et/ou objet de ces actions ».
Pour J. L. DESSALLES (2000), il dispose d'une « pré-sémantique ».
Chez ces singes, l'aptitude ou « intelligence » sociale, hautement développée, rendrait inutile le recours à des solutions de type humain en rendant vaine une intelligence plus conceptuelle.
« Si les chimpanzés ne parlent pas, c'est qu'ils n'ont rien à dire » écrit D. LESTEL ; on corrigera « qu'ils n'ont rien à nous dire », car il apparaît « qu'ils ont beaucoup à se dire ».
D'autres espèces ont montré des aptitudes langagières : ainsi J. A. RONDAL reprend des travaux sur le phoque à crinière, qui n'obéit aux injonctions que si leur formulation est grammaticalement correcte ; « Le phoque réagit bien effectivement en fonction de ses connaissances grammaticales ».

Cependant, en inversant la démarche consistant à enseigner le langage humain aux animaux, les résultats obtenus sont tout autres.
Des travaux récents, sur les gibbons (Hylobates) à mains blanches, et sur les grands dauphins, jettent le trouble en suggérant que des fonctions langagières spontanées plus élaborées, référentielles, symboliques, voire grammaticales seraient observables « in vivo ».

Depuis l'étude des singes vervet, des comportements d'appel à fonction référentielle ont été décrits dans plusieurs espèces : les cercopithèques Diana (K. ZUBERBÜHLER, 1997) ; les cercopithèques de Campbell (K. ZUBERBÜHLER, 2001) ; A. LEMASSON et E. CHEMLA, (« vocalisations conversationnelles des mones de Campbell », 2017) ; les singes capucins (M. S. Di BITETTI, 2003 ; C. FICHTEL, 2005) ; les singes tamarins (J. KIRCHHOF, 2006) ; les chimpanzés (C. CROCKFORD et C. BOESCH, 2003 ; H. NOTMAN, 2005 ; K. E. SLOCOMBE, 2005, et 2006 pour les référentiels de nourriture) ; les bonobos (Z. CLAY, 2011) ; pour D. DEMOLIN, les singes Muriquis d'Amérique du sud disposeraient du système de communication vocale le plus avancé dans le monde non humain (congrès « The evolution of language, », 2010) ; les chiens (T. FARAGÓ, 2010) ; les dauphins (V. M. JANIK, 2013) ; la mésange à tête noire (Black-capped chickadees) (C. N. TEMPLETON, 2005) ; la pintade (fowl) (D. R. WILSON, 2012) et plusieurs espèces d'oiseaux (M. GRIESSER, 2008). SUZUKI T. N. et coll. évoque des preuves expérimentales de syntaxe compositionnelle dans les chants d'oiseaux (2016).
Une étude particulièrement intéressante de chercheurs israéliens au laboratoire de Yossi YOVEL (Y. YOVEL & al., 2009, PRAT Y. & al., 2016) sur les communications des chauve-souris montre que les échanges, loin de se limiter aux émotions, sont des transferts d'informations avec des signatures

identitaires : les vocalisations fournissent des informations sur l'émetteur, le récepteur, le contexte, et le comportement. Elles se reconnaissent entre elles par écholocation.

Cet aspect de la fonction symbolique consistant à désigner un objet absent que l'auditeur ne peut percevoir semble donc largement réparti chez des espèces très éloignées.
En outre, des compréhensions interspécifiques ont été décrites entre différents primates, (K. ZUBERKÜHLER, 2000, et 2002), entre primates et oiseaux (H. J. RAINEY et coll., 2004) ; entre primates et d'autres mammifères (E. CLARKE, 2010).
Bien que le consensus ne soit pas acquis ou que la question soit considérée comme dépassée (B. C. WHEELER, 2012 ; S. W. TOWNSEND, 2013), un mécanisme cognitif commun et généralisé semble à l'œuvre et la question phylogénétique de l'évolution du langage humain est ouverte (W. T. FITCH, 2005).

Mais ce sont surtout les publications d'Esther CLARKE (primatologue, université de Durham) sur les gibbons à mains blanches (Hylobates Lar) du parc national de Khao Yai, Thaïlande, et sa collaboration avec Michael COEN, informaticien, et d'Angela DASSOW, zoologiste, université du Wisconsin, qui ont permis de « traduire » les vocalisations (« Hoo » calls) des gibbons.
Les « hoos » des gibbons étaient connus, décrits par C. R. CARPENTER en 1940, identifiés par J. O. ELLEFSON (1974), qui les a ainsi baptisés, en distinguant par exemple les « hoos » de nourriture (« glug-hoo »), les hoos agonistiques des rencontres entre groupes (« conflict-hoo »), etc.
Les enregistrements montrent des émissions contextuelles : nourrissage, séparation du groupe, alerte non spécifique, rencontre de prédateurs ; indifféremment, léopards et tigres sont désignés par la même réponse « grand félin » (Big cat responses), la rencontre d'un autre groupe de gibbons, le duo de couple (« duet songs by the mated pair »), et un « hoo » spécial pour les rapaces (raptors) qui ne sont dangereux que pour les petits. Les intervalles entre appels sont aussi significatifs.
Le chant des gibbons présente un spectre sonore large mais facile à percevoir, qui porte loin, peut-être pour surmonter le handicap visuel de leur habitat, dans la canopée. E. CLARKE a ainsi pu disposer des micros dissimulés dans les arbres fréquentés, et mettre en place des leurres (en peau de léopard par exemple, ou un tube de l'aspect du python réticulé).
E. CLARKE et coll. ont répertorié différents « phonèmes » ou « notes », baptisés WA, HOO, OO, WAOO, sharp WOW, leaning WA, soft HOO, et ces unités sonores sont assemblées dans des structures plus complexes, configurations ou « phrases » pour former le « chant ».
Dans un répertoire chanté, les réponses des récepteurs hors de vue (out-of-sight receivers) montrent que les différences syntaxiques sont significatives pour les congénères.
Outre ces appels d'alarme, à fonction référentielle, les paires appariées chantent le matin leur « duet song », dialogue coordonné de couple où mâle et femelle se répondent ; presque exclusivement monogames, ces gibbons néanmoins engagent parfois des relations hors-couple (extra-pair copulations) et le duo matinal semble donc affirmer l'existence d'un couple établi.
Les leurres (léopard, tigre, python, aigle) sont disposés à l'insu des singes, et les messages déclenchés à leur vue sont enregistrés et spectrographiés. Habituellement, les séquences débutent par des « hoo » légers, audibles d'abord par les proches, puis croissant rapidement en volume, qui précèdent le chant. L'analyse prend en compte le nombre de « hoo » et la durée de la séquence avant l'appel, puis la présence ou la latence du premier « sharp wow », la latence du premier « grand appel » de la femelle (les femelles sont dominantes), la latence de réponse du mâle, et la durée totale du chant. Sont aussi comparées les 10 premières notes du chant, dans le contexte du duo ou de la présence du prédateur.
Le « sharp wow », sans être spécifique, ainsi les « hoo doux » sont significativement plus émis en présence des prédateurs que dans les duos.
Les mâles répondent au « grand appel » par une séquence propre. La durée et les intervalles entre « hoos » ainsi que plusieurs paramètres sont spécifiques de chaque prédateur et du contexte.
Les individus éloignés du groupe répondent à l'alarme, et rejoignent le groupe sans tarder.
Un groupe voisin du groupe étudié se mit à chanter après une alarme, avec les émissions spécifiques correspondant au prédateur en cause, en l'occurrence par un premier « grand appel » d'une femelle après une latence-seuil de 2 mn, et plusieurs « sharp wow ».

Ses travaux amènent E. CLARKE à conclure que des combinaisons d'un nombre limité d'unités en séquence structurellement plus complexes selon des règles établies (rule-governed ways) permettent de transmettre les informations de différentes situations contextuelles (hereby conveying different contextual situations).
Ainsi les « sharp wows », réservés aux prédateurs, sont normalement absents du « duet song » ; s'ils y apparaissent, cela signale la présence ... d'un observateur humain !

Michael COEN est l'auteur de programmes informatiques destinés initialement au décodage des chants d'oiseaux ; il a eu l'idée, au vu des travaux d'E. CLARKE, d'en faire une application au langage des gibbons. En premier lieu, le programme a détecté des différences dans les « cris » (whoops) inaudibles à l'oreille humaine, et en fait 25 (ou 26) « mots basiques » ont été identifiés.
Angela DASSOW (2014) a mis en œuvre le protocole. Leurs résultats ont été publiés dans « New Scientist » en 2015.
Selon un algorithme appelé « Cepstral Self-Similary Matrices », un décodage automatique des séquences de vocalisation en leurs phonèmes constitutifs est effectué.
Il apparaît que les gibbons les associent pour former des unités sémantiques (sémantèmes). Les « mots » rudimentaires forment des « phrases ». Ainsi ils peuvent communiquer quel type de prédateur s'approche, s'il est plus ou moins proche, s'il se déplace, s'il grimpe, ou reste immobile. Pour ce faire, un « extra-adjectif » est associé au son désignant le prédateur. Ces séquences vocales, qui peuvent durer quelques minutes ou se prolonger plus d'une heure, s'avèrent structurées, par exemple : « évite les branches basses maintenant car il pourrait y avoir un serpent caché ».
« Wa-waa-waaa-hoo-waa-hoo » se « traduit » : « je suis une femelle et je suis avec lui », et « Waa-hoo-wa-waa-wa-wa » « je suis un mâle et je suis avec elle ».
Les femelles ont un vocabulaire plus riche que les mâles ;
« A male may be saying « We're being attacked », but the females are the alphas, so maybe they're the one's giving instructions on what to do »: le mâle dit « nous allons être attaqués », mais ce sont les femelles qui disent quoi faire.
M. COEN déclare même « nous avons enregistré un père parlant calmement à sa fille ».
E. CLARKE ajoute : un peu comme les humains, les gibbons assemblent un nombre fini d'unités d'appel (call units) en structures plus complexes pour délivrer différents messages ; des individus distants sont capables de distinguer entre différents types de chants et d'inférer leur sens.
Cette capacité de combiner des éléments constitutifs de base en signaux de sens divers existe dans de nombreuses espèces, notamment les oiseaux, certains auteurs parlent de « syntaxe phonétique », et y voient une préfiguration de la syntaxe grammaticale ; quoi qu'il en soit cette faculté à utiliser des règles séquentielles ou positionnelles simples semble particulièrement développée et pertinente chez les gibbons, et permet une démultiplication souple des significations, et répond aux critères d'une grammaire élémentaire.
Aussi certains auteurs établissent un peu vite une comparaison entre les structures de développement du langage et du chant humains avec le « chant » des gibbons (H. KODA et coll., 2012, 2013). Il semble plutôt s'agir d'un langage dont la structure correspond au premier développement combinatoire des enfants humains de 2 ans. Cette proto-grammaire toutefois a ici un caractère spontané, spécifique et original, très différent des apprentissages du langage humain imposé aux pongidés dont nous avons parlé plus haut.
Celui-ci nous enseigne que des langages structurés en monèmes ou sémantèmes à partir de phonèmes identifiables existent dans la nature.

Il est toutefois difficile d'en conclure, comme le font certains auteurs, qu'il s'agit d'un modèle possible du proto-langage humain, un « langage identique à celui utilisé par les ancêtres humains ».
Mais, outre les perspectives ouvertes par l'extension de ces recherches (notamment aux rats, qui semblent particulièrement prometteuses), s'ouvre le champ inexploré des capacités cognitives insoupçonnées de nombreuses espèces (M. COEN et coll., 2016). Récemment (mars 2016), SUZUKI, WHEATCROFT & GRIESSER, ont montré (et testé) une syntaxe chez la mésange japonaise (Parus minor), qui ordonne ses séquences de notes A, B, C, D (par exemple ABC ou ABC-D) selon ce qu'elle

veut signifier à ses congénères, mais s'avère (expérimentalement) incapable de décoder tout message qui ne respecte pas l'ordre des syntagmes (BAC, CBA-D, ...), en ne manifestant aucune réponse comportementale.

On peut aussi s'interroger, gratuitement, sur une autre dimension de ces phonèmes chantés : le ton, ou timbre, c'est à dire la note émise (do, sol, fa ...) ne peut-elle aussi avoir rang de signifiant ; un « Wa » émis sur le ton « fa » ne peut-il signifier autre chose qu'un « wa » émis 2 tons plus haut en « la » ? Il semble certain que les « silences », c'est à dire les espaces entre sons, soient signifiants.
Par ailleurs le répertoire musical des différentes espèces animales est beaucoup plus vaste que les 8 gammes audibles, puisqu'infra-sons et ultra-sons sont pratiqués.
Les musiciens utilisent d'ailleurs parfois ces possibilités offertes par les harmoniques, les accords ou les tonalités pour désigner un « objet » ou un sentiment : qu'on songe à « Pierre et le loup », de S. PROKOFIEV où chaque acteur est désigné par une tonalité propre, ou aux « Planètes » de G. HOLST ...
Certains langages humains sifflés (Guanches des Canaries, Silbo castillan) ou tambourinés (Banda-Linda en Centrafrique) utilisent d'ailleurs ces modalités tonales (J. A. RONDAL, 2000).
Ces méthodes d'analyse sont actuellement étendues à beaucoup d'autres espèces ; K. ZUBERBÜHLER les utilise avec les singes Campbell et envisage de « dialoguer » si les émissions sonores artificielles le permettent.

Les cétacés ont des capacités langagières et sémantiques considérables (Hal WHITEHEAD, université de Dalhousie) et explorées expérimentalement (L. HERMAN, 1991) ; bien qu'elles soient soupçonnées depuis longtemps, les difficultés techniques de l'enregistrement en milieu aquatique, ainsi que le modus vivendi des animaux, ont rendu les recherches difficiles. En effet, ces espèces n'ont pas le même rapport que nous à la gravité, la notion de territoire n'a pas de sens, enfin l'expression des émotions ne saurait adopter les modalités que nous connaissons.
Le « thunk », par exemple, est décrit en 1995 ; il est émis par les mères ou les tantes quand leur veau s'éloigne ; ce signal sonore d'attachement a vocation de maintenir le contact, et dure jusqu'à ce qu'il atteigne 9 ou 10 mois. Ce « thunk » a la particularité d'être propre à un groupe donné, et non à l'espèce.
La « signature acoustique » des grands cétacés était connue (L. HERMAN 1980 ; D. REISS, 1997 ; B. Mc COWAN, 1997), et contestée ; les études récentes l'argumentent.

Là, ce ne sont pas des hypothèses concernant la grammaire ou la syntaxe qui sont avancées, mais une éventuelle identité symbolique.
Poser que les dauphins et probablement d'autres cétacés puissent avoir une identité symbolique, c'est à dire un nom, par lequel ils se font reconnaître et auquel ils s'identifient, est lourd de conséquences : se nommer et être nommé par autrui implique une conscience de soi en tant qu'individu et une représentation consciente de soi par rapport à l'autre.
Vincent M. JANIK et Stephanie KING, de l'université de St Andrews, ont découvert que dès leurs premiers mois de vie, chaque grand dauphin (bottelnose dolphin) adopte un sifflement-signature qui lui est propre ; or ces sifflements sont parfois copiés les uns par les autres, sans que l'on sache pourquoi ni qui émettait ces copies. Les enregistrements de dauphins en mer, au large de la Floride, et ceux de dauphins captifs ont montré que ces copies ne se produisent qu'entre animaux entretenant des liens proches, entre une mère et son petit par exemple, ou entre une paire de dauphins mâles alliés captifs, ou d'un individu séparé de son groupe. Le dauphin « imité » répond par sa signature sonore. Peter TYACK a relevé que l'imitation, qui est une sorte de prise de contact, se signale par une modification mineure ajoutée au début et à la fin du sifflement identitaire, et le récepteur reconnaît l'identité du dauphin « copieur ». Les expériences d'enregistrement montrent par ailleurs que le dauphin ne répond à ce signal qu'aux individus qu'il connaît.
Il semble que ce signal identitaire relève d'une structure sociale complexe et actuellement mal connue, qualifiée de société de « fission-fusion fluide ».
Contrairement à d'autres espèces, notamment les oiseaux, dont certains sont aussi capables d'imitations, ces appels se produisent en dehors de tout contexte revendicatif, territorial ou agressif ;

d'autres espèces ont un répertoire individuel distinct, comme les perroquets, les colibris, les pinnipèdes (A. BOWLES, R. ANDERSON, 2012), les chauve-souris, les éléphants, utilisés dans un contexte spécifique (V. JANIK, 1995 ; J. POOLE, P. TYACK, 2005).
Mais ici, ce sont des émissions qualifiées d' « affiliatives », qui semblent correspondre à la fonction phatique de JAKOBSON. Ils ne s'adressent pas au groupe, n'ont pas de fonction de signal général, mais s'adressent spécifiquement à l'individu avec qui le sujet veut entrer en contact, et celui-ci répond en reproduisant la « signature » de l'émetteur, qui est tout à fait individuelle et spécifique, en la reproduisant par une « copie » qui porte elle-même l'information de l'identité du « copieur » en produisant des paramètres de fréquence de sa propre signature en réponse. Seuls des animaux qui sont familiers reconnaissent et répondent à des sifflements-signatures, même enregistrés ou synthétiques ; vers un groupe inconnu, ils ne donnent lieu à aucune réaction ni réponse.
Les dauphins (en captivité) sont par ailleurs capables d'apprendre des sons nouveaux, voire de produire des sons arbitraires référés à des objets présents ou absents (L. HERMAN, 2006), bien qu'on ignore s'ils utilisent ce type de sons appris dans leur propre système de communication (S. KING, V. JANIK, 2013).
Les animaux qui se rencontrent en pleine mer échangent habituellement leurs signatures avant de se joindre les uns aux autres.

Les cétacés passent pour posséder des capacités « linguistiques » particulières entre eux, et dauphins, marsouins, cachalots, baleines et orques, ainsi que des amphibiens (phoques, otaries et autres pinnipèdes) pourraient reproduire les sons spécifiques des autres genres. Hal WHITEHEAD évoque un orque isolé ayant appris les appels des phoques.

Le cas le plus documenté est celui des orques qui, en captivité avec des dauphins, arrivent à imiter leurs vocalisations.
Les orques, comme les dauphins, ont des « dialectes » (le mot est d'Ann BOWLS) spécifiques de leur groupe, faits de clicks, sifflements, vibrations (pulsed calls, propres aux orques) et silences appris. Parmi un échantillon de 10 orques captifs, dans trois parcs marins différents, 7 vivent entre eux, et plus de 95% de leurs vocalisations sont caractéristiques de leur espèce ; par contre les 3 orques qui n'ont que 9 dauphins comme compagnons sifflent activement et émettent les séries de clicks et les signaux de fin (terminal buzzes) des dauphins. La plupart étaient des sons altérés (de fréquence plus basse) par rapport à ceux des dauphins ; un orque apprit spontanément les sons enseignés par le soigneur aux dauphins avant leur réunion, et émettait des sifflements propres à l'un des dauphins (W. MUSSER, 2014 ; A. BOWLES, vidéo, 2014).
Il apparaît que ces imitations ou apprentissages ne sont pas seulement des reproductions de sons, mais aussi de sens et d'un réel désir de communication ; les deux espèces interagissent.
Ces expériences restent contestées, du fait des conditions de captivité de ces grands mammifères, qui vivent 4 fois moins longtemps captifs qu'en liberté.
On peut en outre difficilement en tirer des conclusions quant à l'existence de ces capacités en milieu naturel et de leur usage éventuel, mais elles témoignent d'une indéniable plasticité neurale. Cette capacité d'adaptation avait été décrite par le HSWRI (Hubbs-Sea World Research Institute), quand, à l'occasion de la quasi disparition d'un groupe, les individus restant pour s'intégrer dans un nouveau clan avaient appris leur « langage » ou « dialecte ».
Que des sons codés, spécifiques non seulement d'une espèce, mais en son sein de clans, puissent permettre des communications non stéréotypées, indépendantes a priori d'un contexte motivationnel, appris et arbitraires, élargit considérablement le champ de définition du langage animal.
Le plus souvent, chez les oiseaux notamment, les unités sonores sont innées, ce sont des segments dont l'arrangement peut être modifié, selon un apprentissage épigénétique (GUYOMARC'H, 1995). En outre les performances restent liées à leur contexte territorial, agonistique ou sexuel. La question d'un support symbolique n'est donc pas pertinente.
Mais dès lors qu'une fonction référentielle est envisageable et qu'un objet absent peut être désigné par un signifiant, l'hypothèse d'une représentation mentale s'impose. En outre si ce concept peut être communiqué à un tiers, alors une pensée est établie.

A la lumière de ces exemples, qui vont très probablement se multiplier et s'approfondir prochainement, on mesure ce que les expériences de « singes parlants » avaient de naïf et de projectif ; d'autres langages que le langage humain existent, nos limites seules nous empêchent de les envisager et de les percevoir.

Les compétences cognitives sous-jacentes au langage sont attestées chez l'animal : localisation dans l'espace, repères temporels, possession, disparition, récurrence, transitivité, notions d'agent, d'action, volition, motivation, expérience sensorielle etc. (VAUCLAIR, 1990, 1996).
Les langages humains s'avèrent très développés pour décrire les objets, et les relations entre les entités physiques ; héritage peut-être de l'ancêtre Homo Habilis ?
Les animaux que nous avons évoqués ne sont pas intéressés par les choses, les bébés chimpanzés par exemple ne jouent pas avec des objets dont ils disposent ; par contre, ce qui est prépondérant dans ces espèces, ce sont les relations sociales et la codification des interactions interpersonnelles. Les hiérarchies, dominances, soumissions, relations de parenté, liens de clan, de groupe, attachements, sont les repères identitaires auxquels leur langage et leur cognition viennent probablement se subordonner.
Tenter de leur enseigner l' « avoir » quand c'est l' « être » qui prévaut, c'est se tromper d'objectif. Quand le chercheur « donne » une confiserie à l'animal compliant, il est perçu (et se définit) en fait dans le registre de la dominance.
Il pense « récompenser » selon le système de valeurs humaines, alors qu'il exerce un pouvoir discrétionnaire, selon l'animal.
C'est l'enseignement qui semble se dégager de la différence entre les langages animaux spontanés et les langages inculqués.
Les référentiels de base des fonctionnements mentaux, les programmes existentiels spécifiques, sont de nature, fondamentalement différents ; apprendre un langage animal s'il existe ne peut pas être apprendre une langue étrangère, où, malgré les différences culturelles, les principes qui régissent la pensée sont basiquement identiques ; on peut envisager, avec le philosophe qui a introduit ce chapitre, qu'on ne peut comprendre le « lion » qu'à la condition d'être soi-même un lion.
Le langage animal semble en effet être purement social, soit pour définir les rapports des locuteurs entre eux, soit pour informer le groupe d'un évènement important, comme l'arrivée d'un prédateur ; ces langages sont porteurs d'information au sens défini par la théorie de SHANNON. Si certaines espèces se parlent, ce n'est pas pour ne rien dire ...

38/ PRÉLANGAGES, PROTOLANGAGES, LANGAGES.

« Parler, c'est se servir de ses pieds pour marcher,
De ses mains pour racler les draps comme un mourant »
P. ÉLUARD, 1932, « La vie immédiate ».

Il est difficile d'aborder la question du langage humain sans être saisi de la peur sacrilège du béotien qui s'aventure dans un temple dont il ignore les codes, les rites, et les savoirs qui sont ceux de la religion linguistique.
Même si de longue date, les structures des langues, grammaticales et syntaxiques, ont attiré l'attention des élites (comme les salons précieux, ou « la grammaire générale et raisonnée » de Port-Royal en 1660), et y compris du législateur, avec la création de l'académie française par exemple, c'est 1786, avec la conférence de Sir William JONES qui établit la parenté des langues sanscrite, grecque, latine et peut-être gothique et celtique, qui fait date dans l'histoire de la linguistique. Ernest RENAN, en 1848, écrit « De l'origine du langage » ; il y déclare : « le langage, dès sa première apparition, fut doté de toutes ses parties essentielles ».

L'idée que des langages animaux puissent être des précurseurs du langage humain est une conception infondée sur le plan d'une théorie de l'évolution.
Toutefois l'opinion du linguiste E. BENVENISTE pour qui « Le langage représente la forme la plus haute d'une faculté qui est inhérente à la condition humaine, la faculté de symboliser » l'est aussi pour des raisons similaires.

Chaque langage a sa spécificité et sa raison d'être, et apparaît comme optimal dans sa fonction ; il répond à un caractère microévolutif (par opposition à la macroévolution darwinienne).
Quand dans une espèce, des individus s'isolent, pour une raison quelconque (modification géologique, climatique, mutation génétique etc...), ils se modifient pour former une espèce nouvelle qui, selon les critères d'E. MAYR, sera différente de l'espèce initiale au point de ne plus pouvoir à plus ou moins long terme se reproduire avec elle.
Y. COPPENS avance la théorie de l'effondrement du rift Est-Africain et du changement conséquent de l'écosystème, pour expliquer l'apparition des australopithèques qui s'avèrent mieux adaptés à ce climat devenu sec et cette flore appauvrie. A cette macroévolution qui voit apparaître une espèce nouvelle, des microévolutions vont s'ajouter pour lui permettre de s'adapter et trouver le meilleur équilibre possible avec l'environnement.
Dans notre exemple, le redressement sur les membres postérieurs, la transformation progressive des extrémités en pieds, l'adaptation du genou à cette locomotion, sont des microévolutions de l'animal arboricole à son nouveau milieu, la savane, qui feront dire à LEROI-GOURHAN « nous avions tout envisagé quant à l'origine de l'homme sauf qu'elle puisse s'être produite par les pieds ».
En ce sens l'existence de « prélangages » animaux, même si on leur reconnaît une structure grammaticale et syntaxique (qui reste malgré tout pour l'heure insuffisamment démontrée), n'apporte rien à la compréhension du langage humain et de son origine ; il n'existe pas de comparaison possible, chacun d'eux étant l'effet d'une microévolution spécifique dont la pertinence est optimale dans un écosystème (ou un socio-système) donné (y compris pour l'homme).
Cependant ils ouvrent une éventualité que l'on croyait exclue : celle de l'existence d'une structure mentale permettant une sémantique, voire une identité nominale, qui est loin de se limiter à la seule espèce humaine.

La paléontologie (É. CRUBÉZY, J. BRAGA, G. LARROUY, 2008) propose 3 modèles d'évolution :

-le modèle gradualiste, issu de la théorie synthétique ; ses partisans considèrent que le langage humain a procuré un avantage sélectif et que son élaboration s'est effectuée par sélection au fil du temps

-le modèle des équilibres ponctués, de S. J. GOULD et N. ELDREDGE, pour qui le langage pourrait résulter du hasard d'une mutation du gène FoxP2 dans une petite population, qui se serait ensuite développée par sélection.

-le modèle réticulé, selon lequel l'espèce humaine s'est diversifiée selon les divers biotopes qu'elle a investi, mais en gardant des possibilités d'hybridation. On peut alors supposer que le langage aurait connu un développement de cet ordre ...

La fonction première des langages est la communication de significations : des vervets aux gibbons, des dauphins aux orques, il s'agit d'abord (mais pas seulement) d'adresser un message concernant un évènement saillant de l'environnement comme l'approche d'un danger, la découverte de nourriture, la proximité de prédateurs, la revendication d'un statut de dominance ou d'appartenance (le « duet song »), etc.

Dans cette optique, c'est par la sémantique que le langage s'impose aux uns et aux autres.

L'énonciation même d'un terme peut en modifier le sens, c'est le cas du célèbre « Messieurs » de F. DE SAUSSURE ; J. L. AUSTIN considère lui aussi le ton de la voix, le rythme, l'insistance comme significatifs et difficilement rendus à l'écrit.

« Quelle heure est-il ? », question (acte illocutoire), peut aussi signifier « séparons-nous », ou « vous êtes en retard ! » (acte perlocutoire) ; signifiée par le maître à l'élève en retard, elle a encore un autre sens.

La sémantique, même avec les inflexions permises par la grammaire et la syntaxe, n'est même, selon J. L. AUSTIN qu'une évidence relative aux conditions de l'énonciation, à l'environnement, au statut : « je vous baptise », qu'il donne en exemple, n'a de sens que formulé dans un baptistère, par un officiant religieux investi d'un certain pouvoir, devant des témoins dont la relation au baptisé et au groupe est déterminée. C'est aussi l'opinion de sémanticiens comme V. NYCKEES (2001), qui écrit : « Le langage n'a pas pour but de représenter la réalité. Il sert fondamentalement à accomplir des actes ».

Ces performatifs engagent celui qui parle dans une action, un contexte adéquat, des conditions implicites, et confirment son identité.

La phrase suivante : « Il y a du vent aujourd'hui », peut être l'objet d'une analyse linguistiquement correcte, mais n'acquière un sens que selon des circonstances et des locuteurs donnés ; quelle différence en effet si elle est prononcée sur une plage dans un échange entre deux véliplanchistes, dans un parc par des sans-abri, dans une caserne entre pompiers, ou entre des meuniers du XIXème siècle !

La théorie des actes de langage de J. L. AUSTIN et J. R. SEARLE est certainement celle qui se rapproche le plus d'une optique éthologique, si on étend l'idée du contexte au biotope, et dans la mesure où parler est conçu comme une action en soi qui définit le locuteur comme sujet et l'auditeur comme objet ou témoin de l'énoncé. En effet, aucune linguistique n'envisage une éthologie du langage, avec ses pierres de touche que sont l'émotion et l'interaction.

Ceci semble évident si on considère par exemple la première phrase qui ouvre la version 2016 du « Bescherelle » :

« Les astronautes ont réussi leur première sortie spatiale », information qui suppose un arrière-plan complexe de technologie, d'informatique, de communication, de savoir, propre à un certain type de société. Cet énoncé est un acte qui définit son locuteur.

Prenons donc plutôt la phrase type proposée par les linguistes : « Pierre aime Marie » ; grammaticalement aussi simple que correcte, avec un sujet et un prédicat, cette phrase est pourtant absolument artificielle et abstraite ; inerte et atone bien qu'elle articule deux noms autour d'un Éros, elle ne saurait sous cette forme être autre chose que ce qu'elle est, un exemple fortuit de phrase, et ne saurait exister ainsi sous cette forme en dehors d'un contexte.

On le comprendra immédiatement si je réécris cette phrase ainsi : « Paul aime Virginie ».

« Les critères intervenant dans la représentation du sens des mots et réglant leur emploi ont donc un caractère largement inconscient et implicite » (V. NYCKEES, « La sémantique », 1998).
Cet auteur, évoquant par ailleurs les « catégories prélinguistiques », rappelle que les êtres vivants les plus élémentaires identifient des catégories dans leur environnement, par exemple leurs proies ou leurs prédateurs, leurs partenaires sexuels éventuels, les points d'eau...
On peut aisément montrer que toute énonciation est en soi un acte de langage ; prenons la phrase paradigmatique de Edward SAPIR (1921) :
« the farmer kills the duckling » ; il traduit cet énoncé en allemand, en chinois, en yana (isolat linguistique de la Californie du nord), et en kwakiutl, peuple de Colombie Britannique dont on se souvient qu'il a par ailleurs retenu ultérieurement l'attention de F. BOAS et de C. LÉVI-STRAUSS.
Dans les deux dernières langues, « farmer », fermier qui possède une terre et qui l'exploite n'a pas de sens, pour ces locuteurs pour qui posséder (et exploiter) une terre est impensable ; en outre on devra préciser, pour ces populations célèbres pour le « potlatch », rituel de destruction des biens, si ce caneton lui appartient, ou s'il est à un voisin, visible ou non du lieu où l'on parle etc...
« Voilà une manière de préciser les choses, qui n'est guère dans nos façons de penser, mais qui semblerait très naturelle et même obligatoire à un Indien Kwakiutl ».
Cette phrase, pour simple qu'elle soit, signe donc néanmoins l'appartenance du locuteur à un système socio-économique, à un contexte social, à un mode d'existence et à un monde mental définis.
En outre, l'aspect émotionnel n'est pas indifférent, « tuer », qui plus est un « caneton », invoque un Thanatos que tous les peuples ne considèrent pas culturellement de façon identique.
Un psychiatre pourra même s'interroger sur la pertinence d'un tel choix par l'auteur, et sur sa signification subjective.
Cette phrase anodine, qui occupe le chapitre IV de « Language. Introduction to the Study of Speech » en dit donc bien davantage que ce qu'elle veut consciemment signifier, et SAPIR le premier le démontre : « le langage ne peut pas être séparé des mœurs, c'est à dire qu'il est lié à l'assemblage de coutumes et de croyances qui est un héritage social et qui détermine la trace de nos existences » écrit-il. Il lui nie toutefois une quelconque fonction biologique.
Ce qu'infirme le sémanticien V. NYCKEES : « le langage s'appuye sur une relation au monde qui n'a pas attendu le langage humain pour apparaître ».
C'est sur ce point que l'éthologie a ... son mot à dire.
Mais il faut en premier lieu tenter de cerner la ou les fonctions essentielles du langage et des langues.

« On admettra qu'aux commencements de l'Humanité, les interlocuteurs humains ne disposaient que de formes de communication rudimentaires comparables à celles que connaissent les animaux dits supérieurs. Ces formes de communication qui permettent déjà un type de coopération et de vie sociale relativement riche vont de pair avec la capacité des sujets d'attribuer des intentions ou des potentialités à autrui comme l'attestent différentes formes de ruse chez les primates. Le langage humain ne naît donc pas de rien. Il présuppose une forme de cognition que l'homme partage selon toute vraisemblance avec les animaux supérieurs » (V. NYCKEES, 1998).

Homo erectus, qui succède à « Homo habilis » (ainsi désigné en 1964 par P. TOBIAS, L. LEAKEY, et J. NAPIER), est un concept plus qu'une réalité tangible, ainsi que nous l'avons déjà signalé, dont nous garderons la dénomination bien qu'on préfère aujourd'hui distinguer Homo ergaster de Homo Erectus, qui serait réservé aux représentants asiatiques.
On regroupe dans cette espèce, qui a existé de 1 700 000 ans (soit à peu près contemporaine de l'ère quaternaire) à 500 000 B.P. donc durant plus de 1 millions d'années, les diverses catégories d'Homininés qui ont précédé Sapiens et notre ancêtre probable du paléolithique inférieur ; en fait, la notion de populations distinctes s'estompe au profit de l'idée d'hybridations probables tout au long du phylum, et on désigne actuellement par le joli terme de « fondu-enchaîné », repris de N. PATTERSON et coll., cette capacité de métissage entre ces diverses populations (J. BRAGA, 2016) .
On doit à H. erectus la création du biface, qui existe en Afrique dès 1 700 000 ans BP, le premier outil manufacturé (il sert à la fois à couper, percer, gratter, frapper) et la domestication du feu.

Selon l'hypothèse d'un premier « Out of Africa », H. Erectus quitte le « berceau africain » pour se disperser dans l'ancien monde, Europe, Moyen-Orient, Asie, il y a plus de 1 million d'années.
« Les Homo erectus ont été capables de grandes migrations en Asie, en Océanie, en Europe » (A. PEYRAUBE, 2001).
Certains auteurs (J. J. HUBLIN, 2001, É. CRUBÉZY et coll., 2008) font remonter cette migration à des dates et à des stades antérieures, tel Homo ergaster, dont l'expansion vers l'Asie et l'Europe remonterait à 1,5 voire 2 millions d'années, ce dont témoigneraient les fossiles de Dmanisi en Géorgie, de Ceprano en Italie, d'Atapuerca (Gran Dolina) en Espagne et de Longuppo en Chine et de Java pour l'Asie.
« L'homme est sorti d'Afrique au moins à deux reprises, sans doute trois, peut-être quatre ou cinq. Homo Erectus s'est aventuré le premier hors du continent africain voici près de deux millions d'années et a colonisé le sud de l'Eurasie. Ses descendants immédiats sont connus en Géorgie vers 1,8 millions d'années, en Extrême-Orient dès 1,6 millions d'années, en Europe occidentale il y a au moins 1,2 millions d'années. Beaucoup plus tard, voici environ 600 000 ans, des fossiles découverts dans le sud de l'Europe et en Afrique représentent les ancêtres communs des néanderthaliens et des Homo sapiens » (J. J. HUBLIN, 2011).
Les primates n'étant pas (ou peu) naturellement migrateurs, on peut d'ailleurs s'interroger sur les motifs de cette (ou ces) migration (liée au refroidissement climatique survenu à ces époques ?), ainsi que sur ses modalités et les fonctions qu'elle suppose : organisation sociale, orientation, planification (suivi du cours des fleuves par exemple) ...

On leur attribue un « proto-langage », c'est à dire une capacité d'expression qui reste à évaluer ; l'espèce n'étant d'une part guère homogène, et d'autre part ayant évolué sur un très long terme, de multiples scénarios sont envisageables.

Sur la base des notions biologiques définies par l'éthologie, on peut probablement le créditer d'un certain nombre de catégories sémantiques et de leurs signifiants dont l'éthologie animale a montré l'existence et la nécessité dans toute vie sociale :
-l'expression des émotions, que depuis DARWIN on considère comme primordiale.
-l'identité : c'est ce que les éthologistes appellent la « signature » ; toute trace révèle son auteur. Elle est au minimum un repère social, c'est à dire la conscience d'une position dans le groupe, la meute ou la horde. L'inscription dans une hiérarchie, et parfois l'attribution d'un rôle spécifique (sentinelle, soldat, ouvrier, baby-sitter, aîné/jeune), est une nécessité vitale à l'organisation et à la survie d'un groupe.
C'est au mieux une identité quasi-symbolique, où un individu désigné par un son ou un signe spécifique, peut être appelé par un congénère alors qu'il est en dehors du champ de perception.
-la filiation, le plus souvent matriarcale, est une notion partagée par de nombreuses espèces, et nous avons évoqué, chez les vervets, le fait que lorsqu'un enfant crie, les congénères regardent (et donc identifient) sa mère. La connaissance, au sein d'un groupe, des relations « familiales » est essentielle à la cohésion du groupe et on sait par ailleurs le rôle des apparentés (les « tantes », les aïeules) chez des espèces aussi différentes que les éléphants ou les cétacés.
-l'outil : l'utilisation d'objets à des fins utilitaires est commune à de nombreuses espèces, nous l'avons vu, comme la capacité de creuser ou construire un abri. Ces techniques nécessitent des facultés de représentation, de conceptualisation, d'anticipation.
Elles existent aussi chez H. habilis, se perfectionnent avec H. erectus. Le biface acheuléen est un outil pensé, élaboré et complexe ; sa fabrication se transmet par tradition culturelle : apprentissage des gestes, transmission orale, ou imitation ?
Ce savoir en tout cas se perd lors de la migration, et les bifaces ne réapparaîtront que beaucoup plus tard en Eurasie. Il témoigne néanmoins d'aptitudes cognitives exceptionnelles.
-la symbolisation : s'il y a loin de celle de l'abeille à l'homme, on admet, comme K. IMMELMAN, que « le point commun entre la danse des abeilles, le langage gestuel des chimpanzés et le langage verbal de l'homme réside dans la possibilité de véhiculer une information à l'aide de signes, même en l'absence

du signifié, c'est à dire que les symboles assurent la transmission de cette information sans contrainte de lieu ni de temps » (dictionnaire, art. « langage »).
-l'organisation spatiale et temporelle : toute espèce a ses repères géographiques, nécessaires à sa survie ; c'est la situation des points d'eau en milieu sec, le repérage des arbres à fruits comestibles ainsi que la saison de leur production (pour les pongidés notamment), la connaissance des comportements des proies, les abris : grottes d'hibernation, arbres refuges, ou rochers de sommeil des babouins, etc.

Le rappel de ces notions appuie la notion continuiste de DARWIN ; le langage qui apparaît chez les premiers humains, voire pré-humains, ne naît pas de rien, il n'est pas une faculté exceptionnelle ou merveilleuse surgie par la grâce d'une mutation d'un gène particulier ou d'un accident historique mais demeure le produit achevé d'une évolution qui a sa source dans des capacités comportementales et biologiques préexistantes.
« Nous partageons [avec l'animal] une même histoire phylogénétique qui rend vraisemblable l'existence d'une même structure de base pour tous ces systèmes de communication » (D. LESTEL, 2001).
Il ne fait aucun doute que H. erectus est doté d'un langage au sens large, et ce dès son origine ; qu'il ait évolué au fil du temps, comme l'espèce elle-même, est certain.
H. erectus donnera naissance selon les endroits où il évolue à divers descendants, Néanderthaliens qui émergent progressivement, Denisoviens dont on ne connaît guère qu'un fragment d'os, l'énigmatique Dmanisien, archaïque, et d'autres encore, bien des découvertes paléoanthropologiques restant à expliquer. Sur la très vaste durée de son existence, et selon les endroits où il se trouve, il a à affronter les accidents climatiques majeurs, comme les glaciations, les bouleversements géologiques, les modifications géographiques, des faunes et des flores difficiles à concevoir, voire l'inversion du champ magnétique terrestre il y a 780 000 ans BP, mais il évolue avec eux et s'adapte.
Ainsi, par exemple, un estran de 100 mètres ou davantage au maximum glaciaire, dessine en Asie du Sud-Est un continent appelé « Sunda », où il s'aventure ; puis, piégé par la remontée du niveau marin, il reste prisonnier d'îles qu'il n'est plus capable de quitter, comme l'actuelle Florès. Il y subit ce que l'on décrit, là et ailleurs, le « nanisme insulaire », forme d'adaptation qu'il partage avec d'autres grands mammifères, des éléphants notamment, qui subissent le même sort (J. M. HOMBERT, 2005), et y survivra en l'état jusqu'à 17 000 ans BP.
Le phénomène n'est pas exceptionnel, on l'a invoqué pour les mammouths laineux nains de l'île de Wrangel en Sibérie, ou pour les éléphants nains de Crète ; on peut aussi le constater actuellement dans des îles japonaises avec les sangliers nains.
Si l'espèce dans son ensemble a des caractéristiques qui la définissent, comme la taille du cerveau qui se situe autour de 1000cm^3, les évolutions locales se diversifient ; José BRAGA (2016) évoque « des indices très intéressants de pratiques funéraires au pléistocène moyen » à Atapuerca, et B. MAUREILLE, avec les sépultures en pleine terre de 28 corps à La Sima de Los Huesos, datées de 450 000 ans, le rejoint. Elles traduisent aussi un bouleversement de la façon dont l'humain de cette époque se conçoit dans la nature.

L'émergence d'un langage oral articulé n'a pas laissé de traces fossiles ; on ne peut donc que le supposer à partir de sédiments qui témoignent de comportements suffisamment complexes pour nécessiter des échanges sociaux élaborés, transmissibles et symboliques.
Mais ici, linguistique et éthologie divergent ; la première pose la question du comment, l'autre la question du pourquoi.
C'est d'ailleurs un linguiste (parmi beaucoup d'autres), J. M. HOMBERT, qui le souligne à plusieurs reprises.
La grande majorité des auteurs cherchent des réponses du côté des langues, voire d'une langue originelle, alors qu'il faut admettre qu'elles s'insèrent dans un écosystème, et dans des attributs complexes de définitions sociales. Une origine linguistique du langage humain ne peut être argumentée, mais on aborde néanmoins le problème par le côté linguistique :

« La plupart de ceux qui, depuis cent ans, ont écrit sur l'origine du langage n'ont fait qu'errer ; leur principal tort a été d'aborder le problème par le côté linguistique, comme si l'origine du langage se confondait avec l'origine des langues » (J. VENDRYES cité par J. M. HOMBERT, 2005).
On a ainsi dénié toute capacité de langage à l'homme préhistorique, en arguant d'une absence d'organes phonatoires adéquats ... jusqu'à ce qu'on retrouve d'ailleurs un os hyoïde fossile à Kebala.
Mais les organes dits phonatoires ne sont, dans une perspective évolutionniste, que des exaptations, c'est à dire des organes d'abord destinés à la respiration, à l'absorption alimentaire, à la production de sons, accessoirement et secondairement utilisés pour parler. Que le pharynx, le larynx et les cordes vocales aient eu le destin que l'on sait est fortuit. Il faut concevoir qu'à un moment donné, ces organes sont apparus comme le moyen le plus efficace de communiquer parmi d'autres (« le geste et la parole ») et dès lors la sélection naturelle entre en jeu.
Que la bouche, ou la cavité orale dans son ensemble, ait pu acquérir un rôle prééminent dans la représentation symbolique, dans la distinction dedans/dehors, comme c'est encore le cas dans l'ontogenèse, est une chose, mais n'est pas un argument suffisant pour en faire un organe privilégié de la parole primitive.
C'est le problème classique du finalisme ; ainsi les plumes d'oiseaux : si elles servent aujourd'hui à voler, elles ne sont pas apparues à cette fin, et les reptiles volaient déjà avant que les plumes n'apparaissent.
D'ailleurs la Nature a doté les oiseaux d'un syrinx, qui est une autre solution efficace pour l'émission de sons diversifiés.
Concernant le proto-langage, J. M. HOMBERT écrit : « les linguistes s'attachant à démonter pièce par pièce la faculté de langage pour la remonter, étape après étape, la considèrent peu ou prou comme un système évolutif pourvu de sa dynamique propre ».
Ce qui conduit très logiquement à rechercher une hypothétique « langue mère », originelle ... ou à des apories comme celle de D. BICKERTON (2009) : l'homme a créé le langage, le langage a créé l'homme.

La question, dans la perspective évolutionniste, demeure : quel avantage adaptatif le langage a apporté à l'homme ? Le risque de la « fausse route laryngée », mortelle, pèse d'ailleurs davantage du côté des inconvénients (P. LIEBERMAN, 1992).
De nombreuses espèces produisent des sons par ces organes, et la question n'est pas celle de leur émission, mais devient : comment ces signaux acoustiques acquièrent-ils une fonction signifiante ?
« Homo erectus parlait-il ? » se demande J. F. DORTIER (2002).
La question est récurrente :
J. A. RONDAL, 2000, s'interroge sur les « origines du langage humain », et prend note d'une « continuité relative dans l'évolution des capacités langagières de l'animal aux pré-hominidés, aux hominidés et à Sapiens Sapiens » ; il remarque par ailleurs « l'opportunisme évolutif de la fonction langagière, qui, sur un intervalle de plusieurs millions d'années, a intégré diverses sous-fonctions jusqu'à l'annexion du dispositif expiratoire de façon à asseoir la modalité de parole ».
« Naturaliser » le langage est la tentative de J. L. DESSALLES (2000), « en montrant que la parole est une composante de notre nature biologique ». Il décrit ainsi une « histoire naturelle de la parole ».
Dans « La langue des premiers hommes », J. J. HUBLIN, 2005, déclare : « Chez les Homo erectus, nous retiendrons l'hypothèse d'une absence de langage articulé ou la présence, au mieux, d'un proto-langage rudimentaire », considérant que leur coefficient d'encéphalisation réduit, leur développement cérébral primitif, leurs outils rudimentaires, ne laissent pas d'indices permettant d'envisager un véritable langage. B. VICTORRI, 2005, dans le même ouvrage collectif, envisage « les mystères de l'émergence du langage », dont il fait remonter l'apparition au proto-langage d'Homo Erectus.
F. D'ERRICO (2009, 2012), écrit « les prérequis cognitifs nécessaires à l'émergence des cultures modernes étaient déjà largement en place chez les ancêtres des Néandertaliens et des hommes modernes » ; avec JOORDENS (2014), il avance qu'Homo erectus utilise des coquillages comme outils et comme support de gravures.
D'autres auteurs comme BEDNARIK, 1995 (in J. HAWKS, 2014), considèrent que des os et de l'ivoire gravés issus de Bilzingsleben, seraient l'œuvre d'hominidés du paléolithique inférieur.

L'ensemble de ces auteurs se réfèrent et accréditent l'hypothèse de Derek BICKERTON (1990) d'un langage primitif, le proto-langage, riche d'un vocabulaire mais sans grammaire ni syntaxe.
J. L DESSALLES (2000, chap. 8) le détaille :
C'est en étudiant les pidgins hawaïens, puis d'autres pidgins, et en les comparant aux langues créoles, qu'il formule son hypothèse.
Les pidgins sont utilisés par des locuteurs qui ne maîtrisent pas la langue de leurs interlocuteurs et communiquent avec un vocabulaire élémentaire, utilitaire le plus souvent, sans structuration. A Hawaï, l'immigration au XIXe siècle de Japonais, de Coréens, de Philippins, a donné naissance à un langage commun élaboré sur la base des langues locales, l'anglais et l'hawaïen, qui leur permet une communication élémentaire.
Il en donne un exemple, faits de mots anglo-hawaïens déformés,
-« Aena tu macha churen, samawl churen, haus mani pei. »
où on reconnaît
-« And too much children, small children, house money pay. »
dont la traduction française, mot à mot, est :
-« Et trop beaucoup enfants, petits enfants, maison argent payer. »
Ces pidgins existent probablement à toutes les frontières linguistiques, et sont même créés spontanément par tout un chacun dans un pays dont il ne connaît que quelques rudiments de langue.
Le « sabir » rapporté par MOLIÉRE dans « Le bourgeois gentilhomme » était un exemple d'un jargon de l'époque.
Ainsi le « Russonorsk », utilisé entre marins russes et scandinaves au XIXe et début du XXe siècle, au sujet d'un échange de farine contre du poisson :
R : -« Quoi dire ? Moi pas comprendre ».
S : - « cher, Russe, salut »
R : -« Rien. Quatre demi »
N : - « Donner quatre, rien marchandise »
R : - « Non frère. Comment moi vendre ? Farine grand cher sur Russie cette année »
N : - « Toi dire pas vrai »
R : - « Si. Grand vrai, moi pas mentir, farine cher. »
Le dialogue reste donc très limité, mais apparemment suffisamment efficace pour sa fonction.
Ce type d'échange reste à un niveau d'entropie élevée selon la théorie de SHANON, car la perte d'information, le risque d'erreur, de fausse interprétation ou d'incompréhension est énorme par comparaison avec la communication dans une langue commune.
Par exemple, l'association « chat paillasson » (fortuite ? Cet exemple est commun à J. AUSTIN, 4ème conférence, à D. BICKERTON (1995) p. 22, et à J.L. DESSALLES, p. 161,168 !) ne permet pas de savoir si le chat est sur, sous ou à côté du paillasson, et en l'absence de verbe, s'il y dort, le griffe ou le mord. Les mots ne sont ici que des images suscitées, des signifiés non structurés, à charge de l'auditeur de reconstituer le sens en fonction de l'expérience partagée des chats et des paillassons. L'absence de verbe et la simple juxtaposition de mots isolés signe pour J.L. DESSALLES un « pré-langage », et nous sommes là très proches des observations récentes de l'éthologie animale mentionnées plus haut, mais selon des mécanismes différents, propres à chaque espèce. Les langages animaux ne sauraient en effet faire figure de précurseurs du langage humain, ce qui placerait l'homme au sommet d'une pyramide d'un progrès imaginaire ; le mot est donc ambigu appliqué à Homo erectus.

D. BICKERTON rapproche ce proto-langage de l'expression des enfants –loups ou enfants sauvages, dont nous reparlerons, et de celle des enfants de 2 ans environ.

« Parce qu'il est fonctionnel et spontané, il peut à juste titre être considéré comme une véritable compétence. L'argumentation de BICKERTON s'enchaîne alors presque mécaniquement : une telle compétence, à côté du langage, ne se comprend que si elle est fossile ; le proto-langage était donc la forme d'expression d'une des espèces qui sont dans notre ascendance, vraisemblablement *Homo Erectus.* » (J. L. DESSALLES).

Ce proto-langage apparaît optimal pour un usage « proto-sémantique », adapté à sa fonction, concrète, de désigner des objets, de la nourriture, et des endroits utiles : chat paillasson a alors un sens suffisant pour trouver le chat si on connaît le paillasson ; et « auroch plaine rivière » pour trouver du gibier avec une simple désignation. Il n'est pas besoin de phrase plus élaborée, l'expression est optimale pour sa fonction, qui est de signaler une situation ou un événement « saillant ». Le proto-langage a une « fonction évènementielle » (J. L. DESSALLES, B. VICTORRI, 2006), par opposition à la « fonction argumentative » qui sera adoptée par Homo sapiens.
Le fait qu'il subsiste en l'état chez l'enfant, chez l'adulte compétent linguistiquement ou celui qui n'a pas pu acquérir la compétence grammaticale, lui confère ce statut d' « ancêtre ».
On pourrait y ajouter que c'est aussi la forme la plus proche du langage du rêve, qui procède par images et parfois par images de mots, et qui demeure fondamentalement polysémique. Or l'activité onirique est associée à une forme de régression physiologique, le sommeil, où les fonctions cognitives supérieures sont assoupies.

Bien évidemment, nous n'avons aucune idée de la réalité des mots, ou des sons, utilisés par Homo erectus, mais il suffit qu'ils aient pu remplir leur fonction de signifiants en se dotant de la capacité proto-sémantique du locuteur pour qu'ils puissent devenir un langage articulé.
Cette hypothèse a l'avantage de proposer une apparition et une construction du langage conforme à la théorie de l'évolution ; la sémantique va s'affiner avec un système phonologique progressif, puis une morphologie nécessaire dès lors que la société humaine se complexifie.

Une objection majeure est toutefois formulée avec ce constat que ces locuteurs modernes de pidgin, adultes ou enfants, sont adossés à l'usage ou à la connaissance naissante d'une langue constituée ; les pidgins ne naissent pas de rien, et leurs usagers ont des compétences linguistiques acquises dans leur langue maternelle. Ils possèdent les structures cérébrales et cognitives acquises avec elle, ils sont riches d'échanges linguistiques antérieurs. Les emplois de pidgins sont purement fonctionnels, et comportent une connotation particulière péjorative : c'est le langage des petits enfants, des migrants, des colonisés. Ce « parler Tarzan », comme l'appellent pudiquement la plupart des auteurs, ou « petit nègre », ainsi qualifié par les colonisateurs, est le reflet d'une relation dissymétrique colon/colonisé, adulte/enfant et globalement dominant/dominé.

Ce n'était pas le cas d'Homo Erectus avec le proto-langage ; celui-ci ne bénéficiait que du socle de ses capacités cognitives, sans référence linguistique quelconque. Ainsi, caricaturalement, « chat paillasson » ne signifie rien de plus que son énoncé, si les catégories grammaticales « sur », « sous », « à côté » n'ont pas plus d'existence dans son vocabulaire que dans son psychisme.

Pour J. M. HOMBERT et G. LENCLUD, 2014, « l'invention du signal découplé, constituant le mécanisme déclencheur de l'évolution vers le langage, serait intervenue entre 1,7 et 1,5 millions d'années BP » ; et le proto-langage d'Homo erectus, fait de signes et symboles, assimilé à un pidgin, aurait connu une longue période de stagnation correspondant à la durée de vie de cette espèce soit au minimum 1 million d'années.
Homo erectus le premier aurait dépassé la communication analogique, immédiate et proportionnée à l'émotion, au profit d'un codage de l'information « découplé de l'ici et du maintenant ».
Certes, les grands singes du centre de Yerkes sont capables, après apprentissage, de désigner par une icône en plastique de forme aléatoire, un objet, un récipient, un aliment. Les aptitudes symboliques naturelles restent néanmoins fixes, scellées au signifié ; la grande innovation réside en cette capacité d'utiliser le signe conventionnel pour désigner un objet absent. Ce signe demeure encore tout à fait référentiel, mais l'information est dissociée de l'état subjectif de l'émetteur comme du récepteur, c'est l'ébauche d'une prédication linguistique.
Par ailleurs ce signe peut se concevoir comme indiciel ou iconique dans un premier temps : le fruit prélevé sur un arbre signale l'existence de l'arbre, quelques poils prélevés désignent la découverte d'une charogne ; il devient quasi-métaphorique quand un son (ou un geste déictique) suffit à transmettre cette même information. Ce passage de l'indice iconique, à valeur de signal, au « signe

découplé » ayant valeur de symbole conventionnel est probablement le tournant décisif d'une humanité moderne naissante, puisque dès lors, au monde réel va s'associer celui des représentations ; c'est le début du processus de symbolisation universelle qui caractérise « Homo culturalis », qui « commue les objets du monde en symboles » (J. M. HOMBERT, G. LENCLUD, 2014). Or ceux-ci réclament un accord conventionnel sur la signification qu'on leur prête ; en effet, « à eux seuls, la confection d'outils..., l'emploi de pigments, l'usage d'ornements corporels ou encore la mise en terre des défunts ne certifient pas l 'existence du langage » ; à ce stade néanmoins, une organisation, un accord entre les individus, s'avère indispensable pour que s'établisse cette convention nécessaire à l'autonomie du signifiant. Les auteurs proposent le critère de « l'institutionnalisation » pour désigner cette assignation de significations non naturelles aux êtres, aux choses, aux situations ou aux évènements.
Cette dimension symbolique peut se suffire à elle-même, son organisation structurée par une syntaxe n'est pas nécessaire à la fonction qui serait alors la sienne.
« le symbolique ne peut manquer d'être antérieur au syntaxique » (id.).

Quel avantage peut procurer cette compétence complexe à communiquer ? Elle assure, à celui qui en use, l'avantage de la pertinence, dont le principe est introduit par D. SPERBER et D. WILSON (J. L. DESSALLES, 2000, 2008 ; A. REBOUL, 2001) ; et celle-ci confère un statut éthologique. A la dimension cognitive s'ajoute celle d'un bénéfice social, le prestige.
« C'est pour s'élever dans la hiérarchie sociale que l'on fournirait de l'information à nos rivaux génétiques » (B. VICTORRI, 2006) ; « C'est à coup sûr un avantage sélectif : notre homme grimpera dans la hiérarchie sociale » (J. M. HOMBERT, G. LENCLUD, 2014).
Cette dernière dimension, bien qu'elle soit peu évoquée par les linguistes, serait primordiale pour justifier la promotion de ce système de communication. Elle reste la motivation première des comportements de la majorité des vertébrés ; c'est un avantage sélectif.

39/ LANGAGES ET LANGUES

« Les mots ne sont et ne peuvent être que les signes approchés d'une pensée, d'un sentiment, d'une idée »
Denis DIDEROT, 1777, « Paradoxe sur le comédien ».

L'apparition d'Homo Néanderthalensis se situe aux environs de 400 000 ans BP, son origine est controversée : Europe, Anatolie ? (J. J. HUBLIN, 2001, 2008)
« C'est seulement vers 500 000 ans que les premiers signes d'un processus de néanderthalisation apparaissent » (J. J. HUBLIN, 2001).
Son évolution en mosaïque, au cours de ses 350 000 ans ou plus d'existence, rend sa définition phénotypique et génotypique aléatoire. Il croise l'homme moderne dès 100 000 ans BP, au Moyen-Orient.
Ses capacités physiques et intellectuelles n'ont rien à envier à son jeune concurrent : doté d'un cerveau volumineux (1800 cm^3) et d'un physique puissant, il est adapté au climat glaciaire qui règne le plus souvent en Europe.
Au fil des ans et des nouvelles découvertes, il s'avère que son évolution a engendré une expansion culturelle, artistique et technologique évoquée plus haut. Celle-ci suggère la capacité symbolique dont nous avons constaté des émergences chez l'animal puis le développement chez Homo erectus, du signe iconique au symbole, dès lors que le « signal découplé » est conçu et s'est étendu aux objets, évènements, situations saillantes.
Le processus supposé s'effectue non en raison d'une dynamique linguistique dont rien ne permet de supposer qu'elle existe à ce stade, mais plus simplement parce que c'est le moyen le plus fonctionnel de désigner la réalité et de l'appréhender ; c'est un processus d'adaptation, probablement le plus économique, à l'environnement naturel et social.
Si le langage structuré n'existe pas, ce n'est pas, comme on s'évertue à le démontrer, que Néanderthal n'en possède pas les capacités ; l'espèce a depuis longtemps franchi le « Rubicon cérébral » des 800 cm^3, l'asymétrie des deux hémisphères cérébraux est acquise, l'aire dite de Broca est développée en sillons, il possède la même séquence du gène FoxP2 que l'homme moderne, la morphologie de son os hyoïde configure le carrefour pharyngo-laryngé en caisse sonore (É. CRUBÉZY, J. BRAGA, G. LARROUY, 2008).
Il est surtout ainsi parfaitement adapté à son environnement et l'ensemble de ses aptitudes, analogiques (gestes, mimiques, chant) et digitales (sons découpés en phonèmes), sont optimales pour les fonctions qui lui sont assignées.
C'est d'ailleurs aussi le cas dans l'enfance, et l'éthologie des jeunes enfants montre qu'ils communiquent davantage entre eux par des comportements, des gestes, des cris, que des mots (H. MONTAGNER, 1978), ce qui ne signifie pas, bien sûr, qu'ils ignorent la dimension symbolique, beaucoup s'en faut.
On peut néanmoins envisager, avec cette sémiotisation étendue, l'émergence d'une grammaire débutante dont l'origine serait le corps propre, comme on le constate d'ailleurs dans l'ontogenèse.
Le corps, mis à distance et pris comme objet, n'est plus seulement perçu et vécu, il est aussi représenté, et source autant qu'objet de la symbolisation.
Si le corps est interprété comme un référent, son vécu, son éprouvé, permettent une organisation symbolique de l'ensemble de l'espace : il existe un devant/derrière, un dessus/dessous, une droite/gauche, et probablement un avant/après, et un lieu d'où ces coordonnées spatio-temporelles procèdent, qui est le corps symbolisé du sujet lui-même, souvent désigné par EGO en anthropologie :
« J'ai tenté de le démontrer sur un certain nombre de langues, il semble que l'homme exprime autour de lui l'univers en fonction de son ego comme centre : le corps de l'ego est ainsi la mesure de toute chose » (C. HAGÈGE, 2001).

L'incidence essentielle en est l'application de cette géométrie spatiale à l'ensemble des signifiants disponibles. Devant, derrière, sur, sous, intérieur, extérieur, dedans, dehors, à côté, etc... organisent les « mots » en une grammaire primitive, un « pidgin amélioré », qui permet désormais de dire, en suivant l'exemple proposé :
« chat SUR paillasson », ou « chat DEVANT paillasson », dans une ébauche d'articulation syntaxique. La représentation de la réalité s'organise dans un espace orienté, en appliquant aux « signaux découplés » ce qui n'était jusque-là qu'images de mots. On peut ainsi envisager une structuration permettant :
« chat manger sur paillasson devant porte maison ».
Encore une fois, il ne s'agit que d'un système optimal dans une société et un environnement donnés, et non un stade primitif vers une langue achevée qui ne semble pas avoir été pour cette espèce une nécessité et encore moins une finalité, ce qui le distingue fondamentalement des pidgins.

Les corps sont peints de pigments divers, ornés, des « bijoux » de coquillages ont fait leur apparition, des décorations comme les serres d'aigle sont attestées.
Inhumations et rites funéraires probables seraient un argument supplémentaire de l'importance du corps en tant que signifiant essentiel. Ce sont des corps respectés, certains comportant même des attributs, qui s'inscrivent dans un espace symbolique avec un avant et un après ; en outre les dépouilles sont préférentiellement orientées selon un axe est/ouest, notamment dans les sites de La Chapelle Aux Saints, à La Ferrassie, à Qadesh, à Es Skul (TILLER A-M, 1988, D. HENRY-GAMBIER, 1999, N. ROLIN, 2004, V. MISTROT, 2010).
Or l'axe est/ouest ne peut se rapporter qu'à la course du soleil, dans une cosmogonie qui superpose levant/couchant à matin/soir et vie/mort, comme le feront aussi, ultérieurement, et de façon très complexe, les Égyptiens.
« Les sépultures primaires, en pleine terre, sont définitivement une invention du monde culturel moustérien. Et cette invention est lourde en valeur symbolique ... elle semble traduire des préoccupations d'ordre cosmogonique » (B. MAUREILLE, 2016).

Les émotions, dont nous avons souligné qu'elles sont indissociables du vécu corporel, inscrites dans les profondeurs du système nerveux, peuvent déjà ainsi être exprimées, transmises, partagées.

On peut attribuer à la « pression sélective du symbolique » (J. F. DORTIER, 2001) d'autres effets probables.
Ainsi l'Attachement, comportement primordial, nécessaire à la survie chez les mammifères, peut-il alors se transférer dans cet autre univers en acquérant une dimension qui lui était étrangère ; nous avons défini comme « sentiment » cette aptitude à conserver un lien avec un être absent, qui ne devient possible que parce qu'il est représenté mentalement. Ce n'est que progressivement que l'enfant atteint ce stade, un objet (la « bobine », l'« objet transitionnel ») tenant lieu initialement de support iconique, avant que ne s'établisse le sentiment véritable avec la symbolisation achevée.
Il n'existe pas de parallèle entre cette ontogenèse et la phylogenèse ; mais la capacité offerte par l'acquisition de cette dimension symbolique nouvelle se transpose au lien affectif et les premiers mots de l'hypothétique langue-mère furent plutôt « maman », « bébé » ou « lait », que « eau » ou « mammouth ».

Dépasser l'immédiat de l'émotion, s'extraire de l'instant présent au profit d'une représentation symbolisée, instaurer des relations dont la base est pérenne avec le sentiment, est une hypothèse fondée dès lors qu'on envisage que le langage n'est pas une fin en soi mais la partie émergée d'un tout fait des relations sociales, des échanges, d'un écosystème, de la culture.
Avec les sentiments en effet, c'est l'ensemble de l'organisation sociale qui est modifiée : le déplacement des affects primordiaux sur des substituts symboliques va conférer un supplément d'âme à des entités qui au demeurant existent déjà chez les animaux. Le gibier sera davantage qu'une proie, le logement davantage qu'un abri, le territoire davantage qu'une aire. Et naturellement, le groupe social davantage qu'une meute ou une horde. Il devient une société.

Celle-ci reste un groupe hiérarchisé, structuré, organisé, comme dans tout le règne animal supérieur, mais aux relations de dominance vont se superposer (et non se substituer) des liens symboliques, avec des attributs, l'appartenance à une famille ou une ethnie représentée par un son ou un symbole.
La filiation, symbolisée, désignée, nommée, prend une signification différente.
Par rapport aux sociétés animales décrites par ailleurs, il n'y a pas solution de continuité, pas de rupture brutale et irrémédiable, mais un acquis irréversible : le monde a du sens.

Dans le domaine de la technologie, le concept de « chaîne opératoire » développé par A. LEROY-GOURHAN définit une séquence de choix initiaux, de gestes planifiés, un savoir-faire, des compétences techniques, dont la finalité est la construction de l'outil lithique.
Elle implique donc le choix des matériaux, leur transport sur des distances parfois importantes (des dizaines, voire centaines de Km) et leur préparation en un « nucléus ». Plusieurs techniques de taille sont connues (la « Levallois » essentiellement), qui demandent une habileté consommée, avec des gestes techniques difficiles même à reproduire actuellement selon les archéologues expérimentaux qui s'y sont essayé, pour produire des éclats aux usages divers. Enfin l'outil est conçu pour un usage prédéterminé, programmé, anticipé, et non immédiat ; une représentation non seulement du résultat mais de l'utilisation, c'est à dire une projection dans le futur, est incontestable. C'est en outre une dépense en énergie, en temps, qui s'inscrit dans une planification ergonomique.
Sur le plan social, la chaîne opératoire connote divers comportements : apprentissage, division du travail (déjà !), valeur symbolique.
C'est probablement ce type de constat qui fait dire à C. LÉVI-STRAUSS (1948) : « l'homme de Néanderthal, avec sa connaissance probable du langage, ses industries lithiques et ses rites funéraires ... ».
Le terme de langage prête à confusion.
Le « langage » français ne se superpose pas au « language » des anglophones (dont la traduction, dans les textes cités, produit quelques erreurs de parallaxe) et le rapport langage/langue est comparable au rapport langue/parole de F. DE SAUSSURE.
Le langage est considéré comme une aptitude à communiquer, de façon signifiante, quel que soit le support et la modalité envisagée : on parle aujourd'hui des langages animaux, du langage artistique, de celui du corps, d'un langage informatique etc... Ce n'est pas l'expression articulée, organisée en phrases, d'une pensée, mais une aptitude quasi universelle, innée, à communiquer.
Dire de l'homme qu'il possède le langage laisse planer une ambigüité : en fait il parle des langues, bien souvent une seule, qui lui permet la parole.
Les humains n'ont pas « un » langage génétiquement programmé, ils n'ont aucune aptitude particulière à comprendre une langue qui n'est pas la leur, celle qu'ils ont apprise. Ce n'est pas une faculté congénitale comme la bipédie ou la vision des couleurs.
Néanmoins un enfant de 2-3 ans, qui n'a pas encore sa maturité cérébrale, neurologique ni intellectuelle, à ce stade de la pensée préopératoire, naît dans un bain de langage, dans une langue dont il acquiert 10 mots par jour.
Les hommes ont plusieurs langages (mimique, gestuel, postural pictural, qui sont d'ordre analogique) et une seule langue, correspondant à un espace culturel donné, et que nous qualifierons volontiers de morphologiquement optimale dans sa fonction pour un écosystème naturel et culturel déterminé.
Ainsi bien que tous les humains fassent partie d'une même espèce, ils habitent dans de multiples espaces différents où, selon l'hypothèse dite de SAPIR-WHORF (P. ATHANOSOPOULOS, 2015), le découpage de la réalité va s'effectuer de façon différente selon les langues. C'est une Umwelt culturelle.

Les Néanderthaliens vont rencontrer le langage humain, c'est à dire des langues, avec Homo sapiens qu'ils vont côtoyer avant de s'éteindre, il y a 30 000 ans environ.
Leurs rapports de proximité sont désormais attestés,
« les Néanderthaliens partageant par exemple avec les Homo sapiens sapiens des caractères jugés modernes, tels que le langage et l'inhumation des défunts ou l'utilisation de symboles » (N.

TEYSSANDIER, 2016). Cet auteur déclare plus loin que les résultats des recherches sont contradictoires sur ce plan :
« sur le site de Saint-Césaire a été découvert un squelette de Néanderthalien associé à une industrie de Châtelperronien ... Néandertal aurait inventé la modernité , façonné des outils standardisés, en pierre et en os, et confectionné les premiers bijoux découverts sur le continent européen ! »
L'idée que Néandertal s'est contenté d'imiter les premiers hommes « se heurte à un certain nombre de contradictions, notamment au fait que les objets censés être copiés par les Néandertaliens apparaissent en Europe dans un contexte culturel qui est strictement postérieur au Châtelperronien (l'Aurignacien) ».
S'il y a eu des échanges génétiques, l'éventualité d'échanges culturels peut aussi s'envisager, et pas nécessairement à sens unique comme un préjugé tenace le voudrait ; des techniques, des vocabulaires ont-ils pu être échangés ?
L. CAVALLI-SFORZA (« évolution biologique, évolution culturelle », 2004) parle d' « hérédité culturelle », et multiplie les exemples de « grande interaction entre la génétique et la culture » ; il donne des exemples où « c'est la culture qui a entraîné un changement génétique », le plus connu étant la tolérance acquise des adultes au lactose dans les populations où le lait des bovins ou des ovins devient un aliment de base.
L'hybridation génétique, désormais établie, entre Néanderthal et Sapiens, permet d'envisager aussi une possible hybridation culturelle ; adopter des locutions, des noms de lieux, ou des spécificités culturelles est un moyen efficace d'adaptation à une nouvelle niche écologique, à des implantations qui prennent en compte les particularités de l'endroit ; qu'est-ce qui peut fonder une telle hypothèse ? Simplement le fait que mettre à profit l'existant, en utilisant les proto-langages locaux, est certainement la solution la plus efficace, et donc la plus adaptée, pour des hommes, intrus, qui ne sont encore qu'au début du processus d'hominisation. Ce que L. CAVALLI-SFORZA appelle une « sélection culturelle ».
« Les Néanderthaliens et les hommes modernes ont pu vivre dans la même région en pratiquant, je serais tenté de dire en partageant, la même culture. Les industries lithiques étaient identiques, les mêmes espèces étaient chassées, les pratiques funéraires étaient similaires » (B. VANDERMEERSCH, 1995).
Lors des migrations modernes, comme celle qui peuplera le continent nord-américain par exemple, c'est encore le cas : malgré une extermination massive des amérindiens par les immigrants européens (déjà rapportée par Alexis de TOCQUEVILLE il y a plus de 150 ans), de nombreux lieux, de nombreuses villes et 25 états ont des noms d'origine amérindienne, « Texas » signifiant « amis » en Caddo ...
Des noms de lieux, de plantes, d'animaux, inconnus des envahisseurs, sont régulièrement et universellement empruntés aux indigènes. Cette hybridation linguistique ne s'accompagne pourtant pas ou peu, dans cet exemple, de mélange génétique.

Rien ne permet plus de penser que l'homme moderne, fort d'une supériorité attribuée a posteriori, soit directement ou indirectement responsables de la disparition de Néanderthal, sinon un certain « racisme rétrospectif » (Claudine COHEN, 2016), et « à beaucoup d'égards, les hommes de Lascaux et de la Grotte Chauvet n'avaient certainement pas grand-chose à nous envier en matière d'intelligence, de sens esthétique, et probablement de sens social et moral, d'humanité » (id.).

40/ L'HOMME SAGE SAGE

« Tout homme porte sur l'épaule gauche un singe et sur l'épaule droite un perroquet »

J. COCTEAU, 1923, « Thomas l'imposteur ».

La question des origines de l'homme moderne est posée de manières diverses selon les disciplines ; et au-delà de celle-ci, c'est celle de l'apparition du langage humain qui se dessine.
Alors que les uns, paléoanthropologues, se demandent surtout « où ? » et « comment ? », les généticiens recherchent le « quand ? » ;
Les éthologistes privilégient le « pourquoi ? ».
Ces questions sont indissociables, depuis qu'en 1963, M. GOODMAN a établi l'arbre phylétique des hominidés, qu'en 1967 on a daté à 5 millions d'années la divergence entre le genre Homo (les hommes) et le genre Pan (les chimpanzés), puis que les généticiens ont évalué à 1,23% notre écart génétique.
Les nouvelles technologies de datation ont permis, dès la fin des années 80, d'apporter les précisions nécessaires à l'évaluation des fossiles, comme ceux de l'Omo, en Éthiopie, sans pour autant fournir des arguments définitifs et à ce jour, les trois hypothèses évoquées plus haut, gradualiste, ponctuelle ou réticulée continuent d'alimenter le débat.
Selon l'hypothèse dite de « L'arche de Noé », de W. W. HOWELL, 1976, les hommes modernes proviennent tous d'une souche unique sub-saharienne qui aurait remplacé les populations indigènes d'hommes archaïques dans l'ancien monde.
Selon l'hypothèse multirégionale, dite du « candélabre », de F. WEIDENREICH, 1945, des populations de type « moderne » seraient apparues dans plusieurs régions, Afrique, Proche-Orient, Asie du Sud-Est, Asie continentale. Un des arguments forts en est le nouvel « homme de Java », d'après les restes fossiles de Ngangdong, qui attestent d'un descendant évolué d'Homo Erectus, de 1300cm^3 de capacité crânienne, dont certains caractères anatomiques et génétiques auraient une fréquence élevée dans certaines populations du Sud-Est asiatique, qui serait un ancêtre possible sui generis.
Enfin le schéma réticulé postule à la fois migrations et diffusion génétique, c'est à dire hybridation, entre des représentants contemporains de l'espèce Homo.

La génétique, après avoir avancé des résultats définitifs, avec l'étude du chromosome sexuel Y transmis uniquement par les mâles, et celle de l'ADN mitochondrial transmis seulement par les organites cytoplasmique de l'ovule, donc par les femmes (et qui aurait permis l'identification de la mythique « Ève africaine »), apportait les solutions d'une science exacte ; malheureusement, l'horloge moléculaire ne donne pas toujours l'heure précise en matière de mutations, outre le fait que l'étude d'autres chromosomes (codant l'hémoglobine, le système immunitaire HLA etc...) contredit parfois celle des précédents.

La première généalogie biologique a été établie en 1964 par L. CAVALLI-SFORZA et A. EDWARDS sur la base de la répartition des groupes sanguins.
En 1987, Allan WILSON établit, à partir de l'ADN mitochondrial de populations des cinq continents, l'origine africaine de l'homme (en l'occurrence de la femme) moderne, défini selon des critères morphologiques et biologiques.
La génétique montre que plus deux personnes sont proches (un frère et une sœur par exemple), plus leur ADN est semblable ; en conséquence plus il diverge, moins ils sont apparentés. On montre ainsi que tous les hommes modernes sont issus d'Afrique sub-saharienne, et sont apparus par divergence génétique il y a 200 000 ans (Rebecca CANN, 1987), si on suppose la vitesse de l'évolution moléculaire constante.

En dépit des contestations portant sur la méthodologie, c'est la date qui est aujourd'hui universellement reconnue, malgré la carence archéologique portant sur les 1000 premiers siècles.

La paléo-archéologie, avec les rares découvertes de fossiles, propose une datation, et la génétique, trop souvent considérée comme plus fiable, en adopte une autre ; toutefois elles restent complémentaires et indissociables.
Néanmoins, les généticiens eux-mêmes arrivent aussi à des résultats divergents : « l'Ève mitochondriale », c'est à dire l'apparition de certains gènes transmis par filiation maternelle, évaluée à 200 000-190 000 ans par R. CANN, l'est à 145 000 ans selon l'ADNmt et 155 000 ans pour l'ADN nucléaire par L. CAVALLI-SFORZA (1996), alors que S. HORAI (1995) lui attribue 143 000 ans, et A. TORRONI (1996) établit une fourchette de 166 000 à 249 000 ans.
J. J. HUBLIN (2011) parle lui, sur la base des fossiles éthiopiens d'Omo Kibish, d'Homo sapiens véritables qui remonteraient à 195 000 ans.

L'ADN est un matériau formé d'unités, les codons, faits de 4 bases A, G, C, T (A pour adénine, G pour guanine, C pour cytosine, et T pour thymine) combinées selon toutes les formules possibles. Les chromosomes sont constitués par la « double articulation » des codons en gènes, puis des gènes en chromosomes qui se présentent sous la forme d'une double hélice dupliquée.
L'étude du brin Y de la 23e paire de chromosome XY (XX chez les femmes), qui détermine le sexe génétiquement masculin, montre que c'est en Afrique orientale et australe (actuels Éthiopiens, Soudanais, locuteurs Khoisans d'Afrique du Sud, Hottentots et Bushmen) que l'on retrouve les populations les plus proches descendant de l'originel (V. BARRIEL, 2001).
Cet ACPR (ancêtre commun le plus récent) est le premier porteur d'un gène retrouvé chez tous ses descendants, en l'occurrence l'humanité tout entière.
L'étude d'un codon particulier de l'Y, appelons-le A1, dont un des quatre sites comporte une adénine A, par exemple xxAx, montre que c'est un caractère ancestral puisqu'il existe chez le chimpanzé sous cette forme (et donc chez notre DAC). Or cet haplotype A1 n'est présent que chez les Khoisans, et une substitution de l'adénine A en guanine G s'est ensuite produite, en xxGx, il y a 150 à 200 000 ans. La mutation est donc postérieure à la divergence entre les Khoisans et le reste de l'humanité, d'où il ressort qu'ils sont les plus anciens spécimens de notre espèce (M. HAMMER, université de l'Arizona, 1997).
L'hypothèse « Out of Africa » semble donc validée.
Toutefois, une contribution importante au patrimoine génétique de l'homme moderne semble aussi provenir d'Asie, et « une composante majeure de la diversité africaine humaine dérive donc de l'Asie » (V. BARRIEL, 2001). Homo sapiens sapiens aurait eu une distribution étendue en Afrique et en Asie, et comme l'admet J. J. HUBLIN (2011), « L'interprétation des fossiles asiatiques postérieurs à Homo erectus est problématique ».
Le scénario des origines semble donc bien complexe, et si l'on retient plus volontiers celui de la migration hors d'Afrique, c'est essentiellement, compte-tenu des connaissances actuelles, pour des raisons de cohérence théorique.

On peut rapprocher ces dates d'une émergence de cette autre donnée de L. CAVALLI-SFORZA, 1996, p. 104-105, qui déclare :
« Le cerveau humain a augmenté de façon continuelle jusqu'à l'Homo sapiens, il y a 300 000 ans. La croissance de notre cerveau, à en juger par les dimensions de notre crâne, s'est alors arrêtée ».
Ainsi le volume de l'encéphale n'est pas corrélé à une définition de l'homme moderne ; celle-ci se fait sur des critères anatomiques, du crâne essentiellement ; mais comme l'exprime É. CRUBÉZY et coll. (2008), « Homo sapiens est l'une des espèces d'hominidés les moins bien définies anatomiquement ».
On en conçoit la complexité si on compare aujourd'hui même les indices physiques ou physiologiques moyens de populations aussi variées que ceux des pygmées San, des Masaï, des Mandchous, des Scandinaves, avec des Amérindiens Quechuas ou Inuits, chacune de ces populations ayant acquis des caractères adaptatifs à sa latitude, à son mode de vie, à l'altitude de son habitat, aux températures de

son milieu de vie, à son alimentation, ce que corroborent par ailleurs les généticiens (digestion du lactose, prévalence et pénétrance de la thalassémie, de l'anémie falciforme etc ...).
L'exode africain de l'homme moderne est attesté 130 000 ans BP, avec les fossiles de Qafzeh et Skhül au Proche-Orient ; il aurait conduit ces premiers hommes vers le Caucase.
La « Voie du sud », via la péninsule Arabique aurait, quant à elle, suivi la côte méridionale asiatique, vers l'Extrême-Orient et l'Australie vers 60-70 000 ans BP (M. LAHR, Cambridge, R. FOLEY, in « Anthropobiologie », 2008).
Une deuxième vague migratoire s'est produite vers l'Eurasie entre 50 et 45 000 ans BP, par la « voie du Levant » ; c'est la « grande sortie d'Afrique », bien documentée, du paléolithique supérieur, à l'origine des productions culturelles et de l'art pariétal des grottes du Périgord par exemple.

L'apparition d'Homo sapiens signe-t-elle celle du langage articulé, c'est à dire de langues avec une syntaxe ?
Quelle que soit la date réelle de son apparition, il porte déjà en lui toutes les aptitudes génétiques (gène FoxP2), physiologique (carrefour oral pharyngo-laryngé structuré en caisse de résonnance), intellectuelle et sociale qui le permettent. Il a hérité d'un vocabulaire, sous forme d'un pseudo-pidgin amélioré, de ses prédécesseurs.
Ce sont des conditions nécessaires mais non suffisantes.
En effet, la question est alors : à quel moment ces dispositions deviennent-elles insuffisantes à répondre à ses besoins ? En quoi la « pression symbolique » va-t-elle l'amener à résoudre un problème évolutif par la langue ? En quoi celle-ci peut-elle représenter un avantage déterminant ?
Et sur quel plan : social ? Technique ? Artistique ? Homo « culturalis » (J. M. HOMBERT, G. LENCLUD, 2014), Homo « narrans » (B. VICTORRI, 2005), Homo « religiosus » (M. ELIADE), Homo « faber » (H. BERGSON) ?
Si la grammaire élémentaire du « pseudo-pidgin », née de la sémantique et de la représentation symbolique du corps, est suffisante pour positionner l'objet dans un espace et un temps, et le proto-langage suffisant à désigner les évènements saillants, Homo sapiens dispose d'un langage suffisamment élaboré et optimal dans la fonction de communication correspondant à ses probables conditions d'existence. La syntaxe, que F. de SAUSSURE (1916) définit comme « la théorie des groupements de mots », n'est pas nécessaire.
Pourquoi dans ces conditions le langage va-t-il se complexifier ? A quel besoin nouveau sa transformation répond-elle ? Une « syntaxe positionnelle » ou une « syntaxe phonétique » (A. RONDAL) n'est-elle pas suffisante ?
Pourquoi une structuration plus élaborée du langage s'avère-t-elle en fait nécessaire ?
Elle le devient dès que l'on envisage un récit, une narration. En effet, raconter une aventure, un exploit, un voyage n'est pas du même ordre que le langage fonctionnel permis jusque-là. Celui-ci reste rudimentaire, contraint, contingent, lié à une réalité tangible ; mais il n'est pas capable de rendre compte de faits rapportés, vécus dans un autre lieu et un autre temps.
C'est aussi ce que beaucoup plus tard on retrouvera dans les premiers textes fondateurs écrits : l'épopée de Gilgameš, l'Iliade et l'Odyssée, l'Exode des Hébreux, etc...
Or Homo sapiens entame ses premières migrations, et s'aventure de plus en plus loin. Il conquiert de nouveaux espaces, découvre des pays inconnus. Ces explorations demandent, sinon des capacités cognitives plus importantes, du moins des capacités d'organisation et de planification indubitables.
Le langage reste fonctionnel, mais c'est la fonction même qui a changé : il doit désormais pouvoir rendre compte de faits inhabituels, extraordinaires et non observables par l'auditeur.

En outre, des indices génétiques suggèrent que des retours de voyage s'effectuent vers l'origine, puisque des gènes inconnus en Afrique, importés d'Asie, y font leur apparition.
« à partir de l'étude de 2600 paires de bases de la région YAP du chromosome Y, mais également d'une transition AG et d'un microsatellite tétranucléotide (HUMMER et al., 1997), les auteurs supposent qu'il y a eu plusieurs sorties d'Afrique, et ce dans diverses directions, avec même des retours en Afrique » (V. BARRIEL, 2001) ; « des descendants de Adam ont migré hors d'Afrique avant d'y retourner avec une nouvelle mutation du chromosome Y apparue en Asie ».

Ce qui rend cette hypothèse plus plausible que celle d'une évolution propre au génie du langage ou de l'homme, c'est que les grandes migrations et les grandes traversées s'effectuent bien avant « l'explosion symbolique du paléolithique » ou « big bang culturel » (É. KLEIN).
L'émergence des langues apparaît, d'une façon ou d'une autre, liée aux flux migratoires plus qu'à une évolution ou une maturation spontanée de l'esprit humain, hypothèse qui reste entachée de finalisme. Celle-ci reste néanmoins soutenue par certains auteurs, qui défendent la thèse d' « une révolution neurologique résultant probablement d'une mutation majeure affectant le cerveau ... la mutation du gène FoxP2, impliqué dans la production de la parole (ENARD & al., 2002), apporte une possible explication génétique à cette thèse (KLEIN, 2003) » (in J. J. HUBLIN, 2005). Faire surgir la parole d'un accident génétique, comme un « Deus ex machina », demande des développements (gène de l'émission de la parole ? simultanément gène de la compréhension ? gène universel, auquel cas tous les hommes parleraient la même langue ?) qui conduisent à une théorie de la génération spontanée ou à un créationnisme révisé. Cette mutation concerne un codon, où une adénine A a été remplacée par une thymine T, mutation spécifique à Sapiens sapiens ; effectivement si cette mutation est appliquée à des souriceaux, ceux-ci augmentant leur capacité à communiquer par cris. Cependant, l'homme a longtemps existé sous sa forme définitive sans pour autant parler. Cette mutation a peut-être favorisé et développé les aptitudes à communiquer, mais ne peut être tenue pour « la » cause de l'apparition du langage humain.
Le « comment » de la naissance des structures grammaticales et syntaxiques reste à élucider.

Divers arguments viennent à l'appui du scénario de la simultanéité migration/langue, et ils sont tous liés aux conditions de ces entreprises.
Le premier est celui du peuplement primitif de terres hors de portée, et au projet qu'il suppose.
De nombreux auteurs s'accordent à penser à partir d'arguments génétiques, ou d'arguments paléoanthropologiques, que l'homme est parvenu en Australie il y a 60 000 ans BP.
Un premier indice est d'ordre archéologique : c'est la découverte par Alan THORNE (1999) du squelette du lac Mungo, en Australie ; les méthodes de datation utilisées fournissent la date de 61 000 ans BP, avec une marge d'erreur de 2000 ans.
B. VANDERMEERSCH (2001) écrit : « Le squelette LM 3 [pour Lake Mungo 3] apporte des données extrêmement importantes sur la question de l'origine des populations modernes. En effet, plusieurs méthodes de datation radiochronologiques (séries de l'uranium, ESR, OSL) ont montré récemment que son âge est de 62 000 ± 2000 ans »
Situé en Nouvelle-Galles, c'est à dire au Sud-Est de l'actuelle Australie et très loin (4000 km) des côtes Nord accessibles, ce lac est asséché depuis 14 000 ans.
L'existence d'un homme moderne de 60 000 ans en Australie, issu de populations africaines, est bien entendu un fait aussi considérable qu'étonnant ; il n'a pas manqué d'être contesté.
Aussi l'équipe australienne d'ADCOCK & al. (2001) a fourni un second indice en analysant l'ADNmt de cet homme de Mungo qui est d'aspect moderne, gracile ; elle en retrouve des traces dans l'ADN des hommes du présent.
Retrouver le plus ancien ADN de l'homme moderne en Australie est particulièrement inattendu pour diverses raisons : le continent géologique dont l'Australie actuelle fait partie, et qui comprenait la Nouvelle Zélande et la Tasmanie, est généralement appelé « Sahul », et il fait face au « Sunda », dont les archipels et presqu'îles du Sud-Est Asiatiques n'ont pas encore émergé. Le Sahul s'est séparé de l'immense Gondwana il y a 96 millions d'années, il est devenu inaccessible en raison de fosses marines infranchissables, dont la plus importante est la fosse de Wallacea.
Aussi la faune et la flore qui se développent sur ce nouveau continent depuis cette époque sont spécifiques : ses marsupiaux, ses monotrèmes, ses oiseaux aptères sont endémiques, et aucun contact ni aucun mélange génétique ne viendra les altérer.
C'est une particularité, qui, comme à Madagascar, en Nouvelle Calédonie, ou en Amérique, illustre historiquement et à l'échelle d'un continent entier les possibilités innombrables de l'évolution ; ces mammifères donnent le contrepoint du processus évolutif à l'œuvre dans le vieux continent.
Or c'est précisément là que l'on retrouve, 24 000 ans avant l'Europe et l'Asie, les premiers hommes sortis d'Afrique.

J. M. HOMBERT et G. LENCLUD (2014) écrivent : « l'hypothèse provisoire selon laquelle l'émergence pleine et entière du langage moderne se situe dans une période de temps ni antérieure à 100 000 BP ni postérieure à 60 000 BP rend bien compte d'un fait historique attesté : l'arrivée des hommes modernes en Australie, datée aujourd'hui entre 60 000 et 50 000 BP ».
É. CRUBÉZY, J. BRAGA, G. LARROUY (2008) décrivant la « voie du Sud » des premières migrations de l'homme moderne, la datent de 70 000-60 000 ans BP, et le site du lac Mungo à 60 000. Cette longue migration qui part d'Afrique, traverse la péninsule Arabe par le nord ou le sud, longe les côtes de la mer d'Oman, contourne l'Inde pour descendre le long de la péninsule asiatique dans la mer d'Adaman, rencontre des difficultés géographiques considérables comme les reliefs ou les cours d'eau (deltas des actuels fleuves Gange, ou Irrawady) ; si elle a pu s'effectuer par voie terrestre en majeure partie, le recours à la voie maritime semble avoir été indispensable et le cabotage, sur des embarcations rudimentaires, apparaît comme une solution probable, parfois incontournable. Il existe d'ailleurs des indices d'une utilisation très ancienne, de plus de 100 000 ans BP, d'usages maritimes sur les bords de la Mer Rouge, à Abdur, en Érythrée (R. C. WALTER and al., Mexico, 2000).

Enfin les arguments génétiques sont très puissants pour soutenir cette thèse.
L. CAVALLI-SFORZA (1996), V. BARRIEL (2005), généticiens, décrivant l'arbre de l'évolution humaine, montrent que la divergence génétique est la plus élevée entre Africains et Aborigènes d'Australie et de Nouvelle Guinée. Leurs continents respectifs sont les plus éloignés géographiquement, historiquement et génétiquement, ce qui signifie clairement que ces populations d'Océanie sont les premières à avoir quitté le « berceau africain », puisqu'elles n'ont pas connu les mêmes mutations que les Africains, mais en ont vécu d'autres, spécifiques, ultérieurement.
Très largement contestées, aussi bien sur les dates que sur les méthodes, il semble pourtant que les recherches les plus modernes confirment ces hypothèses.
Eske WILLERSEV, paléo-généticien de Copenhague, ainsi que François BALLOUX, de Londres, ont étudié l'ADN de cheveux d'Aborigènes australiens prélevés en ... 1923 ; ils confirment qu'ils sont les premiers hommes modernes à avoir quitté l'Afrique dès 70 000 ans BP : « les Aborigènes australiens sont les descendants des premiers explorateurs humains. Ce sont des gens qui se sont aventurés vers un territoire inconnu, pour finalement atteindre l'Australie ».
Morten RASMUSSEN (2011) dit : « Aboriginal Australians descend directly from an early human expansion into Asia that took place some 70 000 years ago ».
« Christophe COUPÉ a pu montrer que l'occupation de l'Australie et de la Nouvelle-Guinée, ainsi que celle des îles qui les relient à l'Asie du Sud-Est, a dû commencer il y a au moins 70 000 ans » (B. VICTORRI, 2006).
L'étude exhaustive du génome des aborigènes a notamment été actualisée au laboratoire de R. NIELSEN (MALASPINAS A-M, 2016), qui confirme ces hypothèses.

Un indice indirect de l'arrivée de l'homme en Australie est aussi l'extinction des grands mammifères qui lui est contemporaine, comme ce sera aussi le cas 30 000 ans plus tard en Amérique. Partout, l'homme est le sommet de la chaîne alimentaire.

Mais l'argument majeur d'une capacité linguistique supérieure réside dans le fait de la traversée même de la mer entre Sunda et Sahul : « les traversées maritimes vers le Sahul ont eu lieu 15 000 ans avant la révolution symbolique » (J. M. HOMBERT, G. LENCLUD, 2014), et 25 000 ans avant la conquête des continents proches comme l'Asie ou l'Europe, peuplées par d'autres hommes qui leur en interdisent probablement l'accès.
Par ailleurs, les îles Adaman, au large des côtes birmanes, sont (encore) peuplées de chasseurs-cueilleurs, actuellement en voie d'extinction, qui sont longtemps restés une énigme anthropologique ; ils refusent tout contact avec les populations récentes, et parlent des langues très différentes des langues régionales d'Inde ou de Malaisie.
Des études génétiques ont montré qu'ils s'avèrent être les descendants de la première vague d'Homo sapiens à avoir quitté l'Afrique il y a 70 000 ans (K. THANGARAJ and al., 2003). Or les îles Adaman se

trouvaient à l'époque de leur invasion à 60 Km du continent Asiatique, et n'ont pu être colonisées que par voie maritime.
Il existe, ailleurs, d'autres colonisations par voie maritime datant de ces époques, comme celle de la Crète, de Céphalonie ou de la Sardaigne.
En Australie, entre les deux continents archaïques Sunda et Sahul, la fosse de Wallacea, infranchissable par tout autre mammifère, a une largeur de 70 Km environ au moment de cette glaciation isotope 4, où la mer plus basse de 80 à 100 mètres que son niveau actuel, laisse sur les deux bords un vaste estran qui les rapproche. Si, contrairement à ce qui est affirmé, une terre émergée est en réalité visible par temps clair à 70 Km, il est certain que « seuls des hommes maîtrisant le langage étaient à même de mener une telle entreprise ».
Aussi peut-on penser, comme J. A. RONDAL (2000), que « les dispositifs grammaticaux des langues humaines ont émergé de l'organisation conjointe des actions et des motivations pragmatiques à mesure que les premières sociétés humaines se sont organisées selon des dispositifs collectifs plus complexes ».
Ce sont des dispositifs positionnels et séquentiels, propres à chaque culture et à leurs situations respectives.

Un chenal séparant deux océans, en l'occurrence l'Océan Indien à l'Ouest, et l'Océan Pacifique à l'Est, est le lieu de courants intenses liés au delta des différences de température entre les masses d'eau, et à la convergence vers un goulet d'étranglement des échanges aqueux ; en outre, ce sont aussi des couloirs de vents en général très violents.
L'entreprise est donc loin d'être évidente.
C. COUPÉ et J. M. HOMBERT (2005), sur la base de simulations informatiques, estiment à 7 jours le temps nécessaire à une traversée partant de l'île de Timor pour se rendre en Australie (Sahul). En outre, de nombreuses conditions doivent être remplies pour mener à bien un projet tel que celui de la colonisation de terres inconnues : la nature même des embarcations, robustes, qui doivent pouvoir supporter une navigation périlleuse, quand on ne connaît probablement ni la voile, ni la quille, et encore moins le gouvernail ; leur taille doit être suffisante pour embarquer eau et nourriture en quantité nécessaire ; enfin le groupe doit être assez nombreux pour se développer et éviter de s'éteindre dans un environnement hostile ou tout simplement pour permettre un taux de renouvellement des générations suffisant à sa pérennité. C'est donc une flottille qui doit être envisagée plutôt qu'un radeau gigantesque. Une planification de la traversée prenant en compte tous ces paramètres est nécessaire.
« Les traversées maritimes constituent-elles un indice comportemental de l'émergence du langage ? » s'interrogent les auteurs. C'est le caractère intentionnel des traversées qui leur semble impliquer l'existence d'un langage tel que le nôtre : « la construction de l'embarcation en elle-même nécessite déjà des capacités de planification, son utilisation requiert surtout des représentations cognitives complexes, pouvant inclure des évènements très distants dans un futur hypothétique ». Toutefois, une « chaîne opératoire » complexe ne nécessite pas un langage syntaxique, et on peut concevoir la construction de ces « objets flottants » selon une coordination et une division du travail permises par un langage rudimentaire. Ce n'est pas l'aspect technique qui justifie le recours à une élocution complexe ; diverses technologies, dont la colle d'écorce de bouleau de Néanderthal par exemple, dont la fabrication exigeait un protocole rigoureux, ne nécessitent pas ce langage élaboré.

Mais plus que de réalisation technique, dans une perspective éthologique c'est plutôt la motivation partagée d'un groupe, avec ce qu'elle suppose de structuration sociale autour d'un leader charismatique, qui sous-tend un projet de cet ordre. Cette motivation partagée nécessite « une maîtrise linguistique du temps et de l'espace », avec un indispensable futur conditionnel, détaché de l' « ici et maintenant ».
« Peut-on imaginer par exemple qu'un langage dépourvu de toute règle de grammaire puisse exprimer une distinction entre passé, présent et futur, ou entre un mode indicatif et un mode conditionnel ? »

Aussi ce n'est pas cet aspect qui retient l'attention, mais bien l'organisation sociale : la longue migration, qui a duré des millénaires, en territoires inconnus et parfois hostiles, ne peut se faire sans qu'une cohésion, avec des rôles dévolus, ne se soit mise en place. Ce sont des groupes très structurés, avec une histoire, un passé, et probablement déjà la mythologie du vécu des générations antérieures, qui arrivent donc en face du Sahul.
L'Australie ne sera redécouverte par James COOK qu'en 1770 ; même si d'autres traversées ont eu lieu dans la préhistoire, les aborigènes « découverts » par le navigateur possèdent des langues structurées ; en l'absence de communication avec le continent, on doit admettre qu'ils les ont apportées avec eux.
Pour mener à bien un projet qu'aucune nécessité ne soutient, on doit envisager des débats et un argumentaire cohérent, des raisonnements pertinents, des émotions communes. Partager et adopter un tel projet ne peut être le fait de décisions individuelles mises en commun, mais un plan supporté par un groupe qui adhère à l'éthos et au logos, pour reprendre les termes de la Rhétorique, d'un ou de plusieurs leaders capables de les énoncer et de convaincre.
Or les notions de pertinence, d'argumentation, de dominance fondent l'éthologie du langage et restent une réalité quotidienne de notre emploi des langues.

41/ L'INVENTION DES LANGUES

« Ces deux, qui de la louve absorbèrent le lait ... »

AUDIBERTI, 1937, « Race des hommes »

On a beaucoup insisté, dans les sciences de l'homme, sur l'aspect neuro-anatomique du langage humain ; l'appareil phonatoire spécifique à la production des phonèmes a été considéré comme une caractéristique nécessaire à l'usage du langage ; l'os hyoïde a longtemps semblé la clef de voûte, l'argument incontournable, de l'aptitude à la parole. La découverte au XIXe siècle des aires cérébrales spécifiques à son émission et à sa compréhension, les aires de BROCA et de WERNICKE, a conforté cette doctrine. Puis la génétique avec le gène FoxP2 est allée dans le même sens.
Pourtant, entendre une langue dont on ignore les rudiments revient à entendre des sons, des « borborygmes », dont on ne perçoit qu'une « musique », une prosodie, pas plus compréhensible que des bruits animaux quelconques ou qu'un chant d'oiseau.
Qu'est-ce qui différencie une langue de l'infinité de sons que la bouche humaine peut produire ?
C'est en fait son auditeur, et son aptitude à donner du sens à des phonèmes, selon une convention avec le locuteur, plus ou moins artificielle.
Ce n'est pas dans l'étude de l'acoustique qu'on trouvera la clef du langage mais dans la sémantique.
En outre, il existe des langues, comme celles des signes, qui font appel à la vue et non à l'audition, sans oublier la lecture et l'écriture qu'on considère trop facilement comme une extension de la langue parlée.
Son essence se trouve en dehors du phénomène sonore en soi.

La phonation-audition n'est pas l'espace sensori-moteur qui a été le plus étudié ; l'espace sensoriel de la visuo-motricité, constitué par les cinèses déterminées par l'ancrage visuel, l'a été précocement et on peut déplorer avec J. PAILLARD que « pour l'audition, nous ne disposons pas encore d'informations aussi précises que celles maintenant acquises pour la vision ».
Un certain nombre d'expériences désormais anciennes peuvent néanmoins fournir quelques éléments de compréhension des aires de perception.
Les expériences de R. HELD, puis celles de R. HELD et A. HEIN (1963, 1967), de D. H. HUBEL et T. N. WIESEL (1962, 1970), de H. MATURANA (qui a ultérieurement collaboré avec G. BATESON et L. WITTGENSTEIN dans le courant « constructiviste » à « l'écologie de l'esprit »), sont menées sur le chat dans sa période d'immaturité neurologique qui va de la 4e à la 12e semaine de vie. Elles permettent de déterminer la construction des espaces sensorimoteurs (visuo-moteur en l'occurrence) ainsi que les capacités à discriminer les stimuli, et d'établir une carte des neurones percepteurs, qui apparaissent très spécialisés, dans l'aire 17 de BRODMAN : certains neurones ont une réponse maximale quand le stimulus est vertical (bandes verticales noires sur fond blanc), d'autres lorsqu'il est horizontal, d'autres codent la forme du déplacement du stimulus (régulier, saccadé, lent, rapide etc ...), d'autres les contrastes lumineux. Les aires cérébrales contigües 18 et 19, dites visuo-psychique et visuo-gnosique, sont des aires « d'interprétation et de synthèse » des stimuli provenant de l'œil (rétine), des ganglions géniculés, du thalamus, des tubercules quadrijumeaux, de l'aire 17 qui sont les filtres de la vision. Le comportement est déterminé en fonction d'associations avec les expériences antérieures stockées dans le système limbique et l'amygdale. La plasticité des mécanismes nerveux, surtout en cette période précoce de maturation, est liée au programme génétique mais aussi aux expériences vécues.
Le dispositif expérimental du « carrousel » (1963) associe deux chatons, élevés par ailleurs dans l'obscurité, aux extrémités d'un manège où la décoration est uniformément faite de bandes verticales noires sur fond blanc ; l'un des deux, actif, fait tourner le dispositif alors que l'autre a les membres immobilisés dans une nacelle; on constate ensuite que chez le premier chaton, actif, le dispositif visuo-moteur est acquis, il est capable de guider ses pattes vers les surfaces portantes adéquates, alors que

le second mettra plusieurs semaines à acquérir par apprentissage cette même compétence.
L'expérience motrice active s'avère donc capitale pour l'apprentissage et l'acquisition de la fonction. C'est aussi ce que tend à montrer l'observation des bébés (M. PINOL-DOURIEZ, 1984).
Par ailleurs, F. MATURANA a montré que, chez ces chatons placés pendant la période sensible dans cet environnement visuel particulier, les cellules corticales dédiées codant la vision des traits horizontaux se sont atrophiées à défaut d'avoir été stimulées et ont disparu du cortex cérébral, et avec elles la capacité à les percevoir.
La compétence, à défaut d'avoir été confortée par l'expérience épigénétique, a disparu. La « période critique » est donc en l'occurrence ce laps de temps où une aptitude, si elle n'est pas alimentée par un environnement adéquat, s'évanouit définitivement.

Chez l'homme (et d'autres espèces), le développement de l'encéphale se produit en deux temps. Nous bénéficions d'un développement de type fœtal pendant 21 mois (dont les 9 mois de grossesse), où le cerveau se développe beaucoup plus rapidement que le reste du corps, puis une phase de maturation plus ralentie, pour atteindre une masse de 3,5 fois celle de la naissance.
C'est dire que la mise en place des fonctions neurales est progressive et hiérarchisée. Les connexions neuronales sont susceptibles de remaniement tout au long de la période d'immaturité biologique, et « tout se passe comme si les connexions neuronales devaient être validées fonctionnellement, activées, maintenues dans des activités sensori-motrices ou associatives » (É. CRUBÉZY, J. BRAGA, G. LARROUY, 2008).
On peut considérer que J. PIAGET (1968), quand il décrit « Le passage des schèmes sensori-moteurs aux schèmes conceptuels » avec l'apparition puis l'organisation des schèmes verbaux entre 5 et 7 ans (observation 113), évoque la mise en place des facultés cognitives qui permettent le langage.

Le langage n'est pas inné, mais la compétence, selon le terme de N. CHOMSKY, est programmée ; mais, alors que la marche, qui n'est pas acquise à la naissance et demande 1an pour s'installer, est universelle, la langue doit être apprise. Très tôt d'ailleurs, certains sons deviennent signifiants ; mais dire qu'il existe une « connaissance innée du langage » en arguant que le fœtus reconnaît déjà la voix de sa mère relève du mysticisme. Dans toutes les espèces animales, le petit reconnaît les sons (et l'odeur) maternels et réciproquement.
Dans quelle mesure cette aptitude à la parole, si elle n'est pas confortée, alimentée, peut-elle avoir un destin du même ordre que ces aptitudes à la vision ?
La question est ancienne, on a longtemps pensé qu'une langue spontanée, archaïque, pouvait avoir été un module universel pour toutes les langues ultérieures. L'expérience montre qu'il n'en est rien, il faut donc revenir aux fondamentaux de la neurophysiologie et des sons émis par la fréquence vocale humaine pour tenter de voir comment sur cette compétence va se greffer la performance signifiante.

Sur un plan plus éthologique, il apparaît que grammaire et syntaxe sont liées aux capacités cognitives :

1. à évoluer dans le temps
2. à évoluer dans l'espace
3. à accéder à un système de numération

Ces capacités ne sont pas spécifiques de l'espèce, mais leur transposition linguistique appliquée à des concepts permet :

1. de les ordonner dans le temps grammatical
2. de les ordonner dans l'espace syntagmatique
3. de leur appliquer récursivité et enchâssement

Dans une optique ontogénétique, la différenciation intérieur/extérieur, très précoce, à partir de la cavité buccale puis de l'espace sensorimoteur primordial oro-centré (main-bouche notamment), que nous avons identifié comme une racine du symbolisme et de la naissance d'un « soi », est essentielle. Ces prémisses d'une conscience de soi se transposent dans le langage en une différenciation de l'environnement externe et des sensations internes. On peut concevoir que s'y joue la naissance du sujet et du « Moi » comme le postule R. SPITZ, et sa représentation ultérieure dans la parole et la grammaire, avec le « je », « nous », « tu » etc., et toutes les désinences que ces pronoms impliquent, ainsi que des corrélations plus larges dans la mesure où ce « je » demeure le centre des représentations mentales ; l'appartenance ou non appartenance peut se signifier à partir de là, par exemple avec les génitifs.

La sémiotisation du corps propre qui joue le rôle déjà énoncé ci-dessus dans la symbolisation, va se traduire dans le langage comme une géolocalisation autocentrée qui organise le devant et le derrière, l'avant et l'après, dans la grammaire comme dans la représentation symbolique. Avant le système métrique, l'empan, la coudée, le pas, la lieue (distance parcourue en une heure) étaient des mesures à l'aune du corps, que les anglais ont d'ailleurs conservées.

L'aspect performatif est quasi inhérent à l'expression, dans la mesure où le sujet est explicitement ou implicitement positionné dans l'énoncé :

les phrases « F. HOLLANDE est un président exemplaire », « Je pense que F. HOLLANDE est un président exemplaire », « on dit que F. HOLLANDE est un président exemplaire », « il faut admettre que F. HOLLANDE est un président exemplaire », différent essentiellement non sur le sens mais sur la possibilité du locuteur, sujet de l'énoncé, de se rétracter. Or avec celle-ci se joue, avec son implication, aussi sa position « hiérarchique » dans le groupe où il l'énonce.

L'idée que la grammaire procède de la sémantique et d'une projection de l'organisation spatio-temporelle aux signifiants a été défendue ; Les règles de la langue et de la parole différent des productions symboliques spontanées du cerveau, comme le « langage du rêve » par exemple, dont S. FREUD rappelle qu'il ne connaît pas les principes de réalité comme la non-contradiction, l'affirmation ou la négation, et globalement obéit à ce qu'il appellera le « processus primaire » guidé par le « principe de plaisir » ... Et use préférentiellement du déplacement et de la condensation des signifiants.

« La répétition d'une action dans le temps est représentée très habituellement dans le rêve par la multiplication d'un objet » (1900, p. 320) ; ces strates du psychisme ignorent l'organisation grammaticale temporelle des signifiants et des symboles dont elles ont pourtant l'usage.

J. M. HOMBERT et G. LENCLUD (2014) proposent l'exemple suivant :

« La construction anglaise « be going to » en est un exemple souvent cité, où le verbe « to go » a d'abord servi à exprimer le concept de déplacement dans l'espace avant d'être grammaticalisé et de servir, en toutes circonstances, à exprimer le concept d'intention de faire (« I'm going to sleep », « I'm going to get married ») ».

Les « mots de fonction » (par opposition aux « mots de contenu ») servent à organiser les relations abstraites dans un énoncé. Ce sont « des mots intervenant dans le prononcé d'assertions spatiales (« ici », « sur », « vers », « derrière » etc ...)ou temporelles (« maintenant », « avant », « après », etc ...), des quantificateurs (outre les nombres, des mots comme « tous », « beaucoup », « quelques-uns », « plus », etc., et également des quantificateurs temporels tels « toujours », « souvent », ou « jamais »), ou encore des connecteurs explicitant par exemple des relations de cause à effet (« parce que », « donc », etc.) ».

Grammaire et syntaxe confèrent du sens, et même le génèrent ; on connait l'exemple de N. CHOMSKY qui veut créer une phrase grammaticalement correcte dépourvue de sens avec son « Colorless green ideas sleep furiously », « d'incolores idées vertes dorment furieusement » ; or ce procédé justement est la base d'écoles diverses (théâtre de l'absurde, poésies surréaliste et symboliste) qui jouent sur cette contrainte de l'esprit à donner du sens, même aux oxymores les plus improbables.

Le célèbre jeu surréaliste des « cadavres exquis », consistant à aligner des mots tirés au hasard mais grammaticalement ordonnés, en témoigne. Les résultats étonnent, surprennent, amusent, en générant des phrases inattendues, auxquelles on attribue immédiatement du sens, dans cette sémiotisation coercitive qui caractérise la pensée.

Plus difficile est le cas de la maladie mentale, et notamment des délires schizophréniques, dont les textes, souvent poétiques d'ailleurs, élaborent dans un discours structuré grammaticalement des phrases dépourvues de signification apparente. On appelait ces gens « insensés » jusqu'au XIXe siècle. Il a fallu des auteurs comme Victor TAUSK et plus tard toute la psychanalyse kleinienne pour « traduire » ces productions pathologiques et montrer qu'il s'agit de « processus primaires », comme dans les rêves, mais pourvus paradoxalement des habits grammaticaux et syntaxiques réservés aux énoncés normalement soumis au « principe de réalité ». Ce qui leur confère ce caractère de bizarrerie qu'on nomme la « dissociation ».

La diversité des grammaires et des syntaxes semble relever de mécanismes nécessaires et universels, selon des modalités qui apparaissent innombrables. Par exemple l'organisation paradigmatique syntagme nominal syntagme verbal signifiante dans les langues actuelles, où sujet-verbe-complément sont ordonnés vectoriellement, ne l'est ni en latin ni en grec ancien, dont l'inflexible rationalité avait adopté d'autres solutions.
Le découpage du temps diffère dans des langues aussi proches que l'anglais et le français : « I've been working for 10 years at Ikea », « present perfect » continu, ne peut avoir qu'une traduction réductrice à l'indicatif présent telle que « je travaille depuis 10 ans à Ikea » ; d'ailleurs le mode continu est distingué du mode instantané dans de nombreuses langues, au présent, passé ou futur.
Les usages consacrent aussi des différences inexplicables logiquement : quand le français utilise la deuxième personne du pluriel (« vous ») comme forme de politesse, les allemands emploient la troisième personne du pluriel (« Sie »), les italiens la troisième personne du singulier, et les anglais ont prudemment résolu ce problème hiérarchique depuis deux siècles en supprimant le « thou » et le « thee » pour le « you » universel.

Deux pistes sont habituellement suivies pour illustrer les caractères à la fois inné et épigénétique de la grammaire : celle des « enfants-loups » ou « enfants sauvages », et celle de la créolisation des pidgins, essentiellement développée par Derek BICKERTON.

En premier lieu, certaines observations suggèrent qu'une « période critique », limitée à la seconde enfance, offrirait l'opportunité d'apprendre la grammaire ; cette aptitude disparaîtrait ensuite, et son apprentissage deviendrait impossible, dans toute langue.
Par contre, la connaissance d'une grammaire, quelle qu'elle soit, permet ultérieurement d'en acquérir d'autres par un processus d'apprentissage. Syntaxe et grammaire seraient donc assimilées par « imprégnation », spontanément, à partir de la langue entendue précocement. Elles seraient en quelque sorte « reconstituées » à partir de l'opérateur mental fourni par les modèles de phrases entendues. Là encore, l'épigenèse vient confirmer une compétence innée, qui disparaît par défaut si elle n'est pas nourrie.
Nous avons déjà développé le cas de Kanzi, ce bonobo qui parle avec un clavier sans qu'on lui ait appris, en ayant simplement assisté, passivement, tout petit, aux tentatives infructueuses faites sur sa mère Matata ; ses capacités linguistiques et leur condition d'acquisition étonnent les chercheurs (D. LESTEL, 1995, p. 111-112 ; J. L. DESSALLES, 2000, p. 167-168 ; De WAAL, 2005, p. 17-18).
Les « enfants sauvages » ont été bien documentés ; J. DE AJURIAGUERRA dans son manuel de 1974, chap. XV, évoque l'observation de J. ITARD en 1801 sur « Victor, le sauvage de l'Aveyron », celles des bengali Amala et Kamala, enfants-loups recueillis par le révérend SINGH (mais Serge AROLES en 2007 avance les preuves d'une fraude) ainsi que celles de K. DAVIS (1947) d'Anna et Isabelle , cette dernière « en moins de deux ans acquit des capacités intellectuelles très importantes qui lui permirent de poursuivre une scolarité » ; en fait son cas est bien différent puisqu'elle n'a pas souffert d'isolation sociale et affective mais seulement d'un déficit sensoriel avec une mère sourde et muette avec qui elle communiquait néanmoins par signes.
Plus récent et bien documenté est le cas « Genie », en Californie, enfermée à l'âge de 18 mois par son père, et découverte à 13 ans en 1970. « Genie ne put jamais apprendre à s'exprimer normalement. Son niveau d'expression ressemblait à un pidgin : *Père prend morceau de bois. Frappe. Pleure* » (D. BICKERTON, 1990).

On peut envisager l'existence d'une « période sensible » ou d'un équivalent, chez l'humain, où une matrice grammaticale permettrait l'organisation du vocabulaire en phrases structurées et le passage du « pidgin » à la langue. La fenêtre temporelle de cette compétence se fermerait avec la fin du stade pré-opératoire (7-8 ans).

D. LESTEL (2001), à la suite de P. MARLER, reprend l'idée d'une « période critique » de sensibilité au répertoire de l'espèce, étendue aux capacités vocales des animaux et des hommes. Il qualifie même de « grammaire générative » cette aptitude à organiser les séquences vocales en appels signifiants chez les oiseaux.

Il rappelle plus loin que chez des enfants nés en Chine ou en Corée, et immigrés aux U.S.A., la compétence en anglais a été testée ; ceux qui ont commencé l'anglais avant l'âge de 8 ans ont un niveau comparable à celui des natifs américains, alors que les performances décroissent quand l'âge de l'exposition à la langue croît.

Une étude récente (J. CHOI et coll., 2017) montre une « imprégnation » de la langue natale chez des bébés coréens adoptés aux Pays-Bas, qui leur permet une pertinence linguistique particulière dans un apprentissage ultérieur de la langue coréenne.

L. CAVALLI-SFORZA (2004) va dans ce sens quand il écrit : « En ce qui concerne le langage, il existe une phase critique très importante pour l'enseignement, qui couvre une période de trois ou quatre ans après la première année. Si l'enseignement d'une langue ne se fait pas au cours de cette période, son acquisition ne pourra pas être parfaite, comme le montrent tous les exemples d'enfants qui n'ont pas eu de contacts adéquats avec des adultes à ces âges-là. Il existe une autre période sensible, moins rigide, qui dure jusqu'à la puberté, durant laquelle il est beaucoup plus facile d'apprendre des langues étrangères et surtout leur prononciation ».

B. CYRULNIK (2012) envisage « lorsqu'un enfant est isolé au cours de la période sensible du langage, entre le 20e et le 30e mois quand le déterminant chronobiologique de la synthèse de l'acétylcholine, neuromédiateur de la mémoire, est à son pic maximal, et que le milieu parental ne lui donne rien à apprendre, cette aptitude biologique ne sert à rien ! ».

C'était déjà l'avis de M. MONTESSORI (« L'enfant », 1935) qui écrivait :

« Si l 'enfant n'a pas pu obéir aux directives de sa période sensible, l'occasion d'une conquête naturelle est perdue, perdue à jamais ».

Bien que ce modèle d'une « empreinte », de type « Prägung », semble pertinent, il faut souligner qu'un apprentissage, même épigénétique, est indissociable des relations affectives d'attachement qui lui sont contemporaines, comme il a été évoqué plus haut pour l'ensemble des mammifères ; Et si les enfants sauvages souffrent de carence linguistique, c'est avant tout parce qu'ils n'ont pas bénéficié des soins et du lien affectif qui permet un développement mental satisfaisant. L'incapacité d'accéder à la grammaire n'est plus alors qu'un effet secondaire d'un déficit plus profond affectant la genèse de la personnalité. C'est d'ailleurs un fait établi (l' « effet Pygmalion »), les apprentissages sont liés aux affects et à l'attachement à l'éducateur. Lev S. VYGOTSKY a développé cette idée dans les années 30.

Une autre hypothèse, soulevée par Claudie BERT (2002), qui recense ces cas d'enfants sauvages, veut que « si le cerveau structure le langage, la réciproque est vraie » : faute des stimulations adéquates au moment opportun, le cerveau ne développerait pas les structures appropriées, ce que suggère la découverte de S. CURTISS qui constate dans ces cas de déficit linguistique un hémisphère cérébral gauche sous-employé, comme s'il s'était moins développé que l'autre. Par contre, des auteurs évoquent chez les « enfants-loups » des capacités sensorielles par ailleurs surdéveloppées (nyctalopie, ouïe très fine...).

La capacité ontogénétique à accéder à une langue s'avère en fait conditionnée à la mise en place de structures physiologiques et psychologiques matures, et à un environnement épigénétiquement adéquat.

Le cas des enfants sourds du Nicaragua peut nous éclairer à plus d'un titre, comme une illustration unique et inattendue des aptitudes humaines à la langue.

Si les travaux de Judith KEGL sont cités par de nombreux auteurs, J. L. DESSALLES en fait l'exposé le plus exhaustif. Il s'agit d'un exemple « in vivo », observé en temps réel, d'une « créolisation » de pidgin. S. PINKER (1999) en rapporte aussi l'observation.

Le Nicaragua a vécu en 1979 la révolution sandiniste et le nouveau pouvoir mit en place un certain nombre d'institutions sociales qui étaient en carence. Ce fut le cas pour les enfants sourds, pour lesquels n'existait aucune structure d'accueil. En l'absence d'une langue des signes officielle comme il en existe depuis deux siècles pour les malentendants (dont l'ASL déjà évoqué), ces enfants communiquaient avec leur famille dans un code restreint à usage interne (« Homesigns »).

Ils furent donc regroupés et accueillis dans des écoles où des instituteurs, qui n'avaient reçu aucune formation adéquate, les accueillirent. Cette première vague d'enfants était constituée d'adolescents, pressés de pouvoir communiquer entre eux ; en quelques mois, spontanément, ils établirent un vocabulaire étendu de signes gestuels, sans référence à un quelconque système préexistant. Par chance, le processus fut observé en temps réel au Centre de Managua par une linguiste, Judith KEGL, qui en a décrit la naissance et la mise en place. Elle observa toutefois que ce langage, qui s'enrichissait de jour en jour, n'était structuré par aucune forme de grammaire ni syntaxe. Il se limitait à des échanges sommaires, fonctionnels, et leur langage, beaucoup plus riche qu'antérieurement, se limitait aux situations simples, limitées, faciles à signer. Ils avaient créé spontanément un code, fait de signes référentiels, mais non une langue permettant des récits ou la description de situations complexes.

Puis une deuxième vague d'enfants, âgés de 6 ans ou moins, arriva d'une école primaire de Managua. Très rapidement, ils s'approprièrent les signes déjà existants de leurs aînés, et en créèrent de nouveaux, plus stylisés et déjà conventionnels. Mais surtout ils mirent en place, ex nihilo, une grammaire et une syntaxe avec leurs contraintes ; par exemple, pointer d'un geste déictique dans une direction arbitraire en formant le signe d'un mot, puis faire le signe d'un verbe accompagné du même geste signifie que ces deux mots sont articulés, en tant que sujet ou complément.

Alors que les enfants plus âgés étaient relativement faciles à décrypter en raison de l'iconicité des signes et de leur lenteur, les plus jeunes esquissaient à peine les mots et leurs combinaisons, dans des récits fluides, plus riches, détaillés et complexes, de telle sorte qu'ils devaient s'avérer plus difficiles à suivre. A partir du « pidgin » initial qu'ils avaient fortuitement rencontré, ils ont élaboré une véritable langue.

Pour J. L. DESSALLES, « le cas des enfants sourds du Nicaragua est spectaculaire à double titre. D'une part pour le caractère spontané de cette création linguistique ... L'autre raison qui rend cette histoire remarquable est la rapidité du processus. Il n'a pas fallu plusieurs générations pour créer une langue à partir de rien, il a suffi de quelques mois ! ... L'essentiel de leur lexique et l'intégralité de leur code syntaxique sont le fruit d'une création collective spontanée. Pour ce qui est de la syntaxe, cette création est l'expression d'une capacité qui existe chez l'enfant de moins de sept ans et qui s'éteint chez l'adolescent » ;

« Il existe chez l'humain une compétence a priori lui permettant de créer une langue à partir de rien, lorsqu'il se trouve dans les conditions favorables. La principale de ces conditions est que les très jeunes enfants soient mis en situation de communiquer entre eux avant l'âge de six ou sept ans ».

D. BICKERTON considère que ces enfants ont créé un « créole », et y voit une illustration des capacités onto et phylogénétique de l'homme à passer du « proto-langage » à la langue.

L' « expérience du Nicaragua » a été, il faut le dire, largement critiquée (C. CUXAC, 2005) : contamination des enfants par l'ASL pratiqué par les observateurs américains, sous-évaluation de l'environnement familial et des interactions, caractère iconique étendu du canal visuo-gestuel, présupposés théoriques.

Néanmoins, la langue des signes et ses particularités, en resserrant le câblage du langage sur des aptitudes cognitives et métacognitives plus contraintes, restreint les conditions « pour une espèce donnée, de l'existence d'un langage ». Ce qui apparaît avec certitude, c'est l'existence de circuits neuronaux ou synaptiques programmés pour une aptitude à la parole, qui demandent un environnement épigénétique pour éclore.

Cette ontogenèse d'une langue signée est une observation exceptionnelle ; peut-elle être le reflet d'un processus historique qui aurait vu le proto-langage évoluer vers les langues ?

Pour ce qui est des pidgins existants, ils n'ont pas cette vocation. Ils sont optimaux dans leur fonction, sans évolution envisagée vers une structuration maximalisée, pas plus de la langue que du groupe social.
Pour prendre un exemple actuel, envisageons celui du « Camfranchinois », parlé au Cameroun sur les chantiers qui associent travailleurs chinois et camerounais (« Le Monde », 2016/11/15).
Le Cameroun compte 242 langues vernaculaires, dont le peul, le haoussa, les dialectes bamikélé entre autres ; c'est un pays de « mégadiversité linguistique ». Si le Français est langue officielle, 20 % de la population est anglophone, sur la frontière nigériane à l'Est.
Notons que trois peuples pygmées chasseurs cueilleurs, de langues différentes, habitent la forêt équatoriale au Sud.
Un créole, le camfranglais, tient lieu de lingua franca dans les échanges divers.
Les locuteurs camerounais sont donc, le plus souvent, au minimum, bilingues : une langue d'origine, ethnique ; une langue officielle ; et une langue véhiculaire.
Confrontés à la nécessité d'échanges avec l'employeur chinois et ses ouvriers, il n'est guère question pour eux sauf exception d'apprendre le mandarin, mais seulement de pouvoir échanger au quotidien. Les habitudes de vie et les cultures étant très différentes, aucune mixité n'est possible, et les camps de vie sont séparés.
C'est donc dans les aspects les plus courant de la vie de chantier que s'est créée cette hybridation linguistique.
« ni hao chifo » signifie « bonjour chef » ; « Shé shé » , « merci » ; mieux, cet exemple qui se rapproche de la C.N.V. : « wolo wolo », soit le phatique « allô allô », répété par les ouvriers qui ne parviennent pas à établir une communication téléphonique, signifie qu'il n'existe pas de réseau.
Ce langage a de forte chance de rester en l'état, sauf à s'enrichir en vocabulaire ; Pourquoi ?
La réponse n'est pas linguistique mais sociale ou éthologique : la population ne partage aucun des motifs qui peuvent amener une évolution ; les échanges d'émotions d'abord sont limités par les différences de culture.
Par exemple les Camerounais suivent le football quand les Chinois s'intéressent au karaoké ; les émotions négatives, désagrégeantes, semblent l'emporter, par exemple avec les revendications des Camerounais à occuper des postes à responsabilité, qui ont conduit à une grève.
Enfin les désirs ou besoins de narration, d'argumentation, de conversation sont limités ou inexistants. Dans cette population hétérogène sur un plan ethnologique, les émotions et les interactions se limitent à un mode de communication nécessaire et suffisant qui est le « pidgin », non en raison d'incapacité linguistiques mais pour des motifs tenant au groupe, à sa composition, à ses motivations.

Il en va autrement de la « créolisation » qui voit évoluer un langage rudimentaire de type pidgin vers une langue authentique.
Nous avons vu que c'est l'argument central de l'hypothèse de D. BICKERTON quant à l'origine phylogénétique des langues.
Tout d'abord un constat s'impose : on ne peut pas créer une langue, avec un vocabulaire, une grammaire et une syntaxe en dehors d'un contexte culturel ; la création de langues universelles utopiques telles que Volapük, Espéranto, Ido, Interlingua ou, dernière née, Toki Pona, n'ont jamais pu remplacer l'usage véhiculaire d'une langue véritable comme le latin au Moyen-âge en Occident, la koïné grecque dans l'empire byzantin, l'arabe pour l'Ouma musulmane, et l'anglais aujourd'hui.
En règle générale les créoles sont des langues nouvelles créées par des colonisés ou des déplacés, comme les esclaves d'Amérique et des Caraïbes, à partir de la langue des colons qu'ils ont été amenés à subir ; il existe ainsi des créoles français, anglais, portugais, néerlandais, espagnols ; A. KIHM (2005) décrit ainsi le tok pisin, le bislama de base anglaise à Vanuatu, le tayo de base française en Nouvelle-Calédonie, l'unserdeutsch en Papouasie-Nouvelle-Guinée.
Mais on trouve aussi des créoles de base arabe, bantoue, oubanguienne
Si D. BICKERTON leur a porté un intérêt particulier, c'est en raison de leur création en deux temps : dans le premier, un vocabulaire commun issu des différentes langues d'origine est adopté ; dans un

deuxième, grammaire et syntaxe viennent structurer ce pidgin pour en faire une langue originale. Cette création de langues nouvelles, récente, reproduirait le processus qui a vu naître les premières. C'est en fait plus le phénomène de « créolisation » qui l'intéresse que les créoles en soi, car il témoigne d'une création grammaticale spontanée. En une ou deux générations, à partir de souches multiples, des langues authentiques se constituent, avec leur cohérence interne, leur vocabulaire propre, leur prononciation singulière, une syntaxe originale.
« Les langues créoles ouvrent une fenêtre sur l'émergence du langage lui-même » (A. KIHM, 2005), elles forment le « laboratoire créole » de C. HAGÈGE. L'auteur date leur apparition des « grandes découvertes », soit 1434 quand est franchi par les portugais le mythique et très redouté Cap Bojador, qui ouvre l'accès aux côtes de l'Afrique Noire.
Ces langues ont pour caractéristiques d'être de création récente, et d'avoir atteint leur maturité en une cinquantaine d'années.
« On peut attribuer aux créoles une date de naissance » (C. HANCOCK, 2010).
Le créole cap-verdien, étudié par N. QUINT, est un vocabulaire portugais avec une grammaire wolof et mandingue, comme « L'haïtien est une langue éwé à lexique français » (S. COMHAIRE-SYLVAIN, 1936).
Le procédé dérivationnel toutefois semble assez général et actif ; l'exemple suivant le montre : en 2016, le mot « burkini » est dans tous les médias en France. Son invention est faite à partir de deux mots, burka (ou burqa) et bikini. Or ce dernier désigne à l'origine un atoll du Pacifique, Bikini, où eurent lieu, en 1946, 67 essais nucléaires américains après déportation de la population. Utilisé pour désigner la naissance du maillot de bain deux pièces, il est interprété comme bi-kini à partir de la règle implicite où le préfixe « bi » représente une entité faite de deux éléments (bipède, bicycle, bicolore etc.) ; de là émerge le « monokini », kini étant devenu une racine pseudo-étymologique pour désigner le maillot, et où « mono » se substitue logiquement à « bi ».
J-M HOMBERT et G. LENCLUD, donnent en 2014 cet exemple « bikini », et appellent « réanalyse » ce processus de grammaticalisation.
Le « burkini » ayant une forte connotation sociétale puisqu'il a fait l'objet de l'attention du législateur, devrait logiquement intégrer le dictionnaire prochainement, devenant un lexème officiel.
Cette propension à générer des mots à partir de règles grammaticales fictives mais déduites de l'usage semble assez courante et spontanée, on la retrouve chez certains patients psychiatriques dont une des caractéristiques est justement de créer des néologismes logiques mais non conventionnels ; par exemple, l'un d'eux me dit « on m'a mis des lunettes pour me démyoper » ; on comprend comment le mot a surgi, et pourquoi, mais au contraire de l'exemple précédent c'est une création individuelle non conventionnelle, qui ne prendra pas place dans le vocabulaire académique.

Lier les langues créoles à un événement historique est en réalité peu satisfaisant, c'est encore singulariser des phénomènes linguistiques exotiques par rapport à des langues « historiques », comme le français ou l'allemand qui ont une « généalogie » et une date de naissance officielle (« Les serments de Strasbourg », 842), ou l'anglais dont on reconstitue l'histoire avec le fil des invasions celtique, latine, saxonne, viking, normande. Or ces langues sont aussi un processus de mélange, de brassage de populations, dont émerge le génie propre lié à son terroir, à sa configuration géographique, à sa flore et sa faune, tout autant qu'à une logique linguistique.
Il serait aussi intéressant d'envisager leur aspect éthologique : la langue est le reflet d'une société, de sa structure, d'un besoin sociétal.
Les créoles s'inscrivent dans des conditions particulières d'exploitation de l'homme, dans des rapports marqués de dominance très économiques, de maître à esclave, et signent l'apparition d'un nouveau type de rapports humains, même si l'esclavage est probablement aussi ancien que l'humanité et se perpétue aujourd'hui sous d'autres formes. N'est-il pas légitime de se demander dans quelle mesure ces structures linguistiques traduisent le rapport humain d'aliénation et simultanément d'irrédentisme à l'égard des dominants ?
A quelles structures sociales ce besoin de langues nouvelles répond-il ?
On constate aujourd'hui même que des langues disparaissent au fur et à mesure de la progression d'une technologie des communications portée par les sociétés consuméristes.

Une île, encore, peut fournir quelques éléments moins liés à des facteurs subjectifs et idéologiques : c'est le cas de Madagascar (in « Anthropobiologie », É. CRUBÉZY, J. BRAGA, G. LARROUY, 2008).
On y parle le malagasy, langue austronésienne (périmètre linguistique qui s'étend de Madagascar à la Polynésie) issue de ... Bornéo ! Il s'agit d' « une langue indonésienne créolisée bantoue » ;
En effet l'île est peuplée par les Austronésiens vers le VIIe siècle, et paradoxalement presque ignorée des Africains ; au XIIe siècle, avec l'exploitation intense des mines de fer, des esclaves sont importés de la côte Est de l'Afrique.
L'île cependant appartient à l'espace culturel de l'Océan Indien et non africain, on y trouve même des traces linguistiques polynésienne. La génétique confirme pour les gènes du chromosome Y les origines de Bornéo et des origines africaines ; l'ADNmt montre des séquences asiatiques, mais une étonnante proportion de gènes polynésien ce qui, au vu de la distance les séparant, pose de nombreux problèmes théoriques.

Reflet des mixités et des hybridations, linguistique et génétique concourent à établir une histoire presque plus fidèle que celle des évènements puisqu'on retrace non seulement les vagues successives de peuplement mais aussi la suprématie qui a pu s'exercer des uns sur les autres.
D'ailleurs, on voit des populations de même origine génétique parler des langues différentes (Arméniens, dont la langue est indo-européenne, et Azéris, qui sont turcophones, par exemple) ; au contraire des peuples de même langue peuvent être génétiquement différents, comme les Tchéchènes et les Ingouches.
Mais en règle générale, selon CAVALLI-SFORZA (1992), linguistique et génétique concordent et se recoupent.

Mais bien d'autres processus peuvent aboutir à des langues indépendantes d'une langue initiale.
Le Grec, parlé en Grèce actuellement, est différent du grec des Chypriotes, et plus encore de celui des habitants du « Pont » (Mer Noire ou « Pont-Euxin ») comme les anciennes colonies grecques d'Abkhazie, dont la langue a suivi sa propre évolution depuis plus de 1000 ans. (CAVALLI-SFORZA, 2005, évoque plusieurs de ces cas).
L'anglais ne s'imposa réellement comme « langue américaine » qu'avec la rédaction de la constitution de 1787, pour des raisons sociologiques et politiques, malgré la guerre d'indépendance, et malgré certaines oppositions comme celle de Noah WEBSTER ; Par contre l'Australie, le Canada, en tant que membres du Commonwealth, l'adoptèrent avec la sujétion aux Britanniques.
L'unité linguistique s'accompagne d'une proximité idéologique, comme le montre par exemple l'accord secret d'espionnage « five eyes » révélé par le lanceur d'alerte E. SNOWDEN qui unit 5 des 7 pays anglophones (Australie, U.K., U.S.A., Nouvelle Zélande et Canada), les autres, Irlande et Afrique du Sud entre autres, n'y étant pas associé pour des raisons qu'on ne peut que supposer. Or cet accord vise à espionner des pays alliés : France, Allemagne, Israël notamment, pour des motifs divers mais surtout économiques. La proximité linguistique de ces 5 pays est plus puissante que l'éloignement géographique, puisqu'ils sont répartis sur 3 continents très éloignés.

La renaissance en Israël de l'hébreu, qui avait disparu comme langue vivante, est un exemple qui confirme les motifs politiques et circonstanciels au choix d'une langue ; bien qu'il fût utilisé par quelques élites (comme B. SPINOZA), l'hébreu était oublié depuis l'antiquité ; c'est pourquoi les Juifs d'Alexandrie firent faire une traduction grecque de l'Ancien Testament (la « Bible des Septante »), qui reste la référence des chrétiens d'Orient. Avec la création de l'état d'Israël en 1948, le besoin d'une langue qui puisse unir la diversité des populations juives (Shlomo SAND, 2008), notamment ashkénazes et séfarades, et fonder une identité nationale, devenait nécessaire. L'hébreu fut naturellement choisi et artificiellement recréé.

Le constat qui s'impose est que les langues ont des dimensions multiples macro et micro-évolutives, y compris psychologiques dans les profondeurs identitaires (la dyslexie, le bégaiement en témoignent).

L'idée d'une langue originelle archaïque, naturelle, demeure cependant prégnante.
Sur le modèle des langues occidentales, caucasiennes, et du farsi, qui en grande majorité ont une origine indo-européenne, avec ensuite des sous-groupes, comme les langues issues du Latin (Espagnol, Français, Italien, Roumain, Portugais), on a tenté de regrouper les langues dans des entités ou familles linguistiques ; Joseph GREENBERG, puis son disciple Merritt RUHLEN (1994), de Stanford, qui identifie 12 « macro-familles », la plus grande diversité linguistique s'observant, comme pour la diversité génétique, en Afrique.
De cette hypothèse est issue l'idée d'une langue-mère, originelle, qui serait l'ancêtre de toutes les langues. Or une langue originelle qui serait « biologiquement naturelle » n'est guère envisageable. Cette hypothèse est le résultat d'un processus purement linguistique et très conjectural.
Elle évoque les théories d'un K. JUNG sur un symbolisme universel et l'existence d'archétypes validant l'existence d'un Inconscient collectif.
Pourtant il est plus facile de pointer les divergences et leurs effets délétères que le contraire. Les diverses langues et cultures amènent à des revendications territoriales, où des peuples en arrivent sinon à se considérer, du moins à se conduire comme des espèces différentes et hostiles ; et au sein d'une même langue et culture, il est encore facile de montrer que les différences sont plus fortes que les convergence, avec les guerres fratricides, comme les guerres dites « civiles », ou les massacres entre catholiques et protestants, catholiques et orthodoxes (Croates et Serbes), chrétiens et juifs, turcs et arméniens, entre sunnites et chiites, ou même entre «ventres à choux» et «sans-culottes», etc.
Le récit épique le plus ancien n'est-il pas celui d'une guerre entre Troyens et Achéens, de même langue et de même culture ?
L'unité de l'homme réside-t-elle dans sa diversité ?
La seule constante que l'on puisse établir à travers ces luttes aussi anciennes que l'humanité même est celle de la recherche permanente d'une dominance et d'un asservissement du semblable.

42/ UN CANTATEUR

« C'est comme si les mots étaient un lépreux
Dont on entend de loin tinter la clochette.
Leur manteau est serré sur le corps du monde,
Mais il laisse filtrer la lumière »

Yves BONNEFOY, 2001.

Une autre hypothèse sur l'origine des langues veut que la parole fût chantée avant d'être parlée, c'est le « singing neandertal », ou « Néanderthal chantant » de Steven MITHEN.
Si le chant n'apporte rien à la linguistique, par contre il éclaire et même illumine la langue d'une dimension particulière en mettant en valeur, comme la poésie, ses particularités phonétiques.
D'ailleurs, il convient de remarquer qu'il est plus facile de mémoriser des mots en chantant ; et que certains bègues et dyslexiques peuvent chanter sans avoir les difficultés qu'ils rencontrent avec la parole.
Quoi qu'il en soit, le chant ou les chansons s'appuient sur certaines singularités acoustiques des langues, du jeu avec leurs sonorités, de la richesse des diphtongues, de la musicalité naturelle des voyelles.

Mais d'abord quels sont ces sons qui font sens ?
Les unités sonores appelées phonèmes.
Depuis un siècle, avec F. de SAUSSURE, la langue est perçue comme un système digital d'opposition des différents phonèmes possibles. C'est la représentation d'un système formel, logique, qui au niveau supérieur de la deuxième articulation (les morphèmes, en général les mots) peut générer une infinité théorique de phrases, la grammaire et la syntaxe venant organiser ce système binaire de façon élaborée mais différente selon les langues. Les 5 ou 6000 langues parlées sur la planète sont toutes d'une complexité équivalente, et les quelques exemples donnés de langues inabouties, comme pour les Tasmaniens, les Mrabi de Thaïlande, les Tasaday des Philippines (D. LESTEL, 2001, Y. CHRISTEN, 2009 qui discutent ces exemples de G. HEWES), sont toujours des langues concernant un isolat acculturé en voie d'extinction.
Le hopi, par exemple, langue amérindienne d'Amérique du Nord, passe pour une des plus complexes grammaticalement (B. L. WHORF).
La syntaxe même n'observe pas des lois universelles, et E. SAPIR distingue les langues isolantes, agglutinantes et fusionnantes. Les recherches de la grammaire générative pour mettre en évidence des « universaux » du langage humain ont échoué : il n'existe pas de structure linguistique innée.
La « double articulation », qui serait spécifique, existe aussi chez d'autre espèces, outre les oiseaux, comme les tamarins, les ouistitis nains, les capucins, les macaques rhésus (D. LESTEL, 2005).

« L'idée qu'il existe une structure universelle du développement du langage est difficilement défendable » (D. LESTEL, 2001).
La forme même de la parole obéit aux lois de la phonologie, et «la syllabe consonne-voyelle, forme centrale de la parole de l'homme moderne, trouverait sa préfiguration évolutive dans les cycles de fermeture (consonnes occlusives, particulièrement) et d'ouvertures (voyelles) alternées de la bouche » (J. A. RONDAL, 2000).
Les langues humaines « utilisent 558 consonnes, 260 voyelles et 51 diphtongues » (D. LESTEL). La langue qui fait usage du plus grand nombre de sons est le Taa, ou ! Xoon, parlé par des locuteurs Khoisan du Kalahari, qui compte 164 consonnes (dont 5 formes de clicks) et 44 voyelles (Bryant ROUSSEAU, N. Y. Times, 25/11/2016).

Les consonnes, surtout occlusives, déterminent le caractère discret, digital, des sons vocaux, les voyelles étant « continues » par opposition au caractère « fini » des consonnes.
Le langage possède avant tout une fonction de sémiotisation, c'est l'aptitude déterminante dont nous avons évoqué l'émergence.
Mais la capacité à exprimer ces signifiés s'effectue par des sons, les diphtongues, composées de voyelles de nature plutôt « analogique », c'est à dire émotionnelle et biologique (on peut chanter les voyelles, les allonger ou les raccourcir, les émettre selon un timbre ou un ton) et de consonnes qui ont un rôle « digital » consistant à découper les unités sonores (on ne peut ni les chanter, ni modifier le timbre). Le poète a donné une couleur aux voyelles, elles ont aussi une « musique ».
Ce découpage de la musique des voyelles (dont les écritures anciennes faisaient même l'économie) donne tout son sens au langage humain : une voyelle peut changer le sens si elle est courte ou longue (fit/feet) ou si elle est accentuée ou non : par exemple, θ**έ**α (théa) accentué sur le ε, signifie déesse, et θε**ά** (théà) signifie une vue (panorama) accentué sur le α; γ**έ**ρος (j**é**ros) signifie vieux (racine de gériâtrie), et γερ**ό**ς signifie solide, vigoureux. En anglais r**e**fund accentué sur la première syllabe est un nom ; ref**u**nd est un verbe (SAPIR, p. 96). Les tons dans certaines langues changent le sens : « b**ĕ**i » signifie « le nord » en cantonnais, quand « b**è**i » signifie le dos (J. L. DESSALLES, 2000) ; « m**ai** » à intonation élevée signifie acheter en chinois, « m**ai** » à intonation basse, vendre (SAPIR, p. 153) ; « mā », ton plat, maman ; « má » ton montant, chanvre ; « mă » ton descendant puis montant, cheval ; « mà » ton descendant, injurier ; « ma », neutre, « est-ce que ? » (A. GAUTHERON, 2010).
A l'extrême, par exemple dans le chant, une voyelle peut durer une portée ou davantage, exprimer à elle seule un affect : la prononciation terrifiante de « loup » dans les contes d'enfants se joue sur le « ou » ; le célèbre ma « biiiiche » du comédien Louis De FUNÈS à sa partenaire ; et plus généralement l'accentuation dans la façon de parler aux petits porte sur les voyelles : « fo-o-o-o-o-rt da-a-a-a » de S. FREUD.
J-L. DESSALLES donne les exemples d'accents « <u>in</u>croyable » et « unbe<u>lie</u>vable » qui renforcent l'effet de sens par la durée et l'intensité de la seule énonciation.
Les exemples sont innombrables, et les erreurs d'accentuation parfois cocasses, qui illustrent l'absence d'un déterminisme universel dans l'usage ou la production des phonèmes, éléments de base du langage articulé.
Dans la parole s'introduit ainsi une part de variable à dimensions sensorielle, émotionnelle, culturelle et identitaire qui la surdétermine. Elle ne se réduit pas à un système de simple opposition, mais contient et peut-être structure une expression analogique, une gestuelle musculaire vocale, par laquelle filtre, outre le sens, des éléments de nature émotionnelle et physiologique : on peut trembler, chevroter, moduler sur les voyelles (« Mârie-Chantaaaal » de J. CHAZOT), qui laissent une place à l'affect dans la seule dimension sonore. Cette dimension, le plus souvent occultée par le sens, passe inaperçue, et paradoxalement on la perçoit mieux dans une langue qu'on ne comprend pas.
D'ailleurs E. SAPIR, analysant les poésies grecque, latine, anglaise, française et chinoise, en situe le ressort non sur la métaphore mais sur les prosodies respectives de ces langues. Les vers rythmiques sont naturels aux grecs qui alternent syllabes longues et courtes ; les vers latins observent aussi une base rythmique. Par contre, la valeur primordiale de l'anglais est l'accent tonique, avec l'alternance de syllabes accentuées et non accentuées ; En français, l'accentuation et le rythme syllabique n'existent pas, aussi l'assonance puis la rime sont « un moyen heureux et presque nécessaire de donner du relief et de l'ordre à ce qui n'était guère qu'un enchaînement monotone de syllabes sonores ». L'anglais a repris la versification à la française avec la rime, sans en avoir besoin, comme un élément décoratif, soumis à l'accent tonique.
La poésie chinoise associe à la sonorité syllabique organisée par des rimes un facteur propre d'alternance de syllabes à intonations normales, élevées ou basses. Les « tankas » japonais, très populaires, sont une suite rythmique de 31 syllabes, sans rimes.
En allemand, un vers est régulier si les syllabes accentuées (ou temps forts) et les syllabes inaccentuées (ou temps faibles) alternent suivant certaines règles : 1° un temps fort peut être accompagné d'un ou plusieurs temps faibles ; 2° un vers peut commencer par un temps fort (« rythme descendant ») ou un temps faible (« rythme ascendant ») (Cécile MILLOT, 1997).

« Chacun de ces systèmes rythmiques procède des qualités inconscientes et dynamiques d'une langue », et surtout traduit émotions et sentiments selon des systèmes sonores spécifiques.

La poésie utilise l'esthétique des langues, fondée sur le rythme, la musicalité, la tonalité des diphtongues. Ces caractères sont toutefois présents en dehors de cet usage, et peuvent signifier, au-delà du sens, une intonation ou un affect. Il est des « non » qui veulent dire « oui » et des « pourquoi ? » qui signifient « parce que ».

D'ailleurs la musique, et ses 12 demi-tons sur les huit gammes audibles, fonctionne sur la base d'opposition des unités de base que sont les notes. C. LÉVI-STRAUSS a fait la démonstration magistrale de l'aspect structuraliste du « Boléro » de RAVEL, qui joue sur un système d'oppositions, dans le tome IV des « Mythologiques », « L'homme nu ».

C'est un système rigoureusement logique, et on pourrait facilement produire une musique artificielle, sans émoi, sur la base des accords usuels. Et pourtant l'émotion en est le cœur, surtout en fonction de son interprétation.

Ainsi au sein même du discours rationnel du langage humain, demeurent les indices (vestigiels ?) des dimensions interactives intrinsèquement émotionnelle, expressive, conative, poétique. La musicalité des langues varie de l'une à l'autre, voire pour une même langue d'une région à l'autre. Ces aspects confèrent aux langues une dimension éthologique en profondeur. Elle s'affirme en outre par d'autres caractères.

C'est en effet le corps dans son ensemble qui interagit ou éprouve et manifeste les émotions, avec ses réponses comportementales, physiologiques, faciales, sonores, culturelles (symboliques), et accessoirement langagières (V. NYCKEES, 1998). La compétence fondamentale est une compétence à communiquer, elle est universelle dans le règne animal, avec les émissions de signaux, les synchronisations, les interactions.

L'émission de langage s'accompagne d'une mimique et même d'une gestualité qui lui sont inhérentes, les co-verbaux et para-verbaux. Le langage est incarné. Il a nécessairement une dimension éthologique. Il est relatif à un environnement, subjectif et objectif, qui le détermine comme langue.

Les langues ne sont pas ces systèmes abstraits dont l'intérêt réside dans ces opérateurs formels reflets d'une matrice du psychisme, mais bien des organismes quasi biologiques avec un contenu, puisqu'elles naissent, croissent, évoluent ... et meurent ou se transforment, comme ceux qui les portent.

Des langages purement digitaux existent, ce sont ceux des mathématiques, ou des machines informatiques ; l'humain en est absent, c'est peut-être pourquoi ils sont universels et intemporels.

L'idée que la langue n'est pas la dimension adéquate pour approcher les échanges humains peut se soutenir du fait qu'il existe en réalité autant de « langues » que ... de locuteurs ; de même que tous les humains ont un visage mais aucun le même qu'un autre, qu'ils ont tous des caractéristiques générales communes, mais chacun leur singularité, dans un espace linguistique donné n'existent pas deux locuteurs identiques, non pas en raison de signes vocaux (timbre) ou extra-verbaux, mais en raison de l'usage singulier, la parole, que chacun fait de la langue en fonction de son passé, de son histoire, de ses origines, et de tous les paramètres physiques et psychiques qui font de chacun un être unique au monde. Il existe des standards pour toute langue, ou même pour les sous-catégories (langages professionnels et techniques), mais son usage est toujours singulier, chacun usant d'un vocabulaire propre, d'une grammaire et d'une syntaxe déterminées par la classe sociale, la région (voire le quartier) d'origine ou d'adoption, et sa psychologie personnelle.

J. COSNIER avait envisagé de catégoriser formellement selon les pathologies le type de pragmatique et de vocabulaire utilisés selon les structures mentales des consultants dans le cadre de la relation médecin-malade ; la langue peut aussi bien révéler quelqu'un que faire écran à sa subjectivité : par exemple, l'usage répété du « je », du « moi », du « moi, je » s'avère aussi signifiant que son absence pour un « on » impersonnel.

La langue est un outil, un instrument, que chaque individu utilise selon son bon-vouloir, qui s'inscrit dans un ensemble de codes et comportements conventionnels déterminés globalement par une « culture » au sens large. Elle est l'intersection de ces ensembles que sont les paroles dont l'usage possible est infini.

Est-il justifié d'en faire cette « agalma » siège du principe humain ?

L. CAVALLI-SFORZA (2004) situe la particularité de l'homme dans sa civilisation et pousse le paradoxe jusqu'à parler d' « évolution culturelle », parallèle mais prolongement de l'évolution biologique, idée que partage d'ailleurs l'éthologiste B. THIERRY (2006) ; mais, dit-il, « L'évolution culturelle est de type lamarckien, contrairement à l'évolution biologique », puisque les caractères acquis sont transmis. Plus loin, « la théorie de l'évolution biologique peut être utilement étendue, par analogie, à l'évolution culturelle ». L'unité de base en serait l' « idée », dite sème (unité sémantique) ou même, équivalent culturel du gène, objet de transmission et de sélection. Les grands « équilibres ponctués » de l'évolution culturelle seraient ainsi la création du langage, puis l'avènement de l'agriculture, de l'élevage ou domestication, enfin l'écriture.
On peut noter ici un fait qui interpelle : cet aspect linéaire du « progrès » doit aussi répondre de l'existence de cultures apparues sur un continent dont les populations sont séparées de l'Eurasie depuis 30 000 ans, l'Amérique précolombienne, et qui a vu éclore pour son propre compte des civilisations complexes, équivalentes sur le plan symbolique à celles du vieux continent. Les archéologues attestent de traces de la civilisation Olmèque 3000 ans AC, et son apogée à 1200 ans AC ; récemment a été mis en évidence une culture potagère de pommes de terre (Wapato tubers) au Canada datée de 3800 ans (L. WADE, 2016).
La « civilisation » et l'agriculture seraient donc apparues spontanément dans différents endroits du globe, indépendamment.

Cette perspective qui privilégie le rationnel et crée une inégalité entre les populations humaines (dont certaines ignorent et de plus refusent l'agriculture) situe parfaitement la définition finaliste, et en définitive l'illusion, du « progrès » : il s'inscrit dans la dimension du savoir, de la technologie, qui définit l'homme depuis l'invention du feu, mais élude ou occulte celle de sa constitution proprement dite.
Certes l'humanité progresse, et le langage en est sûrement la raison primordiale. Mais ce progrès est tel qu'on croit y voir désormais l'essence même de l'humain, la définition de son identité spécifique ; or il n'est qu'un aspect de l'espèce, et même d'une partie seulement de celle-ci.
Le progrès est bien souvent le résultat d'une course, d'une compétition ; et à sa base, on retrouve le motif bien moins prestigieux mais plus éthologique du pouvoir et de la dominance. Et sans faire injure à de grands savants désintéressé, tels que L. PASTEUR ou A. FLEMING, leurs inventions, comme celles d'autres génies illustres, ont été utilisées ou distribuées selon des intérêts qui, eux, n'ont rien d'humanistes.
Le progrès est en quelque sorte un effet secondaire du langage, une « exaptation » ; même s'il en est le produit, il n'est pas sa raison d'être.
Celle-ci doit être recherchée dans un usage plus commun, usuel du langage ; fondamentalement, il est venu enrichir émotions et interactions, piliers de l'éthologie, et à ce titre doit y être intégré, et non bénéficier d'un statut privilégié d'extra-territorialité.

On associe les langages animaux à la pure expression d'émotions (Y. CHRISTEN, 2009), alors que l'humain saurait dissocier le contenu (le message, le sens) de la forme (émotionnelle). En effet, chez l'homme, elle s'enrichit de la possibilité de représenter des objets absents, par l'organisation des sons entre eux ; Si l'opérateur grammatical est un outil prodigieux, il connaît cependant des limites que définit l'usage qui en est fait. Car c'est d'abord un support, un véhicule, qui sert à communiquer, c'est à dire à matérialiser des échanges qui ne se font pas fortuitement. Ces compétences permettent, selon N. CHOMSKY, de générer un nombre illimité de phrases possibles ; et deux phrases ne sont jamais identiques. La liberté d'expression semble infinie.
En fait il n'en est rien et l'éthologie montre que les contraintes s'exerçant sur les locuteurs en interaction sont tout aussi fortes dans notre espèce, malgré cet outil de la langue et ses possibilités innombrables.

43/ LA CONVERSATION

« Donner un sens plus pur aux mots de la tribu »
S. MALLARMÉ, 1877, « Le tombeau d'Edgar Poe ».

Nombreux sont les auteurs qui opposent des objections à une éthologie du langage, sans distinguer le « langage », entité abstraite, du comportement langagier, qui est la réalité concrète de son exercice.
N. CHOMSKY, linguiste, se réclame de R. DESCARTES, dont il reprend et développe quelques arguments (1ère conférence de Berkeley) : « DESCARTES affirmait que la seule indication certaine qu'un autre corps possède un esprit humain ... c'est son aptitude à utiliser le langage » ; et plus loin, « comme DESCARTES l'a lui-même correctement remarqué, le langage est une propriété spécifiquement humaine ».
Une propriété spécifique, toujours dans cette perspective cartésienne qu'il fait sienne, est une utilisation « normale » du langage, c'est à dire en cohérence avec l'« adéquation à la situation » ; il souligne qu'il ne peut pas dire de façon claire en quoi cette « adéquation » et cette « cohérence » consistent exactement, « mais ces concepts sont sans doute significatifs ... » ; et de poursuivre sur la différence entre « l'utilisation normale du langage et les divagations d'un maniaque ». Le linguiste sort ici de sa compétence, puisqu'il s'agit moins de la structure du langage que de la pertinence de son usage ! Or, chez le dit « maniaque », le langage est parfaitement adapté à sa fonction, l'expression de sa pensée, et est le plus souvent aussi irréprochable grammaticalement que les plus communs des discours. D'ailleurs on serait bien en peine, devant les folies avérées de F. NIETZSCHE, d'Auguste COMTE, de Louis ALTHUSSER et de bien d'autres, de définir des troubles du langage.
Lors de la 3ème conférence, il oppose « science du comportement » (behavioral science) et « science de l'esprit » (science of mind).
Or observer le comportement sans envisager ce qui le sous-tend, c'est « comme si l'on appelait les sciences naturelles "sciences de lecture des cadrans" », objection fondée quand l'objet d'étude est l'homme, mais qui devrait l'être tout autant quand c'est de l 'animal qu'il s'agit.
La « grammaire universelle », avec ses « structures superficielles » qui renvoient à des « structures profondes », « est une étude de la nature des capacités intellectuelles humaines ». La compétence linguistique innée renvoie par conséquent à une donnée essentielle de la nature humaine, qu'on pourrait approcher ou entrevoir par l'étude de cette « grammaire universelle », qui devient non une propriété qui définit l'humain mais son essence même ; en postulant une aptitude sous-jacente, une compétence innée, N. CHOMSKY établit le caractère naturel du langage, et cette naturalisation ne peut se concevoir que sur des bases biologiques.
Et pourtant, cet innéisme ne semble renvoyer à aucune théorie de l'évolution. C'est un caractère donné, d'origine indéterminée, d'apparition spontanée, qui établit un fossé infranchissable entre l'homme et l'animal.
Or cette conception, justifiée quand elle est formulée par DESCARTES qui postule l'existence de Dieu et donc le caractère sublime de l'étincelle divine qu'est l'âme chez l'homme, est anachronique au XXe siècle ; néanmoins, CHOMSKY la maintient et la défend quand il écrit : « Toute personne s'intéressant à l'étude de la nature humaine et des capacités humaines doit d'une manière ou d'une autre prendre en considération le fait que les êtres humains normaux acquièrent une langue, alors que l'acquisition des rudiments les plus simples de cette langue est tout à fait en dehors des capacités d'un singe au demeurant intelligent – fait que l'on a très correctement mis en valeur dans la philosophie cartésienne ».
Cette argumentation est en fait familière, on la retrouve chez les philosophes, ou chez LACAN par exemple, et relève fondamentalement du créationnisme. « Dieu est Logos », dit Benoît XVI (discours de Ratisbonne, 2006), qui, lui, était pape !
Elle est d'ailleurs tellement intégrée qu'elle paraît à beaucoup naturelle, et les éthologistes même ne vont pas oser franchir ce Rubicon avant longtemps.

C'est Jacques COSNIER le premier qui va tenter de définir « les prérequis d'une approche éthologique du langage » (1984) ; il soulève les problèmes de méthodologie, posés quand l'objet d'étude est l'homme, par rapport aux concepts et aux acquis de l'éthologie animale. Il rappelle la boutade de S. L. WASHBURN (1978), qui remarque que l'éthologie humaine était une tentative d'étudier les êtres humains comme s'ils n'étaient pas capables de parler !
Il met alors en avant la « Vocalité de la Verbalité », c'est à dire le « sous-système vocal » avec ses aspects vocaux et posturo-mimo-gestuels (C.N.V. ou N.V.C., Non Verbal Communication), analogiques, qui se superposent dans les actes de langage à la convention culturelle de la langue. Il définit des fonctions du langage : d'après la classification de R. JAKOBSON ou celle de J. DORE, la « linguistique de l'énonciation » ; d'après les « actes de discours » de J. L. AUSTIN et J. R. SEARLE ; et d'après la « linguistique conversationnelle » éthologique.
Cette pragmatique du langage privilégie de fait l'interaction langagière et non la langue en soi ; c'est une « communication totale » qui rend possible une éthologie du langage. Mais si la vocalité (intonations, accent, pauses, timbre, hauteur, intensité et tous phénomènes phonétiques) et ses fonctions (reconnaissance individuelle, évaluation de l'âge, du groupe d'appartenance ou des états émotionnels) sont objectivables, le problème majeur de la sémantique de la parole reste entier.
En pratique cette analyse conjointe du verbal et du non verbal de la « chaîne posturo-mimo-gestuelle » multiplie les paramètres et les axes d'analyse, sans qu'on puisse déterminer dans cette superposition des niveaux de pertinence lequel est significatif, et de quoi. En définissant une « étho-anthropologie du langage », il pose en conclusion les bonnes questions : « qui communique avec qui ? Quand et où ? », mais aussi « Quelles sont la nature et dans une certaine mesure, les fonctions de ces interactions ? ».
K. R. SCHERER (1980) s'est intéressé à la « conversation comme phénomène de communication multicanale » ; il note que dans l'interaction langagière, les signes non verbaux ont des fonctions syntaxiques, essentiellement la « segmentation de la chaîne parlée » en unités hiérarchiquement organisées, et la « synchronisation des signes verbaux et non verbaux ». La mise en forme même de l'échange verbal est ainsi le produit de divers niveaux de communication.
Ainsi, à l'occasion des débats récents aux USA entre H. CLINTON et D. TRUMP on a remarqué que l'homme a interrompu son interlocutrice 60 fois, quand l'inverse ne s'est produit que 2 fois ; c'est un phénomène de pouvoir masculin, ou de dominance homme/femme assez général, appelé « manrupting » ou « manterupting », et qui relève d'un « manspreading » inconscient, ou plutôt non perçu (« The Independent », 12/07/2016). Le phénomène est connu des femmes qui exercent une fonction de pouvoir, en politique notamment (Roselyne BACHELOT, ex-ministre, dans « Monaco matin », 23/10/2016).
K. R. SCHERER écrivait en 1980 « Les actes comportementaux d'un émetteur ne peuvent souvent s'interpréter correctement que si son identité sociale est connue ; par exemple, les menaces d'un individu de statut supérieur sont à interpréter différemment de celles d'une personne de statut hiérarchique inférieur ».
Le comportement traduit autant que les mots une émotion, une sympathie ou une hostilité, des motivations : ainsi la plus ou moins grande proximité physique dans une conversation, la fréquence et la durée du contact oculaire, l'inclinaison du torse en avant, etc., qui ne sont pas codifiés mais néanmoins clairement perçus dans l 'interaction sont des indicateurs non verbaux dont la fonction est cependant réelle bien que négligée. La structure et le processus de la conversation, voire le contenu, en sont fortement influencés.
La forme de l'échange se modifie si le locuteur perçoit une inattention, un désintérêt, un doute ou une désapprobation ; l'escalade d'hostilité peut résulter des signaux d'impatience ou de colère.
Par exemple Y. VAROUFAKIS, ministre des finances grec et professeur d'économie à Austin, raconte dans son livre « Et les faibles subissent ce qu'ils doivent ? » (2016) sa première rencontre à Berlin en 2015 avec W. SCHAÜBLE, ministre allemand des finances : au bout d'un long couloir il aperçoit W. SCHAÜBLE assis derrière son bureau ; il se dirige donc vers lui et lui tend la main ; celui-ci la refuse et sans lui parler, lui montre du geste déictique, en pointant le doigt, le bureau où il doit se rendre.
Ce premier contact augure une relation qui sera très conflictuelle entre les deux hommes, mais aussi entre les deux pays qu'ils représentent.

La dimension mimo-gestuelle a aussi une fonction de régulation : ce sont ces petits signes qui marquent le début et la fin d'une conversation, le changement de thème, les prises de tour de parole, etc.
A ce stade, on peut déjà noter qu'une conversation, aussi banale soit elle, est en fait une interaction complexe, contrainte, et qu'elle comporte des enjeux.

Une éthologie du langage se fait idéalement en conditions naturelles et spontanées. C'est une situation ordinaire, facilement observable, puisqu'en interaction nous engageons presque systématiquement une « conversation », en dehors de situations de silence codifiées.
D'après les études menées dans des cultures diverses, les interactions sociales langagières occupent en moyenne 1/3 du temps éveillé ; nous prononçons en moyenne 16 000 mots par jour, les plus bavards 50 000 (J-L. DESSALLES, 2011). Nous ne parlons autant non pour échanger des informations, pour transmettre des messages, pour attester d'une pertinence cognitive, mais plus banalement... « pour exister ! », dit l'auteur.
Cependant ces échanges, malgré leur apparente spontanéité, mêmes impromptus, ne se font pas au hasard, mais obéissent à des règles de forme et de fond assez strictes !
La conversation, informelle dans le temps, le lieu, la durée, n'est pas une unité de mesure standardisée de l'activité langagière ; selon les auteurs, une dimension prévaut dans ses diverses motivations possibles.
Pour le linguiste B. VICTORRI (2002), c'est le récit qui motive la parole (« récit » qui n'est pas, au passage, sans évoquer l'absence) ; c'est lui qui a justifié l'apparition de la grammaire et de la syntaxe, et les structures neuro-anatomiques préexistantes le permettant, l'événement fortuit des migrations les a créées et mises en œuvre.
Dans une perspective psychologique, B. RIMÉ (2005) privilégie « l'information émotionnelle », ainsi « les compétences du narrateur se transforment en instrument de son intégration sociale ». La parole est spontanément structurante et « Le développement de la capacité narrative est donc en même temps le développement d'une mise en forme sociale de l'expérience individuelle ».
J. L. DESSALLES (2000) consacre la troisième partie de son ouvrage à une « Éthologie du langage », et y développe l'idée que le langage, paradoxe de l'évolution, a une origine « politique », dans laquelle la pertinence de l'argumentation est la base du discours.
Comme K. R. SCHERER, il pointe l'aspect éthologique capitalisé en termes de « bénéfice de prestige » qui confère un statut privilégié au locuteur dont la pertinence des argumentations reflète les capacités cognitives (2008).
Il insiste sur la nature « biologique » du comportement conversationnel, suggérée par son aspect universel et obligatoire.
Toutefois il invoque divers mécanismes d'ordres différents pour le justifier ; ainsi, « l'activité langagière répond à une véritable pulsion », c'est à dire une force psychique ; ailleurs, « la prise de parole est un réflexe », qui s'inscrirait dans un « réflexe de communication ». Puis, évoquant K. LORENZ, et le stimulus déclencheur inné, base des « comportements naturels », c'est enfin l'éthologie qu'il avance, avec « des déclencheurs qui provoquent presque immanquablement une prise de parole », théorie qu'il développe plus largement dans « une perspective plus biologique, qui en ferait un comportement naturel et non une pure construction sociale inventée » ; c'est un « besoin quasiment biologique ». Ainsi, faire du « comportement conversationnel » (et non du langage) un analogue des comportements câblés décrits par K. LORENZ ou N. TINBERGEN permet de situer les interactions langagières dans un ensemble comportemental comparable à celui d'autres espèces, ce que suggère aussi DUNBAR quand il en fait un équivalent du grooming (R.I.M. DUNBAR, 1996), mal traduit par « épouillage », des primates non humains. Cette idée est aussi formulée par F. De WAAL (2005) qui dit « l'équivalent de l'épouillage : l'échange de propos anodins », p. 237.
En réalité, c'est très probablement la dimension émotionnelle des échanges sociaux qui les inscrit dans le registre du réflexe ou du « déclencheur », car elle est inhérente à l'interaction, et câblée neurologiquement.

Ces différentes perspectives, d'horizons divers, sur le langage et les comportements langagiers, apparaissent sommairement plus convergentes que divergentes ; tout récit tisse de l'émotion, l'évoque, la transmet.
Aussi naturelles soient-elles, les émotions restent une irruption du réel dans la pensée ou le psychisme ; les « boucliers symboliques » permettent non de l'évacuer, mais de les structurer, c'est à dire de les organiser, parfois en « sentiments » ; les plus dévastatrices (peurs traumatiques, honte) restent celles qui ne peuvent se dire.
Ainsi « l'individu évolue en fait dans un univers virtuel qui a pris la forme d'un monde postulé » (B. RIMÉ), où les émotions négatives viennent menacer son univers symbolique et son adaptation cognitive. « Le monde est organisé, ordonné, cohérent, sensé, et met ainsi l'individu à l'abri du chaos » ; cette approche irréaliste de la réalité est la condition de l'adaptation, où la faculté et la propension à la symbolisation font écran à une perception « animale », et où tout a du sens, tout est culturel.
« Entre l'individu et la réalité, un prisme cognitif important s'est donc développé, et ce prisme est largement teinté de couleur rose » (id.). Ainsi diverses études font apparaître trois convictions intimes, qui affleurent à peine à la conscience : ce sont l'invulnérabilité de soi, le sens et la cohérence du monde, et la valeur positive du soi.
Cet « optimisme irréaliste » peut être remis en cause à l'occasion d'évènements traumatiques, accident, maladie, catastrophe. Mais, tel Sisyphe, l'individu va inévitablement chercher à les remettre en place, sous peine de souffrance ou d'exclusion. La fonction des récits est de rendre le monde prévisible, et de rendre commune l'expérience individuelle, même exceptionnelle, pour l'intégrer socialement. Cette production de sens permet de rendre les choses « comme elles doivent être ».

L'auteur fait appel à S. MOSCOVICI (1961, 1984) et à la sociologie pour illustrer ces représentations sociales qui proposent un « univers consensuel » rassurant.
Or « c'est l'art de la conversation qui fournit l'outil nécessaire pour les produire. Dans les échanges sociaux de la vie quotidienne, les membres d'un groupe convergent vers des représentations communes, créant ainsi les connaissances qu'ils partageront ... le processus conversationnel lui-même contribue autant que ses produits à maintenir et consolider la cohésion du groupe » (1984).
Ces façons d'envisager les interactions sociales humaines, en substituant notamment chez l'homme les interactions langagières aux échanges sociaux tactiles, leur confèrent un statut éthologique comparable au « grooming », ou à tout autre type d'interaction.

Ce sont des aspects qui n'avaient pas échappé à l'attention d'auteurs avertis, ainsi A. LEROY-GOURHAN écrit en 1965 : « Le corps de connaissance du groupe est l'élément fondamental de son unité et de sa personnalité et la transmission de ce capital intellectuel est la condition nécessaire à la survie matérielle et sociale. La transmission se réfère à la hiérarchie des chaînes opératoires ... Elles intéressent tous les épisodes matériels et moraux de la vie quotidienne et leur inscription dans la mémoire personnelle des sujets se fait pendant l'enfance, suivant des modalités où le langage ne joue pas forcément le rôle le plus important ».
Et plus loin encore dans le temps, on ne peut que rappeler C. DARWIN (1872) « La faculté d'échanger des idées au moyen du langage entre membres d'une même tribu a joué un rôle capital dans le développement de l'humanité ».

44/ ÉTHOLOGIE DU LANGAGE

« Zénon ! Cruel Zénon ! Zénon d'Élée !
M'as-tu percé de cette flèche ailée
Qui vibre, vole, et qui ne vole pas !
Le son m'enfante et la flèche me tue !»

Paul VALÉRY, « Le cimetière marin », 1922, « Charmes ».

Ce qui se dessine est une « naturalisation » du langage humain, qui met en évidence ses aspects éthologiques, voire biologiques.
C'est l'objectif avoué de J-L DESSALLES avec « une histoire naturelle de la parole » :
« Une approche éthologique du langage commence donc par l'observation des conversations spontanées ... Un éthologiste qui prend assez de recul par rapport à sa condition d'humain ne peut rester insensible à un comportement aussi original et dont l'expression est à ce point disproportionnée si on la compare à la communication animale » ; la quantité d'informations échangées, au contraire de la communication animale, importe peu et est le plus souvent nulle ; il n'y a pas de bénéfice immédiat dans l'échange, ce qui ne signifie pas qu'il est sans enjeu.
Mais surtout « le comportement conversationnel est universel et systématique. On ne connaît aucun peuple, aucune culture, aucun groupe humain qui ne montre pas ce comportement ».
Sous une apparence informelle, par comparaison à la rhétorique du « discours », la conversation obéit néanmoins à des contraintes assez strictes.
Par le contenu, mais aussi dans le comportement, car l'implication interactionnelle est totale : le mode d'entrée en contact, la régulation phatique, le contact visuel, la distance, et la CNV dans son ensemble y participent. La pertinence est essentielle, bien que les conversations courantes semblent s'évertuer à ne rien livrer.
- « Comment ça va ? »
- « bien merci »

est la réponse la plus adéquate, les considérations personnelles étant bien souvent malvenues ;

- « il fait beau aujourd'hui »

demande une réponse stéréotypée de type :

- « c'est un temps de saison », qui est une réponse adaptée.

Alors qu'il est bienvenu de parler football chez son coiffeur, évoquer un livre, un film, la politique ou sa situation personnelle est incongru, sauf à entretenir une relation de familiarité qui dépasse celle du cadre « salon de coiffure hommes ».
Dans ces conversations, qui s'inscrivent en général dans le registre d'un plaisir, « nous n'avons pas conscience que notre comportement est fortement contraint » ; contrairement à une « discussion » (professionnelle par exemple), nous avons là l'impression de parler spontanément, sans y réfléchir, en enchaînant des associations d'idées peu « filtrées ».
Une des contraintes est par exemple de respecter le fil des sujets sans sauter « du coq à l'âne » ; bien plus, le cadre de l'à-propos des locuteurs est imposé. C'est la « pertinence », qui se définit ainsi comme une adéquation à l'attente de l'interlocuteur et non comme un transfert mutuel d'informations.
C'est un contact social qui se veut tel, et rien de plus. Aller au-delà signifie engager un processus qui sort de cet aspect conventionnel.
L'auteur procède ainsi à quelques expériences consistant à dévier du cadre pertinent en émettant des remarques inappropriées :
Exemples : dans une conversation banale, C fait remarquer hors contexte :
C1 : - « La poubelle est verte »
Réponse :
D1 : - « Qu'est-ce que ça veut dire ? »

Autre exemple :
E1 : - « La table est en bois »
F1 : - « Dis donc, ça t'arrange pas de faire des études ».
Ces exemples sont artificiels, puisqu'effectivement ils introduisent une discordance voulue dans l'échange.
J'en donnerai un autre, personnel, où les ressorts du phénomène sont plus apparents, de l'ordre de l'exemple de BARTHES, (chap. 22, IIème partie), qui décrit le hiatus engendré par la déviance à une norme implicite.
A un couple, familier, qui s'extasie devant un coucher de soleil sur la mer, je dis, pensant rester dans un fil pertinent :
E : - « La terre est bleue comme une orange ...»
A quoi on me répond :
F : - « c'est quoi ça ?... La terre n'est pas comme une orange »
H : - « et d'abord une orange, c'est pas bleu... »
L'inadéquation se situe là dans la méprise des identités mutuelles et des niveaux de communication éventuels, générant un conflit de pertinence ; peut-être aussi dans une suspicion d'étrangeté, une confrontation, trahie par l'agressivité, ou un rapport de dominance à élucider.
La pertinence nécessite de rapporter des faits significatifs, « saillants » ; pour qu'une conversation perdure, il faut l'alimenter d'éléments inconnus ou inattendus, sauf à cultiver l'art du « small talk » anglais ou de « l'effet cocktail ».
Les paramètres de la pertinence sont d'ordres divers, mais restreints : d'abord, selon les lois de l'information, l'intérêt d'un fait rapporté est inversement proportionnel à sa probabilité.
- « J'ai une amie dont la voisine fait du vélo et du piano » ne suscite qu'un intérêt très modéré ; mais si j'ajoute :
- « elle s'appelle Jeannie LONGO », l'attention s'élève et le processus conversationnel s'enclenche.
Un autre paramètre de l'intérêt suscité est la « distance », spatiale et temporelle, de l'événement saillant ; c'est la loi du mort-kilomètre des journalistes où, selon une loi statistique, pour capter l'auditeur le nombre de morts augmente comme le logarithme de la distance.
Un carambolage de 10 morts fait la « une » s'il a lieu sur le périphérique, mais se verra reléguer s'il se passe dans un pays avec lequel on n'a aucune attache.
Enfin la « conversation » obéit à une stratégie à deux composantes : l'argumentation et la banalisation, qui s'alimentent et s'imbriquent.
En effet si le mode informationnel peut être associé au proto-langage, qui est nécessaire et suffisant pour signaler les informations saillantes ou pertinentes, le stade ultérieur, qui nécessite des structures plus élaborées, est justifié par la capacité d'argumenter. Ce sont deux modes différents dont les mécanismes sont distincts, même si le second assoit le premier. Il s'agit en effet d'un mécanisme cognitif destiné à résoudre les conflits internes engendrés par l'information ; ceux-ci sont liés aux représentations mentales les plus simples, le paradigme en sont les paradoxes de Zénon d'Élée, ce philosophe grec élève de Parménide, dont la fameuse flèche, qui n'atteint jamais son but puisqu'il lui reste toujours la moitié d'une distance à parcourir.
C'est une contradiction apparente liée à la nature même du langage qui met en conflit deux composantes de la faculté sémantique : dans la trajectoire de la flèche, qui est le référentiel, il segmente le parcours en un nombre infini de moitiés, dont il en reste toujours une, mesurable, à franchir ; bien entendu ce défi est un paradoxe logique, puisque si la flèche atteint bien son but, on ne peut, dans la carte mentale, concevoir la cible atteinte, située en dehors du référentiel « trajet »; pour ce faire, il faut sortir du référentiel thématique dans lequel le philosophe nous enferme, et changer de carte mentale. Mais changer d'échelle ne permet pas de résoudre le problème mathématique.
De même, imaginons la flèche volant vers son but ; or à un moment donné elle occupe un volume ; « dans ce volume, elle ne se déplace pas. Il serait par ailleurs absurde de dire que la flèche se déplace là où elle n'est pas. Conclusion : la flèche est immobile ». Cet exemple illustre le fonctionnement cognitif du langage par représentations thématiques statiques. La « segmentation thématique » est le découpage cognitif effectué par le langage dans son fonctionnement, et la syntaxe est un moyen d'y remédier.

Le langage, symbolique, est par nature dissocié de la réalité ; pour la reconstruire dans le discours, avec les moyens cognitifs dont nous disposons, il est nécessaire de découper (« segmenter ») en thèmes ses éléments pour les reconstituer dans notre monde sémantique parallèle. Ainsi un syntagme nominal, un syntagme verbal, un syntagme attributif, un syntagme prépositionnel, peuvent se structurer grâce à la syntaxe, les copules tenant lieu d'articulations ; cette « grammaire syntagmatique » (N. RUWET, 1967) est élémentaire pour des phrases simples comme « Pierre aime Marie » (N. RUWET, p. 147). Il ne s'agit pas ici d'illustrer la grammaire générative, mais de mettre en évidence les principes cognitifs préexistants qui ont amené à donner sa forme syntaxique universelle au langage.

Cette dissociation constitutive est facilement mise en défaut ; par exemple, pourquoi le miroir, qui inverse la gauche et la droite, n'en fait-il pas autant pour le haut et le bas ? Parce que le langage implique des inférences cognitives qui ne correspondent pas à la réalité physique (la droite étant à gauche dans le miroir, la logique discursive voudrait que le haut soit en bas).

Ou encore pourquoi ne peut-on par le seul langage expliquer un nœud de cabestan ou un nœud de chaise, au téléphone par exemple ?

Cette segmentation thématique est générale et source de conversation, sinon plus ; témoin cet exemple de l'auteur :

un mendiant fait la queue au distributeur de billets devant la banque ; le conflit réside dans le postulat F , « il a de l'argent », et non-F, son aspect est lié ou évoque une personne démunie. La scène apparaît contradictoire, mais c'est l'incompatibilité logique entre F/non-F qui crée le conflit cognitif thématique et la situation « saillante ».

Le mode argumentatif en découle : est-il là pour demander de l'argent à la personne qui le précède ? Ou pour amuser des amis en faisant croire qu'il possède un compte en banque ? Ou bien son apparence n'est-elle qu'un déguisement ?

L'argumentation devient une tentative de résolution de problème. C'est un raisonnement à plusieurs, une interface entre l'individuel et le collectif social.

Délivrer une information n'est pas une conversation, le proto-langage y suffit ; un échange symétrique information pertinente contre une autre information pertinente existe, comme par exemple consulter son médecin en échange d'une somme convenue ; il s'agit aussi d'une forme d'interaction, mais non spontanée.

Résoudre un conflit cognitif demande des structures d'échange plus élaborées ; c'est un jeu collectif sur la base de représentations partagées dont l'absence provoquerait un « malentendu » (exemple ci-dessus du poème d'ÉLUARD). Les règles de la pertinence conversationnelle sont d'ordre social, culturel, linguistique ; l'enchaînement des répliques se fait sur un mode d'explication, ou plus souvent encore de banalisation, qui atténue l'étonnement en diminuant l'improbabilité de l'événement énoncé. « La stratégie de banalisation est particulièrement fréquente, presque systématique » ; c'est au minimum « oui, je sais », « on me l'a déjà raconté », « qu'est-ce que ça peut faire ? » ou mieux l'évocation d'un cas analogue qui diminue le caractère exceptionnel et donc pertinent du fait rapporté. Un exemple est donné par une conversation des plus commune, sur le temps, qui est rapporté par l'auteur (J-L DESSALLES, 2008) de façon plus développée :

J1 : - « ce mois de janvier est particulièrement doux »

K1 : - « oui, c'est vrai »

L1 : - « mais il y a trois ans, il faisait 20° le 1er janvier »

K2 : - « Je me rappelle une année, quand nous étions petites, on avait encore des robes d'été ! Oui, des robes d'été ! En janvier ! »

Cette procédure de banalisation ne vise pas à dénaturer le propos de J ni à le dévaloriser, mais à introduire un enchaînement qui aboutit à un « tournoi narratif » (story round) qui peut prolonger l'interaction de façon consensuelle. C'est en fait une modalité de coopération. « La banalisation n'est généralement pas perçue consciemment comme négative. Au contraire, et de manière un peu paradoxale, elle induit souvent un sentiment positif chez le locuteur » (id., 2008). C'est une forme usuelle d'argumentation.

E. GOFFMAN (« La mise en scène de la vie quotidienne », 1973) parle de « satisfaction/minimisation » dans ses « tours de parole ».

La conversation devient impossible si ce consensus n'est pas acquis, les répliques conduisant alors à l'affrontement et au conflit, non plus cognitif, mais de personnes.

La question qui surgit alors est : quel est l'enjeu ? Si le comment de ces interactions langagières se dessine, le pourquoi demeure non résolu.

Dans « La pertinence et ses origines cognitives » (2008), l'auteur s'emploie non seulement à formuler une évaluation objective des quantités d'informations de ces stratégies d'argumentation et de banalisation, mais encore à pointer l' « origine politique » des pertinences narrative et argumentative. Il s'agit, pour le locuteur, dans ces conduites à caractère compétitif, d'afficher sa compétence pour se procurer de l'influence.

Mais en face l'auditeur ne peut y souscrire sans soumettre le postulant à des épreuves, pour ne pas lui accorder le bénéfice indu d'un « prestige » injustifié, et notamment en démasquant un éventuel mensonge, qui est quasi inhérent au langage humain. Or celui-ci, avec ses procédures complexes, permet de tester la pertinence du locuteur, de démasquer le tricheur, d'évaluer l'intérêt de ses propos ; c'est un bénéfice au sens de l'évolution, que l'enfant apprend très tôt à mettre en œuvre. C'est l'auditeur qui est en situation de juge, et le locuteur qui est le solliciteur, car c'est lui qui a quelque chose à gagner.

Les comportements d'émetteur et de récepteur évoluent, simultanément, comme les couples proie/prédateur ou canon/cuirasse, et si la signalisation évolue, la détection fait de même, actuellement, sous nos yeux, avec les technologies sophistiquées de communication modernes. La sélection naturelle emprunte désormais des voies électroniques. L'enjeu en est la reconnaissance sociale, l'amélioration du statut au sein du groupe, le prestige.

Et le risque est au minimum de « perdre la face », comme l'a par ailleurs montré E. GOFFMAN (1974).

Dans le théâtre du monde, domination et profit s'acquièrent selon des règles qui sont d'abord celles de la langue ; le bénéfice de « l'échange information contre statut » en est éthologique et biologique. Cette « théorie du prestige » est le plus souvent un jeu gagnant/gagnant, si en retour du statut accordé, l'auditeur obtient une alliance avec celui qui s'est montré pertinent, et rejoint une coalition où il obtiendra une part de pouvoir.

C'est la voix, soit le message par le canal vocal, qui permet davantage que le contact physique d'asseoir son prestige sur de plus grands groupes ; c'est un moyen devenu nécessaire dans l'évolution dès lors que les coalitions, dont on a vu l'importance chez les primates, atteint une masse critique. Le carrefour oro-pharyngo-laryngé, malgré ses inconvénients, a ainsi été privilégié, à l'aube de l'humanité, pour ses capacités de volume sonore.

On voit aujourd'hui s'étendre de façon exponentielle la capacité de communiquer, non plus seulement par la voix, mais par des media au pouvoir de plus en plus développé et à l'efficacité considérable. Ce pouvoir hypnotique du langage n'est pas nouveau pour autant, et il y a déjà plus de 150 ans qu'Alexis De TOCQUEVILLE dénonçait le paradoxe de la démocratie (et du langage donc) où un bonimenteur de brio a toute chance de battre un homme plus compétent et avisé (« De la démocratie en Amérique », 1835) ; et il reprenait là des arguments que, longtemps avant lui, PLATON avait envisagés.

C'est un revers de cet instrument sophistiqué et brillant du langage.

45/ RENOMMÉE

« Ce sont les potins, l'opinion publique, fama comme l'appelaient les Romains, qui font marcher le monde – les potins, pas la vérité » »

J.M. COETZE, 2006, « L'homme ralenti »

Nous avons identifié un aspect « formel » de la logique discursive, qui fonctionne par segmentations thématiques, découpages en référentiels et articulations des syntagmes ; et les stratégies de l'interaction langagière centrée sur l'information soumise aux stratégies de la banalisation et de l'argumentation.
Le contenu est biologique d'une part, avec l'émotion ; il est éthologique d'autre part, en établissant un rapport de dominance.

Certains auteurs (R. DUNBAR, 1996, « Grooming, gossip and the evolution of language »), évoquent d'autres fonctions de la conversation, et constatent « une inclination naturelle vers le commérage » (J-L. DESSALLES, 2000) ; bien que ce phénomène ne change en rien la structure des interactions verbales, cette propension semble naturelle et spontanée, et concerne les gens qui sont proches, les connaissances communes, et peut même s'avérer essentiel dans les institutions où il importe de savoir qui fait quoi et avec qui. « Cet enjeu est lié à la structuration en coalitions de la société humaine », nous dit l'auteur. C'est donc un paramètre éthologique de premier ordre. Entendre parler de quelqu'un, en bien ou en mal d'ailleurs, l'évoquer en son absence, c'est en faire un sujet d'intérêt partagé, qui mérite une argumentation ; c'est lui conférer un statut.
« Qu'on parle de vous est affreux ; mais le pire est qu'on n'en parle pas » (Oscar WILDE).
La conversation n'est pas que cet aimable passe-temps décrit comme l'échange de bons procédés du grooming, puisque les tiers absents s'y trouvent impliqués, et l'opinion donnée sur eux est déterminante ; or seule la dimension symbolique humaine permet ce type de coalition qui s'installe à l'insu de celui qui en est l'objet ou la victime.
On parlera volontiers des gens haut placés ou de statut social élevé, même si tous n'ont pas la même idée ou représentation de ces positions en vue.
En outre, ces potins, ragots et autres rumeurs donnent lieu à des spectacles, sketches comiques, et alimentent même une presse que tout un chacun ne jure de lire que chez son dentiste ou son coiffeur ; mais aussi parfois même la presse d'information : Le Monde du 17 février 2017 titre « La rumeur, de Cotillard à Macron », et montre que la diffamation est aussi un instrument politique ; « elle est d'abord le symbole de son ascension, la preuve qu'il dérange ».
C'est un procédé qui n'est pas anodin, puisqu'il s'inscrit dans la logique des conversations : il porte en premier lieu sur la « politique » au sens large défini plus haut, même s'il s'agit de personnes n'ayant qu'un pouvoir fictif et imaginaire comme telle ou telle princesse qui règne essentiellement dans certains média ; mais il s'inscrit aussi dans la stratégie de banalisation, qui établit que ces gens inatteignables finalement nous ressemble, voire bénéficient d'un statut immérité, puisqu'ils sont corrompus, concupiscents, avides ou immoraux.
Les commérages pusillanimes concernant les proches, voisins ou connaissances, attestent dans un groupe restreint d'une pertinence, d'une capacité à dévoiler des secrets et les informations « saillantes », d'une aptitude à déceler les menteurs ou tricheurs, de disposer d'un réseau d'information efficace.
Enfin, et c'est peut-être le point essentiel, ils procurent de l'émotion ; dans le bref chapitre qu'il lui consacre (2008), J-L. DESSALLES reprend les arguments de B. RIMÉ en soulignant qu'une information inattendue s'accompagne d'une certaine intensité émotionnelle et « quiconque parvient à susciter une émotion à propos d'un événement est assuré d'être pertinent ». Locuteurs et auditeurs prennent plaisir à provoquer des émotions, qu'elles soient positives ou négatives et une narration doit être capable de les faire partager. Cette intensité émotionnelle reste hypothétique car elle dépend de

paramètres très divers, comme la distance spatiale, temporelle, ou sociale de l'auditeur par rapport à l'événement inattendu rapporté.

L'annonce d'un décès aura un impact émotionnel différent s'il est brutal, plus encore si le mort est jeune, et davantage si c'est un voisin ou un proche. Curieusement toutefois, l'auteur calcule la pertinence narrative en établissant un gradient logarithmique entre l'intensité émotionnelle et la nature du stimulus déclencheur.

Or s'il est un stimulus émotionnel que l'auteur n'évoque pas à ce moment, c'est le « conflit cognitif », alors que le cognitivisme de J-L. DESSALLES rejoint la psycho-sociologie de B. RIMÉ dans ces interactions.

En effet un conflit cognitif peut-il s'envisager sans contenu émotionnel ? Ils sont en fait très probablement biologiquement liés, pas seulement dans le très éthologique commérage. D'ailleurs on peut même inverser la proposition et considérer que l'émotion est à l'origine du conflit cognitif et de la conversation.

C'est l'avis de B. RIMÉ qui écrit :

« Le récit, la narration et la conversation se développent surtout à la suite d'évènements qui échappent aux systèmes d'anticipation des individus », et qui par conséquent provoquent l'émotion ; le processus narratif est alors, selon lui, destiné à un partage social qui contribue à l'univers consensuel du groupe.

Il consacre alors « la complémentarité naturelle de la modalité socio-affective et de la modalité cognitive-symbolique de gestion des expériences émotionnelles ».

Par ailleurs il attribue un rôle essentiel aux figures d'attachement qui permettent l'apaisement émotionnel en permettant l'élaboration de la réalité subjective en une construction cognitive et sociale, par le récit.

On le constate, les deux points de vue se rejoignent.

On en prendra un exemple parmi ceux proposé par J-L. DESSALLES, où deux personnes assises à une terrasse de café à deux tables voisines entament un échange en voyant passer un homme nu sur le trottoir. C'est l'événement de « l'homme nu » (2000, chap. I) qu'il traite comme un « déclencheur » au sens de K. LORENZ, réaction réflexe et automatique à un événement inattendu dont la réponse câblée neurologiquement surgit malgré soi et provoque une conversation.

Selon la théorie de l'information et la loi de SHANON, c'est un événement statistiquement peu probable, dont l'entropie est élevée ; on pourrait ainsi calculer la valeur objective, numérique et digitale, du stimulus déclencheur et établir une relation avec l'effet induit, l'intensité, la durée, le volume de la conversation.

Sur le plan social, c'est un comportement déviant qui déroge aux conventions : on peut être publiquement nu au hammam ou sauna, sur certaines plages, mais rue de Rivoli, c'est inhabituel.

C'est un conflit cognitif entre norme/non norme, ou anti-norme.

L'intensité du stimulus réside donc dans son caractère inhabituel, choquant, et la réaction initiale sera d'ordre émotionnel : surprise, étonnement, indignation, honte, ou pourquoi pas intérêt ; le caractère sexuel de l'exhibition est difficilement contestable. Or cette dimension laisse rarement indifférent, elle interpelle l'intimité même des spectateurs.

L'argumentation qui en découlera invoquera, très probablement, les règles de la pudeur, l'absence de honte, la déficience des lois morales, la folie, la tolérance excessive de notre époque ; puis, dans le fil d'une banalisation de l'événement, un « happening » des « Femen », puis les records de nude running, le film « Toni Erdman » dans lequel une réception d'invités nus a lieu, et puis, pourquoi pas, le conseil de révision...

Rapporté chez soi, l'épisode deviendra un récit, une narration, pour se dissiper dans un contexte social plus large.

Conflit cognitif et émotion sont en fait indissociables, mais leur lien est aléatoire ; une même contradiction comprend de multiples paramètres et génère des réactions très diverses selon les subjectivités.

La perception d'un même événement tragique diffère selon la représentation que s'en fait la communauté sociale dont l'auditeur fait partie.

Loin de l'éthologie, l'exemple qui suit est géopolitique ; mais on peut en faire une interprétation identique.
Evo MORALES est « le premier président indigène de Bolivie », socialiste, démocratiquement élu et réélu ; c'est un modèle iconique d'Amérique du Sud.
Or le 2 juillet 2013, le gouvernement français, socialiste et fraîchement élu, interdit à son avion présidentiel, de retour de Moscou, de survoler le territoire. Il n'existe ni conflit ni cause même d'hostilité entre la Bolivie et la France. Mais le président bolivien sera « séquestré » durant 13 heures à Vienne (« Le Monde Diplomatique », août 2013).
Le conflit cognitif réside dans les contradictions non assumées de cette décision : un président, membre de « l'ensemble » socialiste S, commet un acte d'agression immotivé sur un homologue appartenant au même « ensemble » S ; or l'acte exprime une contradiction S/non S.
La France, pays de droit, D, qui se revendique libre et indépendant, offense un pays ami, libre et indépendant, sans motif déclaré. Autre contradiction entre deux entités pourtant homologues : D/non D.
La « banalisation » (mauvaises conditions météorologiques, encombrement de l'espace aérien...) est impossible parce qu'invraisemblable.
Le conflit cognitif donne lieu à « argumentation » : l'hypothèse d'un transport du lanceur d'alerte Edward SNOWDEN par Evo MORALES est retenue par les commentateurs, mais non confirmée officiellement. Or SNOWDEN n'est en rien une menace pour la France et devrait même être considéré comme vertueux par ces membres de l'Internationale Socialiste qui prônent liberté, transparence, indépendance.
Il apparaît que la décision relève de l'influence du pays que les révélations de SNOWDEN dérangent, les U.S.A. ; donc ce pays libre et indépendant, la France, F, apparaît comme soumis et dominé par un pays plus puissant, et ce en contradiction avec les idéaux affichés des principes socialistes et de la diplomatie française officielle. C'est encore un niveau conflictuel : F/non F.
Les réactions émotionnelles sont vives et même violentes, de la colère essentiellement, puisque pour la première fois on verra des drapeaux français brûler à La Paz ; l'Argentine, le Venezuela, l'Équateur, le Nicaragua, le Surinam, l'Uruguay et Cuba prennent fait et cause pour le président bolivien offensé sinon humilié, qui par ailleurs ne transportait pas E. SNOWDEN dans son avion. En France par contre c'est au mieux l'indignation qui s'exprime au sujet de cette décision absurde. En fait la réaction est corrélée aux convictions de l'auditeur, à son espace mental et à ses représentations du « monde irréaliste » qu'il s'est construit ; cela va donc de l'indifférence à l'irritation.
Ni regret ni excuses ne seront formulés, au mépris des règles élémentaires de politesse sinon de diplomatie.
Cet épisode dépasse largement le cadre de l'éthologie, qui se limite aux interactions entre individus, mais obéit néanmoins à des schémas similaires, puisqu'on y retrouve conflits cognitifs, émotions, dominance et soumission. Le fonctionnement politique quotidien avec ses alliances, ses coalitions, ses émotions se retrouve dans la Géopolitique, dont les ressorts après tout restent humains : un « grand » ordonne à un « petit » soumis, qui humilie un plus petit que lui, pour satisfaire le « grand ».
L'histoire se poursuit d'ailleurs, puisqu'un référendum doit se tenir en Bolivie en juin 2016 ; or ce pays est considéré officiellement par les U.S.A. comme un membre du « bloc hostile des états populistes », qui de plus privilégie des investissements de cet autre « grand » concurrentiel qu'est la Chine.
Dès 2015, rumeurs et diffamations se multiplient à l'encontre du président, accusé de corruption, avec bien entendu un volet sexuel et la découverte opportune d'un enfant illégitime. Il est en conséquence désavoué par ceux mêmes qui l'avaient soutenu et il perd ce vote.
Après enquête ultérieure, la justice toutefois l'innocente pour les faits de corruption ; et l'ADN montre qu'il n'a pas de lien avec ce fils fictif.

Notre espèce compte plus de 7 milliards d'individus ; or, même à ce niveau de gigantisme, où les coalitions prennent une ampleur planétaire, où les instances de « conversation » sont nombreuses et institutionnelles, les lois fondamentales qui président au fonctionnement général demeurent

inchangées : sous le symbolisme spécifique à l'humain percent des motivations élémentaires et des luttes de pouvoir comparables, par ses méthodes et ses effets, à des conflits de dominance.
Les technologies modernes confirment jusqu'à la caricature ces allégations ; certains l'ont bien compris, qui proposent des fenêtres électroniques où chacun peut s'exhiber, dans une société où paradoxalement on exige un respect de la vie privée et où enregistrer, filmer ou photographier frôlent le délit. Faire parler de soi, se montrer, attirer l'attention, paraître, sont importants, même devant des amis virtuels et une coalition contingente, dans une atmosphère d'empathie feinte, pour faire valoir sa pertinence ou son attractivité, confirmant l'aphorisme cité « mon soi est admirable ».
S. FREUD aborde ce sujet quand il parle du « L'instinct grégaire serait quelque chose de primaire … Le langage devrait sa significativité à son aptitude à assurer la compréhension réciproque dans le troupeau ; sur lui reposerait en grande partie l'identification des individus les uns avec les autres » (1921).

46/ DOMINANCE

« Et que parler n'est pas
Trancher l'artère
De l'agneau qui, confiant,
Suit la parole »

Y. BONNEFOY, 2001, « Les planches courbes ».

La conversation est l'unité de base de l'observation éthologique du langage, mais elle n'est pas qu'un divertissement qui génère empathie et émotion.
« S'il n'y avait pas eu situation de dialogue, il n'y aurait pas eu de langue : le monologue lui-même est une conduite de communication uniquement si l'on suppose le dialogue. Et j'ai l'intuition, sans pouvoir le démontrer hélas, que les premières manifestations linguistiques ont été suscitées par le désir de dialoguer » (C. HAGÈGE).
Les exemples cités, conversation « BARTHES », ou conversation « ÉLUARD» montrent qu'un hiatus, une béance peut apparaître très rapidement si les niveaux de pertinence sont discordants ; j'en donnerai un autre, plus évident, lui aussi déjà abordé dans « la clinique éthologique » : évoquer son cancer a de fortes chance de clore l'échange, et même de faire fuir l'interlocuteur, sauf si ... lui-même a vécu une expérience identique, qui permet en quelque sorte une fraternité « d'initiés » et un dialogue empathique.
On peut aussi le constater à la lecture des commentaires libres d'articles de journaux, français ou anglais, si on les considère comme des équivalents approximatifs de conversations : les internautes après une ou deux remarques pertinentes, commencent à s'invectiver mutuellement, en perdant de vue le plus souvent l'objet même de la discorde.
Une conversation, si elle se poursuit, se répète, amène inévitablement collusion et sympathie, ou au contraire, si des conflits cognitifs se font jour, de l'antipathie.
En fait, l'expérience clinique du dialogue patient/thérapeute montre qu'amour et haine sont inévitables dès lors que les contradictions subjectives du locuteur sont perceptibles par l'auditeur.
S. FREUD appelle « transfert » (1916-1917, XXVIIe leçon) cette relation qu'il décrit d'abord dans la névrose avant de constater « Le penchant au transfert des névrosés n'est qu'une amplification extraordinaire de cette propriété générale ». Ce terme toutefois même s'il décrit une réalité banale, doit rester d'une utilisation purement technique, dans le cadre d'une relation thérapeutique définie.
Il représente néanmoins une réalité que l'exemple « Vaudou » de B. RIMÉ confirme : le pouvoir de la parole, qui peut exclure, ostraciser, diaboliser, et même, dans ce cas culturel précis, tuer.
Dans une relation installée, l'arrière-plan affectif, souvent inconscient, ne demande qu'à se manifester; C'est un des enjeux de la conversation.
Prenons un exemple d'une conversation retranscrite de mémoire juste après avoir eu lieu ; elle se situe le 15 juillet 2016, dans un contexte sans contrainte, sur une plage, et compte trois personnages : un couple H F, et E.
Après un long monologue de H sur ses trajets quotidiens pour venir à la plage et sur ses dépenses en essence, E intervient pour tenter d'introduire un nouveau sujet de conversation avec le film « Ma loute » de B. DUMONT
E : - « Les acteurs sont excellents »
H : - « J'aime pas Lucchini, il en fait trop, il est excessif...»
E : - « Oui, mais là, à contre-emploi, il est très bon »
F : - « Nous de toutes façons, on va pas au cinéma ! »
Silence bref, puis s'engage une nouvelle séquence
E : - « il paraît que cette année les souvlakia ne sont pas bons chez Poppy »

H : - « Ah ! Oui, les P ont dit ça ; Mais ils sont excellents. Et les frites sont même meilleures que chez Yannis... »
E : - « Possible, moi je n'en ai pas mangé, ma "religion" me l'interdit »
H : - « Tu n'as qu'à manger des souvlakia au poulet »
E : - « Non, mon problème c'est l'insuffisance rénale »
H : - « Enfin, nous on les adore »
Puis nouvelle « réorientation » :
E : - « Hier nous avons mangé chez Yannis ; Les aubergines farcies à l'avgolemono étaient excellentes. J'aime beaucoup les farcis, malheureusement il est rare d'en trouver »
H : - « Mais non, on en trouve partout »
E : - « Non, ni dans les restaurants, ni dans les ferry-boats »
H : - « Mais bien sûr que si, mais moi je n'en prends pas, ça me constipe ... Enfin les farcis, il y a pas de viande ».
E : - « Moi, ça me convient »

Cet échange dure quelques minutes à peine, mais il apparaît significatif du passage de la « conversation » à la « discussion ». Au lieu d'une procédure de banalisation, l'argumentation, qui porte sur des faits insignifiants, s'avance vers une fin de non-recevoir systématique : aucun sujet n'est agréé, toute recherche de terrain d'entente est fermée, les avis émis par l'un sont systématiquement rejetés par l'autre et la contradiction est systématique ; Les tentatives de désamorçage échouent, aucun accord ne s'avère possible, et H n'hésite pas à se contredire à deux reprises.
Sans développer l'arrière-plan (sociologique, culturel, affectif) qui, comme il a été évoqué avec la théorie des actes de langage, est plus ou moins déterminant, on perçoit dans ces attitudes un enjeu auquel aucun des deux protagonistes ne veut renoncer.
Il ne peut s'agir du contenu, puisqu'il importe peu que les frites soient bonnes ou que F. LUCCHINI soit un bon acteur ou non. Ce n'est ni la quantité d'information qui est pertinente dans l'analyse, ni la vérité des faits, chacun ayant la sienne, ni même l'opinion ; Ce n'est pas une conversation de type grooming, apaisement, recherche de consensus, mais bien un affrontement.
Les interlocuteurs n'ont pas de litige particulier, et devraient plutôt logiquement chercher à s'entendre dans la mesure où ils sont amenés à se rencontrer chaque jour et la sérénité serait acquise en évitant la tournure conflictuelle qui est ici engagée. Il faut donc chercher dans une autre dimension les motifs de la controverse ; Une seule explication est possible, familière, elle est éthologique, c'est celle du conflit de dominance.
Il est d'ailleurs prévisible dès le prologue où H entame une narration (et non un dialogue) sans tenir compte de l'adhésion de l'auditeur à un récit sans intérêt autre que celui de diffuser son conflit cognitif entre l'attrait de la plage et la dépense (ou l'économie) réalisée.
Les statuts respectifs doivent être déterminés, et aucun des deux protagonistes ne veut céder le pas. Rien n'étant acquis au terme de cette joute, une escalade est à prévoir ultérieurement.
On admettra simplement que l'interaction langagière peut servir un autre but que l'agrément, elle pose implicitement une stratégie de dominance éthologique quand celle-ci n'est pas encore définie.

En dehors de la conversation qui est certainement l'utilisation la plus « naturelle » du langage, d'autres modalités sont à envisager, avec la place qui peut être la leur dans la communication humaine.
La narration, à laquelle B. VICTORRI a accordé toute l'importance qu'elle mérite, est aussi une forme d'élocution assez précoce.
Ainsi Emmanuel 4 ans, de retour de vacances, raconte à son père le cirque, la ménagerie et ses trois tigres, et aussi le film qu'il a vu car il est allé au cinéma pour la première fois ; l'émotion de ces évènements suscite un récit assez peu structuré, mais qui apparaît comme une construction spontanée et naturelle.
La narration est une forme d'interaction dissymétrique, les deux acteurs restent figés dans leurs rôles respectifs de locuteur et d'auditeur ; Elle est évidemment très banale, souvent suscitée par l'absence

ou la séparation, même brève. Ainsi tous les couples se racontent leur journée en se retrouvant dans un « tournoi narratif ».
Mais ce peut être une construction plus élaborée, soit par le désir prévalent de susciter l'émotion (épopée, allocution, poésie), soit par le désir prévalent de convaincre (conférence, prêche, discours). Il est d'ailleurs intéressant de voir la poésie, qui valorise l'esthétique et le rythme d'une langue, prendre (en fait reprendre) un caractère compétitif avec les « tournois de slam », ou les challenges japonais de tankas.

« Consciemment ou non, la domination sociale occupe notre esprit en permanence » (F. De WAAL, 2005).
C'était déjà l'avis de H. LABORIT (1974), qui fait un « historique de la dominance », et écrit : « en situation sociale la dominance est nécessaire ». Elle a pour lui une signification bio-sociologique, et chez l'homme, le langage « lui permet d'institutionnaliser les règles de la dominance ».
Il convient donc ici de distinguer le plan éthologique du plan symbolique.
On notera par exemple, et le fait s'observe aussi avec des chiens, que dans le livre d'Annie BUTOR, c'est la guenon qui est dominante, alors qu'institutionnellement, c'est Léo FERRÉ.

Fondement de l'éthologie dont elle est la première découverte, la hiérarchie et la dominance existent chez toutes les espèces sociales (à l'exception notable des manchots empereurs), et permet l'organisation sociale cohérente à tous les niveaux ; l'homme ne fait pas exception.
Rares sont les auteurs qui l'évoquent chez l'humain ; seul H. MONTAGNER en fera un critère de définition du comportement des enfants, en les plaçant délibérément en situation de compétition. Dans ses conclusions, il en fait une structure de comportement pérenne, les adultes restant probablement tels que l'enfance les a configurés éthologiquement.
Comme F. De WAAL l'a montré, la dominance d'un chimpanzé est fonction d'un groupe, et quand il enlève (artificiellement) les chimpanzés α et β, c'est γ qui devient naturellement dominant ; Par ailleurs, une autre expérience a montré que l'alliance de β et γ peut permettre de renverser le dominant α, et même, en l'occurrence, de le tuer.
La dominance humaine semble tout aussi relative, au sein d'un groupe donné et défini.
Un capitaine de navire, un gradé dont on ne discute pas les ordres sera moins sûr de lui au marché où règne la poissonnière. La dominance humaine s'exerce dans un cadre, et ce cadre est défini symboliquement.
Elle y est non seulement présente, mais en outre redoublée d'un jumeau symbolique, le « pouvoir », par lequel il convient de désigner la hiérarchie dans l'univers symbolique propre à notre espèce.
Pouvoir (symbolique) et dominance (éthologique) ne sont pas antinomiques, mais peuvent engendrer une dialectique singulière ; c'est le cas dans les institutions.
On se souvient que J-M HOMBERT et G. LENCLUD (2014) font de l'« institutionnalisation » le fondement de la convention sociale humaine ; « La réalité culturelle consiste exclusivement en faits institutionnels dont l'existence procède de représentations partagées », et l'exemple le plus immédiat est celui de la langue d'une communauté linguistique.
Le système d'alliance et de parenté s'effectue selon des règles qui en font un système institutionnel, où les sujets doivent obéir à un système symbolique présenté plus haut, et qui suppose le préalable de la langue pour faire signifier des liens selon des représentations établies en dehors des sujets qui s'y soumettent.
Pour ces auteurs, « institutionnalisation » est synonyme d'humanisation.
L'institution est une organisation symbolique régie par des lois, des normes, explicites ou implicites, souvent les deux.
Sur le modèle signifiant/signifié, les sociologues distinguent instituant/institué ; mais le couple éthologique d'opposition dominant/dominé n'en est pas pour autant exclus.
Il faut ici faire mention de la dénonciation significative d'E. SNOWDEN (juin 2013), d'électeur/élu en dirigé/dirigeant, qui souligne la substitution politique, réalisée par la surveillance systématique et organisée des citoyens ; une inversion des pouvoirs politiques est traduite par les notions

grammaticales où le rapport actif/passif s'inverse, et le sujet agissant devient un objet agi, observé, manipulé.
Si l'institution confère un « pouvoir », parfois absolu, avec ses attributs, ses fonctions et ses rôles définis par la psycho-sociologie (A-M ROCHEBLAVE-SPENLÉ, 1962), celui-ci est avant tout symbolique et n'élude pas pour autant les rapports de dominance ; la « théorie du rôle » suppose des codes de comportement qui évacuent le sujet réel pour le confiner dans une représentation sociale où il est contraint. Pourtant derrière le « personnage », social, un soi véritable existe, qui peut d'ailleurs être en contradiction avec le devoir de la charge ; c'est le ressort de quelques tragédies classiques.
Normalement, le sujet garde une distance critique par rapport à son « rôle », et évite de s'y identifier, comme le fait un acteur : un général ne porte pas nécessairement la culotte à son domicile. Sinon, il court le risque d' «être plus Hérode qu'Hérode », en s'identifiant à une fiction sociale.
L'institution est avant tout un champ de rôles, où la déviance aux normes, explicites ou implicites, est sanctionnée.
D'ailleurs, en tant que psychiatre, il m'a été donné de constater que les institutions les plus rigides (en l'occurrence, l'armée, la police et les douanes) sont particulièrement intolérantes à la «déviance » implicite, et peuvent harceler sévèrement et torturer moralement, voire pousser au suicide, les sujets qui leur échappent, sans qu'ils aient commis une quelconque infraction réelle, ce qui d'ailleurs pose moins de problème puisqu'alors on applique (ou pas) le « règlement » ; par contre les règles implicites sont l'obéissance au dominant (le « meneur »), l'omerta, la soumission.
Par exemple à l'hôpital psychiatrique, une question simple donne une idée du problème : qui a l'usage exclusif des clefs (de porte, de chambre, de cellule, de placard, de cuisine, de coffre, etc.) ?
Elles sont en effet un « analyseur », très élémentaire, du fonctionnement.
Et cela semble toujours une surprise, à chaque fois renouvelée, de découvrir, inéluctablement, les « lois internes » illicites des institutions, qui ont d'ailleurs le plus souvent l'aval de la hiérarchie officielle.
On pourrait aussi évoquer ici les « lanceurs d'alerte », dont la morale les pousse à dénoncer les abus, illégaux, des institutions qui les emploient, et qui se voient ensuite rejetés et même juridiquement condamnés par la société, au minimum ostracisés, bien qu'ils n'aient fait que se conduire en fonction de règles éthiques supérieures ; mais c'est ce qui semble-t-il les rend dangereux.
Les institutions, par le côté astreignant qu'elles imposent, ont un aspect totalitaire.
L' « analyse institutionnelle » (G. LOURAU, R. LAPASSADE) a pour objet de mettre en évidence le fonctionnement réel de l'institution, quelle qu'elle soit. Certains l'ont même utilisée pour faire du « consulting » (P. F. TÉNIÈRE-BUCHOT, 1989, « l'ABC du pouvoir »).
En effet au-delà des rôles prescrits, la réalité des dominances continue de s'affirmer ; tout se passe comme si en évacuant l'éthologie par la porte, elle rentrait par la fenêtre : les interactions, les affects, les leaderships que les règles sociales tendent sinon à occulter, du moins à encadrer, échappent à l'ordre prescrit et continuent d'agir de façon officieuse.
De nombreux auteurs se sont penchés sur la contradiction inhérente à l'institution, notamment psychiatrique ; depuis Nellie BLY, journaliste, qui en 1887 se fit volontairement interner, jusqu'à l'expérience de ROSENHAN, en 1973, qui fit hospitaliser 12 volontaires sains dans 12 hôpitaux psychiatriques américains, les observations sont innombrables, tant sociologiques que psychanalytiques ; les conclusions en sont homogènes : les rôles (de soignant, de malade) sont aliénants dès lors que la conformité aux exigences implicites de l'institution est requise. Le paradoxe du soignant malade fonctionne d'ailleurs comme « analyseur » de l'institution.
Cette prise de conscience a débouché sur des pratiques diverses, allant de la « psychothérapie institutionnelle » à l'antipsychiatrie, et à la politique de secteur en France ; Une volumineuse littérature, qu'il serait fastidieux d'énumérer, rapporte ces démarches.
On retiendra particulièrement « asiles » de E. GOFFMAN (1968), sociologue, qui fait ses « études sur la condition sociale des malades mentaux et autres reclus ».

R. GENTIS fit l'analyse du fonctionnement asilaire d'un service de psychiatrie où il avait travaillé. C'est un constat accablant, où le pouvoir n'est exercé ni par ses représentants médicaux, ni par l'administration, c'est à dire l « 'instituant », qui l'abandonnent d'ailleurs bien volontiers, mais par des

subalternes, sicaires qui exerçaient une véritable obstruction à l'émergence de tout autre discours que le leur.
Or j'eus la curiosité et l'opportunité, quelques 10 ans après son passage, et peu après la sortie de son livre, d'effectuer un stage de 6 mois dans ce même service ; absolument rien n'y avait changé, et l'ignorance délibérée du livre et de la critique était totale. Loin du pouvoir institutionnel et des garanties qu'il offre, des dominants officieux exerçaient un pouvoir discrétionnaire sur les dominés qu'étaient (entre autres) les patients hospitalisés.
Pour avoir organisé des groupes de parole d'alcooliques, j'eus même le privilège de passer devant une sorte de « tribunal syndical » puisque j'attentais à la « régularité du fonctionnement » du service !

Ces expériences sont des monographies personnelles, et ne sauraient avoir une valeur de démonstration générale ; toutefois quiconque a vécu en institution (école, internat, armée, administration, asile, camp, colonie, prison, mais tout autant entreprises), a pu toucher du doigt le côté mortifère de l'organisation symbolique. L'homme fabrique son propre bocal avec les lois officielles, à l'intérieur duquel les individus continuent de se battre et de se combattre.

Il est difficile d'en établir une preuve expérimentale, puisqu'on ne peut soumettre l'homme à des épreuves sans leur aval, pour des raisons éthiques.
Pourtant, même si elle a été très critiquée, voire démentie pour des raisons essentiellement méthodologiques, l' « expérience de Stanford » reste un repère, unique, de l'expérimentation sur les rôles, l'institution, le pouvoir et la dominance. Quoi qu'elle ait été menée par des psycho-sociologues, son aspect éthologique retient l'attention.
Ph. ZIMBARDO y met en évidence « l'effet Lucifer ».
Rappelons brièvement le principe de l'expérience : 18 sujets, volontaires, sont distribués en gardiens et prisonniers dans une fausse prison, située dans les locaux mêmes de l'université aménagés pour l'occasion ; ils sont filmés, à leur insu, en permanence.
L'expérience qui doit durer 15 jours est interrompue par l'expérimentateur au bout de 6 en raison des comportements de sadisme et de masochisme, et des effets psychologiques désastreux sur les sujets, qui avaient la possibilité s'ils le souhaitaient d'interrompre leur participation à l'expérience.
La violence des gardiens confine parfois à la torture gratuite.
Les critiques (J-F MARMION, 2011) sont nombreuses et fondées, certains sujets tendant à « sur-jouer » leurs rôles ; mais surtout, il semble que Ph. ZIMBARDO ait été lui-même le premier otage de son expérience et se soit avéré incapable de rester objectif dans l'observation du déroulement de l'expérience, en s'identifiant à un véritable directeur de prison.
Or au lieu de remettre en cause l'expérience elle-même, ce sont les critères d'analyse qu'il faut réviser : l'hypothèse de base était simplement erronée et aurait dû envisager ces comportements « déviants » (y compris celui de P. ZIMBARDO) comme des paramètres possibles, cette expérience étant un bocal institutionnel qui n'échappe pas aux lois de son fonctionnement, y compris pour celui qui l'a mise en place.
Néanmoins, on en retiendra quelques enseignements du point de vue éthologique : des sujets, que leur vie sociale n'a pas ou peu prédisposés à devenir des bourreaux ou des victimes, se révèlent dans un jeu de rôle endosser des comportements où l'empathie et l'humanité disparaissent pour laisser place à une nature violente de comportements de dominance ou de soumission. Le rôle social prescrit a normalement un cadre défini, avec des représentant d'un pouvoir d'un côté, et de l'autre des sujets subalternes obéissants ; or très vite c'est une confrontation dominants/dominés, d'une tout autre nature, qui se fait jour, dépassant le cadre de l'instituant et du symbolique.
L'expérience a donné lieu à une abondante littérature et à deux films (2010, 2015), équivalents à des discussions/argumentations, qui dénotent le caractère violemment émotionnel de la révélation de « l'effet Lucifer », qui a ultérieurement été invoqué notamment dans des évènements comme ceux d'Abou Ghraib en Irak, du fameux camp S-21 au Kampuchéa, ou de Guantanamo.
En réalité, il se passe là, très normalement, en accéléré, ce qui se passe dans toute institution, et puisque Ph. ZIMBARDO se met dans la situation de F. De WAAL au zoo d'Arnhem, il doit prendre en compte les caractéristiques propres à l'espèce qu'il étudie, sa dissociation entre le côté symbolique

des comportements et leur côté réel, ou, pour reprendre les termes de J-M HOMBERT et G. LENCLUD, envisager, au-delà de l'instituant, l'institué.
L'analyse institutionnelle conduit à la conclusion que, plus que la compétence, c'est la dominance qui confère le pouvoir ; elle permet, comme il a été constaté par ailleurs dans d'autres espèces, de constituer des alliances, et donc des coalitions qui sont plus efficaces qu'une compétence qui quelquefois s'avère dangereuse pour la hiérarchie en place.
Une enquête menée conjointement par « Libération » et le syndicat CFDT, montre, sur la base de données recueillies auprès de 130 000 personnes, que les promotions sont acquises par le « copinage », la docilité, voire la servilité, très largement devant la compétence et l'honnêteté.
Sur 83 997 réponses, il apparaît que les promotions profitent à 62% « à ceux qui savent se faire mousser », à 48% « aux copains de la direction », à 26% « aux plus dociles », à 20% aux plus compétents, à 12% aux plus diplômés, à 3% aux plus honnêtes.
(http:/www.liberation.fr/auteur/13090-liberation – 17 novembre 2016).
Une enquête d'opinion ne reflète bien entendu que des opinions, non des réalités objectives ; toutefois ce qui importe est, plus que les faits réels, ce qu'on dit de ces faits réels.
Curieusement, alors qu'on pourrait s'attendre à ce que le langage modifie les configurations des groupes en fonction des aptitudes, il semble avoir un effet inverse, et amplifier des phénomènes spontanés et somme toute, naturels.

47/ POUVOIR

« Le prince, devant donc agir en bête, tâchera d'être tout à la fois renard et lion : car, s'il n'est que lion, il n'apercevra point les pièges ; s'il n'est que renard, il ne se défendra point contre les loups »

N. MACHIAVEL, 1515, « Le Prince ».

Dans le même ordre d'idée que Ph. ZIMBARDO, les expériences de Stanley MILGRAM offrent une perspective expérimentale de nature proche de la précédente ; en 1977, il déclarait d'ailleurs : « L'influence de l'Holocauste sur ma propre psyché donna toute son impulsion à mon intérêt pour l'obéissance et détermina la forme particulière sous laquelle elle a été étudiée ».

Paru dans la revue « Human Relations » en 1965, son article décrit « Some conditions of obedience and disobedience to authority », traduit par « Expérience sur l'obéissance et la désobéissance à l'autorité ».
Sommairement, un sujet « naïf », Y, sous l'autorité d'un « maître », X, est chargé d'administrer à un témoin Z attaché sur une chaise (en fait un « complice ») des décharges électriques en dépassant les seuils de douleur d'abord puis les seuils vitaux ensuite, mettant virtuellement en danger la vie du sujet exposé.
17 « variantes » de l'expérience de base, avec 40 sujets par séance, sont réalisées entre août 1961 et mai 1962, avec un maître débonnaire ou autoritaire, un sujet supposé « cardiaque », des rôles assumés par des hommes ou des femmes, avec ou sans collaborateurs etc. Il s'avère que 62% des « naïfs » ou « compliants » administrent les chocs électriques, jusqu'aux doses potentiellement mortelles. En outre, comble du cynisme, presque la moitié des sujets « rebelles » qui refusent d'obéir le font non par compassion mais par crainte « des implications légales » !
Bien entendu, il ne s'agit dans le cadre de l'expérience que d'une « contrainte institutionnelle », aucune sanction n'étant envisagée au préalable contre les sujets « rebelles ».
Ce qui est déterminant dans la motivation, c'est la relation à l'autorité, soit, selon la théorie de la communication, la « source ».
En effet Y est placé dans la situation assez caractéristique du paradoxe : d'un côté la pression de X, l'autorité, le pouvoir officiel, la dominance, de l'autre la plainte ou la supplication de Z (soit l'émotion).
Or on constate une étonnante facilité à se placer en situation de domination subordination, accrue lorsque la « victime » Z est hors de portée de vue ou de voix.
MILGRAM postule un « effet d'empathie » qui diminuerait l'obéissance, et suppose ainsi que « le bombardier ... est coupé de tout affect », et serait ainsi plus facilement obéissant, ce qu'il expérimente en éliminant tout « feed-back » de la « victime » Z vers Y ; aujourd'hui, il pourrait constater que téléguider des drones à 10000 Km de distance sans être obligé de voir ou d'entendre les conséquences de son action conforterait encore probablement davantage son jugement.
Sur un plan éthologique, on soulignera les propos de MILGRAM (1974) qui dit : « Il accepte le contrôle total d'une personne possédant un statut plus élevé ».
La portée de cette expérience est en fait généralisable, et se pose au quotidien dans toute institution : X est le paradigme du « chef », de quelque niveau qu'il soit, ministre, directeur ou contremaître ; Y est l'exécutant, bien souvent en situation de paradoxe, pris entre des ordres ou des contraintes auxquels il doit se soumettre et une réalité palpable ; et Z est, sinon la « victime », du moins l'objet passif.
Ce schéma peut même se concevoir sous cette forme dans des évènements historiques, en dehors de l'holocauste qui a inspiré MILGRAM.
Ainsi en 1917 quand FOCH, en position X, nomme NIVELLE (en position Y) pour des raisons équivoques, celui-ci déclenchera l' «offensive » absurde, dont les victimes passives seront les « poilus », en position Z.

Quant aux « insoumis » ou « non-compliants », et on ne peut manquer d'y associer les modernes « lanceurs d'alerte », ils se sentent coupables de déloyauté ; Et le rebelle « ne peut chasser le sentiment d'avoir trahi une cause qu'il s'était engagé à servir. Ce n'est pas le sujet obéissant mais bien lui, le rebelle, qui éprouve les douloureuses conséquences de son action » (MILGRAM).
S'agissant des sujets dociles, le prix à payer est à l'aune de leur conscience, de leurs principes moraux et de leur empathie pour les « victimes » ; c'est un phénomène appelé « dépersonnalisation », qu'on voit à l'œuvre dans les préalables de toute manipulation : rester dans le groupe, confortablement, avec les avantages qu'on en retire quotidiennement, ou s'en écarter pour devenir le « mouton noir » ?
La question s'est posée, comme pour Ph. ZIMBARDO, de savoir dans quelle mesure S. MILGRAM n'était pas lui-même sujet de son expérience, en obéissant à un impératif supérieur tenant lieu de « maître » : la Science, l'Idéologie, voire, comme il a pu être évoqué, la C.I.A. ?
Les enseignements d'une telle expérimentation ne portent pas sur les aléas de la morale, sur la vulnérabilité de la conscience, ou sur la faiblesse des valeurs, mais sur la prégnance chez l'homme de cardinaux négligés du comportement que l'éthologie seule peut revendiquer.
Et, comme pour tout énoncé, il convient de s'interroger sur l'arrière-plan de l'expérience : S. MILGRAM est de confession juive, il a été très ébranlé par l'horreur des camps nazis, et les premières lignes de son article de 1965 citent la Bible :
« Un agent donne à un autre l'ordre de faire du mal à un tiers ... L'histoire d'Abraham, à qui Dieu ordonne de tuer son propre fils, en offre une expression frappante » ; ainsi définies, les expériences prennent une certaine résonnance : à X – Y – Z correspond la trilogie Dieu – Abraham – le fils qui est celle de l'expérience : le maître – le sujet expérimenté – la victime.
En outre, elles se déroulent alors que simultanément a lieu le procès du bourreau nazi EICHMAN, qui sera exécuté en 1962. Comme avec le procès de Nuremberg, où toute responsabilité était rejetée sur la « hiérarchie », la question se pose de comprendre comment des hommes ordinaires, qui s'assimilent à de simples fonctionnaires, peuvent sans scrupule commettre d'irréparables atrocités ?
Les critiques de l'expérience furent abondantes, surtout quant à sa nature morale ; on a dénoncé le mensonge, voire l'imposture qui en est la base. On a condamné S. MILGRAM lui-même pour la souffrance d'une « démission de soi » infligée à l' « élève », en l'accusant d'avoir joui abusivement de sa position d'autorité.
8 réplications de son protocole ont été réalisées entre 1968 et 1985, toutes en dehors des U.S.A. ; en Italie, en Afrique de Sud, en Jordanie, en Allemagne de l'Ouest, en Australie, en faisant varier les paramètres : l'autorité, l'élève sont des femmes ; des enfants (96 filles et 96 garçons) avec les problèmes déontologiques que l'on peut envisager. Les résultats obtenus restent identiques.
A noter l'expérience de HOLFING en milieu hospitalier (1986): ordre est donné à des infirmières, par téléphone, par un médecin inconnu et fictif, d'administrer un médicament inhabituel en dépassant deux fois la dose limite ; 95% d'entre elles sont disposées à obéir (M. FAZZI, 2013) en violant les règles élémentaires de la déontologie.
Les 17 et 18 mars 2010 France 2 diffusait le « jeu de la mort » (« La zone Xtrême »), sous la forme d'une émission de téléréalité, avec un public chargé de scander « La fortune ! » ou « le châtiment », et une présentatrice donnait ordre aux candidats d'administrer les chocs électriques à un individu (en fait un acteur) attaché à un fauteuil et placé dans une sphère (donc sans feed-back vocal), avec des encouragements de type « Ne vous laissez pas impressionner ! », « c'est à vous, allez-y, continuez », ou « nous assumons toutes les conséquences » : 81% des candidats ont virtuellement administré une décharge mortelle ! Ce qui fait dire aux auteurs (C. NICK et M. ELTCHANINOFF, 2010) « nous obéissons à la télévision davantage qu'à n'importe quelle autre instance ».
Le 12/01/2016, Derren BROWN présentait sur « Channel 4 » en Grande Bretagne l'émission « Pushed to the edge » sur le principe de l'expérience de MILGRAM.
La sélection des candidats et de leur « social compliance » est déjà intéressante : le recruteur, qui siège derrière un bureau surélevé, fait entrer les postulants dans une pièce où sont disposées une vingtaine de chaises en ligne ; 3 « postulants » (en fait complices) sont déjà présents ; quand une sonnerie retentit, ils se lèvent puis se rassoient. Après quelque hésitation, le véritable postulant en fait autant ; puis les suivants ... les complices initiaux sortent, et à la fin du recrutement on voit 20 personnes se

levant au coup de sonnette sans qu'aucune d'elles ne sache pourquoi. Les « non-compliants » sont écartés.
Puis le naïf, en fait le « sujet Y » de l'expérience, est placé dans la situation pour laquelle il a été recruté : participer à une soirée caritative de l'organisation fictive « PUSH », où diverses célébrités (fictives), dont un « milliardaire », sont conviées.
Le principe est celui de la manipulation : à coup de transgressions, minimes d'abord, imposées par le maître de cérémonie en position X, le candidat renonce peu à peu à ses valeurs : par exemple, on lui demande, au nom de l'intérêt supérieur, de mettre des étiquettes « végétarien » sur des petits fours qui ne le sont pas ; on lui fait faire des tâches humiliantes, par exemple quand le « milliardaire » arrive, on lui signifie de débarrasser l'homme de son manteau et de sa mallette, de ranger ses affaires etc.
Sa soumission est de plus en plus acquise, et il est amené progressivement à commettre des actes répréhensibles puis criminels, puisque sous la pression du groupe des invités, il pousse le pseudo-milliardaire dans le vide depuis le huitième étage.
Comme pour l'émission de France 2, on s'étonne du pouvoir de persuasion quasi hypnotique d'un présentateur de télévision, supérieur à celui d'une « autorité scientifique ».

Très critiquées pour leur cynisme, ces expériences selon leurs modalités diverses ont néanmoins l'intérêt de concrétiser l' « engagement social » théorisé par Kurt LEWIN, plus qu'une hypothétique « nature humaine » qui serait non pas méchante mais soumise.
S. MILGRAM (1974) l'a interprétée sous l'angle de la théorie de la communication et de la cybernétique : un émetteur, un récepteur, un code (les cadrans), un signal, un canal, un feed-back lui donnent en effet cet aspect ; on peut pousser plus loin la provocation en y voyant à l'œuvre les principes et les fonctions mêmes du langage définis par JAKOBSON, même si la « poésie » (le contenu) du message laisse ici à désirer.
En fait, la mise au jour de ces principes de dominance est nécessaire et salutaire, faute de quoi tout un chacun peut se soumettre à des principes inculqués par internet ou par la télé-réalité par exemple.
Il faut noter que les sujets « naïfs » sont d'autant plus enclins à obéir qu'ils ont des spectateurs passifs, ressentis comme consentants, et davantage encore si ceux-ci l'encouragent.
Avec le langage, la lecture, l'image, tout sujet est susceptible d'être influencé, surtout quand l'émetteur du message est investi d'une autorité morale, qui peut même être abstraite, comme Dieu.
« La principale leçon est, avant tout, politique » écrit M. TERESTCHENKO (2008). C'est en effet dans l'arène de la société que se joue la dominance qui cherche à se faire pouvoir institutionnel.

Si le directeur, le général, le gouverneur ont les fonctions et les attributs du pouvoir, celui-ci peut en réalité s'exercer à leur insu par un(e) subordonné(e), un(e) secrétaire, un maire du palais, un(e) époux(se), un amant ou une maîtresse, un confesseur, un ministre ; après tout, même LOUIS XIV, pourtant roi, a dû « prendre le pouvoir ».
Cette dualité est fondée sur l'aptitude à user du langage, qui fait d'un orateur un dominant.
Il faut remonter dans l'Histoire pour en prendre la mesure :
Le citoyen DÉMOSTHÈNE n'a-t-il pas fait trembler le grand PHILIPPE par ses « Philippiques » ?
Mais c'est sans doute la Révolution Française (H. LABORIT l'évoque), plus que tout autre événement historique, qui consacre le pouvoir des orateurs et du langage.
Les discours de MIRABEAU, DANTON, SAINT-JUST renverseront le roi ; le pouvoir réel de cette période est d'ailleurs difficile à cerner, il semble se déplacer du Jeu de Paumes à l'assemblée de la Convention, puis des Montagnards aux Jacobins, pour terminer sa course au Comité de Salut Public, toujours scandé par des déclarations mémorables.
Renverser le pouvoir n'est pas chose aisée, même pour un orateur brillant dont la dominance sur ses semblables ne repose que sur la seule compétence conférée par l'aptitude au langage.
Le langage humain offre la possibilité de modifier la hiérarchie quand elle n'est plus conforme à la configuration réelle des rapports de pouvoir.
Paul VALÉRY, poète, penseur et orateur talentueux, écrit : « Dans toute assemblée, celui qui parle fort ou celui qui parle bien mène le jeu. Il y a d'énormes événements qui ont tenu à des puissances de larynx » (« Mauvaises pensées », 1942).

On pourrait bien entendu multiplier les exemples historiques ou présents ; mais la dominance n'est pas le pouvoir, et souvent même quand la dialectique des deux modalités est conflictuelle, la contradiction apparaît en pleine lumière.
On mesure ici l'écart entre dominance et pouvoir : l'Institution a besoin d'un pouvoir, d'un chef institué, investi symboliquement, dont la compétence est tout à fait secondaire ; il peut ainsi, cas extrême, être incapable de parler et de marcher ; les rouages du système symbolique continuent de fonctionner. Jusqu'à ce qu'un orateur puissant puisse les dénoncer.
Le phénomène n'est pas nouveau dans l'Histoire, et l'on considère, par exemple, que La Réforme, et les pouvoirs acquis par Martin LUTHER, sont la conséquence de l'invention de l'imprimerie et de la diffusion du savoir, face à un pouvoir totalitaire où l'Inquisition avait encore sa place. C'est une victoire du langage sur la redoutable force d'inertie de l'institution.

La réalité et l'actualité n'étant pas avares d'exemples, et pour illustrer le hiatus dominance/pouvoir, nous retiendrons celui du plus élevé, ce qui semble le sommet de l'autorité mondiale, la présidence américaine.
D. TRUMP, nouveau président des U.S.A., est un exemple bien documenté dans la presse anglo-saxonne.
Les quotidiens en général y ont une modalité de communication qui s'apparente à ce que nous avons décrit et désigné sous le terme générique de « commérage » : pour présenter un intérêt et capter l'attention, comme dans une conversation, il faut révéler un conflit cognitif, chez un membre connu de la politique, de la haute administration ou de la famille royale ; s'y ajoute souvent, dans la plupart des cas, une distanciation avec le propos sous forme d'humour, bien souvent autodérision, mais aussi, assez volontiers, ironie.
Il n'y est pas rare d'invoquer l'éthologie, qui fait partie de la culture générale, comme cet article de mai 2016 qui titre « Politicians don't just walk like apes, they talk like them too, study suggests » (Dr R. SIGNORELLO, université de Californie) : on y évoque la fameuse « gorilla walk » de G. W. BUSH, mais aussi la façon particulière de parler des candidats lors de leur campagne, qui modifieraient le ton, pour une hauteur de son plus grave et en gommant les aigus, et empruntant une gamme de fréquences plus vaste. Ces caractéristiques seraient interculturelles et inter-genre (cross-cultural and cross-gender) et passent, selon lui, pour un signe de dominance lié à l'évolution ; ainsi chez les chimpanzés, la vocalisation (vocal pattern) se modifie selon le statut de dominance. Chez le gorille, le « rugissement » (roar) de basse fréquence bouche ouverte est une menace.
Par contre si les candidats s'adressent à des pairs (au sénat, à l'O.N.U.), ils utilisent une gamme allant de très bas à medium.
Le pouvoir modifie aussi la mimogestualité sur le mode observé dans d'autres espèces, ce que Charlie CHAPLIN avait déjà fort bien rendu dans « Le dictateur ».
Ce langage du corps a été scruté par de nombreux observateurs, notamment lors de la cérémonie d'intronisation du président américain.
Le Dr Peter COLLETT, à Sky News, analyse les mimiques de Donald TRUMP, et note l'absence de sourire, les sourcils abaissés, les yeux convergents, qu'il interprète comme une volonté d'apparaître une menace, en adoptant le visage de « mâle alpha ».
Le menton projeté en avant, le sourire bouche fermée (zipped smile), qui semble élargir la bouche, sont les caractéristiques d'un « cadre supérieur » ; mais aussi, il cache ses dents, rentre le menton dans le cou, comme s'il se sentait menacé.
Selon Carol K. GOMAN, experte du langage corporel, son premier discours trahit, notamment par le mouvement des mains, une volonté de précision et de contrôle.
Patrick A. STEWART souligne sa faculté à utiliser ses mouvements de mains et de bras pour illustrer ses propos. Patti WOOD, dans Mail online, a analysé la séquence où il descend de voiture sans aider son épouse, ni même jeter un regard en arrière, par opposition à la séquence du cadeau où B. OBAMA vient au secours de sa femme embarrassée.
Ce type d'analyse peut paraître non pertinent, toutefois il sensibilise à l'aspect éthologique des comportements ; Un éthogramme pourrait presque être réalisé pour situer l'homme dans les profils de dominance et par ailleurs installé dans une position de pouvoir.

D. TRUMP lui-même s'y adonne, par exemple avec ce tweet : « The way President OBAMA runs down the stairs of Air Force 1, hopping and bobbing all the way, is so inelegant and unpresidential », où il critique la façon décontractée de B. OBAMA qui descend d'avion.
Peut-on envisager la lutte pour le pouvoir au sommet à un affrontement entre deux dominants ? Cette approche éthologique est évidemment réductrice, toutefois on doit considérer l'impact des images diffusées par les média et l'analyse (éthologique) qui peut en être spontanément et inconsciemment faite.
Quant à la parole, elle est passée au même crible par un journal anglais : « Donald TRUMP confuses French translators with mixed-up speeches » (« The Independent », 21/01/2017), qui souligne donc les difficultés rencontrées par les traducteurs français pour comprendre et traduire ses discours.
« TRUMP's vocabulary is limited, his syntax is broken ; he repeats the same phrases over and over » : son vocabulaire est limité, sa syntaxe défaillante et son discours se répète.
Bérangère VIENNOT (in « L.A. Review of Books »), chargée de rapporter les propos de D. TRUMP « into the language of Moliere », se plaint en effet que D. TRUMP parle comme s'il avait quelques « nuages thématiques » à l'esprit, sans les articuler entre eux ; son langage est approximatif : par exemple il utilise le mot « bigly » quand il veut, pense-t-on, dire « big league », ou « swatches of land » pour, en réalité, « swathes of land ». Cela crée des difficultés pour le transposer dans une langue structurée comme le français, mais, ajoute l'article, « pour les locuteurs anglais aussi Mr TRUMP n'est pas toujours la personne la plus facile à comprendre ».

Loin d'être anecdotiques, ces considérations mettent en lumière quelques éléments d'importance ; M. TRUMP, on le sait a été animateur de téléréalité ; sa gestuelle, sa vocalisation sont donc celles d'un professionnel entraîné. A la télévision, ce genre tend à majorer les comportements et la gestualité, un peu comme au cinéma muet, et les spectateurs, passifs, prêtent peu d'attention au sens du texte.
De fait D. TRUMP a utilisé cet « atout (!) » aux dépens d'une profondeur d'analyse, utilisant des images choc, comme le mur-frontière ou le muslim-ban, à la manière d'un animateur, pour convaincre les spectateurs/électeurs.

Avec l'Histoire et la Politique, nous sommes sortis du cadre éthologique pour appréhender une dimension sociétale ; or l'éthologie humaine avant de s'élargir à des dimensions qui relèvent plutôt de la sociologie ou de l'ethnologie, doit procéder à des observations plus approfondies, et probablement créer ses propres concepts pour éviter les transpositions faciles d'une espèce, si proche soit-elle de nous, à la nôtre qui a ses spécificités.
C'est néanmoins une dimension qu'il serait dangereux de négliger, sauf à penser que notre nature est d'un ordre différent de celles que nous croisons ou qui nous ont précédés.

« The question is », said Alice, « whether you can make words mean so many different things ».
« The question is », said Humty Dumty, « which is to be the master – that's all ».

Lewis CAROLL, 1872, «Through the looking Glass »

« La question », dit Alice, « est de savoir si vous avez le pouvoir de faire que les mots signifient autre chose que ce qu'ils veulent dire »
« La question », riposta Humty Dumty, « est de savoir qui sera le maître ... Un point c'est tout ».

Lewis CAROLL, 1872, « De l'autre côté du miroir »

48/ ÉTHOLOGIE HUMAINE : PRATIQUE

« L'homme est un sujet qu'il n'est pas facile de disposer, de faire sauter dans sa main. Il n'est pas facile de tourner autour de lui, de prendre le recul nécessaire.
Le difficile est dans ce recul à prendre, et dans l'accommodation du regard, la mise au point.
Pas facile à prendre sous l'objectif »

Francis PONGE, 1948, « Proêmes ».

Les principes de l'éthologie ont été établis, par N. TINBERGEN (1953), K. LORENZ (1973), notamment ; mais l'éthologie humaine se trouve confrontée à des difficultés qui n'ont pas été envisagées par les pères fondateurs eux-mêmes.
Néanmoins, la plupart des méthodes de l'éthologie peuvent être transposées sans difficulté majeure, comme l'ont fait R. SPITZ et J. BOWLBY chez le nourrisson, et H. MONTAGNER chez l'enfant.
Les méthodes en éthologie humaine reposent sur l'observation sans intervention, si possible caché, et les enregistrements vidéo ont grandement facilité la tâche, puisqu'on peut désormais filmer en continu ; mais un préalable crayon/papier permet de se faire une idée approximative des comportements et de leur signification dans l'interaction.
La grande difficulté que rencontrent les éthologistes qui ont tenté d'analyser les documents, en général des films, est la complexité et la diversité des axes d'analyse pertinents ; le seul regard exprime déjà de nombreuses émotions, comme l'a montré M. ARGYLE ; les mimiques sont bien évidemment à prendre en compte, elles sont nombreuses ; les vocalisations diverses, du gémissement aux cris, voire hurlements ; les contacts physiques : modalité, nature (affectueux ou agonistiques) ; la gestualité dans son ensemble, mouvements de bras, de mains, de jambes ; enfin chez l'adulte la parole, son contenu et sa vocalisation.
En outre comme il a été évoqué avec le caractère analogique des expressions comportementales, la synchronie ou simultanéité des différentes modalités d'expression est la règle.
L'axe temporel est déterminant, les films en 24 images/seconde montrent l'extrême vélocité des gestes, un long sourire de 10 secondes n'a pas le même sens qu'un sourire bref.

Il arrive toutefois de créer des situations expérimentales, pour provoquer les comportements recherchés : c'est ce que fait H. MONTAGNER lorsqu'il met en place une table renversée dont les pieds sont attractifs.
Dans des travaux que j'ai déjà rapidement évoqués, et non publiés pour l'essentiel, je pratiquais l'observation d'enfants handicapés, soit dans leurs comportements spontanés en récréation, mais aussi en créant des situations particulières où un enfant déficient était installé dans une école maternelle, avec des enfants de même âge sélectionnés pour leur comportement apaisant. Ces séances avaient lieu une fois par semaine, et ont permis de constater que des enfants, même très déficients, décodent parfaitement les sollicitations et comportements d'approche, mais s'avèrent dramatiquement incapables d'y répondre de façon adaptée et donc de poursuivre une interaction, malgré le désir qu'ils en ont.

Prendre en compte toutes les composantes comportementales d'interactions de quelques minutes serait d'un coût très élevé en temps, aussi est-il préférable de regrouper en items génériques (agression, apaisement, crainte, isolement…) les conduites observées selon un protocole prédéterminé, avec la grille d'observation ci-jointe, p. 275.

L'éthogramme, c'est à dire le catalogue des répertoires comportementaux, est la démarche initiale, et Mc GREW ou BLURTON-JONES, les pionniers de l'observation éthologique des enfants, ont procédé ainsi.
On établit ultérieurement les rapports des différents items entre eux : par exemple, le nombre d'items agonistiques/nombre d'items apaisants, pour déterminer un profil comportemental.
En fait il apparaît rapidement, et c'est ce qui a essentiellement retenu l'attention, que c'est la cohérence comportementale en syntagmes articulés qui est signifiante : un enfant dont le comportement est structuré, s'il en agresse un autre, le fera après avoir menacé clairement, mais ne portera pas un coup d'emblée ; de même s'il souhaite obtenir quelque chose de quelqu'un, il sollicite d'abord et obtient en général ce qu'il veut sans avoir à le prendre brutalement.
L'influence culturelle est très précoce ; de même que la négation est exprimée au Moyen-Orient par un hochement de tête, comme l'avait signalé DARWIN, le pointer du doigt, geste déictique qui apparaît très précocement et qui passe pour un précurseur symbolique, est très tôt inhibé en Afrique, comme l'ont remarqué des membres de l'équipe du Pr MONTAGNER, en raison probablement de son sens culturel de « geste de malédiction ».

L'observation éthologique des adultes a été réalisée par I. EIBL-EIBESFELDT (1967) ; ses observations portent sur divers peuples : d'Afrique, d'Amérique du Sud, de Samoa, de Papouasie, de France, du Japon ... qu'il filme à leur insu, et qui révèlent, selon son interprétation, des items universels tels que le soulèvement de sourcil, le sourire etc. Son cadre de référence théorique reste l'éthologie objectiviste, et il tient ses sujets à distance, sans jamais faire référence à sa propre culture.
Or comprendre et interpréter un comportement « objectivement », sans connaître la culture ni la langue, est illusoire. C'est « objectiviser » l'autre, ce qui peut être éthiquement discutable en posant l'observateur comme référent.
C'est une telle position qui a amené, selon M. FOUCAULT, la naissance de la psychiatrie et l' « enfermement » : l'autre, en l'occurrence le malade mental, est posé comme radicalement et irréductiblement différent
Or une prise de conscience s'est faite lorsque des intellectuels, notamment psychiatres (B. BETTELHEIM par exemple, à Auschwitz) ont subi ce processus de dénégation de l'altérité, dans des circonstances exceptionnelles, pendant la guerre surtout.
Il avait aussi été décrit dès le XIX[éme] par des enquêtes de journalistes volontairement internés.
La subjectivité, l'empathie, la connaissance approfondie de l'autre sont un « mal » nécessaire à une observation du comportement humain qui veut éviter ces travers.

Les éthologistes animaliers, et notamment les primatologues, savent que pour observer leurs sujets, il faut « faire partie du paysage », être accepté, ce qui demande parfois des mois ou des années.
L'ethnologie enseigne aussi que c'est au contact des peuples étudiés qu'on parvient à élucider leurs rituels, leurs systèmes de parenté, leurs mythes. Car l'homme est, d'abord, un « animal symbolique » (U. ECO, 1984).
En outre, l'observateur se conçoit comme partie intégrante du fait étudié, avec les conséquences que sa présence et sa démarche impliquent.
La sociologie a théorisé l' « objectivation participante » (P. BOURDIEU, 1978) ou la « participant observation » (J. PLATT, 1983), où le chercheur est membre de la situation ; et pour pratiquer l' « analyse naturaliste » (E. GOFFMAN, 1973), il est nécessaire d' « infiltrer » l'institution.

Si l'éthologie humaine envisage, au-delà de la mimogestualité étudiée par I. EIBL-EIBESFELDT, d'approfondir la nature des relations et interactions entre individus, il s'avère nécessaire de pratiquer non une observation « objectiviste » mais bien « subjectiviste ». C'est l'éprouvé qui révèle la subtilité des liens intersubjectifs. L' « observation participante complète » nécessite une immersion, faute de quoi les codes, les messages implicites, les caractéristiques fines ne peuvent être perçues.
Les professionnels du comportement humain, psychologues, psychiatres, sociologues et tous les acteurs des sciences humaines connaissent cette situation où ce qui se joue dans la relation est le fait du patient mais aussi du thérapeute, celui-ci devant être à la fois acteur et spectateur des interactions.

Les principes théoriques de base restent ceux de l'éthologie : étude des modalités d'interaction, place de l'émotion, rapports de dominance, organisation en coalitions, luttes de pouvoir...
En fait tout un chacun fait de l'éthologie en permanence ; mais si l'on est volontiers porté à admettre qu'il existe des rapports de dominance entre l'homme, supposé maître, et son chien, ou plus encore et de façon beaucoup plus engagée semble-t-il entre l'homme et un chimpanzé domestiqué (nous avons déjà entrevu combien cette relation semble déjà complexe), on rencontre une forte réticence à le concevoir entre humains. Et pourtant, ce ne sont ni l'empathie, ni l'altruisme, ni la raison qui guident le monde humain réel (cf. G. GENIL-PERRIN, aliéniste, et son concept d' « altruisme morbide », Paul BLOOM, « Against Empathy », Barbara OAKLEY, « Evil genes »), sauf à adhérer à l' « optimisme irréaliste » postulé par B. RIMÉ où, avec Candide, tout va pour le mieux dans le meilleur des mondes. Toutefois d'autres auteurs, foncièrement pessimistes, considèrent sévèrement nos sociétés où l'on exhibe un « Affect préfabriqué partout simulé pour camoufler la dissolution des liens collectifs et l'anomie générale » (F. CUSSET, « Si chers amis », Le Monde Diplomatique, décembre 2016).

Mais l'homme vit d'abord et surtout dans un monde symbolique, il y est en représentation. C'est l'Institution, ou plutôt l'institutionnalisation qui le caractérise : ce qui est un territoire devient une propriété, même si le mot n'a pas le même sens selon les sociétés ; un habitat devient un domicile etc. ces délimitations symboliques établissent des « normes » :
« Une norme est une sorte de guide pour l'action soutenue par des sanctions sociales ; les sanctions négatives pénalisent l'infraction, les sanctions positives récompensent la conformité exemplaire » (E. GOFFMAN, 1973).
Les institutions s'emboîtent les unes dans les autres : pour reprendre l'exemple du territoire, mon domicile se situe dans une commune, elle-même incluse dans un canton, un département, une région, une nation, enfin un continent, l' « Europe », qui participe au concert des nations édicté par des institutions internationales. Chacune de ces structures ayant un statut, des règlements, des représentants, une hiérarchie.
Si on examine le problème en prenant l'activité comme unité de base, on obtient un résultat identique : un soin délivré dans un service de consultation, l'est au sein d'un hôpital, dans une région sanitaire départementale, puis régionale, l'A.R.S., gérée par le ministère de la santé, qui obéit à l'O.M.S., qui édictent tous des normes autant que des lois.
Ces divers cadres, s'ils délimitent effectivement des lieux, des activités, des temps, sont les contenants d'échanges dont la nature réelle n'est jamais évacuée ; j'ai reproduit ci-dessous des photos de personnages politiques : expressions et postures sont celles de tout un chacun, même si la dimension spectaculaire inhérente au politique y a la prévalence.
E. MACRON y « montre les dents » : pour la première fois, il apparaît comme un « tueur », ou plus exactement comme un dominant agressif ; or c'est précisément à ce moment-là que ce candidat à l'élection en France voit sa cote de popularité grimper. Le message est éthologique : on attend de l'homme politique qu'il domine, et non qu'il soit altruiste ou compatissant. Il a le même degré de pertinence (au sens de J-L DESSALLES) qu'auparavant, mais son image, elle, a changé : il est jugé capable d'éliminer ses concurrents, de s'imposer, de conduire une coalition. D'ailleurs c'est à l'occasion de la formation d'une « coalition » (avec F. BAYROU) qu'un nouveau pic de popularité est enregistré.
Cette attitude n'est cependant recevable que dans le cadre imposé de la « course » à la présidence et du jeu des institutions. Il devra ultérieurement, en changeant de cadre, composer, apaiser, s'allier, c'est à dire faire preuve de diplomatie, comme le montrent les deux autres photos.
Le cadre institutionnel est l'arène dans laquelle nous pouvons envisager d'évaluer les attitudes éthologiques.
F. De WAAL (2005), évoqué plus haut, compare les débats à l'O.N.U. au sujet de l'Irak à un affrontement de primates où des coalitions se mettent en place pour asseoir une dominance ; la comparaison hommes/chimpanzés est abusive, essentiellement du fait de l'institution, qui est un environnement symbolique fortement contraint.
J'en prendrai pour exemple, à l'O.N.U. toujours, le célèbre épisode de « la chaussure de Nikita KHROUTCHEV », en 1960. On sait que le dirigeant soviétique, à qui on refusait la parole, frappa son

pupitre à l'assemblée internationale avec sa chaussure ; il manifestait ainsi sa colère d'une façon très éthologique, comme le font aussi les primates qui frappent le sol avec ce qu'ils trouvent pour manifester leur force et leur puissance. Après quoi il fait une harangue agonistique, ce qui est beaucoup plus humain.
Si on reprend les critères d'analyse utilisés plus haut, il apparaît qu'il exprime une émotion violente en raison probablement d'un, peut-être plusieurs, conflits cognitifs.
Le premier est qu'en lui refusant la parole, on nie le statut de leader auquel il est en droit de prétendre dans cette enceinte même.
Un autre est lié au fond : les U.S.A. sont les maîtres du « monde occidental », coalition hétérogène, face au « bloc communiste », coalition adverse qui a aussi traversé des crises ; ils sont les parangons des vertus du « monde libre » dans cette période dite de « guerre froide » voire de « red scare ». Or un avion espion américain a été abattu en U.R.S.S. ; il apparaît que les Américains se livrent aux manœuvres qu'ils dénoncent chez leurs adversaires !
Le contexte historique n'est pas neutre ; si le Maccarthysme a officiellement été rejeté depuis 1954, il a encore des partisans.
Du côté russe, on a su depuis que Nikita KHROUTCHEV avait tenté, en 1956, par son rapport au congrès du Parti, de « déstaliniser » l'Union Soviétique. C'est probablement aussi un autre conflit cognitif pour le représentant russe puisque l'épisode l'affaiblit dans sa politique interne ; il doit donc montrer une grande fermeté.
Son geste, qui déroge aux « normes », correspond parfaitement à son état d'esprit et à ce qu'il veut afficher. La séquence conflit cognitif/émotion/expression éthologique suffirait à décrire une interaction simple.
Or il s'agit aussi ici d'une autre dimension : l'enceinte est une réunion internationale institutionnelle, régie par des règles explicites et implicites. Ses membres sont des sujets, normalement soumis à des émotions ; mais ici, dans ce lieu et à cette époque, ils sont surtout des symboles : N. KHROUTCHEV s'affirme comme Russe en invoquant la « mère Kouzma », et comme leader d'un bloc politique. En fait son identité subjective est tout à fait secondaire, même si c'est ce qui est mis en scène. Et en dérogeant aux lois internes de l'institution par son comportement, il attire certes l'attention sur sa colère, mais surtout affirme en premier lieu symboliquement la puissance politique de sa coalition.
Il est, comme tous les membres, le « représentant », c'est à dire un signifiant, d'un ensemble plus grand. Et en tant que tel, n'importe quel sujet ayant délégation pourrait remplir ce « rôle ».
Et cette substitution de l'individu en symbole constitue une dimension spécifiquement humaine.

Une éthologie humaine se doit de prendre en compte le comportement contextualisé : le rôle, l'institution, la norme sont autant de contraintes culturelles qui en empêchent une lecture universelle et univoque. L'envers de cette caractéristique est, comme le bocal où le poisson tourne en rond, l'inconvénient des limites imposées ; Rémy CHAUVIN pour décrire les travers de l'étude du comportement en laboratoire, a recours à la métaphore de la chenille dans un tube à essai : elle se dirige inéluctablement vers le soleil, et demeure à son extrémité jusqu'à sa mort, d'où l'on conclut à un tropisme létal pour la lumière; or, c'est l'expérience même qui ne lui laisse pas d'autre choix, alors que dans la nature, elle se mettra à l'ombre.
L'institution, le rôle, sont des contraintes sans issue, car, comme pour la chenille, il n'existe pas de marche arrière, et on ne peut pas plus en sortir que la chenille du tube à essai.

Pour rester à l'O.N.U., qui nous servira de paradigme de l'Institution moderne, puisqu'elle réunit des nations de tous les continents, on mesurera combien le chemin est étroit et balisé dans un exemple qui est avancé par Jean ZIEGLER, diplomate suisse, vice-président du comité consultatif du Conseil des Droits de l'homme aux Nations unies, dans son livre de 2016.
Il évoque Boutros BOUTROS-GHALI, qui fut secrétaire général de L'O.N.U. de 1992 à 1996 ; c'est un homme brillant intellectuellement, cultivé et même érudit.
Égyptien, de confession chrétienne copte, il est marié à une femme d'Alexandrie de confession juive. Ces détails ont de l'importance, ils sont la trame de sa « compétence » ; il est le premier et seul secrétaire général d'origine africaine.

Beaucoup pensent qu'il fut l'artisan de la réconciliation entre l'Égypte et Israël, et même qu'il est l'auteur du discours prononcé par A. Al-Sadate devant la Knesset en 1977.

Il comprit immédiatement la situation induite par la disparition de l'U.R.S.S. en 1991, et en 1993, devenu secrétaire général de l'O.N.U., prend l'initiative d'organiser à Vienne la première réunion mondiale sur les droits de l'homme, consacrant la fin de la glaciation.

L'esprit de « La déclaration de Vienne », qu'il prononce, est clair : « Les droits de l'homme sont, par définition, la norme ultime de toute politique ... » ; il fait voter la création d'une instance, le Haut-Commissariat aux droits de l'homme.

Or les Américains sont secrètement hostiles à ces initiatives et s'abstiennent de voter ; ils refusent de reconnaître les droits économiques, sociaux et culturels, notamment le droit à l'alimentation.

BOUTROS-GHALI se fit aussi connaître par la mise en place d'une commission d'enquête internationale sur le massacre de Cana, au Liban, où était établi un poste de la Finul (Forces internationales des Nations unies au Liban). M. ALBRIGHT, secrétaire d'état américaine, exigea sa dissolution, qu'il refusa.

En 1996, M. BOUTROS-GHALI fut sanctionné, l'administration CLINTON obtint, chose exceptionnelle, qu'il ne fût pas renouvelé dans sa fonction, alors que c'est habituellement et normalement le cas.

Cet homme était-il déviant par rapport à des normes ? A-t-il failli dans sa fonction ? A-t-il été l'objet d'un scandale quelconque ?

C'est là que réside le paradoxe : il a pris son « rôle » au sérieux, il a obéi à une éthique, il a été « pertinent » dans sa fonction. Et il a été sanctionné.

Que l'on compare cette carrière à celle d'un autre secrétaire général, Kurt WALDHEIM, autrichien, et on comprendra mieux l'implicite éthologique de l'Institution. Celui-ci fut en effet secrétaire général de l'O.N.U. de 1972 à 1981, donc deux mandats ; si son passage à l'O.N.U. n'a pas laissé de traces évidentes, on sait par contre que son passé était lourd de crimes. Nazi, ancien officier S.S., il a servi sous les ordres du « boucher des Balkans » et fut le responsable de la déportation en masse des Juifs de Grèce.

Lors de son élection, il était encore sous le coup d'une demande formelle d'extradition formulée par la Yougoslavie en 1947 pour crimes de guerre, qu'on ne pouvait ignorer. Pourquoi R. REAGAN juge-t-il nécessaire de déclarer au journal « USA Today » : « comme des milliers de soldats allemands, il a fait son devoir » ? Pourquoi aucune enquête ne fut réalisée avant son entrée en fonction ? (B. COHEN, L. ROSENZWEIG, 1986).

Dissimulations, silences complices, dénégations, tout porte à penser que l'institution se fait volontiers complice, et que l'essentiel réside dans un implicite non formulé.

L'O.N.U. n'a pas pour mission de consacrer la carrière internationale de criminels de guerre, mais bien de promouvoir la paix notamment au Moyen-Orient ; or la réalité du fait institutionnel est tout autre, et on pourrait multiplier les exemples. Ce qui gît en deçà du discours, et même du langage, échappe à la rationalité, mais se comprend beaucoup plus aisément si on y décèle non des valeurs morales mais des intérêts de près ou de loin apparentés à la volonté de puissance.

Prendre comme exemple une instance internationale a l'inconvénient de laisser penser que ces contradictions sont le fait d'organisations lointaines, dont les buts supérieurs échappent au simple citoyen, et que ces agissements contribuent in fine à la paix du monde. En outre, choisir une telle institution pour échapper au biais culturel d'une société donnée est illusoire, puisque tous les pays représentés appartiennent au même monde, où les Bochimans, pas plus que les Algonkins, les Nenets ou les Bororos, n'ont leur place.

Or un tel constat est fait chaque jour par tout un chacun, qui l'accepte passivement, et les salles d'attente de consultation psychiatrique sont remplies d'individus broyés par les institutions qui les dirigent, et rien ne les en protège, même dans un État de Droit.

Ainsi, pour l'illustrer par un exemple d'actualité, en mai 2016, un avocat, B. RIPERT, est interpellé chez lui dans la région de Grenoble, menotté, et ... interné d'office en psychiatrie !

S'il était déviant, délinquant, criminel, il aurait été évident de le traduire en justice et de l'emprisonner ; or ce n'est pas le cas. Il doit être puni, et la France n'appliquant pas l' « Habeas Corpus » (c'est à dire la protection juridique systématique), la psychiatrie est la solution privilégiée par l'instituant. Cet homme est-il fou ? Personne ne peut se déclarer indemne de troubles

psychologiques, et il s'est trouvé un psychiatre (qui avouera avoir subi des pressions) pour le déclarer aliéné et dangereux ! Portant aucun fait patent ne vient appuyer cette assertion, et son entourage dénie tout trouble du comportement.
Par contre, B. RIPERT a été l'avocat du groupe « Action directe » en 1987 et 1994 ; il est impliqué dans la défense de militants politiques ; cet avocat déjà sanctionné pour avoir dit d'un magistrat qu'il avait « triché » et « menti », est connu des prétoires pour de tels « excès » de vocabulaire. Mais à 65 ans, il reste encore la bête noire de l'autorité judiciaire.
Par bonheur, Me RIPERT fait partie d'une « coalition », les avocats, dont le Droit sinon la Justice est la vocation, et il sera rapidement libéré.

L'équilibre de la société tient, nous dit S. FREUD, au renoncement de l'individu au principe de plaisir et au respect des règles sociales, en contrepartie d'une protection et de la garantie d'une place dans la société humaine. L'adhésion au contrat social implicite a un prix.
En réalité, cette organisation sociale si singulière, institutionnelle, n'est pas un choix mais bien une obligation, une contrainte involontaire qui va de pair avec l'adhésion au monde symbolique. Et celui-ci, par opposition au monde animal, n'est qu'une représentation où à la Nature n'est réservée qu'une place occultée.
L'institution est l'équation symbolique de l'humanisation : faite de règles, de lois, de codes, de hiérarchies, elle est cette part concédée par l'individu et évoquée par FREUD, cette livre de chair consentie comme une dîme à l'organisation symbolique.
Elle exige la soumission à ses impératifs, écrase l'individu, et porte en elle un caractère mortifère fondamental dont témoignent les martyrs, au sens originel de témoins, que sont les « lanceurs d'alerte ».
On ne peut comprendre bon nombre d'évènements si l'on ne conçoit pas que l'institution a sa logique propre, implacable, et qu'elle écrase ceux qui se mettent en travers.
Dans le règne de l'humain, « respirer, c'est déjà être consentant. D'autres concessions suivent, toutes emmanchées l'une dans l'autre », comme le dit le poète (H. MICHAUX, 1950).

Tableau 4 : grille de notation des items observés et regroupés par catégories : apaisement, menace, agression, isolement

NOM DATE LIEU DUREE

Interaction Apaisement	Offrande		Regard
	Main tendue (P ou s)		Contact tactile
	Tête penchée		Soll. Verb.
	Dand/dod^{t}		Soll. d'adulte
	Rire		Contact Verbal
	Rituel/imit.		Jeu
	Obtention		Detourn^{t} tête
Menace	vocale		Main brandie
	Bouche ouv.		Coup amorti
	Buste av.		Coup ritual
Agression	Griffer		Secouer
	Mordre		Prise d'autor.
	Tirer chev.		Agr. en rép.
	Pousser		Agr. redir. objet
	Coup de pied		Agr. redir. enfant
			Jet d'objet
Subi		Crie	Crainte
	Agres.	Pleure	Apaisé
		Rien	Sollicité
	Fuite		
Isolem^{t}	Immobile + Jeu		Déplacements ▲interact.
	Immobile - Jeu		

Photo 1 : Emmanuel MACRON, 24.012017 : mimique et gestualité agressives (dents, regard, faciès), buste en avant, doigt pointé

Photo 3 : Angela MERKEL et François HOLLANDE, 06.07.2016 : sourire mais détournement de la tête, évitement, mains en protection, regard baissé, fuyant. Gêne, Refus du contact

Photo 2 : Angela MERKEL et Theresa MAY ,
06.07.2016 : sourires, regards directs, tête penchée.

49/ LA COMMUNICATION ENTRE ENFANTS.

« Si les hommes s'entendaient à apprendre quelque chose de l'observation directe des enfants, ces trois essais pourraient parfaitement ne pas avoir été écrits »
S. FREUD, 1920, Préface à la quatrième édition, « Trois essais sur la théorie sexuelle ».

H. MONTAGNER est déjà un éthologiste connu en 1970 ; élève de M. VUILLAUME, il a notamment réalisé des travaux sur les comportements trophallactiques et les contacts antennaires chez les guêpes sociales et sur les abeilles ; ses observations filmées lui ont valu, dès 1966, de nombreuses distinctions internationales.

Quand il prend connaissance des travaux de E. C. GRANT, W. C. Mc GREW, N. G. BLURTON-JONES, il commence à envisager l'extension des concepts éthologiques à l'humain et s'inspire de ces travaux pour mener ses recherches.

Selon ces critères éthologiques, il va réaliser l'observation des échanges entre enfants de 6 à 36 mois à la crèche, et de 3 à 6 ans à l'école maternelle. Il est sans conteste l'instigateur et le maître de l'éthologie humaine française, avec des méthodes et des observations qui la différencient nettement des conceptions anglaises et allemandes, qu'il ne renie pas par ailleurs.
Le résultat de ces recherches fera l'objet de son livre « L'enfant et la communication » en 1978, sujet auquel j'ai personnellement participé par ma thèse présentée en 1978 sous sa direction.
La méthodologie est celle de l'éthologie animale : les observateurs sont dissimulés à la vue des enfants dans un théâtre de marionnettes intégré au décor, avec un miroir sans tain qui offre une vue d'ensemble de la pièce où les enfants sont le plus souvent libres de leur activité en présence d'une puéricultrice ; des orifices discrets permettent de les photographier ou de les filmer. Parfois, on crée une situation expérimentale en introduisant un jouet jugé plus attractif, ou mieux en proposant une table renversée dont les pieds sont un pôle d'intérêt envié. Ces artifices induisent une situation de compétition qui permet de définir rapidement le « profil comportemental » des enfants.
Les observations sont réalisées dans un premier temps sur papier selon le tableau ci-joint, qui permet une évaluation de la fréquence des items et du profil, puis photographiées en rafales ou filmées, en super 8 ou en 16mm.
Ces méthodes paraissent aujourd'hui obsolètes, car les bobines de films de 3mn (d'un coût en outre très élevé), ayant la fâcheuse tendance à s'interrompre au moment le plus opportun, devaient être remplacées au plus vite. Or les séquences significatives apparaissent de façon aléatoire, et il faut souvent filmer de longs moments où rien ne se passe avant qu'une interaction pertinente ne se produise. La vidéo n'existait pas encore, et ces méthodes permettent de se faire une idée du travail de patience des éthologistes animaux pour capter et enregistrer ce qu'ils voyaient dans la nature.

Contrairement à l'idée que le langage est l'avantage sélectif dominant dans la communication, les enfants utilisent entre eux de façon prépondérante, voire exclusive, jusqu'à un âge où pourtant il est tout à fait acquis, la communication non verbale faite de gestes divers, de vocalisations, de mouvements, de contacts etc... Le langage prématuré serait même un handicap dans ce contexte de collectivité.
Fidèle à ses prédécesseurs, H. MONTAGNER commence par établir l'éthogramme, c'est à dire le répertoire des modalités visibles de la communication. Il se fonde sur les 11000 heures d'observation cumulées du groupe de travail et les 90 000 m d'enregistrement d'images.
En voici un résumé succinct qu'il propose en 1980, qui est beaucoup plus détaillé dans son livre ;

Il regroupe les items comportementaux en 4 catégories :
Apaisement et sollicitation, menace et agression, crainte et retrait, isolement.
Pour reprendre l'expression linguistique, c'est l'axe paradigmatique de la communication non verbale : les items sont interchangeables, leur sens est équivalent, ils manifestent dans le premier cas l'intention pacifique et amicale, dans le second l'agressivité (quoiqu'il y ait une différence comportementale significative entre la menace et l'agression véritable), dans le troisième la peur et l'évitement, enfin dans le quatrième le retrait et le repli sur soi, qui peut aussi être plus ou moins profond.

items d'apaisement et de sollicitation	items agonistiques menace	 agression	items de crainte et de retrait	items d'isolement
sourire inclinaison latérale de la tête inclinaison latérale du tronc dodelinement de la tête dandinement balancement latéral du corps main tendue en supination offrande toucher léger caresse prise du menton dans la main prise de la main baiser position accroupie battre des mains rotation du tronc sautillement sur place échanges vocaux non liés à la menace demi-tour ou tour complet sur soi-même	bouche grande ouverte ou dents serrées, largement découvertes vocalisation aiguë ou sonnant comme "ah" sourcils froncés poings serrés main brandie ou tendue en pronation index pointé vers le receveur bras écartés tête en avant buste en avant tous mouvements brusques en avant coups amortis ou donnés dans le vide bras projeté vers le receveur	porter des coups avec la main ou le poing porter des coups de pied griffer pincer mordre tirer par les cheveux tirer par les vêtements tirer jusqu'à faire tomber secouer pousser jusqu'à faire tomber prendre un objet sans sollicitation préalable porter des coups avec un objet jeter un objet en direction du receveur	agrandissement de la surface de cornée découverte protection par le ou les bras repliés devant le visage mouvements de retrait de la tête recul du tronc ou des membres recul de tout le corps fuite clignotement des yeux pleurs après une interaction	sucer son pouce se triturer les cheveux ou l'oreille sucer une étoffe ou un jouet s'isoler à l'écart, en position debout s'isoler à l'écart, en position assise s'allonger se coucher sur le côté se coucher en rond pleurer en dehors de toute interaction

tabl. 1 - *Liste des items de comportement qui ont été analysés et quantifiés chez des enfants de 18 à 36 mois (à la crèche) et de 3 à 6 ans (à l'école maternelle), lorsqu'ils étaient en activités libres ou dans des situations qui induisaient des compétitions.*
Une séquence est une combinaison de deux items, ou plus.
Les items et séquences d'items ont été calculés chaque mois et chaque année pour chaque enfant.

Ces items sont analogiques, c'est à dire que leur expression reflète l'intensité de leur sémantique : le sourire est plus ou moins large selon que le désir d'apaisement est plus ou moins intense ; l'inclinaison de la tête peut être minime, ou plus appuyée, voire s'accompagner de l'inclinaison du buste ; les agressions peuvent aller du simple coup amorti à la morsure profonde. L'expression de l'item est donc proportionnelle à l'intensité de l'émotion qui la motive. Ils sont aussi synchroniques : plusieurs items de même catégorie peuvent être présentés simultanément, c'est d'ailleurs le cas le plus général ; ainsi sourire, pencher la tête, tendre la main sont les items contemporains d'une sollicitation structurée.
D'autre part, comme K. LORENZ, R. HINDE et d'autres l'ont noté chez l'animal, des items ambivalents vont refléter des affects contradictoires : par exemple, l'offrande à un enfant agressif pour tenter de l'apaiser va s'accompagner d'un regard craintif, voire d'une posture anticipant une fuite éventuelle.
L'axe syntagmatique, diachronique, est constitué par les « phrases motrices », séquences qui enchaînent successivement différents items dans le temps. Un enfant s'approche doucement d'un autre, puis sourit, s'accroupit et tend la main pour solliciter un jouet, par exemple.

Un comportement peut être ambigu dans l'un ou l'autre axe.

On peut observer parfois une discordance entre items : un enfant approche, penche la tête, mais au lieu de solliciter plonge brusquement le buste en avant vers le jouet de l'autre, ce qui est perçu comme menaçant.

Globalement, les items se regroupent en deux catégories fondamentales : ceux qui élargissent la communication, et ceux qui au contraire la rompent.
Certains mécanismes comportementaux permettent aussi de « canaliser » la menace ou l'agression, ce sont le détournement de la tête ou simplement du regard ; la rotation du tronc ; d'autres permettent de la « rediriger », par la désignation, index pointé, du vide, d'un objet ou d'un autre enfant (qui risque alors d'en être l'objet), par le « sautillement sur place », le demi-tour ou le/les tour/s sur soi-même. Ces « behaviour patterns » (BLURTON JONES) permettent d'éviter l'agression, de multiplier les contacts, d'organiser un jeu collectif.

Tous les enfants ne sont pas, à un âge donné, égaux dans la capacité gestuelle de communiquer ; si certains présentent des séquences structurées, que ce soit dans l'apaisement ou la menace, d'autres en sont incapables et privilégient les agressions abruptes, d'autres enfin restent plus volontiers en retrait, à l'écart des jeux collectifs et des compétitions. Tous disposent des items gestuels et des mimiques adéquates pour manifester leurs affects, tous les décodent, mais tous ne sont pas capables de les structurer en syntagmes signifiants ; les stratégies de communication divergent d'un individu à l'autre.
En situation de compétition, pour l'obtention d'un pied de table renversée par exemple, l'un va s'approcher doucement, sourire, pencher la tête, tendre le bras, monter sur la table et se l'approprier ; un autre montrer les deux poings tendus, s'approcher bouche ouverte, en criant éventuellement, buste penché en avant, repousser plus ou moins violemment l'enfant en place pour obtenir le même résultat. Enfin les comportements peuvent être ambigus, mêlant items d'apaisement et agressions. L'agression n'est pas en soi un comportement aberrant : mais elle est dans le meilleur des cas précédé de menaces ritualisées et ne survient normalement que dans l'échec de l'interaction, lorsque la réponse est inadéquate, en l'absence de réorientation.

On notera d'ores et déjà que l'objet convoité, petite voiture, friandise ou pied de table, ne paraissent pas particulièrement investis et sont souvent abandonnés dès leur obtention ; c'est bien le processus d'obtention qui importe, plus que le fait d'obtenir.
En d'autres termes, l'enjeu est davantage la dominance, pour elle-même, que ce qu'elle procure. Cette constatation ne surprendra d'ailleurs pas les éthologistes, puisqu'on retrouve ici ce qui a été largement constaté par ailleurs, dans la quasi-totalité des espèces animales.

En comptabilisant les pourcentages d'items d'apaisement, d'items agonistiques, d'items de crainte et de retrait, la participation aux compétitions, par rapport au total des items pour un enfant donné, H. MONTAGNER établit le « profil » comportemental selon les axes dominant/dominé, agressif/craintif, social/isolé, certains enfants pouvant changer de catégorie et fluctuer de l'une à l'autre.
Cette comptabilité statistique ne reflète que des quantités, or c'est la « qualité » du comportement qui prévaut, c'est à dire la capacité à structurer les items de façon significative. C'est néanmoins la méthode la plus pertinente à défaut de cette évaluation qualitative idéale.

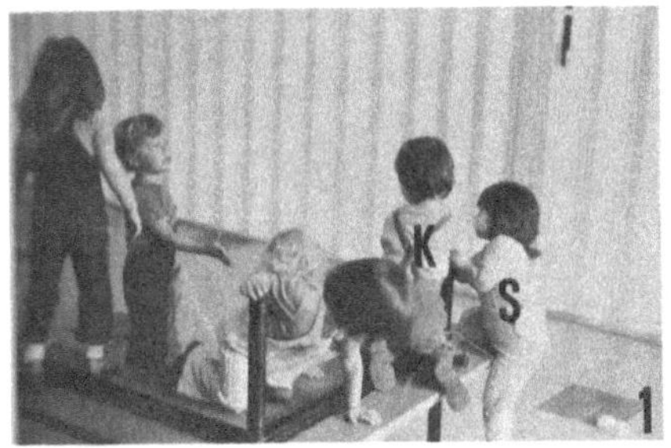
K
S
1

2

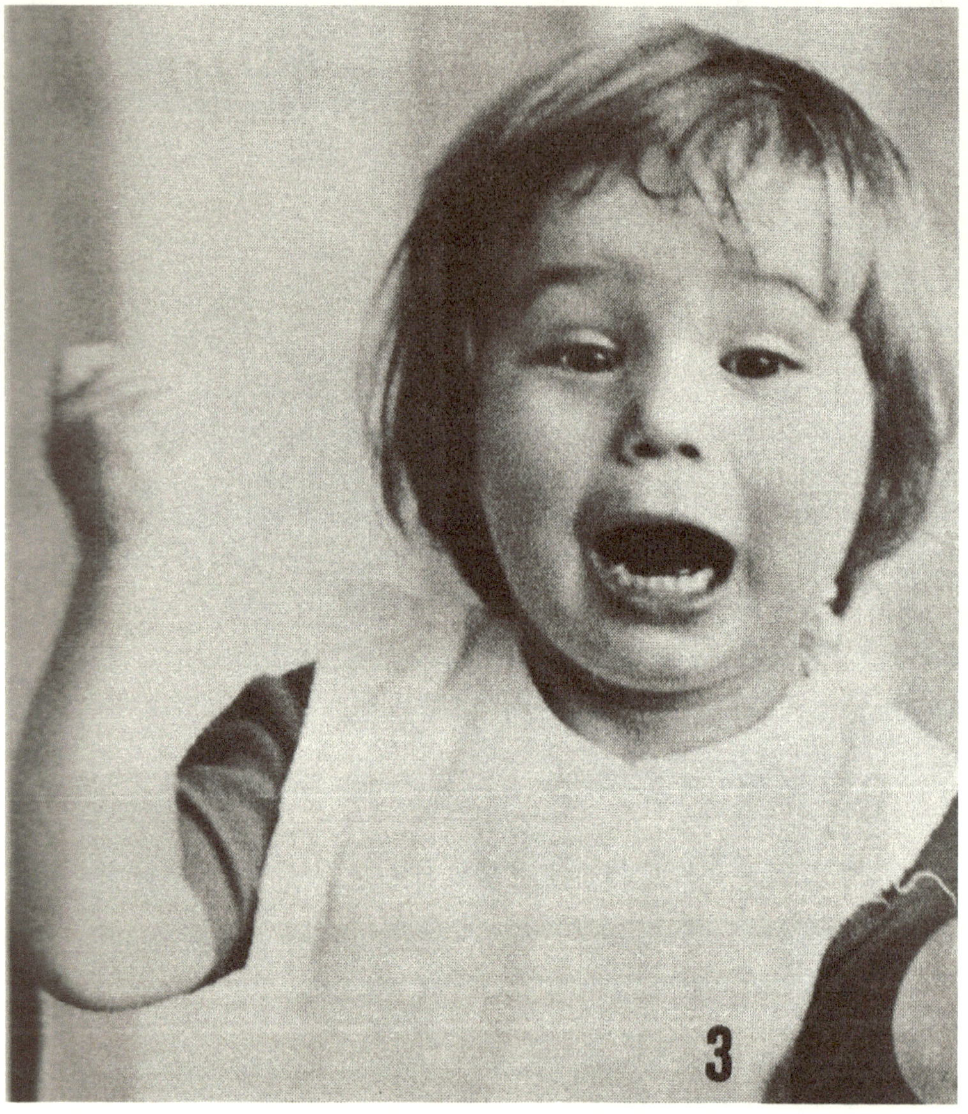
3

APAISEMENT, CRAINTE, MENACE

Images publiées en 1978 dans mon travail de thèse :

PHOTO N° 1 :
en situation « attractive », où les pieds de la table renversée sont investis, l'enfant G menace, bras tendu en supination, tête raide, regard droit, bouche entrouverte sans sourire ; K et S regardent dans sa direction en penchant la tête, on ne voit pas la mimique mais les postures sont « apaisantes ».

PHOTO N°2 :
K « menace », bras écartés, bouche ouverte, sourcils froncés.
Situation triangulaire où l'enfant qui a le dos tourné a probablement un comportement agonistique si l'on en juge d'après la crainte manifestée par l'enfant de droite ; K, dominante, intervient pour s'interposer.

PHOTO N°3 :
Posture de menace caractéristique : bras levé poing serré, bouche ouverte (cri probable), dents du bas découvertes ; à noter une certaine ambivalence exprimée par le regard qui manifeste sinon la tristesse, au moins le dépit.

PHOTO N°4 :
Photo de M. LOMBARDOT, publiée en 1978, caractéristique d'une mimique et posture de crainte : buste en retrait, bras relevé en pronation devant le visage, regard fixe large, sourire qui semble témoigner d'un essai d'apaisement mais déjà proche des pleurs.

Comme c'est le cas en éthologie animale, mais de façon bien plus aigüe, un jugement de valeur subjectif est souvent abusivement attribué au classement des enfants dans une catégorie ou l'autre. Cet investissement affectif, projectif, est inévitable. Pourtant ces résultats ne préjugent en rien d'une personnalité et encore moins d'un avenir adulte de l'enfant. C'est un constat lié à la méthodologie éthologique, dont les objets sont des enfants humains auxquels on applique les critères objectifs de l'éthologie animale. Il ne s'agit en aucun cas de l'interprétation de comportements, mais de faits quantifiables et vérifiables. Dans une situation donnée, à un moment t, on constate que certains enfants se comportent comme des individus que l'on a par ailleurs en éthologie appelés leaders, dominants, isolés etc ...

Le temps initial de la démarche éthologique est l'enregistrement, limité techniquement aux images et au son (outre les données biologiques recueillies par ailleurs que nous détaillerons ultérieurement) ; pourtant toutes les modalités sensorielles jouent un rôle dans ces « correspondances » interactives. Le contact visuel, « œil à œil », est essentiel ; il est normalement maintenu tout au cours de l'interaction (même menaçante), et sa rupture en signe la fin.
L'évitement du regard par détournement de la tête et/ou du corps, par l'abaissement des yeux, est en général un évitement de l'interaction ; il est étonnant de constater d'ailleurs que les adultes agissent de même, et par exemple notamment à l'occasion d'émotions intenses, parfois même se cachent le visage.

La douleur ressentie est aussi une dimension subjective à prendre en considération, mais difficile à objectiver : pousser, frapper, mordre sont des items agressifs plus ou moins violents de l'émetteur, et plus ou moins douloureux pour le récepteur. On peut néanmoins mesurer l'intensité de la réponse suscitée : agression en retour, pleurs et détresse, ou isolement.
Le repli sur soi dans l'isolement est une attitude fréquente de réparation ou résilience, et n'est d'ailleurs pas le propre de l'agressé, l'agresseur l'adoptant souvent aussi parallèlement.

Les planches ci-jointes vont permettre d'illustrer le propos.

PLANCHE 1

Dans cette séquence, image 1, K et E se font face ; on remarque l'apaisement mutuel, le sourire visible chez K, probable chez E, la tête penchée des deux protagonistes, avec toutefois chez K quelques items de crainte, notamment le buste en retrait, le bras indécis susceptible de protéger ;
Puis image 2, les deux enfants se rapprochent, les éléments apaisants se confirment.
Image 3, E monte sur la table ; les signaux de sollicitation et d'apaisement, qui se confirment, ont permis cette promiscuité et enclenché une interaction susceptible de créer une situation ludique partagée.
Dans cette séquence les items sont cohérents, les syntagmes comportementaux construits, et K surmonte sa crainte initiale pour répondre à l'initiative de E.

PLANCHE 2

Sur l'image 1, G prend l'initiative d'une offrande à S ; c'est un item de sollicitation, qui marque le désir d'interaction ; mais il n'est accompagné d'aucun des marqueurs synchroniques de l'apaisement : là où un enfant apaisant pencherait aussi la tête, voire le tronc, s'approcherait doucement, sourirait, etc..., G garde une posture raide, tête droite ; sourit-il ? C'est peu probable si on en juge par l'attitude mitigée de S : buste en arrière, tête baissée, bras semi-replié qui esquisse une éventuelle protection, elle regarde la main et non la face de G.

Image 2, S s'est reculée, regard baissé, les deux avant-bras en posture de protection.

Image 3, son attitude devient franchement craintive, elle esquisse une ébauche d'apaisement, mais continue de reculer ; G, toujours droit, tête raide, ne tente aucun apaisement et met fin à la sollicitation ; l'interaction a échoué.

Comme l'a fait N. TINBERGEN pour la danse de l'épinoche, et après lui bien d'autres, on tente de symboliser ces échanges en notant chaque item, que l'on pourrait représenter par un signe de type émoticône.

PLANCHE 1

K
E
Sourit
tête penchée
retrait
Se rapproche
Sourit
Disparition d'items de crainte
Monte sur la table
Maintien du contact visuel
Contact physique

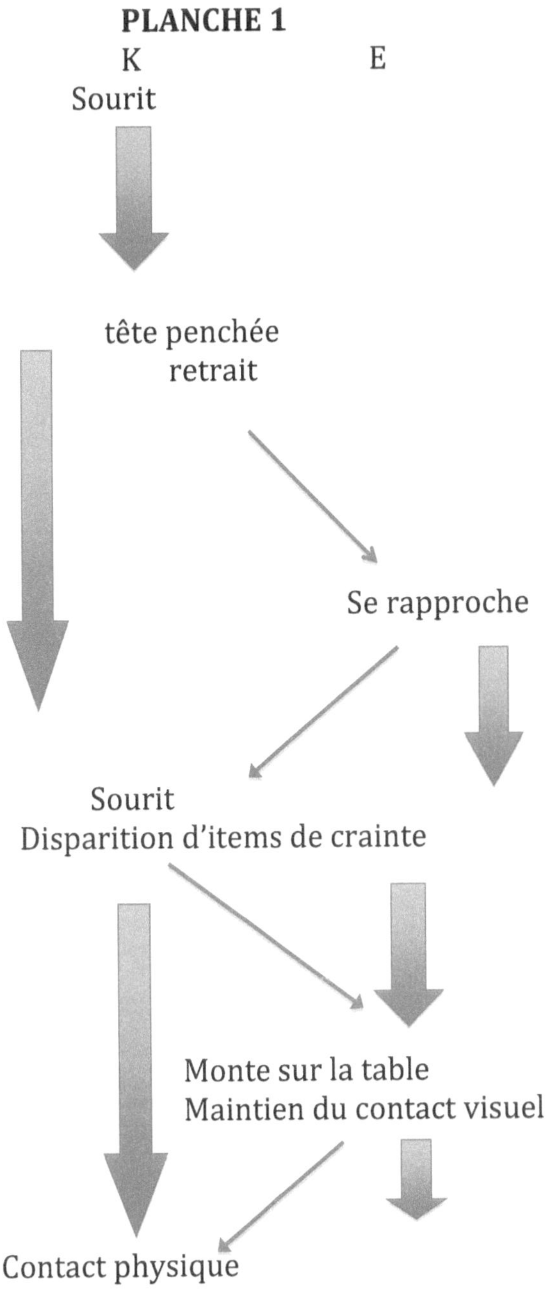

PLANCHE 2

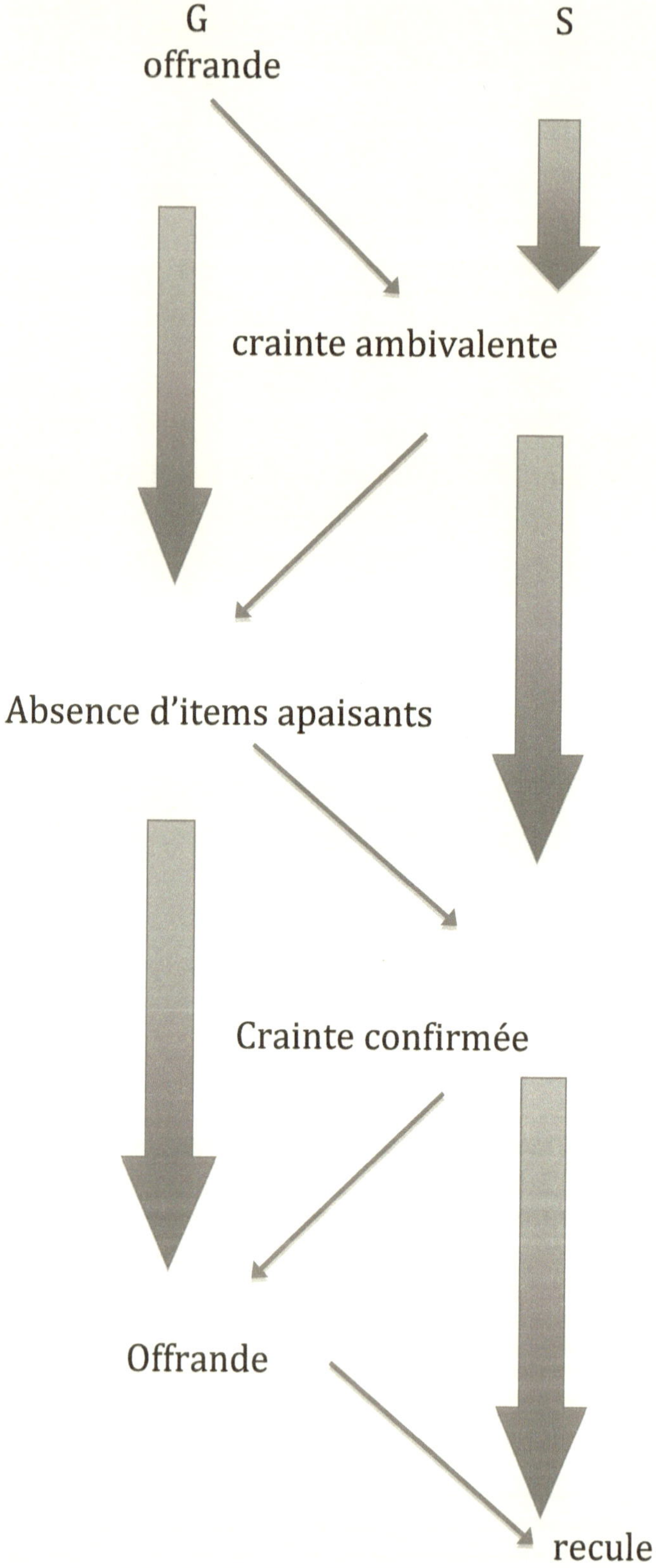

G S

offrande

crainte ambivalente

Absence d'items apaisants

Crainte confirmée

Offrande

recule

Ci-après une représentation plus complète et détaillée de H. MONTAGNER, 1980.

Les contacts s'avèrent multiples en un temps bref, et les interactions nombreuses. La perte d'informations est naturellement considérable dans ce type de schématisation, mais le procédé permet une représentation simplifiée et symbolique de l'activité éthologique à la crèche, comme le font les éthologistes animaliers lorsqu'ils établissent l'échelle de dominance ou le sociogramme d'un groupe quelconque.

Plusieurs informations s'en dégagent :

Lors d'interactions, les items se répondent dans un véritable dialogue comportemental ; une première lecture consiste à définir cette structure syntagmatique sollicitation/apaisement/lien/jeu, ou offrande/crainte/menace/crainte/offrande/rupture comme des questions/réponses dont le résultat final est une proximité et un jeu ou au contraire une rupture du lien.

Une autre lecture, verticale, ne prend en considération que les items d'un enfant donné : K par exemple

<sourit- penche la tête-buste en retrait-sourit-contact>

enchaînement qui a aussi sa logique propre et qui permet à H. MONTAGNER de définir un « profil comportemental » selon les fréquences respectives des items présentés.

Les enfants apaisants sont ceux qui privilégient les comportements ritualisés avec sollicitations, contact visuel, sourire, tête penchée, caresse, offrande etc...

Ils parviennent à désamorcer l'agressivité éventuelle et à obtenir les objets convoités sans agresser.

Ils sont souvent leaders, c'est à dire initient les interactions, les jeux, sont attractifs.

D'autres, qui présentent surtout des menaces, agressions, retrait, sont qualifiés d'agressifs car ils inspirent souvent la peur et la fuite ; mais c'est surtout l'ambivalence et l'inadéquation relative de leur comportement qui induit fuite et peur, en raison de leur imprévisibilité.

Ils sont en outre caractérisés par l'absence d'une cohérence comportementale qui rend leur attitude difficile à interpréter pour leur interlocuteur. C'est l'échec de leurs tentatives de contact qui les rend souvent agressifs ; ils prennent possession des objets convoités par la menace et l'agression, et sont classés alors « dominants-agressifs ».

Les syntagmes comportementaux sont souvent intriqués, on a vu E craintive devant K pourtant apaisante ; et quand G fait une offrande à S, celle-ci se montre d'emblée craintive, sur la défensive, là où K aurait su désamorcer son comportement ambigu.

D'autres enfin, dits « dominés-craintifs », privilégient l'isolement, la solitude, et les comportements de crainte et de fuite sont la réponse de prédilection dans les interactions.

Ces profils ne sont ni définitifs pour un enfant donné, ni immuables ; ils n'ont de sens que dans les occurrences où ils ont été enregistrés, c'est à dire dans un groupe défini, un milieu déterminé, et même s'il est envisageable de les corréler avec une capacité d'adaptation dans un autre milieu, aucune expérience ne permet de l'affirmer.

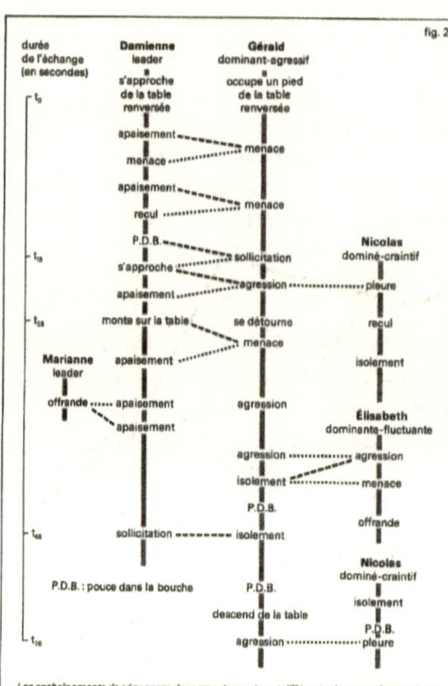

Les enchaînements de séquences de comportement sont différents chez un enfant apaisant de deux ans et demi (Damienne est l'un des leaders du groupe) et chez un enfant agressif du même âge (Gérald est l'un des dominants-agressifs du groupe). Les enchaînements de Damienne sont le plus souvent dépourvus d'items ou de séquences d'agression. Les enchaînements de Gérald sont faits le plus souvent de menaces et d'agressions, parfois d'isolements, et beaucoup plus rarement d'apaisements. Les isolements et les items de crainte et de retrait prédominent dans le comportement de Nicolas, dominé-craintif (cf. tabl. 2).

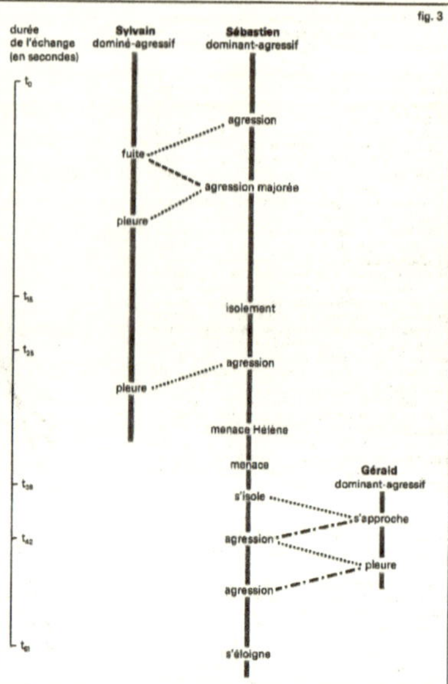

Les enchaînements de séquences de comportement d'un enfant dominant-agressif de deux ans et demi (Sébastien) sont faits le plus souvent de menaces et d'agressions, parfois d'isolements, mais beaucoup plus rarement d'apaisements (aucun dans cet exemple). Dans ce cas, l'enfant dominé-agressif du même âge (Sylvain) présente une tendance prononcée aux items et séquences de crainte et de retrait.

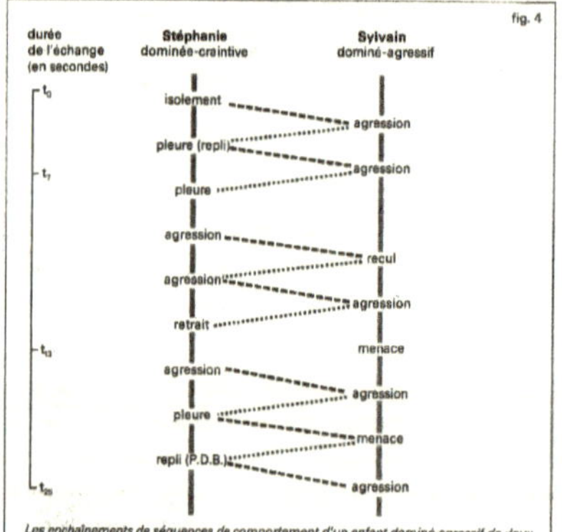

Les enchaînements de séquences de comportement d'un enfant dominé-agressif de deux ans et demi (Sylvain) tendent à présenter la même structure que ceux d'un dominant-agressif lorsque le dominé-agressif est engagé dans un échange avec un dominé-craintif du même âge (Stéphanie). Dans ce cas, les enchaînements du dominé-craintif comportent beaucoup de séquences de crainte et de retrait, mais aussi des agressions et des isolements. Ces deux enfants appartiennent à la même population que ceux du tableau 2, mais n'y figurent pas.

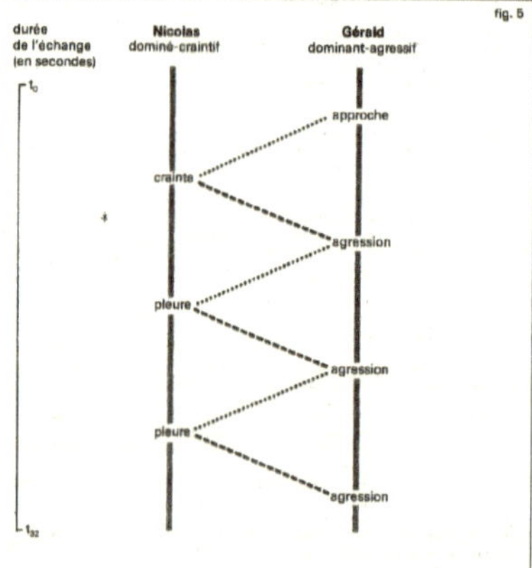

Les enchaînements d'un enfant très dominé-craintif de deux ans et demi, Nicolas, comportent essentiellement des séquences de crainte et de retrait lorsque cet enfant rencontre un dominant-agressif, Gérald (cf. tabl. 2).

H. MONTAGNER, 1980.

L'axe dominant /dominé, directement issu de l'éthologie animale, est qualifié de « sommaire » par H. MONTAGNER (1980). Il traduit clairement cependant la propension à la hiérarchie observée chez toutes les espèces sociales. Comme il existe une « politique du chimpanzé », il existe des stratégies de conduite dans un groupe d'enfants.
La dominance est une hypothèse par défaut nécessaire pour interpréter les phénomènes de groupe, apte à rendre compte des motivations qui l'animent.
Le terme a provoqué bien des réticences, liées à sa connotation subjective ; elle a même pu obérer la théorie de l'éthologie humaine dans son ensemble. Or le terme est directement repris de l'éthologie animale, et ne signifie en rien une supériorité ou une qualité psychologique, mais se veut le reflet d'une hiérarchie comportementale du groupe observé uniquement.
D'ailleurs les enfants précoces, qui privilégient le langage à la communication analogique, sont rarement des candidats aux positions de dominance.
Les situations artificielles de compétition introduites dans l'observation stimulent ces rapports et les révèlent. Il est clair que les objets « attractifs » ou les pieds de table n'ont, pour les enfants même, aucune valeur particulière ; il ne s'agit pas de « posséder » ni de l' « avoir », mais de l' « être », c'est à dire en l'occurrence de définir une identité par une position dans le groupe.
Mais là encore, rien n'est ni définitif ni constant, et ne vaut que dans une situation et à un moment donné.

La **planche 3** illustrera le propos :

L'image1montre les enfants G et S, que nous connaissons déjà ; G est un enfant volontiers agressif, et dominant ; il est en possession du pied de table, pendant que S, à l'arrière-plan, semble pleurer. Elle n'est ni repliée ni isolée et sa douleur semble superficielle.
Image 2, K, enfant « apaisante », entre en contact avec elle pour l'apaiser. S penche la tête (donc ne refuse pas le contact), cesse de se frotter les yeux, tandis que K pointe G du doigt dans un geste de « réorientation » caractéristique.
Image 3, toutes les deux s'orientent vers G, S semble un peu menaçante en s'approchant de lui, G penche la tête, que ce soit pour apaiser ou pour se hisser sur la table.
Photo 4, G présente une posture intermédiaire de menace et d'apaisement (buste plongeant, tête penchée) ; S s'éloigne, se détourne, mais sourit ; K se détourne, porte sa main à l'oreille, geste substitutif, consécutif à la menace de G ou à sa propre réorientation antérieure.
Photo 5, G menace franchement, bras écartés, buste plongeant ; S répond par une menace, bouche et yeux largement ouverts, mais avec des items d'apaisement (mains jointes, tête penchée).
Photo 6, G détourne la tête et donc rompt le contact visuel, S la baisse, après la menace exprimée photo 5 ; K porte sa main au visage, item autocentré probablement consécutif au spectacle de la menace.
Photo 7, S monte sur la table, G la laisse faire.

Cette séquence à 3 protagonistes montre plusieurs choses : des séquences apaisement-menaces-apaisement structurées ; le rôle d'un médiateur, K ; enfin une stratégie « politique » qui permet à S de parvenir à ses fins.

Une éventuelle réponse agressive de G, dont il est coutumier, a été désamorcée, et S parvient à occuper un pied de table dans une relative proximité de G. La stratégie de S, ici décomposée image par image, associe menace-apaisement-détournement, pour aboutir à la position voulue.

g
s
1
k
2
g
s
k
3
g
s
k
4
g
s
k
5
s
k
6
s
7

H. MONTAGNER (1978) détaille des exemples de comportement d'offrande, de lien et d'apaisement, de menace, d'agression, de « canalisation » de la menace et de l'agression, de « réorientation ».
Il accorde une importance déterminante au profil comportemental des parents, qu'il filme lors de l'accueil de l'enfant à sa sortie de la crèche ou de l'école maternelle, dans la construction du comportement de l'enfant. D'après « l'influence familiale », il caractérise les « familles de dominants-agressifs », les « familles de leader », les « familles des dominants au comportement fluctuant », et « les familles des dominés ». Il note aussi les répercussions des paramètres tels que « les évènements familiaux, sociaux ou biologiques qui entraînent une désorganisation profonde des systèmes relationnels de l'enfant » (1980) ; il est tout à fait clair qu'un enfant fiévreux ou souffrant, sur un plan ou un autre, verra son profil modifié.
Par expérience personnelle, j'ai pu constater que l' « effet pygmalion », c'est à dire l'idée que l'institutrice ou la puéricultrice se fait d'un enfant, peut avoir des répercussions tout à fait déterminante sur la position de l'enfant dans le groupe et son attitude : rejeté, il sera volontiers replié, isolé, autocentré, alors que s'il est valorisé il se montre beaucoup plus communicant.

S'ils sont bien l'expression des émotions, les comportements ne sont pas que ça ; ils ont aussi une finalité, un objectif ; ils sont motivés, sans qu'on puisse définir la place, primaire ou secondaire, de l'émotion dans les processus interactifs. La possession du pied de table, qui signe la dominance, n'est pas une fin en soi et ne procure ici aucun avantage particulier. Elle est pourtant un privilège auquel seuls certains des enfants du groupe ont accès.

Sur le plan méthodologique, on notera aussi combien la transcription d'images en mots, soit de l'analogique en digital, est laborieuse et délicate. Objectiver ces situations fluctuantes, qui évoluent en quelques secondes, laisse une large place à l'interprétation subjective. Ce sont des objections justifiées, qui valent aussi pour l'éthologie animale ; dans ce domaine on parle alors d'anthropomorphisme ; en éthologie humaine, l'observateur est confronté à un challenge particulier : s'agissant d'enfants, peut-on écarter son propre vécu, conscient ou non ? Quelle place laisser à la subjectivité ?
Cette question est la base des critiques faites à l'éthologie humaine.

50. BIOLOGIE DU COMPORTEMENT

« Tout est rythme ...Chaque chose, chaque être a une indication particulière. Il porte en lui son chant. »

J. M. G. LE CLÉZIO, 1967, « L'extase matérielle »

H. LABORIT le premier a tenté une définition strictement biologique des comportements (1970,1973) en décrivant leurs structures anatomo-physiologiques et leurs processus métaboliques, notamment les neuromédiateurs ; on sait par ailleurs qu'il a inventé le premier neuroleptique, la chlorpromazine.

Dans un autre domaine, André LEROY-GOURHAN accorde aux rythmes une place prépondérante, puisque « Le geste et la parole », tome II, s'intitule « La mémoire et les rythmes » ; ceux-ci lui apparaissent comme le pont entre le biologique et le culturel, entre le corps et l'environnement. « Le mammifère ... n'existe que dans la synergie des rythmes et des formes », et « L'alternance de temps de sommeil et de veille, de digestion et d'appétit, toutes les cadences physiologiques forment une trame sur laquelle s'inscrit toute l'activité ».

C'est de façon très spectaculaire que la question des biorythmes et de la chronobiologie s'est imposée : du 18 juillet au 14 septembre 1962, un spéléologue de 23 ans, Michel SIFFRE, descend volontairement à 130 m. sous terre, sans indicateur du temps ni repère temporel ; quand il remonte après ces 58 jours passés en profondeur, on constate une désynchronisation de ses différents rythmes biologiques et surtout une surprenante perte de la notion subjective du temps, puisqu'il accusait un décalage de 25 jours de retard entre son vécu et le temps réellement passé sous terre. Bien qu'il faille relativiser ces données, en sachant que l'isolement sensoriel imposé par ce type d'épreuve est un stress considérable proche de la torture, elles amenaient de nombreuses questions.
Cet isolement volontaire fut plusieurs fois renouvelé, en 1966, 1972, jusqu'en 2000, dans des conditions d'observation plus scientifiques et avec des résultats moins insolites. Ces expériences ont avant tout intéressé les militaires, concernés par les débuts de l'aventure spatiale et de la marine subaquatique nucléaire, et assez peu la médecine.
On a néanmoins, dès les années 60, défini le rythme nycthéméral, avec les travaux pionniers de M. JOUVET sur le sommeil ; l'alternance veille-sommeil, réglée essentiellement par la luminosité et la température, est déterminée entre autres par la sécrétion de mélatonine et influe sur celle de la sérotonine, dont le rôle est par ailleurs important sur l'humeur.
Les rythmes circadiens, étudiés notamment par A. REINBERG, concernent les horloges biologiques internes qui déterminent divers métabolismes et fonctions physiologiques.
Ces travaux font apparaître l'importance des synchroniseurs biologiques et sociaux dans le fonctionnement de l'organisme humain, et, sur le plan de l'éthologie, sa structuration en fonction de données sociales ; il n'existe pas d'horloge interne précise des comportements tels que manger et dormir, pour n'évoquer que les plus élémentaires.
Il existe des repères naturels qui fondent la notion très primordiale du temps ; les cycles solaires, annuels ; les cycles lunaires, de 28 jours ; des cycles stellaires : par exemple celui des Pléiades, semestriel, qui disparaissent du ciel de l'hémisphère Nord vers le 11 novembre pour réapparaître 6 mois plus tard ; un cycle terrien, qui alterne jour et nuit et qui diffère selon les latitudes. Ces cycles rythment la vie animale autant que l'activité humaine, biologiquement, mais aussi culturellement, la notion du temps étant aussi essentielle qu'existentielle.

Psycho-physiologiste, H. MONTAGNER s'est intéressé, en même temps qu'aux comportements, aux rythmes biologiques, et a étudié les divers métabolites susceptibles d'en rendre compte, notamment les « hormones de défense » surrénaliennes : les catécholamines (adrénaline, noradrénaline,

dopamine), qui, majorées par les stress, augmentent la glycémie, la tension artérielle et la fréquence cardiaque ; le magnésium ; le zinc ; le 5-HIAA, métabolite de la sérotonine dont on connaît le rôle sur l'humeur. Ce sont finalement les métabolites cortico-surrénaliens, cortisol et 17-OHCS (17 hydroxycortisone) qui feront l'objet d'études systématiques dès 1970. Ces hormones ont un rythme circadien variable selon les heures de la journée, mais aussi selon les évènements vécus par le sujet ; changements de rythme (par exemple vacances/école, ou rythmes du lundi asynchrones et ceux du vendredi, socialement plus congruents, à l'école), modifications dans les relations familiales, changement de comportement d'un ou des parents, altération de l'état de santé, et en général tout stress, physique ou subjectif.
La méthodologie consiste à faire un prélèvement urinaire à intervalles réguliers (toutes les 3 heures) dans les couches pour les plus jeunes, et dans le recueil d'urine du pot pour les autres. Ces échantillons sont analysés, et permettent de dessiner la courbe des excrétions nycthémérales d'un individu donné.
Les premiers résultats, publiés en 1973, établissent une relation entre excrétions urinaires et profil comportemental.
L'étude physiologique permet ainsi d'objectiver les tracés pour un enfant donné selon les évènements qu'il a vécus, mais aussi de comparer les différents enfants entre eux, dans des conditions identiques.
En 1978, H. MONTAGNER détaille les corrélations entre les profils éthologiques et les profils biologiques : les enfants qui présentent un profil structuré ont des excrétions régulières, basses et constantes ; les enfants agressifs ou craintifs ont des courbes irrégulières, alternant pics et creux.
Pour chacun des profils identifiés, il décrit une courbe type :

« Les enfants qui expriment spontanément le plus d'agressions et dont les séquences de comportement sont les plus ambigües et les moins appropriées aux situations vécues , ont les courbes circadiennes moyennes des 17-OHCS les plus irrégulières... en revanche, les enfants les plus apaisants et les plus stables dans leurs comportements (leaders, dominés aux mécanismes de leader), ont des courbes moyennes unimodales assez régulières, avec un pic peu élevé, le plus souvent à 11 heures, et une faible dispersion des taux par rapport aux taux moyens ».
Il met leur physiologie, et leur profil de comportement, en rapport avec l'attitude parentale, et parle d'enfants « menacés, rabroués et agressés », ou « bousculés et réprimés » qui seraient naturellement candidats aux profils agressifs ; d'autres, « étouffés et soumis à de multiples interdictions », sont très à l'écart ; enfin l'attitude « surprotectrice (ou possessive) » en fait des « craintifs ».
Il évoque donc « la grande sensibilité de l'enfant à son entourage familial », et « c'est en fonction des relations que la famille, surtout la mère, établit avec lui, que l'enfant renforce ou module le profil de comportement et le profil surrénalien qu'il a différencié entre 1 et 3 ans ».
Si ces interactions initiales déterminent le profil biologique, les relations entre pairs en milieu institutionnel vont le moduler, puisque c'est avec ses pairs que l'enfant a le plus grand nombre d'interactions. Ses courbes d'excrétion vont s'agencer en fonction du milieu dans lequel il évolue, elles seront le reflet de sa capacité d'adaptation sociale.

Ces résultats sont corroborés, encore une fois, par l'éthologie animale : F. DE WAAL (2005) rapporte les résultats de R. SAPOLSKY qui mesure le taux de cortisol chez les babouins ;
« les taux de cortisol dépendent du succès avec lequel un individu gère ses tensions sociales »
Plus loin, il écrit :
« la réussite d'un babouin mâle ....se mesure au taux de glucocorticoïde dans le sang. Des taux peu élevés signifient que le sujet assume bien les hauts et les bas de la vie sociale – qui pour les babouins mâles se résume en gros à des luttes de position ».
La relation entre biologie et dominance était d'ailleurs connue de longue date, puisque H. LABORIT écrivait en 1974
« Les dominants ne sont plus agressifs lorsqu'ils ont établi leur dominance ... Le dosage des catécholamines urinaires et de leurs métabolites, de même que celui des corticoïdes surrénaliens, montre la faible stimulation de leur système neuroendocrinien comparée aux perturbations profondes de celui-ci chez les animaux dominés (WELCH et WELCH, 1971) »

Chez les enfants, un système cortico-surrénalien très sollicité avec des niveaux hormonaux très élevés et fluctuants les rend plus susceptibles aux affections et maladies, et leurs absences à la crèche ou à l'école sont plus fréquentes, ce qui majore leur désynchronisation.

Sur ces bases théoriques, j'avais recueilli les échantillons d'urine d'une petite fille et de ses deux parents ; ci-joint les courbes de leurs dosages surrénaliens respectifs : on est frappé par le tracé de la petite qui semble la moyenne de ses deux parents.
L'interprétation en reste prudente : qui synchronise qui, et comment, par quel canal ? Dans une famille de trois membres, les possibilités d'interaction sont au nombre de 6 ; chacun reçoit les influences des deux autres personnes.
Il apparaît cependant que l'influence familiale s'exerce (ou se reflète) autant au niveau comportemental qu'au niveau physiologique.

Par ailleurs H. MONTAGNER a étudié l'impact de l'enseignant ou de la puéricultrice sur la biologie des enfants, et a montré que les courbes circadiennes moyennes de l'ensemble des enfants sont influencées par le comportement et la disponibilité de l'éducateur. Si celui-ci traverse une période difficile, pour des problèmes de santé par exemple, les taux moyens en corticostéroïdes de l'ensemble des enfants seront plus élevés.

Au total, il apparaît que le comportement et la physiologie de l'enfant sont soumis à l'influence de multiples facteurs auxquels il répond et s'adapte, à la fois par son comportement et par sa physiologie. Les « synchroniseurs » en sont biologiques, humains, physiques ; ils sont multiples et interviennent à divers niveaux.
Il existe des rythmes circadiens nombreux, le premier étant celui de la veille et du sommeil, qui est aussi un synchroniseur hormonal.
Nous avons constaté, à la crèche et à l'école, l'existence d'un rythme hebdomadaire, avec une désynchronisation nette le lundi après deux jours dans la famille, et une progressive synchronisation au fil de la semaine.
F. HALBERG, A. REINBERG (qui a particulièrement travaillé sur l'excrétion urinaire des 17-cétostéroïdes) ont montré en outre l'existence d'une périodicité annuelle. Dans nos latitudes, elle est surtout marquée par l'existence des saisons qui imposent à l'organisme une adaptation aux amplitudes de température.

Sur ces bases, H. MONTAGNER (1983) a approfondi les rythmes de l'enfant et de l'adolescent, dont les organismes obéissent en outre aux impératifs de la croissance ; les données biologiques et comportementales en sont modifiées d'autant, spontanément mais aussi socialement ; par exemple le passage de l'école maternelle à l'école primaire s'accompagne de changements multiples, avec des restrictions sur le plan moteur, et des contraintes nouvelles de langage et d'apprentissage.

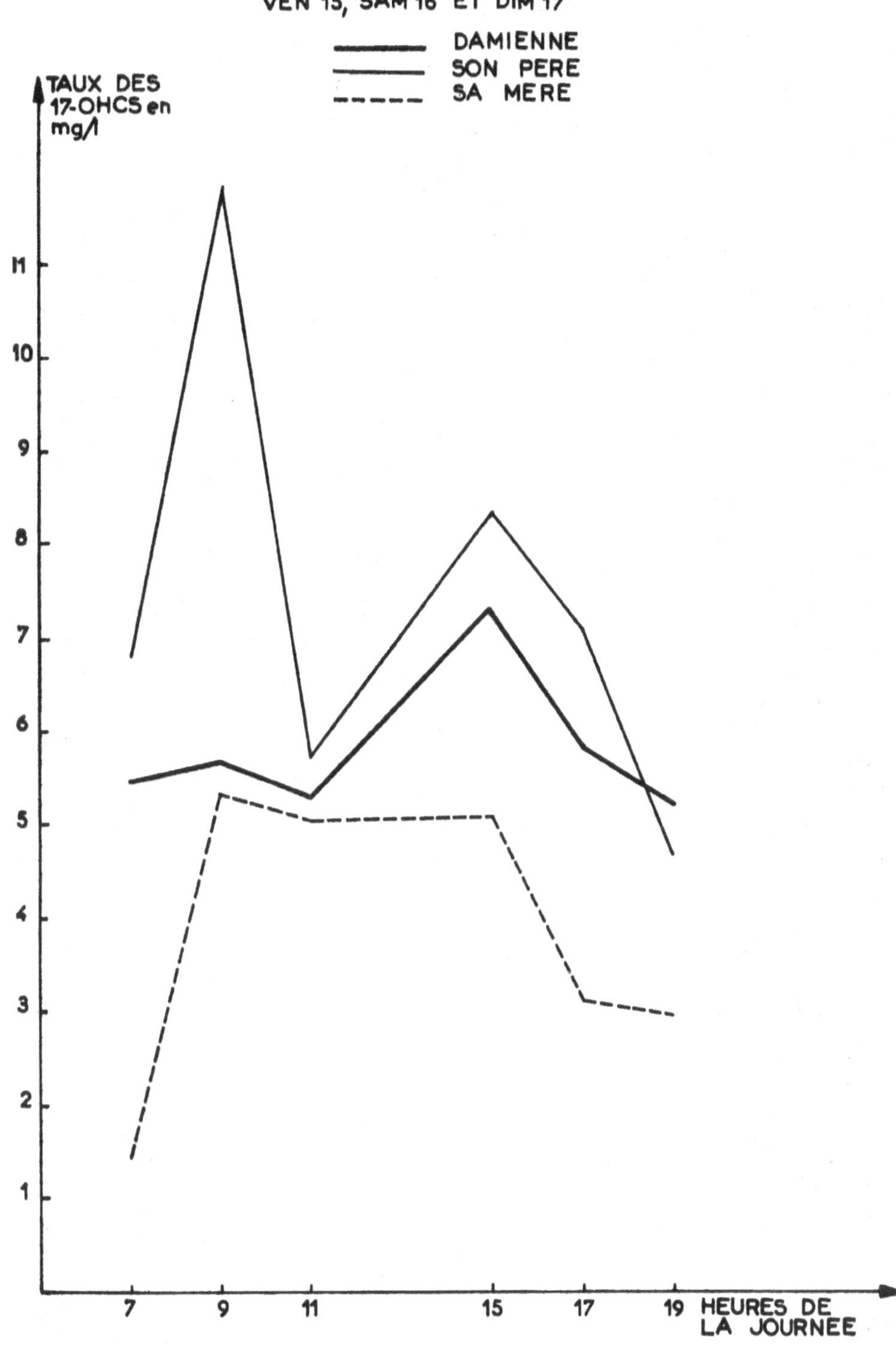
VEN 15, SAM 16 ET DIM 17
DAMIENNE
SON PERE
SA MERE
TAUX DES 17-OHCS en mg/l
11
10
9
8
7
6
5
4
3
2
1
7
9
11
15
17
19
HEURES DE LA JOURNEE

Les chronobiologistes définissent deux autres catégories de rythmes :
-les rythmes infradiens, lents, dont les plus connus sont le rythme mensuel, de 28 jours ; le rythme annuel (par exemple la sécrétion de corticostéroïdes marque un pic en février-mars, la testostérone est à son maximum en octobre) ; le rythme saisonnier, qui recoupe le rythme annuel, est marqué, selon la latitude, par les synchroniseurs d'ensoleillement et de température.
-les rythmes ultradiens, brefs, comme le rythme cardiaque.
Les fonctions physiologiques oscillent ainsi, comme la température corporelle par exemple, entre un minima, le matin tôt, et une maxima, vers 18 heures.
La vigilance et les facultés mentales, mesurées selon des tests divers, obéissent aux mêmes lois ; ainsi dans des conditions identiques, certaines heures sont plus propices aux accidents de la route que d'autres (début de l'après-midi, tombée de la nuit).

En prenant en considération ces divers éléments, H. MONTAGNER (RESTOIN A., 1981) a participé, avec d'autres, à définir les rythmes scolaires, c'est à dire l'organisation du temps de l'enfant à l'école selon ces indicateurs biologiques.
Certaines heures de la journée sont plus propices que d'autres aux apprentissages qui exigent une concentration intellectuelle ; c'est aussi le cas de certains jours de la semaine, le lundi étant le moins favorables du fait de la désynchronisation induite par le week-end.
Enfin l'année est marquée par une vulnérabilité accrue en février/mars surtout, et octobre/novembre à un degré moindre.
Globalement, il propose les enseignements qui exigent vigilance et concentration le matin, après 9 heures, et les matières plus ludiques en début d'après-midi.
Les vacances ne remplissent leur fonction apaisante, sur le plan comportemental et biologique, qu'au-delà d'une semaine ; aussi est-il amené à situer 15 jours de congé scolaire en octobre/novembre, en décembre/janvier et la première quinzaine de mars, moments annuels de vulnérabilité accrue, et des périodes de 7 semaines d'enseignement.
L'année scolaire, débutée en septembre, verrait donc une première interruption de 15 jours fin octobre, puis 7 semaines jusqu'en fin décembre, 15 jours d'arrêt, 7 semaines et une interruption en début mars, 7 semaines puis un arrêt en mai, enfin les vacances estivales de début juillet à début septembre.

Il a pu réaliser un prototype expérimental d'école à Monticello, en Corse, en 2012, où il a mis en place ses critères chrono-biologiques (par exemple à l'arrivée de l'enfant, de 8H30 à 9H, il dispose d'une demi-heure d'adaptation où il peut pratiquer jardinage, chant, couture ... ou rien s'il le préfère !), l'enseignement des matières « dures » s'arrêtant à 15H30 ; une « ferme pédagogique » borde l'établissement, les enfants pratiquent ainsi l'élevage (poules, lapins) ou le jardinage.
C'est un projet global étho-écologique. (E. PAOLI, « Le Monde », 2014/09/18).

Il n'est pas inutile de rappeler ces travaux pionniers sur les rythmes scolaires, puisque la question fait encore débat ; on peut contester, ou mieux affiner ces résultats. Mais ils sont un argument fort, tant que c'est l'enfant, et les apprentissages, qui sont considérés comme une priorité.

On se souvient d'un temps où l'école devait s'arrêter car l'impératif vital de l'époque était la moisson au début de l'été, qui, depuis les grecs, les romains, était l'apogée de l'activité annuelle et nécessitait tous les bras.

Cette époque est-elle révolue ?

Nous avons connu, par exemple, la grande « conférence sur les rythmes scolaires » en 2010.
On pourrait penser le problème résolu, de façon rationnelle. Or aucun pouvoir ne semble réellement en mesure de le faire avancer, et on peut lire, le 02/04/2014, un titre du journal « Le Monde » : « un calendrier scolaire inspiré par le lobby du ski » ; on y découvre que le calendrier a des « répercussions sur l'école, les familles, les collectivités locales, le secteur du tourisme, celui du transport .... » ; les

mots « enfant », « apprentissage », « développement psychique » en sont totalement absents, au profit de l' « industrie de tourisme », « ministre », « intérêts ».

Les conclusions s'imposent d'elles-mêmes, ici comme ailleurs, surtout en matière de sciences humaines, de psychiatrie, d'écologie, de santé publique : les données objectives, les observations scientifiques, la recherche ne sont qu'un élément dans les prises de décision, mais ne sont pas l'objet d'une considération primordiale quand d'autres enjeux pèsent dans la balance.

C'est un problème qui rejoint le rôle du langage : les données objectives, l'argumentation, la vérité même pèsent peu en fait dès qu'un enjeu « institutionnel » se fait jour.

51/ IMMERSION OBSERVATION

« On donne le nom d'observateur à celui qui applique les procédés d'investigation simples ou complexes à l'étude de phénomènes qu'il ne fait pas varier et qu'il recueille, par conséquent, tels que la nature les lui offre ».
C. BERNARD, 1865, « introduction à l'étude de la médecine expérimentale » (in « L'observation », 1984).

Pour H. MONTAGNER (1978), on observe chez les adultes des comportements identiques à ceux des enfants ; il écrit même « la structure du comportement de l'homme adulte en situation de communication apparaît donc comme peu variable ; elle est sans doute fortement dépendante des constructions de l'enfance » ; il décrit donc « l'adulte leader », « l'adulte dominant-agressif » et les autres ...
La notion de structure comportementale, comme celle de structure mentale d'ailleurs, est contestable pour les raisons exposées plus haut : le contexte est toujours déterminant ; on n'est pas « chef », mais « chef de ».
Par ailleurs, l' « animal symbolique » est d'abord un animal parlant ; qu'en est-il du langage et autres moyens de communication verbaux selon le profil comportemental ?

Les conditions d'observation, pour ébaucher une réponse éthologique à la question, ont été définies : une « grille territoriale » (H. LABORIT, 1974) c'est à dire un cadre institutionnel, doit être délimité au sein duquel se déploient les comportements.
Les codes, qui sont un élément essentiel de la définition du groupe symbolique, doivent en être connus par l'observateur, et analysables ; c'est pourquoi, de même que les primatologues rejettent l'objection d'anthropomorphisme, la notion d' « éthologie subjectiviste » m'apparaît une nécessité.
Il est évident que ces codes sont constitués de paramètres divers (sociologiques, culturels, techniques), qui sont néanmoins subordonnés à la volonté d'être (consciemment) compris, et seul un membre de la communauté peut les analyser.
Enfin les éléments subjectifs de l'observateur ne doivent dans la mesure du possible pas interférer avec son objet ; c'est un principe imposé par les enquêtes sociologiques, journalistiques ou autres.

Pour joindre l'utile à l'agréable, après avoir écarté d'autres possibilités, j'ai tenté l'analyse éthologique d'un club de bridge où je sévis depuis quelques années. C'est une structure qui présente de nombreux avantages : bien définie, la pratique du jeu est théoriquement purement symbolique et donc écarte toute interférence parasite ; en réalité bien entendu, il n'en est rien, ce qui permet de considérer comme éthologiquement pertinents tous les actes de comportement ou de parole en principe superflus.
Cette activité a la réputation, infondée, d'être élitiste ; au niveau d'un petit club, ce n'est pas le cas ; c'est une activité peu onéreuse, contrairement à certains préjugés, qui réunit des personnes de tous milieux et de tous âges, pourvu qu'elles soient intéressées par les cartes, et capables de concentration.

Ce jeu de carte se déroule par paires (Est/Ouest contre Nord/Sud) qui s'opposent dans le cadre de tournois, les E/O allant de table en table de jeu, les N/S restant à leur place ; ainsi les donnes identiques sont jouées par toutes les paires pour être comparées. Des cartons sont à disposition pour faire les « enchères » (qui consistent à demander un contrat), à quoi succède le « jeu de la carte », c'est à dire la partie elle-même, qui s'effectue normalement dans le silence, où le déclarant, assis en face d'un joueur qui étale son jeu (appelé « le mort »), doit réaliser le contrat. Le résultat est enregistré dans un petit terminal relié à un ordinateur central.

Dans les compétitions de haut niveau, non seulement le silence est de rigueur, mais un écran empêche les joueurs de se voir.
Bien entendu dans un club, il n'en est rien.
Le cadre symbolique est celui d'une association loi 1901, avec un président, un vice-président, un trésorier et un « bureau » constitué de 8 membres ; une assemblée générale se réunit annuellement ; il compte aussi une commission de discipline et d'éthique de 3 membres.
Le club est affilié, ainsi que les joueurs, à la FFB, fédération française de bridge, instance nationale, qui siège à Paris, et localement à un comité régional qui la représente. Elle édicte un code d'éthique, organise les compétitions, et détermine les classements des joueurs ; pour le jeu même, elle propose le SEF, ou standard de jeu à la française.
Le club lui-même compte environ 200 membres, dont 150 actifs, les autres étant des élèves en formation.
En général, un tournoi compte 20 à 30 tables, soit 80 à 120 joueurs. 4 sont régulièrement organisés chaque semaine.
Un joueur, en général la présidente, ou à défaut un membre du bureau, préside le tournoi, c'est à dire qu'il a autorité pour l'organiser, rappeler à l'ordre les joueurs indisciplinés, bruyants etc. Il siège à la table n° 1, en N/S, dispose du micro et d'un minuteur qui détermine la cadence des parties.
Les autres paires sont réparties à leurs places par tirage au sort.

Cette assemblée n'existe pas par hasard mais en raison d'une affinité dont les motivations sont très diverses. Tous les membres se connaissent peu ou prou, et entretiennent entre eux des relations diverses, dont il ne sera pas tenu compte ici sauf si elles ont une pertinence qui nous intéresse.
Évidemment un sociogramme rendrait compte de la réalité et de la quantité des contacts, mais ce qui importe ici est leur nature.
C'est la structure même du groupe et des interactions qui retient l'attention, dans la mesure où elle détermine des « coalitions », au sens éthologique du terme.
Les plus élémentaires sont celles de couples, qui jouent le plus souvent ensemble, parfois exclusivement.
Les enseignants, dans la mesure où ils privilégient de jouer entre eux, forment un groupe sociologiquement homogène pour des raisons souvent historiques, et constituent de facto une coalition ; dans bien des clubs, ils forment la coalition dominante, qui prend le pouvoir, en raison de la disponibilité de ses membres, de leurs relations professionnelles antérieures, de leur ancienneté dans le groupe, mais aussi des liens qu'ils ont pu constituer avec les membres, souvent anciens parents d'élèves, du fait de leur profession.
Par contre les médecins et équivalents paramédicaux, ainsi que les professions libérales en général, se connaissent mais sont peu enclins aux « alliances » ; certains des joueurs ont été leur patient, il peut demeurer une aura de cette relation antérieure et ils bénéficient du « prestige » social qu'a pu leur conférer leur cabinet en ville ou leur position à l'hôpital, mais sont surtout attractifs à titre personnel, du fait de leurs compétences professionnelles, toujours utiles, qui les amènent à quelquefois faire des consultations in situ, sous couvert d'un avis qualifié.

Les « ingénieur(e)s » (et les « femmes d'ingénieurs » y sont incluses) forment dans le club la coalition dominante et la plus structurée ; ils dispensent des cours aux élèves, exercent un pouvoir effectif, jouent préférentiellement entre eux, et leur mutualisme leur permet d'accéder aux plus hauts niveaux de « pertinence », en l'occurrence aux meilleurs classements. Ils observent une hiérarchie manifeste, avec un chef, ses « lieutenants », et des subordonnés dont le bénéfice est celui offert par la coalition : pas d'agressions internes, sentiment et comportement de supériorité vis à vis des autres membres.

Il existe d'autres regroupements affinitaires, à partir d'autres bases, par exemple les gens des communes voisines tendent à avoir entre eux des liens de plus grande proximité ; et ils jouent plus volontiers ensemble.

Un club dans le club s'est aussi formé, pour organiser une activité de marche à pied ; elle compte une vingtaine de personnes, et a constitué un réseau interne dont le potentiel de dominance s'est concrétisé par l'accession de l'organisatrice à la vice-présidence du club de bridge.

C'est dans les coalitions que l'indice de compétence a une certaine valeur car c'est là que se constituent les « équipes », qui vont faire ensemble les compétitions ; l'intérêt de faire partie d'une coalition réside dans le fait de pouvoir être admis dans une équipe performante ; les luttes de pouvoir et les constitutions d'équipes sont les pôles majeurs d'affects, de coopération mais aussi de tensions et d'inimitiés.

Selon un idéal d'observation éthologique, toutes les interactions devraient être enregistrées et analysées, sur le principe réalisé par F. De WAAL au zoo d'Arnhem. La technique utilisée en crèche consistait à filmer en continu le même enfant pendant des séquences de 20 mn, quels que soient les évènements par ailleurs ; c'est le sujet qui a toujours été le fil conducteur, non l'évènement éventuel.

Ce qui n'a évidemment pas été possible ici, aussi ai-je procédé, assez approximativement, sur le mode sociologique de l'analyse institutionnelle, à partir d'un sujet central considéré comme « analyseur ».
Mon choix s'est porté sur le détenteur réel du pouvoir, chef de la coalition principale, que nous appellerons α, qui répond aux critères du « dominant-agressif » définis par H. MONTAGNER :
« Lorsqu'ils commencent à exprimer des menaces accentuées (brusques avancées du buste, fortes intonations verbales, projections de l'avant-bras avec ou non un doigt tendu), il est possible de prévoir une agression verbale ou physique », ce qui correspond parfaitement au comportement gestuel et aux vocalisations du sujet α, qui semble toujours au bord de la colère.
Toutefois la gestualité n'est pas la dimension que je retiendrai, d'une part parce qu'elle nécessite des enregistrements filmés dont je ne dispose pas ; et d'autre part parce que c'est le langage qui retiendra mon attention, c'est à dire les expressions parlées et écrites, selon tous les média que la technologie actuelle nous permet d'utiliser.
Sur le plan institutionnel, α ne siège actuellement dans aucune instance, il a été président quelques années auparavant ; Cependant il est arbitre, et peut à ce titre intervenir lorsqu'on le sollicite.
Un article du journal de la mairie, de mai 2014, affiché au tableau du club, rappelle qu'il était directeur dans une entreprise internationale de l'industrie lourde.
Par ailleurs, son classement national en fait un membre éminent et qualifié de cette société, bien que toutefois il ne soit pas le mieux classé du club.
Ses interventions portent sa signature ; Par exemple, appelé à une table pour arbitrer, il arrive, posture de menace, et commence par déclarer, violemment, avant de savoir de quoi il retourne :
« Si c'est toi (le mort) qui appelles, je repars tout de suite ! »
ou encore, à des joueurs de deuxième série:
« vous jouez des conventions trop difficiles pour vous ... arrêtez de jouer des conventions que vous êtes incapables de comprendre ! »
Il donne aussi des cours deux fois par semaine, dont il exclut qui bon lui semble...
D'autres cours sont aussi assurés par d'autres membres du club, dont la présidente.

En premier lieu, la situation dans l'espace a son importance en éthologie, et a fait l'objet de travaux ; J.J. DRAÏ (1980), B. CYRULNIK (1987), observent que les leaders se placent en position centrale, d'où ils sont regardés.
Les emplacements sont des privilèges convoités, on a vu des joueurs amener un certificat médical (c'est à dire faire intervenir une institution d'ordre supérieur) attestant qu'ils ne devaient pas être en E/O car cela les exposait au froid des climatiseurs, et devaient donc occuper un emplacement à leur convenance.

α se situe au contraire toujours au fond de la salle, dos au mur, dans l'angle un peu obscur du Sud-Ouest.

Comment ? Alors que le tirage au sort est la règle, il impose à la présidente de lui donner la place qu'il désire, ce qu'elle fait sans discuter.
Pourquoi ? Ce n'est pas pour être vu mais pour observer et intervenir dès qu'il l'estime utile ou nécessaire, notamment si une querelle se déclare, quel qu'en soit le motif.

Exemple : le 6 février 2017, au milieu du tournoi, quand retentit une sonnerie de téléphone portable, il se lève et crie en colère :
« Ce serait pas mal d'arrêter les téléphones portables ! »
Si l'intervention peut être justifiée, elle est en fait normalement du ressort de celui qui préside au tournoi.
L'ironie du sort a fait que 10 mn plus tard, le téléphone de son propre partenaire a sonné, qui non seulement ne l'a pas éteint mais a tenu une conversation téléphonique sans retenue, et sans objection du président de séance.

Les dialogues reproduits ci-dessous ont été enregistrés et transcrits tels quels ; Les enregistrements des dialogues verbaux apparaissent comme une nécessité pour objectiver le discours que l'on tend naturellement à reconstituer mentalement, en effaçant l'aspect « vocalisations »: interjections, hésitations, intensité, tonalité, répétitions, tous éléments éthologiquement pertinents, au profit du seul aspect sémantique, le «contenu», qui est privilégié dans la sélection mnésique des conversations.

Enregistrement de 25:28 du 3 janvier:
À t 2:52, les E/O (Est/Ouest) arrivent à la table, α est en Sud
E/O : - *« Bonjour »*
N/S : ... pas de réponse
La première partie se déroule en silence ; À la seconde, Sud, c'est à dire α, chute 3♥.
À la troisième donne, il joue 5♠ et le mort s'étale :
S (α) : - *« Mais non, quoi, non ! Eh ! Oh ! Eh ! C'est sérieux quand même à ce jeu, hein !.... C'est quoi ce bordel ?!*
Michèle, Eh ! 3 ♥, 3♠, 4♠ !!! Où sont les 6 ? Tu délires maintenant ... C'est de la folie, quoi !
Qu'est-ce que c'est que ce bin's ?! Où c'est qu'y a un bon signe à ce bordel ?...Eh! Faut arrêter de rêver comme ça... .»

Silence de sa partenaire, aucun échange avec E/O qui sont spectateurs.
Finalement il réalise 5♠ + 1, et gromelle (incompréhensible)...

Autre séquence, 15 janvier:
À t 1:25, la paire E/O arrive à la table
E/O : -*« bonjour »*
N/S : ... pas de réponse
À t 4:41, S (α) dit à son partenaire:
S: - *« Fou à lier ...T'es quand même fou à lier ... Tu crois quand même que là maintenant c'est punitif ?! Ça devient punitif ?*
N : - *« Je sais c'que t'as quand même ...»*
S : - *« Comment ??? Mais enfin, qu'est-ce que c'est que ces conneries quand même ?...*
Faut quand même rester raisonnable, hein. »
Silence pendant le jeu, puis :
À t 9:57
E: - *« Moins un »*
T 9:59
S, plus calme : - *« C'est du délire quand même ! Quand je contre, c'est maintenant pour que tu dises 3♣, éventuellement 2♠! J'ai 17 points d'honneur ! C'est pas pour passer sur 2 ♥ contrés ! »*
N : - « J'ai DV de ♠ 3ème ...»
S : - *« Et alors ...C'est quand même fantastique ça ! J'ai 17 points ! »*

Ce qui est intéressant dans ces deux exemples, dont il faut imaginer par ailleurs la coloration émotionnelle, essentiellement colérique, de la vocalisation de α, c'est l'aspect linguistique dans la mesure où il reflète sa position de dominant agressif.
En premier lieu, ne pas répondre au « bonjour » des adversaires est une « déviation des manières et des civilités caractéristiques du groupe » ; et « une telle suppression intentionnelle des rites apaisants normaux équivaut en effet à un comportement ouvertement agressif » (K. LORENZ, « L'agression », 1963) ; Seul α y déroge régulièrement, et certains de ses partenaires en font autant quand ils jouent avec lui.
Or ce comportement ne se comprend, et n'a d'ailleurs de sens, que dans le cadre de l'institution « club de bridge », où un rapport dominant/dominé est établi, et où le chef de coalition peut se permettre des transgressions ; mais sorti du club, ce comportement n'est plus justifié, car il aurait alors un tout autre sens, et signifierait « incivilité », « inimitié » ou « antipathie » personnelle.
Aussi ceux qui attribuent cette attitude a une position personnelle motivée par des considérations privées sont-ils étonnés, quand ils rencontrent α ailleurs, que non seulement il leur dise bonjour, ou réponde au leur, mais encore entame volontiers une discussion.
En effet dans un autre cadre, α et son interlocuteur sont alors membres de la même coalition, en l'occurrence « bridgeurs », en face de celle plus vaste « clients du supermarché » par exemple, ou « citoyens d'Alphaville ». La topographie (ou « carte » pour J-L DESSALLES) mentale distingue le « dedans » de l'institution, formé par l'ensemble des membres du club, et le « dehors », les non-membres.
Par ailleurs, il faut rappeler que ne pas répondre aux salutations des dominés, chez les chimpanzés par exemple, est le privilège du seul dominant ; Dans le monde humain, ce sera une incivilité, ou impolitesse, et le comportement saura éventuellement se justifier par le langage. Mais en réalité, la signification en demeure identique, puisqu'elle traduit une relation de hiérarchie éthologique asymétrique et sans réciprocité. Le langage ne vient ici qu'illustrer un comportement dont les racines phylogénétiques plongent dans un lointain passé.

Disons d'emblée que les altercations entre partenaires sont fréquentes à ce jeu, et la mauvaise foi de règle. Mais l'insulte en est (généralement) bannie, le ton n'est jamais aussi agressif, et la syntaxe respectée.
Dans la forme, ici, il ne s'agit ni de conversation ni de discussion, mais plutôt d'imprécation, au ton impératif et intransigeant.
Quant au vocabulaire lui-même, il est délibérément transgressif en regard du code des échanges rituels, et quasiment grossier.

Par exemple le 23 janvier, à sa partenaire :

- *« pourquoi foutre ... Euh ... mettre la Dame de ♣ ».*

Ou encore, dans ses cours, les dames (Judith, Rachel, Argine, Pallas) sont « *les bonnes femmes* », voire « *les gonzesses* », qui, comme on le sait, « *ne valent rien* »; Personne ne réagit et accepte donc implicitement ces dérogations sur le mode de la « banalisation », en les ritualisant en plaisanteries reprises à l'envi.
Que signifient ces entorses au code du groupe ? Ce sont des transgressions qui testent la dominance : « je suis α, je m'exprime selon mon code agressif, osez me défier ! ». Bien entendu cette attitude ne s'autorise que de la soumission du groupe.
Par ailleurs, et paradoxalement, c'est la structure disloquée du langage qui attire l'attention sur le plan éthologique ; En effet, on y constate l'absence de syntaxe articulée, mais plutôt des syntagmes verbaux sans jonction, des interjections, des interpellations, des imprécations, des admonestations, qui donnent un aspect non structuré à l'expression langagière, dominée par les émotions, comme chez D. TRUMP.

Il est évident pourtant qu'il possède les structures verbales pertinentes, probablement dans plusieurs langues d'ailleurs, et que ces échantillons sont des éléments de langage qui dénotent autre chose qu'une volonté d'exprimer un raisonnement.
Les stratégies d'interaction verbale telles que définies par J-L DESSALLES, d'argumentation et de banalisation, passent ici à l'arrière-plan ; On n'y reconnaît aucune « conversation », dans la mesure où la structure argumentative qui fonde la « pertinence » est ici de l'ordre de l'agression assénée sans réplique. Il ne s'agit pas d'échanger de l'information (« Have you anything unexpected to say? », J-L DESSALLES); L'enjeu primordial réside presque uniquement dans l'affirmation agressive et autoritaire, qui assoit le « prestige », et le message technique porteur d'informations se résume aux critiques violentes des arguments de son partenaire, sans réplique possible.
C'est, dans la dimension du langage, l'exacte transposition du rapport dominant/dominé exercé par un dominant agressif (absence de préalable, de menace, d'ouverture vers un apaisement) tel qu'il a été décrit plus haut.
Le langage, plus peut-être que le comportement, permet la menace atténuée, la mise en garde, le reproche, etc..., préliminaires éthologiques à l'agression verbale; Le propos ici se résume, si on décode les termes techniques, à l'affirmation agressive «je suis compétent; Tu es inepte»

Or c'est ce que H. MONTAGNER décrit dans le comportement des enfants dominants agressifs, l'absence de cohérence dans les syntagmes gestuels, le primat de l'émotion et de l'agression, l'absence des items de lien, apaisement ou sollicitation.
Le parallèle est frappant entre les comportements gestuels impulsifs et non structurés des enfants de la crèche et sa transposition dans le discours d'un adulte de même configuration comportementale, par ailleurs d'intelligence supérieure.
À l'écrit le style est moins transgressif, mais on constate néanmoins une persévération dans l'attitude qui est transposée d'un plan sur l'autre.

Ci-jointe p. 310 la photo d'une affichette en format A4. On remarquera d'abord la couleur verte du document « note aux joueurs ...», très vive, qui attire l'œil; Elle détone parmi les autres documents du tableau d'affichage. Ensuite on remarque qu'au lieu d'être signée de la présidente ou des membres de la commission de discipline et d'éthique, elle est signée par α lui-même, qui s'y substitue.
Ce sont là des transgressions institutionnelles mineures, mais conformes au personnage et à sa position.
Il faut surtout remarquer dans le contenu les premier et quatrième paragraphes, où il se pose en « défenseur » des « victimes », le mot y figure à deux reprises, ainsi que celui de « petits joueurs sans défense ». Nous retrouvons là un élément très classique en éthologie, qui est le registre du dominant protecteur.
Or ici les « prédateurs », ou « coupables » pressentis, menacés, sont largement imaginaires, et même s'ils existaient, aucun de ces débutants n'oserait appeler cet arbitre. Il s'agit ici d'un pur positionnement « politique » : j'agrège les débutants, naïfs, à ma coalition ; si besoin, ils voteront pour moi, si nécessaire ils me soutiendront, enfin conforteront l'image du chef justicier à laquelle je prétends.

Ce garant de la justice et de l'éthique prend son rôle d'arbitre de comité au sérieux, puisqu'il a rédigé un code d'éthique-convenances, tiré pour l'essentiel du code officiel 2007 mais illustré d'explications ; ce code de conduite a été transmis normalement aux joueurs par la présidente, en p.j. d'un message électronique « information aux bridgeurs ».
Le premier article intitulé « Attitude appropriée » stipule :
« Un joueur devrait garder, à tout moment, une attitude courtoise ».
Il l'agrémente d'un commentaire personnel :
« Par exemple en saluant ses adversaires à l'arrivée et au départ de table ».
C'est l'exemple le plus démonstratif du document, puisque α édicte la loi, qu'il ne s'applique pas à lui-même, se positionnant ainsi comme dominant transgressif : l'éthologie prévaut sur la bienséance !!!

Mais en l'occurrence le positionnement symbolique est cohérent, en tant qu'arbitre il lui revient de rappeler le code si nécessaire, et le faire par la voie institutionnelle (la présidente) est légitime. Toutefois c'est un texte qui a beaucoup amusé certains membres car il dévoile en fait inconsciemment une contradiction, sinon une imposture, du rôle d'arbitre.

Le langage s'exprime encore par d'autre media, en l'occurrence les courriers électroniques ; ce sont des écrits, qui n'ont donc pas la spontanéité de la parole, mais qui ne sont pas aussi formels que les textes sur papier. Le style se situe souvent à mi-chemin de l'oral et de l'écrit.
Mais sur le fond, rien n'est changé et le contenu, dont les motivations restent les mêmes, demeure identique.
Le terme « motivation » peut prêter à confusion ; je l'entends ici dans son acception strictement psychophysiologique, celle des « comportements à motivation », et non dans une perspective psychologique ou psychanalytique.

A la suite d'une augmentation importante des impôts locaux, bon nombre d'entre les bridgeurs décidèrent d'écrire une lettre de protestation au maire de la commune, à titre personnel bien entendu, puisque chacun n'était pas concerné de façon identique.
Cet événement fut pour α l'occasion d'affirmer sa position en adressant aux membres du club habitant la commune un premier message électronique très formel.
La démarche pourrait n'être qu'insolite ou déplacée, mais le style mérite d'en être souligné.
En premier lieu, il est envoyé non en Cci, mais toutes adresses électroniques (prélevées sur l'agenda du club) ouvertes et affichées, en contradiction avec les règles de sécurité informatique et de confidentialité.
Pourquoi ? Il s'agit évidemment de faire savoir, « urbi et orbi », qu'il défie le chef d'une autre coalition, et se pose comme porte-parole des « victimes » ; ce faisant, il sort néanmoins du cadre « club de bridge », qu'il utilise comme assise, et s'immisce dans une topographie plus vaste. Il ne s'agit pas en effet d'une taxe supplémentaire due par le club mais bien de sa taxe locale d'habitation personnelle.

L'intitulé du message est
« Vous habitez la commune d'[Alphaville]? Ceci vous intéresse ! », en gros caractères.
Suit une page entière d'adresses électroniques, puis :

« Nos politiciens, vous le savez, sont en général d'une incompétence à faire pleurer, soit parce qu'ils sortent de l'ENA ou SciencesPo, et/ou, quels que soient leur diplôme, ils ont le plus souvent fait dans leur vie plus de politique que ce qu'ils ont travaillé.
Ils arrivent même à laisser leurs convictions au placard, en admettant qu'ils en aient jamais eu, mais souvent, n'oublient pas de s'engraisser au passage, quelle que soit leur étiquette politique !
Notre brillant (!) député-maire n'échappe hélas pas à la règle...
Voici la lettre que je lui ai envoyée mi-octobre, ***et à laquelle il n'a pas répondu à ce jour !***
Je n'y ai mais que des informations à l'épreuve des balles, et n'ai pas parlé, faute de preuves indiscutables, des avantages substantiels de certains élus (voiture avec ou sans chauffeur des édiles voire de leurs épouses.. indemnités non imposables, etc...) ...ni de l'argent public sans aucun doute détourné à [Alphaville] au profit du [parti politique x]!!!
Vous avez l'autorisation de me copier si le cœur vous en dit ! »

Sa lettre au maire y est jointe, que je ne reproduis pas.

Bien entendu, en dehors des éléments entre crochets, il s'agit du texte sans modification, fautes comprises.
Il s'agit là encore d'une transgression, dans la mesure où la dimension engagée dépasse le cadre institutionnel défini, sans l'aval des témoins, concernés à leur insu.
Par ailleurs la nature des émotions en jeu est secondaire ; en fait, les dimensions ethnologique, sociologique, psychologique seraient pertinentes. Mais il est sans intérêt ici de souligner tel ou tel trait

psychologique ou autre que l'analyse de texte ou l'interprétation pourrait révéler, la seule dimension éthologique étant prise en compte.

Sur le plan de la topographie mentale, α se situe ici dans l'ensemble « citoyens d'Alphaville », et la lettre qu'il adresse à son leader est une agression assortie de suggestions pour l'amélioration de la gestion de la ville, c'est à dire, pour reprendre le raisonnement ébauché par J-L DESSALLES, une remise en cause de la compétence de l'édile.
Un mois plus tard, nouveau courrier, avec le même format et en-tête.

« Voici la suite de ma correspondance avec le Député Maire d'[Alphaville]:
1) Ma 1ière lettre du (date)
2) Sa réponse en date du (date)
3) Ma nouvelle lettre du (date), dont j'ai volontairement retardé l'envoi, suite aux terribles évènements du (date), mais à propos desquels, du même coup, j'ai rajouté un petit quelque chose.

Pour votre information, je vous joins
1) Les subventions versées aux associations en 2014
2) La dette de la commune....Regardez le montant par habitant, et comparez à Bétaville, Deltaville, Gammaville...

Sachez enfin qu'Alphaville est noté 0/20 pour sa gestion par l'Association : « contribuables associés » et que je n'ai pas encore trouvé un autre aussi « mauvais élève »
α »

En pièces jointes, sa première lettre au maire, le tableau de l'évolution de la dette de la commune sur les 14 dernières années, celui du delta Revenus/dette, la dette par habitant, sa seconde lettre au maire, la liste des subventions versées aux associations, la réponse du maire, soit un total de 12 pages. Ce qui correspond à un équivalent, dans l'écrit, de l'« argumentation » décrite avec la conversation; Et comme pour le langage parlé, on assiste à une surenchère des protagonistes, le premier estimant ses arguments imparables et sans réplique, le second déclinant ces propos irrecevables, ce qui entraîne une série de preuves «irréfutables», etc.. Selon la même construction dialectale « argumentative » dont il en a été donné des exemples verbaux.

La première question qui vient à l'esprit est : pourquoi se donner tant de peine, pour un résultat que l'on sait nul ?
Il faut d'abord se demander quel est le véritable destinataire de ce courrier ; Ce sont les spectateurs pris à témoin en courrier joint, c'est à dire les membres du club de bridge. Il s'agit d'une « démonstration de force », et celle-ci n'a de sens que devant un public, en l'occurrence les bridgeurs, qui forment son espace de mise en scène ou territoire, a priori acquis à sa cause.
Quel est l'enjeu ?
Il s'agit dans cette argumentation volumineuse de prouver sa « compétence » ou « pertinence », qui, comme il a été postulé plus haut selon « l'éthologie du langage » serait la raison même d'exister du langage.
Enfin la querelle entre deux dominants est la querelle entre deux coalitions : celle du maire, et face à lui celle d'une opposition à sa politique, dont α se fait le porte-parole.
La transgression, consistant à mépriser les convenances que je connais et impose, est déjà une forme de démonstration de force : je fais appliquer la loi que je ne respecte pas moi-même ; Le conflit avec un autre dominant, considéré comme un adversaire à sa taille, est une autre modalité de la démonstration de force qui complète le tableau du dominant agressif adulte.
Et comme chez les enfants pour le pied de table, il ne s'agit pas d'« avoir » ou « d'obtenir », mais bien de pur « prestige ».

Destinataire comme tous les membres du club de son message, et considérant que ne rien dire convient à approuver, je lui ai donc adressé un message à titre personnel :
« Je te serais reconnaissant de bien vouloir limiter ta correspondance électronique, en ce qui me concerne, au jeu de bridge ou aux informations concernant le club dont nous sommes membres. Par ailleurs, il serait souhaitable de mettre les adresses des correspondants en Cci ».

La réponse du lendemain fut tout à fait conforme à ce que je prévoyais, dans la mesure où, soulignant sa transgression, je m'inscrivais de fait mécaniquement hors de la coalition « club de bridge », c'est à dire que je sortais de la carte mentale commune, ce que sa réponse ne manque pas de souligner :

«Dominique,
pourquoi ne m'as-tu pas dit que je t'emmerdais lors de mon premier message sur ce sujet du (date) ?
Je ne t'aurais pas importuné une 2ième fois, ce dont je m'excuses!
Il n'y aura pas de 3ième fois, c'est^promis, même pour le bridge!
α »

Le rappel du cadre provoque une réaction agonistique, dont on mesure, par le texte et les fautes diverses, l'ambivalence et l'impulsivité.

Mon implication personnelle nuit-elle à l'objectivité de l'observation ? Faire la part des choses, entre un vécu, une perception subjective, et la situation, est-il possible ?
Il est évident, dans une relation thérapeutique par exemple, que la personnalité du thérapeute n'est pas indifférente, même s'il aspire à la « neutralité bienveillante » souhaitée. C'est le problème récurrent dans toute relation entre humains, l'objectivité n'existe pas, et d'ailleurs est-elle souhaitable ? Il convient essentiellement, pour un thérapeute, de pouvoir faire la part des choses, consciemment.
Il en va de même dans cette position d'observateur qu'on ne peut concevoir comme « objectivante » en se dédouanant de tout affect.
Et de même qu'un thérapeute se doit de rappeler le « cadre », il m'a semblé utile ici de pointer les limites, sachant d'expérience ce qu'il en coûte.
L'observation, bien que relativement subjective, n'est pas pour autant un faux témoignage, ni même une étude biaisée par le propre vécu éthologique de l'observant, sous la condition d'une certaine capacité d'introspection.

NOTE AUX JOUEURS DES TOURNOIS DE NOTRE CLUB

De plus en plus de joueurs de niveau « modeste » se plaignent du comportement « inamical » de joueurs « supposés de bon niveau ».
Ils ne parlent pas là de la seule courtoisie qu'il convient d'avoir à la table de bridge, et qui est déjà à elle seule très importante. Ils parlent surtout des enchères d'enfumage dont ils pensent être les victimes, peut-être parfois à tort, mais sans doute quelquefois à raison !

Soyons clairs :

1) On n'oblige pas de jouer dans les tournois de notre club le SEF, rien que le SEF, tout le SEF, et de sanctionner tout écart par rapport à cette « bible ».
Ce serait « légalement » possible, mais à mon avis pas souhaitable car il faut laisser la possibilité aux bridgeurs qui le souhaitent :
   - D'expérimenter de nouvelles conventions ou systèmes ;
   - De faire preuve d'enchères « imaginatives » y compris d'enchères destinées à « enfumer » l'adversaire, voire de faire un petit psychique de temps en temps…

2) Mais les conditions impératives doivent être à mon sens les suivantes :
   - Les conventions et systèmes doivent être expliqués clairement et complètement. Par exemple, quand vous affirmez jouer « le Carreau jouable » vous alertez l'enchère de 1♦, mais il faut surtout alerter l'enchère de 1♠, et bien dire, même si on ne vous le demande pas, que, dans votre système, elle peut être faite avec une chicane !!!
   Assurez-vous par ailleurs que votre explication est bien à la portée de vos interlocuteurs « compte tenu de leur niveau de bridge ».
   - Les enchères imaginatives d'enfumage, et les psychiques ne doivent être utilisées que contre les paires réputées « fortes »…

Je demande donc à tous ceux qui se croient victimes d'une enchère « déstabilatrice » contre laquelle leur niveau de bridge ne permet pas de se défendre d'appeler l'arbitre. Celui-ci rétablira si nécessaire l' « équité » et réagira, si nécessaire, contre la paire « coupable de l'indélicatesse ».

Chacun doit comprendre que le bridge ne peut se développer qu'en acceptant que des gens peu aguerris jouent en tournoi, que ces joueurs modestes, s'ils se croient victimes d'injustice, risquent fort de ne plus venir jouer s'ils pensent qu'il y a trop de bons joueurs dans tel ou tel tournoi, voire tout simplement d'abandonner le bridge…
Quant aux soi-disant bons joueurs qui auraient des comportements « coupables » contre les « petits joueurs sans défense » il faut qu'ils sachent qu'ils ne font pas dans ce cas preuve du minimum d'intelligence qui sied à ce jeu, car l'adage « A vaincre sans péril on triomphe sans gloire ! » s'applique au bridge comme dans beaucoup d'autres domaines !

J'espère que tout le monde comprendra mes propos, et agira dorénavant en conséquence !

20 septembre 2014

α

52/ CONTRECHAMP

« Instinct is a great matter, I was a coward on instinct »

« L'instinct est une grande chose ; j'ai été poltron par instinct »
W. Shakespeare, Henry IV, II, 4.

Évoquer un « analyseur » revient à considérer un angle d'attaque permettant de dégager les lignes de structure, la charpente de l'institution, qui sont le véritable objectif de l'analyse.
S'agissant d'un groupe humain organisé, sur la base de règles qui ont été édictées, cet analyseur révèle et permet le diagnostic de la structure du groupe.
S. MILGRAM dans sa « préface à la deuxième édition française », rédigée en 1979, va au-delà de « la nature du processus d'obéissance » et s'interroge, suite à l'écho de son livre, sur les véritables ressorts de l' « obéissance à l'autorité » ; elle serait pour lui « comme la pesanteur, une caractéristique de l'existence qui nous paraît aller de soi ». Il s'étonne cependant de constater que c'est un fonctionnement qui s'observe aussi à l'égard de personnes qui n'ont « aucune autorité légitime », sans parvenir à l'expliquer.
Il suspecte que « l'autorité de l'oppresseur n'est pas incarnée dans un seul individu, mais dans un système de relations complexes » et conçoit que la résistance n'a d'effet que si elle est soutenue par une action collective ; « à moins que l'individu puisse intégrer ses actions dans une communauté élargie qui lui fournira un support, il y a de fortes chances pour qu'il demeure un velléitaire d'une totale inefficacité ».
Les notions de dominance et de coalition, qui font défaut à l'auteur, répondent à ces interrogations en situant le problème non dans la sphère psychosociologique mais dans celle plus profonde de la phylogenèse. Or, et c'est ce que je tente de montrer avec cet exemple, l' « autorité » au sens général où l'entend S. MILGRAM, a schématiquement deux versants : l'un, éthologique, appelé ici dominance ; l'autre symbolique, nommé « pouvoir ».
Quand on considère aujourd'hui le devenir des « lanceurs d'alerte », on est frappé du fait que ces actes individuels, universellement célébrés, soient en réalité punis, et on constate à quel point l'ensemble du système institutionnel est solidaire, puisque tous se sont trouvés emprisonnés, rejetés, ou, au minimum, ostracisés : le Dr I. FRACHON, qui a révélé le scandale du Médiator, et qui est la seule à avoir conservé sa position sociale, en fait état.

En face du pouvoir et de la dominance, la soumission est la règle ; mais elle est relativisée par un certain nombre de mécanismes comme la banalisation déjà évoquée, l'humour, l'ironie, la rumeur et la calomnie, qui sont le reflet de positionnement émotionnels, voire affectifs, qui vont de l'admiration la plus béate à la haine avouée.

Au club de bridge, α n'a que faire des attributs institutionnels du pouvoir, mais a su construire une coalition forte ; la soumission s'exprime de façons diverses.
Celle des « débutants », qui ont l'attitude, décrite par H. MONTAGNER, de « dominés craintifs », doit être contextualisée : ils n'ont ni les repères éthologiques leur permettant d'évoluer dans l'institution, ni la compétence minimale les autorisant à émettre un avis « pertinent ». Cette soumission est d'ailleurs acquise à toute compétence supérieure à la leur, et on a vu qu'α avait su en tirer parti.
Cette masse de soumission passive a toutefois un effet d'entraînement et d'inertie sur l'ensemble du groupe.

Certains par ailleurs montrent une soumission non feinte, et marquent des signes d'allégeance qui confinent parfois même à l'obséquiosité ; ce sont des hommages qu'il reçoit comme s'ils étaient naturels ; certains cas relèvent même d'une soumission excessive, puisque des joueurs qu'il rabroue à

chaque occasion semblent mendier ses conseils, ou s'excuser de ne pas pouvoir suivre plus régulièrement ses cours. Cet effet d' « attachement pathologique » au dominant est toujours surprenant.
D'autres sont ambivalents, conciliants avec lui, mais critiques en son absence.
Ses alliés proches se contentent de le subir, à l'instar des deux exemples que j'ai décrits plus haut ; l'insoumission signifierait l'exclusion de la coalition, avec les inconvénients que cela comporte.
Toutefois cela s'est produit, et se traduit dorénavant par des comportements d'évitement persistants.
Plus intéressante est la position des tenants du pouvoir institutionnel, qui seuls seraient normalement en position de le faire rentrer dans le rang ; la présidente, qui y a songé, a finalement renoncé pour adopter une attitude pacifiante, et se montre soumise sachant que son pouvoir tient à lui : elle aurait beaucoup à perdre dans un conflit ouvert, et rien à gagner. La vice-présidente, craintive, le qualifie en privé de « méchant », mais marque sa soumission. Le trésorier, qui est le plus ancien du bureau, et qui remplit sa fonction depuis des décennies, a un profil « apaisant » et, bien qu' α l'ait publiquement humilié, ne lui en tient pas rigueur pour conserver avec lui des relations stables, tout en se sachant à la merci d'une nouvelle agression.

Mais certains positionnements sont franchement hostiles, clairement et délibérément, en évitant toutefois l'affrontement public ; ainsi un membre du club, soutenu par une petite coalition née d'un conflit avec l'autorité, a œuvré au comité départemental, pour s'opposer à sa candidature régionale et la faire échouer.

Enfin une majorité, sans l'éviter, se tient à l'écart et souvent compense par l'ironie, parlant par exemple d'α comme du « prince charmant », voire du « grand ayatollah » ... ou cet autre qui me dit, par allusion à ma profession de psychiatre :
- « tu devrais lui faire une piqûre ... tu sais, comme dans "pulp fiction" ...»

La rivalité de dominance s'est posée de façon ouverte à une occasion, il y a quelques années, lors de la réunion de l'assemblée générale.
Un membre qualifié, 1ère série, qui dispensait des cours au club, et par ailleurs enseignant, a postulé pour la présidence, sans l'aval d'α et de sa coalition. Inhibé par son audace, il s'est montré peu convaincant, et surtout aurait représenté un danger pour α, avec qui il entretenait des relations tendues. En vertu des rapports de force internes, il a donc échoué, et c'est en conséquence l'actuelle présidente, inoffensive et qui ne présentait aucun danger pour α, pourtant moins qualifiée, et moins impliquée, qui a été élue.
Non seulement le challenger n'a pas été choisi, mais depuis lors n'est jamais revenu au club et s'est inscrit à un club voisin.
Le rebelle s'est auto-sanctionné par un suicide institutionnel.

Il est aussi à noter qu'une « promotion » institutionnelle, telle que le « privilège » d'être élu(e) au bureau, et donc de faire partie des instances dirigeantes, modifie sensiblement le profil éthologique : le comportement devient plus affirmé, moins tolérant et affable, voire autoritaire ; il s'accompagne d'une surestimation des compétences et de revendications de pertinence hors du domaine de la gestion d'un club. Le statut éthologique est modifié, ce qui se perçoit nettement dans le comportement et les interactions.

Un autre aspect est lié aux « conversations », ce sont les rumeurs. Je n'évoquerai pas les ragots, qui concernent régulièrement les personnages en vue dans un groupe quel qu'il soit, mais seulement celles, limitées au jeu de bridge, dont j'ai pu mesurer la réalité à titre personnel. Je m'en tiens à ce qui me concerne directement, pour donner une idée des lignes de force invisibles de l'institution.
En premier, il est surprenant de constater, à l'occasion de compétitions dont les résultats ne sont pas divulgués publiquement, bien qu'avec internet ils soient maintenant accessibles, que des membres λ soient, dès le lendemain, informés des résultats de tout un chacun, et les commentent, de façon ambivalente, mêlant admiration feinte et critique latente.

On vient ainsi me faire part, alors que je ne suis qu'un joueur moyen et en réalité peu motivé, de mes échecs ou de mes succès dans des compétitions, de façon parfois incongrue ; est-ce une manifestation d'intérêt ? Je penche plutôt pour une démonstration de « pertinence », dans le cadre théorique ici défini. Se tenir informé du niveau de compétence d'un membre du groupe signifie tenir à jour sa « carte mentale » du groupe.
Mais pour qui s'intéresse davantage aux comportements des bridgeurs qu'au bridge en soi, c'est un intérêt aussi surprenant que significatif.
Une autre circonstance m'a permis de vérifier la circulation des informations sources d'un intérêt équivoque :
Pour des raisons neutres et sans motif précis sur le plan institutionnel, au lieu de renouveler mon adhésion au club, j'ai pris ma carte dans un club voisin, tout en continuant de jouer au même endroit. Qu'il m'en soit tenu rigueur par l'aéropage serait normal en raison du manque à gagner, mais aucun de ses membres ne me l'a reproché ; ce n'est pas ce qui est ici pertinent.
Les ressacs d'une rumeur me parviennent en effet, sous diverses formes ; ce sont des gens, d'ordinaire distants, qui sont venus m'interroger, au minimum avec la question « pourquoi tu as changé de club ? », au plus « avec qui tu as des problèmes ? », avec les sous-entendus significatifs de problèmes connus et partagés.
Là encore, cela suppose une démarche sur la liste des adhérents, vérifier qui est membre, qui ne l'est plus, et dans ce cas pourquoi ?
Pour J-L DESSALLES, tout sujet doit tenir à jour la topographie de l'institution dans laquelle il évolue : qui fait quoi ? Pourquoi ? Le dominant a-t-il montré un signe d'affaissement ? Qui s'est rallié ? Untel est-il en train de se positionner, et comment ? Où et comment dois-je me positionner, dans quelle coalition ?
Ce sont ces questions qui déterminent le discours et finalement font l'objet des « conversations ».

Tout cela peut paraître parfaitement anecdotique, j 'en conviens, et entaché de subjectivité. Toutefois, comme les ethnologues, ou les primatologues avec l'anthropomorphisme, la subjectivité ne peut être écartée et doit même être revendiquée ; elle doit être analysée sous peine de reproduire l'erreur de ZIMBARDO qui ne voit pas sa propre implication dans son protocole. Une éthologie humaine ne peut de ce fait n'être que « subjectiviste », ce qui implique une position d'observateur impliqué. Mais au fond, c'est une position assez commune dans toute fonction professionnelle de relation, et c'est en psychiatrie ou en psychologie qu'elle a de longue date été théorisée.

Pour mettre à l'épreuve la théorie éthologique du langage, ce cadre d'un club de cartes m'a paru le plus adapté, justement parce qu'il n'a aucune conséquence autre que lui-même, et reste confiné à l'isolat limité des adeptes d'un jeu sans incidence sur la vie réelle.
Il en va autrement d'institutions, comme les unités de soin psychiatrique, bien documentées, et beaucoup plus importantes et difficiles à analyser, qui pourtant sont gouvernées par ces mêmes lois.

D'ailleurs, chacun a fait l'expérience de ces hypothèses, que ce soit dans son quartier, sa commune, son lycée, son entreprise, son administration... Et peut les mettre à l'épreuve, comme je l'ai fait moi-même, des faits quotidiens.

CONCLUSION

« Je résolus de constater simplement les effets produits en dehors de l'homme par ses mouvements, de quelque nature qu'ils fussent, de les noter, de les classer ; puis l'analyse achevée, de rechercher les lois ... et d'en rédiger un code »

H. BALZAC, 1833, « La théorie de la démarche. »

On ne s'étonnera guère de trouver dans la littérature des descriptions pénétrantes des mœurs et codes de milieux où l'écrivain s'est en quelque sorte infiltré ; c'est le cas de Marcel PROUST, déjà cité, quand il décrit et décrypte les Guermantés, ou plus encore le petit milieu du salon Verdurin, dont il se fait le « Narrateur ».

Mais on s'étonnera davantage d'apprendre qu'avant d'entamer la Comédie Humaine, Honoré BALZAC avait élaboré une théorie, fondée sur l'observation, qu'il présente ainsi : « Dans l'état actuel des connaissances humaines, cette théorie est à mon avis, la science la plus neuve, et partant la plus curieuse qu'il y ait à traiter » ; à défaut de C. DARWIN, il cite le paléontologue Georges CUVIER, et déclare : « N'est-il pas effrayant de penser qu'un observateur profond peut découvrir un vice, un remords, une maladie en voyant un homme en mouvement ? Quel riche langage dans ces effets immédiats d'une volonté traduite avec innocence ! L'inclination plus ou moins vive d'un de nos membres ; la forme télégraphique dont il contracté, malgré nous, l'habitude ; l'angle ou le contour que nous lui faisons décrire, sont empreints de notre vouloir et sont d'une effrayante signification. C'est plus que la parole, c'est la pensée en action. »

C'est de la pertinence de ces observations analysées par sa « théorie de la démarche » qu'il va dégager sa monumentale « Comédie ».

L'auteur pressent un inconscient comportemental hérité de la phylogenèse.

Il faut bien du recul pour voir dans le quotidien le plus terne quelque chose d'une démonstration implacable, d'une mise en scène de tous les instants, d'un déterminisme insoupçonnable, de revendications de pouvoir, de hiérarchie, d'appétits occultes ; tout cela est tellement...naturel !, qu'il faut l'imagination d'un BALZAC pour le percevoir.

L'éthologie existait avant les éthologistes, et même avant Darwin.

On la pratique quotidiennement, dès que l'on a une vie sociale, c'est à dire dès la petite enfance.

Et la cécité immémoriale dont elle fait l'objet fait partie du problème ; c'est pourquoi l'enregistrement, le film est requis, car à revoir ce qui dans l'instant a paru aller de soi, on peut entrevoir le comment et le pourquoi du comportement.

L'éthologie n'est pas une psychologie ; son objet relève plutôt de la tectonique des comportements à motivations génétiquement codés : le grégarisme organisé en coalitions, la dominance, la soumission, les émotions, sont les continents dont nous pensons maîtriser la dérive par la capacité de symbolisation.

Elle infère plusieurs questions ou redéfinitions essentielles : celle de l'humanité et son pendant celle de l'animalité. Cette dernière, indépendamment de toute éthologie humaine, est en voie de redéfinition.

A l' « animal humain », on opposera l'Homme et ses civilisations, ses technologies, son Histoire, le « progrès » ; mais pas plus qu'il n'y a de grand homme pour son valet, il n'y a de « sur-naturel » pour l'éthologiste.

On peut lui faire un procès en déshumanisation : bien sûr les comportements ont une histoire, des motivations, une subjectivité ; c'est d'ailleurs une question que F. DE WAAL aurait pu se poser au zoo d'Arnhem : quel était la nature de l'attachement du chimpanzé Yeroen ou Nikkie à sa mère, a-t-il été sevré brutalement, rejeté, frappé par des mâles dominants ? On s'interdit de faire la psychologie de l'animal, et F. DE WAAL ne nous renseigne pas sur les liens de parenté éventuels dans le groupe du zoo.

Si les hommes ne vivent pas en général dans l'équivalent d'un zoo, ils sont pourtant tout autant prisonniers de leurs institutions et des codes qu'elles leur imposent.

Dans ses « règles pour le parc humain », P. SLOTERDIJK, philosophe à Vienne et Karlsruhe, évoque nos sociétés modernes comme « post-humanistes » ; il décrit/e l'humanisme qu'il prend dans son sens littéral, moins comme un comportement charitable que comme une culture des Lettres, et écrit : « à quoi bon célébrer de nouveau comme une solution l'être humain et la présentation qu'il donne de lui-même dans l'humanisme ... alors que c'est l'homme lui-même qui constitue le problème ? »

D-R. DUFOUR, philosophe à Paris VIII, pose la question : « qu'est devenue la dominance lors du processus de néoténisation qui a finalement mené à l'homme ? »

La réponse de P. SLOTERDIJK est catégorique, c'est l' « auto-domestication », par le langage et la lettre, qui en fait cette « créature qui a échoué dans son être-animal et son demeurer-animal ». La néoténie serait cette étrange propriété permettant d'apprivoiser les natures sauvages ; c'est en oublier le mécanisme essentiel, l'Empreinte. L'homme en serait l'espèce la plus susceptible.

« La domestication de l'être humain constitue le grand impensé face auquel l'humanisme a détourné les yeux », écrit-il.

Cet apprivoisement de l'homme par lui-même était déjà une thèse de K. LORENZ en 1950.

Et s'apparente à « ces choses cachées depuis la fondation du monde » (Mt 13, 35).

J-C. SALADIN, qui a créé le « miroir des Humanistes » (2013), rappelle que loin d'un conformisme consacré ou affadi, les Humanistes furent les « lanceurs d'alerte » de la Renaissance, et en payèrent le prix : Thomas MORE, auteur d' « Utopia », fut décapité ; Louis de BERQUIN torturé puis brûlé vif, malgré le soutien du roi et de sa sœur Marguerite de Navarre ; ÉRASME dut son salut à la fuite.

Leurs crimes ? La compétence et la pertinence !

Or au centre de ce débat, on retrouve les affrontements de pouvoirs entre les tenants de la scholastique, les « Sorbonicoles » comme les appelait RABELAIS, et des insoumis détenteurs d'un savoir revisité.

Pour ÉRASME, c'est la folie qui fait l'humanité de l'homme ; mais si être fou est se prendre pour ce qu'on n'est pas, ne pas se prendre pour ce qu'on est peut l'être tout autant.

Le langage est plus un fluide conducteur que l'argument unique et définitif, l'aboutissement du processus évolutif de l'espèce. Définir l'homme par le langage, c'est prendre le véhicule pour une destination.

Dans la grotte Chauvet, on ne peut échapper à l'évidence de la perfection du dessin pariétal ; ce n'est ni un art naïf, ni un art débutant, mais bien l'art achevé d'artistes majeurs. Et ce langage-là témoigne d'une pensée sûre d'elle-même, quelle qu'ait pu être sa langue, qui est au fond secondaire.

Le langage n'est-il pas d'une certaine façon un obstacle, à la manière de ces témoins du « double meurtre de la rue Morgue », histoire extraordinaire du « merveilleux alcoolique de Baltimore », E. A. POE, qui entendent chacun, en fonction de sa propre langue, tout autre chose que ce qu'il y a à entendre ?

A l'éthologie humaine s'opposent bien des « résistances », d'ordre philosophique, d'ordre psychologique, d'ordre idéologique.

S. FREUD pensait qu'avec COPERNIC, puis DARWIN, il avait offert au narcissisme de l'espèce humaine un miroir dans lequel il se verrait tel qu'il est ; Force est de constater, au XXIème siècle, que le refoulement, tel un Phénix, renaît sans cesse de ses cendres.

28 février 2017.

BIBLIOGRAPHIE

-AINSWORTH M. D., 1963, « The development of infant-mother interaction among the Ganda », in Determinants of Infant Behaviour, vol. 2, Ed. B. M. Foss, London, Methuen; New York, Wiley.
-AINSWORTH M. D., 1974, « The Secure Base », John Hopkins University, New York.
-AJURIAGUERRA (DE), 1974, « Manuel de psychiatrie de l'enfant », Masson, Paris.
-ALLEE W. C., 1931, « Animal aggregations-A study in general sociology », Univ. Chicago Press.
-ALLEE W. C., 1938, « Animal Life and social Growth » Norton, NY.
-AMSLER S., MITANI J., 2010, « Lethal intergroup agression leads to territorial expansion in wild chimpanzees », « current Biology », Elsevier Ltd. Inc, dx.doi.org/10.1016/j.cub.2010.04.021.
-ANDERSON J. R., GILLIES A., LOCK L. C., 2016, « Pan thanatology », current-biology, supplemental/S0960-9822 doi : 10.00145-4.
-ARGYLE M., 1982, « La communication par le regard », La Recherche, n° 132, vol. 13, avril 1982, pp. 490-497.
-ARSUAGA J. l. & al., 2014, « A mitochondrial genome sequence of a hominin from Sima de los Huescos », Nature 505, janv. 2014, pp. 403-406.
-ATHANASOPOULOS P., 2015, « How the Language you speak changes your view of the World », Lancaster University Press, 27 avril 2015, trad. fr. « Comment la langue que vous parlez change votre vision du monde », CEST, 15 juin 2016.
-AUBERT M., BRUMM A. & al., 2014, « Pleistocene cave art from Sulawesi, Indonesia », Nature n° 514, pp. 223-227, oct. 2014, doi :10.1038/nature 13422.
-AUSTIN J. L., 1967, « How to do Things with Words », Oxford University Press, trad. fr. 1970, « Quand dire, c'est faire », Seuil, Paris.
-BALZAC (De) H., 1833, « Théorie de la démarche », L'Europe Littéraire, 2015, Fayard.
-BARRIEL V., 1995, « Mythes et réalités de l'approche génétique », La Recherche, 277, vol. 26, p. 628-633, Juin 1995.
-BARRIEL V., 2001, « La génétique au service de la quête de nos origines », in « Aux origines de l'humanité » sous la dir. de Y. COPPENS et P. PICQ, Fayard, Paris.
-BATESON P.P.G., 1966, "The characteristics and context of imprinting", Biol. Rev., 41, 177-220.
-BATESON P., 1972, « « Steps to an Ecolgy of Mind » Univ. Chicago Press, trad fr. 1977-1980, 2 tomes, « vers une écologie de l'esprit », Seuil, Paris.
-BATESON P., 1979, « How do sensitive periods arise and what are they for? », Anim. Behav. 27, 470-486.
-BATESON P., 1990, « Is imprinting such a special case ? » Phil. Trans. R. Soc., London B.
-BÉATA C., 2012, « Modèle animal et résilience », in B. CYRULNIK et G. JORLAND, « Résilience, connaissances de base », Odile Jacob, Paris.
-BENOIT J. C., 1995, « Le traitement des désordres familiaux ; Pratique de l'éthologie clinique », éd. Dunod, Paris.
-BERGER L. R. & al., 2015, « Homo Naledi, a new species of the genus Homo from the Dinaledi Chamber, South Africa », 2015/09/10, eLife 2015 ; 4 :e09560.
-BERNARD C., 1865, « Introduction à la médecine expérimentale », J. B. Baillère, « De l'observation et de l'expérimentation », in « Textes de base : l'observation », 1984, Delachaux et Niestlé.
-BERT C., 2002, « Les enfants sauvages : questions sur la nature humaine », in « La culture », dir. N. Journet, p. 39-44, éd. Sciences humaines.
-BERTHELET A., CHAVAILLON J., PICQ P., 2001, « Habitats et cultures chez les australopithèques et les hommes », in « Aux origines de l'humanité », Fayard, Paris.
- BERTALLANFY (Von) L., 1968, « General System Theory » G. Braziller Ed., inc. New-York, trad. fr. « Théorie générale des systèmes », 1993, Dunod, Paris.
-BICKERTON D., 1990, « Language and Species », Univ. Chicago Press.
-BICKERTON D., 2009, « Adam's Tongue. How Humans Made Language. How language Made Humans », New York, Hill and Wang.

-BIGRAS J., 1987, « Les effets à court terme et à long terme de l'inceste père-fille », interview, in Synapse, oct. 86, n° 26
-BIGRAS J., 1987, « Les effets à court terme et à long terme de l'inceste père-fille », in « Enfants maltraités », éd. et Com. Médicales, p.172-187, AFIREM, Paris.
-BIGRAS J., 1989, « Father-daughter Incest: 25 years of experience of psychoanalytic psychotherapy with the victims », Canadian Journal of Psychiatry, 34 : 804-806.
-BIRDWISTELL R. L., 1952, « Introduction to kinesics », Dep. of Foreign Service Institute, Washington D. C.
-BIRDWISTELL R. L., 1970, « Kinesics and context : essays on body motion communication », Univ. of Pennsylvania Press, Philadelphia.
-BIRO D., HUMLE T., KOOPS K., SOUSA C., HAYASHI M., MATSUZAWA T., 2010, « Chimpanzee mothers at Bossou, Guinea, carry the mummified remains of their dead infants », curr. Biol., 20(8) :R351-2. Doi :10.1016/J.cub.2010.02.031.
-BLURTON-JONES N., 1972, « Ethological studies of Child Behavior », London, Cambridge Univ. Press.
-BOESCH C., BOESCH H., 1990, « Tool use and tool-making in wild chimpanzees », Folia Primatologica, n° 54, p. 86-99
-BOESCH C., 1991, «Teaching in wild chimpanzees», Animal Behaviour, vol. 41, n°3, p.530-532.
-BOESCH C., 2001, « L'homme, le singe et l'outil : question de cultures ? », in « Aux origines de l'humanité » P. PICQ et Y. COPPENS, p. 170-199, Fayard, Paris.
-BOESCH C., 2015, « Les chimpanzés : des grands singes pétris de culture », in « Nos cousins les grands singes », Dossier Pour la Science, n° 86, Janvier-Mars 2015.
-BOESCH C., BOESCH-ACHERMANN H., 1991, « Les chimpanzés et l'outil », La Recherche, 233, vol. 22, juin 1991, p.724-731.
-BOISSEAU R., VOGEL D., DUSSUTOUR A., 2016, « Habituation in non-neural organisms : evidence from slime moulds », Proc. R. Soc. B 2016 283 20160446 doi : 10.1098/rspb.2016.0166, 27/04/2016.
-BOLK Louis, 1926, « Le problème de la genèse humaine » traduit dans la Rev. Fr. de Psy. par F. Gantheret et G. Lapassade mars-avril 1961 p.243-279.
-BOORSTIN D. J., 1983, « The Discoverers », trad. fr. 1986 « Les Découvreurs », Ed. Seghers, Paris.
-BOUISSOU M., 1974, « Établissement des relations de dominance-soumission chez les bovins domestiques », univ. De Marseille.
-BOWLBY J., 1951, « Maternal Care and Mental Health », Genève, World Health Organisation, 2.
-BOWLBY J., 1958, « The nature of the child's tie to his mother », Int. J. of psychoan., t.XXXIX, n°5, p. 350-371.
-BOWLBY J., 1969, 1973, 1980, « Attachment and Loss », vol. I « Attachment », The Tavistock Institute of Human Relations, trad. fr. « L'Attachement », 1978, PUF, Paris; Vol. II « SEPARATION: Anxiety and Anger », The Hogarth Press and the Institute of Psycho-Analysis, London, trad. fr. 1978, « La séparation angoisse et colère », PUF, Paris; vol. III « LOSS: Sadness and Depression », The Hogarth Press and the Institute of Psycho-Analysis, London, trad. fr. 1984, « La Perte : Tristesse et dépression », PUF, Paris.
-BOWLBY J., 1989, « La théorie de l'Attachement », in S. LEBOVICI, F. WEILHALPERN, psychopathologie du bébé, PUF, Paris.
-BOWLES A., 2014, « Killer whales learn to communicate like dolphins », ScienceDaily & video, 7 october 2014.
-BRAGA J., 2016, « Origines de l'humanité : les nouveaux scénarios », sous la direction de S. HUET, éd. La ville brûle, Labarelly.
-BRAZELTON T. B., 1973, « Neonatal behavioral assessment scale », Clinics in Developmental Medicine, 50, W. H. Medical Books, London, Lippincott, Philadelphia.
-BRAZELTON T. B., 1989, « Les compétences comportementales du nouveau-né », in S. LEBOVICI, F. WEILHALPERN, Psychopathologie du bébé, PUF, Paris.
-BRAZELTON T. B., CRAMER B., 1990, « Les premiers liens », trad. fr. 1991, Stock/Laurence Pernoud/Calmann-Lévy, Paris.
-BRUYER R., 1983, « Le visage et l'expression faciale, approche neuropsychologique », éd. Mardaga, Bruxelles.

-BUSER P., 1980, « Comportements innés et comportements acquis. Quelques données neurophysiologiques », encycl. Méd. Chir., 37036, B[10], Paris.
-BUSTANY P., 2012, « Neurobiologie de la résilience », in B. CYRULNIK et G. JORLAND « Résilience, connaissances de base », Odile Jacob, Paris.
-BUTOR A., 2013, « Comment voulez-vous que j'oublie... », Libella, Paris.
-BUYTENDIJK F. J. J., 1957, « Attitudes et mouvements », éd. Desclée de Brouwer.
-BUYTENDIJK F. J. J. 1958, « Mensch und Tier » in Rowohlt Deutsche Enzyklopädie, « L'homme et l'animal ; essai de psychologie comparée », 1965, Ed. Gallimard, Paris.
-BYRNE R. W., WHITEN A., 1988, « Machiavelian intelligence: Social Expertise and the Evolution of Intellect in Monkeys, Apes, and Humans », Clarendon Press, Oxford.
-CARPENTER C. R., 1942,« Societies of monkeys and apes » Biological Symposia, 8 : 177-204.
-CASPI A. & al., 2002, « Role of Genotype in the Cycle of Violence in Maltreated Children », Science 2, Aug. 2002, vol. 297, n° 5582, p. 851-854.
-CAVALLI-SFORZA L., 1996, « Gènes, peuples et langues », éd. Odile Jacob, Paris.
-CAVALLI-SFORZA L., 2004, « L'evoluzione della cultura », Codice Ed., Torino, trad. Fr. 2005, « Évolution biologique, évolution culturelle », Odile Jacob, Paris.
-CHANCE M. R. A., 1974, « Une dimension absente en biologie : le comportement », in « L'unité de l'homme » pp. 218-225, Seuil, Paris
-CHANCE M. R. A. & al., 1988, « Social Fabrics of the Mind », éd. L.E.A., Hove, UK.
-CHAUVIN R., DARWIN C, 1990, « L'instinct animal », éd. Le Bouscat : l'Esprit du temps.
-CHANGEUX J. P., 1983, « L'homme neuronal », Fayard, Paris.
-CHANGEUX J. P., COURREGE P., DANCHIN A., 1973, « Theory of epigenesis of neuronal networks by selective stabilisation of synapses », Proceedings of the National Academy of Sciences, 70 :2974-2978, USA.
-CHAPOUTIER G., 1977, « La biochimie de l'empreinte », La Recherche, n° 83, vol. 8, p. 994-995.
-CHENEY D. L., MARLER P., 1980, « Monkeys responses to three different alarm calls: Evidence of predator classification and semantic communication », Science, 210, p. 801-803.
-CHEVALIER S., SKOLNIKOFF B., 1973, "Darwin and facial expression: a century of research in review", éd. P. EKMAN, Academic Press.
-CHOI J., CUTLER A., BROERSMA M., 2017, "Early development of abstract language knowledge: evidence from perception-production transfer of birth-language memory", Royal Society Open Science, 18 janv. 2017, doi:10.1098/rsos.160660.
-CHRISTEN Y., 2009, « L'animal est-il une personne ? », coll. Champs sciences, Flammarion, Paris.
-CHURCH R. M., 1959, « Emotional reactions of rats to the pain of others », journ. of comparative and physiological psychology.
-CLARKE E., REICHARD U. H., ZUBERBÜHLER K., 2006, "The syntax and meaning of wild gibbons songs", PLoS ONE , December 20, 2006,1(1); e73. Doi:10.1371/journal.pone.0000073.
-CLARKE E., REICHARD U. H., ZUBERBÜHLER K., 2012, "The anti-predator behaviour of wild white-handed gibbons (Hylobates lar)", Behavioral Ecology and sociobiology 66, (1):85.
-CLARKE E., REICHARD U. I., ZUBERBÜHLER K., 2015, "Context specific close-range "hoo" calls in wild gibbons (Hylobates Lar)", BMC Evolutionary Biology, doi: 10.1186/s12862-015-0332-2, 8 avril 2015.
-CLAY Z., ZUBERBÜHLER K., 2011, "Bonobos extract meaning from call sequences", PLoS ONE ;6(4):e18786.
-CLÉMENT E., GUILLAUME F., TIBERGHIEN G., VIVICORSI B., 2013, « Le cerveau n'est pas ce que vous pensez. Images et mirages du cerveau », Presses universitaires de Grenoble.
-CLÉMENT E., GUILLAUME F., TIBERGHIEN G., VIVICORSI B., 2014, « Le cerveau ne pense pas tout seul », Le Monde diplomatique, septembre 2014, pp. 27.
-COEN M. H. & al., 2016, « Modeling the Role of Memory Function in Primate Game Play », Life Sciences Data Acquisition & Analysis System, Research Gate, University of Wisconsin, 28 may 2016, p. 2408-2413.
-COHEN C., 2016, « Origines de l'humanité : les nouveaux scénarios », sous la dir. de S. HUET, éd. La ville brûle, Labarelly.
-Collectif Terrain 34, 2000, « Les animaux pensent-ils ? », éd. Du Patrimoine, mars 2000.

-CONDON W. S., 1976, « An analysis of behavioral organisation », Sign Language studies, 13, pp. 285-318, in « Textes de base : La communication non verbale », 1984, sous la dir. de J. Cosnier, A. Brossard, Delachaux & Niestlé, Lausanne.
- CONGRÈS INTERNATIONAL DE PSYCHANALYSE (XXIe), 1959, 26-30 juillet, in « Revue Française de Psychanalyse », juillet- décembre 1961, PUF, Paris.
-COOK M., 1977, « Gaze and mutual gaze in social encounters », American Scientist, 65, 328-333, trad. fr. « Regard et regard réciproque dans les interactions sociales », in « Textes de base : La communication non verbale », 1984, sous la dir. de J. Cosnier, A. Brossard, Delachaux & Niestlé, Lausanne.
-COPPENS Y, 2006, « Histoire de l'homme et changements climatiques », éd. Fayard, Paris.
-COPPIN G, DELPLANQUE S., SANDER D., 2015, « Les émotions olfactives », in « Le monde des émotions », éd. Belin.
-COSNIER J., 1977, « Communication non verbale et langage », Psy. Méd., 9, 11, n° spécial « éthologie humaine ».
-COSNIER J., 1979, « Névroses expérimentales », Encycl. Méd. Chir., Paris, Psychiatrie, 37040 C^{10}.
-COSNIER J., 1981, « Théories de la communication et psychiatrie », Encycl. Méd. Chir., Paris, 37010 A^{10}, Psychiatrie, 2.
-COSNIER J., 1981, « Le statut du langage dans la communication humaine : dix visions sur la communication humaine », in le colloque « pathologie du langage » p. 173-189, P.U.L., Lyon.
-COSNIER J., 1984, « Observation directe des interactions précoces, ou les bases de l'épigenèse interactionnelle », Psychiatrie de l'enfant, XXVIII, 1, p. 106-126.
-COSNIER J., BROSSARD A., 1984, « Communication non verbale, Co-texte ou contexte ? », in « Textes de base : La communication non verbale », 1984, sous la dir. de J. Cosnier, A. Brossard, Delachaux & Niestlé, Lausanne.
-COUPÉ C., HOMBERT J. M.., 2005, « Les premières traversées maritimes : une fenêtre sur les cultures et les langues de la préhistoire », in « Aux origines des langues et du langage », p. 118-161, Fayard, Paris.
-CRUBÉZY É., BRAGA J., LARROUY G., 2008, « Anthropobiologie ; Évolution humaine », Masson éd., Paris.
-CURIO E., 1976, « The Ethology of Predation », Springer-Verlag, Berlin Heidelberg. In D. Mc FARLAND, 1981.
-CURNOE D., JI X., LIU W., BAO Z., TAÇON P. S. C., REN L., 2015, "A Hominin Femur with Archaic Affinities from the late Pleistocene of Southern China", PloS ONE, 10(12):e0143332. Doi: 10.1371/journal.pone.0143332.
-CUXAC C., 2005, "Des signes et du sens", in "aux origines des langues et du langage", sous la dir. De J. M. HOMBERT, Fayard, Paris.
-CYRULNIK B., 1984, « Éthologie clinique », Psychologie Médicale, février 1984, vol. 16, N°2.
-CYRULNIK B., 1987, « Éthologie humaine et clinique », Encycl. Méd. Chir., Psychiatrie, 37877, A^{10}, 12-1987.
-CYRULNIK B., 1989, « Éthologie de l'angoisse », Synapse, octobre 89, n° spécial.
-CYRULNIK B., 1991, « Émotion observable en Éthologie », Synapse, n° spécial, mars 1991 p. 33-38.
-CYRULNIK B., 1993, « Les nourritures affectives », éd. Odile Jacob, Paris.
-CYRULNIK B., 1999, « Un merveilleux malheur », éd. Odile Jacob, Paris.
-CYRULNIK B., 2001, « Les Vilains petits canards », éd. Odile Jacob, Paris.
-CYRULNIK B., CYRULNIK-GILIS F., 1980, « Éthologie de la transmission des désirs inconscients. Le cas Pupuce », L'Évol. Psy., n° 4, tome 45, fasc.3, P. 553-566, Privat Éd., Toulouse.
-CYRULNIK B. et FADY J. C., 1980, « L'inhibition de l'inceste chez les animaux », l'évolution psychiatrique, tome 45, fasc. 3, juill-sept 1980, Éd. Privat.
-CYRULNIK B., JORLAND G., 2012, « Résilience connaissances de base », éd. Odile Jacob, Paris.
-DAHAN G., 1977, « communication non verbale et langage », Psy. Méd., n° spécial « Éthologie humaine », 9, 11, 2033-2047.

-DAMASIO A. R., 1994, « Descartes' Error Emotion, Reason, and the Human Brain » éd. Grosset/Putnam, trad. Fr. « L'erreur de Descartes La raison des émotions », 1995, éd. Odile Jacob, Paris.
-DARWIN C., 1859, « On the Origins of Species by means of Natural Selection or the Preservation of Favoured Races in the Struggle for Life », trad. fr. 1992, « L'Origine des Espèces », GF-Flammarion.
-DARWIN C., 1871, « The Descent of Man, and Selection in Relation to Sex », trad. fr., 2000, "La filiation de l'homme et la sélection liée au sexe", éd. Syllepse, Paris.
-DARWIN C., 1872, « The Expression of the Emotions in Man and Animals », éd. J. Murray, trad. fr. 1998, « L'Expression des émotions chez l'Homme et les animaux », éd. Du C.T.H.S., Paris.
-DARWIN C., 1877, « A Biographical sketch of an infant », in "Mind: A Quaterly Review of Psychology and Philosophy", 2 (7), (July): 285-294,", trad. fr. sous la dir. De P. Tort, 1997, « L'Esquisse biographique d'un petit enfant ».
-DASSOW A., 2014, "Exploring the Interior Structure of White-handed Gibbon and Rat Vocal Communication", these, university of Wisconsin, 3635735.
-DASSOW A., 2015, « Talking gibbonish: Deciphering the banter of the apes », New Scientist, Hal Hodson, 7 Jan. 2015.
-DAVID M., 1989, « Le placement familial : de la pratique à la théorie », éd. ESF, Paris.
-DAWKINS R., 1981, « The Oxford Companion to Animal Behaviour », David Mc FARLAND, 1981, Oxford University Press, trad. Fr., 1990, « Dictionnaire du comportement animal », Éd. Robert Laffont.
-DAWKINS R., 1976, « The Selfish Gene », Oxford University Press, trad. Française « Le gène égoÏste », 1990, éd. Armand Colin.
-DELGADO J. M. R., 1972, « Physical Control of the Mind », Harper & Ruth Nanda Anshen, New-York, trad. Fr. Dessart.
-DEMAY L., PÉAN S., PATOU-MAHIS M., 2011, « Mammoths used as food and buildig resources by Neanderthals : Zooarcheological study applied to layer 4, Molodova (Ukraine) », Quaternary International 276-277, (2012) 212-226. Doi : 10.1016/j.quaint.2011.11.019.
-DENETT D. C., 1983, « Intentional systems in cognitive Ethology : the « Panglossian paradigm defended », in « The Behavioral and Brain Sciences », 6, 343-354.
-DENTON D, 1993, « The Pinnacle of Life. Consciousness and Self-Awareness in Humans and Animals », Allen & Unwin, Australie, trad. Fr. « l'émergence de la conscience de l'animal à l'homme », Flammarion, 1995.
-DEPUTTE B. L., 1987, « L'évitement de l'inceste chez les primates », La Recherche, 193, 1332-1342.
-DEPUTTE B. L., 1993, « Éthologie et cognition : le cas des primates », intellectica, 1, 16, 21-44.
-D'ERRICO F., 2006, « Et nous sommes devenus des hommes modernes », Sciences Humaines, n° 1, déc.-janv. 2006, Auxerre.
-D'ERRICO F. & al., 2009, « Becoming eloquent : Advances in the emergence of language, human cognition and modern cultures », éd. F. D'ERRICO & J. M. HOMBERT, 13-68, John Benjamins Publishing Company.
-D'ERRICO F., 2012, « La naissance des cultures modernes », Dossier pour la science, n°76, pp. 46-53.
-D'ERRICCO F., 2015, « les multiples origines de la culture moderne », La Recherche, Grands dossiers hors-série, n° 495.
-DERRIDA J., 2006, « L'animal que donc je suis », Éd. Galilée, Paris.
-DESCOLLA P., 2002, « Les natures sont dans la culture », in N. Journet, « La culture, De l'universel au particulier », pp. 151-157, éd. Sciences Humaines, PUF, Auxerre.
-DESSALLES J.L., 2000, « Aux origines du langage. Une histoire naturelle de la parole », Hermès science Publication, Paris.
-DESSALLES J.L., 2001, « L'origine politique du langage », La Recherche, n° 341, p. 31-35.
-DESSALLES J. L., 2006, « Aux sources du langage », Les grands dossier des sciences humaines, n° 01, déc.2005-janv. 2006, p. 44-49.
-DESSALLES J.L., 2008, « La pertinence et ses origines cognitives », éd. Lavoisier, Paris.
-DESSALLES J. L., 2010, « Have you anything unexpected to say ? The human propensity to communicate surprise and its role in the emergence of language », in « The Evolution of Language », World scientific, ed. A.D.M. Smith, M. Schouwsta, B. De Boer, K. Smith.

-DESSALLES J.L., 2011, « Parler pour exister », Sciences humaines, n° 224, p. 45-47.
-DESSALLES J.L., 2014, « Comment nous optimisons nos signaux sociaux », La Recherche, n° 494, p. 56-59.
-DESSALLES J.L., 2015, « Quantifier les signaux sociaux », La Recherche, n° 497, mars 2015, p. 6.
-DESSALLES J.L., PICQ, P., VICTORRI B., 2006, « Les origines du langage », éd. Le Pommier, Paris.
-DIAMOND J., 1992, « The Third Chimpanzee. The Evolution and Future of the Human Animal », trad. fr. 2000, « Le troisième chimpanzé », Gallimard, Paris.
-DOBZHANSKY Th., 1941, « Genetics and the Origin of Species », Columbia univ. Press, NY.
-DORTIER J. F., 2002, "Aux origins de la culture", in "La culture. De l'universel au particulier", éd. Sciences humaines, PUF, Auxerre.
-DRAÏ J. J., 1980, "Orientations visuelles sur un groupe à l'heure des repas", thèse Médecine, Marseille.
-DU S., TAO Y., MARTINEZ A. M., 2014, « Compound Facial Expressions of Emotions », Proceedings of the National Academy of Science, 111 (15), e :1454-E1462.
-DU S., MARTINEZ A. M., 2015, « Compound Facial Expressions of Emotions : from Basic Research to Clinical Applications » », Dialogues in Clinical Neurosciences, vol. 17, n°4.
- DUDLEY S. A., 2008, « Yes kin recognition in plants ! » Biology letters, 3-435-438.
-DUFOUR D-R, 1999, « Lettres sur la nature humaine à l'usage des survivants », éd. Calman-Lévy, Paris.
-DUNBAR R.I.M., 1996, « Grooming, gossip, and the evolution of language », Harvard University Press, Cambridge.
-ECO U., 1984, "Semiotica e filosofia del linguaggio", Giulio Einaudi ed., Torino, trad. fr. 1988, "Sémiotique et philosophie du langage", PUF, Paris.
-EDELMAN G. M., 1992, « Bright Air, Brilliant Fire: On the Matter of Mind», Basic Books, trad. Française « biologie de la conscience », 1992 éd. Odile Jacob.
-EIBL-EIBESFELDT I., 1967, « Grundiss der vergleichenden Verhaltensforschung », Piper Verlag, München, trad. Française 1984, « Éthologie, biologie du comportement », Naturalia et biologia, éd. Ophrys, Paris.
-EIBL-EIBESFELDT I., 1970, « Liebe und Hass: Zur Naturgescichte elementarer Verhaltenweise », München, trad. fr. 1972, « Contre l'agression, contribution à l'histoire naturelle des comportements élémentaires », Stock, Paris.
-EIBL-EIBESFELDT I., 1974, « Les universaux du comportement et leur genèse », in E. MORIN et M. PIATELLI-PALMARINI, « l'Unité de l'homme », Seuil, Paris
-EKMAN P., 1973, « Darwin and facial expressions », Academic Press, NY.
-EKMAN P., 1980, « L'expression des émotions », La recherche, n° 117, vol. 11, pp. 1408-1415.
-EKMAN P., 1985, « Telling lies », trad. Fr. 2010, « Je sais que vous mentez », éd. Michel Lafont, Paris.
-EKMAN P., 1989, « La mesure de l'expression faciale », Sciences et Vie Hors-série, n° 168, septembre 1989.
-EKMAN P., 1992, « An argument for basic Emotions », in Cognition and Emotions, 6 : 169-200.
-EKMAN P., 2002, « Le langage naturel des émotions », in N. Journet, « La culture », éd. Sciences Humaines, PUF, Auxerre.
-EKMAN P., FRIESEN W. V., 1976, « Measuring Facial Movement », Environnemental Psychology and Nonverbal Communication, I, 56-75, Human Science Press.
-ENGELS F., 1884, « L'origine de la famille de la propriété privée de l'état », trad. fr. 1972, éditions sociales, Paris.
-EY H., 1964, « Le concept de psychiatrie animale » in BRION A., EY H., Psychiatrie animale 11-40, Desclée de Brouwer, Paris.
-FAGOT J., 1995, « le Q.I. des animaux », Sciences et Avenir, n° 103 hors-série, octobre 1995.
-FARLAND Mc D., 1981, « Dictionnaire du comportement animal », Oxford University Press, trad. fr. 1990, R. Laffont Ed.
-FARLAND Mc D., 1985, "Animal behavior: Psychology, Ethology and Evolution", Pearson Education Limited.

-FARLANE Mc J. A., 1975, « Olfaction in the Devlopment of Social Preference in the Human Neonate », in Porter and O'Connor éd., the Human Neonate in Parent-Infant Interaction. Ciba Found. Symp. 33, Amsterdam, Elsevier, 103-117.
-FISCHER R. A., 1930, « The Genetical Theory of Natural Selection », Oxford Univ. Press, UK.
-FISCHETTI A., 1995, « les singes ont-ils de l'humour ? » Hors-série Sciences et Avenir, n°103, octobre 1995.
-FORGEOT D'ARC B., 2014.03.13, « Êtres d'exclusion ou d'exception ? », conférence Fernand Séguin, Hôpital Rivière des Prairies, Institut en Santé Mentale de Montréal.
-FOSSEY D., 1971, "More years with mountain gorillas", National Geographic, n°140, p. 574-584.
-FOSSEY D., 1983, « Gorillas in the Mist », Mariner Books, trad. fr. 1990, « gorilles dans la brume », Press Pocket, Paris.
-FREUD A., 1958, « Child Observation and prediction of devlopment », The psychoanalytic Study of the Child, 13, in « L'enfant dans la psychanalyse », 1976, Gallimard, Paris.
-FREUD S., 1896, « Entwurf einer psychologie », lettres à Fliess, trad. fr. 1956, « l 'Esquisse d'une psychologie scientifique », in « La naissance de la psychanalyse », PUF, Paris.
-FREUD S., 1900, « Die Traumdeutung », Leipzig und Wien, Franz Deuticke, trad. fr., 1967, « L'interprétation des rêves », PUF, Paris.
-FREUD S., 1901, « Zur Psychopathologie des Alltagslebens », Leipzig und Wien, Franz Deuticke, trad. fr. 1922, « psychopathologie de la vie quotidienne », Payot, Paris.
-FREUD S., 1905, « Der Witz und seine Beziehung zum Unbewussten », Franz Deutike, Leipzig und Wien, trad. fr. Marie Bonaparte, 1930, « Le mot d'esprit et ses rapports avec l'Inconscient », Gallimard, Paris.
-FREUD S., 1909, « Bemerkungen über einen Fall von Zwangneurose », Jb. psychoanal. Forsch., 1 (2), p. 357-421, trad. fr. M. Bonaparte et R. Loewenstein, « Remarques sur un cas de névrose obsessionnelle (l'Homme aux rats) », Rev. franç. Psychanal., 5 (3), p. 322-390. In « œuvres complètes 1908-1909 », tome IX, P.U.F. Paris.
-FREUD S., 1909, « Analyse der Phobie eines fünfjärhrigen Knaben », Jb. Psychoanal. Psychopath. Forsch., 1 (I), p. 1-109, trad. fr. 1935 « Analyse d'une phobie chez un petit garçon de cinq ans (le petit Hans) » in « Cinq psychanalyses », éd. Denoël, Paris.
-FREUD S., 1913, « Totem und Tabu, einige Übereinstimmungen im Seelenleben der Wilden und der Neurotiker », Heller, Leipzig und Wien, trad. Fr. 1923, S. Jankélévitch, "Totelm et tabou"Payot, Paris.
-FREUD S., 1913, « Zur Einleitung der Behandlung », int.Z; Psychoanal., 1, trad. fr. « Sur l'engagement du traitement », in « Écrits technique s», œuvres complètes, XII, 2005, PUF.
-FREUD S., 1915, « das Unbewusste », Int. Z ; Psychoanal., trad. fr. 1936, rev. fr. psychanal. « L'Inconscient » in « Métapsychologie », Gallimard, Paris.
-FREUD S., 1916-1917, « Vorlesungen zur Einführung in die Psychoanalyse », trad. fr. 1922, « Introduction à la psychanalyse », Payot, Paris.
-FREUD S., 1917, « Vorlesungen zur Einführung in die Psychoanalyse », Heller, Leipzig und Wien, trad. fr. 1922, S. Jankélévitch, « Introduction à la psychanalyse », Payot, Paris.
-FREUD S., 1919, « Das Unheimliche », Imago, 5, p. 297-324, trad. fr. 1933, « L'inquiétante étrangeté » in « Essais de psychanalyse appliquée », Gallimard, Paris.
-FREUD S., 1920, « Jenseits des Lustprinzips », Intern. Psychoanal. Vrerlag, Leipzig, trad. fr. 1927, S. Jankélévitch, « Au-delà du principe de plaisir », Payot, Paris.
-FREUD S., 1921, « Massenpsychologie und Ich-analyse », Intern. Psychoanal. Verlag, Leipzig Wien Zürich, trad. Fr. S. Jankélévitch, 1924, « Psychologie collective et analyse du Moi », Payot, Paris.
-FREUD S., 1922, « Das Ich und das Es », Intern. Psychoanal. Verlag, Leipzig Wien Zürich, trad. fr. S. Jankélévitch, 1927, « le moi et le soi », in « Essais de psychanalyse », Payot, Paris.
-FREUD S., 1925, « Hemmung, Symtom und Angst », Intern. Psychoanal. Verlag, Leipzig, Wien, Zürich, trad. fr. 1951, « inhibition, symptôme et angoisse », PUF, Paris.
-FREUD S., 1930, « Das Unbehagen in der Kultur », Intern. Psychoanal. Verlag, Wien, trad. fr. « Le malaise dans la culture », 1994, œuvres complètes, vol. XVIII 1926-1930, PUF, Paris.
-FREUD S., 1932, lettre de FREUD à EINSTEIN, « Warum Krieg ? », trad. fr. 1933, « Pourquoi la guerre ? », Institut national de coopération intellectuelle (Société des nations), Paris.

-FREUD S., 1939, « Der Mann Moses und die monotheitische Religion », trad. fr. 1989, « L'homme Moïse et la religion monothéiste » Gallimard, Paris.
-FREUD S., 1946, « Abriss der Psychoanalyse », Imago Publishing C° Ltd, London, trad. fr. 1949, « L'abrégé de psychanalyse », 1949, P.U.F., Paris.
-FREUD S., BREUER J., 1895, « Studien über Hysterie », trad. fr. 1971, A. Berman, « études sur l'hystérie », PUF, Paris.
-FREY W. V. et coll., 1983, trad. Fr. 1984, « Analyse intégrée du Comportement non Verbal et Verbal dans le domaine de la Communication », in « « La communication non verbale », Delachaux & Niestlé, Lausanne.
- FRISCH (Von) K., 1923, « Über die « Sprache » der Bienen : Eine Tierpsychologie Untersuchung », Zoologische Jahrbücher (Physiologie), Band 40, 1-186, trad. fr. 1954, « Le langage des abeilles », PUF, Paris.
- FRISCH (Von) K. et O., 1974, "Tiere als Baumeister", 1975, trad. fr. P. Kessler, « Architecture animale », Albin Michel, Paris.
-FU Q. et al., 2014, « Genome sequence of a 45000 yea-old-modern human from western Siberia », Nature vol. 346, n° 514, 23 oct. 2014, pp. 1113-1118.
-GALLUP G. G., 1970, « Chimpanzees : self-recognition », in Science, 167 : 86-87.
-GANTHERET F., LAPASSADE G., 1961, « Le problème de la genèse humaine », Rev. fr. de Psy., mars-avril 1961 p.243-279.
-GARDNER A. et B., 1974, « L'enseignement du langage des sourds-muets à Washoe », trad. Y. Noizet in « L'unité de l'homme », Seuil, Paris.
-GAUTHERON A., 2010, « Chinois, une langue plurielle », in « Les origines des langues », Les cahiers de sciences et vie, n° 118, p. 74-78, août-sept. 2010.
-GENTIS R., 1975, « Les murs de l'asile », éd. Maspéro, Paris.
-GILCHRIST G., 2012, « Devient-on dominant parce que l'on a un système immunitaire plus résistant ou est-ce l'inverse ? », PNAS, 21/05/2012.
-GODARD D., 1978, « Agression et isolement : approche éthologique », thèse de médecine, sous la dir. du Pr MONTAGNER, Besançon.
-GODARD D., 1984, « Pour une clinique éthologique », Psychologie médicale, 16, 2 : 253-256.
-GODARD D., 1991, « Éthologie clinique : étude des stéréotypies », Annales médico-psychologiques, vol. 149, n° 8, octobre 1991.
-GODARD D., 1992, « Éthologie et psychanalyse : l'attachement ? », Devenir, Vol. 4, n°4.
-GODARD D., 1995, « Éthologie, psychanalyse : l'empreinte ? », Synapse, février 1995, n° 113.
-GODARD D., 2006, « La naturalisation du psychisme », Synapse, n°227, p. 40-46, sept. 2006.
-GODELIER M., 1989, « Sexualité, parenté et pouvoir », La Recherche, sept. 1989, n°213, vol.20, p. 1140-1155.
- GOFFMAN E., 1968, « Asylums », trad. fr. « Asiles », éd. De Minuit, Paris.
- GOFFMAN E., 1973, « The Presentation of Self in Everyday Life », trad. fr. « La mise en scène de la vie quotidienne », 2 tomes, éd. De Minuit, Paris.
-GOFFMAN E., 1974, « Interaction Ritual », trad. fr. « Les rites d'interaction », éd. de Minuit, Paris.
-GOLSE B., 1995, « La psychiatrie du bébé : de la place du corps comme "voie royale" de l'accès à la sémiotisation », l'information psychiatrique n° 1, janv. 1995.
-GOLSE B., 1998, « Attachement, modèles opérants internes et métapsychologie, ou comment ne pas jeter l'eau du bain avec le bébé », in BRACONNIER A. Et SIPOS J., « le bébé et les interactions précoces », p. 149-165, PUF, Paris.
-GOLSE B, 1999, « L'attachement entre théorie des pulsions et théorie de la relation d'objet », Carnet Psy., 48, 16-19.
-GOODALL (VAN LAWICK) J., 1967, « Mother-offspring relationship in free-ranges chimpanzees », in Morris, 1967.
-GOODALL (VAN LAWICK) J., 1968, « Behaviour of free-living chimpanzees of the Gombe Stream Area », Anim. Behav. Monogr., 3.
-GOODALL (VAN LAWICK) J., 1970, « In the Shadow of Man », Cllin's, London, trad. fr. 1971, « Les chimpanzés et moi », Stock, Paris.

-GOODALL J., JUN'ICHIRŌ, MAC GREW W. C., et MARCHANT L. F., 1996, « Great Apes Societies », Cambridge University Press.
-GOTTLIEB G. « Development of species identification in Birds », Univ.of Chicago Press, 1973.
-GOULDS. J., 1977, « Ever Since Darwin », Norton & Company, New-York, trad. fr. 1997, « Darwin et les grandes énigmes de la vie », éd. Seuil, Paris.
-GOULD S. J., 1980, « So cleverly kind an animal », in « Ever since DARWIN », recueil de ses chroniques de 20 ans du Natural History Magazine, Harmonsworth, UK, Penguin.
-GOULD S. Jay, 2002, « The structure of Evolutionary Theory », Harvard Univ. Press, trad. fr. 2006, « La structure de la Théorie de l'Evolution », Gallimard, Paris.
-GOULD J. L., GALLUP C. G., 1981, in « The Oxford Companion to Animal Behaviour », sous la direction de D. Mc FARLAND, trad. fr. « Dictionnaire du comportement animal » Ed. Robert Laffont, Paris, 1990.
-GOUSTARD M., 1975, « Le psychisme des primates », Masson, Paris.
-GREEN R. E. & al., 2010, « A Draft Sequence of the Neandertal Genome », Science, mai 2010, vol. 328, n° 5979, p. 710-722. Doi : 10.1126/science.1188021.
-GRESSE M., 1995, « Les bêtes ont-elles un ego : la conscience de soi », Hors-série Sciences et Avenir, octobre 1995.
-GREW (Mc) W. C., 1972, « An Ethological Study of children's Behavior », New-York, Academic Press
-GREW (Mc) W. C., 1984, « Catalogue comportemental des expressions faciales » (extrait de « An Ethological Study of Chidren's Behavior »), in « L'observation », sous la direction de M.P. MICHIELS-PHILIPPE, Delachaux & Niestlé, Neuchâtel, Paris.
-GREW (Mc) W. C., 1992, « Chimpanzee Material Culture: Implications for Human Evolution », Cambridge University Press.
-GREW (Mc) W. C., MATSUZAWA T., 2008, « Kinji IMANISHI and 60 years of Japanese Primatology », Current Biology, 18, R587-591.
-GREY WALTER W., 1950, « Fonctions of electrical Rythm in the Brain", journ. Mental Sciences, XCVI, janv.1950.
-GRIFFIN Donald R., 1984, « Animal Thinking », Harvard University Press, trad. fr. « La pensée animale », 1988, Denoël, Paris
-GUEDENEY N., GUEDENEY A., 2002, « L'Attachement », Masson, Paris.
-GUEDENEY A., LE MEUR H., 2005, « S'attacher pour mieux se libérer », La Recherche, juillet-août 2005, n°388.
-GUYOMARC'H J. C., 1980, « Éthologie », Masson, Paris.
-HAGÈGE C., 2001, « Aimer les langues pour aimer les hommes. Entretien avec Claude Hagège », in « Le langage », éd. Sc. Humaines, Auxerre.
-HAILMAN J. P., 1967, "The ontogeny of an instinct", Behavior suppl., 15.
-HALL E. T., 1966, "The hidden dimension", Doubleday & C°, New-York, trad. fr., 1971, "La dimension cachée", éd. Seuil, Paris.
-HALL E. T., 1983, "The Dance of Life", Anchor press, New-York, trad. fr., 1984, "La Danse de la vie", Seuil, Paris
-HALBERG F., 1975, « Biological rythms », in L.W. HEDLUNG, J. M. FRANZ, A.D. KENNY, « Biological rythms and Endocrine Function », New York & London, p. 1-41.
-HAMILTON W. D., 1972, « Altruism and related phenomena, mainly in social insects », ann. Rev. Ecol. Syst., pp. 193-232.
-HANCOCK C., 2010, « Les linguistes font parler les créoles », in « Les origines du langage », les cahiers de sciences et vie, n° 118, p. 94-95, août-sept.
-HARDY B. L. & al., 2013, « Impossible Neanderthals ? Making string, throwing projectiles and catching small game during Marine isotope stage (Abri du Mars, France) », Quaternary science reviews, vol. 82, pp. 23-40.
-HARMAND S. & al., 2015, « 3-3 million-year-old stone tools from Lomekwi 3, West Turkana, Kenya », Nature 521, pp. 310-315, 21 may 2015.
-HARLOW H. F., 1951, « Comparative Psychology » Ed. C. P. Stone, New York
-HARLOW H. F., 1958, «The nature of love», American psychologist, 13, 673-685.

-HARLOW H. F., ZIMMERMAN R. R., 1958, «The development of affectional Responses in Infant Monkeys», Proc. Amer. phil. Soc., 102, 501-509.
-HARLOW H. F., HARLOW M. K., 1965, « The affectional systems », in SCHRIER A. M., HARLOW H. F., STOLLNITZ F., Behavior of nonhuman primates, vol. II, New York, Academic Press, p. 287-334.
-HAWKS J., 2014, « The art of Homo erectus », John Hawks Anthropology Weblog, december 03, 2014.
-HAYES C., 1951, « The Ape in our House », Harper, New-York, trad. fr. « Viki et nous », 1953, Hachette, Paris.
-HAYES K. V., HAYES C., 1954, « The cultural capacity of chimpanzee », Human Biology, vol. XXVI.
-HEIDEGGER M., 1954, « Das Ding » in Vorträge u. Aufsätze, Pfullingen.
-HEIL M., SIVA BUENO J. C., 2007, "Within-plant signaling by volatiles leads to induction and priming of an indirect plant defense in nature", vol. 104, n° 13, 5467-5472, doi: 10.1073/pnas.0610266104.
-HEIL M., 2013, « Partner manipulation stabilies a horizontally transmitted Mutualism », Ecology Letters, vol.17, pp. 185-192.doi : 10.1111/ele.12215.
-HEIL M., 2015, « Extrafloral nectar at the plant-insect interface: a spotlight on chemical ecology, phenotypic plasticity, and foods webs ». Ann. Rev. Entomol. 60.
-HEIN A., HELD R., 1967, « Dissociation of the visual placing response into elicited and guided components », Science, n° 158, pp. 390-392.
-HEINROTH O., 1911, « Beiträge zur Biologie, namentlich Ethologie und Psychologie der Anatiden », Verth. 5 Int. Orn. Kong., 589-702.
-HELD R., FREEDMAN S. S., 1963, "Plasticity in human sensorimotor control", Science, n° 142, pp. 455-462.
-HELD R., HEIN A., 1963, "Movement produced stimulation in the development of visually guided behavior", Journal of comparative and physiological Psychology, n° 56, pp. 872-876.
-HEPPER P. G., 1988, « The discrimination of human odour by the dog », Perception, n° 17.
-HERBINET E., BUSNEL M.C., 1988, « L'aube des sens », les cahiers du nouveau-né, 5, éd. Stock, Paris.
-HERITIER F., CYRULNIK B., NAOURI A., 1994, « De l'inceste », Odile Jacob, Paris.
-HERMAN L., 1991, « What the dolphin knows, or might know, in its natural world », Dolphins societies : Discoveries and puzzles , p. 349-364, University of California press, Los Angeles.
-HESS E. H., 1957, "Imprinting: Early experience and the developmental psychobiology of attachment", New York, Van Nostrand Reinhold.
-HINDE R. A., 1954, « Change in Reponsiveness to a constant stimulus », Brit. J. Anim. Behav., 2, 2.
-HINDE R. A., 1966, « Animal Behaviour a synthesis of Ethology and Comparative Psychology », 2 tomes, Mc Grew-Hill company, NY, trad. fr. 1975, « Le comportement animal », PUF, Paris.
-HOCKINGS K. J., ANDERSON J. R., MATSUZAWA T., 2006, « Road crossig in chimpanzees : a risky business », Current Biology, vol. 16, n° 17, pp. 668-670, in La Recherche n°402.
-HOMBERT J. M., et coll., 2005, « Aux origines des langues et du langage », Fayard, Paris.
-HOMBERT J. M., 2010, "Un projet tel qu'une traversée maritime ne pouvait aboutir sans langage", interview, Les cahiers de Sciences et vie, n° 118, p. 16-18, J. F. MONDOT, août-sept 2010.
-HOMBERT J. M., LENCLUD G., 2014, « Comment le langage est venu à l'homme », Fayard, Paris.
-HORST (Van der) F. C. P., Van der VEER R., LJZENDOORN M. H., 2007, « John BOWLBY and ethology: An annotated interview with Robert HINDE », Attachment & Human Development, 9:4, 321-335, Leiden University, The Nederlands.
-HRDY S. B., 1979, « Infanticide among Animals: A review, classification, and examination of the implications for the reproduction strategies of females », Ethology & sociobiology, 1, p.13-40.
-HRDY S., 1984, « When the Bough breaks », The Sciences, 24 :44-50.
-HRDY S., 2010, « Why Primates kill their Young », in Encycl. of Mammals, 2nd ed. (D. W. McDONALD ed.), pp. 392-393, Oxford University Press, London.
-HUBEL D. H., WIESEL T. N., 1962, "Receptive fields, binocular interaction and functional architecture in the cat's visual cortex", Journal of Physiology (London), vol. 160, pp. 106-154.
-HUBEL D. H., WIESEL T. N., 1970, "The period of susceptibility to the physiological effects of unilateral eye closure in kittens", Journal of Physiology (London), vol. 206, pp. 419-436.
-HUBLIN J. J., 2001, « La conquête des vieux continents », in « Aux origines de l'humanité » sous la dir. de Y. COPPENS et P. PICQ, Fayard, Paris.

-HUBLIN J. J., 2001, « Origine et évolution des Néandertaliens », in « Aux origines de l'humanité » sous la dir. De Y COPPENS et P. PICQ, Fayard, Paris.
-HUBLIN J. J., 2011, « Quand d'autres hommes peuplaient la terre », Flammarion, Paris.
-HUCHARD E., LUKAS D., 2014, « The evolution of infanticide by males in mammalian societies », science, vol. 346, n° 6211, p. 841-844.
-HUFFMAN M. & SEIFU M., 1989, « Observations on the illness and consumption of a possibly medicinal plant *vernonia amygdalina (Del.)* by a wild chimpanzee in the Mahale Mountains National Park, Tanzania », « Primates », vol. 30, Issue 1, pp. 51-63, 30 :51 doi : 10.1007/BF02381210.
-HUREL A., 2012, « Le Néandertalien de la Chapelle-aux-saints », Dossier pour la science, n° 76, juillet-septembre 2012.
-HUTH A. G. and al., 2016, "Natural Speech reveals the Semantic Maps that tile Human Cerebral Cortex", Nature 532, 453-458, 28/04/2016, doi: 10.1038/nature 17637.
-IMANISHI K., 1963, «Social Behavior in Japanese monkeys Macaca fuscata», in C. J. Southwick, « Primate social behavior: an enduring problem», p. 68-81, paru en japonais dans « Psychologica » en 1957.
-IMANISHI K., 2002, « A Japanese View of Nature : the world of living things », trad. fr., 2011, « le monde des êtres vivants ».
-IMMELMAN K., 1982, « Dictionnaire de l'éthologie », trad. fr. 1990, éd. P. Mardaga, Liège Bruxelles.
-ITARD J., 1801, « Mémoire et Rapport sur Victor de l'Aveyron ».
-ITANI J., 1985, « The evolution of primates social structures », « Man », 20, 593-611.
-ITANI J., 1988, « The Origin of Human Equality », in « Social fabrics of the Mind », ed. M. Chance, pp. 137-156, Hove, UK.
-I.M.A., 1993, Institut du Monde Arabe, « SYRIE, Mémoire et civilisation », catalogue de l'exposition, septembre 1993, éd. Flammarion, Paris.
-JAISSON P., 1995, « L'inné et l'acquis en éthologie », sciences humaines, n°54, octobre 1995.
-JAMA S., 1998, « La nuit de songes de René Descartes », éd. Aubier, Paris.
-JAMES W., 1884, « What is an Emotion ? », Mind, 9 :188-205.
-JAUBERT J., VERHEYDEN V., GENTY D. et coll., 2016, « Early Neanderthal Constructions deep in Bruniquel Cave in Southern France », Nature Letter, doi : 10.1038/nature 18291, 25 mai 2016.
-JOORDENS J. C. A., D'ERRICO F. & al, 2014, « Homo erectus at Trinil on Java used shells for tool production and engraving », Nature, Letter, doi :10.1038, n° 13962, 3 déc. 2014.
-JOULIAN F., 2000, « Techniques du corps et traditions chimpanzières », EHESS, lab. D'anthropologie sociale, terrain 34, éditions du patrimoine, mars 2000, pp. 37-54.
-JULES H., MASSERMA, WECHKIN S., TERRIS W., 1964, « Altruistic Behaviour in Rhesus Monkeys », Amer. journ. of Psychiatry.
- KARBAN R., HEIL M., 2013, « The secret language of plants », Quanta Magazine, 16/12/2013
-KAWAMURA S., 1954, « A new type of action expressed in the feeding Behavior of the Japanese Monkey in its wild Habitat », in « Organic Evolution », 2, p. 10-13.
-KAWAMURA S., 1958, "Matriarcal social ranks in the minoo-B troop: A study of the rank system of Japanese monkeys", Primates, 1, 149-156.
-KAWAMURA S., 1959, "The process of subcultural propagation among Japanese monkeys", Primates, 3, 43-60.
-KEGL J., SENGHAS A., COPPOLA M., 1999, "Creation through Contact: Sign Language Emergence and Sign Language Change in Nicaragua", in M. De GRAFF, "Language Creation and Language Change", MIT Press, pp.179-237.
-KELLOGG W. N., KELLOGG L. A., 1933, « The Ape and the Child », New York and London.
-KIHM A., 2005, "Les langues créoles", in "Aux origines des langues et du langage", sous la direction de J. M. HOMBERT, Fayard, Paris.
-KINGL. K., JANIK V. M., 2013, "Bottlenose dolphins can use learned vocal labels to address each other", Proc. Nation. Acad. Sci. USA; 110(32): 13216-13221. 2013 Jul 22 doi: 10.1073/pnas.1304459110.

-KING S. L., SAYIGH L. S., RANDALL S. W., FELLNER W., JANIK V. M., 2013, "Vocal copying of individual distinctive signature in bottlenose dolphins", Proc. R. Soc. B. 280:20130053. Doi: 10/1098/rspb.2013.0053.
-KODA H. & al., 2012, "Soprano singing in gibbons", Am. J. Phys. Anthropol., 2012, 149(3):347-55.
-KODA H. et al., 2013, "Possible role of mother–daughter vocal interactions on the development of species-specific song in gibbons", PLoS ONE. 2013. 8(8):e71432.
-KÖHLER W., 1917 « Intelligenzprüfungen an Anthropoiden », trad. 1925, « Mentality of Apes » et 1927 « L'intelligence des singes supérieurs », F. Alcan, Paris.
-KÖHLER W. « Gestalt psychology », 1929, trad. fr. 1964, « La psychologie de la Forme », Gallimard, Paris.
-KOHTS N., 1928, « Recherches sur l'intelligence du chimpanzé par la méthode du choix d'après modèle » » journal de psych. norm. et path., 25.
-KRIEF S., KLEIN N., FRÖHLICH F., 2014, site Naturwissenschaften.
-KRIEF S., 2014, « culture des chimpanzés : dossier », site planète Gaïa, éthologie
-KRIEF S., 2014, « La Pharmacopée des Chimpanzés », Planète Gaïa, « Culture des chimpanzés ».
-KRIEF S., PENNEC F., NARAT V., CIBOT M., BORTOLAMIOL S., 2015, « Pouvons-nous vivre ensemble », Dossier Pour la Science « Nos cousins les grands singes », n° 86, Janvier-mars 2015.
-KÜHL H. S., KEHOE L., & al., 2016, "Chimpanzee accumulative stone throwing", Nature, scientific reports 6, n° 22219, doi: 10.1038.
-KUMMER H., 1967, « Social Communication among primates », 1967, in « La Recherche » : D.S. Sade.
-KUMMER H., 1979, « Le comportement social des singes », in « La Recherche en éthologie », Seuil La Recherche, Paris.
-KUMMER H. et coll., 1990, « Exploring primate social cognition: some critical remarks », in Behaviour, 112, 84-98.
-KUMMER H., 1992, « Weisse Affen am Roten Meer », éd. R Piper GlmbH & Co KG, trad. fr. 1993, « Vies de singes », O. Jacob, Paris.
-LABORIT H., 1970, « L'agressivité détournée introduction à une biologie du comportement social », U.G.É coll. 10/18, Paris.
-LABORIT H., 1973, « Les comportements biologie physiologie pharmacologie », éd. Masson & Cie, Paris.
-LABORIT H., 1974, « La nouvelle grille », éd. Robert Laffont S.A., Gallimard, Paris.
-LAMOUR M., LEBOVICI S., 1989, "Les interactions du nourrisson avec ses partenaires", Encycl. Méd. Chir., Psychiatrie, 37190 B[60], 10-1989, 22p.
-LACAN J., 1949, « Le stade du miroir comme formateur de la fonction du Je », in « Écrits », 1966, p. 93-100, éd. Seuil, Paris.
-LACAN J., 1953, « Fonction et champ de la parole et du langage en psychanalyse », in « Écrits », 1966, p. 237-322, éd. Seuil, Paris.
-LACAN J., 1953-1954, « Les écrits techniques de Freud », 1975, séminaire I, éd. Seuil, Paris.
-LACAN J., 1954-1955, « Le moi dans la théorie de Freud et dans la technique de la psychanalyse », 1978, Séminaire II, éd. Seuil, Paris.
-LACAN J., 1955, « La chose freudienne », in « Écrits », 1966, p. 401-436, éd. Seuil, Paris.
-LACAN J., 1955-56, « Les psychoses », 1981, Séminaire III, éd. Seuil, Paris.
-LACAN J., 1956-1957, « La relation d'objet », 1994, séminaire IV, éd. Seuil, Paris.25/02/1957 -05/02/1958
-LACAN J., 1957-1958, « Les formations de l'Inconscient », 1998, séminaire V, éd. Seuil, Paris.
- LANNOY (De) J. D., FEYEREISEN P., 1992, « L'inceste », PUF, Paris.
- LANNOY (De) J.D., FEYEREISEN P., 1987, « L'éthologie humaine », PUF, Paris.
-LAPLANCHE J., 1993, « Le fourvoiement biologisant de la sexualité chez Freud », éd. Les empêcheurs de tourner en rond, Paris.
-LAPLANCHE J., 1997, « Adolescence », 15, 2, 205-224, Les empêcheurs de tourner en rond, Paris.
-LAURENT N., DELAUNAY B., 2016, « BESCHERELLE : la grammaire pour tous », (nouvelle édition) Hatier, Paris.

-LEAN (Mc) P. D., 1955, « The Limbic System », in « Visceral Brain and Emotional Behaviour », AMA, Arch. Neurol. And Psychiatry, 73, 130-134.
-LEAN (Mc) P. D., 1970, « The triun brain, emotion and scientific bias », in F. O. SCHMITT, « The Neurosciences, Second Study Program », NY, The Rockfeller Univ. Press, p. 336-349.
-LEAN (Mc) P. D., 1972, « Cerebral evolution and emotional process: new findings on the striatal complex », Ann. NY acad. Sci., n°193, p.137-149.
-LEAKEY M. D., 1966, « A review of the Oldowan culture from Olduvai Gorge, Tanzania », Nature, 210, 462-6.
-LEBOVICI S., 1970, « La connaissance de l'enfant par la psychanalyse », PUF, Paris.
-LEBOVICI S., 1983, « Le nourrisson, la mère et le psychanalyste », éd. Le centurion, Paris.
-LEBOVICI S., 1989, « John BOWLBY », Psy-Fr., n° 2.89 avril p. 29-35.
-LEBOVICI S., 1992, « En l'homme le bébé », ESHEL, Paris.
-LEBOVICI S., 2002, « Le bébé, le Psychanalyste et la Métaphore », Odile Jacob, Paris.
-LECOURT D., 2006, « Les dessous du dessein intelligent », La Recherche, n° 396, avril 2006.
-LEDOUX J., 1996, « The endocrinal Brain », Simon & Schuster, NY.
-LEHRMAN D., 1953, "Critique of Konrad Lorenz's theory of instinctive behavior", Quaterly Review of Biology, 28 (4): 337-63.
-LESTEL D., 1995, « Paroles de singes », éd. La Découverte, Paris.
-LESTEL D., 2001, « Les origines animales de la culture », éd. Flammarion, Paris.
-LESTEL D., 2005, « Comportement animal, communication animale et langage », in J. M. HOMBERT, « Aux origines du langage », Fayard, Paris.
-LESTEL D., 2006, « Les animaux sont-ils intelligents ?», éd. Le Pommier, Paris.
-LEROI-GOURHAN A., 1964, « Le geste et la parole », 2 tomes : « le geste et la parole », « la mémoire et les rythmes », Albin Michel, Paris.
-LEROI-GOURHAN Arl., 1968, « Le Néanderthalien IV de Shanidar », bull. de la société préhistorique Fr., T. 65, pp.79-83.
-LEROI-GOURHAN Arl., 2000, « Rites et langage à Shanidar ? », bull. de la société préhistorique fr., vol. 97 n°2, pp. 291-293.
-LEEUWEN (Van), E. J. C., MULENGA I. C., BODAMER M. D., CRONIN K. A., 2016, « Chimpanzees responses to the dead body of a 9-year-old group member », Am. J. of Primatology, doi : 10.1002/ajp.22560, 9 may 2016.
-LÉVI-STRAUSS C., 1949, « Structures élémentaires de la parenté », éd. Mouton & Co, Paris La Haye.
-LÉVI-STRAUSS C., 1958, « Anthropologie structurale », Plon, Paris.
-LÉVI-STRAUSS C., 1962, « Le totémisme aujourd'hui », PUF, Paris.
-LÉVI-STRAUSS C., 1971, « l'homme nu », « Mythologiques tome IV », Plon, Paris.
-LÉVI-STRAUSS C., 1973, « Anthropologie structurale deux », Plon, Paris.
-LEVY F., KENDRICK K. M., KEVERNE E. B., 1992, « Comment la fibre maternelle vient aux brebis », La Recherche, 247, oct. 1992, vol. 23.
-LINDEN E., 1999 « Les lamentations du perroquet ; de l'intelligence et de la sensibilité animale », Dutton, New York. Trad. fr. éd. Fayard.
-LINDEN E., 2002, « La pieuvre et l'orang-outan », Dutton, New York, trad. fr. éd. Fayard, Paris.
-LOPRESTI E. F., PEARSE I. S., CHARLES G. K., 2015, « The siren song of a sticky plant: columbines provision mutualist arthropods by attracting and killing passerly insects », « Ecology » vol. 96, pp. 2862-2869, doi : 10.1890/15-0342 ;1, 1 nov. 2015.
-LORENZ K., 1935, « Le compagnon dans l'environnement propre de l'oiseau », in « Essais sur le comportement animal et humain », 1970, éd. Seuil, Paris.
-LORENZ K., 1937, « Sur la formation du concept d'instinct », in « Essais sur le comportement animal et humain », 1970, éd. Seuil, Paris.
-LORENZ K., 1950, « Le tout et la partie dans la société animale et humaine », in « Essais sur le comportement animal et humain », trad. fr. 1970, Seuil, Paris.
-LORENZ K., 1963, « Das sogenannte Böse zur Naturgescichte der Agression », Verlag-Dr G. Borotha-Schoeler, trad. fr. « L'agression une histoire naturelle du Mal », 1969, Flammarion, Paris.
-LORENZ K., 1967, « Évolution et modification du comportement. L'inné et l'acquis », Payot, Paris.

-LORENZ K., 1973, « Die Rückseite des Spiegel », R. Riper et Co Verlag, München, trad. fr., « L'envers du miroir », 1975, Flammarion, Paris.
-LORENZ K., 1981, « Les fondements de l'éthologie », Flammarion, Paris.
-LORTZING T., STEPPUHN A., & al., 2016, « Extrafloral nectar secretion from wounds of Solanum dulcamara », nature plants, letters, n° 16056 doi : 10.1038/Nplants 2016 56.
-LUDWIG P., 2015, « Les émotions fictionnelles », in « Le monde des émotions », éd. Belin, Paris.
-MAIN M., 1981, « Avoidance in the service of attachment: a working pape r», in IMMELMAN Kl., BARLOW G., MAIN M., "Behavioral development: The Bielefeld Interdisciplinary Project", Cambridge University Press.
-MAIN M., KAPLAN N., CASSIDY J., 1985, "Security in infancy, childhood, and adulthood: a move to the level of representation", in BRETHERTON I., WATERS E., Growing Points of Attachment Theory and Research, monographs of the Society for Research Child Development, 50, n° 209, 66-104.
-MALASPINAS A-S & al., 2016, « A genomic history of Aboriginal Australia », Nature, 207, vol. 538, doi :10.1038/nature18299.
-MANN J., CONNOR R., TYACK P., WHITEHEAD H., 2000, « Ceatacean Societies: Field Studies of Dolphins and Whales », University of Chicago Press.
-MARMION J-F, 2011, "La prison de Stanford, 40 ans après", le cercle psy, éd. Sciences Humaines.
-MASI S., 2015, « La culture chez les gorilles », in « Nos cousins les grands singes », Dossier pour la science, n° 86, janvier-mars 2015.
-MATSUZAWA T., 1998, « Tetsuro Matsuzawa, primatologue, raconte 20 ans d'apprentissage avec la guenon Aï », 1998.12.15, in Libération.
-MATSUZAWA T., 2007, « The Mind of Chimpanzee », conférence, Lincoln Park Zoo, Chicago, mars 2007.
-MATSUZAWA T., 2001, « Primate Origins of Human Cognition and Behavior », Ed. Springer-Verlag, Tokyo, Berlin, Heidelberg, New-York.
-MATSUZAWA T., 2006, « L'apprentissage chez les chimpanzés », La Recherche, n° 402, p. 67-73.
-MAUREILLE B., 2016, « Origines de l'humanité : les nouveaux scénarios », sous la direction de S. HUET, éd. La ville brûle, Labarelly.
-MAURUS V., 2003, "DARWIN l'opiniâtre", Le Monde, 27-28 juillet 2003.
-MAYR Ernst, 2004, « What makes Biology unique? », trad. fr. 2006, "Après DARWIN la biologie, une science pas comme les autres", Dunod, Paris.
-MELTZOFF A., MOORE M., 1977, "Imitation of facial and manual gestures by human neonates", Science, 198, pp. 75-78.
-MERLEAU-PONTY M., 1942, « La Structure du comportement », P.U.F., Paris.
-MERLEAU-PONTY, 1945, « Phénoménologie de la perception », PUF, Paris.
-MILGRAM S., 1965, "Some conditions of obedience and disobedience to authority", in "Human Relations", vol. 18, n° 1, février 1965, p. 57-76, trad. fr. 2013, "Expériences sur l'obéissance et la désobéissance à l'autorité", éd. La Découverte, Paris.
-MILGRAM S., 1974, "Obedience to Authority an experimental view", Harper & Row, trad. fr. 1974, "Soumission à l'autorité", Calman-Lévy, Paris.
-MILIJKOVITCH R., 2001, « L'Attachement au cours de la vie », PUF, Paris.
-MILLOT C., 1997, "Die Lorelei Les plus beaux poèmes allemands", éd. Ellipses, Paris.
-MITANI J. C., Mc GREW W. C. & WRANGHAM R. W., 2006, « Toshisada NISHIDA's contributions to primatology », in PRIMATES, 27:2-5.
-MONTAGNER H., 1972, « De la biologie du comportement animal à la Biologie du comportement de l'enfant », Bulletin de la fédération des sociétés d'hist. Natur. De Franche-Comté, T. LXXIV, 1972, n°3.
-MONTAGNER H., 1974, « Communication non verbale et discrimination olfactive chez les jeunes enfants : approche éthologique », in L'unité de l'homme, pp. 246-270, Centre Royaumont pour une science de l'homme, Seuil, Paris.
-MONTAGNER H., 1978, « L'enfant et la communication », éd. Pernoud/Stock, Paris.
-MONTAGNER H., 1980, « Éthologie humaine », in Encyclopedia Universalis, II, p. 569-578.
-MONTAGNER H., 1983, « Les rythmes de l'enfant et de l'adolescent », Stock, Paris.
-MONTAGNER H., 1988, « L'Attachement, les débuts de la tendresse », Ed. O. Jacob, Paris.

-MONTAGNER H., 1999, « l'imprinting, l'attachement, le lien », Le Carnet Psy, n° 48, .13-15.
-MONTAGNER H., HENRY E., CARDOT N., 1973, « Sur quelques variations du rythme circadien des 17-hydroxycorticostéroïdes urinaires chez les jeunes enfants en fonction de leur profil comportemental », in C.R. Acad. Sc., Paris, 277, p. 101-104.
-MONTAGNER H., RESTOIN A., HENRI J.C., BENEDINI M., GODARD D., ULLMANN V., LOMBARDOT M., PRETET M.T., PROUTEAU C., ROUGEOT J.C., 1983, « Comportements et rythmes biologiques de l'enfant », in « Les rythmes de l'enfant et de l'adolescent », Stock, Paris.
-MONTAGNER H., RESTOIN et Coll., 1988, (lab. de psychophysiologie de l'univ. de Besançon), GODARD D., (Unité 70 INSERM), «Social Interactions of Young Children with Peers and their Modifications in Relation to Environmental Factors», in « Social Fabrics of the Mind », M. CHANCE, L.E.A. publishers, UK & USA.
-MONTAGNER H., RESTOIN A., RODRIGUEZ D., 1989, « Les systèmes d'interaction dans les groupes de jeunes enfants », p. 131-139, in « Psychopathologie du bébé », S. LEBOVICI et F. WEIL-HALPERN, PUF, Paris.
-MORIN H., 2015, "Homo Naledi, une découverte qui laisse perplexe", "Le Monde", 2015.09.10.
-MORRIS D., 1967, « The Naked Ape », trad. fr. 1970, « Le singe nu » livre de poche, Paris.
-MUSSER W. B., BOWLES A. E., GREBNER D. M., CRANCE J. L., 2014, « Differences in acoustic features of vocalizations produced by killer whales cross-socialized with bottlenose dolphins », The Journal of Acoustical Society of America, doi : 10.1121/1.4893906.
-NACCACHE B., 1980, « Marx critique de Darwin », éd. Vrin, Paris.
-NAVILLE P., 1963, « La psychologie du comportement », NRF, Gallimard, Paris.
-NIELSEN R. & al., 2015, "How Inuit genomes have adapted", Nature, vol. 525, 429, doi:10.1038/525429d.
-NISHIDA T., HIRAIWA-HASEGAWA M., TAKAHATA Y., 1985, « Group extinction and female transfer in wild chimpanzees in the Mahale mountains National Park, Tanzania », Zeitschrift für Tierpsychologie, 67, p. 274-285.
-NISSEN H. W., 1931, « A field Study of the Chimpanzee » comp. Psychol. Monographs, vol. VIII, n°1 in BUYTENDIJK, p. 109
-NOONAN Michael, 2005, « Quand les orques se passent la recette », Les grands dossiers des sciences humaines, n°1, janv-février 2006, in MASON B., « More animals join the learning circle », Newscientist.com, 27 août 2005.
-NYCKEES V., 1998, « La sémantique », Belin, Paris.
-NYCKEES V., 2001, « Les mots, les choses ... et nous », in « Le langage », éd. Sciences Humaines.
-PAILLARD J., 1971, « Les déterminants moteurs de l'organisation de l'espace », cahiers de psychologie, 14, n° 4, 261-316.
-PAILLARD J., 1980, « Le corps situé et le corps identifié », Rev. Méd. Suisse Romande, 100 : 129-141.
-PAINTER George D., 1959, « Marcel Proust », Chatto and Windus Ltd, Londres, trad. Française Mercure de France, Paris 1966.
-PAPEZ J. W., 1937, « A proposed Mechanism of Emotion », Archives of Neurology and Psychiatry, 38 :725-743.
-PARR L. A., De WAAL F. B. M., 1999, « Visual kin recognition in chimpanzees », Nature, 399, p.647-648. In DE WAAL, « Our Innate Ape ».
-PATHOU-MATHIS M., 2012, « Néandertal, au cœur de l'innovation culturelle », Dossier pour la science, n° 76, juil.-sept. 2012.
-PATTERSON F., LINDEN E., 1981, « The Education of Koko », Holt, Rinehart & Wonston, New-York.
-PATTERSON N. & al., "genetic evidence for complex speciation of humans and chimpanzees", Nature, 2006, doi: 10.1038/nature04789.
-PEDERSENJ., 1989, « An ethological approach to autism: an analysis of visual behavior and interpersonnal contact in a child versus adult interaction », Acta Psychiatrica Scandinavica, 1989, 80 : 346-355.
-PEYRAUBE A., 2001, « L'origine des langues et du langage », in « Le langage », éd. Sciences Humaines.
-PFEFFER P., 1995, « Une mémoire d'éléphant », Hors-série Sciences et Avenir, n°103, octobre 1995.
-PIAGET J., 1968, « La formation du symbole chez l'enfant », Delachaux et Niestlé, Neuchâtel, Suisse.

-PIAGET J., 1964, « Six études de psychologie », éd. Gonthier, Genève.
-PIAGET J., CHOMSKY N., 1979, « Théories du langage Théories de l'apprentissage ; Le débat entre Jean PIAGET et Noam CHOMSKY », Centre Royaumont pour une science de l'homme, éd. du Seuil, Paris.
-PIATELLI-PALMARINI M., 1974, « L'unité de l'homme », Seuil, Paris, p.17-31.
-PICQ P., 2001, « Aux origines de l'humanité », Fayard, Paris.
-PICQ P., 2006, « L'évolution de l'homme, de la biologie à la culture », Sciences humaines, les grands dossiers, n°1, déc.-janv. 2006, P. 28-33.
-PIEPER J., 1950, « Welt und Umwelt », Bd 5, S, 180-206.
-PIERREHUMBERT B., 1992, « La situation étrange », Devenir, 4, p. 69-93.
-PIKE A. W. G., 2012, « U-series Dating of Paleolithic Art in 11 caves in Spain », Science, 15 juin 2012, pp. 1409-1413.
-PILOWSKY I, KATSIKITIS M., 1994, « The classification of facial emotions: a computer-based taxonomic approach », J. affect. Discord., 30, pp. 61-71.
-PINKER S., 1994, "Language Instinct", pinguin ed., trad. fr., 1999, "L'instinct du langage", Odile Jacob, Paris.
-PINOL-DOURIEZ M., 1984, « Bébé agi-bébé actif », PUF, Paris.
-PITMAN R. L. & al., 2016, « « Humpback Whales interfering when mammal-eating killer Whales attack other Species: Mobbing Behavior and interspecific altruism », in « Marine Mammal Science », 20/07/2016, doi :10.1111/mms - 12343
-PRAT Y., TAUB M. & YOVEL Y., 2016, « Everyday bat vocalizations contain information about emitter, addressee, context, and behavior », Scientific Reports 6, doi :10.1038/srep39419.
-PREMACK David, « Le langage et sa construction logique chez l'homme et chez le chimpanzé », Seuil, Paris, trad. Y. Noizet in « L'unité de l'homme », Seuil, Paris.
-PREMACK D., PREMACK A., 1983, « The Mind of an Ape », Norton Inc., New-York, trad. fr. 1984, «L'Esprit de Sarah», Fayard, Paris.
-PREMACK D., WOODRUFF G., 1978, « Does the Chimpanzee Have a Theory of Mind? », Behavioural and Brain Sciences, vol.1, n° 4, p. 515-526
-PREMACK D., PREMACK A., 1994, « Why animals have neither culture nor history », in INGOLD T. (Ed) companion Encyclopedia of Anthropology, Londres, Routledge, p.350-365.
-PROUST J., 2000, « L'animal intentionnel », Terrain 34, Ministère de la Culture et de la Communication, Mission du Patrimoine, éd. Du Patrimoine, mars 2000.
-PREMACK D., 1974, « Le langage et sa construction logique chez l'homme et chez le chimpanzé », in « L'unité de l'homme », Seuil, Paris.
-RACAMIER P. C., 1970, « Le psychanalyste sans divan », Payot, Paris.
-RACAMIER P. C., 1980, « Les schizophrènes », Payot, Paris.
-RADOVČIĆ D, SRŠEN A. O., RADOVČIĆ J., FRAYER D. W., 2015, « Evidence of Neandertal Jewelry: Modified White-Tailed Eagle Claws at Krapina », PLoS ONE, 10(3) : e0119802. Doi : 10.1371/journal.pone.0119802.
-RASMUSSEN M. & al., 2011, « An Aboriginal Australian Genome Reveals Separate Human Dispersals into Asia », Science, september 22, doi : 10.1126/Science.1211177.
-RASSOULZADEGAN M. & al., 2006, « RNA-mediated non-mendelian inheritance of an epigenetic change in the mouse », Nature, p. 441:469.
-REBOUL A., 2001, « Aux sources du malentendu », in « Le langage », éd. Sciences Humaines.
-REINBERG A., 1971, « Les rythmes biologiques », in La Recherche, 2, p. 241-250.
-RENCK J. L., SERVAIS V., 2002, « L'éthologie », Seuil Paris.
-RENCK J. L., SERVAIS V., 2002, « L'anthropomorphisme comme outil ? » in « L'éthologie », Seuil, Paris.
-RIMÉ B., 2005, « Le partage social des émotions », PUF, Paris.
-RITVO Lucille B., 1990, « DARWIN's influence on FREUD, a Tale of Two Sciences », trad. fr. 1992, « L'ascendant de DARWIN sur FREUD », Gallimard, Paris.
-RODRIGUEZ-VIDAL J., D'ERRICO F. & al., 2014, « A rock engraving made by Neanderthals in Gibraltar », PNAS, vol.111 (37), pp. 13301-13306
-ROEDER J. J., 1985, "Structures sociales et modalités de communication", éd. du CNRS, Paris.

-ROMANES G. J., 1881, « Animal Intelligence », Kegan paul, Trench &Co, LONDON.
-RONDAL J. A., 2000, « Le langage : de l'animal aux origines du langage humain », éd. Mardaga, Sprimont, Belgique.
-ROSENFELD H. A., 1965, « Psychotic states », Hogarth Press, London, trad. fr., 1976, « États psychotiques », PUF, Paris.
-ROSENFELD H. A., 1990, « Impasse et interprétation », PUF, Paris.
-RUMBAUGH D., SAVAGE-RUMBAUGH, 1995, « Language in comparative perspective », in Animal Learning and cognitive, McKINTOSH éd., p. 307-333, New-York Academic.
-RUSSON A. E., GALDIKAS B. M. F., 1992, « Imitation in ex-captive orangutans (Pongo pygmaeus) », Journal of comparative Psychology.
-RUWET J. C., 1975, « Éthologie biologie du comportement », Pierre Mardaga, Bruxelles.
-RUWET N., 1968, « Introduction à la grammaire générative », Plon, Paris.
-SADE D.S., 1967, « Social Communication among primates », university of Chicago Press.
-SALESSE R., GERVAIS R., 2012, « Odorat et goût », éd. Quae.
-SANDER D., 2015, « Le monde des émotions », Belin, Paris.
-SAPIR E., 1921, « Language. Introduction to the Study of Speech », Harcourt inc., U.S.A., trad. Fr. 1970, « Le langage. Introduction à l'étude de la parole », éd. Payot, Paris.
-SARTRE J. P., 1938, « Esquisse d'une théorie des émotions », éd. Hermann, rééd. 1995.
-SAVAGE T. S., WYMAN J., 1844, « Observation on the external characters and habits of the troglodytes Niger, Geoff. And on its organization», Boston Journal of Natural History, 4, 362-86.
-SAVAGE-RUMBAUGH S., 1986, "Ape Language: from Conditioned Responses to symbols", Columbia University Press.
-SAVAGE-RUMBAUGH S., Mc DONALD K., SEVCIK R. A., HOPKINS W. D., RUPERT E., 1986, "Spontaneous symbol acquisition and communicative use by pygmy chimpanzees (Pan Paniscus)", Journal of Experimental Psychology: General, 115:215-235.
-SCALLY A. et coll., 2015, « Mountain Gorilla genomes reveal the impact of long-term population decline and inbreeding », in Science, 2015/04/10, vol. 348, n° 6231, pp. 242-245.
-SCHAAL B., 1985, « Contributions olfactives à l'établissement du lien mère-enfant », in TREMBLAY R. E. PROVOST M. A., STRAYER F. F. « Éthologie et développement de l'enfant », p. 187-211, éd. Stock, Paris.
-SCHAAL B., PORTER R. H., 1990, « L'olfaction et le développement de l'enfant », La Recherche, 227, Déc. 1990, vol. 21.
-SCHAAL B., FERDENZI C., WATHELET O., 2013, « Odeurs et émotions », éd. Universitaire de Dijon, Dijon.
- SCHAIK (Van) C., ANCRENAZ M., BORGEN G., GALDIKAS B., KNOTT C. D., SINGLETON I., SUZUKI A., 2003, « Orangutan Cultures and the Evolution of Material Culture », Science, 299 (5603), 102-105
-SCHALLER G. B., 1963, « The Mountain Gorilla », Chicago, University of Chicago Press.
-SCHERER K. R., 1980, "The functions of nonverbal signs in conversation", in "The social and psychological contexts of language", trad. fr. J. COSNIER " Les fonctions des signes non verbaux dans la conversation", 1984, in « La communication non verbale », Delachaux et Niestlé, Neuchâtel, Suisse.
-SCHIEFELBUSCH R., 1979, « Ape to Child », Lafayette, Indiana University Press, in LESTEL 1995.
-SCHJELDERUP-EBBE T., 1921, « Gallus Domesticus in seinem täglichen Leben », Universtät Greifswald.
-SCHJELDERUP-EBBE T., 1922, « Beiträge zur Biologie und Sozial-individual Psychologie bei Gallus Domesticus », Z. Psychol., 88, 225-252.
-SCHLEIDT W., 1962, "Die historische Entwicklung der Begriffe "angeboreneauslösendes schema" und "angeborenenr Auslöse-mechanismus" in der Ethologie", Z. Tierpsychol. 19, 697-722.
-SCHLOSBERG H., 1952, "The description of facial expressions in terms of two dimensions", Journal of experimental psychology, 44, pp. 229-237.
-SCHNEIRLA T. C., 1956, « Interrelationship of the " innate " and the "acquired" in instinctive behavior », in "L'instinct dans le comportement des animaux et de l'homme", foundation Singer-Polignac, Paris.

-SCHUSTER S.C. & al., 2014, « Khoisan hunter-gatherers have been the largest population throughout most of modern-human demographic history », Nature Communication 5, art. n° 5692, décembre 2014.
-SCHUSTER S. C., MILLER W. & al., 2010, « Complete Khoisan and Bantu genomes from Southern Africa », Nature 463, pp. 943-947.
-SCIALDONE A. et coll., 2013, « Arabidopsis plants perform arithmetic division to prevent starvation at night », John Innes Centre, in Life, 25/06/2013
-SEARLE J. R., 1969, "Speech Acts", trad. fr. 1972, "Les actes de langage", éd. Herman, Paris.
-SEBEOK T. A., 1974, « Comment un signal devient un signe », in « L'unité de l'homme », p. 64-77, Seuil, Paris.
-SEBEOK T. A., 1977, « How animals communicate », Bloomington, Indiana university press.
-SEBEOK T. A., ROSENTHAL R., 1981, « The Clever Hans phenomenon: communication with horses, whales, apes, and people », ann. N. Y. Acad. Sci. 364 :1-311.
-SEGUIN-ORLANDO & al., 2014, « Genomic structure in Europeans dating back at least 36200 years », Science nov. 2014, vol. 346, n° 6213.
-SEYFARTH R. M., CHENEY D. L., MARLER P., 1980, « Monkeys responses to three different alarm calls: Evidence of predator classification and semantic communication », Science, 210, p. 801-803.
-SEYFARTH R., CHENEY D., 1993, « La pensée chez les singes », Pour la Science, n°184, Février 1993.
-SICOTTE P., NISAN C., 1998 mars, « Femmes et empathie en primatologie », in Autrement, HS n° 106.
-SIMARD S., 2010, « What plants talk about » Nature 31, 2013.
-SIMARD S., 2010, « Mycorrhizas: evidence for their key role in sustainable forest management » colloque SCF-CFL 2010/10/28.
-SIMARD S., 2011, « Do trees communicate ? » 2011/07/12 You Tube.
-SKARD O., 1950, « A comparison of human and animal learning in the stone multiple T-maze », Acta Psychologica, 7, 89-109.
-SLOTERDIJK P., 1999, "Regeln für den Menschenpark Ein Antwortschreiben zu Heideggers Brief über den Humanismus", Suhrkampverlag, Francfurt/Main, trad. fr. 2000, "Règles pour le parc humain Une lettre en réponse à la lettre sur l'humanisme de Heidegger", éd. Fayard, Paris.
-SLUCKIN W. « Imprinting and early learning » Methuen, 1972, in J. M. VIDAL, la recherche n°63, janvier 1976.
-SNOWDON C. T., 1983, « Ethology, comparative psychology, and animal behavior » Ann. Rev. Psychol. 34.
-SOUSSIGNAN R., 2009, « Un monde d'émotions », Cerveau et Psycho, n° 35, sept-oct. 2009.
-SOUSSIGNAN R., 2015, « Un monde d'émotions », in « Le monde des émotions », sous la direction de D. SANDER, éd. Belin, Paris.
-SORESSI M., 2016, "Selection and use of manganese dioxide by Neanderthals", Nature, 534, 43-44, juin 2016.
-SPALDING D. A., 1873, « Instinct: With Original Observations on Young Animals », Macmillan's Magazine, 27, p. 282-293.
-SPTIZ R. A., 1945, « Hospitalism », the Psychoanalytic Study of the Child, I., International Universities Press, New-York.
-SPITZ R. A., 1957, « No and Yes », International Universities Press, New-York, trad. Française « Le non et le oui », 1962, PUF, Paris.
-SPITZ R. A., 1965, « The first year of life », International Universities Press, New-York, trad. fr. « De la naissance à la parole », PUF, Paris.
-STERN D. N., 1985, « The interpersonal World of the Infant », Basic Books inc. Publishers, New York, trad. fr. 1989, « Le monde interpersonnel du nourrisson », PUF, Paris.
-STERN D. N., 1989, « Les interactions affectives », p. 199-214, in S. LEBOVICI, F. WEIL-HALPERN, « psychopathologie du bébé », PUF, Paris.
-STOCZKOWSKI W., 1994, « Anthroplogie naïve, anthropologie savante. De l'origine de l'homme, de l'imagination et des idées reçues », éd. du CNTS, Paris.
-STOLERU S., MORALES M., GRINSCHPOUN M-F, 1985, « De l'enfant fantasmatique de la grossesse à l'interaction mère-nourrisson », Psychiatrie de l'enfant, XXVIII, p. 441-484.

-STRINGER C., 2015, « « The may Mysteries of Homo Naledi », Life, doi : 10.755/eLife.10627.
-STRUM Shirley C., 1987, « Almost human : a journey into the world of baboons », Random House, NY, trad. fr. 1990, « Voyage chez les babouins », éd. Eshel, Paris.
-SURRALES A., 2002, « Peut-on étudier les émotions des autres ? », in « La culture », éd. Sciences humaines.
-SUGIYAMA Y., 1967, « Social Organization of hanuman Langurs » in S. A. ALTMANN Ed., « Social communication among primates », Chicago, the University of Chicago Press, p.221-253
-SULLOWAY F.J., 1979, « Freud, Biologist of the Mind », Basic Books, NY, trad. fr. « Freud biologiste de l'esprit », Fayard, 1981.
-SUZUKI T. N., WHEATCROFT D., GRIESSER M., 2016, « Experimental evidence for compositional syntax in bird calls », Nature Communication 7, n° 10986, doi : 10.1038/NCOMMS10986. 08 March 2016.
-SYKES B., 2001, « The seven daughters of Eve », trad. fr. « Les sept filles d'Éve », 2001, Albin Michel, Paris.
-TALBET Sylvia, 2015, « Les patientes », éd. La Découverte, Paris.
-TATTERSALL Ian, 2014, « L'outil a-t-il forgé l'homme ? », Pour la Science, Nov. 2014, n° spécial 445, p. 80-85.
-TÉNIÈRE-BUCHOT P. F., 1989, « ABC du pouvoir », les éditions d'organisation, Paris.
-TERRACE H., PETITTO L. A., SANDERS R. J., BEVER T. G., 1979, « Can an Ape Create a Sentence? », Science, 206, p.891-902.
- Terrain 34, Collectif, 2000, « Les animaux pensent-ils ? », Ministère de la Culture et de la Communication, Mission du Patrimoine, Ed. Du Patrimoine, mars 2000.
-TÉTRY A., 1974, « Place de l'Homme », intr. biologie, Encycl. La Pléïade, NRF, Gallimard, Paris.
-TEYSSANDIER N., 2016, « Origines de l'humanité : les nouveaux scénarios », sous la direction de S. HUET, éd. La ville brûle, Labarelly.
-TEYSSEDRE A., 1993, « La communication animale », éd. Nathan, Paris
-THANGARAJ K., SINGH L., REDDY AG, RAO VR., SEHGAL SC., & al., 2003, « Genetic affinities of the Adaman Islanders, a vanishing human population », Current Biology, vol. 13, n° 2, pp. 86-93.
-THIERRY B., 2005, « L'origine des cultures », Les Grands Dossiers des sciences humaines, n° 1, décembre 2005-Février 2006, p. 38-42.
-THIERRY B., 2005, « L'évolution culturelle a introduit une rupture entre l'homme et l'animal », les grands dossiers des sciences humaines n°1, Décembre 2005 février 2006.
-THIERRY B., 2006, « Ces chimpanzés qui aident l'homme ! », La Recherche, n°397, mai 2006.
-THIERRY B., 2012, « Plusieurs espèces animales ont des traditions ... », interview in Dossier pour la science, n° 76, juil.-sept. 2012.
-THIERRY B., DE WAAL F., 2002, « Les antécédents de la morale chez les singes », in P. PICQ et Y. COPPENS, « Aux origines de l'humanité », p. 422-443, Fayard, Paris.
-THORNDIKE E. L. 1911, « Animal Intelligence: Experimental Studies », Mac Millan, New York.
-THORPE W. H., 1958, "The learning of songs patterns by birds, with especial reference to the song of the chaffinch", Fringilla coelebs, Ibis", 100, 535-570.
- THORPE W. H., 1961, "Sensitive periods in the learning of animals and men", in THORPE and ZANGWILL, 1961. Methuen, London.
-THORPE W. H., 1963, « Learning and Instinct in Animals », Methuen, London.
-TINBERGEN N., 1950, « The study of instinct », Oxford univ., trad. fr. 1970, « L'étude de l'instinct », Payot, Paris.
-TINBERGEN N., 1958, « Curious Naturalists », Basic Books, NY, trad. fr., 1984, « Naturalistes curieux », in « Textes de base en psychologie », Delachaux et Niestlé, Neuchâtel.
-TINBERGEN N., 1963, « On aims and methods of Ethology », in « Zeitschrift für Tierpsychologie », 20, 410-433, trad. fr. « Les buts et les méthodes de l'éthologie ».
-TINBERGEN N., TINBERGEN E. A., 1971, « Early chilhood autism – An ethological approach », Verlag Paul Parey, Berlin und Hamburg.
-TINBERGEN E. A. et N., 1972, « Early Chilhood Autism: an Ethological Approach », Beiheft 10, Z. Tierpsychol., Paul Parey, Berlin.

-TINBERGEN A., 1983, « Autistic children », Oxford University Press.
-TISSERON S., 2003, « Résilience ou la lutte pour la vie (ces mots qui polluent la pensée) », Le Monde Diplomatique, Août 2003.
-TISSERON S., 2007, « La Résilience », PUF, Paris.
-TOMASELLO M., 1990, « Cultural transmissionin the tool use and communicatory signalling of chimpanzees? », in « Language and intelligence in Monkeys and Apes », Ed. S. T. PARKER and K. R. GIBSON, Cambridge University Press.
- TOMASELLO M., WARNEKEN F., 2006, "Altruistic Helping in Human Infants and Young chimpanzees", Science, n° 311, 1301.
-TORT P., 1992, « Darwinisme et société », PUF, Paris.
-TRIVERS R. L., 1971, « The Evolution of Reciprocal Altruism », Quaterly Review of Biology, 46, p. 35-37.
-TRONICK E., ALS H., ADAMSON L., WISE S., BRAZELTON T., 1978, « The Still-face Paradigm (SFP) », Journal of the Amer. Acad. Of Child and Adolescent Psychiatry, 17, 1-13.
-TURCHET P., 2000, « La synergologie », éd. De l'Homme, Québec.
-TURCHET P., 2009, « Le langage universel du corps », éd. De l'Homme, Québec.
- UEXKÜLL (VON) J., 1909, « Umwelt und Innenwelt der Tiere », Berlin, J. Springer Ed.
- UEXKÜLL (VON) J., 1934, « Streifzüge durch die Umwelten von Tieren und Menschen », trad. fr. 1956. « Mondes animaux et monde humain ».
-UVNÄS MOBERG K., 2006, « Ocytocine : hormone de l'amour », trad. Jane Martin, coll. « Champ d'idées », éd. Le souffle d'or, Gap.
-VANDERMERMEERSCH B., 1995, « Homo sapiens sapiens : ce que disent les fossiles », La Recherche, n° 277, vol. 26, p. 614-620.
-VANDERMERMEERSCH B., 2001, « L'origine des hommes modernes », in « Aux origines de l'humanité », sous la direction de Y. COPPENS et P. PICQ, Fayard, Paris.
-VAUCLAIR J., 1984, « L'observation en éthologie » in « L'Observation », sous la direction de M. P. MICHIELS-PHILIPPE, éd. Delachaux & Niestlé, Neuchâtel, Suisse
-VAUCLAIR J., 1987, « Représentation et intentionnalité dans la cognition animale » in « Comportement cognition et conscience », Paris, PUF.
-VAUCLAIR J., 1990, « Les images mentales chez l'animal », La Recherche, vol.21, n°224, septembre 1990.
-VAUCLAIR J. V., 1992, « L'intelligence animale », éd. Du Seuil, Paris.
-VAUCLAIR J. V., 1996, « La cognition animale », P.U.F., Paris.
-VICTORRI B., 2005, « Les mystères de l'émergence du langage », in « Aux origines des langues et du langage », sous la dir. De J. M. HOMBERT, p. 212-235, éd. Fayard, Paris.
-VICTORRI B., 2006, « A la recherche de la langue originelle », in J. L. DESSALLES, B. VICTORRI, P. PICQ, « Les origines du langage », éd. Le Pommier, Paris.
-VIDAL J. M., 1976, « L'empreinte chez les animaux », La Recherche, n° 63, vol. 7, p.24-35.
- WAAL DE F., 1982, « Chimpanzee politics », Jonathan Cape Ltd, London; trad. fr. 1987 « La politique du chimpanzé », éd. du Rocher.
- WAAL DE F., 1989, « La réconciliation chez les primates », La Recherche, n° 210, mai 1989.
- WAAL DE F., 1989, « Peacemaking among primates », Harvard University Press, Cambridge, trad. fr., 1992, « De la réconciliation chez les primates », Flammarion, Paris.
- WAAL De F., 1996, « Good Natured: The Origins of Right and Wrong in Humans and Other animals », Harvard
- WAAL DE F., 2005, « Our Innate Ape », Riverhead Books, New York, trad. fr. 2006 « Le singe en nous », Fayard, Paris.
- WAAL De F., 2010, « L'Âge de l'empathie. Leçons de la nature pour une société solidaire », éd. Les Liens qui libèrent.
- WAAL De F., 2011, « Toshisada NISHIDA : chimpanzee Rapport » PLoS Biol, 9(10), e 1001185).
- WAAL De F., 2014, « L'émergence de la coopération », Pour la Science, n° 445, Novembre 2014.
-WALD Chelsea, 2014.10.24, « What Do Animals Think they See When They Look in the Mirror ? » in « Wild Things », slate's animal blog.

-WADDINGTON C. H., 1957, « The Strategy of the Genes », George Allen & Unwin, London.
-WADE L., 2016, « Ancient underwater garden discovered in Canada », Plants & Animals, doi :10.1126/science.aal0542
-WALD C, 2014, « Wild Things », slate's animal blog. 2014.10.24.
-WALLON H., 1931, « Conscience et individualisation du corps propre », Journal de Psychologie, nov.-déc., in « les origines du caractère chez l'enfant- les préludes du sentiment de personnalité », 1949, PUF, Paris.
-WALLON H., 1941, « L'évolution psychologique de l'enfant », éd. Armand Colin, Paris.
-WALLON H., 1942, rééd.1970, « De l'acte à la pensée », éd. Flammarion, Paris.
-WALLON H., 1949, « Les origines du caractère chez l'enfant- Les préludes du sentiment de personnalité », P.U.F., Paris.
-WALTER R. C. and al., 2000, "Early human occupation of the red Sea Coast of Erytrea during the last interglacial", Nature, n° 405, pp. 65-69, doi:10.1038/35011048.
-WATSON, 1913, "Psychology as the Behaviorist views it", Psychological Review, 20:158-177. Doi:10.1037/h0074428.
-WATTS D. P., MULLER M., AMSLER S., MBABAZI G., MITANI J. C., 2006, "Lethal intergroup aggression by chimpanzeesin the Kibale National Park, Uganda", Amer. J. Of Primatology, 68: 161-180.
-WATTS D. P., 2009, « Dominance, power, and politics in non human and human primates », in « Mind in the Gap », Ed. Kappeler & J. Silk, Springer Verlag, Heidelberg, p. 109-138.
-WATZLAWICK P., HELMICK-BEAVIN J., JACKSON D., 1967, "Pragmatics of Human Communication. A Study of Interactional Patterns, Pathologies, and Paradoxes", Norton & Cie, New-York, trad. fr. "Une logique de la communication", 1972, éd. Seuil, Paris
-WEAVER W., SHANNON C. E., 1949, "The mathematical theory of communication", University of Illinois, trad. fr. 1975, "Théorie mathématique de la communication", Retz, C.E.P.L., Paris.
-WENSHI PAN et coll. « Birth intervention and non-maternal infant-handling during parturition in a non human primate » in « Primates », vol. 55, Issue 4, p. 483-488.
-WHITEHEAD H., 2003, « Sperm Whales: social Evolution in the Ocean », University of Chicago Press.
-WRIGHT H.F., 1966, « Observational child study », in « L'Observation », 1984, MICHIELS-PHILIPPE M. P., Delachaux & Niestlé, Neuchâtel, Paris.
-WHITMAN C. O., 1898, « Animal Behaviour », Biol. Lect. Mar.Biol. Lab. Wood's Hole pp. 158-177, Boston. (cf Ruwet)
-WIENER N., 1952, "Cybernétique et société", Édition des Deux Rives, Paris.
-WILLERSLEV E., 2011, "Scientists sequence genome of man who was Aborigenal Australian", Science, vol. 334, issue 6052, 7 oct. 2011, p. 94-98, doi: 10.1126/science.1211177.
-WRANGHAM R., 1977, in « Le Monde » du 12.08.2006.
-WRANGHAM R. W., 1999, « Evolution of coalitionary killing », Yearbook of Physical Anthropology, 42, p. 1-30.
-WRANGHAM R. W., Mc GREW W. C., De WAAL F. B. M., HELTNE P. G. (Eds), 1994, « Chimpanzee Cultures », Cambridge, Harvard University Press.
-WRIGHT R., 1994, "the Moral Animal, Evolutionnary Psychology and Everyday Life ", Pantheon Books, New-York, trad. fr. « L'Animal moral », 1995, éd. Michalon.
-YAKOVLEV P. I., 1948, « Motility Behavior and the Brain: streodynamic organization ans neural coordinates of Behavior », Journal of Nervous and Mental Disease, 107: 313-335.
-YERKES R., 1925, « Almost human », the Century Co, NY.
-YERKES R. M., 1945, « Chimpanzees », Yale univ. Press.
-YOVEL Y., & al., 2009, « The Voice of Bats: How Greater Mouse-eared Bats Recognize Individuals Based on Their Echolocation Calls », Plos computational Biology, June 5, 2009, doi.org/10.1371/journal.pcbi.1000400.
-ZIMBARDO P., 1974, « The Lucifer effect: understanding how good people turn evil », N. Y. Times Bestseller.
-ZUBERBÜHLER K, 2009, « La culture de table chez les chimpanzés », Current Biology, vol. 19, pp. 1806-1810.

-ZUCKERMAN S., 1931, « The Social Life of Monkeys and Apes », trad. fr. 1937, « La vie sociale et sexuelle des singes », Paris, Gallimard

-ZAZZO R., 1948, « Images du corps et conscience de soi », Enfance, 1, pp. 29-43.

-ZAZZO R., 1957, « Le problème de l'imitation chez le nouveau-né », Enfance, vol. 1-ZAZZO R., 1974, « L'Attachement », coll. Zethos, Delachaux-Niestlé, Neuchâtel, Suisse.

0, n° 2, pp.135-142.

-ZAZZO R., 1974, « L'Attachement », coll. Zethos, Delachaux-Niestlé, Neuchâtel, Suisse.

www.ingramcontent.com/pod-product-compliance
Lightning Source LLC
Chambersburg PA
CBHW051038250726
48656CB00001B/27

* 9 7 8 1 9 8 2 9 8 0 0 7 8 *